《史记研究集成》
　　总主编　袁仲一　张新科　徐　晔　徐卫民

《史记研究集成·十二本纪》
　　主　编　赵光勇　袁仲一　吕培成　徐卫民

《史记研究集成·十二本纪》编辑出版委员会

总顾问 张岂之

主　任 安平秋　徐　晔

副主任 张新科　马　来　徐卫民

编　委（以姓氏笔画为序）

　　　　　王子今　尹盛平　田大宪　吕培成　吕新峰

　　　　　李　雪　李颖科　杨建辉　杨海峥　吴秉辉

　　　　　何惠昂　陈俊光　张　萍　张　雄　张文立

　　　　　赵生群　赵建黎　骆守中　高彦平　郭文镐

　　　　　徐兴海　商国君　梁亚莉　彭　卫　程世和

主　编 赵光勇　袁仲一　吕培成　徐卫民

"十三五"国家重点图书出版规划项目

史记研究集成·十二本纪

五帝本纪

赵光勇 吕新峰 编

西北大学出版社
·西安·

图书在版编目(CIP)数据

五帝本纪/赵光勇，吕新峰编.—西安：西北大学出版社，2019.3

（史记研究集成/赵光勇，袁仲一，吕培成，徐卫民主编.十二本纪）

ISBN 978-7-5604-4041-5

Ⅰ.①五… Ⅱ.①赵… ②吕… Ⅲ.①中国历史—古代史—纪传体②《史记》—研究 Ⅳ.①K204.2

中国版本图书馆CIP数据核字(2017)第132387号

"十三五"国家重点图书出版规划项目

史记研究集成·十二本纪·五帝本纪
SHIJIYANJIUJICHENG SHIERBENJI WUDIBENJI
赵光勇 吕新峰 编

出版发行	西北大学出版社			
地　　址	西安市太白北路229号	邮　编	710069	
网　　址	http://nwupress.nwu.edu.cn	邮　箱	xdpress@nwu.edu.cn	
电　　话	029-88303593　88302590			
经　　销	全国新华书店			
印　　装	西安华新彩印有限责任公司			
开　　本	787毫米×1092毫米　1/16			
印　　张	34.5			
字　　数	662千字			
版　　次	2019年3月第1版　2019年3月第1次印刷			
书　　号	ISBN 978-7-5604-4041-5			
定　　价	190.00元			

如有印装质量问题，请与西北大学出版社有限责任公司联系调换。电话：029-88302966

版权所有　　侵权必究

总　序

　　司马迁是我国西汉时期左冯翊夏阳（今陕西韩城市）人，伟大的史学家、思想家、文学家，1956年被列为世界文化名人。他的巨著《史记》，是我国第一部纪传体通史，记载了从黄帝到汉武帝时期中华民族三千多年的历史，体现了中华民族的智慧和力量，展现了中华民族维护统一、积极进取、坚韧不拔、革故鼎新、忧国爱国等民族精神。司马迁以"究天人之际，通古今之变，成一家之言"为宗旨，突破传统，大胆创新，开辟了中国史学的新纪元，在中国文化史上树立了一座巍峨的丰碑，正如清人李景星《史记评议·序》所说："由《史记》以上，为经为传诸子百家，流传虽多，要皆于《史记》括之；由《史记》以下，无论官私记载，其体例之常变，文法之正奇，千变万化，难以悉述，要皆于《史记》启之。"在世界文化史上，《史记》作为巨幅画卷，也是当之无愧的。苏联学者图曼说："司马迁真正应当在大家公认的世界科学和文学泰斗中占有重要的地位。"《史记》和古希腊史学名著比较，其特点在于它的全面性，尤其是对于生产生活活动、学术思想和普通人在历史上的地位的重视。"希腊历史学家的著作，往往集中到一个战争，重视政治、军事。普鲁塔克的传记汇编所收的人物也限于政治家和军事家，即使是最著名的希腊思想家、科学家如亚里士多德，在他的著作中也没有一字提到，更没有一个关于从事生产活动者的传记了。"①《史记》在唐以前传至海外，18世纪开始传入欧美，一直以来都是世界汉学界研究和关注的对象。毋庸置疑，《史记》是世界文化宝库中一颗璀璨的明珠。

一

　　据《汉书》记载，西汉宣帝时司马迁的外孙杨恽将《史记》公之于众。但当时史学还没有应有的独立地位，加之在正统思想家眼里，《史记》是离经叛道之作，是"谤书"，因而并没有受到重视。直到东汉中期，《史记》才逐渐流传。魏晋以后，史学摆脱了经学附庸，在学术领域内形成一门独立的学科，《史记》的地位得到相应的提高，抄写、学习《史记》的风气逐渐形成。谯周《古史考》等书对《史记》史实的考证，

---

　　① 齐思和：《〈史记〉产生的历史条件和它在世界史学上的地位》，载《光明日报》1956年1月19日。

揭开了古史考辨的序章。裴骃的《史记集解》是这个时期最有代表性的《史记》注本。此一时期，扬雄、班氏父子、王充、张辅、葛洪、刘勰等人对《史记》发表过许多评论，他们肯定了司马迁的史才，肯定了《史记》"不虚美，不隐恶"的实录精神。由于史论的角度不同，班彪、班固在《汉书·司马迁传》中提出"史公三失"问题。随之，以王充和张辅为开端，开始了"班马异同"的学术讨论，也即开《史记》《汉书》比较研究之先河。

唐代由于史学地位的提高，尤其是"正史"地位之尊，使《史记》在史学史上备受尊崇，司马迁开创的纪传体成为修史之宗。唐代编纂的《晋书》《梁书》《陈书》等八部史书全部采用纪传体的写法。史学理论家刘知幾对纪传体的优点也予以肯定："《史记》者，纪以包举大端，传以委曲细事，表以谱列年爵，志以总括遗漏，逮于天文、地理、国典、朝章，显隐必该，洪纤靡失，此其所以为长也。"① 史学家杜佑发展了《史记·八书》的传统，著《通典》一书，成为政书体的典范。唐代注释《史记》，成就最大的是司马贞的《史记索隐》与张守节的《史记正义》。这两部书和南朝刘宋年间裴骃所作的《史记集解》，被后人合称为《史记》"三家注"。"三家注"涉及文字考证、注音释义、人物事件、天文历法、山川草木、鸟兽虫鱼、典章制度等，是《史记》研究总结性、系统性的成果，因而也被认为是《史记》研究史上的一座里程碑。司马贞、张守节、刘知幾、皇甫湜等人，对司马迁易编年为纪传的创新精神做出了许多肯定性的评论。如皇甫湜《皇甫持正集》认为，司马迁"革旧典，开新程，为纪为传为表为志，首尾具叙述，表里相发明，庶为得中，将以垂不朽"。特别是唐代韩愈、柳宗元掀起的古文运动，举起了向《史记》文章学习的旗帜，使《史记》所蕴藏的丰富的文学宝藏得到空前的认识和开发，奠定了《史记》的文学地位。

宋代的《史记》研究步入一个新阶段。由于统治者对修史的重视，加之印刷技术的发展，《史记》得以大量刊行，广为研读。宋人特别注重《史记》的作文之法。如文学家苏洵首先发明司马迁写人叙事的"互见法"，即"本传晦之，而他传发之"②，开拓了《史记》研究的领域。郑樵在《通志·总序》中称《史记》为"六经之后，惟有此作"，肯定司马迁前后相因、会通历史的作史之法，这也是第一次在理论上从"通"的角度评论《史记》。本时期的评论，还把"班马优劣论"发展到一个新的阶段，苏洵、郑樵、朱熹、叶适、黄履翁、洪迈等人都发表过评论，涉及思想、体例、文学等方面的比较，乃至出现了倪思、刘辰翁的《班马异同》及娄机的《班马字类》这样的专门著作，把《史记》比较研究向前推进了一步。

元代除了在刊刻、评论《史记》方面继承前代并有所发展外，主要贡献在于把

---

① [唐]刘知幾撰，浦起龙释：《史通通释·二体》，上海古籍出版社1978年版，第28页。
② [宋]苏洵著，曾枣庄等笺注：《嘉祐集笺注》，上海古籍出版社1993年版，第232页。

《史记》中的历史人物、历史事件搬上舞台。元代许多杂剧的剧目取材于《史记》，仅据傅惜华《元代杂剧全目》所载就有180多种，如《渑池会》《追韩信》《霸王别姬》等，这些剧目的流传，又扩大了《史记》的影响。

明代是《史记》评论的兴盛期。印刷技术进一步提高，给刻印《史记》提供了有利条件，尤其是套版印刷的兴起，给评点《史记》提供了方便。明代从文学角度评论《史记》取得的成就最大，对于《史记》的创作目的、审美价值、刻画人物形象的方法、多样化的艺术风格等都进行了有益的探索[①]。唐顺之、归有光、茅坤、王慎中、钟惺、陈仁锡、金圣叹等人都是评点《史记》的大家。同时，由于《史记》评点著作大量出现，辑评式研究应运而生。凌稚隆《史记评林》搜集整理万历四年（1576）之前历代百余家的评论，包括"三家注"及各家评点和注释，并载作者本人考辨，给研究者提供了便利，后来李光缙对该书进行了增补，使之更加完备。明代晚期，《史记评林》传入日本，深刻影响了日本对《史记》的研究。另外，朱之蕃《百大家评注史记》，葛鼎、金蟠《史记汇评》，陈子龙、徐孚远《史记测义》等也进行了辑评工作。明代由于小说的繁荣，人们对《史记》的认识也开辟了新的角度，探讨《史记》与小说的关系，这是前所未有的新成就。在《史记》历史事实的考辨方面，杨慎《史记题评》、柯维骐《史记考要》、郝敬《史记愚按》等，以及一些笔记著作，均颇有新意。

清代迎来了《史记》研究的高峰期。专门著作大量涌现，如吴见思《史记论文》、汪越《读史记十表》、杭世骏《史记考证》、牛运震《史记评注》、王元启《史记三书正讹》、王鸣盛《史记商榷》、邵泰衢《史记疑问》、赵翼《史记札记》、钱大昕《史记考异》、梁玉绳《史记志疑》、张文虎《校勘史记集解索隐正义札记》、郭嵩焘《史记札记》、李慈铭《史记札记》、吴汝纶《桐城吴先生点勘史记》、程馀庆《历代名家评注史记集说》等，都是颇有特色的著作。这些著作最大的成就在于考据方面。清人考据重事实、重证据，大至重要历史事件，小至一字一句、一地一名，对《史记》史事和文字的考证极为精审。钱大昕为梁玉绳《史记志疑》作序，称其"足为龙门之功臣，袭《集解》《索隐》《正义》而四之矣"。许多学者是考中有评，如赵翼说："司马迁参酌古今，发凡起例，创为全史，本纪以序帝王，世家以记侯国，十表以系时事，八书以详制度，列传以志人物"，"自此例一定，历来作史者，遂不能出其范围，信史家之极则也。"[②]其他非专门研究《史记》的著作如顾炎武《日知录》、刘大櫆《论文偶记》、章学诚《文史通义》以及一些古文选本等，也对《史记》发表了许多值得重视的评论。

---

① 详参张新科、俞樟华：《史记研究史略》第四章"明人评点《史记》的杰出成就"，三秦出版社1990年版。

② ［清］赵翼著，王树民校证：《廿二史札记校证》卷一，中华书局1984年版，第3页。

近现代以来，中国内地及港澳台地区《史记》研究呈现出继承传统研究方法的同时，研究领域不断拓宽、研究问题不断深入的特点。从政治到经济、从思想到文化、从史学到地理、从文学到美学、从伦理到哲学、从天文到医学、从军事到人才，都进行了广泛深入的探索。诸如李笠的《史记订补》、王叔岷的《史记斠证》、钱穆的《史记地名考》、瞿方梅的《史记三家注补正》、陈直的《史记新证》、王恢的《史记本纪地理图考》等，从《史记》文本文字、地理名物及《史记》研究的再研究等方面进行考证或订补。另外，杨燕起等编纂的《历代名家评史记》，精选1949年前的《史记》评论资料；近年来，由张大可、丁德科主编的《史记论著集成》汇辑当代学者的专题研究成果；赵生群主持修订的中华书局《史记》点校本使《史记》校勘更上层楼。同时，各种不同类型的《史记》选注本、全注本、选译本、全译本相继问世。

《史记》在日本影响很大，近现代以来颇具影响的《史记》研究专家有泷川资言、水泽利忠、宫崎市定等。20世纪30年代出版了泷川资言的《史记会注考证》，之后水泽利忠对该书进行校补，使之成为《史记》研究总结集成式的成果，该书在辑佚、校勘、对《史记》史实的考证、对司马迁所采旧典的考证、对"三家注"的再考证、对词句的训释等方面，均取得了显著的成果。但缺点也是显而易见的，施之勉的《史记会注考证订补》、严一萍的《史记会注考证斠订》等均针对其缺憾专门做了订正。欧美学者对《史记》的研究，诸如法国的沙畹、康德谟，美国的华兹生、倪豪士，以及汉学家高本汉、崔瑞德、鲁惟一、陆威仪等，在关注《史记》传统研究方法的同时，以西方思维、理论及方法，将《史记》与西方传统的史学著作进行比较研究，亦颇具特色。

从以上简单勾勒《史记》研究的历史可以看出，近两千年《史记》研究呈现出"历代不辍、高潮迭起"的状态。不仅如此，海外汉学界特别是日本的《史记》研究亦有突出的表现。

二

《史记》研究积累了大量丰富的资料，这些资料是不同时期承前启后、不断深化的学术成果，这其中有就个别问题的深入探究，有零散的评论，亦有专题式的系统研究。除此之外，系统整理前代研究成果、提出新见的集成式整理方式，更有划时代的意义。在这个层面上，南朝刘宋至唐代形成的《史记》"三家注"和20世纪30年代日本学者泷川资言完成的《史记会注考证》，被视为《史记》研究系统、全面、最有代表性的著作，甚至被称为《史记》研究的两座里程碑。

今天，《史记会注考证》出版已经八十余年，《史记》研究又经过了一个不凡的历程，海内外《史记》研究新见迭出，特别是在研究方法上出现了新的变化，突出特征是由"史料学"向"史记学"发展，即从史料的整理和挖掘中分析司马迁的思想，通过具体史料探讨《史记》丰富的思想内涵及其价值。这也在客观上对《史记》研究成果再次进行集成式整理提出了新的学术要求，《史记研究集成》的编纂正是顺应这一学术发展的重要尝试。

《史记研究集成》系"十三五"国家重点图书出版规划项目，在陕西省人民政府参事室（陕西省文史研究馆）的关心、指导和支持下，由陕西省司马迁研究会和西北大学出版社具体组织实施。集成规模浩大，搜罗宏富；分类选目，采撷众家；纵横有序，类别集成。在总体架构上，分别形成"十二本纪""十表八书""三十世家""七十列传"各部分研究集成。集成以汇校、汇注、汇评为编纂体例，总体编纂表现出资料搜集的全面性、类别整理的学术性，以及体例设置的科学性和出版所具有的实用性特点，具体如下：

首先，资料翔实完备，涉及古今中外所有研究成果，是近两千年来《史记》研究的集大成之作。本集成所收资料，上自汉魏六朝下至21世纪初，不仅包括中国历代《史记》研究形成的资料，亦广泛涉及海外研究成果，特别注重对新材料、新观点的采撷吸收。近现代以来，《史记》研究呈现出以史学、文学为主干，包括政治、经济、文化、军事、哲学、地理、天文等多学科的特点，相关的研究成果自然也就成为本集成的组成部分。同时，遴选搜集所能见到的《史记》研究的相关资料，又针对性地搜集补充海外研究资料，充分显示了《史记研究集成》资料搜集的全面性。

其次，观点采撷众家，厘定甄选，兼及考古资料补正，充分体现了《史记研究集成》的学术性。《史记》研究者之众，多不胜数；成果之丰，可谓汗牛充栋。经过了汉魏六朝开启至唐代的注释繁盛期，两宋传播和品评期，明代评论兴盛期，清代考据高峰期，以及近现代的拓展深入期这些不同阶段，积累了大量的学术资料，这些资料就观点看，前后相继，但会通整理难度之大超乎想象。编纂者一要质其要义，二要考其先后，三要会通甄选以厘定条目，除此之外，还要参酌考古新发现做深入补正或提出新见解，这也体现出集成的学术性特点。

再次，体例设置科学，出版具有实用性。《史记研究集成》以汇校、汇注、汇评分类，以观点先后列目，类编得当，条贯秩然。一方面网罗《史记》研究多学科、多层次、全方位之学术观点，另一方面完整呈现《史记》研究的学术脉络，每篇前有"题解"，后有"研究综述"，在收集历代研究成果的同时，对一些有争议的或者重大的学术问题加以编者按语。本集成系统全面，方便使用，具有工具书的性质。

《史记研究集成》的编辑出版，无疑具有重要的学术价值。第一，它为《史记》研究者提供了非常丰富的有价值的资料，古今中外的重要成果尽收眼底，为理论研究铺路搭桥，为立体化的研究提供依据。第二，它既是历代资料的精选荟萃，又是近两千年《史记》研究史的全面呈现,具有学术史的认知价值。第三,它与前代的《史记》"三家注"、《史记会注考证》等里程碑式的著作相比,体现了编纂者的创新精神和力争超越前代的学术追求,有助于推动《史记》研究向纵深发展,有助于推动"史记学"的建立。第四,《史记》具有百科全书的特点,在中国和世界文化史上占有重要地位。集成的编辑出版,一方面可以为史学、文学、哲学等人文社会科学乃至有关的自然科学研究提供有益的资料,有助于促进这些学科的发展,繁荣当代学术;另一方面,有助于深入挖掘《史记》中蕴含的至今仍具有现代意义的价值理念、道德规范与治国智慧,以传承弘扬中华优秀传统文化,推动传统文化创造性转化与创新性发展。

三

《史记研究集成》的编纂是一项基础性文化工程,资料的搜集与会通整理不仅需要认真严谨的学术态度,也需要多学科的知识储备,更需要学术界的通力合作。书稿在编纂和审定过程中,得到了著名史学家、西北大学张岂之先生,中国《史记》研究会原会长、北京大学安平秋先生,中国秦汉史研究会原会长、中国人民大学王子今教授,中国社会科学院学部委员彭卫研究员,中国历史文献研究会会长、南京师范大学赵生群教授等学者的大力支持和帮助,在此谨表谢忱。

限于体例和篇幅,以及资料的限制,前贤时彦的成果难以全部吸收,颇有遗珠之憾,不足之处,敬请读者批评指正。

《史记研究集成》编辑出版委员会

(张新科执笔)

2019 年 3 月 18 日

《史记研究集成·十二本纪》编辑出版说明

作为《史记研究集成》的一部分，《史记研究集成·十二本纪》（以下简称"集成"）编纂工作实际始于1994年。它是在赵光勇教授审择资料、构设体例的基础上，由陕西省司马迁研究会组织启动编纂的。对于这项重大文化工程的实施，时任陕西省省长白清才、陕西省政协副主席董继昌、陕西师范大学原党委书记李绵等人高度重视，并给予重要支持。在几近十年的编纂中，十余位专家勤勉有为，爬梳浩如烟海的资料，会通比较，厘定条目，汇校、汇注、汇评出近两千年《史记》研究发展的学术脉络，至2003年形成初稿。

2013年，书稿经过十年"周转沉淀"，在陕西省人民政府参事室（陕西省文史研究馆）的支持下，西北大学出版社接手编辑出版，并邀纳资深编审郭文镐等组建《史记研究集成》编辑部，组织项目的编辑加工。从2013年至今，在六年的精心组织与实施中，编辑部的同志进行了大量细致的资料核查工作，其中不乏深入的校雠勘误；在内容处理上，听取专家意见，同样进行了庞杂的"考量删繁以求简练"的编辑加工。在此基础上，各位编纂者又进行了系统的补遗与增订。《史记研究集成·十二本纪》至此完成编辑审定。这期间，2015年，《史记研究集成》被列入"十三五"国家重点图书出版规划；2016年、2018年，出版社和陕西省司马迁研究会先后组织了两轮专家审定，形成了系统的修改意见，从增删与补遗等方面有力地保证了"集成"的全面性与学术性，从而提高了"集成"出版的代表性与权威性。

《史记研究集成·十二本纪》项目实施前后25年，十余位专家，淡泊名利，潜心以为，他们以司马迁"忍辱负重，发愤而为，成一家之言"的精神为榜样，砥砺前行，在此我们感念良多。殚精竭虑、因病辞世的吕培成教授，年愈九旬、依旧念兹的赵光勇教授，耋老鲐背、勉力而为的袁仲一先生等，他们都是司马迁精神不衰的实践与体现。已故陕西省司马迁研究会原副会长张登第先生在"集成"编纂的组织过程中发挥了重要作用。书稿的编、审、校前后持续六年，这期间，出版社的编辑同志承担着大量繁重的工作，他们珍视与编纂者的合作，在工作上与编纂者并肩前行，在专业上不断历练提高，受益良多。可以说，"集成"的编辑出版，是编纂者与出版者密切合作的结果，也充分体现着双方致力于文化传承创新的责任与使命意识。

值此《史记研究集成·十二本纪》付梓之际，特别感谢北京大学安平秋教授、杨海峥教授，中国人民大学王子今教授，中国社会科学院彭卫研究员，南京师范大学赵生群教授等专家学者所提供的重要的学术支持。同时，感谢社会各界给予的关心和指导。

西北大学出版社

2019 年 3 月 19 日

凡 例

1. 本书《史记》正文以中华书局1959年版点校本为底本，参考《史记》新校本（修订本），汇集历代兼及国际汉学界《史记》研究资料，简体横排。凡古今字、通假字、俗字等，以及人名、地名中的异体字，均一仍其旧。各卷编排：卷前为题解，卷末为研究综述，正文分段，每段为单元，标示注码，段后依次排列汇校、汇注、汇评资料。

2. 本集成遴选的资料，录自古代文献和近现代学术专著，有参考价值的今人研究成果也予以酌录。汇校部分，以他校为主（点校本已作版本校）。汇注部分，不限于字词义诠释，句义、段义以及天文地理等考释也包括在内。所有部分，皆不惮其繁，一一罗列各家之言。

3. 本集成引录的资料中使用的书名简称依旧，个别生僻者，首次出现时，随文加"编者按"予以说明。如：《锥指》（编者按：《禹贡锥指》）；《经典》（编者按：《经典释文》）。

4. 本集成引录的资料中的原有夹注，改为括注，字体字号同正文。为方便读者解读研究资料中的个别问题，本书编者间或加有"编者按"，按语相应随文或置于该条资料文末。

5. 每条研究资料于文末括注出处，录自古代文献和近现当代学术专著者括注书名、卷名或章名，连续两条或三条出处相同者，后条简注"同上"；录自现当代期刊者括注篇目及期刊年次期次。书末附《引用文献及资料》，详注版本信息。

目 录

总　序 …………………………………………………… (1)

《史记研究集成·十二本纪》编辑出版说明 …………… (1)

凡　例 …………………………………………………… (1)

正文及校注评 …………………………………………… (1)

研究综述 ………………………………………………… (515)

引用文献及资料 ………………………………………… (522)

五帝本纪第一

【题解】

应　劭：《易传》《礼记》《春秋国语》《太史公记》：黄帝、颛顼、帝喾、帝尧、帝舜是五帝也。(《风俗通义·皇霸第一·五帝》)

王　肃：天有五行：木、火、金、水、土，分时化育以成万物；其神谓之五帝。(《孔子家语·五帝篇》)

又：五帝，五行之神，佐天生物者。后世谶纬皆为之名字，亦为妖怪妄言。(同上)

又：古之王者易代而改号，取法五行。五行更王，终始相生，亦象其义。故其为明王者而死配五行：是以太皞配木、炎帝配火、黄帝配土、少皞配金、颛顼配水。……五行佐成上帝而称五帝；太昊之属配焉，亦云帝，从其号。(同上)

刘知幾：至太史公著《史记》，始以天子为本纪，考其宗旨，如法《春秋》。自是为国史者，皆用斯法。(《史通》卷一《六家》)

又：盖纪者，纲纪庶品，网罗万物。考篇目之大者，其莫过于此乎？及司马迁之著《史记》也，又列天子行事，以本纪名篇。后世因之，守而勿失。辟夫行夏时之正朔，服孔门之教义者，虽地迁陵谷，时变质文，而此道常行，终莫之能易也。(《史通》卷二《本纪》)

刘　恕：司马迁、孔安国皆仕汉武帝，迁据《穀梁传》《荀卿子》等称五帝，不敢信《文》《列》《庄子》《吕氏春秋》称三皇，见百家言黄帝，《左氏传》传言高阳、高辛氏，《书》始尧舜，而当时大儒董仲舒亦云，推神农为九皇，改号轩辕，谓之黄帝，因存帝颛顼、帝喾、帝尧、帝舜为五帝，迁故作《五帝本纪》。(《资治通鉴外纪》卷一《帝舜》)

又：郑玄注《中侯敕省图》，引《运斗枢》以伏羲、女娲、神农为三皇，轩辕、少昊、高阳、高辛、陶唐、有虞六代为五帝，德合北辰，得天皇之气者皆称皇，协五帝座星者皆称帝。故三皇三而五帝六也。(同上)

又：梁武帝以伏羲、神农、燧人为三皇，黄帝、少皞、颛顼、帝喾、帝尧为五帝，而曰舜非三王，亦非五帝，与三王为四代而已。(同上)

胡　寅：昔司马迁作本纪，列黄帝、颛、辛、尧、舜五人焉，其言曰："孔子所告宰予，儒者或不传，及《春秋》《国语》发明《五德》《系姓》章矣。书缺有间，乃时见于他说。"善乎予弟宏之论曰："判古昔之昏昏，当折衷于仲尼。仲尼系《易》，历叙制器致用兼济生民者，独称羲、农、黄帝、尧、舜氏，盖以是为五帝也，而颛、辛无闻焉。太史公所载特形容之虚语尔，乌得与羲、农比也。岂迁有见于《尚书》之断自唐尧，而无见于《易》之首称包牺欤？故凡论道议事，一折衷于仲尼则无失者。置仲尼而取儒者所不传及它说为据，未有能臻其当也。"然则今以包牺为五帝首，盖祖诸仲尼尔。（《斐然集》卷二十一《复州重修伏羲庙记》）

罗　泌：司马氏父子世典太史，其作《史记》也，首于黄帝，而继之以颛帝、帝喾，又继之以唐、虞。以为纪三皇邪？则不及羲、炎；以为纪五帝耶？则不应黜少昊而首黄帝。学者求之而不得其说，此所以致后世之纷纷，而苏子之所以纪三皇也。（《路史·发挥卷三·论史不纪少昊》）

叶　适：羲、黄为文字之始，圣智之先，不独学者言之，孔子盖言之矣。至于简弃鸿荒，断至尧舜，则何必孔子，自舜、禹以来固然也。何以知之？方禹、益、皋陶共明治道，祖述旧闻，其时去黄帝、颛顼不远，所称道德广大，皆独曰尧、舜，未有上及其先者，推群圣贤之心，岂夸祢而轻祖哉？故余以为神灵不常，非人道之始，缺而不论，非掩之也。如迁所见《五帝德》《帝系姓》，虽曰起至黄帝，若夫稽古而陈之，君止尧、舜，臣止禹、皋陶，而羲、农、后、牧之伦不预焉。迁未造古人之深旨，特于百家杂乱之中，取其雅驯者而著之，然则典谟大训徒雅而已乎？况黄帝、尧、舜之后既数千年，长老所言不可信，审矣。不择义而务广意，亦为学之患也。孔子谓颜渊"行夏之时，乘殷之辂，服周之冕"，盖为邦之要略，汉儒之智未足以及此也。而迁纪夏商，言"孔子正夏时"，又曰"殷路车为善"，近是矣；至"文王三分天下有其二，以服事殷，周之德其可谓至德也矣"，则迁不能知，故曰："受命称王，改法度，制正朔。"当以孔子为正也。（《习学记言序目》卷十九《史记一·本纪·五帝》）

柯维骐：五帝之名，见于《孔子家语》及《大戴礼》，其说有二：其一，孔子答季康子，以伏羲配木，神农配火，黄帝配土，少昊配金，颛顼配水，此言数圣人革命改号，取法于五行之帝，非五帝之定名也。其一，则孔子所答宰予五帝德，曰黄帝，曰颛顼，曰帝喾，曰尧，曰舜，太史公所述《五帝纪》是也。厥后，皇甫谧作《帝王代纪》，苏子由作《古史》，郑樵作《通志》，并祖孔安国，以伏羲、神农、黄帝为三皇，少昊、颛顼、帝喾、尧、舜为五帝。五峰双湖胡氏又主秦博士天皇、地皇、人皇之议，而以伏羲、神农、黄帝、尧、舜为五帝，道原刘氏遂以为定论。窃谓皆不如太史公之说为有征耳。（《史记考要》卷一）

薛士学：《史记》不载三皇之事，岂其才学有所不能哉？盖子长之慨然怀古，而首称黄帝，正为汉武帝辨其怪诞荒唐之无足信也，如此则方士神仙之言绌矣。秦始皇时，其以方技相干者只曰神仙，未闻远言黄帝者也。神仙之说，既无所验于秦皇，则此辈亦自虑其不可再尝于汉武，于是思以黄帝迎（年）〔日〕之术驾轶前人而上之，则其为术益尊，而学亦似本于古而可据，否则仅以仙人居山泽，而形貌甚臞，则是草衣木食之徒，枯寂其身，推其所至，不过许由、巢父之所为玩世孤高而已，而巍巍人主之威严，岂其耽此。故方士托言黄帝，以为是天子而圣人者也，以圣人天子而终之铸鼎，以作神仙，此真汉武之所甘心矣。史迁盖曰，以臣所闻，古黄帝何尝若此，而朝廷方惑于其说，又不能执书策所当考信者而力争之，则《史记》之首称黄帝，故阙三皇也。鄞人李邺嗣以为太史公之谏书，得其指矣，则夫孝武晚年之悔，所云天下岂有神仙者，安知不从读史中来，而子长忠爱之思，有以讽之乎。小司马不知，而漫所为太皞神农之纪也，非子长意也。（《书小司马补三皇纪后》，见陈继聪等编《蛟川先正文存》卷一四）

宫梦仁：五帝：少昊金天氏（原注：黄帝子，在位八十四年）、颛顼高阳氏（原注：黄帝孙，在位七十八年）、帝喾高辛氏（原注：黄帝曾孙，在位七十年，传子挚九年）、帝尧陶唐氏（原注：帝喾子，又曰伊祁氏，自甲辰至癸未，在位一百年）、帝舜有虞氏（原注：颛顼六世孙，生于姚墟，以姚为姓。自甲申至癸酉，在位五十年）。《史记》《大戴礼》《家语》有黄帝，无少昊。《皇王大纪》谓包牺、神农、黄帝、尧、舜。（《读书纪数略》卷十五《统纪类》）

刘绍攽：唐虞以前，孔子所弗道也。史迁何以首黄帝哉？秦汉来，承战国横议之余，异说纷纭，往往指荒远之代，为特奇之论。曰相习于诞漫而无所取中。史公有深慨焉。《本纪》所以作也。……即其始五帝也，本之《五帝德》，夫岂妄溯删书之先哉？后之人乃谓史迁善序事而未闻道，果可谓之知言否耶？呜呼！炫奇惊异，学士类然。司马贞作《索隐》，犹以五帝为近，而遥溯三皇以上，又载蛇首人身之说。今之论史者皆祖述焉。以视子长，为何如也！（《九畹古文》卷十《书五帝本纪后》）

汪　越：《索隐》曰：太史公作《史记》，宜应上自开辟，下迄当代，以为一家之首尾。三皇以还，载籍罕备，然君臣之始，教化之先，既论古史，不合全阙。……按：司马贞补《三皇本纪》，以伏羲、女娲皆蛇身人首，神农人身牛首，以至炼石断鳌之诞，皆笔之。又推之开辟之初，天、地、人三皇，以为图纬所载，不可全弃。又推人皇已后，五龙氏以下十七君，分为十纪，其可信乎？太史公托始黄帝，而其间犹不免牴牾，况欲论著开辟以降乎？故曰百家言黄帝，其言不雅驯，荐绅先生难言之，乃知其澄汰者多矣。（《读史记十表》卷一《读三代世表》，见《史记汉书诸表订补十种》）

崔　述：三皇、五帝之文见于《周官》，而其说各不同。《吕氏春秋》以黄帝、炎帝、太皞、少皞、颛顼为五帝，盖本之《春秋传》；而《月令》因之。《大戴记》以黄帝、颛顼、帝喾、尧、舜为五帝，盖本之《国语》；而《史记》因之。至《三统历》则又以包羲、神农、黄帝、尧、舜为五帝，其说以《易传》为据，而近代五峰、双湖两胡氏并用之。《秦本纪》有天皇、地皇、泰皇之名；而郑康成则以女娲配羲、农为三皇；谯周易以燧人；宋均又易以祝融；惟《三五历》本《秦本纪》为说，而易泰皇为人皇，其语尤荒唐不经（郑康成以下，并本《补三皇本纪》）。后之编古史者，各从所信，至今未有定说。余按：《书》云"皇帝哀矜庶戮之不辜"，"皇帝清问下民"，是"帝"亦称"皇"也。《诗》云"皇王惟辟"，"皇王烝哉"，是"王"亦称"皇"也。《书》云"惟皇作极"，又云"皇后凭玉几"，《诗》云"皇尸载起"，又云"献之皇祖"，《传》云"皇祖文王"，又云"皇祖伯父昆吾"，《离骚》云"朕皇考曰伯庸"，然则"皇"乃尊大之称，王侯祖考皆可加之，非"帝""王"之外别有所谓"皇"者也。且经传述上古皆无三皇之号，《春秋传》仅溯至黄帝，《易传》亦仅至伏羲，则谓羲、农以前别有三皇者妄也。燧人不见于《传》，祝融乃颛顼氏臣，女娲虽见于《记》而文亦不类天子，则以此三人配羲、农以足三皇之数者亦妄也。《春秋传》云："黄帝氏以云纪；炎帝氏以火纪；共工氏以水纪；太皞氏以龙纪；少皞挚之立也，凤鸟适至，故纪于鸟；自颛顼以来，不能纪远，乃纪于近。"此但历叙古帝纪官之不同耳，初无五帝之名，亦无五德之说也。吕氏缘此，遂删共工氏而以五德分属之，失《传》之本意矣。《国语》云："黄帝能成命百物以明民共财；颛顼能修之；帝喾能序三辰以固民；尧能单均刑法以仪民；舜勤民事而野死。"但序此五人之功，为下郊禘张本耳，亦不称为五帝而谓帝必限以五也。《大戴记》遂独取此为五帝而他不与焉，亦非《国语》意也。至于《易传》五帝，亦偶举之，而刘歆遂附会其说，以为少皞、颛顼诸帝，周迁其乐，故《易》不载，诬矣！《伪孔传书序》云："伏羲、神农、黄帝之书谓之《三坟》；少皞、颛顼、帝喾、尧、舜之书谓之《五典》。"其意盖以"坟"为皇书，"典"为帝史。……不知古者本无皇称，而帝亦不以五限，又何必夺彼以与此也哉！故今但取古天子之见于传者次第列之，而绝不以三五约其数焉。（《崔东壁遗书·补上古考信录》卷上《古无三皇五帝之说》）

又：夫《尚书》但始于唐、虞，及司马迁作《史记》乃起于黄帝，谯周、皇甫谧又推之以至于伏羲氏，而徐整以后诸家遂上溯于开辟之初，岂非以其识愈下则其称引愈远，其世逾后则其传闻愈繁乎！且《左氏春秋传》最好称引上古事，然黄、炎以前事皆不载，其时在焚书之前，不应后人所知乃反详于古人如是也。（《崔东壁遗书·补上古考信录》卷上《驳三皇及十纪之说》）

又：盖迁之叙五帝本之《大戴记》，而《记》本之《鲁语》，然《鲁语》但举其有功者言之，实未尝有五帝之名，亦不谓其间不得复有帝也。若《月令》之五帝，则本之《春秋传》，然《传》实亦未有五帝之说。大抵后人之说皆沿之古人而附会之，以

致浸失其意。(《崔东壁遗书·补上古考信录》卷下《炎帝非神农氏》)

梁玉绳：孔子删书肇于唐、虞，系《易》起于包、炎。史公作《史》，每祖述仲尼，则本纪称首不从《尚书》之昉二帝，即从《易辞》之叙五帝，庶为允当，而以黄帝、颛、喾、尧、舜为五，何耶？于是谓其略三皇者有之，谓其遗羲、农者有之，谓其缺少昊者有之。夫略三皇可也，缺少昊可也，而遗羲、农不可也。盖先儒举三皇之名不一，或以天皇、地皇、泰皇（原注：即人皇）为三，或以羲、农、黄帝为三，或以女娲、或燧人、或祝融、或共工合羲、农为三，或以盘古至燧人统为三皇，或以羲、农、黄帝为天皇、地皇、人皇，而宋罗泌《路史前纪》复有初三皇、中三皇。凡斯众说，半归诬诞，总以年代悠远，莫由详定，自应削而不记，故曰略三皇可也。少昊、颛、喾三君，仅持其世，未有制作，观颛、喾两纪皆称颂语，非有行事可考，则少昊类是矣。余方议史公之以颛、喾入五帝，更何论少昊；且《系辞》孔氏之言，而不及少昊、颛、喾，尚奚讥《史》之无少昊哉，故曰缺少昊可也。若羲、农，实与黄帝、尧、舜为五帝，安得遗之。《系辞》而外，如《左传》《国语》《礼记·月令》《汉书·律历志》均号羲、农为帝（原注：《封禅书》泰帝，即伏羲），正足以表先秦未尝以羲、农、黄帝为三皇，而实与黄帝、尧、舜为五帝。有疑《系辞》统皇与帝言之者，殊未确。《后汉书·张衡传》，衡表奏司马迁所叙不合事，请专据《系辞》，并录羲、农。《潜夫论·五帝志》依《易·系》记伏羲以来，共求厥真。宋胡宏《皇王大纪》从之，诚卓识也。……唐司马贞补《史记》，云"宜上自开辟，下迄当代，不合全阙"。殊不知三皇之事若存若亡，五帝之事若觉若梦，况皇、帝以前之荒邈乎？《列子·杨朱篇》曰："太古灭矣，孰志之哉？"《楚辞》屈平《天问》曰："遂古之初，谁传道之？"小司马补《三皇本纪》，虽不补亦可也。(《史记志疑》卷一《五帝本纪》)

瞿中溶：《春秋合诚图》云："黄帝德冠帝位。"又案：以黄帝、颛顼、帝喾、唐尧、虞舜为五帝，见《易传》《礼记》《春秋》《国语》《史记》《大戴礼》《白虎通》《风俗通》《世本》，郑康成注《中侯》诸书。(《汉武梁祠画像考·像二》)

茆泮林：案：《书·正义》《世本》以黄帝为首，《史·正义》《世本》以黄帝、颛顼、帝喾、唐尧、虞舜为五帝。《史·正义》《索隐》又引孙氏注《世本》，以伏羲、神农、黄帝为三皇，以少皥、颛顼、高辛、唐、虞为五帝。孙氏未知何时人？今辑依黄帝为首。(《世本辑注·帝王世本》，见《世本八种》)

崔　适：案：《太史公自序》曰"述陶唐以来，至于麟止"，然则此纪之录本当为《陶唐本纪》，与《夏》《殷》《周》《秦本纪》一例，而上系黄帝，下兼虞舜，犹《周本纪》上系后稷，下统武王之比。且《世家》始泰伯，《列传》始伯夷，表让德也，是则《本纪》始《陶唐》，又可比例而得者。后人改为《五帝本纪》，遂增《自序》篇末云"述历黄帝以来，至太初而讫"，显与"述陶唐以来，至于麟止"之言相抵牾。

由是增窜全书者，至太初不足，至征和、后元复不足，下及昭、宣、元、成之世，此《淮南子》所谓凿一孔而开百隙者矣。（《史记探源》卷二《五帝本纪》）

[日]泷川资言：林伯桐曰：古来制作，自黄帝而定。《礼记·祭法》曰：黄帝正名百物。孔疏云：上虽有百物，而未有名，黄帝为物作名，正名其体也。然则《史记》托始，自有深意。既以黄帝为始，固当援《大戴礼》五帝之论为据，不容任意增损。后来胡五峰、刘道原谓武帝当冠以伏羲、神农，而削去颛顼、帝喾，论似近正，然非史公自黄帝始之意矣。又以秦博士天皇、地皇之议为三皇定名，此则载在《秦始皇纪》，而史公终不以为据者，顾欲拾其所弃以相难，不亦异乎？中井积德曰：凡帝纪称"本"者，对诸侯明本统也。本，干也，谓宗也。《诗》云"本支百世"，纪是纲目之纪，谓相比次有伦理也。（《史记会注考证附校补·五帝本纪第一》）

吕思勉：五帝之说，《史记》《世本》《大戴礼》并以黄帝、颛顼、帝喾、尧、舜当之；郑玄说多一少昊。今案《后汉书·贾逵传》，逵言："五经家皆言颛顼代黄帝，而尧不得为火德。《左氏》以为少昊代黄帝，即图谶所谓帝宣也。如令尧不得为火德，则汉不得为赤。"则《左氏》家增入一少昊，以六人为五帝之情可见矣。《史记》《世本》《大戴礼》，皆今文说，《左氏》古文说也。（《经子解题·论读经之法》）

又：太史公依《世本》《大戴礼》，以黄帝、颛顼、高辛、唐尧、虞舜为五帝，谯周、应劭、宋均皆同。此五帝之说一也。郑注《中侯敕省图》，于黄帝、颛顼之间，增一少昊，谓德合五帝座星者为帝，故实六人而为五。此五帝之说二也。伪孔、皇甫谧、孙氏，以少昊、颛顼、高辛、唐、虞为五帝。此五帝之说三也。（《中国民族史》第二章《汉族·三皇五帝考》）

又：《后汉书·贾逵传》："逵奏《左氏》大义长于《二传》者，曰：五经皆言颛顼代黄帝，而尧不得为火德。左氏以为少昊代黄帝，即《图谶》所谓帝宣也。如令尧不得为火，则汉不得为赤。"此古文家于黄帝、颛顼之间，增一少昊之由，然以六为五，于理终有未安。伪孔乃去燧人而升黄帝为三皇，则少昊虽增，五帝仍为五人矣。且与《易系》盖取一节，始伏羲而终尧、舜者相合。此实其说之弥缝而更工者也。（同上）

又：三皇之说，义则托于天地人；其人则或为燧人、伏羲、神农，或为伏羲、神农、祝融，此经师旧说也。因天地人之名，而立为怪说者，纬候也。五帝本无异说，古文家增一少昊，伪孔遂并三皇而易其人。异说虽多，固可穷其源以治其流矣。（同上）

刘咸炘：《史》之首黄帝，不过误仍《大戴礼》。……史公网罗放失，自当上溯以补经，不能仍断自唐、虞。然上溯到百家之言驳异难信，考信六艺，又无记述，折中孔子，不得不降取传记。传记所述则《易传》述包、炎，《礼记》述五帝。《易传》寥寥数语，不若《礼记》之详。故舍彼取此，即《自序》所谓"正《易传》"也。《易传》《戴礼》皆出圣门，其可信正相等耳。梁氏谓《戴记》汉儒所辑不足信，乃不明传记体裁之言。如梁氏言，则周、秦、汉人所传孔子语皆无一真邪？五帝之名，古说不定；五数亦非确目。必谓羲、农定当在内，亦梁氏之说而已，《易系》固未明定某某为五帝也。惟是《五帝德》《帝系》二篇虽相次列《大戴记》中，而一可信，一不可信。《五帝德》乃孔子语，《帝系》则非。《五帝德》不言五帝同祖，《帝系》乃言之。史公信《五帝德》而并信《帝系》则误。（《太史公书知意·五帝本纪》，见《刘咸炘学术论集·史学编》）

顾颉刚：这篇中所说的五帝是黄帝、帝颛顼、帝喾、帝尧和帝舜。这个名单和《鲁语》中所说的"黄帝能成命百物，以明民共财，颛顼能修之，帝喾能序三辰以固民，尧能单均刑法以仪民，舜勤民事而野死"的次序一样，和《吕氏春秋·尊师篇》中所说的"黄帝师大挠，帝颛顼师伯夷父，帝喾师伯招，帝尧师子州支父，帝舜师许由"的次序也一样。可知这一个五帝系统是从战国到秦、汉一直沿用的。（《中国上古史研究讲义》二〇《五帝德》）

又：从《吕氏春秋·尊师》和《古乐》两篇看，五帝的系统是：（1）黄帝—（2）帝颛顼—（3）帝喾—（4）帝尧—（5）帝舜。（《中国上古史研究讲义》一三《吕氏春秋（十二纪中的五帝）》）

又：五帝之说，自战国以迄西汉，都确定为"黄帝—颛顼—帝喾—尧—舜"。但尧、舜为有儒家的捧场，黄帝为有道家及神仙家的捧场，他们的势力历久不衰。至颛顼与帝喾二人，则偶像之成系因其为各民族的祖先；到了西汉，民族既融合为一，没有这个偶像的需要，又没有思想家替他们开出些新国土来，他们的势力不由得不日就衰落了。然而那时的伏羲、神农的传说起得不久，正在社会上风行，惟以五帝久已定局，三皇也没有改组的消息，他们得不到一个正统的地位。本章的作者看准了这一点，大胆起一次革命，推戴伏羲、神农，放逐颛顼、帝喾，使五帝的组织变成"伏羲—神农—黄帝—尧—舜"，个个都是当时有实力的。因为他推戴的是"大的新鬼"，放逐的是"小的故鬼"，所以舆论翕然，不闻异议。而伏羲、神农的宝座遂至今不撤了。（《中国上古史研究讲义》二五《易传》）

陈登原：《古史甄微》：自邹衍五运之说兴，而五帝之说起。秦襄公作西畤，礼白帝；宣公作密畤，祀青帝，灵公作上畤，祀炎帝。然到秦之亡，五帝之畤未具。具五畤，自汉高帝始。可见秦人五帝说之逐渐而起。顾当秦未具五畤之际，晋巫已祀五帝，荀卿已言五帝，东方则有驺子，又言五德终始。西方之国，又以王者配上帝。天有五帝，而上世之王者，又有五帝。巫之五帝，史之五帝，于是次第起矣。（《国史旧闻》卷二《五帝说》）

王叔岷： 案：《国语·鲁语上》："黄帝能成命百物以明民共财，颛顼能修之，帝喾能序三辰以固民，尧能单均刑法以仪民，舜勤民事而野死。"与史公所述五帝次序同。《通鉴·秦纪二》胡三省注："宋均注《援神契》引《甄耀度》曰：黄帝、颛顼、帝喾、唐尧、虞舜为五帝。"与史公所述五帝名称亦同。（《史记斠证·五帝本纪第一》）

马持盈： 关于五帝之名次，传说不一，太史公依《世本》《大戴礼》，以黄帝、颛顼、帝喾、唐尧、虞舜为五帝；孔子所作《易·大传》以伏羲、神农、黄帝、尧、舜为五帝；孔安国《尚书序》以伏羲、神农、黄帝为三皇，以少昊、颛顼、高辛、唐、虞为五帝。传说不一，互相抵触。（《史记今注·五帝本纪》）

又： 本纪，太史公作《史记》，其体例分为五类，记帝王之事者，曰"本纪"；……"本"者，系其本系，故曰"本"，又以帝王为首出众物领导人群之本，故亦曰"本"。"纪"者，"记"也，古人多用假借字，凡音同者，其意义亦常同，故"纪"即"记"也。又有人解释，谓"纪"者，理也，统理众事，系之年月，名之曰"纪"，此亦可通，但不如前一种解释之佳。（同上）

齐思和： 先民计数，源于屈指而数，手有五指，故数穷于五。罗马数字，至五而循环，吾国字码亦然，先民计数法，犹可藉是而考见。刘师培以"一二三四五，皆有古文，而六字以上，即无古文，以此为上世原人只知五数之证"。此虽未必，要先民计数，喜以五为单位，则可断言也。古人计数既以五为单位，故遇事物，多以五称之，取其整齐而便记忆，刑未必止于五也，而《吕刑》有五刑之文；谷不止于五也，而《论语》有五谷之言；春秋霸诸侯者，不止于五也，而《孟子》有五霸之称；上古帝王，不止于五也，而《荀子》有五帝之语。……如一五帝也，或以为黄帝、颛顼、喾、尧、舜；或以为太昊、神农、黄帝、少昊、颛顼；更或以为少昊、颛顼、帝喾、帝尧、帝舜。……凡此之类，不胜枚举。揆厥原因，良以五本虚数，而后人必一一指实，事物非五所可尽，遂致人人异辞也。（《中国史探研·五行说之起源》）

韩兆琦：《尚书》所记最早人物是尧、舜，而尧、舜又是在《论语》里被孔子倾心歌颂过的，所以司马迁首先把这两个人收进了《史记》的《五帝本纪》里。司马迁发展了《尧典》《舜典》里的材料，把尧、舜第一次生动地刻画成了两个一切以天下黎民百姓的幸福为准则，而丝毫不计个人私利的"天下为公"的君主，寄托了自己崇高的政治理想。《五帝本纪》里的第一个人是黄帝，是中国古代传说中的"始祖"，司马迁第一个写他，有为中华民族确定"始祖"之意。但这个人物在作品中没有什么活动，给人留下的只是一种概念。至于颛顼和帝喾，更只是提到而已，所以说，司马迁之所以立《五帝本纪》，实际上主要还是为了写尧、舜。这件事表明了司马迁对于中国历史实际应从哪里开端的认识，也表明了司马迁尊崇孔子，以孔子见解为自己取舍标准的态度。（《史记博议·史记与尚书》）

陈蒲清：五帝，我国古代传说中的五个著名帝王。《五帝本纪》以黄帝、颛顼、帝喾、尧、舜为五帝，与《世本·五帝谱》《大戴礼记·五帝德》一致；《帝王世纪》等书则以少昊、高阳、高辛、尧、舜为五帝；《周易·系辞》则以伏羲（太皞）、神农（炎帝）、黄帝、尧、舜为五帝。（见王利器主编《史记注译·五帝本纪》）

又：本纪，《史记》体例之一。它按世系和年代次序，记载帝王的大事。清代赵翼《廿二史札记》说："司马迁参酌古今，发凡起例，创为全史。'本纪'以序帝王，'世家'以记侯国，十'表'以系时事，'八书'以详制度，'列传'以志人物，然后一代君臣政事，贤否得失，总汇于一编之中。自此例一定，历代作史者遂不能出其范围，信史家之极则也。"（同上）

编者按：《史记》以黄帝开端，亦即我国古代文明史也是黄帝开始缔造的。太史公高举黄帝，不仅以孔子所传宰予问《五帝德》及《帝系姓》为依据，而且花了很大力气，费了很长时间，"西至空桐，北过涿鹿，东渐于海，南浮江淮"，进行了广泛的调查研究之后才肯定下来的。而今已经深入人心，把黄帝誉为中华民族的"人文初祖"而顶礼膜拜。

又，"五帝"之名称，亦是众说纷纭，太史公也不是向壁虚拟。不仅《五帝德》《帝系姓》如是说，在《国语·鲁语》《世本》及《吕氏春秋·尊师》《古乐》等先贤著作中也是这样阐述的。顾颉刚在《中国上古研究讲义》二〇《五帝德》中，说太史公五帝的人物与次序，"是从战国到秦、汉一直沿用的"。千百年来，虽然不断有人质疑，由于年湮代远，可信资料匮乏，如想做出社会公认的另外一种结论，恐怕是很难很难的。

　　黄帝者①，少典之子②，姓公孙③，名曰轩辕④。生而神灵⑤，弱而能言⑥，幼而徇齐⑦，长而敦敏⑧，成而聪明⑨。

① 【汇注】

应　劭：谨按：《易》《尚书大传》："天立五帝以为相，四时施生，法度明察，春夏庆赏，秋冬刑罚，帝者任德设刑以则象之。言其能行天道，举错审谛。黄帝始制冠冕，垂衣裳，上栋下宇，以避风雨，礼文法度，兴事创业。黄者，光也，厚也。中和之色，德施四季，与地同功，故先黄以别之也。"（《风俗通义·皇霸第一·五帝》）

班　固：黄者，中和之色，自然之性，万世不易。黄帝始作制度，得其中和，万世常存，故称黄帝也。（《白虎通德论·号篇》）

高　诱：黄帝，少典之子，以土德王天下，号为轩辕氏。死为中央土德之帝。(《淮南子注》卷五《时则训》)

郑　玄：轩辕皇，姓公孙，二十五月而生，有珠衡日角之相。以土德王天下，建寅月为岁首。生子二十五人，有十二姓。凡十三世，合治一千七十二年。梦受帝籙，遂与天老巡河而受之。得《河图书》。师于牧马小童，拜广成丈人于崆峒山。(《六艺论》)

裴　骃：徐广曰："号有熊。"(《史记集解·五帝本纪》)

郦道元：南安姚瞻以为黄帝生于天水，在上邽城东七十里，皇甫谧云：生寿丘，丘在鲁东门北，未知孰是也。(《水经注》卷十七《渭水上》)

司马贞：按：有土德之瑞，土色黄，故称黄帝，犹神农火德王而称炎帝然也。此以黄帝为五帝之首，盖依《大戴礼·五帝德》。又谯周、宋均亦以为然。而孔安国、皇甫谧《帝王代纪》及孙氏注《系本》并以伏羲、神农、黄帝为三皇，少昊、高阳、高辛、唐、虞为五帝。注"号有熊"者，以其本是有熊国君之子故也。亦号轩辕氏。皇甫谧云："居轩辕之丘，因以为名，又以为号。"又据《左传》，亦号帝鸿氏也。(《史记索隐·五帝本纪》)

张守节：《舆地志》云："涿鹿本名彭城，黄帝初都，迁有熊也。"按：黄帝有熊国君，乃少典国君之次子，号曰有熊氏，又曰缙云氏，又曰帝鸿氏，亦曰帝轩氏。母曰附宝，之祁野，见大电绕北斗枢星，感而怀孕，二十四月而生黄帝于寿丘。寿丘在鲁东门之北，今在兖州曲阜县东北六里。生日角龙颜，有景云之瑞，以土德王，故曰黄帝。封泰山，禅亭亭。亭亭在牟阴。(《史记正义·五帝本纪》)

胡　宏：黄帝轩辕氏，少典之后，曰公孙氏。……始作轩车，故曰轩辕氏。都于有熊，作布政之所，曰合宫，又曰明庭。(《皇王大纪》卷二《黄帝轩辕氏》)

马端临：黄帝，少典之子，姓公孙，名轩辕，生于寿丘。神农氏世衰，诸侯相侵伐，蚩尤最暴，黄帝征师诸侯，禽杀蚩尤，诸侯尊黄帝为天子，在位百年，崩，年百一十岁。(《文献通考》卷二百五十《帝号历年》)

王　圻：黄帝有熊氏：姓公孙，长于姬水，故以姬为姓。又居轩辕之丘，故号轩辕氏。土德王。炎帝既衰，诸侯相侵伐，乃修德治兵，戮蚩尤，而天下归命。容成造律历，隶首作算数，伶伦制律吕，实为文明之始。官名皆以云命，都涿鹿，在位一百年，寿三百岁。(《三才图会·人物卷一·黄帝有熊氏》)

徐文靖：纪元始于黄帝，盖黄帝使大挠作甲子，自是而后始得以甲子纪年故也。(《竹书纪年统笺·凡例》)

又：《笺》按：孔安国《尚书·序》曰：古者庖羲氏之王天下也，始画八卦，造书契，以代结绳之政，由是文籍生焉。伏羲、神农、黄帝之书谓之三坟，言大道也。

少昊、颛顼、高辛、唐、虞之书谓之五典，言常道也。或有问于朱子之曰：三皇所说甚多，当以何者为是？朱子曰：无处理会。当且依孔安国之说。……今《竹书纪年》始黄帝而不始伏羲者，以黄帝以前无年之可纪也。无年可纪，故始于黄帝。（《竹书纪年通笺》前编）

齐召南：黄帝轩辕氏，长于姬水，姬姓，有熊氏，以土德王，灭蚩尤，代炎帝有天下，都涿鹿。以云纪官。作甲子，纪历法，造律吕。乐曰《咸池》。制冠冕衣裳，作器用，作舟车，作货币，教蚕桑，作内经，画野分州，经土设井。帝子二十有五人，其得姓者十有四人，自帝以后五帝三王皆子孙也。在位百十年，崩于荆山之阳，葬桥山。（《历代帝王年表》）

梁玉绳：黄帝轩辕氏，黄帝始见《易·系》《鲁语》上，轩辕始见《大戴礼记》《帝系》《五帝德》，三皇之三也。亦曰黄帝氏，亦曰帝轩，亦曰黄轩，亦曰轩黄，亦曰轩皇，亦曰地皇，亦曰黄神，亦曰黄灵；名荼，亦曰轩，字玄律，亦曰有熊氏，亦曰归藏氏，亦曰公孙，亦曰皇帝，亦曰黄精之君，亦曰中央之帝。宋徽宗大观三年，以黄帝为先师，姬姓。少典之子。少典取有蟜氏，名附宝，感大电绕枢，孕二十五月，以戊巳日，生黄帝于天水。弱而能言，河目，龙颜，修髯花瘤，身逾九尺，代炎帝氏，在位百年。年百十七，以八月既望甲戌日，崩。都涿鹿，葬桥山。传十世，二千五百二十岁。案：汉董仲舒《春秋繁露·三代改制》《白虎通·谥章》《论衡·道虚》《独断》，俱以黄帝为谥，似未可凭，谥起于周，三皇时安得有之？以黄为谥，犹以颛顼、喾、尧、舜、禹、汤、桀、纣为谥也。又郑注《中侯》、杜注《左传》以帝鸿氏是黄帝，然表别列帝鸿，定系两人。又《史·五帝纪·正义》以黄帝号缙云氏，但缙云乃黄帝官名之一，《左传》可证，不得指为黄帝，故二氏不录。（《汉书人表考》卷一《黄帝轩辕氏》，见《史记汉书诸表订补十种》）

编者按：今山东省嘉祥县武翟山，有武氏家族的墓葬，在双阙上及四个石祠堂镌刻有装饰画，其中以武梁祠堂为最早。从东汉桓帝建和元年（147）开始营造，历数十年。南宋赵明诚《金石录》曾著录。黄帝等画像皆黑文凸起。其后以河徙填淤。清乾隆中，郡丞黄易在其地发掘，有新发现。如黄帝、颛顼、禹等，一致黑文凸起。线条清晰，各具特色。均见于清道光五年瞿中溶《汉武梁祠堂石画像考·附图》中。

杨宽：春秋以前之著作，如《书》之《多方》《多士》《立政》等篇及《诗》之《大、小雅》《周颂》《鲁颂》《商颂》等，其涉及前代之事，仅上溯及禹稷等而止。……黄帝首见于《竹书纪年》，《竹书纪年》所载史事，迄于魏襄王之二十年（原注：公元前298年），旧说均谓为当时魏之国史。《史记·魏世家集解》引荀勖曰："和峤云：《纪年》起自黄帝，终于魏之今王。"证以《山海经》郭注，《隋书·律历志》《北堂书钞》《太平御览》《通鉴外纪》等所引古本《竹书纪年》，荀勖所引和峤之言，似

若可信。……黄帝之名，始见于《陈侯因𬪩錞》。（见《古史辨》第七册［上］《中国上古史导论·黄帝与皇帝》）

马持盈：黄帝，以土德王，土色黄，故称黄帝。……母曰附宝，往大野，见大电绕北斗枢星，有感而怀孕，怀孕二十四月之久，而生黄帝于山东之寿丘（在今山东兖州曲阜县东北六里）。生下来的时候，头额如太阳，眉宇如龙骨，完全是帝王之相。（《史记今注·五帝本纪》）

徐日辉：黄帝之所以称其"黄"者，实质上就是农业民族的象征。皇帝虽然以"黄"为"皇"，但是最终还是以"黄"色成为象征。不过，也有学者认为"黄即是母"，且与"女性生殖有关"。还有专家认为："黄帝之为水母大神，一切与水有关的神灵，共工、鲧、禹，也可列入黄帝系神话中；黄帝又为地母大神，一切与土地有关的神灵，共工、后土、禹，也可列入黄帝系神话中。"根据《史记·天官书》记载："曰中央土，主季夏，日戊、己，黄帝，主德，女主象也。"如果从泛生殖的范围讲，黄土、黄河等都是养育中华民族的重要物质资源，从这个意义上讲，黄即是母亲，浇灌大地滋养万民也不为过。（《史记札记·黄帝史迹多疑不清·黄色之帝》）

【汇评】

苏　辙：孔子删《诗》及《书》，起于尧舜稷契之际，以为自是以上其事不可详矣。至司马迁纪五帝，首黄帝，遗羲农而黜少昊，以为帝皇皆出于黄帝，盖纪其世，非纪其事也，故余因之。然黄帝本神农之后，少典之子，神农岂非五帝世耶？盖黄帝、高阳、高辛，子孙代有天下，而少典之后不传，《周礼》六乐无少昊之乐，《易》叙古帝王，亦不道也，迁由是黜而不纪，后世多以迁为非者，于是作《三皇本纪》，复纪少昊于五帝首。（《古史》卷一《三皇本纪》）

罗　泌：窃观《太史公记》首黄帝者，特因于《世本》若《大戴礼·帝系》《五帝德》。盖纪其世而非主于三与五之说也，抑以为后世氏姓无不出黄帝者，故首而宗之。至于羲、炎，鲜有闻焉，是以不纪，此太史公之本意也。（《路史·发挥卷三·论史不纪少昊》）

张　照：夫删《书》断自唐虞，孔子岂未见黄帝之书，谓其荒远难稽，不欲传疑于后世也。迁史始黄帝，已失孔子之指……顾迁之所以始黄帝者，盖以武帝好神仙，神仙家言并托之黄帝。《封禅书》载帝语"我若得如黄帝，视弃妻子如敝屣耳"。迁是以据古史著黄帝事实，以言黄帝亦人耳。非能乘云驾风、长生不死如彼所言神仙者也。故《五帝》中独著黄帝之"葬桥山"，余并不书葬者，言黄帝之死，有冢可据也。（《钦定史记·史记目录考证》）

陈遇夫：子长作史……其上溯黄帝何也？周室东迁，政教不行，故孔子修鲁史，明王法，志在义不在事，事则《尚书》《雅》《颂》，与列国史官载之，未尝亡也。自战国迄秦，而后大乱，方策无存，存者亦散失讹舛，迁不论次，则后无所考矣，故始黄帝也。班固讥迁，先黄老而后六经，其实不然。迁所论阴阳、儒、墨、名、法诸家，而归重于道，乃述父言，非迁言也。迁不宗黄老，而不讳其父之宗黄老，此迁所以为信史也。经学不明久矣，迁序孔子，以为修经术，达王道，匡乱世反之正，置老子于列传，以申、韩附之，曰：其极惨礉少恩，皆原于道德之意。非确然于圣贤之旨，能为斯言乎？王介甫谓迁置孔子于世家，自乱其例，多所抵牾。噫！孔氏之道，不以世家而大，而迁世家孔氏，尊孔氏也。苟尊孔氏，则又何责焉！（《史见》卷二《离著》）

梁启超：带有神话性的（人物），纵然伟大，不应作传。譬如黄帝很伟大，但不见得真有其人。太史公作《五帝本纪》，亦作得恍惚迷离，不过说他"生而神明，弱而能言，幼而徇齐，长而敦敏，成而聪明"。这些话，很像词章家的点缀堆砌，一点不踏实，其余的传说，资料尽管丰富，但绝对靠不住。纵然不抹杀，亦应怀疑。（《中国历史研究法补编·人的专史》）

顾颉刚：《六艺》中的《尚书》是始于尧、舜的；还有《礼》家杂记的《五帝德》和《帝系姓》，虽然，"儒者或不传"，究竟还为一部分的儒者所信，这两篇中的历史系统是从黄帝开始的。司马迁在他自己所立的标准之下，根据了这些材料来写史，所以他的书也起于黄帝。传说中知道有神农氏、伏羲、无怀氏和泰帝，但他毅然以黄帝为断限，黄帝以前的一切付之不闻不问。这件事看似容易，其实很难；我们只要看唐司马贞忍不住替他补作《三皇本纪》，就可知道他在方士和阴阳家极活动的空气之中排斥许多古帝王是怎样的有眼光与有勇气了。（《古史辨》第七册〔上〕《战国秦汉间人的造伪与辨伪》）

又：《史记》起于黄帝，黄帝以前略而不言。这不是他不知道黄帝以前还有伏羲、神农一班有名的古王，他曾说："神农氏世衰，诸侯相侵伐。"（《五帝本纪》）"伏羲至纯厚，作《易·八卦》。"（《自序》）他又在《封禅书》中详列了巫者、阴阳家、方士们的上古史说，远到无怀氏和泰帝。但是他毅然地以黄帝为断限，黄帝以前付之不闻不问。这在现在看来固然很平常，而在西汉中叶敢于如此，确实有些胆气。要是换了别一个人来做，匪特伏羲、神农须立本纪，就是泰皇、天皇也要立本纪；匪特他们须立本纪，蚩尤、共工也要立世家，鬼容区、务成子也要立列传了。（《中国上古史研究讲义》二四《史记》）

瞿蜕园："学者多称五帝尚矣，然《尚书》独载尧以来，而百家言黄帝，其文不雅驯，缙绅先生难言之"。这就是说，一般学者都喜欢高谈远古，其实《尚书》也只从尧的时代说起，百家讲的黄帝，话也不正当，知识分子也弄不清楚。照司马迁的意思，尧以前都是不甚可靠的，然而黄帝已经成为传说中心，也不能一笔抹杀。所以还是从黄帝说起。（《古史选译·导言》）

编者按：赵光勇、许允贤《〈史记·黄帝纪〉深意探索》（载《陕西师范大学学报》1988年《增刊》）一文中说：司马迁同时代的大作家司马相如，曾慨叹"轩辕之前，遐哉邈乎，其详不可得闻已"。即如司马贞的《三皇本纪》，伏羲、女娲，都是"蛇身人首"，连神农氏也是"人身牛首"，尚没有摆脱神话的色彩，司马贞以前的晋朝王子年《拾遗记》谓"蛇身之神，即羲皇也"。皇甫谧《帝王世纪》亦谓"庖牺氏蛇身人首"。即令东汉武梁祠石室画像，伏羲也是这般模样。……人首蛇身的伏羲女娲像，在西汉初期既已成为建筑装饰的题材，则其传说渊源之古，可想而知。《天中记》卷二十二引《帝系谱》已记载了"伏羲人头蛇身"的故事。《史记》为信史，自然不愿把未曾考信的神话人物当作正史的开端。只有到了黄帝，才算进入了文明之域。司马迁在《三代世表序》中说："余读谍记，黄帝以来皆有年数。"《世本》是"古史官明于古事者之所记也。录黄帝以来帝王诸侯及卿大夫系谥名号，凡十五篇"（见《史记集解序》司马贞《索隐》），司马迁也是读过的。《汉书·艺文志》载《历谱》18家，606卷，其中的《黄帝五家历》33卷，亦当直接与黄帝有关。

在古代典籍中，记载我国历史从黄帝开始的，不仅《世本》《历谱》而已，此外像《竹书纪年》、《大戴礼记》的《五帝德》《帝系姓》、邹衍的《终始大圣之篇》（见《史记·孟轲列传》）也莫不皆然。《史记·周本纪》并说：武帝灭殷，即封"黄帝之后于祝"，《秦本纪》中还提出身居西戎的由余，也了解"上圣黄帝作为礼乐法度，身以先之"的史事；《五帝纪》中写到黄帝"官名皆以云命，为云师"，则是从《左传·昭公十七年》记载的东夷郯子所谓"昔者黄帝氏以云纪，故为云师而云名"点化而来。司马迁能够参酌古今，慎于去取，特别是历经广泛的实地考察，明确地肯定了黄帝其人的存在及其在历史上的不可移易的地位，才作为《史记》的开端。

……由此可见，司马迁对《黄帝纪》的写作真是煞费苦心，不仅要"厥协《六经》异传，整齐百家杂语"，而且还踏遍祖国大地，穷搜博访，经过实地考察，才建成自己特有的体系，成一家之言，千秋万世，永远与日月同光。

徐日辉：《史记·太史公自序》曰："维昔黄帝，法天则地，四圣遵序，各成法度；唐尧逊位，虞舜不台；厥美帝功，万世载之。作《五帝本纪》第一。"按：中华文明源远流长，但为什么中华民族习惯上称之为"炎黄"而不称其他，这就告诉我们，在肇启中华文明的过程中，炎帝和黄帝有着杰出的贡献，并作为今天华夏民族的始祖，受到全球华人、华裔的认同。考察司马迁以黄帝为首撰写历史，其核心就在于黄帝建立了作为国家形态的制度，并且成为后世"遵序"与不可超越的"法度"。所以司马迁称之为"法天则地""万世载之"。在《史记·五帝本纪》中，司马迁用相当大的篇幅专门记载黄帝的历史事迹，使之高大完美。……对黄帝事迹的集中介绍，也是司马迁所能知道的全部，包括他自己的考察补充。虽然字数不多，内容却相当的丰富，涉及到从新石器时代到文明社会的重大转折，以及黄帝与神农氏、黄帝与蚩尤等相互之间的历史状态。面对错综复杂的历史背景，司马迁则重突出黄帝建立规矩一统和谐的历史功绩。

② 【汇注】

戴　德：少典产轩辕，是为黄帝。（《大戴礼记》卷七《帝系》）

裴　骃：谯周曰："有熊国君，少典之子也。"皇甫谧曰："有熊，今河南新郑是也。"（《史记集解·五帝本纪》）

司马贞：少典者，诸侯国号，非人名也。又按：《国语》云"少典娶有蟜氏女，生黄帝、炎帝"。然则炎帝亦少典之子。炎黄二帝虽则相承，如《帝王代纪》中间凡隔八帝，五百余年。若以少典是其父名，岂黄帝经五百余年而始代炎帝后为天子乎？何其年之长也！又按：《秦本纪》云："颛顼氏之裔孙曰女脩，吞玄鸟之卵而生大业，大业娶少典氏而生柏翳。"明少典是国号，非人名也。黄帝即少典氏后代之子孙，贾逵亦谓然，故《左传》"高阳氏有才子八人"，亦谓其后代子孙而称为子是也。谯周字允南，蜀人，魏散骑常侍，征不拜。此注所引者，是其人所著《古史考》之说也。皇甫谧字士安，晋人，号玄晏先生。今所引者，是其所作《帝王代纪》也。（《史记索隐·五帝本纪》）

刘於义：有熊氏，小典氏之子，王承填而土行。色尚黄，天下号之黄帝。身五十二战而天下大服。乃达四面，广能贤，稽功务法，秉数乘刚而都于陈。今宝鸡，故陈仓。姚睦云：黄帝都陈仓，非宛丘。故今陇右黄帝遗迹甚多。（［雍正］《陕西通志》卷四十八《帝系一·有熊氏》）

翟云升：《晋语》：少典取于有侨氏，生黄帝、炎帝。鲍昭曰：言生者，二帝本所生出也。《内传》：高阳、高辛氏各有才子八人，谓其裔子耳。《史记·五帝纪》：黄帝者，少典之子。《秦纪·索隐》云：少典是国号，非人名。黄帝，即少典后代之子孙。贾逵亦谓然。此以少典为炎帝妃，误也。（《校正古今人表》第二《少典》，见《史记汉书诸表订补十种》）

梁玉绳：少典始见《晋语四》，少又作小。案《晋语》：少典取于有蟜氏，生黄帝、炎帝。《史·五帝纪》：黄帝者，少典之子。《大戴礼·五帝德》：少典之子轩辕。《帝系》：少典产轩辕。《易·系·疏》引《世纪》：有蟜氏女为少典妃，生炎帝。《晋语·注》：少典，黄帝、炎帝之先。言生者，谓二帝本所生出也。《鲁语·注》：黄帝，少典之裔子。《山海·大荒东经·注》云：诸言生者，多谓其苗裔，未必是亲所产。又小司马《补三皇纪·注》云：皇甫谧以为少典诸侯国号。《五帝纪·索隐》云：《秦本纪》颛顼裔孙女脩生大业，大业娶少典氏，生柏翳，明少典非人名也。然则前之少典氏娶有蟜，生神农，后之少典氏亦娶有蟜，生黄帝。其名皆不著。《表》当云：生炎帝、黄帝。衍"妃"字，而云炎帝妃生黄帝，谬甚。次子耆曰：以少典为炎帝之妃，以黄帝为炎帝之子。孟坚不应舛误如此。疑元表大字少典、有蟜并列，而于有蟜注云：少典妃，生炎帝、黄帝，传写讹脱耳。其说尚通，故附之。(《汉书人表考》卷二《少典》，见《史记汉书诸表订补十种》)

马持盈：少典是氏族之名称，不是人名，当黄帝之时，是氏族部落社会时代，所以远古史上常见有某氏某氏等名称。子，并不一定是专作儿子解，也可以当作子嗣或后代的子孙解。(《史记今注·五帝本纪》)

张岂之：炎黄时代距今 5000 年左右。我国历史记载最早谈到黄帝出生的是《国语·晋语》："昔少典娶于有蟜氏，生黄帝。"少典族原居住在陕西、甘肃交界处，与有蟜氏通婚，生下黄帝和炎帝。黄帝居姬水，以后姓姬；炎帝居姜水，以后取姜姓。黄帝生于今陕北黄土高原，炎帝生于今宝鸡市姜水一带。黄帝和炎帝部落曾经顺河移动，发展到黄河中下游和长江中游，后来称为华夏族，华夏的子孙称为炎黄子孙。(《从炎黄时代到周秦文化》，见《周秦文化研究》)

③【汇注】

司马贞：案：皇甫谧云："黄帝生于寿丘，长于姬水，因以为姓。居轩辕之丘，因以为名，又以为号。"是本姓公孙，长于姬水，因改姓姬。(《史记索隐·五帝本纪》)

罗　苹："姓公孙"，初姓，后改姬。马总以来，多没其公孙者，非也。(见《路史·后纪五·黄帝》注)

[日] 泷川资言：《大戴礼·帝系篇》少典产轩辕，是为黄帝，《博士家本史记异字》引邹诞生《音》云：作轩冕之服，故曰轩辕。愚按：《大戴礼·五帝德》无"姓公孙"三字，未详史公所本。崔述曰："公孙者，公之孙也。公族未及三世则无氏，氏之以公孙，非姓也，况上古之时，安有是哉？"(《史记会注考证》卷一)

王叔岷：案：《初学记》九引《史记》："黄帝，号轩辕氏。"《金楼子·兴王篇》亦作"号轩辕"。徐锴《说文系传》十四引《史记》："黄帝始作轩冕，故曰轩辕。"恐是邹诞生《音义》，非《史记》之文也(古人引书，往往误注文为正文)。郑樵《通志·氏族略》引《风俗通》(佚文)云："轩辕氏：轩辕，即黄帝也。姓公孙，或言姓姬。"(《史记斠证·五帝本纪第一》)

马持盈：在氏族部落社会时代，"姓"是指氏族组织而言，"姓"比"氏"比"族"所包括的范围较大，一姓之内可以分为许多氏或族，如姬姓就包括有许多氏、许多族。《尚书·尧典篇》所谓"以亲九族，九族既睦，平章百姓"，族、姓，都是指氏族团体而言，"族"是血缘关系较近的氏族团体，"姓"是血缘关系较远的氏族团体。……在《春秋》《左传》中有许多关于"族""氏""姓"的字眼，如鲁隐公八年(前714)，"公问'族'于众仲，众仲对曰：'天子建德，因生以赐姓，胙之土而命之氏，诸侯以字为谥，因以为族。'"如鲁襄公二十四年（前549），"保姓受氏，以守宗祊，世不绝祀"。这种资料很多很多，读之可以帮助我们来了解古代的氏族组织。古代之时，同一始祖，共为一姓，但一姓的子孙蔓衍，即分为若干"氏"、若干"族"。（《史记今注·五帝本纪》）

【汇评】

崔　述：按：《国语》云黄帝姓姬；且公孙者，公之孙也，公族未及三世则无氏，氏之以公孙，非姓也，况上古之时安有是哉！《大戴记》云："黄帝曰轩辕。"又曰："黄帝居轩辕之丘。"其意盖谓因所居以为号耳，非谓轩辕为黄帝名也。有熊之称亦不见于传记，《本纪》乃以轩辕为名而号有熊，殊失《大戴》之意。《汉书·律历志》云："黄帝始有轩冕之服，故号曰轩辕。"谓轩辕为号，似矣，而谓因始有轩冕之故，则亦出于臆度而已。又《大戴记》《史记》皆以黄帝为少典子，盖本之《国语》；然《国语》本不足据，故今并阙之。（《崔东璧遗书·补上古考信录》卷上《黄帝氏·辨黄帝姓名之谬》）

④【汇注】

左丘明：少典生轩辕，是为黄帝。（见《世本》上）

刘　安：轩辕者，帝妃之舍也。（《淮南子》卷三《天文》）

司马贞：按：皇甫谧云"黄帝生于寿丘，长于姬水，因以为姓。居轩辕之丘，因以为名，又以为号"。是本姓公孙，长居姬水，因改姓姬。（《史记索隐·五帝本纪》）

罗　璧：《庄子》著轩辕氏后，始有赫胥氏、尊卢氏、祝融氏、伏羲氏、神农氏、黄帝氏；《六韬》亦著轩辕氏在骊连氏、赫胥氏之间。轩辕，自古帝王一号也。古币亦有轩辕、黄帝之分。轩辕币始作货，黄帝币又作布，则轩辕、黄帝为二。又轩辕以车得名，轩辕睹转篷之风，法制车轮。轩车横木，辕车直木，因以为号。黄帝见大螾，曰土气胜，土色黄，因号黄帝。司马迁不详，乃曰黄帝名轩辕，后人从而讹。（《罗氏识遗》卷八《轩辕黄帝》）

朱之蕃：按：《汉书·律历志》曰：黄帝始垂衣裳，有轩冕之服，故天下号曰轩辕氏。（见《百大家评注史记》卷一《五帝本纪》）

杭世骏：黄帝居轩辕之丘，《集解》：《山海经》曰：在穷山之际，西射之南。臣世骏按：《山海经·西山经》曰：轩辕之丘，洵水出焉。南流注于黑水。郭璞注：黄帝居此丘，娶西陵氏女，因号轩辕丘。又《海外西经》曰：轩辕之国，在此穷山之际，在女子国北，穷山在其北，不敢西射，畏轩辕之丘。郭璞注：言敬畏黄帝威灵，故不敢向西而射也。《集解》不引西山轩辕之丘，而引海外轩辕之国为证，已为失误。至以西射为地名，则尤误之误也。（《史记考证·五帝本纪》，见《杭世骏集》）

梁玉绳：按：公孙非姓也，黄帝乃少典国君之后，故称公孙。轩辕是其号，《汉·

律历志》"黄帝始垂衣裳，有轩冕之服，故天下号轩辕氏"。（司马贞《史记索隐》引皇甫谧《帝王世纪》，言"黄帝居轩辕之丘，因以为名"，殊妄。盖兹丘缘黄帝得名耳。）然则黄帝何姓？曰：姓姬。《国语》晋胥臣云"黄帝以姬水成"，盖炎帝之所赐也。黄帝何名？曰：不可考已。《路史·后纪》载帝名字，皆谶纬杂说，不足信耳。（《史记志疑》卷一《五帝本纪》）

曲　辰："轩辕之丘"与"轩辕之台"及《史记·五帝本纪》所载的"涿鹿之阿"实为一地，都是指早在北魏之时就已颓废的古涿鹿城遗址。其地在今涿鹿县东南矾山镇三堡村北。"轩辕之丘"确实是一个大土丘。轩辕之丘中，新石器时代的文物很多，如石刀、石斧、石磷、石杵、陶鼎、陶豆、陶纺轮等。……黄帝与蚩尤战于涿鹿之野，留其民于涿鹿之阿，即于是也。（《轩辕黄帝史迹之谜·"轩辕之国"在哪里？》）

叶舒宪：轩辕两字皆从车，字形中透露出运载工具的意思。是什么样的车舆，能够成为黄帝的雅号呢？《战国策·赵策二》："前有轩辕，后有长庭，美人巧笑，卒有秦患而不与其忧。"这里的轩辕一词毫无争议地指车。《说文·车部》："輈，辕也。"朱骏声《说文通训定声》云："大车左右两木直而平者谓之辕；小车居中一木曲而上者谓之輈，故亦曰轩辕，谓其穹隆而高也。"如果仅仅把考察轩辕之车的目光局限在地上人间，其神话想象的原型是无从揭示的。一旦仰观于天，情况就立马发生变化，原来轩辕一词也兼指星宿名，轩辕星共由夜空中的十七颗星组成，其状蜿蜒如龙如车，故喻指通天的神车。《史记·天官书》云："权，轩辕。轩辕，黄龙体。前大星，女主象；旁小星，御者后宫属。"张守节正义："轩辕十七星，在七星北。黄龙之体，主雷雨之神，后宫之象也……二十四变，皆轩辕主之。"《史记》给出的星象之"轩辕"，是初民仰观俯察所获得的天上神圣车形符号，被神话想象视为升天的运载中介，但绝非等闲之人所能够企及的。故《楚辞·远游》说："轩辕不可攀援兮，吾将从王乔而娱戏！"轩辕不可攀援，说的是不可像神灵那样乘龙车而在天地之间升降自如。从天文神话中的星象命名为"轩辕"的事实出发，看待黄帝神话中有关发明指南车的情节，就有新的理解之可能：星象向来就有辅助人类确定方位和季节的时空坐标功能，从轩辕星座到神话的指南车，实在是非常容易发生的联想过程。《山海经》的四方形轩辕台也有指示方位的作用。（《黄帝名号的神话历史编码》，载《百色学院学报》2012年第5期）

徐日辉：黄帝又称轩辕，何为轩辕，众说不一。……我一直认为轩辕与木有关，轩辕二字从车。车，甲骨文一期中就有反映，写作"[图]""[图]"，是以车轮、车舆、车辕等为标志的象形字，为车辆造型的一个缩影，因而轩辕当与车相关。以材料而论，当时造车以木材为主，因此，应产于邻近林木繁茂的地区。《古史考》记载："黄帝作车，引重致远"，当是轩辕氏的由来。（《史记札记·黄帝史迹多疑不清·黄帝

生地》）

⑤【汇注】

陈蒲清：据神话传说，少典国君的妃子附宝，在野外祈祷，见大雷电绕北斗枢星，感而怀孕，二十四个月后才在寿丘（今山东曲阜市东北）生下黄帝；黄帝生下来便相貌出众，头额如太阳，眉宇如龙骨。（见王利器主编《史记注译·五帝本纪》）

【汇评】

葛　洪：黄帝生而能言，役使百灵，可谓天授自然之体者，犹复不能端坐而得道，故陟王屋而受《丹经》，到鼎湖而飞流珠，登崆峒而问广成，之具茨而事大隗，适东岱而奉中黄，入金谷而谘涓子，论道养而资玄、素二女，精推步则访山稽、力牧；讲占候则询风后，著体诊则受雷岐，审攻战则纳五音之策，穷神奸则记白泽之辞，相地理则书青鸟之说，救伤残则缀金冶之术。故能毕该秘要，穷道尽真，遂升龙以高跻，与天地乎罔极也。（《抱朴子·内篇》卷十三《极言》）

⑥【汇注】

司马贞：弱谓幼弱时也。盖未合能言之时而黄帝即言，所以为神异也。潘岳有《哀弱子篇》，其子未七旬曰弱。（《史记索隐·五帝本纪》）

张守节：言神异也。《易》曰"阴阳不测之谓神"，《书》云"人惟万物之灵"，故谓之神灵也。（《史记正义·五帝本纪》）

程馀庆：弱，孩提也。（《历代名家评注史记集说·五帝本纪》）

[日] 泷川资言：林伯桐曰：《曲礼》"二十曰弱"，在幼之后。《黄帝纪》"弱而能言"，则在幼之前。与《曲礼》不同。下文云"成而聪明"，此"成"字乃《曲礼》所谓弱也。（《史记会注考证附校补·五帝本纪第一》）

施之勉：按：《说文》：嬬，若也。《释名》：释长幼，人始生曰婴儿。《苏氏演义》曰：儿者，嬬也。谓婴儿嬬嬬，幼弱之象也。盖黄帝在始生为婴儿时即能言，故谓弱而能言耳。（《史记会注考证订补·五帝本纪第一》）

⑦【汇注】

裴　骃：徐广曰："《墨子》曰'年逾十五，则聪明心虑无不徇通矣'。"骃按：徇，疾；齐，速也。言圣德幼而疾速也。（《史记集解·五帝本纪》）

司马贞：斯文未是。今按：徇、齐，皆德也。《书》曰"聪明齐圣"，《左传》曰"子虽齐圣"，谓圣德齐肃也。又按：《孔子家语》及《大戴礼》并作"叡齐"，一本作"慧齐"。叡、慧，皆智也。太史公采《大戴礼》而为此纪，今彼文无作"徇"者。《史记》旧本亦有作"濬齐"。盖古字假借"徇"为"濬"，濬，深也，义亦并通。《尔雅》"齐""速"俱训为疾。《尚书大传》曰"多闻而齐给"。郑注云"齐，疾也"。今裴氏注云徇亦训疾，未见所出。或当读"徇"为"迅"，迅于《尔雅》与齐俱训疾，则迅、濬虽异字，而音同也。又《尔雅》曰"宣，徇，遍也。濬，通也"。是"遍"之与"通"义亦相近。言黄帝幼而才智周徧，且辩给也。故《墨子》亦云"年逾五十，则聪明心虑不徇通矣"。俗本作"十五"，非是。按：谓年老逾五十不聪明，何得云"十五"？（《史记索隐·五帝本纪》）

  郝　敬："徇齐"，注引《尔雅》：徇，遍也。齐，疾也。言才智周遍敏疾也。按：徇与"循"通，顺也。《易》曰齐乎"巽"，巽亦顺也。言始生柔顺整齐也。《大戴礼》作"彗齐"，彗、徇、巽，声近相通。（《批点史记琐琐》卷一《五帝本纪》）

  钱大昕：幼而徇齐，《索隐》云："《大戴礼》作'叡齐'，一本作'慧齐'。"今《大戴礼》作"彗"，盖"慧"之省。（《廿二史考异》卷一《五帝本纪》）

  张文虎："徇"，《群书治要》《说文系传》引并作"侚"，与《集解》训疾义合。然如《索隐》所云，则相承作"徇"久矣。（《校刊史记集解索引正义札记·五帝本纪》）

  马持盈："徇齐"二字，可以有多种解释：以假借字来解释，"徇齐"可读为"迅疾"，即其言语行动都很快当之意，或指其身体发育很快速之意。又可读为"迅给"，即指其口才很锋利之意。因前一句说他不及半岁便会说话，接着这一句就说他反应灵活、对答如流之意。又可读为"濬齐"，言其德性智慧通达而严肃。这几种解释都可以通，比较的说，以解为"迅给"之意为佳。（《史记今注·五帝本纪》）

⑧【汇注】

  张家英："长而敦敏"句，源于《大戴礼记·五帝德》篇。王聘珍《解诂》谓："敦，厚也；敏，犹勉也。"……《说文·攴部》"敦"字下段玉裁注："凡云'敦厚'者，皆假'敦'为'惇'。""敦"字古有"勉"义。《汉书·扬雄传上》"敦众神使式道兮"句，师古注："敦，勉也。"《文选》卷四十八《典引》注同。而"敏"字亦有"勉"义。《论语·述而》："好古，敏以求之者也。"《正义》："敏，勉也；言黾勉以求之者也。"《礼记·中庸》："人道敏政，地道敏树。"郑玄注："敏，犹勉也。""敦勉"多用于"劝勉"，然亦与"勤勉"即"努力"相通。《秦始皇本纪》"皆遵度轨，和安敦勉，莫不顺令"，其中的"敦勉"实即"勤勉"之义。……《大戴礼记·五帝德》篇于赞美帝舜时亦言及"敦敏"。原文谓：帝舜"好学孝友，闻于四海；陶家（稼）事亲，宽裕温良；敦敏而知时，畏天而爱民，恤远而亲亲"。此所用之"敦敏"，承上"好学亲友"与"陶家（稼）事亲"而来，亦为"勤勉"之义。（《〈史记〉十二本纪疑诂·五帝本纪》）

⑨【汇注】

  张守节：成谓年二十冠，成人也。聪明，闻见明辩也。此以上至"轩辕"，皆《大戴礼》文。（《史记正义·五帝本纪》）

黄　伦：无垢曰：聪以言其疏通也，理至于前，无不察其曲折，知其始终者，此聪也。明以言其高远也，理隐于微，无不灼其久近，判其是非者，此明也。惟聪明如此，则足以履天下，而运四海，识贤否，而辨几微。(《尚书精义》卷三《舜典》)

钱　时：无不闻曰聪，无不见曰明。(《融堂书解》卷一《尧典》)

夏　僎：聪明，即《书》所谓"明四目，达四聪"是也。(《尚书详解》卷二《舜典》)

[日] 泷川资言：以上采《五帝德》。(《史记会注考证附校补·五帝本纪第一》)

【汇评】

吕不韦：黄帝师大挠（高诱注：大挠作甲子）。……今尊不至于帝，智不至于圣，而欲无尊师，奚由至哉？此五帝之所以绝，三代之所以灭。且天生人也，而使其耳可以闻，不学，其闻不若聋；使其目可以见，不学，其见不若盲；使其口可以言，不学，其言不若爽；使其心可以知，不学，其知不若狂。故凡学非能益也，达天性也。能全天之所生而勿败之，是谓善学。(《吕氏春秋·孟夏纪·尊师》)

　　轩辕之时，神农氏世衰①。诸侯相侵伐，暴虐百姓②，而神农氏弗能征③。于是轩辕乃习用干戈，以征不享④。诸侯咸来宾从⑤。而蚩尤最为暴⑥，莫能伐。炎帝欲侵陵诸侯⑦，诸侯咸归轩辕。轩辕乃修德振兵⑧，治五气⑨，蓺五种⑩，抚万民，度四方⑪，教熊罴貔貅貙虎⑫，以与炎帝战于阪泉之野⑬。三战⑭，然后得其志⑮。蚩尤作乱⑯，不用帝命⑰。于是黄帝乃征师诸侯，与蚩尤战于涿鹿之野⑱，遂禽杀蚩尤⑲。而诸侯咸尊轩辕为天子⑳，代神农氏㉑，是为黄帝㉒。天下有不顺者，黄帝从而征之㉓，平者去之㉔。披山通道㉕，未尝宁居㉖。

① 【汇注】

商　鞅：神农之世，男耕而食，妇织而衣，刑政不用而治，甲兵不起而王。(《商君书·画策》)

庄　子：神农之世，卧则居居，起则于于，民知其母，不知其父，与麋鹿共处，耕而食，织而衣，无有相害之心，此至德之隆也。(《庄子·盗跖》)

陆　贾：民人食肉饮血，衣皮毛；至于神农，以为行虫走兽，难以养民，乃求可食之物，尝百草之实，察酸苦之味，教人食五谷。（《新语·道基》）

刘　安：昔者神农之治天下也，神不驰于胸中，智不出于四域，怀其仁诚之心，甘雨时降，五谷蕃植，春生夏长，秋收冬藏，月省时考，岁终献功，以时尝谷，祀于明堂。明堂之制，有盖而无四方，风雨不能袭，寒暑不能伤，迁延而入之，养民以公，其民朴重端悫，不忿争而财足，不劳形而功成。因天地之资，而与之和同。是故威厉而不杀，刑错而不用，法省而不烦。故其化如神。其地南至交阯，北至幽都，东至旸谷，西至三危，莫不听从。当此之时，法宽刑缓，囹圄空虚，而天下一俗，莫怀奸心。末世之政则不然。上好取而无量，下贪很而无让，民贫苦而忿争，事力劳而无功，智诈萌兴，盗贼滋彰，上下相怨，号令不行，执政有司，不务反道。矫拂其本，而事修其末，削薄其德，曾累其刑，而欲以为治，无以异于执弹而来鸟，捭棁而狎犬也。乱乃愈甚。（《淮南子》卷九《主术》）

又：古者民茹草饮水，采树木之实，食蠃蚘之肉，时多疾病毒伤之害。于是神农乃始教民播种五谷，相土地，宜燥湿肥墝高下，尝百草之滋味，水泉之甘苦，令民知所避就。当此之时，一日而遇七十毒。（《淮南子》卷十九《修务》）

扬　雄：昔者神农造琴以定神，禁淫僻，去邪欲，反其天真者也。（《扬雄集校注》卷六《琴清英》）

桓　谭：昔神农氏继宓羲而王天下，上观法于天，下取法于地，近取诸身，远取诸物，于是始削桐为琴，绳丝为弦，以通神明之德，合天地之和焉。（《新论·琴道》）

王　充：神农之挠木为耒，教民耕耨，民始食谷，谷始播种，耕土以为田，凿地以为井，井出水以救渴，田出谷以拯饥，天地鬼神所欲为也。（《论衡·感虚篇》）

班　固：古之人民皆食禽兽肉。至于神农，人民众多，禽兽不足，于是神农因天之时，分地之利，制耒耜，教民农作，神而化之，使民宜之，故谓之神农氏。（《白虎通德论》卷一）

裴　骃：皇甫谧曰："《易》称庖牺氏没，神农氏作，是为炎帝。"班固曰："教民耕农，故号曰神农。"（《史记集解·五帝本纪》）

司马贞：世衰，谓神农氏后代子孙道德衰薄，非指炎帝之身，即班固所谓"参庐"，皇甫谧所云"帝榆罔"是也。（《史记索隐·五帝本纪》）

张守节：《帝王世纪》云："神农氏，姜姓也。母曰任姒，有蟜氏女，登为少典妃，游华阳，有神龙首，感生炎帝。人身牛首，长于姜水。有圣德，以火德王，故号炎帝。初都陈，又徙鲁。又曰魁隗氏，又曰连山氏，又曰列山氏。"括地志云："厉山在随州随县北百里，山东有石穴。（日）〔昔〕神农生于厉乡，所谓列山氏也。春秋时为厉国。"（编者按：点校本《史记》修订本："母曰任姒有蟜氏女登为少典妃"，《初学记》

卷九引皇甫谧《帝王世纪》云："神农氏，姜姓也。母曰妊姒，有乔氏之女，名女登。游于华阳，有神龙首，感女登于尚羊，生炎帝。"又引云："有蟜氏女名女登，为少典妃。游华阳，有神龙首，感女登，生炎帝。"又，"山东有石穴曰神农生于厉乡"，疑文有讹误。按：《水经注》卷三二《漻水》："一水西迳厉乡南，水南有重山，即烈山也。山下有一穴，父老相传，云是神农氏所生处也，故《礼》谓之烈山氏。"《御览》卷七八引《荆州图记》："永阳县西北二百三十里厉乡，山东有石穴。昔神农氏生于厉乡，《礼》所谓烈山氏也。后春秋时为厉国。穴高三十丈，长二百丈，谓之'神农穴'。"）（《史记正义·五帝本纪》）

苏 辙：炎帝神农氏，姜姓，以火德，继木为火师而火名，故曰炎帝。斲木为耜，揉木为耒，教民稼穑，故曰神农。（《古史》卷一《三皇本纪》）

又：神农始为市以通有无，尝草木百药以救疾苦；其子柱能殖百谷百蔬，五帝之世，祀以为稷，子孙传世，为黄帝所灭。（同上）

又：黄帝亦神农之后，以其德异，故异号异姓。而炎帝之后，事尧者有四岳，事周者，齐、许、申、甫，皆列于诸侯焉。（同上）

胡 宏：神农知天地之道。明于人之性，以有天下，更无怀氏。神农立极，先定乾坤。推五德之运，以火承木，因以纪官，号曰烈山氏，亦曰连山氏，都于曲阜。时人生益庶，殚蠃蚝之肉，穷草木之滋，或伤生而殒命。于是神农遍阅百物，着其可食者与其可疗治者，使民知所用避。作为陶冶，合土范金，制斤斧耒耜枷芟枪，刘耨镈茅蒲袯襫，相土田燥湿肥硗，兴农桑之业，春耕夏耘，秋获冬藏，为台榭而居，治其丝麻为之布帛。有子曰柱，能治百谷百蔬，与民并耕而食，发教于天下，使之积粟，国富民安，故号曰神农氏，又曰伊祁氏。（《皇王大纪》卷一《炎帝神农氏》）

又：神农亲耕，后亲织，以为天下先。于是四方之民丰衣足食，各执其方，物或举而不用，事或废而不举，乃命天下，日中为市，致天下之民，聚天下之货，交易而退，各得其所。夙沙氏煮海为盐，行不用道，其臣箕文谏而杀之。神农修德不征，夙沙之人，以其君归命。是时也，礼草昧而未制，乐湮塞而未作，燔黍为殽，捭豚为俎。玄酒大羹，污尊而杯饮，篑桴而土鼓，截苇为籥，绳丝削桐，为五弦之琴，咏《丰年之歌》，以通神明之德，合天人之和。法省而不烦，威厉而不杀，俗朴而不争，不令而人化。南至交趾，北至幽都，东至旸谷，西至三危，莫不服从。神农居天位百有四年而殁。……帝临魁在位八十年。帝承在位六十年。帝明在位四十九年。帝直在位四十五年。帝来在位四十八年。帝哀在位四十三年。帝榆罔在位五十五年。（同上）

罗 泌：初，少典氏取于有蟜氏，是曰安登。生子二人，一为黄帝之先，袭少典氏，一为神农，是为炎帝。炎帝长于姜水，成为姜姓。其初国伊，继国耆，故氏伊耆。长八尺有七寸，弘身而牛颠，龙颜而大唇，怀成钤，戴玉理。生三辰而能言，五日而能行，七朝而齿具，三岁而知稼穑般戏之事。必于黍稷，日于淇山之阳求其利，民宜久食之谷而艺之，天感嘉生菽粟，诞苓爱勤，收拾刚壤地而时焉。已则厘牟，五子偕至。神农灼其可以养民也。于是因天之时，分地之利，埓土畦秽，烧欘埒野，以教天下播种，嗣瓜蓏之实，而省杀生之敝。始诸饮食，烝民乃粒。（《路史·后纪三·炎帝》）

陈士元：神农：姓伊祈，一作伊耆。《路史》云：名轨。《春秋命历叙》云：名石年，一名石耳。（《孟子杂记》卷三《辨名》）

焦　竑：历代建都之处：伏羲都于陈，今河南开封府陈州，有陵存焉。神农亦都于陈，或曰曲阜。《晋志》曰"都陈而别营于曲阜"，今山东兖州府曲阜县。（《焦氏笔乘续集》卷六《古今都会》）

王　圻：神农氏曰炎帝以火名官。斲木为耜，揉木为耒。耒耨之用，以教万人。始教耕，故号神农氏。《周书》曰：神农之时，天雨粟，神农遂耕而种之。《白虎通》云：古之人民，皆食禽兽肉，至于神农，用天之时，分地之利，制耒耜，教民农作，神而化之，使民宜之，故谓之神农。《典语》云：神农尝草别谷，烝民粒食，后世至今赖之。凡人以食为天者，其可不知所本耶？（《稗史汇编·伎术门·农家·农事之始》）

马　骕：《春秋元命苞》：神农生，三辰而能言，五日而能行，七朝而齿具，三岁而知稼穑般戏之事。（《绎史》卷四《炎帝纪》）

又：《文子》：《神农之法》曰：丈夫丁壮不耕，天下有受其饥者，妇人当年不织，天下有受其寒者。故其耕不强者，无以养生，其织不力者，无以衣形。（同上）

又：《帝王世纪》：炎帝神农氏，在位百二十年，崩，葬长沙。凡八世：帝承、帝临、帝明、帝直、帝来、帝哀、帝榆罔。（同上）

又：《春秋命历序》：炎帝号曰大庭氏，传八世，合五百二十岁。（《绎史》卷四《炎帝纪》注）

又：《尸子》：神农氏七十世有天下，岂每世贤哉？牧民易也。（同上）

梁玉绳：炎帝神农氏（张晏曰：以火德王，故号曰炎帝；作耒耜，故曰神农）。炎帝始见《月令》《晋语四》。神农氏始见《易·系辞》。炎帝身号，神农世号。三皇之二也。农又作䢉，又作由，亦曰炎帝氏，亦曰有炎，亦曰农皇，亦曰地皇，亦曰人皇，名轨，亦曰石年，亦曰后帝皇君，亦曰赤精之君，亦曰赤帝，亦曰南方之帝，亦曰厉山氏，亦曰烈山氏，亦曰丽山氏，亦曰连山氏，亦曰伊耆氏，亦曰大庭氏，亦曰魁隗氏，亦曰帝魁，姜姓。昔少典取于有蟜氏，名女登，感神龙于华阳之常羊，生神农列山石室，三辰而能言，五日而能行，七朝而齿具。牛颈龙颜，长八尺七寸。继无怀之后。在位百四十五祀，以丁亥日死，年百六十有八，都陈，葬长沙茶陵，传八代至帝榆罔亡，合五百二十岁。（《汉书人表考》卷一《炎帝神农氏》，见《史记汉书诸表订补十种》）

崔　述：《补三皇本纪》云："神农立一百二十年，纳奔水氏之女曰听詙为妃，生帝哀；哀生帝克；克生帝榆罔：凡八代，五百三十年，而轩辕氏兴焉。"《纲目前编》云："神农在位百四十年；子临魁八十年；临魁子承六十年；承子明四十九年；明子宜四十五年；宜子来四十八年；来子襄四十二年；襄曾孙榆罔五十五年。"此说世皆信以为然。余按：《易传》曰："包牺氏没，神农氏作；神农氏没，黄帝、尧、舜氏作。"夫人谓之没，国谓之亡，不曰包牺、神农氏亡，而曰包牺、神农氏没，则是二帝既没，其子孙即不复嗣为帝也，乌有所谓八世五百余年者哉！且经之所不书，传之所不述，彼晋以后之人何从而知之？《补本纪》以榆罔为神农曾孙，则榆罔之后尚当有五世，而《纲目前编》即以榆罔为第八世，其年数亦不符，然则二家之说已自不合，学者又何由知其孰是而信之乎？夫事略者易知，详者难考，神农之与炎帝，经传之文甚明，此易知者也，而二家尚不知其为两人，况其子孙之名、之年、之谱牒，反能知之而历历不爽，有是理耶！（《崔东壁遗书·补上古考信录》卷上《驳神农氏八世五百余年之说》）

高冲霄：炎帝神农氏，姜姓，以火德王，故曰炎帝。其起本于烈山，又号烈山氏，亦曰连山氏。其初国伊，继国耆，合称又曰伊耆氏，都于陈，迁曲阜。以火纪官，教民农商，尝百草，制医药，在位百四十年，崩于长沙茶乡。子临魁践位。帝临魁（八十年）、帝承（六十年）、帝明（十九年）、帝宜（四十五年）、帝来（四十八年）、帝裹（四十三年）、帝榆罔，居空桑，为政束急，务乘人而斗其捷，于是诸侯携贰。其臣蚩尤作乱，帝遂居涿鹿。有熊国君曰公孙轩辕，实茂圣德，诸侯归之，尊为天子，降封帝于潞。榆罔在位五十五年。（《帝王世纪纂要》卷一《炎帝神农氏》）

又：黄帝有熊氏，姓公孙，名轩辕，少典国君之子，神农氏母弟之后，生于轩辕之丘，长于姬水，故又姬姓，国于有熊，故号有熊氏。及炎帝战于阪泉，诛蚩尤于涿鹿，以土德王，都涿鹿，以云纪官，在位百年，寿百十二岁，崩于荆山之阳。子嚣践位。（《帝王世纪纂要》卷一《黄帝有熊氏》）

萧　浚：神农，少典氏之子，生于姜水，故以姜为姓。以火德代伏羲氏，故曰炎帝。其起本于烈山，又号烈山氏。初国伊，继国耆，又曰伊耆氏。始艺五谷，尝百草，为日中之市。以火纪官。在位百四十年。陵在湖广酃县。（《读史纪略》卷二《炎帝神农氏》）

马持盈：神农氏姜姓，母曰任姒，有蟜氏之女，为少典之妃，游于华阳，见神龙之首，有感应而生炎帝。初都于河南之陈州，又迁徙于山东。其氏族之名，有曰魁隗氏，有曰连山氏，有曰列山氏。《易经》谓，庖牺氏没，神农氏作，是为炎帝。班固谓，神农能教民耕种，故号神农。"神农氏世衰"，谓神农氏后世子孙势力衰弱，不是说神农皇帝本身时代之势力衰弱。（《史记今注·五帝本纪》）

袁　珂：神农，最初是作为农业的发明者的面貌出现的，然后才及于医药。传说他曾经用红褐色的鞭子去鞭打百草，了解到它们是平和还是有毒，是主寒还是主热……种种性格以后，就从百草中挑选出某些可供食用的谷物，来进行播种，所以天下的人叫他"神农"，即农业之神的意思。古书上记载神农是"人身牛首"，就是掌握牛耕技术以后原始初民对于这位农业之神的艺术构想。（见《中国古代史研究入门·研究编·神话传说与中国原始社会史研究》）

徐日辉：按：轩辕即是黄帝，而神农氏是否就是炎帝，从古至今未有定论。争论的焦点首先是炎帝与神农氏之间的关系，进而才是黄帝与他们之间的矛盾冲突。从《五帝本纪》的记载来看，司马迁的记载明确指出炎帝与神农不是一个人。……因为司马迁在《封禅书》中曾经记载道："管仲曰：古者封泰山禅梁父者七十二家，而夷吾所记者十有二焉。昔无怀氏，封泰山，禅云云；虙羲封泰山，禅云云；神农封泰山，炎帝封泰山，禅云云……其后百余年，秦灵公作吴阳上畤，祭黄帝；作下畤，祭炎帝。"……只是到了班固写《汉书》时将其合为一人，以至于延误至今。（《史记札记·黄帝史迹多疑不清·轩辕之时，神农氏世衰》）

【汇评】

黄　溍：耒耨之利，人赖以生。鼓腹含哺，帝力难名。欲报之德，黍稷非馨。眷言顾之，享于克诚。（《金华黄先生文集》卷四《三皇庙乐章·炎帝神农氏位酌献·南吕宫之曲》）

② 【汇注】

马持盈：不是今日所谓普通、一般的老百姓，而是指许多势力微弱之氏族团体而言。当时势力强大之诸侯，互相侵略，而一般势力弱小之氏族团体，都受他们的欺侮。（《史记今注·五帝本纪》）

陈蒲清：郑玄注《诗经》，孔安国注《尚书》，都说"百姓"便是"百官"。因为当时部族联盟的某一官职往往由某一部族世代承袭，该部族往往以官为姓，所以"百姓"便是在部族联盟中供职的各个部族。（见王利器主编《史记注译·五帝本纪》）

③ 【汇校】

[日] **水泽利忠**："征"，南化、枫、棭、三、狩、中彭、中韩"正"。（《史记会注考证附校补·五帝本纪第一》）

【汇注】

王叔岷：案：《御览》三百四引"征"亦作"正"，征犹正也。《国语·周语上》："穆王将征犬戎。"韦昭注："征，正也。"（《史记斠证·五帝本纪第一》）

【汇评】

黄洪宪：此将言黄帝征伐之事，必先言神农弗能征，莫能伐，以引其端，先反后正。史家叙事，提缀类如此。（见《百大家评注史记》卷一《五帝本纪》）

牛运震：此段将言黄帝征伐之事，先言神农氏衰，诸侯相侵，此提掇法也。自"轩辕之时"至"诸侯咸来宾从"，先虚冒统叙。又将蚩尤、炎帝特提侧卸，以为下文版泉（疑为"阪泉"）、涿鹿两段张本。虚实分合，极史法错综之妙。（《空山堂史记评注·五帝本纪》）

程馀庆：逆转，有笔力。（《历代名家评注史记集说·五帝本纪》）

吴汝纶："而神农氏弗能征"，张玄超之象曰："将言黄帝征伐之事，必先言神农弗能征，莫能伐。"先反后正，史家叙事提缀类如此。（《点勘史记读本·各家史记评语·五帝本纪》）

④【汇注】

司马贞：谓用干戈以征诸侯之不朝享者。本或作"亭"，亭训直，以征诸侯之不直者。（《史记索隐·五帝本纪》）

罗　泌：炎帝氏衰，蚩尤惟始作乱，赫其火燀以逐帝，帝弗能征，乃帅诸侯责于后，爰暨风后、刀牧、神皇之徒，较其徒旅，以曷小颢而弭火灾。……戮蚩尤于中冀。（《路史·后纪五·黄帝》）

[日] 泷川资言：博士家本《史记异字》引枫山、三条、南化本云"能征"之"征"作"正"。洪颐煊曰：《诗·韩奕》"榦不庭方"，《国语·周语》"以待不庭不虞之患"，《左氏》襄十六年《传》"同讨不庭"，"不亭"乃"不庭"，古字通用。（《史记会注考证附校补·五帝本纪第一》）

瞿方梅：方梅案："享"字是也。《周本纪》曰：宾服者享。有不享则修文。又曰：予必以不享征之。（《史记三家注补正·五帝本纪第一》）

⑤【汇注】

曲　辰：此处所指的"诸侯"，是太史公比照史事，以后世的用语指轩辕之时拥兵割据一方的人物，实即当时的各个部落联盟领袖和其部落联盟。（《轩辕黄帝史迹之谜·为什么史称轩辕为"黄帝"？》）

⑥【汇注】

胡　宏：神农氏之臣蚩尤，起九冶，始作铠戟戈矛，以贼乱为政，平民化之，罔不寇贼，鸱义奸宄，夺攘矫虔，轩辕征之，值天雾晦冥，军行迷，乃作指南车，载之以旌。前朱雀而后玄武，左青龙而右白虎，招摇在上，进退有度，左右有局，各司其局，进击蚩尤，杀之于涿鹿之阿，徙其徒于有北。天下有不道，从而征之，凡五十三征，奄有中区。（《皇王大纪》卷二《黄帝轩辕氏》）

裴　骃：应劭曰："蚩尤，古天子。"瓒曰："孔子三朝记曰'蚩尤，庶人之贪者'。"（《史记集解·五帝本纪》）

司马贞：按：此纪云"诸侯相侵伐，蚩尤最为暴"，则蚩尤非为天子也。又《管子》曰"蚩尤受卢山之金而作五兵",明非庶人,盖诸侯号也。刘向《别录》云"孔子见鲁哀公问政,比三朝,退而为此记,故曰三朝。凡七篇,并入《大戴记》"。今此注见《用兵篇》也。(编者按:点校本《史记》修订本:卢山,疑当作"葛卢山"。按:本书卷八《高祖本纪》"祭蚩尤与沛庭",《索隐》:"《管子》云'葛卢之山,发而出金',今注引'发'作'交',误也。"《管子·地数》:"葛卢之山发而出水,金从之,蚩尤受而制之,以为剑铠矛戟。")(《史记索隐·五帝本纪》)

张守节:《龙鱼河图》云:"黄帝摄政,有蚩尤兄弟八十一人,并兽身人语,铜头铁额,食沙石子,造立兵仗刀戟大弩,威振天下,诛杀无道,不慈仁。万民欲令黄帝行天子事,黄帝以仁义不能禁止蚩尤,乃仰天而叹。天遣玄女下授黄帝兵信神符,制伏蚩尤,帝因使之主兵,以制八方。蚩尤没后,天下复扰乱,黄帝遂画蚩尤形像以威天下,天下咸谓蚩尤不死,八方万邦皆为弭服。"《山海经》云:"黄帝令应龙攻蚩尤。蚩尤请风伯、雨师以从,大风雨。黄帝乃下天女曰'魃',以止雨。雨止,遂杀蚩尤。"孔安国曰"九黎君号蚩尤"是也。(《史记正义·五帝本纪》)

郭孔延:《索隐》曰:按《黄帝纪》云:诸侯相侵伐,蚩尤最暴,则蚩尤非为天子也;又《管子》曰:蚩尤受卢山之金,而作五兵,明非庶人,盖诸侯号也。(《史通评释》卷二《列传》)

王圻:轩辕之初王也,有蚩尤氏,兄弟七十二人,铜头铁额,食铁石。轩辕诛之于涿鹿之野。蚩尤能作云雾,涿鹿今在冀州,有蚩尤神,俗云人身牛蹄,四目六手,今冀州人掘地得骷髅如铜铁者,乃蚩尤之骨也。蚩尤齿长二寸,坚不可碎。秦汉间说蚩尤耳发如剑戟,头有角,一与轩辕斗,以角觗,人不能向。今冀州有乐名《蚩尤戏》,其人两两三三戴牛角相觗,汉造角觗戏,盖其遗制也。(《稗史汇编·人物门·异人·蚩尤》)

又:兵者,戈、戟、矛、剑之总名也。《太白阴经》曰:神农以石为兵,黄帝以玉为兵,蚩尤乃铄金为兵,割革为甲,始制五兵。《吕氏春秋》曰:蚩尤作五兵,戈、殳、戟、酋、矛。《世本》蚩尤以金作兵器,然则兵盖始于炎帝,而铸金为刃自蚩尤始。(《稗史汇编·器用门·兵器·五兵》)

梁玉绳:蚩尤始见《书·吕刑》《逸周书·尝麦》。尤又作蚘,又作邮。姜姓,炎帝之裔。逐帝榆罔而自立,号炎帝。亦曰阪泉氏。兄弟八十一人,并兽身人语,铜头铁额,食沙石。蚩尤能作云雾,人身牛蹄,四目六手,发如剑戟,头有角。黄帝杀之,身体异处。冢在东郡寿张县阚乡城中。又有肩髀冢在山阳钜野县。血化为卤,今解池是也。案:《高帝纪》注,应劭曰:蚩尤,古天子。臣瓒引《大戴礼·用兵篇》曰:庶人之贪者。考《五帝纪》云:神农氏衰,诸侯相侵伐。蚩尤最为暴。《逸书·尝麦》云:赤帝命蚩尤宇少昊。《越绝·计倪内经》云:黄帝使少昊治西方,蚩尤佐之,主金。……《庄子·盗跖·释文》云：神农时诸侯始造兵，是已。而以其僭号炎帝，遂谓之天子。……盖蚩尤帝胄之有才者，故任之以事，其后倡乱，则杀之。《周礼》贾疏所谓蚩尤与黄帝战，亦是造兵之首也。（《汉书人表考》卷九《蚩尤》，见《史记汉书诸表订补十种》）

程馀庆：蚩尤，古诸侯号，姜姓。今直隶宣化府赤城县，古蚩尤国（按：在今河北省赤城县）。（《历代名家评注史记集说·五帝本纪》）

王　恢：至于蚩尤，大抵儒家——《尚书》《大戴礼记》，言蚩尤之恶，法家如《管子》《韩非子》，皆云黄帝之良臣。其族，《尚书·吕刑》孔《传》："九黎之君号蚩尤。"《国语·楚语》："少暤之衰，九黎乱德，颛顼平之。其后三苗复九黎之德，尧复育重黎之后。"韦昭注："九黎，蚩尤之后，三苗，九黎之君。"……蚩尤之族，分窜于太行山间之长治、黎城者，古黎国也；南走江淮荆州间者为苗，今其族犹存于西南，九黎则早已同化于中原。（《史记本纪地理图考·五帝本纪·釜山》）

【汇评】

茅　盾：既然说"蚩尤兄弟七十二人"或"八十一人"，又可以想见"蚩尤"是一个类名，相当于希腊神话巨人族之名"铁丹"，或北欧神话巨人族之名为"伊密尔"了。可是《史记》直把蚩尤认为黄帝时的诸侯，完全把这一段神话历史化了。（《中国神话研究初探·演化与解释》）

⑦【汇注】

宋　衷：炎帝，即神农氏。（《世本注》下《氏姓》，见《世本八种》）

谯　周：炎帝有火应，故置官师，皆以火为名。（《古史考》）

杜　预：炎帝神农氏，姜姓之祖也。亦有火瑞，以火纪事，名百官。（《春秋经传集解》昭公十七年）

孔颖达：《正义》曰：《帝系》《世本》皆为炎帝即神农氏。炎帝身号，神农代号也。谯周《考古史》以为炎帝与神农各为一人，非杜义。《晋语》云：炎帝以姜水成，为姜姓，是为姜姓之祖也。火之为瑞，亦未审也。（《春秋左传正义》昭公十七年）

又：《春秋命历序》：炎帝号曰大庭氏。传八世，合五百二十岁。（《礼记正义·祭法》）

徐文靖：《笺》按：《汉·志》神农氏作，以火承木，故曰炎帝。教民耕农，故天下号曰神农氏。《封禅书》：齐桓公欲封禅。管仲曰：神农封泰山，禅云云；炎帝封泰山，禅云云。注曰：炎帝，神农后，盖后世袭炎帝之号，非二也。（《竹书纪年统笺》前编《炎帝神农氏》）

陈蒲清：炎帝，传说中的古代帝王之一。此指其后代（《汉书》认为名叫参卢，《帝王世纪》认为名叫榆罔）。（见王利器主编《史记注译·五帝本纪》）

谈嘉德：炎帝，是当时中原南境之人，南为火方，故号炎帝。《国语·晋语四》说，"炎帝以姜（江）水成"，世居东方之江水，《山海经·海内经》说，炎帝之子孙"祝融降处江水"、术器亦"以处江水"。这个江水，即位于中原东方纵贯南北之夷（沂）水，当时称为江水，而不是后人所误解的东西流向的南方长江。据《仪礼·士丧礼》说："贝三实于笄。"郑玄注："贝，水物，古者以为货，江水出焉。"晋人干宝说："贝，产乎东方……乃于江淮之浦求盈箱之贝。"（《周易集解·震》）江淮之浦，即东方淮夷之浦或淮夷之水域。《尚书·禹贡》说：淮水，夷（沂）水产蠙贝；可证界于东方这条江水，则后世变称的夷水或沂水。后来，炎帝后裔三苗为舜驱逐于西方姜水，便以"姜"代"江"，而江水之说遂不传。可见淮夷之地介于淮水、夷水之处，亦即炎帝原先主要居住的地方。（《古代涿鹿徐州说考论》，载《徐州师范大学学报》1997年第2期）

【汇评】

崔　述：《汉书·律历志》以炎帝为神农氏，太皞为包羲氏，后之学者编纂古史皆遵之无异词。以余考之不然。《易传》曰："庖羲氏没，神农氏作；神农氏没，黄帝、尧、舜氏作。"是庖羲、神农在黄帝之前也。《春秋传》曰："黄帝氏以云纪，故为云师而云名；炎帝氏以火纪，故为火师而火名；共工氏以水纪，故为水师而水名；太皞氏以龙纪，故为龙师而龙名。"是炎帝、太皞在黄帝之后也。庖羲、神农在黄帝之前，炎帝、太皞在黄帝之后，然则庖羲氏之非太皞，神农氏之非炎帝也明矣！（《崔东壁遗书·补上古考信录》卷下《炎帝非神农氏》）

又：《史记·五帝本纪》曰："轩辕之时，神农氏世衰，诸侯相侵伐，暴虐百姓，而神农氏弗能征。"又曰："炎帝欲侵陵诸侯，轩辕乃修德振兵以与炎帝战于阪泉之野，三战然后得其志。"夫神农氏既不能"征诸侯"矣，又安能"侵陵诸侯"！既云"世衰"矣，又何待"三战然后得志"乎！且前文言衰弱，凡两称神农氏，皆不言炎帝，后文言征战，凡两称炎帝，皆不言神农氏，然则与黄帝战者自炎帝，与神农氏无涉也。（同上）

又：其后又云："诸侯咸尊轩辕为天子，代神农氏。"又不言炎帝，然则帝于黄帝之前者自神农氏，与炎帝无涉也。《封禅书》云："古者封泰山、禅梁父者七十二家，而夷吾所记者十有二焉。神农封泰山，禅云云。炎帝封泰山，禅云云。"夫十有二家中既有神农，复有炎帝，其为二人明甚，乌得以炎帝为神农氏也哉！《战国策》曰："神农伐补遂，黄帝伐涿鹿而禽蚩尤。"亦列神农于黄帝前，而不云炎帝。（同上）

又：《晋语》曰："黄帝以姬水成，炎帝以姜水成。"亦列炎帝于黄帝后，而不云神农。《春秋传》云："炎帝为火师，姜姓其后也。"与《国语》"炎帝姜姓"之说合，皆云炎帝，不云神农。《孟子》书有许行者，为神农之言，并耕同贾之说，语虽不经，然亦因神农有作耒耜、为市廛之二事，故托之，亦云神农，不云炎帝。盖自《史记》以前，未有言庖羲风姓为龙师，神农姜姓为火师者，亦未有言太皞画《八卦》、作网罟，炎帝制耒耜、为市廛者，然则庖羲氏之非太皞，神农氏之非炎帝也明矣！（同上）

夏曾佑：当时诸夏虽为一族，然似有二支：一炎帝，一黄帝也。因《史记》称黄帝迁徙往来无常处，以兵师为营卫；而神农氏教民稼穑，农夫非可迁徙往来无常处者，故疑其为一族分二支也。古时黎族散处江湖间，先于吾族，不知几何年。其后吾族顺黄河流域而至，如此者又不知几何年。至黄帝之时，生齿日繁，民族竞争之祸，乃不能不起，遂有炎帝、黄帝、蚩尤之战事，而中国文化，藉以开焉。（《中国古代史·上古史·炎黄之际中国形势》）

⑧【汇注】

张守节：振，整也。（《史记正义·五帝本纪》）

【汇评】

冯梦祯：玩"修德振兵"四字，可见文事武备，虽太古并用之矣。（《百家评注史记》卷一《五帝本纪》）

⑨【汇注】

裴　骃：王肃曰："五行之气。"（《史记集解·五帝本纪》）

司马贞：谓春甲乙木气，夏丙丁火气之属，是五气也。（《史记索隐·五帝本纪》）

马持盈：治五气，研究各种气候之所宜。五气，即雨天、晴天、热天、冷天、刮风天之五种气候也。（《史记今注·五帝本纪》）

陈蒲清：五气，五行之气。古代以五行配四时，春为木，夏为火，季夏为土，秋为金，冬为水；一说指晴、雨、冷、热、风等五种气象。（见王利器主编《史记注译·五帝本纪》）

⑩【汇注】

裴　骃：骃按：蓺，树也。诗云"蓺之荏菽"。周礼曰"谷宜五种"。郑玄曰"五种，黍、稷、菽、麦、稻也"。（《史记集解·五帝本纪》）

司马贞：蓺，种也，树也。五种即五谷也，音朱用反。此注所引见《诗·大雅·生民》之篇。《尔雅》云"荏菽，戎菽"也，郭璞曰"今之胡豆"，郑氏曰"豆之大者"是也。（《史记索隐·五帝本纪》）

张守节：蓺音鱼曳反。种音肿。（《史记正义·五帝本纪》）

【汇评】

赵南星：古者耕战互用，然必先耕而后战，未有任战而废耕者也。史载炎帝欲侵陵诸侯，诸侯咸归轩辕。轩辕乃修德振兵，治五气，艺五谷，教熊罴貔貅䝙虎，以与炎帝战于阪泉之野。夫世传黄帝为兵法之祖，若无修德等事，则教熊罴貔貅䝙虎，与后世巨无霸、田单一流何异？惟其先在于治五气，艺五谷，然后知安内攘外，古帝王自有次第，即史谓神农氏弗能征，岂弗能教熊罴诸猛兽哉？亦其先弗能治五气，艺五谷尔。后世用兵者驾语《阴符》，高言玄女，根本未立，徒事战争，合之《黄帝兵法》，去之逾远。不但此也，后世之事，俱上古创为之，人但见后世之事，不知上古之事，遂谓上古浑穆已耳。今观史称"诸侯有不顺者，黄帝从而征之"，此在揖让之先，已有征诛。平者去之，披山通道，此在随刊之先，已通山泽。邑于涿鹿之野，迁徙往来无常处，虽古帝习于勤劳，无后宫宫殿之繁，可以随地为家，此在巡狩、述职之先，已称行在，诸如此类，上古何事不有？奈何得流而忘其本！（《增定二十一史韵》末卷《读史小论·黄帝》）

⑪【汇注】

裴　骃：王肃曰："度四方而安抚之。"（《史记集解·五帝本纪》）

张守节：度音徒洛反。（《史记正义·五帝本纪》）

⑫【汇注】

司马贞：《书》云"如虎如貔"，《尔雅》云"貔，白狐"，《礼》曰"前有挚兽，则载貔貅"是也。《尔雅》又曰"貙獌似狸"。此六者猛兽，可以教战。《周礼》有服不氏，掌教扰猛兽。即古服牛乘马，亦其类也。（《史记索隐·五帝本纪》）

张守节：熊音雄。罴音碑。貔音毗。貅音休。貙音丑于反。罴如熊，黄白色。郭璞云："貔，执夷，虎属也。"案：言教士卒习战，以猛兽之名名之，用威敌也。（《史记正义·五帝本纪》）

程馀庆："熊、罴、貔、貅、貙、虎"，六者猛兽，可以教战。上古圣人，驯扰禽兽，皆有自然之法，不可谓诬。（《历代名家评注史记集说·五帝本纪》）

[日] 泷川资言：林伯桐曰：《正义》之说最确。后世军阵之名，实昉于此。愚按：林说虽巧，难从。《史》文但当以字解耳。（《史记会注考证附校补·五帝本纪第一》）

施之勉：按：《大戴礼·五帝德》：黄帝教熊罴貔貅豹虎，以与赤帝战于阪泉之野。《论衡·率性篇》：黄帝与炎帝争为天子，教熊罴貔虎以战于阪泉之野。《列子·黄帝篇》：黄帝与赤帝战于阪泉之野，帅熊罴狼豹貙虎为前驱，鹍鹖鹰鸢为旗帜。此以力使禽兽者也。（《史记会注考证订补·五帝本纪第一》）

陈蒲清：罴，熊的一种，又叫人熊、马熊。貔貅（pí xiū），虎一类的猛兽。一说即大熊猫。貙（chū），比狸猫大而凶猛的野兽。熊罴等六种动物或认为是直接被训练来参加战斗的野兽；或以为比喻军队的猛勇；近来有人认为是指以这些兽类为图腾的六个民族集团。《正义》案："言教士卒习战，以猛兽之名名之，用威敌也。"（见王利器主编《史记注译·五帝本纪》）

【汇评】

王　充：黄帝与炎帝争为天子，教熊罴貔虎以战于阪泉之野；三战得志，炎帝败绩。……夫禽兽与人殊形，犹可命战，况人同类乎？推此以论，百兽率舞，潭鱼出听，六马仰秣，不复疑矣。异类以殊为同，同类以钩为异，所由不在于物，在于人也。凡含血气者，教之所以异化也。三苗之民，或贤或不肖；尧、舜齐之，恩教加也。楚越之人，处庄岳之间，经历岁月，变为舒缓，风俗移也。故曰："齐舒缓，秦慢易，楚促急，燕戆投。"以庄岳言之，四国之民，更相出入，久居单处，性必变易。夫性恶者，心比木石，木石犹为人用，况非木石？在君子之迹，庶几可见。(《论衡·率性篇》)

高　登：如虎如貔，如熊如罴，以人之锐喻兽之猛，恐阪泉之师亦如之。而《史记》直谓教熊罴貔貅䝙虎以战，盖迁爱奇而事涉怪，不足传，信圣人叙书断自唐虞，良有以也。(《东溪集》卷下《史记叙教熊罴貔貅䝙虎以战事》)

马　骕：世之言黄帝，多怪诞不经。谓驯扰猛兽，以战炎帝。夫猛兽恶可驯邪？《书》曰：如虎如貔，如熊如罴，意或军帅武勇之号，如后世之虎牙骁骑者，而《列子》以为猛兽有人心，是妄也。(《绎史》卷五《黄帝纪》)

章诒燕：《周礼》"教扰猛兽"。郑注云：象王者之教无不服，非以此教战也。考本书《大宛传》曰：身毒国临大水，其人民乘象以战。《后魏书》乾陁国好征战，有斗象七百头。《左传》定四年，吴败楚及郢，王使执燧象以奔吴师。独用象者，孔氏谓象可调驯，则知熊虎之猛，非可扰而驯之以用诸战阵间也。惟新莽用兵昆阳，驱诸虎豹犀象之属以助威武，是能以猛兽战矣，而卒为光武所败，则猛兽又安足恃耶？夫轩辕氏修德振兵，戡乱禁暴，仁义之师，非以奇胜，必不出于新莽之所为断断然也。马氏《绎史》以为熊罴貔貅䝙虎六者，皆军帅武勇之号，略为后世虎牙、骁骑之类，其说较《索隐》为正。(《读史诤言》卷一《史记·五帝本纪》)

⑬【汇注】

袁　康：轩辕、神农、赫胥之时，以石为兵，断树木为宫室，死而龙臧，夫神圣主使然也。至黄帝之时，以玉为兵。(《越绝书·外传记宝剑》)

裴　骃：服虔曰："阪泉，地名。"皇甫谧曰："在上谷。"(《史记集解·五帝本纪》)

张守节：阪音白板反。《括地志》云："阪泉，今名黄帝泉，在妫州怀戎县东五十六里。出五里至涿鹿东北，与涿水合。又有涿鹿故城，在妫州东南五十里，本黄帝所都也。《晋太康地理志》云'涿鹿城东一里有阪泉，上有黄帝祠'。"按：阪泉之野则平野之地也。(《史记正义·五帝本纪》)

罗　泌：阪泉：姜姓，其后蚩尤强霸。《周书》云："阪泉氏用兵，无已而亡。"今怀戎涿鹿城东一里，阪泉是。(《路史·国名记卷甲·黄帝后姜姓国·阪泉》)

朱彝尊：涿州古涿鹿之地，星分尾宿十六度。《史记》"黄帝与蚩尤战于涿鹿之野"，即此也（《太平寰宇记》）。（《日下旧闻考》卷二十九《京畿五·涿州》）

又：涿鹿，黄帝所都，有蚩尤城、阪泉、黄帝祠（《帝王世纪》）。（同上）

又：涿水东北与阪泉合，其水导源县之东泉。《魏土地记》曰：下洛城东南六十里有涿鹿城，城东一里有阪泉，泉上有黄帝祠。《晋太康地理记》曰：阪泉亦地名也。泉水东北流，与蚩尤泉会。水出蚩尤城。城无东面。《魏土地记》称"涿鹿城东南六里，有蚩尤城，泉水渊而不流，霖雨并则流注阪泉，乱流东北入涿水"（《水经注》）。（同上）

钱　穆：案：唐怀戎县，今察哈尔省怀来县治，黄帝、炎帝何缘会战于此？阪泉与涿鹿相近，当在今山西解县、安邑境。考安邑县东南三十二里有吴山，跨夏县、平陆县界；一名虞山，又名吴阪，亦名虞坂、盐坂。《水经注》："虞城北对长坂二十里许，谓之虞坂。"《隋书·地理志》：夏县有虞坂。是也。所谓"阪泉之野"，恐当在此。又案：《逸周书·尝麦解》："赤帝命蚩尤宇于少昊，以临四方。蚩尤放逐帝于涿鹿。黄帝乃执蚩尤杀之。"《史记解》称蚩尤曰阪泉氏。是黄帝战阪泉与涿鹿，皆对蚩尤。阪泉、涿鹿亦必近在一处。（《史记地名考·上古地名》）

吕思勉：炎帝盖即蚩尤，初居阪泉，故号阪泉氏。（《先秦史》第七章《五帝事迹》）

鲁实先：《易林》卷四曰："白龙黑虎，起伏俱怒，战于坂兆，蚩尤走败，死于鲁首。"（鲁之为字，去"日"，读其首节，则为"鱼"。《易林》卷二曰"蚩尤败走，死于鱼口"是也。知其死于鱼者，《山海经·大荒北经》"黄帝令应龙攻蚩尤"。《大荒东经》"应龙处南极杀蚩尤"。应龙者，《御览》九百三十四引任昉《述异记》云："虺五百年化为蛟，蛟千年为龙，龙五百年为角龙，又千年为应龙。"郭璞《山海经注》曰："应龙，龙有翼者。夫龙为鳞虫之长，故亦可统名之曰鱼。"《易林》所谓蚩尤死于鱼者，指此也。）是言黄帝与蚩尤战于坂泉之事。（《史记会注考证驳议》五）

又：《史记·五帝纪》言黄帝与炎帝战于坂泉，与蚩尤战于涿鹿。《庄子·盗跖篇》亦谓黄帝与蚩尤战于涿鹿之野，《战国策·秦策》苏秦说秦惠王曰："黄帝伐涿鹿而禽蚩尤。"是古籍多以涿鹿之战属蚩尤，不言战于阪泉。案：《新书·制不定篇》"黄帝行道，炎帝不听，故战于涿鹿之野"。《汉书·刑法志》黄帝"涿鹿之战以定火灾"。文颖注曰："《国语》云：黄帝，炎帝弟也。炎帝号神农，火行也。"是古籍亦有言黄帝与炎帝战于涿鹿者。可知阪泉、涿鹿之战，或以属蚩尤，或以属炎帝，古有互易蚩尤之说，诸书不同，有以为炎帝臣者，有以为神农臣者，详见高步瀛《文选李注义疏·西京赋》"于是蚩尤秉钺，奋鬣被般"下。据此，则黄帝与炎帝战于阪泉，谓即蚩尤之事者，亦无不可。《左氏僖廿五年传》"晋侯使卜偃卜之，遇黄帝战于阪泉之兆",亦指蚩尤。《周书·史记解》称蚩尤曰阪泉氏；雷学淇《介庵经说》卷二谓《大戴记》所谓黄帝与赤帝战于坂泉之野者,赤帝即是蚩尤,本亦神农之后。《五帝本纪》谓黄帝先伐炎帝于阪泉,后伐蚩尤于涿鹿,误矣。坂泉、涿鹿本是一地。梁氏《史记志疑》卷一亦谓坂泉之战,即涿鹿之战。是《易林》言黄帝与蚩尤战于坂泉,固为古义。(同上)

蒋智由：炎帝之末世,为蚩尤所灭,而蚩尤实袭用炎帝之号。所谓黄帝与炎帝战,即与蚩尤战。三战皆黄帝与蚩尤战之事。蚩尤逐炎帝榆罔于阪泉涿鹿之间,黄帝进攻蚩尤,故开战即在其地。《逸书·史记解》曰："蚩尤逐帝榆罔而自立,号炎帝,亦曰阪泉氏。"应劭亦云："蚩尤古天子。"然则蚩尤当日已灭炎帝,登天子位,而袭用炎帝之称号矣。(《中国人种考》第六章《中国人种之诸说》)

编者按：《史记》中黄帝与炎帝战于阪泉之野,是一桩值得探讨的公案。蒋观云引《逸周书》云："蚩尤逐帝榆罔而自立,号炎帝。"榆罔乃炎帝神农氏的最后一代帝王,蚩尤推翻炎帝榆罔,自立为天子,仍袭用"炎帝"的称号。故黄帝与炎帝之战,实则为黄帝与蚩尤之战。又据《逸周书·尝麦解》："赤帝分正二卿,命蚩尤于宇少昊,以临四方。……蚩尤乃逐帝争于涿鹿之河,九隅无遗。赤帝大慑,乃说于黄帝,执蚩尤杀之于中冀,以甲兵释怒。"赤帝就是炎帝的另一表述方式。蚩尤原本臣属炎帝,后来力量强大,就把炎帝赶下台。赤帝心怀恐惧,就说服强有力的黄帝去平定蚩尤的叛乱。准此,黄帝与炎帝之战,不仅是黄帝与蚩尤之战,还是黄帝奉炎帝榆罔之命去平定蚩尤的叛乱。《逸周书》为司马迁所未见,可释黄帝与炎帝之战的这桩公案。又：宋人赵与时在《宾退录》中郑重地提出疑问说："既云'诸侯相征伐而神农氏弗能征'矣,又云'炎帝欲侵陵诸侯',何邪?"如将"炎帝"视作蚩尤篡权后继续袭用的称号,即可得到合乎逻辑的解释。

王　恢：阪泉之野：程发轫《春秋左氏传地名图考》："《水经注·河水篇》'河水又东,过巩县,洛水从县西北流注之'中引应场《灵河赋》曰：'资灵川之遐源,出昆仑之神丘；涉津洛之阪泉,播九道于中州。'是洛水下游古谓之阪泉。以洛水之西有渑阪,南有鄂岭阪,东有旋阪,而《尚书·立政篇》,其在洛阳,古有阪尹之官,则洛水下游之称阪泉,盖有由矣。"阪以泉名,按《国语·郑语》,泉在成周北,正当巩县境。又《左传》僖十一年,杜预集解："伊阙北有泉亭。"又《文子·精诚》："黄帝祭于洛水。"《世纪》云："黄帝游洛水之上。"程说阪泉在洛水下游,甚为允当。阪名其地者,亦惟殽函、太行间坡地为独多：河之北,自东徂西,有羊肠、虞阪、颠蛪、盐阪、蒲阪；河之南,自西而东,有黄卷、殽阪及程氏所举渑阪、鄂阪、旋阪外,尚有白司马阪、黄马阪。惟程氏引《纪要》阳曲东北之阪泉山,此"晋文卜伐楚,遇黄帝战阪泉之兆,相传改大汉名阪泉山"也。(《史记本纪地理图考·五帝本纪·黄帝都

邑》）

又：史称"黄帝与炎帝战于阪泉之野"，《世纪》云："神农氏姜姓，母游华阳，生炎帝；长于姜水，因以氏焉。初都陈，又徙鲁；本起列山，今随厉乡。始教天下耕种五谷而食，故号神农氏。崩葬长沙茶陵。凡八代，五百三十年，而轩辕氏兴焉。"此固妄诞，即所云华阳，《郡国志》河南密县，刘昭注云"秦破魏华阳，地亦在县"。《括地志》"华阳城在管城县（郑州）南四十里"。姜水去华阳当不甚远。而《渭水注》："岐水东迳姜氏城南为姜水（岐山县西）。《帝王世纪》曰：炎帝长于姜水。"是其地也。是姜氏城筑而岐水方别受姜水之称。岐水以出岐山得名，岐见称于西周。《渭水注》，姜太公钓于虢镇东之蟠溪。疑姜氏城托始于此传说。炎帝神农氏为河淮平原间部落之盟长，世衰，蚩尤氏及有熊氏与之互争雄长，炎帝不当远在渭域。（同上）

徐日辉：从以上诸多记载看，明显是有两个神农氏，一个是势落衰败的神农氏，一个是与黄帝三战而败的盛强神农氏。至此我们才明白，司马迁所记载的"轩辕之时，神农氏世衰"及"与炎帝战于阪泉之野。……三战，然后得其志"的真实背景。司马迁说"神农世衰"，"轩辕之时"，一个用"世"，一个用"时"，"时，即时候，世谓世代。时与世的含义区别是很大的"。而可以想见，世衰的神农氏是无法与黄帝相抗衡的，更何况是"三战"。显而易见，这个神农氏就是前辈之神农氏，或者是原来具有权威的神农氏，而与黄帝大战者正是原神农氏势衰后新兴的炎帝神农氏，也就是被黄帝战败取而代之的"神农氏"，即今天人们议论最多的炎帝神农氏。（《〈史记·五帝本纪〉之黄帝考疏》，见《史记论丛》第三集《逐鹿中原》）

【汇评】

刘　安：古之用兵者，非利土壤之广，而贪金玉之略，将以存亡继绝，平天下之乱，而除万民之害也。……自五帝而弗能偃也。又况衰世乎？夫兵者，所以禁暴讨乱也。炎帝为火灾，故黄帝禽之。（《淮南子》卷十五《兵略》）

张一卿：今之论家天下者，皆曰自禹始。考神农氏崩，子临魁立，八传至榆罔而失之，是传子不始于禹也。今之称征诛而得天下者，皆曰自汤武始，考轩辕与榆罔战于阪泉，三战胜之而有天下，是攻伐不始于汤武也。（《续史疑》卷上《稽疑》）

崔　述：《晋语》云："少典娶于有蟜氏，生黄帝、炎帝。黄帝以姬水成；炎帝以姜水成。成而异德，故黄帝为姬，炎帝为姜。二帝用师以相济也，异德之故也。"余按：《春秋传》云："黄帝氏以云纪，故为云师而云名；炎帝氏以火纪，故为火师而火名。"观其文义，乃二帝各自为国，各自为代，非兄弟也。《易传》云："神农氏殁，黄帝、尧、舜氏作。"又云："黄帝、尧、舜垂衣裳而天下治。"则是黄帝，圣人也，炎帝虽不可知，然在上古而为人所归，则亦贤人也：果圣贤与，必无同胞兄弟而用师以相攻伐之理，且所谓异德者果何哉？舜之与象，周公之与管叔，皆不异姓也。如之何其可以德异而并姓异之乎！盖《晋语》此文，特欲掩文公纳怀嬴之失，而假托于古之圣人，正如齐东野人之语谓尧北面而朝舜者，后人奈何遽从而信之邪！（《崔东壁遗书·补上古考信录》卷上《黄帝氏·黄帝炎帝非兄弟》）

夏曾佑： 案：黄帝之时，荤粥在北，九黎在南，黄帝与炎帝，并居于黄河流域。而黄帝兴于阪泉、涿鹿之间（涿鹿，今直隶涿州。阪泉在涿州城东），地在北。炎帝旧都陈，地在南。故黄帝此时，欲兼并四方，首当合同种之国为一，而后南向以争殖民地。……但考黄帝与炎帝用兵之端，说各不同。一曰，诸侯相侵伐，虐百姓，而神农氏弗能征；一曰，炎帝欲侵凌诸侯；一曰，赤帝为火灾；其义率相违戾，此殆当时藉以用兵之辞耳。及与炎帝战于阪泉之野，三战而后得其志。夫曰得其志，则黄帝之谋炎帝也久矣。（《中国古代史·上古史·黄帝与炎帝之战》）

⑭【汇注】

朱昆田： 黄帝百战，与炎帝战于阪泉之野三，与蚩尤战于涿鹿之野七十二，其大略也。（《日下旧闻考》卷一《星土》）

于敏中： 黄帝用车战，蚩尤用骑战。蚩尤作雾，黄帝作指南车。（《日下旧闻考》卷二《世纪一》）

又： 黄帝氏平蚩尤，因大雾作指南车，饰以文玉，其文作蚩尤形，车饰以黍。尺度高一尺四寸二分，下长七寸四分，管立木口，圆径三寸四分，琢玉为人形，手常指南，足底通圆窍，作旋转轴，踏于蚩尤之上（《古玉图考》）。（同上）

蒋智由： 所谓三战，今据事迹之可考者：初阪泉，次涿鹿。涿鹿之战，亦未能胜蚩尤，故《黄帝本行记》曰："帝与蚩尤，大战于涿鹿之野，帝战未克。"至最后胜蚩尤者，为中冀之战。……汲冢《周书》："黄帝执蚩尤，杀之于中冀。"皇甫谧曰："黄帝使应龙杀蚩尤于九黎而之谷。"或曰："黄帝斩蚩尤于中翼，因名其地曰绝辔之野。"是战也，应龙实为元帅，蚩尤以是灭，故曰三战然后得其志。（《中国人种考》第六章《中国人种之诸说》）

⑮【汇校】

水泽利忠： "三战然后得其志"，英房、南化、枫、梅、三、梅、狩、阁、中彭、中韩、治要"三战然后得行其志"。（《史记会注考证附校补·五帝本纪第一》）

【汇注】

张守节： 谓黄帝克炎帝之后。（《史记正义·五帝本纪》）

【汇评】

崔　述： 自战国以后，阴阳之术兴，始以五行分配五帝，而《吕氏春秋》采之，《月令》又述之，遂以太皞为木，为春；炎帝为火，为夏；少皞为金，为秋；颛顼为水，为冬；黄帝为土，为中央。然亦但言其德各有所主，不谓太皞先于炎帝、炎帝先于黄帝也。宣、元以后，谶纬之学日盛，刘歆不考其详，遂以五行相生之序为五帝先后之序，而太皞遂反前于炎帝，炎帝遂反前于黄帝矣！然考之《易传》，前乎黄帝者为庖羲、神农，其名不符，考之《春秋传》，炎帝、太皞，皆在黄帝之后，其世次又不合。于是不得已，谓太皞即庖羲氏，炎帝即神农氏，而《春秋传》文为逆数：谓少皞受黄帝，黄帝受炎帝，炎帝受共工，共工受太皞，故先言黄帝，上及太皞也。呜呼，有是文理也哉！（《崔东壁遗书·补上古考信录》卷下《炎帝非神农氏》）

⑯【汇注】

罗　泌：小颢：参卢命蚩尤宇此，今安邑有蚩尤城，宜是。（《路史·国名记卷甲·黄帝后姜姓国·小颢》）

李　治：按字书，蚩，虫名，亦轻侮也。……是故事之可鄙者曰嗤，貌之至陋者曰媸。又古无道之君有蚩尤者，盖以其蚩蚩之尤者而名之，如浑敦、穷奇、梼杌、饕餮之比。（《敬斋古今黈》卷一）

王　圻：《古史考》曰：燧人铸金作刀，即冶也。而《周书》谓神农作冶。《尸子》以为造冶者，蚩尤也。按：《礼》曰：昔先王未有火化，后圣修火之利，范金合土，此冶之始也。盖始于钻木造火之后。（《稗史汇编·伎术门·冶》）

又：伏羲之臣共工始为步战及水攻，神农因造干戈殳戟矛斧，蚩尤益以刀剑而用马战及火攻。（《稗史汇编·国宪门·戎兵·兵原》）

俞正燮：《管子·五行篇》云："黄帝得蚩尤而明于天道。"又云："蚩尤明乎天道，故使为当时。"《困学纪闻》云："黄帝六相，一曰蚩尤。"《通鉴外纪》改为风后，此一蚩尤也。《吕刑》云："蚩尤乃始作乱"，《大戴礼·用兵篇》云："蚩尤，庶人之贪者也。"《史记》云："黄帝戮蚩尤。"任昉《述异记》云："冀州有蚩尤神，人身牛蹄，四目六手。涿鹿间往往得髑髅如铜铁，言是蚩尤骨。"《云笈七籤·黄帝内传》云："元女为帝制夔牛鼓。"《广成子传》云："蚩尤飞空走险，以馗牛皮为鼓，九击而止之，蚩尤不能飞走。"此又一蚩尤也。《太平御览》引《尸子》云："造冶者蚩尤也。"谓作兵。（《癸巳存稿》卷一《蚩尤》）

朱昆田：葛卢之山发而出水，金从之，蚩尤受而制之，以为剑、铠、矛、戟，是岁相兼者诸侯九。雍狐之山发而出水，金从之，蚩尤受而制之，以为雍狐之戟、芮戈，是岁相兼者诸十二。（《管子》）。（《日下旧闻考》卷一《星土》）

又：蚩尤作乱，逐帝而居于涿鹿。帝参卢弗能征，乃帅诸侯委命于有熊。于是暨力牧、神皇、风后，邓伯温之徒，厉兵称旅，熊、罴、貔、貅以为前行，鹛、鹖、雁、鹯以为旗帜，及尤嚼兵涿鹿之山（《路史》）。（同上）

又：蚩尤氏强，与榆罔争王于涿鹿之阿。黄帝使力牧、神皇直讨蚩尤氏，擒于涿鹿之野，使应龙杀之于凶黎之谷（《帝王世纪》）。（同上）

张澍稡：按：《太白阴经》：伏羲以木为兵，神农以石为兵，蚩尤以金为兵，是兵起于太昊，蚩尤始以金为之。《管子·地数篇》：蚩尤受葛卢山之金而作剑铠矛戟，《春秋元命苞》：蚩尤虎卷威文立兵。宋均注：卷，手也，手文威字也。《吕氏春秋》，蚩尤作兵，非作兵也，高诱注：非始作之也。（《世本集补注》卷一，见《世本八种》）

⑰【汇注】

张守节：言蚩尤不用黄帝之命也。（《史记正义·五帝本纪》）

⑱【汇注】

朱昆田：《史记》《逸周书》《大戴礼》《文子》所云"炎帝""赤帝"皆谓蚩尤。而书传举以为榆罔，失之（《路史》）。（《日下旧闻考》卷一《星土》）

裴　骃：服虔曰："涿鹿，山名，在涿郡。"张晏曰："涿鹿在上谷。"（《史记集解·五帝本纪》）

司马贞：或作"浊鹿"，古今字异耳。按：《地理志》上谷有涿鹿县，然则服虔云"在涿郡"者，误也。（《史记索隐·五帝本纪》）

俞正燮：《旧唐书·音乐志》云：黄帝涿鹿有功，作《棡鼓曲》，有《灵夔吼》《鵰鹗争》《石坠崖》《壮夫怒》之类。《云笈七籖》宋真宗《御制轩辕本纪》云：出师涿鹿，以棡鼓为警卫，其曲有十，一曰《震雷惊》，二曰《猛虎骇》，三曰《鸷鸟击》，四曰《龙媒蹀》，五曰《灵夔吼》，六曰《鵰鹗争》，七曰《壮夫夺志》，八曰《熊罴哮响》，九曰《石荡崖》，十曰《波荡壑》，并皆有辞，今无考矣。（《癸巳存稿》卷七《棡鼓》）

程馀庆：涿鹿山，在宣化府保安州南。（按：在今河北省涿鹿县东南）。（《历代名家评注史记集说·五帝本纪》）

王　恢：《清水注》修武东北有浊鹿城，建安二十五年，魏废汉献帝为山阳公居之。城南面吴泽，又称大陆，疑即涿鹿。……又《史记·魏世家》惠王元年，韩、赵联军伐魏，战于浊泽，《集解》："徐广曰：长社有浊泽。"《溹水注》，皇陂即浊泽。长社，今河南长葛县西，泽在新郑西南、颍水北岸，泽西即相传黄帝所登具茨之山，皆近有熊之墟。是涿鹿非修武即长葛境也。（《史记本纪地理图考·五帝本纪·釜山》）

又：据《滱水注》，勺亭在今河北望都县北。汉高分燕置涿郡，治涿县，涿鹿当在"山前"。上谷郡汉置涿鹿县，盖移其名于"山后"，然非赵地。张晏说在上谷，服虔则云在涿郡，皆未深考。而魏晋以下，附丽其说。（同上）

又：《世纪》云："昔蚩尤无道，黄帝讨之于涿鹿之野。涿鹿，黄帝所都，有蚩尤城。"《纍水注》因谓："涿水出涿鹿山，东北流迳涿鹿县故城南，黄帝与蚩尤战于涿鹿之野，留其民于涿鹿之阿，即在是也。其水又东北与阪泉合。《魏土地记》曰：下洛城东南六十里有涿鹿城，城东一里有阪泉，泉上有黄帝祠。《晋太康地理记》曰：阪泉，亦地名也。泉水东北流与蚩尤泉会。水出蚩尤城，城无东面。《魏土地记》称涿鹿城东南六十里有蚩尤城。"于是李吉甫《元和郡县志》《寰宇记》并云蚩尤村在今居庸关外延庆县西南也。（同上）

又：钱穆先生始发千年来之覆，《史地考》曰："注家说涿鹿在今察哈尔省之涿鹿县，黄帝岂遽远迹至此。《索隐》：涿鹿或作浊鹿，疑即山西解县之浊泽也。《寰宇记》（卷六四）安邑县南十八里有蚩尤城。《安邑县志》，盐池东南二里许有蚩尤村。则黄帝战蚩尤之传说，最先当溯源于此。又案：史文惟言涿鹿之野，涿鹿之阿，并无涿鹿山。《水经注》涿水出涿鹿，其说后起。今宣化境并有崆峒、熊耳、釜山、历山、妫水、涿鹿诸名，岂可一一据之以论古史！"（同上）

⑲【汇校】

张文虎：《治要》引作"乃杀蚩尤"。（《校刊史记集解索隐正义札记·五帝本纪》）

【汇注】

宋　衷：蚩尤，神农臣也。蚩尤作五兵，戈、矛、戟、酋矛、夷矛，黄帝诛之涿鹿之野。涿鹿在彭城南。（《世本注》下《作篇》，见《世本八种》）

裴　骃：《皇览》曰："蚩尤冢在东平郡寿张县阚乡城中，高七丈，民常十月祀之。有赤气出，如匹绛帛，民名为蚩尤旗。肩髀冢在山阳郡钜野县重聚，大小与阚冢等。传言黄帝与蚩尤战于涿鹿之野，黄帝杀之，身体异处，故别葬之。"（《史记集解·五帝本纪》）

司马贞：按：皇甫谧云"黄帝使应龙杀蚩尤于凶黎之谷"。或曰，黄帝斩蚩尤于中冀，因名其地曰"绝辔之野"。（《史记索隐·五帝本纪》）

乐　史：蚩尤城，在县南一十八里。《管子》记曰："雍狐之山出金，蚩尤爱之，以为剑戟。"《史记》曰："黄帝与蚩尤战于涿鹿之野。"按《皇览·冢墓记》云："蚩尤冢在东平郡寿张县，坟高七丈，常十月祀之。冢上有赤气，如一匹红练，人谓之蚩尤旗。其肩髀冢在山阳郡钜野县，身体异处，故别葬之。"《孔子三朝纪》云："蚩尤，庶人之贪者，而有喜怒，故恶名归之。其城今摧毁。"（《太平寰宇记》卷四十六《河东道七·解州·安邑县》）

罗　泌：年三十七，戮蚩尤于中冀。于是炎帝诸侯咸进委命，乃即帝位，都彭城。王承填而土行，故色尚黄，而天下号之黄帝。自有熊启胙，故又曰有熊氏。（《路史·后纪五·黄帝》）

王　圻：轩辕台在今延庆州境内，相传黄帝擒蚩尤之处，遗迹尚存。边人云：胡骑过之，皆远引不敢近。帝之威德，真万世而不磨者乎！李白《诗》云"燕山雪花大如席，片片吹落轩辕台"即此。（《三才图会·地理卷八·轩辕台》）

马　骕：《周书》：昔天之初，□作二后，乃设建典，命赤帝分正二卿。命蚩尤于宇少昊以临四方，司□□上天莫成之庆。蚩尤乃逐帝争于涿鹿之河，九隅无遗。赤帝大慑，乃说于黄帝，执蚩尤，杀之于中冀，以甲兵释怒，用大正顺天，思序纪于大帝，用名之曰绝辔之野，乃命少昊请司马、鸟师以正五帝之官，故名曰质。天用大成，至于今不乱。（原注：此说炎帝命蚩尤居少昊，而蚩尤攻逐炎帝，黄帝乃执蚩尤杀之，复别命少昊也。第古书残阙，难考矣。）（《绎史》卷五《黄帝纪》）

蒋廷锡：按：《古今注》，黄帝与蚩尤战于涿鹿之野，蚩尤作大雾，兵士皆迷，于是作指南车以示四方，遂禽蚩尤而即帝位，故后常建焉。（《明伦汇编·皇极典》第七卷《帝纪部》）

梁玉绳：附按：宋李昉《太平御览》卷九引《史记》曰："蚩尤氏能征风召雨，与黄帝争强，帝灭之于冀。"（原注：《路史·后纪》注云"《史记》言尤能征召风雨"。）今本《史记》无之，岂事见他书，误以为《史记》欤？抑《史》文旧有，经后人妄删也。《后汉书·杨终传》，终受诏删《太史公书》为十余万言，是以汉人书中引《史记》，往往为今本所无，疑皆杨终删之。但唐、宋以来诸书多引《史记》，其间虽不免裁易讹舛，而参校异同，每有出于今本之外者（原注：详《自序传》），得毋杨终既删之后，转相传写，复被妄人改削乎？前贤均未论及，故执不知问。凡他书引《史》与今本异者为附按。（《史记志疑》卷一《五帝本纪》）

朱昆田：谨按：说蚩尤者不一。孔子《三朝记》《大戴礼记》以为庶人，孔氏、小司马氏以为诸侯，应劭以为古天子，或以为炎帝之后，或以为九黎之君，或谓杀之于中冀，或谓杀之于青丘，或谓杀之于凶黎之谷。传闻异辞，并存焉可也。（《日下旧闻考》卷一《星土》）

又：黄帝之时，中黄直为将，破杀蚩尤（《汉书》）。（同上）

又：蚩尤乱在幽州，其死在冀（《路史注》）。（同上）

又：黄帝戮蚩尤，迁其民善者于邹屠，恶者于有北。《诗》云"投畀有北"，恶可知矣。（同上）

编者按：古人行兵作战，亦有主张祭奠黄帝与蚩尤双方，以冀同时获得佑护者，北宋许洞在《虎钤经》卷二十有拟定的专用祭文。其《祭黄帝文》曰："年月日，具衔某，谨致祭于黄帝之神：惟神天资懿睿，首弄兵戎，敷演三才，披攘九极，陶精积粹，嶷立敻古。虽蹈迪之不胼，实伊圣之有作。方今天人合发，夷夏称忠，隐幽于黄屋之尊，告庙起白旄之命。惟神素章元圣，开辟往世，驱逐凶慝，揄扬天功，绵历千载，光灵不泯。阴垂嘉祜，以赞我师旅，收辟土地，诛锄鲸鲵。幽明合诚，幸享多福。尚飨！"其《祭蚩尤文》曰："年月日，具官某，谨致祭于蚩尤之神：惟神雄材自任，命世特立，卓绝万古，郁为人豪。在昔炎灵不御，土德丕炽，公鄙自天之职，纂即戎之绪，足蹴九土，手掉五兵，而奋臂一呼，四溟飞水；瞑目再顾，两曜暗色。吁气而烟雾蒸，吹角而风雨作。金虎亦病，神龙亦屠。然公之丙灵，实万万世不泯。冀垂嘉祐，赞卫我师，获虏树勋，戴答神贶。尚飨！"

谈嘉德：蚩尤战死于山东西境，头颅被黄帝所得而葬于东平寿张，尸体为蚩尤部属抢运至山阳巨野埋葬，分冢两处，亦情理中事。（《古代涿鹿徐州说考论》，载《徐州师范大学学报》1997年第2期）

【汇评】

庄元臣：昔蚩尤造兵作逆，黄帝擒之；而后世行兵者祭之，念兵所自始也。（《叔苴子外编》卷一）

彭　翊：夫蚩尤者，所谓非常之人也。疏首虎捲，天授之形，葛卢、雍狐，地授之利。驱罔两，兴云雾，祈风雨，顿戟一怒，以肆志于诸侯。黄帝于是顺杀气以振兵，法文昌而命将，熊罴虎豹以为前行，雕鹖雁鹗以为旗帜，三年九战，卒斩蚩尤。使后世知有兵事，可以有备无患者，皆蚩尤之功也。藉无蚩尤，则君若臣浑浑噩噩，相安于含哺鼓腹之天，而三式不颁于世，八阵不传于后矣。吾闻有德则王，无德则亡。……轩辕氏日角龙颜，生而神圣，天之所兴，谁能废之？卒之铜头铁额，身首异处，岂力不足、智不敌哉？德不能胜故也。（《蚩尤论》，引自《历代史事论海》卷三）

⑳【汇注】

马　骕：《管子》：黄帝之治天下也，其民不引而来，不推而往，不使而成，不禁而止。故黄帝之治也，置法而不变，使民安其法者也。（《绎史》卷五《黄帝纪》）

梁玉绳："轩辕之时，神农氏世衰。……为天子。"按：唐刘知幾《史通·叙事篇》，谓"五帝本纪无所取"，非妄诋也。即如此段，由前言之，帝室衰而藩国暴；由后言之，共主虐而列辟离。半幅之内，遽相牴牾。同兹炎帝，而或仅守府，或辄耀兵；同兹黄帝，而忽则翼君，忽又犯上。顿成矛盾，莫识所从。炎帝其榆罔乎？（原注：《易·下系·疏》引《世纪》"八世为榆罔"。）虽典籍无征，未必若桀、纣，安得侵陵群后而制之？轩辕固圣帝也，何至日寻干戈，习用军旅？孔子系《易》，称黄帝、尧、舜垂衣裳而天下治，倘依《史》所载，则征伐而得天下，当自黄帝始矣。考《逸周书·尝麦解》"赤帝命蚩尤宇少昊，以临四方。蚩尤攻逐帝于涿鹿，黄帝乃执蚩尤杀之"。《左传》僖二十五年"黄帝战阪泉之兆"，亦指蚩尤。然则阪泉之战即涿鹿之战，是轩辕勤王之师，而非有两事，故《逸周书·史记解》称蚩尤曰阪泉氏，斯为确证。始缘炎帝世衰，诸侯不享，轩辕征之而来宾，为炎帝征也。既因蚩尤蒙尘，轩辕征师以诛之，为炎帝诛也。而天与人归，尊为天子，乌知非炎帝让德逊位哉。盖记中两"炎帝"字，俱"蚩尤"之误。（原注：《路史·后纪》云"蚩尤姜姓，炎帝之裔，逐帝自立，僭号炎帝"，当是因此致误。）其初三战于阪泉而后胜之，犹作乱不用命，继战于涿鹿而乃杀之耳。（《史记志疑》卷一《五帝本纪》）

方中履：黄帝都涿鹿（原注：见《史记》。今顺天府涿州），或曰都有熊（见《世纪》。今开封府新郑县）。（《古今释疑》卷十三《建都》）

【汇评】

编者按：赵光勇、许允贤《〈史记·五帝纪〉深意探索》（载《陕西师大学报》1988年《增刊》）云：《五帝纪》云："蚩尤作乱，不用帝命。于是黄帝乃征师诸侯，与蚩尤战于涿鹿之野，遂禽杀蚩尤，而诸侯咸尊轩辕为天子。"司马迁将黄帝作为大统一的缔造者置于《史记》的首篇而加以赞美，其实是与道家思想相背离的。庄子《胠箧》所谓"至德之世"，就是老子《道德经》八十章"小国寡民""甘其食，美其服，安其居，乐其俗。邻国相望，鸡犬之声相闻，民至老死不相往来"的各自为政的分裂局面。国家不统一，社会的繁荣，人民的生活，都会受到影响。孔子是主张大一统的。他在《春秋》这部编年史中，于正月之前经常加上"王"字，《公羊传》解释说："何言乎王正月？大一统也。"意谓不论哪国诸侯，都应使用朝廷的历法，不得各行其是。但怎样才能统一呢？邻国相望，民至老死不相往来，就不可能统一。而要统一，就需有一个共同拥戴的天子。司马迁的老师董仲舒即曾指出这个问题。他在《春秋繁露·符瑞》篇中说："一者在主"，就是要"一统乎天子"。在我国的历史上，只有黄帝是第一个统一天下的英雄。从此以后，我国历史才揭开以天子为中心的大一统的新篇章。司马迁也因此丰富和完善了孔子的学说。

㉑【汇注】

贾　谊：黄帝行道，而炎帝不听，故战涿鹿之野。（《新书·制不定》）

谯　周：炎帝之后，凡八代，五百余年，轩辕氏代之。（《古史考》）

蒋廷锡：按：[《通鉴前编》炎帝神农氏第十世孙]榆罔，帝里之曾孙也。居于空桑，为政束急，务乘人而斗其捷，于是诸侯携贰。其臣蚩尤作乱，帝逊居于涿鹿。有熊国君曰公孙轩辕，实懋圣德，诸侯归之，帝立五十五年，诸侯尊轩辕为天子，降封帝于潞，神农氏遂亡。（《明伦汇编》第七卷《帝纪部》）

瞿中溶：考神农见《易·系辞》及《月令》注"土神"，与《左传》后土之说不同。且《月令》既以炎帝为火帝，似不应更以为土神。又前言炎帝，后言神农，亦似非一人。则谓炎帝非神农，亦未为无见。然考《逸周书·月令解》并无中央土及黄帝、后土之文，以五行土寄王于火，火、土同以丙戊为长生而论，则神农当即炎帝。称炎帝以其主南方之火，称神农则言其辟土种谷之功。谷生于土，而火能生土，其旨微矣。（《汉武梁祠画像考》卷一）

㉒【汇注】

伏　生：伏羲氏没，神农氏作。神农氏没，黄帝、尧、舜氏作。（《尚书大传》卷三《略说》）

班　固：黄帝《易》曰："神农氏没，黄帝氏作。"火生土，故为土德。与炎帝之后战于阪泉，遂王天下。始垂衣裳，有轩冕之服，故天下号曰轩辕氏。（《汉书·律历志下》）

王　充：黄为土色，位在中央，故轩辕德优，以黄为号。（《论衡·验符篇》）

又：传言黄帝妊二十月而生；生而神灵，弱而能言，长大率诸侯，诸侯归之；教熊罴战，以伐炎帝。炎帝败绩。性与人异，故在母之身，留多十月：命当为帝，故能教物，物为之使。（《论衡·吉验篇》）

郦道元：[陈仓]县有陈仓山，山上有宝鸡鸣祠，昔秦文公感伯道之言，游猎于陈仓，遇之于此坂，得若石焉，其色如肝，归而宝祠之，故曰陈宝。其来也，自东南，晖晖声若雷，野鸡皆鸣，故曰鸡鸣神也。《地理志》曰：有上公明星黄帝孙舜妻盲冢祠，有羽隐宫，秦武王起，应劭曰：县氏陈山，姚睦曰：黄帝都陈言在此。（《水经注》卷十七《渭水注上》）

刘　恕：黄者，中和美色。帝始制法度，万世不易，有土德之瑞，故天下以为号。一曰轩辕氏（原注：《三统历》曰：有轩冕之服，天下号曰轩辕氏），有熊氏（原注：皇甫谧曰：新郑，古有熊国黄帝之所都，受国于有熊，居轩辕之丘，故因以为名，又以为号）、帝鸿氏、归藏氏。（《资治通鉴外纪》卷一《黄帝》）

焦　竑：黄帝都涿鹿，今顺天府涿州，《括地志》又曰涿鹿故城在妫州，今朵颜之地。（《焦氏笔乘续集》卷六《古今都会》）

宫梦仁：二帝，《国语》谓黄帝、炎帝（原注：黄炎虽相承，《帝王世纪》中间隔八帝，五百余年）。（《读书纪数略》卷十八《称号类·二帝》）

又：《越绝书》：黄帝上事天，下治地，并有五方以为纲纪。（《读书纪数略》卷二十二《辅佐类·五方》）

又：五方，少昊治西方，蚩尤佐之，使主金。元冥治北方，白辩佐之，使主水。太皞治东方，袁何佐之，使主木。祝融治南方，仆程佐之，使主火。后土治中央，后稷佐之，使主土。（同上）

瞿中溶：《白虎通德论》：帝王者何？号也。号者，功之表也。所以表功德号令臣下者也。德合天地者称帝。黄者，中和之色。自然之性，万世不易。黄帝始作制度，得其中和，万世常存，故称黄帝也。（《汉武梁祠堂石刻画像考》卷二）

又：黄帝先黄后帝何？古者顺死生之称，各持行合而言之，美者在上。黄帝始制法度，得道之中，万世不易，名黄，自然也。后世虽圣，莫能与同也。后世德与天同，亦得称帝，不能立制作之时，故不得复称黄也。（同上）

又：《风俗通义》谨按：《易》《尚书大传》：天立五帝以为相，四时施生，法度明察，春夏庆赏，秋冬刑罚。帝者任德设刑，以则象之。言其能行天道，举错审谛。黄帝始制冠冕，垂衣裳，上栋下宇，以避风雨，礼文法度，兴事创业。黄者，光也，厚也，中和之色，德施四季，与地同功。故先黄以别之也。（同上）

鲁实先：焦赣《易林》卷二曰："黄帝建元，文德在身，禄若阳春，封为鲁君。"所谓"黄帝建元，文德在身"者，言其上元与黄帝本身所尚之土德相应也。"禄若阳春，封为鲁君"者，言黄帝初时官禄甚微，如阳春之方起，非盛阳用事之时；封为鲁君，不过后世方伯之任耳。（《史记会注考证驳议》卷五）

【汇评】

王钦若：炎帝下衰，诸侯放恣，蚩尤贪暴，害于有众。黄帝修德治兵，顺天行罚，诸侯百姓，咸所欣戴，遂应土德之运而有天下。非夫聪明睿智神武而不杀者，其孰能与于此？（《册府元龟》卷五《帝王部·创业一》）

胡一桂：至黄帝之世，实为文明之渐。昔之穴居野处者，今始有宫室。昔之汙樽抔饮者，今始有什器。昔之结绳而治者，今始有书契文字。昔之皮革蔽体者，今始有冠冕章服，其诸制器利用，难以枚举，骎骎乎非复昔日朴野之俗矣。六术之中，律历为要，历以斗柄建寅，春正月为岁首，律以黄钟之宫声发于自然，为十二律之本，度量衡之所由出。三者合律，然后措之天下。田可分，禄可均，礼可制，乐可作，故律也者万物之根本也，其通变而使不倦，神化而使民宜，垂衣裳而天下治者如此。至和氤氲，群生安乐，凤凰巢阿，麒麟游郊。盛矣哉，五帝之世也。（《双湖先生文集》卷六《史纂通要纲断·黄帝有熊氏》）

范浚：孔子定书，断自唐虞以下，以为唐虞以上不可知也。圣人去古未远，犹难言之，太史公乃欲为黄帝、颛顼作纪于千百岁后何耶？世传《孔子家语》载《五帝德》《帝系姓》等，皆非古书，使其说诚详如之，则夫子著之于《书》久矣。意迁姑欲捃撮传记以示洽博，非复考其言之当否。夫黄帝，神农后也，阪泉之战，信亦悖妄，以臣伐君犹有惭德，而况为之后者！信或有之，则黄帝贼矣，尚得为圣人乎？（《香溪集》卷十九《五帝纪辨》）

黄溍：《史记》书轩辕与炎帝战于阪泉之野，诸侯咸尊轩辕为天子，代神农氏，是为黄帝。审如其说，则以征伐得天下自黄帝始矣。汤之放桀，何以谓予恐来世以台为口实；仲虺作诰，何以不引阪泉之事为言乎？孔子序《书》，断自唐、虞而下，系《易》称黄帝、尧、舜垂衣裳而天下治。学者考信于六艺，而阙其所不知可矣。（《日损斋笔记·辨史十六则》）

萧浚：黄帝姓公孙，名轩辕。初，神农母弟，世嗣少典氏为诸侯，榆冈之代，生帝于轩辕之丘，故名轩辕。国于有熊，故号有熊氏。长于姬水，又以姬为姓。诛蚩尤于涿鹿，诸侯尊之。有土德之瑞。始立六相，命大挠作甲子，容成作盖天，隶首作数，伶伦造律吕，荣猨作十二钟，大容作《咸池之乐》。又作冕旒，正衣裳，作器用，作舟车，作合宫，作货币，作《内经》。命元妃西陵氏教民蚕。画野分州，经土设井。在位百年。陵在陕西中部县（［按语］即今黄陵县）。（《读史纪略》卷二《黄帝有熊氏》）

编者按：赵光勇、许允贤在《〈史记·黄帝纪〉深意探索》中说：《史记》以黄帝为开端，也是为世代帝王树立的一个楷模。陆贾《新语·求事》中就说："善言古者合于今，能述远者考之于近。故说事者上陈五帝之功而思之于身。"此乃以古为镜，以知自己的得失与应采取的措施，使大一统的江山得到巩固。

……《五帝纪》所描述黄帝的统治方式是：顺天地之纪，幽明之占，死生之说，存亡之难，时播百谷草木，淳化鸟兽虫蛾，旁罗日月星辰，水波土石金玉，劳勤心力耳目，节用水火材物。

这与武帝之世"因兵革而财用耗，因财用而刑法酷，沸四海而为鼎，生民无所措手足"（泷川资言《平准书考证》），形成了鲜明的对比。《史记集说·总论》引李清臣的话说："司马迁作《史记》大抵讥武帝所短为多，故其用意远。"良有以也。

㉓【汇注】

谯　周：黄帝作弩。（《古史考》）

罗　泌：傍行天下，未尝宁居。先之德正，而后之以威刑，必不譓者，从而征之。是以麾之所拟，而敌开户。身五十二战，而天下大服焉。乃达四面，广能贤，稽功务法，秉数乘刚，而都于陈。（《路史·后纪五·黄帝》）

叶子奇：兵法始于黄帝，而井田亦始于黄帝。（《草木子》卷三）

【汇评】

杜　佑：黄帝以兵定天下，此刑之大者，陶唐以前，未闻其制。（《通典》卷一百六十二《刑制上·黄帝》）

罗　泌：世不能无暴乱也，是故立之兵以禁御之，此天地之道，圣人之所不能去也。非惟圣人不能去之，虽天亦不能去之。惟不能去，是故必立之威，威立而暴乱止矣，威之不立，则将无以御暴，而适求侮。……昔者黄帝之初志于求仙爱民，而不战，于是四帝共起而谋之，然而黄帝克自悔祸，择兵称旅，以威不轨，而后天下始复定。夫以黄帝之明且圣，犹几不免，而况于不黄帝者乎？（《路史·发挥卷四·益为朕虞》）

佚　名：时诸侯相侵，帝治兵，杀蚩尤于［涿鹿］，为后世征伐始。由是民不习伪，官不怀私，人无夭札，物无疵疠，虎豹不妄噬，凤巢阿阁，麟游于苑。（《古史辑要》卷一《五帝纪》）

㉔【汇注】

张守节：平服者即去之。（《史记正义·五帝本纪》）

【汇评】

胡应麟：盛哉！轩辕氏之时也，而微有憾焉。夫羲、农欲治而未能，尧舜能创而弗值也，皆时也。而有熊适当之，而际榆罔之衰也，蚩尤之暴也。征伐之功大于汤武，而揖逊之迹减于唐虞也，亦时也。葛洪曰"古圣人有轻天下者，有治天下者，惟黄帝兼之"，而不知有熊所兼者众矣。（《少室山房笔丛》乙部卷十四《史书占毕二》）

㉕【汇注】

裴　骃：徐广曰："披"，他本亦作"陂"。字盖当音波，陂者，旁其边之谓也。披语诚合今世，然古今不必同也。（《史记集解·五帝本纪》）

司马贞：披音如字，谓披山林草木而行以通道也。徐广音波，恐稍纡也。（《史记索隐·五帝本纪》）

王叔岷：案：披、陂古同。《说文》："披，从旁持曰披。"段玉裁注引此文，并引徐广注及《索隐》云："披、陂皆有'旁其边'之意，中散能知之；而《索隐》云'披音如字，谓披山林草木而行以通道也'，此则司马贞不知古义之言。"其说是也。本篇下文"披九山"其义亦同。（《史记斠证·五帝本纪第一》）

【汇评】

沈一贯：大都称太古者，猥云无为，然以前史考之，即如黄帝征伐不顺，披山通道，且也临海登山，访问治道，不自宁也。后世人主生于深宫，长于阿保，而欲坐享盛平，亦谬之甚矣。（引自《百大家评注史记》卷一《五帝本纪》）

㉖【汇评】

王　恢：史称黄帝"迁徙往来无常处，以师兵为营卫，未尝宁居"，颇得远古部落民族活动情况。（《史记本纪地理图考·五帝本纪》）

东至于海，登丸山①，及岱宗②。西至于空桐③，登鸡头④。南至于江，登熊、湘⑤。北逐荤粥⑥，合符釜山⑦，而邑于涿鹿之阿⑧。迁徙往来无常处⑨，以师兵为营卫⑩。官名皆以云命⑪，为云师⑫。置左右大监⑬，监于万国⑭。万国和⑮，而鬼神山川封禅与为多焉⑯。获宝鼎，迎日推策⑰。举风后、力牧、常先、大鸿以治民⑱。顺天地之纪⑲，幽明之占⑳，死生之说㉑，存亡之难㉒。时播百谷草木㉓，淳化鸟兽虫蛾㉔，旁罗日月星辰水波土石金玉㉕，劳勤心力耳目㉖，节用水火材物㉗。有土德之瑞㉘，故号黄帝㉙。

① 【汇校】
　　梁玉绳：附按：《封禅书》及《汉·郊祀志》《路史》俱作"凡山"。（原注：唐徐坚《初学记》卷九引史作"桓山"，疑讹。）宋裴骃《史记集解》引徐广曰"丸，一作'凡'"，即指《封禅书》为说。而不知"凡"乃古"丸"字也，凡字中从一，唐张守节《史记正义》殊欠分明。《集解》徐说及《索隐》《正义》所载别本，有义胜本文者，有字相通借者，有字异义同者，有字义乖讹者，兹但举义胜之条，余偶及焉，并为附按。又《史》注与他书谬解甚多，不能遍摘，间有所辨，亦以附按别之。（原注：《史》注所引人名，皆不著代。）（《史记志疑》卷一《五帝本纪》）

【汇注】
　　裴　骃：徐广曰："丸，一作'凡'。"骃按：《地理志》曰丸山在郎邪朱虚县。（《史记集解·五帝本纪》）
　　司马贞：注"丸，一作'凡'"，凡音扶严反。（《史记索隐·五帝本纪》）
　　张守节：丸音桓。《括地志》云："丸山即丹山，在青州临朐县界朱虚故县西北二十里，丹水出焉。"丸音纨。守节按：《地志》惟有凡山，盖凡山、丸山是一山耳。诸处字误，或"丸"或"凡"也。《汉书·郊祀志》云"禅丸山"，颜师古云"在朱虚"，亦与《括地志》相合，明丸山是也。（《史记正义·五帝本纪》）
　　程馀庆："丸"一作"凡"，即丹山，在山东青州府临朐县东北三十里（按：在今山东省临朐县境）。（《历代名家评注史记集说·五帝本纪》）
　　[日] 泷川资言：成孺曰：徐坚《初学记》九引《史记》，"丸山"作"桓山"，丸、桓同音。据此知唐本《史记》作"丸"不作"凡"。（《史记会注考证附校补·五帝本纪第一》）
　　王　恢：丸山，《封禅书》《汉书·郊祀志》《地理志》并作"凡山"。《巨洋水注》："朱虚城（临朐县东六十里）东北二十里有丹山，世谓之凡山。丹、丸字相类，音从字变也。"山在今山东昌乐县西南与临朐分界。（《史记本纪地理图考·五帝本纪·丸山》）
　　严一萍：此条《考证》原列岱宗下，误，今移正。案：《初学记》九引此作"桓"，与《正义》音合。又《正义》"括地志"，张文虎《史记集解索隐正义札记》谓"括"系"案"字之讹。（《史记会注考证斠订·五帝本纪第一》）

② 【汇注】
　　张守节：泰山，东岳也。在兖州博城县西北三十里也。（《史记正义·五帝本纪》）
　　程馀庆：岱宗，即泰山，在泰安府北五里。（《历代名家评注史记集说·五帝本

纪》）

③【汇注】

班　固：元鼎五年冬，十月，行幸雍，祠五畤，遂逾陇、登空同，西临祖厉河而还。（《汉书·武帝纪》）

裴　骃：应劭曰："山名。"韦昭曰："在陇右。"（《史记集解·五帝本纪》）

程馀庆：空桐，山名，在甘肃平凉府西三十里。（《历代名家评注史记集说·五帝本纪》）

[日] 泷川资言：成孺曰：崆峒，古祗本作"空桐"，当是陇西地名，非山也。《史记》于丸山、岱宗、鸡头、熊湘并系以"登"，而"东至于海""西至于空桐""南至于江"，空桐但与江汉类列，则其为地名而非山可知。韦昭曰"在陇右"，《索隐》前说云"在陇西"，最合。应劭及《索隐》后说并非也。（《史记会注考证附校补·五帝本纪第一》）

钱　穆：案：崆峒山，今河南临汝县西南六十里，上有广成子庙，下有广成墓及城。广成泽在县西南十里。《庄子》言黄帝问道空同；游襄城，登具茨，见大隗，迷于襄城之野；皆与此山接壤。（《史记地名考·上古地名》

施之勉：按：《弘明集》二：宗炳明《佛论》云：史迁之述五帝也，皆云生而神灵，弱而能言。居轩辕之丘，登崆峒，陟凡、岱。则空桐是山名，应说是也。（《史记会注考证订补·五帝本纪第一》）

④【汇校】

梁玉绳：附按：御览四十四及七十九卷两引《史记》此文皆有"山"字，则"鸡头"下今本缺"山"也。（《史记志疑·五帝本纪》）

【汇注】

司马贞：山名也。后汉王孟塞鸡头道，在陇西。一曰崆峒山之别名。（《史记索隐·五帝本纪》）

张守节：《括地志》云："空桐山在肃州福禄县东南六十里。《抱朴子内篇》云'黄帝西见中黄子，受九品之方，过空桐，从广成子受自然之经'，即此山。"《括地志》又云："笄头山一名崆峒山，在原州平高县西百里，《禹贡》泾水所出。《舆地志》云或即鸡头山也。郦元云盖大陇山异名也。《庄子》云广成子学道崆峒山，黄帝问道于广成子，盖在此。"按：二处崆峒皆云黄帝登之，未详孰是。（《史记正义·五帝本纪》）

程馀庆：鸡头，山名，在平凉府西四十里。（按：鸡头山与空桐山相连。）（《历代名家评注史记集说·五帝本纪》）

王　恢：鸡头，或作开头。崆峒之南阜，在平凉县西北。此汉武、史公之所至。

黄帝西至空桐，登鸡头，问道广成子，当以河南临汝县西者近是。(《史记本纪地理图考·五帝本纪·鸡头》)

⑤【汇注】

裴　骃：《封禅书》曰："南伐至于召陵，登熊山。"《地理志》曰湘山在长沙益阳县。(编者按：点校本《史记》修订本："登熊山"，"熊山"疑当作"熊耳山"。《正义》引《括地志》释"熊耳山"，是其证也。按：本书卷二八《封禅书》"登熊耳山"，《索隐》："《荆州记》耒阳、益阳二县东北有熊耳，东西各一峰，状如熊耳，因以为名。齐桓公并登之。或云弘农熊耳，下云'望江、汉'，知非也。")(《史记集解·五帝本纪》)

张守节：《括地志》云："熊耳山在商州上洛县西十里，齐桓公登之以望江、汉也。湘山一名艑山，在岳州巴陵县南十八里也。"(《史记正义·五帝本纪》)

程馀庆：熊耳山，在湖南衡州府安仁县东南七十里。湘山，在长沙府湘阴县北四十里。(《历代名家评注史记集说·五帝本纪》)

[日]泷川资言：成孺曰：黄帝所登熊耳，与湘山相近，自当以在益阳者为是。《集解》以桓公所登者释之，误。(《史记会注考证附校补·五帝本纪第一》)

钱　穆：案：熊湘乃一山耳。岂有熊在豫，湘在楚，而可一言以蔽曰"登熊湘"乎？《索隐》云"顺阳、益阳二县东北有熊耳"者，考顺阳故城，今淅川县东。《汉志》熊耳山出三水，洱水其一。今洱水源出内乡县之熊耳山，内乡东北接南召境。《索隐》盖谓齐桓登熊耳山当在此。今《索隐》此条必有误字，盖后人妄加"益阳"字，以此熊耳即熊湘，遂以为在长沙之益阳耳。今考"襄""相"声义皆通，楚人所谓湘江，即今之襄水，并不在湖南。而齐桓登熊耳，则尚不如《索隐》所说。(《史记地名考·上古地名》

王　恢：《集解》以为湘山在长沙益阳；《正义》引《括地志》说在商州上洛；《封禅书》索隐引《荆州记》："耒阳、益阳二县东北有熊耳山，齐桓公并登之。"《左》僖四年，齐伐楚，明言"师进次于陉"，陉在郾城西南，方城犹未逾，何远及上洛、益阳、耒阳！《史地考》(二)曰："岂有熊在豫，湘在楚，相距千里，而可以一言以蔽曰登熊湘乎！"(《史记本纪地理图考·五帝本纪·熊湘》)

陈蒲清：江，长江。熊，熊耳山。在今河南卢氏县南，一说在今湖南省益阳县。湘，湘山，即今湖南岳阳洞庭湖中的君山。(见王利器主编《史记注译·五帝本纪》)

⑥【汇注】

裴　骃：《匈奴传》曰："唐虞以上有山戎、猃狁、荤粥，居于北蛮。"(《史记集解·五帝本纪》)

司马贞：匈奴别名也。唐虞以上曰山戎，亦曰熏粥，夏曰淳维，殷曰鬼方，周曰

獯狁，汉曰匈奴。（《史记索隐·五帝本纪》）

张守节：荤音熏，粥音育。（《史记正义·五帝本纪》）

王　恢：荤粥，其族古时与华夏民族杂居黄河中下游——河东、河西、河北之野。《匈奴传》："唐虞以上有山戎、猃狁、荤粥，居于北蛮，随畜牧而转移。"此即以为说。（《史记本纪地理图考·五帝本纪·荤粥》）

⑦【汇注】

司马贞：合诸侯符契圭瑞，而朝之于釜山，犹禹会诸侯于涂山然也。又案：郭子横《洞冥记》称东方朔云"东海大明之墟有釜山，山出瑞云，应王者之符命"，如尧时有赤云之祥之类。盖黄帝黄云之瑞，故曰"合符应于釜山"也。（《史记索隐·五帝本纪》）

张守节：《括地志》云："釜山在妫州怀戎县北三里，山上有舜庙。"（《史记正义·五帝本纪》）

罗　苹：合符者，合诸侯之瑞也。如虞帝之《集瑞传》所谓黄帝合而不死者釜山，覆釜山也。昔魏明元猎牛川，发釜山，临㵎繁之水，而南观乎九十九泉，是矣。在荆山之前，帝铸鼎处。《索隐》乃引郭子横说以为在东海中，妄也。大抵儒生言三五事类，引之渺茫旷绝，不可致知之所。（见《路史·后纪五·黄帝》注）

程馀庆：合符，犹辑瑞。釜山，在直隶保定府安肃县西四十五里（按：在今河北省徐水县境）。（《历代名家评注史记集说·五帝本纪》）

钱　穆：案：河南阌乡县南三十五里有荆山，山下有铸鼎原，云即黄帝采首阳之铜铸鼎处。其山亦名覆釜山。又河南偃师县南四十里缑氏山，一名覆釜堆，相传周灵王太子晋登仙之所；又县西北二十里有首阳山。黄帝釜山当在此二处。（《史记地名考·上古地名》）

施之勉：按：《一统志》：荆山，在河南陕州阌乡县南三十五里。《唐志》：湖城有覆釜山，一名荆山。（《史记会注考证订补·五帝本纪第一》）

陈蒲清：釜山，在今河北省怀来县北，一说在今徐水县西，一说在今河南灵宝县境，又一说在今河南偃师县南。（见王利器主编《史记注译·五帝本纪》）

曲　辰："合符釜山"之"符"，并非是什么"符瑞""符命"之类。符者，信物也。初用竹、木而为，后世改用金、铜、玉而制。符分一体为两半，上刻铭文，古代帝王以此作为授权于臣属带兵征伐或办理某种差事的凭证。使用中，将符之一半交给掌管军队、粮秣的官员，或扼守关隘之将。授权于臣属带兵征伐或办事时，将符的一半交给受差遣去执行任务者，以符为凭，或调兵，或筹粮，或通过关隘，都要合符以验真伪。符合为真，兵可调，粮可拨，关隘可通行；符不合为伪，兵不可调，粮不可给，关隘不准通过，甚至因此而受到查办、定罪。当所办之事完结，各将两半符相合

而交回帝王以为复命,此即谓之"合符"。(《轩辕黄帝史迹之谜·何处为釜山?》)

又:釜山,本为"䰝山"。䰝是一种内方外圆有双耳可握的古代量器,四升为一斗,四斗为一区,四区为一䰝,一䰝即为六斗四升。此种量器本为用泥捏、以火烧的陶质器物,到了春秋之时,就只有齐国还用,其余各国就不用了;而釜,则是汉代之时盛行的一种铁制无足炊器,实即今之铁锅。我国用铁按出土文物为证,最早当是春秋之际。战国时才较为普遍。何以黄帝之时即有"釜山"一名?釜山本为"䰝山",盖䰝山者,是为地名而非山名。其"山"当为形容用语。䰝山,在黄帝之时,或为烧制量器"䰝"的地方,或为黄帝从民间征粮以"䰝"计数而收存的地方,其在轩辕之丘东六华里。《周礼》言䰝,汉代用釜。后世以䰝绝而通用釜字,䰝山也就被记之以釜山。到隋唐之际,已不知釜山为何地,反将"䰝山"一名以音而书作礬山,汉字简化以后书作"矾",即今矾山镇。(同上)

谈嘉德:至于釜山之地望,《括地志》说在"怀柔县北三里","则又因涿鹿在上谷而附会"(吕思勉《先秦史》)。其实这个釜山,并非河北之釜山。汉东方朔说:"东海(郡)大明之墟有釜山"(郭子横《洞冥记》引),说的正是这个釜山。(《古代涿鹿徐州说考论》,载《徐州师范大学学报》1997年第2期)

⑧【汇注】

张守节:广平曰阿。涿鹿,山名,已见上。涿鹿故城在山下,即黄帝所都之邑于山下平地。(《史记正义·五帝本纪》)

王应麟:《史记》黄帝邑于涿鹿之阿。《括地志》:涿鹿山在妫州怀戎县东南五十里,涿鹿城在山侧,故城在州东南五十里,本黄帝所都也。《世纪》:黄帝都涿鹿。于《周官》幽州之城,在汉为上谷(原注:《世本》云:涿鹿在彭城。然则上谷本名彭城。《武经总要》:涿州,古涿鹿之野,汉置涿郡)。今上谷有涿鹿县及蚩尤城、阪泉(原注:《括地志》阪泉今名黄帝泉,在妫州怀戎县东五十六里,出五里至涿鹿东北与涿水合。《晋太康地志》云:涿鹿城东一里有阪泉,上有黄帝祠)。或曰:黄帝都有熊,今河南新郑是也。(《通鉴地理通释》卷四《历代都邑考·黄帝都》)

⑨【汇注】

佚 名:帝见浮叶方为舟,即有共鼓、化狄二臣助作舟楫,所谓刳木为舟,剡木为楫也。盖取诸涣。涣,散也,物大通也。所以济不通也。帝又观转蓬之象以作车。时有神马出生泽中,因名泽马。……又有腾黄之兽,其色黄,状如狐,背上有两角,龙翼,出日本国,寿二千岁。黄帝得而乘之,遂周游六合。所谓乘八翼之龙游天下也。故迁徙往来无常。帝始教人乘马。有臣胲作服牛以用之。《世本》云所谓服牛乘马,引重致远,以取诸随。得随所宜也。(《轩辕黄帝传》)

俞正燮:《魏书·高祖纪》:诏曰:黄帝以天下未定,居于涿鹿。既定之后,亦迁于河南。盖以黄帝有熊氏，有熊，新郑也。《通志·都邑略》云"黄帝都有熊，迁于涿鹿"，最谬。《史记》云：邑于涿鹿之阿。《正义》引《舆地志》云："涿鹿，黄帝初都，迁有熊也。"儒者谓黄帝象土，王四方，无定居，未必然。（《癸巳存稿》卷七《有熊》）

⑩【汇注】

　　张守节：环绕军兵为营以自卫，若辕门即其遗象。（《史记正义·五帝本纪》）

　　陈傅良：古者天子之都，必有重兵焉，所以壮根本而严卫翼也。……黄帝之圣，以兵师为营卫。（《历代兵制》卷二《西汉》）

　　瞿方梅：方梅案：辕门者，《周礼·掌舍》设车宫辕门。注曰：谓王行止宿阻险之处备非常，次车以为蕃，则仰车以其辕表门。（《史记三家注补正·五帝本纪第一》）

　　马持盈：这两句话，正说明当时是游牧生活的社会。由军兵周围环绕为营垒以自卫，后世之辕门，即其遗象。（《史记今注·五帝本纪》）

【汇评】

　　程馀庆：总四方而定邑，偏又以"迁徙"见奇，写出神武。虚景实写，纯以排句作态，而笔力自奇纵。（《历代名家评注史记集说·五帝本纪》）

⑪【汇注】

　　郯　子：昔者黄帝氏以云纪，故为云师而云名。（见《春秋左氏传》昭公十七年）

　　晋魏史官：二十年景云见，以云纪官。（《竹书纪年》卷二）

　　杜　预：黄帝轩辕氏，姬姓之祖也。黄帝受命有云瑞，故以云纪事。百官师长，皆以云为名，号缙云氏，盖其一官也。（《春秋经传集解》昭公十七年）

　　裴　骃：应劭曰："黄帝受命，有云瑞，故以云纪事也。春官为青云，夏官为缙云，秋官为白云，冬官为黑云，中官为黄云。"张晏曰："黄帝有景云之应，因以名师与官。"（《史记集解·五帝本纪》）

　　孔颖达：《晋语》云，黄帝以姬水成，为姬姓，是姬姓之祖也。以少皞之立，有凤鸟之瑞，而以鸟纪事。黄帝以云纪事，明其初受天命，有云瑞也。云之为瑞，未能审也。《史记·天官书》曰："若烟非烟，若云非云，郁郁纷纷，萧索轮囷，是谓卿云。"或作庆云，或作景云。《孝经援神契》曰：德至山陵，则景云出。服虔云：黄帝受命，得景云之瑞，故以云纪事，黄帝云瑞或当是景云也，百官师长皆以云为名号，即是以云纪纲诸事也。（《春秋左传正义》昭公十七年）

　　又：云为官名，更无所出，唯《文十八年·传》云"缙云氏有不才子"，疑是黄帝时官，故云缙云氏，盖其一官也。（同上）

⑫【汇注】

　　罗　泌：缙云：今处州缙云郡有缙云山，是为缙云堂，缙云氏之虚也。《永初山川

记》永宁县有缙云堂是矣。旧经《图记》皆以为黄帝之号,黄帝之踪失之。(《路史·国名纪乙·缙云》)

马持盈：黄帝初受命,适有云瑞之应,故以云名官,号为云师,春官为青云,夏官为缙(赤色)云,秋官为白云,冬官为黑云,中官为黄云。这正是图腾社会自然物崇拜的写照。(《史记今注·五帝本纪》)

⑬【汇注】

张守节：监,上监去声,下监平声。若周、邵分陕也。(《史记正义·五帝本纪》)

⑭【汇注】

荀　卿：古有万国,今无数十矣。(《荀子·君道篇》)

班　固：昔在黄帝作舟车以济不通,旁行天下,方制万里,画野分州,得百里之国万区。是故《易》称先王以建万国,亲诸侯,《书》云协和万国,此之谓也。(《汉书·地理志上》)

刘知幾：自有王者,便置诸侯,列以五等,疏为万国。(《史通》卷二《世家》)

杜　佑：昔黄帝方制天下,立为万国。……夏氏革命,又为九州,涂山之会,亦云万国。四百年间,递相兼并。殷汤受命,其能存者,三千余国,亦为九州,分统天下,载祀六百。及乎周初,尚有千八百国。……其后诸侯相并,有千二百国。及平王东迁,迄获麟之末二百四十二年间,诸侯征伐,更相吞灭,不可胜数,而见于《春秋》经传者,百有七十国焉。蛮夷戎狄不在其数。逮乎下分地理,上配天象,所定躔次,总标十三。及周之末,唯有七国。(《通典》卷一百七十一《州郡一》)

刘　恕：旁行天下,方制万里,画野分州,得百里之国万区。以分星次,经土设井,以塞争端。(《资治通鉴纪外纪》卷一《黄帝》)

王应麟：《禹贡·释文》：《周公职录》云：黄帝受命风后,受图割地,布九州。《汉·地理志》云：黄帝旁行天下,方制万里,画野分州,得百里之国万区。《晋·地理志》云：黄帝令竖亥步自东极至于西极五亿十万九千八百八步。《帝王世纪》云：黄帝推分星次,以定律度,自斗十一度至婺女七度曰星纪之次。(《通鉴地理通释》卷一《黄帝九州》)

罗　泌：命共鼓,化狐作舟车,以济不通。命竖亥通道路,正里侯。命风后方割万里,画野分疆,得小大之国万区,而神灵之封隐焉。……置左右大监,监于万国。(《路史·后纪五·黄帝》)

罗　璧：盖万国并建,侯多则势分,势分则易制,乃古防闲维持之深意。(《罗氏识遗》卷四《封建限百里》)

王　圻：自古帝王之御世者,必一统天下而后为盛。羲农以上疆理之制,世远莫之详矣,其见诸载籍者,谓黄帝画野分州,得百里之国万区。(《三才图会》卷一《山

海舆地全图》）

艾南英： 黄帝经理天下，立为万国。帝喾创制九州，北至于幽陵，南至于交趾，西至于流沙，东至于蟠木。唐尧使禹平水土，还为九州，置五服，舜即位，分为十二州。夏氏革命，又为九州。涂山之会，亦云万国，商汤受命，其能存者三千余国，亦为九州。周初尚千八百国，分为九畿，春秋兼并，见于经传者百七十国焉。战国时惟存七国。（《禹贡图注·舆图论略》）

【汇评】

杜　佑： 天下之立国宰物尚矣。其画野分疆之制，自五帝始焉。道德远覃，四夷从化，即人为治，不求其欲，斯盖羁縻而已，宁论封域之广狭乎？（《通典》卷一百七十一《州郡》）

孙能传： 古来以百纪数，如百官、百姓、百物、百工、百谷、百果、百卉、百兽，以万纪数如万民、万物、万国、万邦，皆约举其大凡耳，非必恰有此数。杨泉《物理论》解百谷、稻粱、菽各二十种，为六十，疏、果之实，助谷各二十，凡为百谷。刘原父《七经小传》解万国：五国有长，十长有师，十长之师凡五十国，一州十二师，则六百国也。计十二州则七千二百国。由十二州之外，薄于四海，又有五长，是以执玉帛者万国。皆傅会之说，不足凭也。（《剡溪漫笔》卷五《百谷万国解》）

孙　兰： 黄帝诛蚩尤，定诸侯，区为万国。至秦皇，废为郡县，定为一统。虽黄帝当秦皇之势，亦不能不为一统也。子舆氏曰："天下恶乎定？定于一。"盖万国之区，非一人在上，角才而臣之也，又非树勋，王国分畎而列之也。不过鸿荒初启，各有其地，各保其民以建国尔。若势已兼并，定于一统，安得更列万人而各予之国乎？（《柳庭舆地隅说》卷中）

柳诒徵： 实则当时土地之开辟者，曾不足方数千里。而其建置国家，亦必不能整齐划一，如画棋局然。所谓国家，不过如今之村落。其数或逾万，或不逾数千，亦不能确定也。（《中国文化史》第四章《政法之萌芽》）

唐嘉弘： 在四五千年以内早期的历史，显然存在了许多氏族部落，古称"万国"；随着生产力和智力的不断发展，文化的渗透，共同体的融合，越来越剧烈，速度日益加快；原先各共同体自己祖先传说的历史，本是多元地、平行地、同步地在各个地域形成发展，随着部落联盟的走向国家大门和统一王朝的出现，纷繁的传说也随着逐渐统一，糅合成为直系的一线传承的历史系统，并形成各个氏族部落的共同的始祖。（见《先秦史论集·先秦史概论》）

严文明： 进入铜石并用时代（大约为公元前3000年至前2100年）之后，中国出现了一系列城址，其中最大的有100万平方米，多数为10—20万平方米。这是一个小国林立的时代，中国古书上讲黄帝、尧、舜的时代，总是说有万国或万邦。现在看来，

这些传说是有根据的。(《中国王墓的出现》,载《考古与文物》1996 年第 1 期)

⑮【汇注】

胡　宏:命容成氏综六术为盖天,著"周天历"。度造调历,以斗柄建寅,春正月为岁首,天秉阳,垂日星,阳数奇,故观天者占星而已。地秉阴,窾于山川,阴数耦,故观地者随山而理川。轩辕既上观天文,大明时令,乃周行天下,观地理,迁徙往来无常处。以兵师为营卫。按《洛书》之文,方者,土也。于是画天下为九州。以井制地,使民存亡更守,出入相司,嫁娶相媒,有无相贷,疾病相救。六尺为步,步百为亩,亩百为夫,夫三为屋,屋三为井,井方一里。里五为邑,邑十为丘,丘十为都,都十为师,师十为州,以总人心,以详民数,塞欺陵之路,弭奸宄之望,治五气,艺五种,抚万民,度四方。上古牛未穿马未络,至是服牛乘马,引重致远,而民力裕。……习熊虎貔貅之士以威天下……所以养民而保之者至矣。于是制轩冕,目垂旒,耳充纩,玄衣黄裳,旁观翚翟草木之英华,画缋五色,为文章。……以别贵贱,而上下有序,各安其分。……轩辕明于天地之道,体神而起数,倚数而观象,见象而制器,是以成而人用之,用而人利之,利而人安之,安而人守之,守而人不可变,是谓德配天地,道之至也,制度之经也。其可变者,礼乐污隆而已。书契作而史官建,左史记言,右史记动,仓颉、沮诵,轩辕史官也。见鸟兽蹄远之迹,有文理之可滋,作鸟迹篆以乂百工,以察万品。(《皇王大纪》卷二《黄帝轩辕氏》)

蒋廷锡:按:郑樵《通志·三皇纪》:黄帝旁行海内,方制万里,画野分州,得百里之国万区,以分星次。经土设井,以塞争端。立步制亩,以均不足。使八家为井,井开四道而分八宅。同井而饮,存亡更守,男女交姻,有无相贷,疾病相扶,风俗可同,生产可一,性情可亲。井一为邻,邻三为朋,朋三为里,里五为邑,邑十为都,都十为师,师十为州。分于井而计于州,则地著而数详。民不习伪,官不怀私,城郭不闭,见利不争,风雨时若,五谷丰登,人无夭枉,物无疵疠,鸷鸟不妄搏,(猛)兽不妄噬,远方之人,罔不来享。(《明伦汇编·皇极典》卷七《帝纪部·疏仡纪》)

⑯【汇校】

裴　骃:徐广曰:"多,一作'朋'。"(《史记集解·五帝本纪》)

【汇注】

司马贞:与音羊汝反。与犹许也。言万国和同,而鬼神山川封禅祭祀之事,自古以来帝皇之中,推许黄帝以为多。多犹大也。(《史记索隐·五帝本纪》)

吴汝纶:杜氏《通典》注云:"与,比也。"某按:内外传数言"其与几何",《晋语》:"诸臣之委室而徙,退者将与几人?"此"与"谓多之。与亦其类也。(《点勘史记读本·五帝本纪》)

陈蒲清:封禅,古代帝王登名山,封土为坛曰封,扫地而祭曰禅,祭祀天地山川,

来庆祝成功和太平。黄帝之时，天下无事，因而封禅一类的事情较多。（见王利器主编《史记注译·五帝本纪》）

【汇评】

吴汝纶：史公此语，以汉武封禅求仙人，皆托黄帝，故为此偏宕之语，以为文外曲致也。此史文奇肆处，他家所无。自归熙父外，读者罕窥此旨。（《点勘史记读本·五帝本纪》）

[日] 泷川资言：中井积德曰：言鬼神封禅之事，于其政理中许多也。徐孚远曰：此皆武帝时方士附会，详在《封禅书》中，《本纪》略举其远。（《史记会注考证·五帝本纪》）

⑰【汇注】

司马迁：盖黄帝考定星历，建立五行，起消息，正闰余，于是天地神祇物类之官，是谓五官，各司其序，不相乱也。民是以能有信，神是以能有明德。民神异业，敬而不渎，故神降之嘉生，民以物享，灾祸不生，所求不匮。（《史记·历书》）

裴骃：晋灼曰："策，数也，迎数之也。"瓒曰："日月朔望未来而推之，故曰迎日。"（《史记集解·五帝本纪》）

司马贞：《封禅书》曰"黄帝得宝鼎神策"，下云"于是推策迎日"，则神策者，神蓍也。黄帝得蓍以推算历数，于是逆知节气日辰之将来，故曰推策迎日也。（《史记索隐·五帝本纪》）

张守节：筴音策。迎，逆也。黄帝受神策，命大挠造甲子，容成造历是也。（《史记正义·五帝本纪》）

金履祥：《东莱吕氏》曰：《正义》云，言作历弦望晦朔，日月未至而迎之，过而送之，即迎日推策是也。（《御批通鉴纲目前编》卷首《帝喾高辛氏》）

梁玉绳：按：上言黄帝习用干戈，以师为卫，乃战国时谈兵者所附会，而史公书之。此言封禅山川，获宝鼎神策，乃秦、汉方士语，具载《封禅书》中，盖以嗤其妄，而纪独信之，岂得谓"择言尤雅者著于篇"乎？（《史记志疑·五帝本纪》）

雷学淇：《世本》曰：黄帝命羲和占日，常仪占月。……淇案：测景致日乃黄帝以来占日之旧法。（《古经天象考》卷五《日辰》）

又：蔡邕《月令章句》曰：大挠探五行之精，占斗刚所建，于是始作甲乙以明日，谓之干，作子丑以名月，谓之枝。《书正义》曰：自黄帝以来始用甲子纪日，六十日甲子一周。（《古经天象考》卷五《昼夜时刻》）

程馀庆：策，神蓍也。言黄帝得蓍草，以推算历数，遂逆知节气日辰之将来也。此皆汉武时方士附会语也。详在《封禅书》，《本纪》略举其概。（《历代名家评注史记集说·五帝本纪》）

王叔岷：案：《孝文本纪》云："黄帝获宝鼎神筴。是岁己酉朔旦冬至，得天之纪，终而复始。于是黄帝迎日推筴。"（又见《封禅书》，"筴"作"策"，筴乃策之隶变。）"推筴"之筴，乃承上文"神筴"字而言，谓推算神筴也。以彼证此，则此文"推筴"字不误。又案：《记纂渊海》三引《史·黄帝本纪》云："容成氏始造律历。"今本无此文，以《正义》之文验之，疑是注文也。（《史记斠证·五帝本纪第一》）

陈蒲清：获宝鼎，传说黄帝曾得到上天赐予的宝鼎。迎日，预先推算日、月、朔、望等未来的时辰。迎，有"逆"（预推）的意义。策，指蓍草，古人用它的茎占卜吉凶。传说黄帝得到一种神策，便命大挠造甲子，容成造历法（即黄帝历），以推算年月节气。（见王利器主编《史记注译·五帝本纪》）

曲　辰：迎日，即迎日月而察朔望；策是历数；推，即是推算。迎日推策，也就是观察日月而推算历数，以此来确定农时节气。有了历法，知道了一年当中春夏秋冬的准确气候变化，才能按天时以耕种。按天时依节令而适时耕种，即为"顺天地之纪"。（《轩辕黄帝史迹之谜·"黄帝迎日推策"是怎么回事？》）

又：按古史料所载，黄帝曾命羲与和两人占日，命常羲占月，以大挠造干支，让容成造历法，各有分工，各尽其职，是有着专门班子和配套组织机构的。如司马贞在《史记·历书》注释中引《世本》言："黄帝命羲和占日。"常羲，为娵訾氏女，帝喾之妃，以善察月之晦、朔、弦、望而著名。常羲，古书又作尚仪。《吕氏春秋·勿躬篇》云："尚仪占月。"毕沅注："尚仪即常仪，古读仪为何，后世遂有嫦娥之鄙言。"如此，后世所传的所谓"嫦娥奔月"神话故事，即由常羲占月演化而来。《吕氏春秋·尊师》又有"黄帝师大挠"之记。《世本·作篇》有"大挠作甲子"之载。宋注云："大挠，黄帝史官。"《淮南子·修务训》曰："仓颉作书，容成造历。"高诱注云："容成，黄帝臣，造作历，知日月星辰之行度。"（同上）

【汇评】

阮　元：昔者黄帝迎日推策，而步术兴焉。自时厥后，尧命羲和，舜在璇玑，三代迭王，正朔递改，盖效法乾象，布宣庶绩，帝王之要道也。（《畴人传·序》）

⑱【汇校】

翟云升：力牧，《群辅录》作"力墨"。（《校正古今人表》第二《力牧》，见《史记汉书诸表订补十种》）

【汇注】

郑　玄：黄帝佐官有七人：仓颉造书字，大挠造甲子，隶首造算数，容成造历日，岐伯造医方，鬼臾区造占候，奚仲造车、作律管与坛墠礼也。（《六艺论》）

裴　骃：郑玄曰："风后，黄帝三公也。"班固曰："力牧，黄帝相也。"大鸿，见《封禅书》。（《史记集解·五帝本纪》）

张守节：举，任用。四人皆帝臣也。《帝王世纪》云："黄帝梦大风吹天下之尘垢皆去，又梦人执千钧之弩，驱羊万群。帝寤而叹曰：'风为号令，执政者也。垢去土，后在也。天下岂有姓风名后者哉？夫千钧之弩，异力者也。驱羊数万群，能牧民为善者也。天下岂有姓力名牧者哉？'于是依二占而求之，得风后于海隅，登以为相。得力牧于大泽，进以为将。黄帝因著《占梦经》十一卷。"《艺文志》云："《风后兵法》十三篇，图二卷，《孤虚》二十卷，《力牧兵法》十五篇。"郑玄云："风后，黄帝之三公也。"按：黄帝仰天地置列侯众官，以风后配上台，天老配中台，五圣配下台，谓之三公也。《封禅书》云"鬼臾区号大鸿，黄帝大臣也。死葬雍，故鸿冢是"。《艺文志》云"《鬼容区兵法》三篇"也。（《史记正义·五帝本纪》）

宫梦仁：黄帝六相：蚩尤为当时，明天道（原注：一云风后）。太常为廪者，察地理。苍龙为士师，辨东方。祝融为司徒，辨南方。大封为司马，辨西方。后土为李，辨北方。（《读书纪数略》卷二十二《辅佐类·黄帝六相》）

觉罗石麟：风后故里，黄帝得风后于海隅，登以为相。解，始名渤澥，后去水为解。相传海隅即今解池西南隅。（《山西通志》卷六十《古迹·解州》）

梁玉绳：力牧始见《列子·黄帝》《淮南·览冥》。姓力名牧。牧又作墨。又作黑。案：《荀子·赋篇》《韩诗外传》四有力父，与媒母并称，疑是力牧。（《汉书人表考》卷二《力牧》，见《史记汉书诸表订补十种》）

又：风后始见《书·禹贡·释文》引《周公职录》。姓风名后。宋大观三年封上谷公。（《汉书人表考》卷二《风后》，见《史记汉书诸表订补十种》）

程馀庆："风后、力牧、常先、大鸿"，此黄帝四相也。（《历代名家评注史记集说·五帝本纪》）

[日] 泷川资言：崔述曰：黄炎之世，卿相之名，未有见于传者，则四人恐亦后人托言，纵使有之，而其时未有典册，则兵法非其所著明矣。（《史记会注考证附校补·五帝本纪第一》）

王叔岷：案：《留侯世家·索隐》引《诗纬》云："风后，黄帝师。"《后汉书·张衡传》注引《春秋内事》云："黄帝师于风后。"《淮南子·览冥篇》："昔者黄帝治天下，而力牧、太山稽辅之。"高诱注："力牧、太山稽，黄帝师。《孟子》曰：王者师臣也。"《列子·黄帝篇》："召天老、力牧，太山稽。"张湛注："三人，黄帝相也。"……《集解》云云，南宋黄善夫本无"大鸿，见《封禅书》"六字。……又：风后、大封，疑是一人。（《史记斠证·五帝本纪第一》）

【汇评】

刘　安：昔者黄帝治天下，而力牧、太山稽辅之（高诱注：力牧、太山稽，黄帝师。孟子曰：王者师，臣也），以治日月之行律，治阴阳之气，节四时之度，正律历之数，别男女，异雌雄，明上下，等贵贱，使强不掩弱，众不暴寡，人民保命而不夭，岁时孰而不凶，百官正而无私，上下调而无尤，法令明而不闇，辅佐公而不阿，田者不侵畔，渔者不争隈。道不拾遗，市不豫贾，城郭不关，邑无盗贼，鄙旅之人相让以财，狗彘吐菽粟于路，而无忿争之心。于是日月精明，星辰不失其行，风雨时节，五谷登孰，虎狼不妄噬，鸷鸟不妄搏，凤皇翔于庭，麒麟游于郊，青龙进驾，飞黄伏皂，诸北，儋耳之国，莫不献其贡职。（《淮南子》卷六《览冥》）

⑲ 【汇注】

张守节：言黄帝顺天地阴阳四时之纪也。（《史记正义·五帝本纪》）

⑳ 【汇校】

[日] **泷川资言**：《五帝德》《家语》"占"作"故"，李笠曰："占"疑是"故"之烂文。（《史记会注考证附校补·五帝本纪第一》）

【汇注】

张守节：幽，阴；明，阳也。占，数也。言阴阳五行，黄帝占数而知之。此文见《大戴礼》。（《史记正义·五帝本纪》）

张澍稡：澍按：《吕氏春秋》云：羲和作占日。占日者，占日之晷景长短也。《大荒南经》有羲和之国，有女子，名曰羲和，方浴日于甘渊。羲和者，帝俊之妻，生十日。郭注：盖天地始生，主日月者也。故《启筮》曰：空桑之苍苍，八极之既张，乃有夫羲和，是主日月职出入以为晦明。又曰：瞻彼上天，一明一晦，有夫羲和之子，出于旸谷，故尧因此立羲和之官，以主四时。《尸子》曰：造历象者，羲和子也。《广韵》羲和造历。（《世本集补注》卷一，见《世本八种》）

㉑ 【汇校】

裴　骃：徐广曰："一云'幽明之数，合死生之说'。"（《史记集解·五帝本纪》）

【汇注】

张守节：说谓仪制也。民之生死。此谓作仪制礼则之说。（《史记正义·五帝本纪》）

陈蒲清：死生之说，养生送死的仪制。《正义》："说，谓仪制也。"传说黄帝造屋宇，制衣服，定礼仪，以便大众养育生者，葬送死者。（见王利器主编《史记注译·五帝本纪》）

㉒ 【汇注】

司马贞：存亡犹安危也。《易》曰"危者安其位，亡者保其存"是也。难犹说也。凡事是非未尽，假以往来之词，则曰难。又上文有"死生之说"，故此云"存亡之难"，所以韩非著书有《说林》《说难》也。（《史记索隐·五帝本纪》）

张守节：难音乃惮反。存亡犹生死也。黄帝之前，未有衣裳屋宇。及黄帝造屋宇，

制衣服，营殡葬，万民故免存亡之难。(《史记正义·五帝本纪》)

王　鏊："幽明之占，生死之说，存亡之难"，即《易》所谓仰以观于天文是也。(见《百大家评注史记》卷一《五帝本纪》)

[日] 泷川资言：李笠曰：《家语》云：以顺天地之纪，知幽明之故，达死生存亡之说。曰知曰达，亦即陈顺之意。"以死生存亡"和作一句者，避"说"字之复也。小司马云："难"犹"说"。是矣。然韩子《说难》谓游说之不易，辨难之义，以彼无涉。愚按："难"犹"变"也。(《史记会注考证附校补·五帝本纪第一》)

㉓【汇注】

裴　骃：王肃曰："时，是也。"(《史记集解·五帝本纪》)

张守节：言顺四时之所宜而布种百谷草木也。(《史记正义·五帝本纪》)

王　圻：神农始种五谷，轩辕始种桑麻蔬果草木，汉张骞始移植大宛油麻、大蒜、大夏芫荽、苜蓿、葡萄、安石榴、西羌胡桃于中国；唐太宗始移植占城早稻、康国金桃、波稜菜；五代胡峤始移种回鹘西瓜。(《稗史汇编·花木门·移栽》)

王叔岷：案：《家语》作"播时百谷"，《集解》引《家语》王肃注："时，是也。"(义本《尔雅·释诂》云：时，是也。)则所据正文亦必作"播时"，若作"时播"，则无缘训"时"为"是"矣。本篇下文"汝后稷播时百谷"(《书·尧典》同)，《集解》引郑玄曰："时读曰莳。"《广雅·释地》："莳，种也。"此文"时"亦当训"种"，于义为长。(《史记斠证·五帝本纪第一》)

㉔【汇注】

司马贞：为一句。蛾音牛绮反。一作"豸"。(豸)言淳化广被及之。(编者按：点校本《史记》修订本："一作豸豸"，张文虎《札记》卷一："此下失音。"按：张说是。本书卷一一七《司马相如列传》"陂池貏豸"《集解》："豸音虫豸也。"又"弄解豸"《索隐》"豸音丈姊反，又音丈介反"。)(《史记索隐·五帝本纪》)

张守节：蛾音鱼起反。又音豸，豸音直氏反。蚁，蚍蜉也。《尔雅》曰："有足曰虫，无足曰豸。"(《史记正义·五帝本纪》)

张家英：《说文》有"虫""蚰(kūn，虫类的总称)""蟲(chóng，动物的通称)"三个部首。《虫部》："蛾，罗也。从虫，我声。"五何切，读é。《蚰部》："蟲，蚕匕(化)飞蟲。从蚰，我声。"亦读五何切。段玉裁于《虫部》注云："'蛾，罗'见《释虫》。许次于此，当是'螘(蚁)'，一名'蛾'。……'蛾'是正字，'蚁'是或体。许意此'蛾'是'螘(蚁)'，《蚰部》之'蟲'是蚕蛾，二字有别。郭注《尔雅》'蛾，罗'为蚕蛾，非许意也。《尔雅》'螘'字本或作'蛾'，盖古因二字双声通用；要之本是一物，非假借也。"总之，段玉裁以为，"蛾"与"蟲"为二字二物，而"蛾"与"螘(蚁)"则为一字之二体，它们应同为一物。(《〈史记〉十二本纪疑诂·

五帝本纪》）

又：《尔雅·释虫》有"蛾，罗"条，郭璞注以为"蚕蛾"。郝懿行疏云："凡草木虫以蛹化为蛾甚众；然则'蛾，罗'通名，凡蛱蝶之类皆是，郭以'蚕蛾'为释恐非。《埤雅》引孙炎《正义》云：蛾即是雄，罗即是雌。今按：虫类虽有雌雄，但'蛾，罗'迭韵，古人多取声近为名，亦犹《释草》之'莪，罗'，非草有雌雄也。孙炎此义，理未通矣。"即是说，郝氏也是不赞成《尔雅》郭注的。（同上）

又：至《索隐》《正义》均以为"虫蛾"同于"虫豸"，则均是强调其为小动物。《正义》又引《尔雅·释鱼》"有足谓之虫，无足谓之豸"（此亦见《说文·蟲部》）之文以证之，亦是反映古人于"虫"既指昆虫，又指动物之观念。"淳化鸟兽虫蛾"句，其意实谓：大至鸟兽，小至虫蛾，黄帝之德均能广被及之。（同上）

㉕【汇校】

裴　骃：徐广曰："［波］一作'沃'。"（《史记集解·五帝本纪》）

吴汝纶："水波"，《大戴》作"极畎"。某案："水波"二字殆是讹文，而《索隐》《正义》皆依文解之，则传误已久。徐广注：一作"沃"，亦疑波是误也。《大戴》水波作"极畎"，说者以"畎"为"治"。（《点勘史记读本·五帝本纪》）

【汇注】

司马贞：旁，非一方。罗，广布也。今案：《大戴礼》作"历离"。离即罗也。言帝德旁罗日月星辰水波，及至土石金玉。谓日月扬光，海水不波，山不藏珍，皆是帝德广被也。（《史记索隐·五帝本纪》）

张守节：旁罗犹遍布也。日月，阴阳时节也。星，二十八宿也。辰，日月所会也。水波，澜漪也。言天不异灾，土无别害，水少波浪，山出珍宝。（《史记正义·五帝本纪》）

朱之蕃：焦竑曰：按：旁罗乃测天度之器，如今之日晷地罗也。（见《百大家评注史记》卷一《五帝本纪》）

高　承：《帝王世纪》曰：黄帝授命，乃推分星次，以定律度。刘昭补《汉志》，亦曰黄帝定星次，即今《尔雅》所记十二次与二十八舍之度，皆是黄帝创之也。（《事物纪原》卷一《星次》）

王　圻：《史记》黄帝顺天地之纪"旁罗日月星辰"，《文选·陆佐公新刻漏铭》"俯察旁罗，登台升库"。《尚书·考灵耀》曰：冬至日月在牵牛一度，求昏中者取六项，加三旁蠡，顺余之。郑玄注曰：尽行十二项，中正而分之，左右各六项也。蠡犹罗也。昏中在日前，故言顺数也。明中在日后，故言却也。据此，则旁罗乃测天度之器，如今之日晷地罗也。十二项者，十二时分为二十方也。此可补《史记·注》之遗。（《稗史汇编·时令门·历数·旁罗》）

[日] 泷川资言：愚按：百谷草木、鸟兽虫蛾、日月星辰、土石金玉、心力耳目、水火材物，皆物。时播、淳化、旁罗、水波、劳动、节用，皆事。水波未详。或云"水"坏字，扁旁存者，"波"当从徐氏一本作"沃"，《大戴礼》作"极畋"，阮氏补注云："畋"，治也，"极"言至于四边。亦不通。（《史记会注考证附校补·五帝本纪第一》）

施之勉：按：旁罗日月星辰，《家语》作"考日月星辰"。是"旁罗"有考测之意。《文选·陆佐公新漏刻铭》："于是俯察旁罗，登台升库。"此二句皆相对为文。"旁罗"与"俯察"对，则其义当为广泛察考，非测天之器也。（《史记会注考证订补·五帝本纪第一》）

陈蒲清："旁罗"句，指黄帝广泛地观察日月星辰的运行和水流、土石、金玉的性能，使它们为人所利用。罗，观察、研究。或说指黄帝的德泽普遍地覆盖一切，使天不降灾，水不兴波，土地丰收，山出珍宝。罗，分布、排列。或认为"旁罗"是一种测天的仪器。（见王利器主编《史记注译·五帝本纪》）

㉖【汇校】

张文虎："劳勤"，中统、游本、《册府元龟》五十六引作"勤劳"。（《校刊史记集解索隐正义札记·五帝本纪》）

㉗【汇校】

中华书局编辑部：有的文句究竟应该怎么样读，聚讼未决，我们只好根据旧注断句。有的文句本来有脱误，我们也只好勉强标点。例如《五帝本纪》"时播百谷草木淳化鸟兽虫蛾旁罗日月星辰水波土石金玉劳勤心力耳目节用水火材物"，在并列的许多名词上分别冠以"时播""淳化""旁罗""劳勤""节用"等动词，就前后文语气看，"水波"也该是个动词，应点作"水波土石金玉"，但"水波"究竟不是个动词，这样断句讲不通。这段文字采自《大戴记·五帝德》篇，今本《大戴记》"水波"作"极畋"，"极畋"是什么意思也难懂，只好勉强点作"时播百谷草木，淳化鸟兽虫蛾，旁罗日月星辰水波土石金玉，劳勤心力耳目，节用水火材物"。（《史记点校后记》二）

【汇注】

左丘明：黄帝能成命百物，以明民共财。（《国语·鲁语上》）

张守节：节，时节也。水，陂障决洩也。火，山野禁放也。材，木也。物，事也。言黄帝教民，江湖陂泽山林原隰皆收采禁捕以时，用之有节，令得其利也。《大戴礼》云"宰我问于孔子曰：'予闻荣伊曰黄帝三百年。请问黄帝者人耶？何以至三百年？'孔子曰：'劳勤心力耳目，节用水火材物，生而民得其利百年，死而民畏其神百年，亡而民用其教百年，故曰三百年也。'"（《史记正义·五帝本纪》）

[日] 泷川资言：中井积德曰：材物是一件泛称。愚按："顺天地之纪"以下采

《五帝德》。(《史记会注考证·五帝本纪》)

施之勉：按：《家语·五帝德篇》"材物"作"财物"。《元龟》五十八亦作"财物"。(《史记会注考证订补·五帝本纪第一》)

㉘【汇注】

吕不韦：凡帝王者将兴也，天必见祥乎下民。黄帝之时，天先见大螾大蝼。黄帝曰："土气胜！"土气胜，故其色尚黄，事则土。(《吕氏春秋·有始览·应同》)

刘　安：黄者，土德之色。(《淮南子》卷三《天文》)

班　固：《易》曰："神农氏没，黄帝氏作。"火生土，故为土德。(《汉书·律历志》)

【汇评】

邹德溥：黄帝以土德著号，故太史公终发明之。自是以后，世代相承，而五行之德，迭相为用矣。(见《百大家评注史记》卷一《五帝本纪》)

㉙【汇校】

王叔岷：案：《御览》七九引"号"下有"曰"字。八七三引《史记》云："黄帝时有土瑞，故以土德。"疑是《史记》注文。(《史记斠证·五帝本纪第一》)

【汇注】

司马贞：炎帝火，黄帝土代之，即"黄龙地螾见"是也。螾，土精，大五六围，长十余丈。螾音引。(《史记索隐·五帝本纪》)

张守节：螾音以刃反。(《史记正义·五帝本纪》)

罗　泌：王承填而土行，故色尚黄，而天下号之黄帝。(《路史·后纪五·黄帝》)

又：轩辕氏作于空桑之北，绍物开智，见转风之蓬不已者，于是作制乘车，椐轮璞，较横木为轩，直木为辕，以尊太上，故号曰轩辕氏。权畸羡，审通塞，于是擅四方，伐山取铜，以为刀货，以衡域之轻重，而天下治矣。(《路史·前纪七》)

崔　适：按：各本中云"有土德之瑞，故号黄帝"，此非太史公言也。是时尚无五德之说，详《序证·五德节》。然则"黄"字之义何居？曰：《白虎通义·号篇》曰："黄者，中和之色，自然之性，万事不易。黄帝始作制，得其中和，故称黄帝也。"《谥篇》曰："黄帝始制法度，得道之中，名'黄'，自然也。后世虽圣亦得称帝，不得立制作之时，故不得称'黄'也。"然则黄帝称"黄"，岂与苍、赤、白、黑为辈乎？土德之言，依《三统历》窜入也。今正。(《史记探源》卷二《五帝本纪》)

[日] **泷川资言**：《吕氏春秋·应通篇》：黄帝之时，天先见大螾大蝼，黄帝曰土气胜，土气胜，故其色尚黄，其事则土。《史记·封禅书》云"黄帝得土德，黄龙地螾见"。崔述曰：……《传》曰：黄帝氏以云纪，炎帝氏以火纪，共工氏以水纪，太皥氏以龙纪，少皥氏以鸟纪。是帝王之兴，各因物以取义，不必于五行也。各因义以立名，

无所谓终始也。(《史记会注考证附校补·五帝本纪第一》)

黄帝二十五子①，其得姓者十四人②。

①【汇注】

魏 收：昔黄帝有子二十五人，或内列诸华，或外分荒服。昌意少子受封北土，国有大鲜卑山，因以为号。其后世为君长，统幽都之北，广漠之野，畜牧迁徙，射猎为业。淳朴为俗，简易为化。不为文字，刻木纪契而已。世事远近，人相传授，如史官之纪录焉。黄帝以土德王，北俗谓土为托，谓后为跋，故以为氏。其裔始均，入仕尧世，逐女魃于弱水之北，民赖其勤，帝舜嘉之，命为田祖。爰历三代，以及秦汉，獯鬻、猃狁、山戎、匈奴之属，累代残暴，作害中州，而始均之裔，不交南夏，是以载籍无闻焉。(《魏书·帝纪·序纪》)

李延寿：魏之先出自黄帝轩辕氏，黄帝子曰昌意，昌意之少子受封北国，有大鲜卑山，因以为号。其后世为君长，统幽都之北，广漠之野。(《北史·魏纪》)

王 瓘：黄帝有子，各封一国，总三十三氏出黄帝之后，子孙相承，凡一千二百五十年，自黄帝己酉岁至今大唐广明二年辛丑岁，计三千四百七十二年矣。(《广黄帝本行记》)

邵 思："张"，张氏出自轩辕第五子挥，始造弦弧以张网罗、取禽鸟，世掌其职，遂以为氏。《风俗通》云：张、王、李、赵皆黄帝之后也。(《姓解》卷二《张》)

邓名世："任"，出自黄帝少子禹阳，受封于任，以国为姓。(《古今姓氏书辨证》卷十九《任》)

罗 泌：黄帝……子二十五，别姓者十二，祈、酉、滕、葴、任、苟、釐、结、儇、依、及二纪也，余循姬姓。元妃西陵氏，曰儽祖，生昌意、玄嚣、龙苗。昌意就德，逊居若水，有子三人，长曰乾荒，次安，季悃。乾荒生帝颛顼，是为高阳氏。安处西土，后曰安息，汉来复者为安氏延李氏。悃迁北土，后为党项之辟，为拓跋氏。至郁律二子，长沙莫雄，次什翼犍，初王于代，七子。其七窟咄生魏帝道武，始都洛为元氏。十五世百六十有一年，周齐灭之。有党氏、奚氏、达奚氏、乞伏氏、纥骨氏、什氏、乾氏、乌氏、源氏、贺拔氏、拔拔氏、万俟氏、乙旃氏、秃发氏、周氏、长孙氏、车非氏、兀氏、郭氏、俟亥氏、车焜氏、普氏、李氏，八氏十姓，俱其出也。拓跋思敬镇夏，以讨巢功，赐李姓。有拓跋仁福者，为番部都指挥使，亦从其姓，将吏重迎为州师。子彝超、彝兴，继有夏、银、绥、宥地。玄嚣姬姓，降居泜水，生帝喾，是为高辛氏。龙苗生吾融，为吾氏。吾融生卞明，封于卞，为卞氏。卞明弃其守降之。

南裔生白犬，是为蛮人之祖。帝之南游，西陵氏殒于道，式祀于行，以其始蚕，故又祀先蚕。（《路史·后纪五·疏仡纪·黄帝》）

又：次妃方纍氏，曰节，生休及清。休继黄帝者也，是为帝鸿氏。清次封。清为纪姓，是生少昊。（同上）

又：次妃肜鱼氏，生挥及夷彭。挥次十五子造弧矢，及司率罟，受封于张，为弓氏、张氏、李氏、灌氏、叱罗氏、东方氏。夷彭，纪姓，其子始封于采，是为左人，有采氏、左人氏、夷鼓氏。（同上）

又：次妃嫫母，貌恶德（克）〔充〕，帝纳之曰："属女德而弗忘，与女正而弗襄，虽恶何伤！"是生苍林、禺阳。禺阳最少，受封于任，为任姓。谢、章、舒、洛、昌、锡、终、泉、卑、禺，皆任分也，后各以国令氏。禺号生禺京、儋梁、儋人。京居北海，号处南海，是为海司，有禺强氏、强氏。儋人，任姓，生牛黎。儋梁生番禺，番禺是始为舟。（番禺）生奚仲，奚仲生吉光，是主为车，建侯于薛。又十二世仲虺，为汤左相，始分任。祖已七世成迁为挚，有女归周，是诞文王。逮武为世，复薛侯，后灭于楚，为薛氏、蘖氏、且氏、祖氏、奚氏、稽氏、仲氏、挚氏、执氏、畴氏、伾氏、丕氏、邳（氏）、妊（氏）、姼氏、李氏、徐氏。终古，夏太史乘乱归商，为佟氏、谢氏。谢之后又有射氏、大野氏。苍林，姬姓，生始均，是居北狄为始氏。结姓伯儵，封于南燕，后有吉氏、姞氏、孔氏。密须、阚、允、蔡、光敦、偪、燕、鲁、雍、断、密、虽，皆结分也。箴、济及滑，箴姓分也，后合以国令氏。有虞氏作，封帝之后，一十有九侯伯，其得资者为资氏、郯氏，得郦者为郦氏、辅氏，得虔者为虔氏，得寇者为寇氏、口引氏、刘氏。国于郦者为郦氏、俪氏，食其氏，侍其氏。国于翟者为翟氏、翟氏、狄氏，于詹者为詹氏。自詹移葛，则为葛氏、詹葛氏。髡氏依之分，狂犬任之种也。后武王克商，求封帝之裔于蓟，以复锡，又有蓟氏、桥氏、乔氏、陈氏、苍林氏、有熊氏、轩氏、轩辕氏、陈氏。洛之后又有落氏、雒氏。阚之后又有监氏。密须之后又有须氏。舒之后又有舒子氏、纪氏。（同上）

顾炎武：按：《魏》《周》诸书，惟云魏之先出自黄帝轩辕氏。黄帝子曰昌意，昌意之少子，受封北国。……《辽史》言，耶律俨称辽为轩辕后。（《日知录·九州》原注）

齐召南：黄帝轩辕氏：帝子二十有五人，其得姓者十有四人，自帝以后，五帝三王，皆子孙也。（《历代帝王年表·帝王》）

编者按：赵光勇、许允贤在《〈史记·黄帝纪〉深意探索》一文中说：司马迁又参酌古今，考证出历代帝王皆黄帝之子孙。……至汉，司马迁没有写刘邦与黄帝在谱系上有何关联，但由《史记》所强调的世系，《汉书》的作者班固以及西汉宣帝时王褒等学者，都找到"汉承尧运"的根据，如从尧再往上推，仍然与黄帝的血统连在一起。不过，这条血缘纽带曾遭到后人的非议，如宋代欧阳修就说："迁所作《本纪》，出于《大戴礼》《世本》诸书。今依其说，图而考之：尧、舜、夏、商、周，皆出黄帝。尧之崩也，下传其四世孙舜；舜之崩也，复上传其四世祖禹；而舜、禹皆寿百岁。稷、契皆高辛氏子，乃同父异母之兄弟，而以世次而下之汤，与王季同世。汤下传十六世为纣王，季下传一世为文王，二世为武王，是文王以十五世祖臣事十五世孙，而武王以十四世祖伐十四世孙而代之，岂不谬哉！"

诚然，若细加推敲，确有龃龉之处。考《国语·鲁语》称："有虞氏禘黄帝而祖颛顼，郊尧而宗舜。"禘、祖、郊、宗，都是祭祀的意思，有虞氏已把黄帝当作自己的远祖，而与颛顼、尧、舜一齐祭奠。春秋时齐威王《齐侯因𰯼镩》的铭文，也称他是"绍緟高祖黄帝"。这些资料虽是片段，不能说都是凭空虚构。由于书缺有间，很难全部落实。不过，司马迁的用意有利于大一统的基业，在历史上曾起着积极作用。《史记集说·总论》引林駉曰："尝考迁史之《表》矣，《三代世表》，所以观百世本支。考黄帝之初，先列谱系，以祖宗为经，以子孙为纬，则五帝三王，皆出于黄帝，此帝王授受之正统可见也。……皆为当世而发。""皆为当世而发"一语，可谓从一个侧面道出了司马迁的苦心与深意。

又：据古昔传说，黄帝后裔还远离中国到海外繁衍生息，建功立业。南宋罗泌曾在《路史·疏仡纪》中指出："黄帝生昌意，昌意有子三人，长曰乾荒，次安，次悃。……安处西土，后为安息。"《史记·大宛列传》云："安息在大月氏西可数千里。其俗土著，耕田。田稻麦，蒲陶酒。城邑如大宛。其属小大数百城，地方数千里，最为大国，临妫水，有市，民商贾用车及船，行旁国或数千里。以银为钱，钱如其王面，王死，辄更钱，效王面焉。画革旁行以为书记。其西则条枝，北有奄蔡、黎轩。"《汉书·西域传》云："安息国王治番兜城，去长安万一千六百里。不属都护。北与康居，东与乌弋山离、西与条支接。土地、风气、物类，所有民俗，与乌弋、罽宾同。亦以银为钱，文独为王面，幕为夫人面。王死，辄更铸钱，有大马爵。其属小大数百城，地方数千里，最大国也。临妫水，商贾车船行旁国，书革旁行为书记。武帝始遣使至安息，王令将将二万骑迎于东界，东界去王都数千里。行，比至过数十城，人民相属，因发使随汉使者来观汉地，以大鸟卵及犁靬眩人献于汉。天子大悦。安息东则大月氏。"清人顾祖禹《读史方舆纪要·陕西·附考·撒马儿罕》云："安息国，在罽宾东北，《汉·西域传》：安息治番兜城，临妫水，去长安万一千六百里。北与康居。东与乌弋山离。西与条支接。武帝始遣使至其国。其属小大数百城，地方数千里，最大国也。后汉永元九年，班超遣椽甘英穷西海安息西界。范晔曰：'自条枝转北而东，马行六十四日，至安息，是也。'"于右任在《黄帝功德纪》一书中认为"安息在今波斯阿剌伯土耳其，为回教发祥之地"。蔡泽华在《史记注译·大宛列传》中释之曰："安息，古西域最大的国家，在今伊朗一带。"近是。据此，黄帝后裔已远离现在中华民族所共居之版图。

又：《光明日报》主办的《文摘报》于1992年6月28日转载欧阳明、王大有、宋宝忠等三人在1992年6月19日《华声报》上所发表的《轩辕黄帝族移民美洲易洛魁人是其裔胄》一文中，更具体地指出"今美国纽约州的易洛魁人是6000至5000年前移民美洲的中国轩辕的裔胄"，这有易洛魁人保存的鹿皮画《轩辕酋长礼天祈年图》和《蚩尤风后归墟扶桑值夜图》为证。

轩辕酋长礼天祈年图　　　　蚩尤风后归墟扶桑值夜图

【汇评】

李景星：孔子删《书》，断自二典，详政治也；太史公记史，始于五帝，重种族也。盖五帝始于黄帝，为我国种族之所自出。黄帝之子二十五人，后世或居中国，或居夷狄。其正妃所出二人，玄嚣、昌意是也。帝颛顼，昌意之子也；帝喾，玄嚣之孙也。帝尧，帝喾之子，为玄嚣之曾孙，而帝舜出于帝颛顼，则又昌意之七世孙也。篇中考世系处，极分明，亦极错落。（《史记评议·五帝本纪》）

于右任：黄帝公孙轩辕氏，实吾中华民族之元祖。吾中华民族有此生息昌大之疆土，有此博大悠久之文化，有此四千余年震烁世界之历史，翳维黄帝，为国族之神。

于史，黄帝既战胜蚩尤，东至于海，西登昆仑，南及交趾，北出幽陵，而开拓中华民族已有之疆土。其子孙蔓延于各地也，如汉族故为其苗裔，而西藏族之羌，回族之安息，苗黎族之禹号，蒙古族之匈奴，东胡族之鲜卑。金人之祖且为黄帝之子清，满清则金人之后也，是皆近世治史者所能考信。是中华民族之全体，均皆黄帝之子孙也。

皇古荒昧，孰启鸿蒙？生活文物，孰为大备？黄帝不惟为中华民族之始祖，抑又为中国文化之创造者也。其发明制作，除人民衣食住行日常资用者外，尤要者如文字、算术、历数、医药、音乐等，皆万世之资，而一时已备。至于指南之针，辨方定位，迄今为世界交通所大赖。然此犹事功之彰著者言耳。更如至德要道，典籍恒垂，后世玄言，动皆称述。是此精神文教之施，亦万世万类矣。我中华民族有如此之伟大，中国文明有如此之超远，实黄帝拓殖创造之功也。（《黄帝功德纪·序言》）

编者按： 赵光勇、许允贤在《〈史记·黄帝纪〉深意探索》一文中说：司马迁不仅把黄帝尊为历代帝王之祖，而且为民族的大融合提供理论根据。我国自古以来就是多民族国家……但相互矛盾斗争又史不绝书……所以在儒家典籍中，常常对其他民族抱着警惕或憎恨的态度。……司马迁将黄帝从帝王身上又推尊为各民族的始祖，打破了传统的夷夏之防，成为一家亲，从而发展了大一统的学说。除了秦居西戎之地，为"帝颛顼之苗裔"外，楚、越居南蛮之地，而《楚世家》云："楚之先祖，出自帝颛顼高阳。高阳者，黄帝之孙，昌意之子也。"实质上秦、楚为一源。《越世家》云："越王勾践，其先禹之苗裔，而夏后帝少康之庶子也。"《东越列传》又云："其先皆越王勾践之后也。"这样，越和东越，仍是黄帝之后。谈到《西南夷列传》，转的弯比较多："始楚威王时，使将军庄蹻将兵循江上略巴、蜀、黔中以西。庄蹻者，故楚庄王苗裔也。"后来庄蹻"以其众王滇，变服从其俗以长之"。这也与黄帝有血缘关系。最值得注意的是，《匈奴列传》也说"其先祖夏后氏之苗裔也，曰淳维"，也成了黄帝的后代。而在《五帝纪》中，已记载了尧曾采纳舜的意见，"流共工于幽陵，以变北狄；放驩兜于崇山，以变南蛮；迁三苗于三危，以变西戎；殛鲧于羽山，以变东夷"，似乎早就开始了民族融合。自司马迁把我国不同地域的民族都视作黄帝的后裔载入史册，黄帝就变成了中华民族的始祖，从而产生了巨大的凝聚力，至今仍为团结和统一的象征，深深地根植于千百万人的心中，其价值无论怎样评估都不会过分。

② 【汇注】

左丘明： 司空季子（韦昭注：晋大夫胥臣臼季，后为司空）曰：同姓为兄弟（韦昭注：贾侍中云：兄弟，婚姻之称也。昭谓同父而生，德姓同者，乃为兄弟）。黄帝之子二十五人，其同姓者，二人而已。……凡黄帝之子，二十五宗，其得姓者十四人，为十二姓（韦昭注：得姓，以德居官，而初赐之姓，谓十四人。而内二人为姬，二人为己，故十二姓）。（《国语·晋语四》）

雷学淇： 黄帝二十五子，得姓者十二人。任，姓。谢、章、薛、舒、吕、祝、终、泉、毕、过、霍，国，真姓后。燕，姞姓。（《世本注》下《氏姓》，见《世本八种》）

又： 密须氏，商时姞姓之国。（同上）

又： 已姓，出自少皞。莒，嬴姓。自纪公以下为已姓。江、黄，皆嬴姓。徐、奄，皆嬴姓。淮夷，嬴姓。（同上）

又： 钟离，嬴姓，与秦同祖。（同上）

应　劭：万类之中，唯人为贵。《春秋左氏传》："官有世功，则有官族，邑亦如之。"《公羊》讥卫灭邢，《论语》贬昭公娶于吴，讳同姓也。盖姓有九，或氏于号，或氏于谥，或氏于爵，或氏于国，或氏于字，或氏于居，或氏于事，或氏于职。以号，唐、虞、夏、殷也；以谥，戴、武、宣、穆也；以爵，王、公、侯、伯也；以国，曹、鲁、宋、卫也；以官，司马、司徒、司寇、司空、司城也；以字，伯、仲、叔、季也；以居，城、郭、园、池也；以事，巫、卜、陶、匠也；以职，三乌、五鹿、青牛、白马也。(《风俗通义·佚文》)

孔颖达：凡姓族异者，所以别异人也，犹万物皆各有名以相分别，天子赐姓、赐氏，诸侯但赐氏，不得赐姓，降于天子也。故隐八年《左传》云："无骇卒，公问族于众仲，众仲对曰：'天子建德，因生以赐姓，胙之土而命之氏。诸侯以字为谥，因以为族，官有世功，则有官族，邑亦如之。'"以此言之，天子因诸侯先祖所生，赐之曰姓。杜预云：若舜生妫汭，赐姓曰妫，封舜之后于陈，以所封之土命为氏。舜后姓妫而氏曰陈。故郑駮《异义》云："炎帝姓姜，大皞之所赐也；黄帝姓姬，炎帝之所赐也。故尧赐伯夷姓曰姜，赐禹姓曰姒，赐契姓曰子，赐稷姓曰姬，著在书传。"如郑此言，是天子赐姓也，诸侯赐卿大夫以氏。若同姓公之子曰公子，公子之子曰公孙，公孙之子其亲已远，不得上连于公，故以王父字为氏。(引自《礼记要义》卷十六《大传》)

司马贞：旧解破四为三，言得姓十三人耳。今按：《国语》胥臣云"黄帝之子二十五宗，其得姓者十四人，为十二姓，姬、酉、祁、己、滕、葴、任、荀、僖、姞、儇、衣是也。惟青阳与夷鼓同己姓"，又云"青阳与苍林为姬姓"，是则十四人为十二姓，其文甚明。惟姬姓再称青阳与苍林，盖《国语》文误，所以致令前儒共疑。其姬姓青阳当为玄嚣，是帝喾祖本与黄帝同姬姓。其《国语》上文青阳，即是少昊金天氏为己姓者耳。既理在不疑，无烦破四为三。(编者按：点校本《史记》修订本："无烦破四为三"，黄本、彭本、柯本、凌本此下有《正义》"僖音力其反姞其吉反儇音在宣反"凡十四字。)(《史记索隐·五帝本纪》)

罗　苹：古书大概可质，然不容无缪。《国语》言青阳与夷彭同为纪姓，是矣。而又云青阳与苍林为姬姓，则非也。夫姬姓乃玄嚣而非青阳。黄帝之子二十五人，其十二人为十一姓，余十三人皆姬姓也。今乃云惟二人同于黄帝者，为姬姓。其得信邪？且昌意、玄嚣、苍林、挥，皆姬姓者，岂惟二人哉！(见《路史·后纪五·黄帝》注)

蒋廷锡：按：《国语》秦伯召公子重耳于楚，纳女五人，怀嬴与焉。公子欲辞。司空季子曰：同姓为兄弟。黄帝之子二十五人，其同姓者二人而已。惟青阳与夷鼓皆为己姓。青阳，方雷氏之甥也；夷鼓，彤鱼氏之甥也。其同生而异姓者，四母之子，别为十二姓。凡黄帝之子二十五宗，其得姓者十四人，为十二姓。……唯青阳与苍林氏同于黄帝，故皆为姬姓。(《明伦汇编·氏族典》卷一《氏族总部·上古》)

梁玉绳：按：《国语》胥臣言"得姓者十四人，为十二姓"，二人同姓己，二人同姓姬故也。而其叙己、姬二姓之子两举青阳，明是《国语》误文（以青阳为姬姓者非），史公仍而不改，故《索隐》述旧解云"破四为三，言得姓十三人耳"。但青阳、夷鼓二己姓（路史作"夷彭"，以"鼓"为非），加以酉、祁、滕、葴、任、荀（《路史》作"苟"，以"荀"为非）、僖、姞、儇、依十姓，才得十二，余皆与黄帝同姓姬，岂惟二人，则《路史·后纪》言"别姓者十二，余循姬姓"，良是。（《史记志疑》卷一《五帝本纪》）

程馀庆：黄帝为五帝、三王之祖，故序其子姓世系特详。（《历代名家评注史记集说·五帝本纪》）

陈蒲清：姓，表明家族系统的称号。得姓，即由子孙繁衍而发展为独立氏族。《左传·隐公八年》："天子建德，因生以赐姓，胙之土而命之氏。"《国语·晋语四》："凡黄帝之子，二十五宗。其得姓者十四人，为十二姓：姬、酉、祁、己、滕、葴、任、荀、僖、姞、儇、衣，是也。"其中，有两人同姓姬，两人同姓己。姓以下的分支便是氏（族）。战国以后，姓与氏逐渐合一；汉以后通称为姓。（见王利器主编《史记注译·五帝本纪》）

【汇评】

班　固：人所以有姓者何？所以崇恩爱，厚亲亲，远禽兽，别婚姻也。故世别类，使生相爱，死相哀，同姓不得相娶，皆为重人伦也。姓，生也，人所禀天气所以生者也。（《白虎通德论》卷八《姓名》）

周　祈：天子赐姓命氏，诸侯命族姓者，所以系统百世，使不别氏者，所以别子孙所出。族者，氏之别名也。朱子、吕伯恭虽尝有辨，亦误认氏为姓，如黄帝公孙姓，此百世不别者也。少昊，黄帝子，己氏；颛顼，黄帝孙，姬氏，此别子孙所出也。又如鲁姬氏，黄帝后，亦公孙姓，无骇以字为展氏，因以为族。楚芈氏亦黄帝后，亦公孙姓，屈、景、昭为三族，又谓之三闾，此族者，氏之别名也。天子之后，别以氏，所谓胙之土而命之氏也。诸侯之后，别以族，所谓官有世功则有官族也。后世氏族通谓之姓，而曰姓某氏。《史记》："黄帝二十五子，其得姓者十四人。"即司马迁亦不免误，况其后乎！（《名义考》卷五《姓氏族》）

朱之蕃：唐顺之曰：秦兴，灭学，而宗姓不立，及汉司马迁修《史记》，上述黄帝，下迄麟趾，采《世本》世系而作帝纪，采《周谱》《国语》而作世家，由是人乃知姓氏之所出云。（见《百大家评注史记》卷一《五帝本纪》）

蒋廷锡：按《路史》，氏定而系之姓，庶姓别于上，而戚殚于下，婚姻不可以通，所以崇伦类、远禽兽也。（《明伦汇编·氏族典》卷一《氏部总部·上古》）

崔　述：余按：上古之时，人情朴略，容有未受姓者，故因锡土而遂赐之，所以

《禹贡》有"锡土、姓"之文,非每人皆赐之以姓也,安有同父而异姓者哉!姓也者,生也;有姓者,所以辨其所由生也;苟同父而各姓其姓,则所由生者无可辨,有姓曷取焉?且十二姓之见于《传》者,姬、祈、己、任、姞,五姓而已,然皆相为昏姻。后稷取于姞,王季取于任,春秋时晋之栾与祈昏,鲁之孟与己昏,而姬、刘、祈、范乃世为昏姻,皆无讥者,果同祖也,可为昏乎?若同祖者易其姓而即可为昏,则吴之孟子何讥焉?《春秋传》云:"任、宿、须句、颛臾,风姓也,实司太皥与有济之祀。"又云:"炎帝为火师,姜姓其后也。"观其文,皆似古帝王之子孙世守其姓而不改者。惟虞后本姚姓,而陈乃妫姓,故晋史赵以为周之所赐,盖偶然之事。时或有他故焉;要之,妫犹姚耳,非姚与妫之遂可以相为昏也。自《国语》始有一人子孙分为数姓之说,而《大戴记》从而衍之,《史记》又从而采之,遂谓唐、虞、三代共出一祖,而帝王之族姓遂乱杂而失其真矣!然则是诬古圣而惑后儒者,皆《国语》为之滥觞也。且前既云"青阳与夷鼓为己姓",后又云"青阳与仓林为姬姓",是青阳一人而有两姓矣!(《崔东壁遗书·补上古考信录》卷上《黄帝氏·驳黄帝诸子别十二姓之说》)

吴汝纶:由世系纬络而下。(《点勘史记读本·五帝本纪》)

顾颉刚:《国语》所说的史事的信实的程度,和《三国演义》差不多,事件是真的,对于这件事情的描写很多是假的。……"昔少典娶于有蟜氏,生黄帝、炎帝。黄帝以姬水成,炎帝以姜水成,成而异德,故黄帝为姬,炎帝为姜。二帝用师以相济也,异德之故也。"(《晋语》四)……"黄帝之子二十五人,其同姓者二人而已。……惟青阳与苍林氏同于黄帝,故皆为姬姓。"(《晋语》四))这一段和上引的一段是出于一人(司空季子)之口的,但这段比上面一段复杂得多——黄帝的子孙不止姬姓了,还有任、姞等十一姓。但是这段的文实在错误得可以。(一)既云"其得姓者十四人,为十二姓",然则当有三人同一姓,或四人同二姓的,何以但有两人是同姓的呢?这还不奇,乃至(二),前云"惟青阳与夷鼓皆为己姓",后又云"惟青阳与苍林氏同于黄帝,故皆为姬姓",然则同姓的是己姓呢?还是姬姓呢?青阳这个人是同于夷鼓而姓己呢?还是同于苍林氏而姓姬呢?短短一段文,错得这样利害,可见讲"黄帝子孙"故事的人实在是胸无定见,逞口瞎说。(《中国上古史研究讲义》八《国语》)

黄帝居轩辕之丘①,而娶于西陵之女②,是为嫘祖③。嫘祖为黄帝正妃④,生二子,其后皆有天下⑤:其一曰玄嚣⑥,是为青阳⑦,青阳降居江水⑧;其二曰昌意⑨,降居若水⑩。昌意娶蜀山氏女⑪,曰昌仆⑫,生高阳,高阳有圣德焉⑬。黄帝崩⑭,葬桥山⑮。其孙昌意之子高阳立,是为帝颛顼也⑯。

① 【汇注】

  裴　骃：皇甫谧曰："受国于有熊，居轩辕之丘，故因以为名，又以为号。《山海经》曰'在穷山之际，西射之南'。"张晏曰："作轩冕之服，故谓之轩辕。"（《史记集解·五帝本纪》）

  程馀庆：在甘肃秦州清水县东（按：即今甘肃省清水县）。此所以名为轩辕也。（《历代名家评注史记集说·五帝本纪》）

  瞿方梅：方梅案：《水经·渭水》注：清水东南注渭，渭水又东南合泾谷水，又西北，轩辕谷水注之。水出南山轩辕溪。南安姚瞻以为黄帝生于天水，在上邽城东七十里轩辕谷。皇甫谧云：生寿邱，在鲁东北门。孙氏星衍曰：姚说是。今清水东有轩辕邱。（《史记三家注补正·五帝本纪第一》）

  王　恢："轩辕之丘，有熊之墟"，黄帝都邑，始见于晋人皇甫谧《帝王世纪》："或言新郑县故有熊之墟，黄帝之所都也。黄帝生于寿丘，长于姬水，因以为姓；居轩辕之丘，因以为名，又以为号。"梁玉绳《史记志疑》以为"妄；盖兹丘缘黄帝得名耳"。钱穆先生《史记地名考》曰："《水经·洧水注》：黄水出太山南。太山在新郑县西二十五里，一名自然山。自然，即有熊字讹。然则称黄帝，以其居黄水得名。又新郑西南四十里有大騩山，又名具茨山，《庄子》黄帝将见大騩具茨之山，至于襄城之野，而七圣皆迷是也。"按：《世纪》为言古代都邑较早之书，虽多不经之言，然舍此亦无较详明之古籍可考，历来学者故多引称。观其不从《世本》言黄帝都涿鹿，在彭城，而曰"或言"新郑为有熊之墟，尚为审慎。"或"固传说之辞，惟郑位于中原，东面广大平原，西倚山岳地带，最便利渔猎、游牧、农业之发展。相传太昊氏、少昊氏都今淮阳及曲阜，颛顼都高阳，帝喾都亳，皆在河淮分水的一条脊上——也就是现在所称的"仰韶文化"到"龙山文化"之交流地区。（《史记本纪地理图考·五帝本纪·黄帝都邑》）

  又：《世纪》谓"寿丘在鲁东门北"，又曰"黄帝自穷桑登位，后徙曲阜。穷桑在鲁北，或云穷桑即曲阜"。此"或"影响之谈，曲阜为至圣家乡，孔子"信而好古"，何未一言及之？此盖如郦玄《水经·渭水注》："南安姚瞻以为黄帝生于天水，在上邽城东七十里轩辕谷。"扬雄《蜀王世纪》谓"禹生石纽"。此类为乡土增光，方志最乐为称道。（同上）

  徐日辉："黄帝居轩辕之丘"究竟在什么地方呢？……自唐代以来，说法虽然不太统一，但比较集中于涿鹿和新郑二地。如《初学集》就称："帝都不得涿鹿，或曰都有熊；涿鹿，今幽州界；有熊，今郑州界，新郑县。"但同时也有不少地志则专指新郑一地。如《括地志》就称："郑州新州县，本有熊之墟也。"又《元和郡县图志》亦称：新郑县……本有熊之墟。又为祝融之墟，于周为郑武公之国都。有熊之墟，即黄帝所都之处。再有《舆地广记》记载："新郑县，古有熊国，黄帝所都也，亦为高辛氏火正祝融之墟。"其后，《大明一统志》《河南通志》《开封府志》《新郑县志》《读史方舆纪要》等均指新郑为黄帝为所都之轩辕丘。（《史记札记·黄帝史迹多疑不清·轩辕之都》）

又：从实地考察看，在历史上的新郑，包括着今天的新密，所以才有了黄帝居轩辕丘在新密的说法。考察历史的变迁，过去讲黄帝轩辕丘在新郑是对的。而今新密市古城寨遗址的发现，学者们重新论证黄帝轩辕丘在新密也是正确的。……从司马迁《史记》及有关典籍的记载看，黄帝的活动范围的确是以中原为中心而展开的。黄帝轩辕丘的范围，从大处讲，在古代涵盖了新郑、新密及相邻地区；从中心点上讲，则是以新密的古城寨为代表。（同上）

② 【汇校】

张文虎："西陵"，《杂志》云"下脱'氏'字"。按：中统、旧刻本并作"西林"。（《校刊史记集解索隐正义札记·五帝本纪》）

吴汝纶："而娶于西陵氏之女"，"氏"字，王念孙校增。（《点勘史记读本·五帝本纪》）

[日] 泷川资言："陵"下"氏"字各本脱，依古钞本、枫山本、三条本及《御览》引《史记》补。《大戴礼·帝系篇》亦有。（《史记会注考证附校补·五帝本纪第一》）

赵生群：而娶于西陵之女，王念孙《杂志·史记第一》："'西陵'下脱'氏'字。下文'昌意娶蜀山氏女''帝喾娶陈锋氏女'，皆有'氏'字。《太平御览·皇王部》《皇亲部》引此并作'西陵氏'，《大戴礼记·帝系篇》亦作'西陵氏'。"（点校本二十四史之修订本《史记》卷一《五帝本纪》）

【汇注】

张守节：西陵，国名也。（《史记正义·五帝本纪》）

王恽：《蚕书》曰"蚕为龙精，月值大火则浴其种"，是蚕与马同气。李林甫《月令·释》曰：先蚕，天驷也。先蚕之神，或以为苑窳妇人、寓氏公主，或以为黄帝，或以为西陵氏，或以为天驷，历论不一。而蚕与马同气，其性喜温恶湿。其浴火月，而再养则伤马，此固与马同出于天驷矣。然天驷可为蚕祖而非先蚕者也。蚕，妇人之事，《史记》黄帝娶西陵氏，始蚕。（《玉堂嘉话》卷六）

王圻：《仙传拾遗》曰：蜀蚕丛氏王蜀教人蚕桑，作金蚕数十。每岁首出其一给民家。每给一蚕，所养蚕必繁息，即归于王。王巡境内，所止之处，民则成市。蜀人

因其遗事，每年春置蚕市也。黄帝元妃西陵氏，始养蚕为丝，《礼记》享先蚕，即西陵氏也。(《稗史汇编·鳞介门·蚕市》)

又：按：黄帝元妃西陵氏，始劝蚕事，月大火而浴种，夫人副袆而躬桑，乃献茧称丝，织纴之功因之，广织以供郊庙之服，所谓黄帝垂衣裳而天下治，盖由此也。西陵氏曰儽祖，为黄帝元妃，《淮南土蚕经》云"西陵氏劝蚕稼，亲蚕始此"。《皇图要览》云："伏羲化蚕，西陵氏养蚕。"《礼记·月令》："季春，后妃斋戒，享先蚕而躬桑，以劝蚕事。"《周礼·天官·内宰》："中春，诏后帅内外命妇，始祭蚕于北郊。"上古有蚕丛帝，无文可考。盖古者蚕祭皆无主名，至后周坛祭先蚕，以黄帝元妃西陵氏为始，是为先蚕，历代因之。尝谓天驷为蚕精，元妃西陵氏养蚕，实为要典。若夫汉祭宛窳妇人、寓氏公主，蜀有蚕女马头娘，又有谓三姑为蚕母者，此皆后世之溢典也。(《稗史汇编·伎术门·农家·蚕事之始》)

鄂尔泰：《蚕经》云：黄帝元妃西陵氏，始蚕。盖黄帝制作衣裳因此始也。(《授时通考》卷七十二《蚕事》)

又：《蚕经》：蚕有六德，衣被天下生灵，仁也。食其食，死其死，以答主恩，义也。身不辞汤火之厄，忠也。必三眠三起而熟，信也。象物以成茧，色必黄素，智也。茧而蛹，蛹而蛾，蛾而卵，卵而蚕，蚕而复茧，神也。(同上)

张元际：黄帝元妃西陵氏，始为室，养蚕煮茧，缫丝制衮冕，定仪度，垂衣裳而天下治，是为衣冠之祖。(《兴平县乡土志》卷四《上桑蚕实效书》)

程馀庆：西陵，国名（按：在今山西省夏县东北）。(《历代名家评注史记集说·五帝本纪》)

王　恢：西陵：丘陵，古避水患多居之，《孟子》所谓"丘民"也。河南西部即属丘陵地带。轩辕之丘在新郑，西陵当在其西。汉高入关，王陵降西陵。《路史·国名纪》说在江夏、安陆间，姑妄听之。(《史记本纪地理图考·五帝本纪·黄帝都邑》)

徐日辉：关于嫘祖家乡所在地的"西陵"具体是今天的什么地方，现在有着不同的认识。依据不同文献记载，目前全国有关嫘祖故里的说法达十一处之多，根据有关专家的统计，分别为："湖北有三说：一说在宜昌，一说在黄岗，一说在浠水；四川有二说：一说在盐亭县，一说在叠溪县；河南有三说：一说在开封，一说在西平，一说在荥阳；其他有山西夏县说、山东费县说、浙江杭州说等。"一位嫘祖竟然有十一处故里，是件好事情，这说明嫘祖是真实存在过的历史，其核心就是对嫘祖为人类文明所作贡献的认可……因此，在不少地方为嫘祖修建祠庙，并通过过桑蚕节和祭蚕神等形式来怀念她祭祀她。(《史记札记·黄帝史迹多疑不清·嫘祖正妃》)

③【汇校】

张守节：一作"儽"。(《史记正义·五帝本纪》)

【汇注】

古史官： 黄帝有熊氏，娶于西陵氏之子，谓之嫘祖。（《世本·三皇世系》王谟辑本）

戴　德： 黄帝居轩辕之丘，娶于西陵氏之子，谓之嫘祖氏。（《大戴礼记》卷七《帝系》）

裴　骃： 徐广曰："祖，一作'俎'。嫘，力追反。"（《史记集解·五帝本纪》）

司马贞： 一曰雷祖，音力堆反。（《史记索隐·五帝本纪》）

邓名世："嫘"，《元和姓纂》曰：出自西陵氏嫘祖，为黄帝妃，后世以嫘为氏。（《古今姓氏书辨证》卷三《三钟》）

李元度： 雷（嫘）祖从帝南游，死于衡山，遂葬之。今岣嵝有雷（嫘）祖峰，上有雷（嫘）祖之墓，谓之先蚕冢。其峰下曰西陵路，盖西陵氏始蚕，后人祀之为先蚕也。（《南岳志》引《湘衡稽古》）

梁玉绳： 嫘祖始见《晋语四》注引《帝系》、《山海·海内经》注引《世本》。黄帝正妃。产昌意。始见《史记·五帝纪》《帝系》《五帝德》，嫘又作㊣，又作傫，又作累，祖又作俎。亦曰雷祖。西陵氏之女。昌意姬姓。居若水。（《汉书人表考》卷二《嫘祖》，见《史记汉书诸表订补十种》）

程馀庆： 始教民育蚕，治桑茧，以供衣服，而天下无皴瘃之患，后世祀为先蚕。（《历代名家评注史记集说·五帝本纪》）

陈　直： 直按：《窓斋集古录》卷十六，二十五页，有鲧甫人作嬺妃媵匜。又《攈古录·金文一》之三、三十三页，有嬺任作安壶。孙贻让《古籀余论》云："嬺字疑为嫘祖二字合文。"知传说之黄帝元妃嫘祖，事或有征。（《史记新证·五帝本纪》）

徐日辉： 嫘祖之所以为嫘祖，是由于黄帝之正妃的缘故；又因嫘祖发明养蚕，所以嫘与系相关。"糸"甲骨文中写作"𢆶""𢆶"，《说文》"糸，细丝也。象束丝之形"。赵诚先生则认为"用作人名"。《通鉴外纪》载嫘祖"为黄帝元妃，治丝茧以供衣服，后世祀为先蚕"。（《史记札记·黄帝史迹多疑不清·嫘祖正妃》）

曲　辰：《易·系辞》云："黄帝、尧、舜，垂衣裳而天下治。"孔颖达曰："垂衣裳者，以前衣皮，其制短小。今衣丝麻布帛，所作衣裳，其制长大，故云垂衣裳也。"又，《后汉书·礼仪志》记："祀先蚕，礼以少牢"；《隋书·礼仪志》载：北周（557—581）尊嫘祖为"先蚕"；《通鉴外纪》曰："西陵氏之女嫘祖为（黄）帝之妃，始教民育蚕，治丝茧以供衣服"；《路史·后纪五》引《蚕经》所载而言："黄帝元妃西陵氏，曰嫘祖，以其始蚕，故祀为先蚕。"（《轩辕黄帝史迹之谜·黄帝淳化的"虫蛾"指什么？》）

又： 1958年，浙江吴兴钱山漾出土的纺织品距今已有四五千年，而1977年浙江余姚河姆渡出土的纺织工具和饰有蚕纹、编织纹的牙雕小盅，则距今6000余年。到了夏商之际，养蚕和纺织丝绸，已不是什么新鲜事情了。不仅甲骨文中早有"桑""蚕""丝""帛"等字，而且从桑、从蚕、从丝的字已多达105个。同时，从殷墟出土的青铜器丝绢的印痕看，此时不光有平纹绢织物，还有菱形图案的精美织品。凡此种种，不仅证明黄帝时期确已养蚕，而且我国开始养蚕的时间可能比这更早。所以，嫘祖养蚕，极有可能是在原有的基础之上，进行了一次总结经验，加以推广、倡导之类的事情。在这一点上，历史记载已被证明是毋须怀疑的了。（同上）

④【汇注】

司马贞：按：黄帝立四妃，象后妃四星。皇甫谧云："元妃西陵氏女，曰累祖，生昌意。次妃方雷氏女，曰女节，生青阳。次妃彤鱼氏女，生夷鼓，一名苍林。次妃嫫母，班在三人之下。"按：《国语》夷鼓、苍林是二人。又案：《汉书古今人表》彤鱼氏生夷鼓，嫫母生苍林，不得如谧所说。太史公乃据《大戴礼》，以累祖生昌意及玄嚣，玄嚣即青阳也。皇甫谧以青阳为少昊，乃方雷氏所生，是其所见异也。（《史记索隐·五帝本纪》）

王圻：妃，配偶也。自太昊制嫁娶之礼以相配偶，然无以妃名其耦者。《帝王世纪》至黄帝乃始有元妃、次妃之例，此疑妃之初尔。（《稗史汇编·人物门·嫔妃类·妃》）

徐日辉：嫘祖之所以能成为黄帝的正妃，又与地缘关系十分密切。……郑杰祥先生认为："西平西陵与黄帝族所居的河南新郑南北相距约120公里，两族居地相近，互通婚姻是最为符合情理的。"……这是因为"西平之西陵与黄帝所居之轩辕丘、青阳所居之江水距离较近，适合于远古氏族部落之间的交往。……由此可知，从地理形势来看，以西陵亭为中心，轩辕丘在其北，江水在其南，均相距不远。若水又从附近流过，则彼此相距更近。不仅便于轩辕氏与西陵氏两大氏族部落通婚，其支族——青阳与昌意分居于南北两侧，也便于这些具有血缘关系的氏族部落之间交往"。所以，在新密、新郑两市境内现存有"嫘祖庙"等遗迹就是最好的证明。（《史记札记·黄帝史迹多疑不清·嫘祖正妃》）

⑤【汇注】

佚名：元妃嫘祖生二子，玄嚣、昌意，并不居帝位。……少昊，黄帝之小子也，帝妃女节所生，号金天氏，后即帝位。（《轩辕黄帝传》）

又：少昊有子七人，颛顼时，以其一子有德业，赐姓曼氏，余不闻。（同上）

又：帝之子少昊，名挚，字青阳，号金天氏，居位八十一年，都曲阜，子孙相承共四百年。（原注：《帝王世纪》云八十四年。刘恕《外纪》无少昊。曲阜，今兖州）。（同上）

⑥【汇注】

宋　衷：玄嚣青阳，是为少昊，继黄帝立者。（《世本注》上，见《世本八种》）

司马贞："黄帝生玄嚣"，案：宋衷曰："《太史公书》玄嚣、青阳是为少昊，继黄帝立者。盖少昊金德王，非五运之次，故叙五帝不数之耳。（《史记索隐·三代世表》）

郑　樵：帝少昊青阳氏，即玄嚣也。亦谓之挚，或言名挚，以金德王天下，亦谓之金天氏。邑于穷桑。帝初为己姓之祖，后改为嬴，作都于曲阜，乐曰《九渊》，用度量，制乐器，有凤鸟之瑞，故以鸟纪官，为鸟师而鸟名。凤鸟氏，历正也；玄鸟氏，司分者也；伯赵氏，司至者也；青鸟氏，司启者也；丹鸟氏，司闭者也；祝鸠氏，司徒也；䳑鸠氏，司马也；鸤鸠氏，司空也；爽鸠氏，司寇也；鹘鸠氏，司事也；五鸠，鸠民者也；五雉，为五工正；九扈，为九农正官；修其方为天下理。帝有四子：重、该、修、熙。重为木正，曰句芒；该为金正，曰蓐收；修、熙相代为水正，曰玄冥；又有金天氏之裔子，曰昧，为玄冥师。有共工氏之子曰为土正，曰句龙；有高阳氏之孙黎，为高辛氏之火正，曰祝融：是为五官。皆在高阳、高辛之世。少昊在位八十四年，年百岁（原注：或云在位百年。《命历序》曰：少昊传八世，五百年；或云十世，四百年）。葬云阳。（《通志》卷二《帝少昊》）

马　骕：《帝王世纪》：少昊帝是为玄嚣，降居江水，有圣德。邑于穷桑，以登帝位，都曲阜，故或谓之穷桑（原注：《公羊疏》云：依《八代记》，少昊十二而冠）。（《绎史》卷六《少皞纪》）

又：《帝王世纪》：在位百年而崩。（原注：《外纪》：在位八十四年，寿百岁。《纪年》或曰名清，不居帝位，帅鸟师居西方，以鸟纪官。《春秋命历序》：少昊传八世。《山海经》：少昊生倍伐，倍伐处缗渊。少昊生般，般是始为弓矢。有人一目，当面中生。一曰是威姓，少昊之子，食黍。东海之外大壑，少昊之国。少昊孺帝颛顼于此，弃其琴瑟。（同上）

高冲霄：少昊金天氏，己姓，名挚，即元嚣，生于华渚，邑于穷桑，故号穷桑氏。国于青阳，因号青阳氏。以金德王，遂号金天氏。能修太昊之法，故曰少昊。自穷桑徙都曲阜。以鸟纪官，在位八十四年，寿百岁。葬云阳山。高阳氏践位。金天御世，凤鸟来临，山川通气，用谐人神。（《帝王世纪纂要》卷一《少昊金天氏》）

【汇评】

郑　樵：臣谨按：昊亦作皞，以能修太昊之法，故曰少昊。或言明象日月，故曰少昊。然昊者，天之昭著也。太昊、少昊，皆明于天事者。诸家记载，并存少昊。惟司马迁失纪。谓黄帝崩，高阳立。且有君如少昊，讵可不书？况与高阳、高辛、尧、舜之帝，是为五。（《通志》卷二《帝少昊》）

马　骕：《史记》本纪曰：黄帝之子曰玄嚣，是为青阳。青阳降居江水，不得在位。是不然。青阳与玄嚣皆黄帝之子，非一人也。青阳即少昊氏也。少昊之居西方，盖在蚩尤既灭之时，其登帝位也，乃在黄帝升遐之后。何以明之？《周书》曰：帝执蚩尤，杀之于中冀，乃命少昊请司马鸟师以正五帝之官，故名曰质。质即少昊之名挚是也。挚有盛德，嗣位为帝，都于曲阜，曲阜非西方也，明矣。《纪年》曰：少昊不居帝位，帅鸟师，居西方，以鸟纪官。是又不然，命官，天子之事也。方少昊之宅西，所任者侯伯之职，所司者一方之治。及其立为帝也，凤鸟适至，始因之以纪官，使少昊而终于西方，将已亦在云师、云名之列，又何由鸠、雉、扈、农，设官备物哉！《周书》所称，亦未可据矣！《古史考》曰：宗师太昊之道，故曰少昊。是又不然，少昊，其初立国之名也。犹尧之为唐，舜之为虞，三代之为夏、商、周，皆先有其号。及有天下，因而不改，岂其黄帝之子，作述一堂，乃近舍轩后之法，远修戏皇之道哉？问者曰：少昊之为帝，信矣，然则《五帝德》何以不载？曰：帝德因宰我之问而及之也。少昊缵绪承家，德协黄帝，是以宰我未问，孔子亦不言，非谓其不帝也。然则《系辞》何以不序？曰：《易》序伏羲氏以来制作之君，少昊、颛顼、帝喾，皆无所制作，故统言黄帝、尧、舜，略不备举，非谓其皆不帝也。《纪年》史见玄嚣之降处江水也，则以为青阳不帝；《纪年》见少昊之以鸟名官也，则以为帅鸟师居西方。《世纪》见少昊为金行之帝也，则以为玄嚣自江水登帝位，是皆恍忽，不得其实。故备论焉，以为五帝之首。（《绎史》卷六《少皞纪》）

　　罗　苹：《大戴礼》嫘祖生昌意，方雷生青阳。而《史记》玄嚣亦雷祖所生。然《史》以玄嚣为青阳，则非也。青阳，少昊之父也，故《帝德考》云"青阳之子曰挚"，而曹植赞少昊云"青阳之裔"，则少昊为青阳之子，信矣。盖少昊亦号青阳，《帝王年代纪》以少昊为帝青阳，故世误以为一人。（见《路史·后纪七·小昊》注）

　　杭世骏：是为青阳。太史公乃据《大戴礼》以嫘祖生昌意及元器。臣世骏按戴德《礼》有孝昭冠辞。则其后于太史公明矣。《集解》竟以为太史公乃据《大戴礼》，疑有误。（《史记考证·五帝本纪》，见《杭世骏集》）

　　雷学淇：《左传》昭公元年《疏》，引云："金天氏，帝少昊。"又十七年疏引云："青阳即少昊，黄帝之子，代黄帝而有天下，号曰金天氏。"此皆约举传注文也。……考《国语》有两青阳，皆黄帝子。一为姬姓，帝妃西陵氏之女雷祖所生，即玄嚣也。史谓其降居江水，不得在帝位，其后裔是为高辛。一为己姓，方雷氏之甥，《逸书》谓其名曰质，因继蚩尤而宇于少昊，故又曰小昊。清其裔孙，是为少昊帝挚。故《三统历》引《考德》云：少昊曰清，清者，黄帝之子清阳也。是其子孙名挚。又曹子建《帝少昊赞》曰："礼自轩辕，青阳之裔。"然则少昊帝挚，实为青阳之裔，非即质矣。自汉以后，言古系者，多误合两青阳为一，又误谓少昊挚即少昊清，此由《世本》在汉初，文多残落，《帝系篇》脱去少昊之世。故史迁采之作《帝纪》，不及少昊，而后

之言少昊者，亦每多纰缪了。宋［衷］注云云，实同此误。（《世本注》上，见《世本八种》）

崔　适：《汉书·律历志》曰：《春秋传》言，"郯子据少昊受黄帝，黄帝受炎帝"，"炎帝氏没，黄帝氏作。火生土，故为土德"。《帝德考》曰"少昊曰清，清者，黄帝之子清阳也"，"土生金，故为金德"。《春秋外传》曰"少昊之衰，九黎乱德，颛顼受之"。《王莽传》曰"予惟黄帝、帝少昊、帝颛顼"云云，乃言少昊即帝位于黄帝、颛顼之间，且以少昊为清阳，并与此纪言"颛顼继黄帝，玄嚣为青阳，不得在位"意异。又见于《王莽传》，明是刘歆所作，为莽以土德应受汉禅之张本，而少昊实无其人也。贾逵曰："五经家皆言颛顼代黄帝，左氏以为少昊代黄帝，即图谶所谓帝宣也。"然则少昊之名出自图谶，图谶出自哀章，哀章仍受意于刘歆者也。少昊子虚，则少昊之子重、该、修、熙、冥也，穷奇也，亦皆乌有先生而已。（《史记探源》卷二《五帝本纪》）

⑦【汇注】

班　固：少昊帝，《考德》曰少昊曰清。清者，黄帝之子清阳也，是其子孙名挚立。土生金，故为金德，天下号曰金天氏。周迁其乐，故《易》不载，序于行。（《汉书·律历志下》）

宋　衷：少昊，黄帝之子，名契，字青阳，黄帝殁，契立，王以金德，号曰金天氏。同度量，调律吕，封泰山，作《九泉之乐》，以鸟纪官。孙氏注云：伏羲、神农、黄帝为三皇，少皞、颛顼、高辛、唐、虞为五帝。（《世本注》上，见《世本八种》）

高　诱：少昊之神治西方也，庚辛，金也。盛德在金，金王，西方也。（《淮南子注》卷五《时则训》）

又：少昊，黄帝之子青阳也，名挚。以金德王天下，号为金天氏。死为西方金德之帝也。（同上）

谯　周：穷桑氏，嬴姓也。以金德王，故号金天氏。或曰：宗师太皞之道，故曰少皞。（《古史考》）

司马贞：玄嚣，帝喾之祖。案：皇甫谧及宋衷皆云玄嚣青阳即少昊也。今此纪下云"玄嚣不得在帝位"，则太史公意青阳非少昊明矣。而此又云"玄嚣是为青阳"，当是误也。谓二人皆黄帝子，并列其名，所以前史因误以玄嚣青阳为一人耳。宋衷又云："玄嚣青阳是为少昊，继黄帝立者，而史不叙，盖少昊金德王，非五运之次，故叙五帝不数之也。"（《史记索隐·五帝本纪》）

孔颖达：次曰帝宣，曰少昊，一曰金天氏，则穷桑氏。传八世，五百岁。（《礼记正义·祭法》引《春秋命历·序》）

又：《正义》曰：金天，国号；少皞，身号。谯周云：金天氏能修大皞之法，故曰

少皞也。其次黄帝。（《春秋左传正义》文公十八年）

刘　恕：少皞青阳，居江水，邑于穷桑，天下号曰穷桑帝，一曰帝宣。元年丁卯，或云己巳乙丑，以金德王，号金天氏，能修太皞之法，故曰少皞。或云金天国号，少皞身号。以鸟纪官，都曲阜，别为已姓之祖。昌意子，颛顼十年，而佐少皞，十二而冠，少皞在位八十四年崩，年一百岁，或云在位百年，葬云阳。《命历序》曰：少皞传八世，五百年；或云十世，四百年。（《资治通鉴外纪》卷一《黄帝》）

王应麟：《世纪》少昊氏自穷桑登位（《外纪》：少皞青阳居江水，邑于穷桑）。《春秋传》曰：遂济穷桑，在鲁北（自注：贾逵曰：处穷桑，以登为帝，故天下号之曰穷桑。盖未为帝，居鲁北；既而为帝，乃居鲁）。登帝位后，徙曲阜，于周为鲁，周以封伯禽。《春秋传》曰：命伯禽而封于少皞之虚。（《通鉴地理通释》卷四《历代都邑考·少昊都》）

苏　辙：黄帝崩，葬于桥山，子青阳立，是为帝少昊。至虞夏之世，皆禘黄帝。（《古史》卷一《三皇本纪》）

胡　宏：青阳挚之生，嫘祖感大星如虹，下临华渚之祥。黄帝之时，降居江水。为已姓，以金德王，故号金天氏。能修太昊之法，象日月之明，故曰少昊氏。都于曲阜。青阳初立，凤鸟适至，因作《凤凰之书》，以鸟纪官。……立春夏秋冬行宵桑老九扈为九农正，扈民无淫者也。少昊氏有四叔焉，曰重、曰该、曰修、曰熙，重明木之性为勾芒，该明金之性为蓐收，修及熙明水之性为玄冥，世不失职遂济穷桑。青阳在位八十四年，乐作《九渊之歌》。帝既殁，少昊氏衰，九黎乱德，天下之人相懼以神，相惑以怪，家为巫史，民匮于祀，灾祸荐至。（《皇王大纪》卷二《青阳少昊氏》）

邓名世："青阳"，《风俗通》曰：青阳，黄帝子。《国语》曰：青阳为己姓，黄帝娶方雷氏女，生青阳，少冥氏也。后世以为氏。汉有东海太守青阳愔，又有东海中尉青阳精……唐贞观所定郑州荥阳四姓，一曰青阳。（《古今姓氏书辨证》卷十七《青阳》）

罗　泌：玄嚣、青阳、少昊，三人也。说者以玄嚣为青阳，或以青阳为少昊，或合三者以为一，剧为浅陋。按：《春秋纬》黄帝传十世，虽未足信，然《竹书纪年》黄帝至禹为世三十世，以今考《纪》，亦一十有二世。……帝世年世，正自多有内简，黄帝后有帝鸿、有帝魁、有青阳、有金天，而后乃至高阳、金天、少昊，俱为青阳之子，考之书则无疑，质之世则不诡。青阳、玄嚣自二人，固也。（《路史·发挥卷三·辨玄嚣青阳少昊》）

又：司马公作《史记》，不纪少昊，略，不识其所出，而言玄嚣不得居帝位。夫少昊之矩度，显在人目，三代以来，皆所尊用。祀于五帝之位，正于《月令》之次，德之在人，如是之著，而玄嚣不得居帝位，则玄嚣非少昊明矣。（同上）

又：《史记》云"黄帝生玄嚣，是为青阳，降居江水"，此太史公之误也。黄帝之子二十五宗，赐姓十二，惟纪有二，余十有三皆姬姓也。青阳与夷彭同为纪姓，玄嚣与苍林同为姬姓。少昊生于青阳，循其纪姓，帝喾出于玄嚣，循其姬姓，《世本》纪姓出于少昊，而帝喾之子帝尧，犹袭姬姓，氏姓之来各有派别，则玄嚣、青阳又不得为一，明矣。（同上）

又：夫玄嚣降居江水，青阳安得降居江水之事？盖太史公统记二人，皆出黄帝而并列之，后世因传习而误之，其初宜曰生玄嚣、青阳，玄嚣降居江水尔。魏曹子建之赞少昊也，亦称祖自轩辕，青阳之裔。则少昊为黄帝之孙，而青阳之后矣。惟《帝德考》云："黄帝之子少昊，曰清。"又曰："清者，青阳也。其子曰挚。"兹太史公之所取，所以致学士之疑者。盖少昊二字，传之者之赘之也。是以张衡条迁固之违误，谓《帝系说》黄帝产青阳、昌意，与《周书》之说异，而郭璞亦云少昊金天氏，帝挚之子也。然以挚为青阳之名，则又误矣。记注紊乱如此，学士何从而要质之，予故详焉。（同上）

又：小昊青阳氏，纪姓，名质，是为挚。其父曰清，黄帝之第五子。方僳氏之生也，胙土于清，是为青阳。……既生，其渚为陵。秀外，龙庭月县，通（顊），袭青阳以处云阳，故谥号以青阳，亦曰云阳氏。以金宝历，色尚白，故又曰金天氏。惟能任道，不事心，不动力，远宠大昊，而乘西行，是称少昊。……在位八十有四载，落年百有一，葬于云阳。（《路史·后纪七·小昊》）

罗　苹：《大戴礼》黄帝之子少昊曰清，又云：青，地也；一曰青阳属。……然云阳本曰青阳，昔荆献青阳以西于秦者，今长沙。盖帝之始封，亦由清音，二地一名。少昊父子同以为号，或少昊袭先封之名以来，云阳犹商亳、楚郢重名者。今其后裔犹曰青阳。可见知少昊非黄帝子者，母异也。（见《路史·后纪七·小昊》注）

金履祥：或云黄帝之子清，是为青阳氏。娶于类氏之女曰皇娥，生挚于河之湄。（《御批通鉴纲目前编》卷首《少昊金天氏》）

王　圻：少昊以金德王，母曰皇娥，处璇宫而夜织，或乘桴木昼游，经历穷桑纶茫之浦，时有神童，容貌绝俗，称为白帝之子，即太白之精，降于水际，与皇娥燕戏，奏嫚娟之乐，游漾忘归。……生少昊，号曰穷桑氏，亦曰桑丘氏。六国时桑丘子著阴阳书，即其余裔也。少昊以主西方，一号金天氏，亦曰金穷氏，时有五凤随方之色集于帝庭，因曰凤鸟氏。金鸣于山，银涌于地，或如龟蛇之类，或似人鬼之形，有水曲屈亦如翔凤之状，有山盘纡亦如屈龙之势，故有龙山、龟山、凤水之目，亦因以为姓。末代为龙丘氏。（《稗史汇编·人物门·帝王上·少昊》）

马　骕：《帝王世纪》：少昊帝名挚，字青阳，姬姓也。即图谶所谓白帝朱宣者也。故称少昊，号金天氏。（《绎史》卷六《少皞纪》注）

齐召南： 少皞金天氏，黄帝子，初居江水，邑于穷桑，己姓，以金德王，都曲阜。凤鸟至，以鸟纪官，乐曰《大渊》。在位八十四年崩（陵在曲阜县东北二里）。（《历代帝王年表·帝王》）

梁玉绳： 少昊帝金天氏（张晏曰：以金德王，故号曰金天）。少昊始见《礼·祭法·注》引《月令》《逸周书·尝麦解》，金天氏始见《左昭元年》。少昊身号，金天代号，五帝之最先。少又作小，昊又作皞，又作皓、颢，又作曎，亦曰少皞氏，名挚，亦曰白帝，亦曰西皇，亦曰白精之君，亦曰西方之帝，亦曰金德之帝，亦曰帝宣，亦曰穷桑氏，亦曰桑丘氏，亦曰金穷氏，亦曰云阳氏，亦曰金宝氏，己姓，黄帝子青阳之子孙。皇娥，遇太白之精而生，代黄帝氏。在位八十四年，年百岁，都鲁曲阜，葬云阳，传八世，五百岁。（《汉书人表考》卷一《少昊帝金天氏》，见《史记汉书诸表订补十种》）

又： 方雷氏：方雷氏始见《晋语四》，玄嚣、青阳始见《大戴礼·五帝德》《帝系》《晋语》《史·五帝纪》，雷又作纍，又作傫，名女节；嚣又作枵；青阳又作清阳，亦曰清，亦曰少昊，己姓。居泜水。案：方雷，国名，故《晋语》云：青阳，方雷氏之甥也。《索隐》引皇甫谧，谓方雷氏女是黄帝次妃，韦昭以方雷为嫘祖之姓，以甥为姊妹之子，盖因雷、嫘声同而误。玄嚣乃嫘祖所生，姬姓。与青阳实二人。（《汉书人表考》卷二《方雷氏》，见《史记汉书诸表订补十种》）

刘於义： 少昊青阳氏，以处云阳，亦曰云阳氏，以金宝历，色尚白，又曰金天氏。处于甘泉。兴郊禅，崇五祀，正都邑，肇车牛，作布货以制国用。立史官，尊耆老，修其方而天下治。（［雍正］《陕西通志》卷四十八《帝系一·少昊氏》）

张澍粹： 青阳即少昊，黄帝之子，代黄帝而有天下，号曰金天氏。宋仲子曰：青阳即是少皞，黄帝之子，代黄帝而有天下，号曰金天氏，少皞身号，金天氏代号也。澍按：《左·昭元年·疏》引云：帝少皞金天氏。《左·疏》又引《世本》云：颛顼，黄帝之臣，有讹。颛顼绍少昊金天之政，乘辰而王，故亦曰金天氏。（《世本集补注》卷四《帝系篇》，见《世本八种》）

又： 少昊，黄帝之子，名契，字青阳。黄帝殁，契立，王以金德，号曰金天氏。同度量，调律吕，封泰山，作《九泉之乐》，以鸟纪官。宋注云：少昊名挚。澍按《周书·尝麦篇》云：乃命少昊清、司马鸟师以正五帝之官，故名曰质。《张衡集》引此书，以为清即青阳也。然考皇甫谧亦以青阳即少昊，《史记》谓青阳即玄嚣，降居江水，不在帝位，与宋仲子注大舛。（同上）

刘文淇： 《帝王世纪》：少昊是为玄嚣，降居江水，邑于穷桑，以登帝位，都曲阜。是少昊非不立为帝，降居江水之后，乃登帝位矣。史公谓不得在帝位者，拘于五运之次耳。《律历志》，少昊帝《考德》曰：少昊，曰清。清者，黄帝之子清阳也。是其子孙名挚，立土生金，故为金德。天下号曰金天氏。师古曰：《考德》者，考五帝德之书也。服以少昊为金天氏，盖取班说。昭十七年《传》："我高祖少昊挚之立也。"则少昊名挚，班氏谓子孙名挚，与彼传异。（《春秋左氏传旧注疏证》文公十八年"少昊氏有不才子"）

李慈铭：《晋语》，黄帝之子二十五人……惟青阳与苍林氏同于黄帝，故皆为姬姓，同德之难也如是云云。……慈铭按：《逸周书·尝麦解》云，乃命少昊清，《汉书·律历志》引《帝考德》云，少昊曰清，清者，黄帝之子清阳也，是少昊金天氏名清，嗣黄帝为帝者，乃方雷氏之甥己姓，亦曰清阳，即此上文所谓惟清阳与夷鼓皆为己姓者也。其字本作清阳，不作青阳也。下文云惟青阳与苍林氏同于黄帝，故皆为姬姓者，青阳即玄嚣，苍林即昌意。《史记》云玄嚣是为青阳，《汉书·律历志》引《春秋外传》曰，帝颛顼苍林昌意之子也，二人皆黄帝正妃嫘祖所生，故皆为姬姓。（《越缦堂读书记》三《历史·国语》）

王　恢：《史地考》（二）："《水经注》有青陂水入淮，在息县北，或青阳之名本此？"（《史记本纪地理图考·五帝本纪·江水》）

【汇评】

崔　述：《汉书·律历志》云："少皞号曰金天氏。"余按：金天氏之名见于《春秋传》，但云"裔子为元冥师"而已，未言为少皞也。刘歆盖以《月令》秋帝少皞秋于行为金，故谓金天氏为少皞耳。不知五德之说本邹衍之妄谈；且颛顼不取号于水，宁少皞必取号于金乎！少皞之子虽尝为元冥，然烈山氏之子柱为稷，周弃亦谓稷，颛顼氏之子黎为火正，高辛氏之子阏伯亦为火正，则元冥一官亦不必少皞氏之子孙而后可为也。……皞，或作昊，今从《左传》作皞。（《崔东壁遗书·补上古考信录》卷下《少皞氏、金天氏非少皞》）

又：自《史记》始以青阳为玄嚣，而《汉书·律历志》遂并以青阳为少皞，而其子孙名挚。由是皇甫谧以来诸编古史者皆以少皞为黄帝之子矣。余按：《大戴》《史记》之文本难征信，然《大戴》云"青阳降居泜水"，是明谓青阳不为天子矣。《史记》云"自玄嚣与蟜极皆不得在位，至高辛即帝位"，是亦谓玄嚣不为天子矣。青阳、玄嚣皆不为天子，恶得以为少皞氏也哉！且以挚为少皞子孙之名，则当凤鸟未至之前，将以何者名其官乎？盖此皆缘刘歆误以《春秋传》郯子之言为逆数，而炎帝、共工、太皞皆在黄帝前，至少皞则不可复谓其在太皞前，而《大戴》《史记》又皆无少皞之代，故妄意其即青阳耳。不知四代实皆在黄帝后，《史记》自沿《大戴》之文以颛顼直继黄帝而遗之，不必曲为说以附会之也。（《崔东壁遗书·补上古考信录》卷下《少皞氏·〈大戴记〉之青阳、玄嚣俱非少昊》）

又：然《史记》以玄嚣为青阳，亦非《大戴》本文之意。盖其前文云"黄帝产玄嚣，产昌意"者，乃因叙高阳、高辛之世系而溯及其祖父，非谓黄帝止有此二子也。后文云"黄帝取于西陵氏之子，产青阳及昌意"者，乃因二人同母，故因昌意而并及之，非必此二人即前二人也。司马氏见其前有玄嚣而无青阳，后有青阳而无玄嚣，遂妄意为一人，误矣！（同上）

⑧【汇校】

陆伯焜："青阳降居江水"，《大戴礼·帝系篇》作"降居泜水"。（《史记考证·五帝本纪》）

赵生群："降居江水"，张文虎《札记》卷一："下当有'若水'二字。"（点校本二十四史之修订本《史记》卷一《五帝本纪》）

【汇注】

张守节：《括地志》云："安阳故城在豫州新息县西南八十里。应劭云古江国也。《地理志》亦云安阳古江国也。"（《史记正义·五帝本纪》）

罗　泌："江水"，玄嚣国，若之下流泜水也，今蜀州。（《路史·国名纪卷甲·黄帝后姬姓国·江水》）

金履祥："降居江水"，《索隐》曰："降，下也。言帝子为诸侯，降居江水。而江水、若水，皆在蜀，即所封国也。"（《御批通鉴纲目前编》卷首《少昊金天氏·音释》）

李慈铭：《大戴礼·帝系》云：黄帝居轩辕之丘，娶于西陵氏之子，谓之嫘祖氏，产青阳及昌意。青阳降居泜水，昌意降居若水。《山海经》注引《世本》云，黄帝娶于西陵氏之子，谓之纍祖，生青阳及昌意。《史记·五帝纪》云，黄帝居轩辕之丘，而娶于西陵之女，是为嫘祖。嫘祖为黄帝正妃，生二子，其后皆有天下。其一曰玄嚣，是为青阳，青阳降居江水；其二曰昌意，降居若水。所说皆同。盖《史记》即本之《世本》，《世本》本有《帝系》篇，与《大戴》同。《大戴》此篇与《五帝德》相连，皆为孔子所论定。左氏受经于孔子，故《国语》所记，足以互证。盖青阳、苍林皆正妃之子，当继黄帝有天下，而以少昊有凤鸟之瑞，遂避居泜、若之水。曰"降居"者，明其为退让而避居也。少昊承绪而立，无所制作，及传子挚而衰，九黎乱德。（《左传》曰，我高祖少昊，挚之立。盖少昊及挚为两世，皆号金天氏。故《汉志》引《帝考德》曰：清者黄帝之子清阳也，是其子［孙］名挚。盖衍一"孙"字。）故孔子传《易·系辞》及言五帝德皆不数之，非谓其不帝也，太史公误会其意。又当《左传》未行，偶不及见，遂于《五帝纪》中削去少昊一代，后人又以清阳与青阳相混，误以降居江水者谓即少昊。或云帅鸟师居西方（沈约说），或云自江水登帝位（皇甫谧说），而说《国语》者遂纷纷矣。（《越缦堂读书记》三《历史·国语》）

王　恢：江水，《正义》："《括地志》云：安阳故城（正阳西南）在新息县西南八十里。应劭曰：古江国也。"《史地考》："《水经注》有青陂水入淮，在息县北，或青阳之名本此？"又《大戴礼·帝系篇》作"青阳降居泜水"，泜即滍水，今名沙河，在今鲁山、叶县、舞阳境，其下流入汝，或汝水亦得江称也。《殷纪》引《汤诰》曰："东为江，北为济，西为河，南为淮。"则东方亦有名江水者。《索隐》"江水、若水皆在蜀，即所封国"，大谬。（《史记本纪地理图考·五帝本纪·江水》）

陈蒲清：玄嚣，黄帝长子，号青阳。有的史书认为青阳（少昊）与玄嚣是两个人，都是黄帝的儿子。江水，指江国。在今河南安阳。（见王利器主编《史记注译·五帝本纪》）

⑨【汇注】

王　瑾：黄帝之子昌意，昌意之弟少昊，帝妃女节所生也。……少昊名挚，字青阳，即帝位，号金天氏。黄帝之子也。（《广黄帝本行记》）

张　澍：《大戴礼·帝系篇》，黄帝产青阳及昌意。青阳降居泜水，昌意降居若水。按：《大戴礼》盖以玄嚣为青阳，而《史记》沿其误。据《国语》，玄嚣、青阳实是二水。泜水，滍水也，一云若水之下流。《史记》作"降居江水"，或谓即阳安故城之古江国，非也。《荣县青阳门纪》云：荣门有青阳洞，以少昊国在其北门，今正临之，故名。按史，黄帝子玄嚣封于青阳国，为少昊金天氏。少昊降居江水，国于青阳，以金德王，位在西方。汲冢《古文》云：或曰少皞名清，不居帝位，帅鸟师居西方，以鸟纪官。盖本《周书》之说。《集览》云：江水在蜀青阳，出宋朝《类苑》。今人以庐州之青阳为少昊国，误矣。（《蜀典》卷三《青阳降居泜水》）

⑩【汇注】

司马贞：降，下也。言帝子为诸侯，降居江水（若水）。江水、若水皆在蜀，即所封国也。《水经》曰"水出旄牛徼外，东南至故关为若水，南过邛都，又东北至朱提县为卢江水"，是蜀有此二水也。（《史记索隐·五帝本纪》）

罗　泌："若水"：昌意国，今越巂之台登。《盟会图疏》以为都。故《世本》云"允姓国。昌意降居为侯"，非也。（《路史·国名纪卷甲·黄帝后姬姓国·若水》）

罗　苹：若，即江之下流，皆在蜀。《水经》云：水出旄牛徼外，东南至故关；为若水。即昌意之封。又南过越巂、邛都至朱提西泸江水，则玄嚣封处。又《九州要记》云：巂之台登有双诺川，鹦鹉山黑水之间，若水出其下，即黄帝子昌意降居于此。杜预以谓昌意所封在都，都乃襄州乐乡矣。（见《路史·后纪八·高阳》注）

梁玉绳："嫘祖为黄帝正妃……降居若水。"按：《路史》言嫘祖生昌意、玄嚣，则昌意乃玄嚣之兄，未知孰是。至青阳固别一子，《国语》谓帝妃方雷氏所生（原注：《大戴礼·帝系》谓嫘祖所生，吴韦昭《国语》注以方雷即嫘祖之姓，恐非），则玄嚣、青阳实是二人，史公合而一之，亦犹《汉·志》并昌意、苍林为一人，《史》注皇甫谧认夷鼓、苍林为一人也。《帝系》曰"黄帝产青阳及昌意，青阳降居泜水（原注：即江水），昌意降居泜水"。《大戴礼》盖以玄嚣为青阳，《史》仍其误，当衍"是为青阳青阳"六字耳。（《史记志疑》卷一《五帝本纪》）

又：或问：先儒皆以少昊帝为黄帝子，而少昊即青阳，讵不然欤？曰：否。此皇甫谧之徒妄论也，而其误实自《潜夫论·五德志》来。《史》不纪少昊，固属脱漏，然《史》之失在以玄嚣、青阳为一人，未尝以玄嚣、青阳为少昊帝挚也。考《逸周书·尝麦解》云"赤帝命蚩尤宇少昊以临四方"，又云"黄帝执蚩尤杀之于中冀，命少昊清司马鸟师，以正五帝之官"。《汉·志》引《考德》云"少昊曰清，黄帝之子清阳，其子孙名挚立，为金德，天下号金天氏"。《国语》云"少昊氏之衰，九黎乱德，颛顼受之"，魏曹植《陈思王集·少昊赞》云"祖自轩辕，青阳之裔"。则少昊乃清阳之胄。而少昊疑是当时显职，青阳继蚩尤居之，故与司马对称，至挚有天下，仍其旧号，奈何以帝少昊为黄帝之亲子哉？《路史》以青阳为少昊之父，亦非。（晋郭璞《山海经·海内经》注引《世本》云"累祖产青阳"，与帝系同误。）（同上）

程馀庆：降，下也。以帝子出封为诸侯，故曰降。江水、若水，皆在蜀，即所封国也。若水即泸水（按：《读史方舆纪要》四川大川云："泸水，其源曰若水，下流曰泸水，入金沙江。"），出西番，经四川宁远府西昌诸县，与金沙江合。（《历代名家评注史记集说·五帝本纪》）

李　民：若水。《史记·五帝本纪·索隐》："若水在蜀。"即现在雅砻江，也包括与金沙江合流后的一段金沙江。（《古本竹书纪年译注·五帝纪》）

又：《世本·帝系》云："黄帝娶于西陵氏之子，谓之累祖，产青阳及昌意。"《山海经·海内经》亦云："黄帝妻雷祖，生昌意。昌意降居若水，生韩流。"《大戴礼·帝系》："黄帝居轩辕之丘，娶于西陵氏之子，谓之嫘祖氏，产青阳及昌意。青阳降居泜水，昌意降居若水。"《史记·五帝本纪》："黄帝居轩辕之丘，而娶于西陵之女，是为嫘祖。嫘祖为黄帝正妃，生二子……其二曰昌意，降居若水。"皆与《纪年》（"昌意降居若水"）一致。（《古本竹书纪年译注·五帝纪·比义》）

钱　穆：……楚之先居丹阳，正此丹、析之间，则昌意居若水在丹、析明矣。又汉武时有若阳侯，《汉表》注在平氏。平氏，今桐柏县西。盖其地本亦有名若之水。古山川地名者，每好偏举一偏远者为主。故昌意降居若水，必在西蜀；黄帝战于涿鹿，必在察哈尔。如是则古史尽成飘忽无可捉摸之神话矣。（《史记地名考·上古地名》）

王　恢：按：郡，杜注"本在商密"、丹析之会，扼秦楚交通。其北少习，即武关，为秦之南塞。晋辞秦穆河上之师，独揽勤王殊勋，乃助秦取郡，以消秦之隐恨。其地自春秋以降，常为入关捷径，想亦重于往古。《路史·后纪八》高阳、若水注："杜预以为昌意所封在郡。郡乃襄州乐乡。"杜注明言"其后迁于南郡郡县"。《沔水

注》，故城在今宜城东南，汉水东岸丰乐河口，《路史》以后徙者说之，欠深考。(《史记本纪地理图考·五帝本纪·若水》)

田昌五：古人在迁徙时，有将其原居地名搬于新居地之习惯。……如"颛顼降居若水"，本指河南汝水，后来颛顼之苗裔有迁居今四川者，若水就搬到四川去了。(《华夏文明的起源·万国并存唐虞兴》)

⑪【汇注】

王　恢：蜀山，不详的所。《世本》《华阳国志》《十三州志》《路史·前纪》诸书，大抵附会西蜀传说，诚如钱穆先生所云，"每好偏举一偏远者为主"，而不审其"当时此地"为如何景况；今其地犹荒野未辟也。此隔绝史实，不烦引述。今录其近于中原者：

(一) 殷都附近有蜀国，武丁《卜辞》："贞蜀受年"，"贞蜀不受其年"。其他或言伐蜀，或言至蜀有事。又《逸周书世传》："庚子……新荒命伐蜀。乙巳，陈本命新荒、蜀、磨至……"征伐及献俘才六天，古时师行日三十里，是其国不过百里间。

(二) 《郡国志》，颍川郡长社县有蜀城，有蜀泽。

(三) 在齐鲁境者：《春秋》成二年，公及楚人……盟于蜀。《左》宣十八，杜注："蜀，鲁地。泰山博县（泰安东北）西北有蜀亭。"《清统志》(一六五)："汶上县西南四十里有蜀山，其下有蜀山湖。"（见陈槃《不见于春秋大事表之春秋方国稿》)《路史·国名纪己》，蜀山"昌意取蜀山氏，益土也。今济（按：同篇蜀国作济阳。济阳今高苑）有蜀山，或其分也"。

(四) 《清统志》(一三八)："壶口山在浮山县西南四十五里，一名蜀山。"又同卷，翼城县北三十里有蜀山，盖一山也。(《史记本纪地理图考·五帝本纪·黄帝都邑》)

陈蒲清：蜀山氏，部族名。(见王利器主编《史记注译·五帝本纪》)

⑫【汇校】

陆伯熺：昌濮，《大戴礼·帝系篇》作昌濮，《路史·后纪》作景嫳。(《史记考证·五帝本纪》)

梁玉绳：按：《大戴礼》作"昌濮"，《路史》作"嫳"，盖古字通用。然《路史》昌作"景"，注引《搜神记》及《世纪》并作"景仆"，岂"昌"字误耶？(《史记志疑》卷一《五帝本纪》)

[日] **水泽利忠**：南化、枫、三、梅、狩、野、阁"僕"下有"僕邹作嫳"四字注。(《史记会注考证附校补·五帝本纪第一》)

⑬【汇注】

张守节：《华阳国志》及《十三州志》云："蜀之先肇于人皇之际。黄帝为子昌意娶蜀山氏，后子孙因封焉。帝颛顼高阳氏，黄帝之孙，昌意之子，母曰昌仆，亦谓之女枢。"《河图》云："瑶光如蜺贯月，正白，感女枢于幽房之宫，生颛顼，首戴干戈，有德文也。"（《史记正义·五帝本纪》）

⑭【汇注】

戴　德：宰我问于孔子曰："昔者，予闻诸荣伊令，黄帝三百年。请问：黄帝者，人邪，抑非人邪？何以至于三百年乎？"孔子曰："予！禹、汤、文、武、成王、周公，可胜观也。夫黄帝尚矣，女何以为？先生难言之？"宰我曰："上世之传，隐微之说，卒业之辨，阇昏忽之意，非君子之道也，则予之问也固矣。"孔子曰："黄帝，少典之子也。曰轩辕。生而神灵，弱而能言，幼而彗齐，长而敦敏，成而聪明。治五气，设五量，抚万民，度四方，教熊罴貔貅䝙虎，以与赤帝战于阪泉之野，三战，然后得行其志。黄帝黼黻衣，大带，黼裳，乘龙扆云，以顺天地之纪，幽明之故，死生之说，存亡之难，时播百谷草木，故教化淳鸟兽昆虫，历离日月星辰，极畋土石金玉，劳心力耳目，节用水火材物。生而民得其利百年，死而民畏其神百年，亡而民用其教百年。故曰三百年。"（《大戴礼记》卷七《五帝德》）

王　充：儒书言："黄帝采首山铜，铸鼎于荆山下。鼎既成，有龙垂胡髯，下迎黄帝。黄帝上骑龙，群臣后宫从上七十余人，龙乃上去。余小臣不得上，乃悉持龙髯。龙髯拔，堕黄帝之弓，百姓仰望。黄帝既上天，乃抱其弓与龙胡髯吁号。故后世因其处曰鼎湖，其弓曰乌号。"《太史公记》诔五帝，亦云："黄帝封禅已仙去，群臣朝其衣冠，因葬埋之。"曰，此虚言也。实黄帝者，何等也！号乎，谥也。如谥，臣子所诔列也。诔生时所行为之谥。黄帝好道，遂以升天；臣子诔之，宜以仙升，不当以黄谥。谥法曰：静民则法曰黄，黄者，安民之谥，非得道之称也。百王之谥，文则曰文，武则曰武，文武不失实，所以劝操行也。如黄帝之时质，未有谥乎，名之为黄帝，何世之人也？使黄帝之臣子知君，使后世之人迹其行。黄帝之世，号谥有无，虽疑未定，黄非升仙之称，明矣。……世见黄帝好方术；方术，仙者之业，则谓帝仙矣。又见鼎湖之名，则言黄帝采首山铜铸鼎，而龙垂胡髯迎黄帝矣，是与说会稽之山，无以异也。夫山名曰会稽，即云夏禹巡狩，会计于此山上，故曰会稽。夫禹至会稽，治水不巡狩，犹黄帝好方伎，不升天也，无会计之事，犹无铸鼎龙垂胡髯之实也。（《论衡·道虚篇》）

裴　骃：皇甫谧曰："在位百年而崩，年百一十一岁。"（《史记集解·五帝本纪》）

张守节：《列仙传》云："轩辕自择亡日与群臣辞。还葬桥山，山崩，棺空，惟有剑舄在棺焉。"（《史记正义·五帝本纪》）

孔颖达：黄帝，一曰帝轩辕。传十世，二千五百二十岁。（《礼记正义·祭法》引《春秋命历·序》）

编者按：清嘉庆时洪颐煊校《竹书纪年》本卷上，在黄帝崩之后，有"帝挚少昊氏"，此一代为《史记·五帝本纪》所无者也。洪注曰："吴琯本无此五字，《路史》引《纪年》云：黄帝死七年，其臣左彻乃立颛顼，罗泌所见本疑亦无此五字。"果如此，则黄帝与颛顼之间，当有七年空白，按社会国家发展常理推之，恐或不然。

罗　泌：采首山之铜，铸三鼎于荆山之阳，以像泰乙，能轻能重，能淢能行，存亡是谂，吉凶可知。虎豹百物，为之眂火参铲。八月既望，鼎成死焉。（《路史·后纪五·黄帝》）

王士俊：黄帝庙，在宜阳县西，世传轩辕黄帝铸鼎于此，故立庙祀焉。（［雍正］《河南通志》卷四十八《祠祀》）

齐召南：在位百十年，崩于荆山之阳，葬桥山。（《历代帝王表·帝王》）

鲁实先：黄帝享年永短，异说歧多：《今本竹书》及《史记·五帝纪·集解》《艺文类聚》《御览》七十九引《帝王世纪》："黄帝在位百年，年百十一岁而崩。"张华《杂说》亦谓"黄帝治天下百年而死"。《韩愈集》卷三十九《论佛骨表》云："黄帝在位百年，年百一十岁。"《路史·后纪五》"黄帝年百十有七"。明正德九年本少微《资治通鉴节要》引《史记注》云："在位百一十年，寿二百岁。"元李治《敬斋古今黈》卷一引《通鉴举要历》云："黄帝在位六十五年。"黄丕烈旧藏北宋本《列子·黄帝篇》云："黄帝即位十五年，喜天下戴己，又十五年，梦游华胥氏之国，又二十八年而帝登遐。"据此，是黄帝在位五十八年。《路史注》引《列子》作"四十八年登遐"，盖沿用误本也。（《史记会注考证驳议》五）

⑮【汇注】

裴　骃：《皇览》曰："黄帝冢在上郡桥山。"（《史记集解·五帝本纪》）

孔颖达：黄帝正名百物者，上虽有百物，而未有名，黄帝为物作名，正名其体也。以明民者，谓垂衣裳使贵贱分明得其所也。共财者，谓山泽不障，教民取百物以自赡也。其如上事，故得祀之。（《礼记正义·祭法》）

司马贞：《地理志》桥山在上郡阳周县，山有黄帝冢也。（《史记索隐·五帝本纪》）

张守节：《括地志》云："黄帝陵在宁州罗川县东八十里子午山。《地理志》云上郡阳周县桥山南有黄帝冢。"按：阳周，隋改为罗川。《尔雅》云山锐而高曰桥也。（编者按：点校本《史记》修订本云："《地理志》云上郡周县桥山南有黄帝冢，'南'上《汉书》卷二八下《地理志》下有'在'字。"）（《史记正义·五帝本纪》）

罗　苹：庆之华池西翟道山，宁之真宁东八十子，午山也。《郡县志》云：陵在山上。《风土记》，阳周所有黄帝陵在子午山上，今塚存。大历七年，庙。按：《浑天记》黄帝葬南陵山，南陵也。故葬曰上陵山。而《神鉴》谓黄帝葬南甲山，则首向也。《思玄注》云：黄帝葬西海桥山，《地志》亦谓山有黄帝冢，《史记》武帝巡朔方，还，祭黄帝冢于桥山。元魏诸帝亦数祭焉。《后魏书》文成东巡涿鹿，祠黄帝，祭桥山，观温泉，幸广宁泉，今在上谷东南二十里。《九域志》：桥山又有轩辕太子陵庙。而妫之怀戎川桥山，有黄帝冢及祠焉。（见《路史·后纪五·黄帝》注）

李兰肸：桥山，在中部县北一里，乃轩辕皇帝葬衣冠之所。山下有沮水，或曰古沮水分流。潜穿山底经过，因名桥山。《寰宇记》引《史记》云：黄帝葬此山，陵、冢尚存。唐大历元年置庙，宋开宝二年勅修庙祭祀，在州西二里。按：李吉甫《元和志》宁州真宁县东八十里子午山，亦曰桥山，黄帝陵在山上，群臣葬衣冠之所。今两存之。（《元一统志·鄜州》）

毕　沅：上古黄帝陵，《一统志》在中部县西北桥山上。《史记·五帝本纪》，黄帝葬桥山。《汉武故事》："元封元年，帝北巡朔方，还，祭黄帝于桥山。"《黄帝本行经》："黄帝冢在坊州桥山。"《雍胜略》："桥山在中部县东北二里，其山形如桥，沮水环绕之，即黄帝葬衣冠之所。周围城堑五里余，树柏万余株，横顺成行，参天傲日，数百里外望之，犹有烟霞霏微青翠玲珑之状。"谨按：桥陵在关中者，旧志有三：一在庆阳之正宁；一在延安之安定；其一即在中部。三县皆汉上郡地。《汉书·地理志》："上郡阳周县桥山南有黄帝冢。"《水经注》："走马水出长城北阳周故城南桥山，上有黄帝冢。"考正宁在后魏时尝侨置阳周县，后人误谓即汉之阳周，因以为有轩辕陵，《雍胜略》辨之颇详，而犹以魏之阳周故城为汉之阳周故城，则尚未为精审。今按：汉阳周故城在安定县北，其地与中部实为连属，与班志所述为合，后人因安定为阳周之沿革，故又别于安定，不知历代《祀典》相沿，总在中部，尤为有据也。至如记载所志，如畿辅之平谷，山东之曲阜，河南之阌乡，皆有其陵。《文选注》"黄帝葬西海桥山"，语更荒渺，无从考信也已。（《关中胜迹图志》卷二十九《鄜州·古迹》）

赵本植：［庆阳府·合水县］子午山，在县东五十里，为一邑中界，一名桥山。南连耀州，北抵葭州，东接延安，绵亘八百余里，松木槎枒，兽群潜伏，延至正宁县。黄帝葬衣冠于此，见《括地志》《寰宇记》。（［乾隆］《新修庆阳府志》卷七《山川·合水县·子午山》）

乔松年：黄帝陵在桥山，汉之阳周，今之中部县也。或者谓在妫州，今宣化怀来县亦有桥山，谓是黄帝葬处。盖以《魏书·太宗纪》泰常七年"如广宁，幸桥山。遣使者祠黄帝唐尧庙"。广宁，今宣化地也。愚按：此文言祠而未言冢，黄帝都涿鹿，即今保安州地，与怀来相近。广宁桥山或有黄帝祠而祭之耳。若冢自在上郡阳周之桥山，不在广宁之桥山也。（《萝藦亭札记》卷三）

又：桥山者，《山海经》云："其山下水流通行，故谓之桥山。"《汉书》上郡阳周县南有桥山，山上有黄帝冢。葬曰上陵时。《水经注》走马水出阳周故城南桥山。《魏书》，阳周有桥山，亦如《汉书》。《寰宇记》，贞宁县即古阳周，亦引此语。按：汉阳周属上郡，为今延安府安定县地，后魏移其名于赵兴郡，为今庆阳府贞宁县地。《寰宇记》误以魏之阳周即汉之阳周，以桥山属之贞宁，故作志及考据者皆沿其误。汉阳周地广，今安定县为阳周故治，而桥山实在鄜州之中部县。黄帝冢载在祀典，其在贞宁者名子午山，其山脉亦与桥山相属，而非黄帝葬处也。（同上）

又：曲沃亦有乔山，在县东北四十里，太行支之。山有轩辕祠，山中有洞，其深际无。山覆洞上，如桥状。出《五朝志》。《隋书·地理志》亦载之，《寰宇记》则未列此山。余按：封隆之《斛律金传》围乔山之寇，当即此山。此非黄帝所葬，而亦有轩辕祠，盖傅会为之。山东青州府亦有乔山。（同上）

丁 瀚：桥山，县城北。沮水从山下过，故曰桥。今地形下，水由县城南绕而东。（《中部县志》卷一《山川》）

又：轩辕桥陵，在县城北桥山上，《帝纪》黄帝采首山铜，铸鼎荆湖，鼎成，龙降迎，攀龙髯升天，其臣左彻抱弓而号，取衣冠葬之。（《中部县志》卷二《陵墓》）

王 恢：《纪要》（五七）略云："桥山绵延深远，在保安县东六十里者，曰文蒿岭；在中部县北者则曰桥山，以沮水穿山而过，若桥然也。《史记》黄帝葬桥山，汉武元封初，北巡朔方，还祭黄帝冢于桥山，释兵须如，即此。"（《史记本纪地理图考·五帝本纪·桥山》）

又：黄帝衣冠冢之岿然在今黄陵县北二里之桥山，自汉武致祭（前110）迄今两千余年，从未闻有变动。……远在秦襄公初立西畤（前770）祠白帝，文公梦黄蛇自天下属地，止于鄜衍，于是作鄜畤（前756）祭白帝，德公都雍，祠之。其后灵公作吴阳上畤（前422）祭黄帝。献公徙栎阳，作畦畤（前368）复祠白帝，盖因鄜畤祠黄帝而为黄陵，故王莽改阳周为上畤也。（同上）

又：自邹衍之徒论著终始五德之运，燕齐方士怪迂阿谀之徒自此兴，相与造作言语，以为黄帝采首山铜，铸鼎荆山下，乘龙上天，群臣葬其衣冠（《封禅书》）。史公疾当时君臣迷信神仙长生，《本纪》特书："黄帝崩，葬桥山！"以辟公孙卿等之妄，与《大宛传》"恶睹（禹）本纪所谓昆仑者乎！"同寓讽谏之意。（同上）

徐日辉：按：黄帝到底葬于何处，至今还是个迷，因为司马迁当时就没有弄清楚。他在《封禅书》中称："黄帝采首山铜，铸鼎于荆山下。鼎既成，有龙垂胡髯，龙髯拔，堕，堕黄帝之弓。百姓仰望黄帝既上天，乃抱其弓与胡髯号，故后世因名其处曰鼎湖，其弓曰乌号。"这段记载说的是黄帝在浙江缙云升天的故事，而不是崩葬于桥山。所以缙云的荆山、鼎湖自古便与黄帝活动有关。……因此，浙江的缙云作为祖国东南地区的黄帝仙都与陕西黄陵形成了南庙北陵的历史格局，而且是香火鼎盛，绵长无穷。（《〈史记五帝本纪〉之黄帝考疏》，见《史记论丛》第三集《逐鹿中原》）

【汇评】

王　充：如以天神乘龙而行，神恍惚无形，出入无间，无为乘龙也。如仙人骑龙，天为仙者取龙，则仙人含天精气，形轻飞腾，若鸿鹄之状，无为骑龙也。世称黄帝骑龙升天，此言盖虚，犹今谓天取龙也。且世谓龙升天者，必谓神龙；不神，不升天；升天，神之效也。天地之性人为贵。（《论衡》卷六《龙虚篇》）

李　昉：昔者炎帝道衰，诸侯未制；惟力是恃，伊民何依？黄帝于是神聪明之德，振威武之气。雕虎一啸，猛暴不觉振惊；神龙未起，陆梁先知悚惧。始以兵法治其乱，次以帝道柔其心。寰海尘飞，一朝尽息。修德振旅，劝务农穑。登沅湘而逐薰鬻，无远不临，举风后而用力牧，惟贤是试。少昊颛顼，嗣其瑞云之德而宇宙清；唐尧虞舜，法其垂衣之道而域中化。天生斯民，树之司牧，为司牧者，能以黄帝修身理国之道，以御今之世，而生民不登仁寿之域者，未之有也。（《黄帝庙碑序》，见新编《陕西省志·黄帝陵志》第三章第四节《轩辕庙碑刻录》）

胡　宏：轩辕居宝位百年而殁，葬于桥山。天下哀慕黄帝，以其生而居中土，宰制群动者也。帝推历生律，制器规圆矩方，法一，置而变，顺天地之纪，幽明之占，死生之说，存亡之难，时播百谷草木，淳化鸟兽虫蛾，旁罗水波土石金玉，劳动心思耳目，节用水火材物，故民安乐，不使而成，不禁而止，百官无私，天下和，风雨时，五谷登，而人民寿。凤凰巢阿阁，麒麟游于郊，犹作《舆几之箴》，以警宴安，作《金儿之铭》以戒逸欲。成功大，致丰利，不自高其道，不自圣其躬，德泽流天下，至今人蒙其惠，虽死犹生也。世有方士家鼓惑愚人，侥倖荣利，言世有仙术，帝得之，骑龙上升天，群臣思慕，葬弓剑衣冠者，真妖妄矣。（《皇王大纪》卷二《黄帝轩辕氏》）

罗　苹：《五行书》帝以甲戌日崩，一云戊午。孔子曰："亡而人用其教，是死也。"世言黄帝鼎成，乘龙上升，此秦汉方士之言尔。按《剑经》言："黄帝铸鼎，以疾崩，葬桥山。后五百年，山崩，空室无尸，惟存宝剑、赤舄。"是神仙家亦谓黄帝有死矣。又《列仙传》云，黄帝自择亡日，至七十日亡，七十日还葬于桥山。故《庄子》曰：若人者将择日而登遐。而儒者反惑之有上升说。（见《路史·后纪五·黄帝》注）

柯维骐：诸史所载，谓黄帝采铜铸鼎，鼎成，帝崩。亦谓鼎成，骑龙升天，盖本方士之说。汉武帝叹曰："吾诚得如黄帝，视弃妻子如脱屣耳。"太史公纪之《封禅书》，以见汉武之惑。此云崩且葬，所以祛后世之惑也。（《史记考要》卷一）

贺　详：轩辕崩，葬著于本纪，而世有鼎湖骑龙之说。……古之人明目而达聪，视远而听微，彼琐琐迂怪之徒，尚莫遁于造言乱民之刑，矧得而欺侮之？（《留余堂史取》卷十二《破惑》）

李如沅：皇帝御极之七年，圣德覃敷，至治远超隆古；府修事和，庶绩咸熙。乃诏天下郡邑，有皇古圣帝哲元寝庙貌，悉修勿缺；费资皆取给公币。而我鄜所属中部县之桥山，有黄帝轩辕氏庙，遂从兹焕然一新矣。山形崒嵂，势若龙蹲，象偃众山，环朝星拱；古柏万株，苍郁窈冥，实为洪荒以来九域中第一区。……史载黄帝生而神灵，徇齐敦敏，修德振兵，抚万民而度四方；盖为继羲农开唐虞之圣德无疑。而好事者乃诬以神仙诡异之说，铸鼎攀髯，事荒乎不可究，何其诞也？呜呼！此司马氏所谓"百家之言，文不雅驯，而荐绅难言"者欤？今观庙貌山陵，万年在望，岂不憬然可悟也哉？……时大清雍正十三年，岁次乙卯，四月辛丑朔，六月丙午建，陕西直隶鄜州知州李如沅盥手撰。(《轩辕黄帝庙重修记》，见新编《陕西省志·黄帝陵志》第三章第四节《轩辕庙碑刻录》)

梁玉绳：明柯维骐《史记考要》谓"黄帝鼎成升天，本方士说，太史公纪之《封禅书》，见武帝之惑；此云崩且葬，所以祛后世之疑。因知黄帝一纪，专为汉武好神仙写照"。岂亦非欤？曰：否。帝王之上世不能悉详，断以姓氏尽出黄帝，未敢为信。余有辨在下文。至若史之首黄帝，不过误仍《大戴礼》，将谓《大戴礼》为汉武写照耶？书黄帝葬桥山，而不书颛顼、喾葬顿丘，尧葬城阳，史偶不书，非关意义。使以书葬桥山为唤醒求仙之惑，则舜纪书葬零陵当作何解？(《史记志疑》卷一《五帝本纪》)

程馀庆：在陕西鄜州中部县西北，上有黄帝陵(按：在今陕西省黄陵县)。诸史谓黄帝铸鼎成，骑龙上天，本方士之说。史公载之《封禅书》，所以见武帝之惑。此云崩且葬，所以祛后世之疑也。(《历代名家评注史记集说·五帝本纪》)

⑯【汇注】

郯　子：自颛顼以来，不能纪远，乃纪于近，为民师而命以民事，则不能故也。(引自《春秋左氏传》昭公十七年)

应　劭：颛者，专也。顼者，信也，愨也。言其承文易之以质，使天下蒙化，皆贵贞愨也。(《风俗通义·皇霸第一·五帝》)

韦　昭：颛顼，黄帝之孙，昌意之子，帝高阳也，能修黄帝之功。(《国语·鲁语上》)

杜　预：颛顼氏代少皞者，德不能致远瑞，而以民事命官。(《春秋经传集解》昭公十七年)

欧阳询：《帝王世纪》曰：帝颛顼，高阳氏，黄帝之孙，昌意之子，姬姓也。母曰景仆，蜀山氏女，为昌意正妃。谓之女枢。金天氏之末，女枢生颛顼于若水，首戴干戈，有圣德，父昌意虽黄帝之嫡，以德劣，降居若水，为诸侯。及颛顼，生十年而佐少昊，二十而登帝位，平九黎之乱，以水事纪官。南正重司天，以属神；火正黎司地，以属民，于是民神不杂，万物有序。始都穷桑，徙商丘，命飞龙效八风之音，作乐五英，以祭上帝。世有材子八人，号八凯。颛顼在位七十八年，年九十一岁。岁在鹑火

而崩，葬东郡顿丘广阳里。（《艺文类聚》卷十一《颛顼高阳氏》）

又：《帝王世纪》曰：帝喾高辛氏，姬姓也，有圣德。年十五而佐颛顼，四十登位，都亳。以人事纪官，故以勾芒为木正，祝融为火正，蓐收为金正，玄冥为水正，后土为土正。是五行之官，分职而治诸侯，于是化被天下，遂作乐《六茎》，以康帝位。世有材子八人，号曰八元。亦纳四妃。卜其子，皆有天下。元妃有台氏女，曰姜嫄，生后稷；次有娀氏女，曰简狄，生卨；次陈丰氏女，曰庆都，生放勋；次娵訾氏女，曰常仪，生帝挚。喾在位七十年，年百五岁而崩，葬东郡顿丘广阳里。（《艺文类聚》卷十一《帝喾高辛氏》）

孔颖达：《正义》曰：传言少皥挚之立也，凤鸟适至，则凤鸟以初立时至也，因其初立而有此瑞鸟，遂即以鸟纪事，云、火、水、龙，亦以初立而有此瑞，用之以纪庶事。自颛顼以来，初立之时，既无远瑞，不能纪于远，而乃纪于近，天瑞远，民事近，为民之师长，而命其官以民事，则为不能致远瑞故。（《春秋左传正义》昭公十七年）

刘恕：颛顼二十登帝位，元年辛卯，或云癸卯、癸巳，故卫，故为帝丘。后徙高阳，称高阳氏。或云：颛者，专也，顼者，正也。能专正天人之道，故称之。尚赤，荐王以赤缯。古者民神异业，少皥之衰，九黎乱德，民神杂糅，不可方物。夫人作享，家为巫史，无有要质，民匮于祀而不知其福。蒸享无度，民神同位，民渎齐盟，无有严威。神狎民则不蠲，其为嘉生不降，无物以享，祸灾荐臻，莫尽其气。颛顼受之，乃命南正重司天以属神，火正黎司地以属民，使复旧常，无相侵渎。颛顼作历，以孟春为元，是时正月朔旦立春，五星会于天，历营室也。冰冻始泮，蛰虫始发，鸡始三号，天曰作时，地曰作昌，人曰作乐，鸟兽万物莫不应和。故颛顼圣人为历宗也。北至幽陵，南至交阯，西至流沙，东至蟠木，莫不砥属。颛顼之法，妇人不辟男子于路者，拂之四达之衢。飞龙作，效八风之音，命曰《承云》，以祭上帝。（《资治通鉴外纪》卷一《黄帝》）

王应麟：唐高宗封泰山，次濮阳，问：此谓帝丘，何也？许敬宗曰：昔帝颛顼始居此地，以王天下，其后夏后相因之，为寒浞所灭。后昆吾氏因之，而为夏伯。昆吾既衰，汤灭之，至春秋时，卫成公自楚丘徙居之。左氏称相夺予享以旧地也。由颛顼所居，故曰帝丘。《通志》：颛帝都高阳。《皇览》：颛顼冢在东郡濮阳顿丘城门广阳里中。（《通鉴地理通释》卷四《历代都邑考·颛帝都》）

王圻：颛帝都帝丘，今山东濮州，旧有陵，碑尚存。（《稗史汇编·地理门·京都·古今都会》）

方中履：颛顼都帝丘（见《世纪》《春秋传》：卫，颛顼之虚也。帝丘于周为卫地，今东昌府濮州），或曰都高阳（原注：见《通典》，今保定府高阳县）。（《古今释疑》卷十三《建都》）

马　骕：《大戴礼记》：黄帝产昌意，昌意产高阳，是为帝颛顼。昌意娶于蜀山氏，蜀山氏之子谓之昌濮氏，产颛顼（自注：《山海经》：黄帝妻雷祖，生昌意，昌意降处若水，生韩流。韩流擢首谨耳，人面豕喙，麟身渠股，豚止。取淖子曰阿女，生颛顼。韩流或作乾荒）。（《绎史》卷七《高阳纪》）

蒋廷锡：按：《吕氏春秋·古乐篇》，帝颛顼生自若水，实处空桑，乃登为帝，惟天之合，正风乃行。其音若熙熙、凄凄、锵锵，帝颛顼好其音，乃令飞龙作效八风之音，命之曰《承云》，以祭上帝，乃令鱓先为乐倡，鱓乃偃浸，以其尾鼓其腹，其音英。（《明伦汇编》卷七《帝纪部·帝颛顼高阳氏本纪》）

又：按：刘恕《外纪·五帝纪》，帝颛顼作历，以孟春之月为元。是岁正月朔旦立春，五星会于天历营室，冰冻始泮，蛰虫始发，鸡始三号，天曰作时，地曰作昌，人曰作乐，鸟兽万物，莫不应和。故颛帝为历宗也。作《承云之乐》，帝命飞龙氏会八风之音，为《圭水之曲》，以召气而生物，浮金效珍，于是铸之为钟，作《五基》《六英》之乐，以调阴阳，享上帝，朝群侯，名曰《承云》。（同上）

崔　述：《国语》云："少皞之衰，九黎乱德，颛顼受之。"少皞既衰，颛顼乃兴，是颛顼与少皞不相及也。（《崔东壁遗书·补上古考信录》卷下《黄帝以后诸帝通考·少皞至尧四代皆非相继而立》）

又：《大戴记》云："高阳，是为帝颛顼。"按：《春秋传》有高阳氏，有颛顼氏，而为一为二无明文。惟《离骚》自谓高阳之苗裔，而《郑语》以楚为祝融之后，《左传》以祝融为颛顼氏之子，则似高阳果颛顼也。然《郑语》云"黎为高辛氏火正"，《楚语》云"颛顼命火正黎司地"，又似颛顼为高辛者。要之，唐、虞以前事多难考，《国语》《离骚》皆难据以立说，与其误断而颠倒之，不若阙疑而姑置之为愈也。（《崔东壁遗书·补上古考信录》卷下《颛顼氏·颛顼为高阳或高辛不可考》）

高冲霄：颛顼高阳氏，姓姬，黄帝之孙，昌意之子。颛顼，帝号也，或曰其名。生于若水，以水德绍金天氏，都于帝丘，迁于高阳，故号高阳氏。制九州，命五官，改历象，以建寅月为历元，在位七十八年，寿九十一岁，葬濮阳。高辛氏践位。（《帝王世纪纂要》卷一《颛顼高阳氏》）

瞿中溶：颛顼有天下，号曰高阳……高阳者，高犹明也，道德高明也。（《汉武梁祠画像考》卷二）

曲英杰：《汉书·地理志上》载东郡属县濮阳，"故帝丘，颛顼虚"。《水经注·瓠子河》载："河水旧东河，径濮阳城东北，故卫也，帝颛顼之墟。昔颛顼自穷桑徙此，号曰商丘，或谓之帝丘。"在今河南濮阳县境。今濮阳县城内西南隅西水坡发现有仰韶文化时期遗址，面积约5万余平方米。其45号墓室中部壮年男性骨架的左右两侧有用蚌壳精心摆塑的龙虎图案（濮阳市文物管理委员会等《河南濮阳西水坡遗址发掘简报》，载《文物》1988 年第 3 期)。或可表明此地在古时已非同于一般聚落，故颛顼即帝位时择以为都。(《先秦都城复原研究·颛顼都帝丘》)

帝颛顼高阳者①，黄帝之孙而昌意之子也②。静渊以有谋③，疏通而知事④；养材以任地⑤，载时以象天⑥，依鬼神以制义⑦，治气以教化⑧，絜诚以祭祀⑨。北至于幽陵⑩，南至于交阯⑪，西至于流沙⑫，东至于蟠木⑬。动静之物⑭，大小之神⑮，日月所照，莫不砥属⑯。

① 【汇注】
鹖　子：昔者帝颛顼，年十五而佐黄帝，二十而治天下。其治天下也，上缘黄帝之道而行之，学黄帝之道而常之。(《鹖子·数始五帝治天下第七》)
戴　德：孔子曰：颛顼，黄帝之孙，昌意之子也，曰高阳。洪渊以有谋，疏通而知事，养材以任地，履时以象天，依鬼神以制义，治气以教民，洁诚以祭祀，乘龙而至四海，北至于幽陵，南至于交阯，西济于流沙，东至于蟠木。动静之物，大小之神，日月所照，莫不祗励。(《大戴礼记》卷七《五帝德》)
班　固：《春秋外传》曰，少昊之衰，九黎乱德，颛顼受之，乃命重黎。苍林昌意之子也。金生水，故为水德。天下号曰高阳氏。(《汉书·律历志下》)
又：帝王者何号也？号者，功之表也。所以表功明德，号令臣下者也。……颛顼有天下，号曰高阳。……高阳者，阳犹明也，道德高明也。(《白虎通德论》卷一《号》)
又：颛者，专也，顼者，正也。能专正天人之道，故谓之颛顼也。(同上)
谯　周：高阳氏，妘姓，以水德王。(《古史考》)
郦道元：河水旧东河，迳濮阳城东北，故卫也，帝颛顼之墟。昔颛顼自穷桑徙此，号曰商丘，或谓之帝丘，本陶唐氏火正阏伯之所居，亦夏伯昆吾之都，殷之相又都之，故《春秋传》曰：阏伯居商丘，相土因之，是也。卫成公自楚丘迁此，秦始皇徙卫君角于野王，置东郡，治濮阳县，濮水迳其南，故曰濮阳也。(《水经注》卷二十四《瓠子河》)
裴　骃：皇甫谧曰："都帝丘，今东郡濮阳是也。"(《史记集解·五帝本纪》)
孔颖达：颛顼能修之者，谓能修黄帝之法。(《礼记正义·祭法》)
司马贞：宋衷云："颛顼，名；高阳，有天下号也。"张晏云："高阳者，所兴地名

也。"(《史记索隐·五帝本纪》)

苏　辙：帝颛顼高阳氏，黄帝之孙，而昌意之子也。都于帝丘，始为民师，而命以民事。少昊氏之衰也，九黎乱德，民神杂糅，不可方物，家为巫史，民匮于祀，民渎齐盟，而神不蠲民。嘉生不降，祸灾荐至，颛顼乃命南正重司天以属神，火正黎司地以属民。绝地天通，使无相侵渎，然后民安其生。高阳氏之灭也，岁在鹑火，黄帝之曾孙喾代之。颛顼之后，六世生舜，五世生鲧，故虞夏皆祖颛顼。(《古史》卷二《五帝本纪》)

王应麟：《世纪》颛顼氏自穷桑徙帝丘，于周为卫。《春秋传》曰：卫，颛顼之虚也。谓之帝丘，今东郡濮阳是也。濮阳故城在今澶州濮阳县东。《通典》：棘城即颛顼之墟，在营州柳城东南一百七十里（原注：《晋载记》慕容廆以大棘城即帝颛顼之墟也，乃移居之）。《郡县志》高阳故城在汴州雍丘县西南二十九里（原注：颛顼佐少昊有功，受封此邑。《外纪》颛顼都卫，故为帝丘，后徙高阳，称高阳氏）。(《通鉴地理通释》卷四《历代都邑考·颛帝都》)

又：高阳，《郡县志》高阳故城在汴州雍丘县西南二十九里。高阳氏佐少昊，有功受封此邑。《陈留风俗传》高阳在雍丘西南（原注：今开封府雍丘县）。郦生，陈留高阳人。沛公至高阳传舍。徐广云：今在圉县。《耆旧传》云："圉高阳乡（原注：《郡国志》圉有高阳亭）。"《舆地广记》，圉县故城在雍丘县东南。(《通鉴地理通释》卷七《名臣议论考·高阳》)

罗　泌：帝颛顼高阳氏，姬姓，名曰颛顼，黄帝氏之曾孙，祖曰昌意，黄帝之震，适也。行劣不似，逊于若水。取蜀山氏曰景媱，生帝乾荒，擢首而谨耳，豵喙而渠股，是袭若水，取蜀山氏曰枢，是为河女，所谓淖子也。淖子感瑶光于幽防，而生颛顼。渠斗并干，通眉带午，渊而有谋，疏以知远，年十五而佐小昊，封于高阳。都始孤棘。二十爰立，乃徙商丘，以故柳城卫仆俱为颛顼之虚。逃迹高阳，故遂以高阳氏。黑精之君也。以名为号，故后世或姓焉。(《路史·后纪八·高阳》)

又：绍小昊金天之政，乘辰而王，以水穷历，故外书皆称玄帝。(同上)

又：高阳，帝之初封，瀛之高阳县北高水之阳也。[北宋太宗赵炅]至道三割隶顺安，然棘城实为高阳氏之虚。今浚仪亦有高阳故城，盖后所都。(《路史·国名纪卷丙·高阳氏后·高阳》)

又：濮阳，帝后所都。今澶之属县，所谓帝丘。有颛帝城，城内帝冢，亦号颛顼之虚。(《路史·国名纪卷丙·高阳氏后·濮阳》)

罗　苹：《郡国志》云：颛顼葬俗名青冢山，《皇览·冢墓记》云：在濮阳县顿丘城门外广阳里中。崔鸿《前赵录》云：和苞谏刘曜曰"尧葬谷林，市不改肆。颛帝葬广阳，下不及泉"。(见《路史·后纪八·高阳》注)

王士俊：帝丘，在滑县东北，相传颛顼建都于此。有帝冢，故名。春秋僖公三十一年，卫迁都于帝丘，即此。一云帝丘城在滑县东北七十里土山村。（［雍正］《河南通志》卷五十一《古迹上》）

齐召南：颛顼高阳氏：黄帝孙，昌意子，生于若水。姬姓。以水德王。初国高阳，都于帝丘。命五官。命重黎。乐曰《承云》。在位七十八年崩。（原注：陵在东昌府城西北二十里）。（《历代帝王年表·帝王》）

梁玉绳：颛顼帝高阳氏：颛顼始见《月令》《祭法》《左昭十七》《周语下》《鲁语上》《楚语下》。高阳氏始见《左文十八》，五帝之二也。顼又作畜，又作玉，亦曰颛顼氏，亦曰高顼，亦曰黑帝，亦曰玄帝，亦曰颛帝，亦曰黑精之君，亦曰北方之帝，亦曰孺帝。姬姓。母女枢，感瑶光而生颛顼于若水，渠头，骈干，通眉，戴干，手有文如龙，代少暤氏。在位七十八年，年九十八，都帝丘。葬濮阳城外广阳里，传二十世，三百五十岁。案：汉刘向《新序》五，齐闾丘卬曰：颛顼十二而治天下。梁沈约《竹书伪注》及《宋书·符瑞志》曰：生十年，佐少昊。二十登帝位，《路史》作十五佐小昊，《山海经》所以有少昊、孺帝、颛顼之语，晋郭璞注云：孺义未详。当涂徐氏文靖《竹书纪年统笺》，谓颛顼十年佐少昊，故有孺子之称，又十年登位。孺帝，犹后世称孺子王。其嗣少昊，以臣代君，故以少昊、孺帝、颛顼连言之。（《汉书人表考》卷一《颛顼帝高阳氏》，见《史记汉书诸表订补十种》）

张澍粹：昌意生高阳，是为帝颛顼。宋衷云：颛顼名高阳，有天下之号也。澍按：《玉篇》引《世本》，下又云："颛者，专也，顼者，正也。言能专正天之道也。"此三句亦当是宋注。（《世本集补注》卷四《帝系篇》，见《世本八种》）

佚　名：高阳氏（原注：黄帝孙。号颛顼。都帝丘，今濮阳。七十八年），帝母感瑶光贯月之祥，生帝于［若水］，遂以水德王。时九黎以神怪惑天下，帝戮之。始造历，以孟春月为岁首，故又号历宗。乐曰《承云》。（《古史辑要》卷一《五帝纪》）

徐旭生：至于颛顼与高阳氏的关系，我们开始也疑惑它是否也是后代学者作综合工作的结果，历史实在的经过并不一定如此。可是以后注意到古人所常提到的屈原《离骚》第一句话"帝高阳之苗裔兮"的证据，不可能有另外的解释。并且《庄子》有"颛顼得之以处玄宫"（"得之"是说得道）的话，就可以证明颛顼与玄宫的密切关系。《墨子》说"高阳乃命［禹于］玄宫"），又证明高阳同玄宫的密切关系。从这两件互不相谋的史料来看，更可以证明帝颛顼之为高阳氏，毫无疑问。（《中国古史的传说时代》第二章《帝颛顼》）

许顺湛：《竹书纪年》说颛顼"居濮"。《史记集解·五帝本纪》说：颛顼"都帝丘，今东郡濮阳是也"。《汉书·地理志》说"东郡濮阳故帝丘"。所以说颛顼"居濮"，即今河南省豫北濮阳县。（《中原远古文化·颛顼族活动的地域》）

又：颛顼居于濮阳，而且也是葬于濮阳。《史记集解·五帝本纪》引《皇览》说："颛顼冢在东郡濮阳顿丘城门外广阳里中。"《帝王世纪》也说："颛顼冢，葬东郡顿丘，城南广阳里大冢是也。"《山海经》中的《中山经》和《大荒经》都说颛顼葬于"鲋崵之山"。《十道志》说"鲋鳃山即广阳山之异名"。顿丘城在河南濮阳县境内。今濮阳县尚有后人追封的颛顼冢。从颛顼的居地和葬地来看，他没有较大的迁徙活动，濮阳一带当是颛顼势力的中心。（同上）

王　恢：颛顼之墟，河南滑县东北、河北濮阳西南。（《史记本纪地理图考·五帝本纪·颛顼之墟》）

又：《春秋》僖公三十一年，卫迁于帝丘。《左传》：卫，颛顼之虚也。（同上）

又：《淇水注》："淇水又北，迳白祀山东，历广阳里，迳颛顼冢西，俗谓之殷王陵，非也。《帝王世纪》曰：颛顼葬东郡顿丘城南广阳里大冢者是也。"《元和志》（一六）、《寰宇记》（一四）、《纪要》（一六）并云县东北七十里土山村鲋岭有颛顼陵、帝喾冢。顾颉刚《史林杂识》以为"其地在今安阳东南百里，可能葬殷王而失其主名，后人因其东距濮阳不远，遂由颛顼之虚而推定为颛顼冢耳"。旧系传说，顾说甚可能。（同上）

又：高阳故城，河南杞县西二十五里。（同上）

又：《元和志》（七）："雍丘（杞）县高阳故城在西南二十九里，颛顼封邑。"（同上）

又：《纪要》（四七）："在杞县西二十五里。"又（一二）云："安州高阳县（河北今县）东二十五里有高阳城。《高阳记》：颛顼所筑，今名化龙村。盖传讹也。"（同上）

【汇评】

高冲霄：帝昌意子，黄帝之孙，疏通知事，谋虑深渊，养材任地，载时象天。鬼神剬（音端）义，气化之先。交阯风声，幽陵光烛，荒荒流沙，郁郁蟠木，东西朔南，莫不砥属。民师五官，音会八风，浮金效珍，绝地天通。寅建履端，是为历宗。（《帝王世纪纂要》卷一《颛顼高阳氏》）

② 【汇注】

梁玉绳：按：《史》之难信，未有帝王统系者也。其所作五帝、夏、殷、周等纪及世表《楚世家》，多取《大戴礼》《世本》诸书。然《大戴礼》汉儒采录，不皆可据。《世本》出于周末，复经秦残灭之余，乌足尽凭？夫马、班以汉人作汉史，尚不识高帝先代，但记其为丰公、太公而已，矧欲明二千年以前之谱牒耶？乃袭讹仍舛，谓颛顼为黄帝之孙，帝喾为黄帝曾孙，舜为黄帝九世孙，尧、禹、契、稷并为黄帝元孙。是黄帝者，五帝、三王大祖也，此与兵法、神仙、医术家讬附轩辕何异？……余旁搜典籍，广览先儒之论，然后知五帝、三皇之世次多有遗错，而颛顼、舜、禹均不祖黄帝。曷以断之？古者一代之兴必建立氏号，其后嗣即因而不改。（《史记志疑》卷一《五帝本纪》）

又：由此观之，尧、契、稷出帝喾同祖黄帝为一族，舜、禹出颛顼为一族。此二族者，辈行之尊卑莫问，年岁之远近无稽，祗认为遥遥华胄焉耳。若依《史》谓皆出黄帝，将何异王莽之以舜出喾、尧出于颛顼乎？（原注：《王莽传》曰"王氏虞帝之后，出自帝喾。刘氏尧之后，出自颛顼"。妄极矣。）即或谓黄帝、颛顼亦一族，固已异姓别宗，悬旷疏绝，譬若鲁之与宋、秦之与赵也。……先儒论帝王之世系，人人异端，无所折衷，而《史》于纪、表、世家简略牴牾，故综其梗概而著之于此（原注：《潜夫论·五德志》谓喾为伏羲后，尧为神农后，舜为黄帝后，禹为少昊后，汤为颛顼后，皆不同祖，其说又别，未知所本）。（同上）

程馀庆："帝颛顼高阳者，黄帝之孙而昌意之子也。"姬姓，初国高阳，故号高阳氏。高阳故城在河南开封府杞县西二十五里（按：在今河南省杞县境）。都帝丘，故城在直隶大名府开州西南三十里（按：在今河南省濮阳市境）。（《历代名家评注史记集说·五帝本纪》）

陈　直：直按：太史公叙黄帝世系，皆本于《世本》及《大戴礼》（原注：当时仅称为《礼》），武梁祠画像题字云："帝颛顼高阳者，黄帝之孙，而昌意之子。"与《史记》相同，亦本于《世本》。（《史记新证·五帝本纪》）

③【汇校】

张文虎："静渊以有谋"，汪云《后汉书·冯衍传》引作"沈深而有谋"。（《校刊史记集解索隐正义札记·五帝本纪》）

王叔岷：案：《后汉书·冯衍传》注引"静渊"作"沈深"。《艺文类聚》十一引"渊"亦作"深"，唐人避高祖讳改。《大戴礼·五帝德篇》"静渊"作"洪渊"。（《史记斠证·五帝本纪第一》）

④【汇注】

马持盈：通达远见而知时务。（《史记今注·五帝本纪》）

⑤【汇注】

司马贞：言能养材物以任地。《大戴礼》作"养财"。（《史记索隐·五帝本纪》）

程馀庆：披山通道，节用水火也。（《历代名家评注史记集说·五帝本纪》）

⑥【汇注】

司马贞：载，行也。言四时以象天。《大戴礼》作"履时以象天"。履亦践而行也。（《史记索隐·五帝本纪》）

陈蒲清：载时以象天，按季节行事来顺应自然。或解释为记载时令与观察天象变

化。(见王利器主编《史记注译·五帝本纪》)

⑦【汇校】

梁玉绳："依鬼神以剬义"(原注：剬，金陵本作"制")，附按：正义谓"剬，古'制'字"，则它本作"制"字者非也。然古制字作"𠛐"，若剬音端，与剸同，则"剬"乃"制"之讹矣。凡湖本有传写舛误及句读错者为附按，它本概不及焉。(《史记志疑》卷一《五帝本纪》)

[日]**水泽利忠**：殿考：剬，监本作"制"。《正义》曰：剬，古"制"字。则本文应作"剬"明矣。今改正。(《史记会注考证附校补·五帝本纪第一》)

【汇注】

司马贞：鬼神聪明正直，当尽心敬事，因制尊卑之义，故礼曰"降于祖庙之谓仁义"是也。(《史记索隐·五帝本纪》)

张守节：鬼之灵者曰神也。鬼神谓山川之神也。能兴云致雨，润养万物也，故己依冯之剬义也。剬，古制字。(《史记正义·五帝本纪》)

马持盈：依从鬼神的启示以规范人生的行为。(上古之人，知识不开，迷信鬼神，以为鬼神最是聪明正直，故人生之行为，必须依鬼神之启示为规范。规范者，即行而宜之之谓义也。) (《史记今注·五帝本纪》)

⑧【汇注】

司马贞：谓理四时五行之气以教化万人也。(《史记索隐·五帝本纪》)

王叔岷：案："教化"疑本作"教民"，《索隐》"教化万人"，正以释"教民"之义。惟避太宗讳，易"民"为"人"耳，《大戴礼》作"教民"可证。《家语》作"教众"，"教众"犹"教民"也。今本"民"作"化"，盖涉《索隐》"教化"字而误。或唐人讳"民"为"化"，亦未可知。唐人避讳字无定也。(《史记斠证·五帝本纪第一》)

⑨【汇校】

王叔岷：案：《大戴礼》《家语》"絜"并作"潔"(王聘珍《大戴礼记解诂》作"絜")，《长短经·君德篇》注同。絜、潔古今字。(《史记斠证·五帝本纪第一》)

【汇评】

徐旭生：《大戴礼记·五帝德篇》所记五帝的德行和事迹，一方面固然是齐鲁儒者把他们人化和理想化的结果，可是另外一方面作者也曾经采录了远古的传说。这就是说他的记述虽说不免有若干失真的地方，可是它并非向壁虚造，仍然保存有一定的历史的核心的。我们且看它对于帝颛顼说些什么话。它说：他"洪渊以有谋；疏通以知事。养财以任地；履时以象天。依鬼神以制义；治气以教民；洁诚以祭祀。乘龙而至四海……"。它第一句话说他很有谋划，第二句说他通晓道理，第三句说他在地上养出货财。在这三句里面还没有同鬼神有关系的话头。第四句"履时以象天",就是说他在四季所行为全是按着天象。《吕氏春秋》在各月中指出天子应该穿什么颜色的衣服,骑什么颜色的马,就是这一类思想的表现,这已经与鬼神有些关系了。主要的是第五句,他所讲的道理是按照鬼神的意志去裁制的。这一句明指他是鬼神的代表,就是他是大巫,他是宗教主了。第六句《史记索隐》解为"理四时五行之气以教化万人",这仍是《吕氏春秋》所包涵的思想;也是同宗教有关系的。最后两句更明显地与宗教有关系。它这八句讚语就有五句牵涉到宗教与鬼神。里面虽然不免混杂些战国后期关于宗教的看法,可是,综括说来,《五帝德》的作者是认为帝颛顼同宗教有特别关系的。(《中国古史的传说时代》第二章第五节《帝颛顼》)

⑩【汇注】

　　刘　安:北方之极,自九泽穷夏晦之极,北至令正之谷,有冻寒积冰……颛顼、玄冥之所司者万二千里。(《淮南子》卷五《时则》)

　　张守节:幽州也。(《史记正义·五帝本纪》)

　　程馀庆:即幽州,今顺天府(按:府治在北京市)。(《历代名家评注史记集说·五帝本纪》)

　　王　恢:幽陵,《本纪》又作幽都,《舜典》《孟子》并称幽州,盖泛指北方。(《史记本纪地理图考·五帝本纪·幽陵》)

⑪【汇注】

　　张守节:阯音止,交州也。(《史记正义·五帝本纪》)

　　王　恢:交阯,阯或作趾,《本纪》又称"南交",意即南徼之交界;随开发而南移。秦始皇略"陆梁地",始置南海、桂林、象郡;赵佗分象郡开置九真、交阯;汉武平南越,仍以属之交州,复于九真南置日南郡。战国时人作《禹贡》,仅曰"衡阳",曰"南暨"也。(《史记本纪地理图考·五帝本纪·交阯》)

　　马持盈:交阯,交州也,在云南西畴县西南,东与越南为界。(《史记今注·五帝本纪》)

　　陈蒲清:交阯,阯,亦作"趾"。古地区名,泛指今五岭以南和越南北部地区。(见王利器主编《史记注译·五帝本纪》)

⑫【汇校】

　　张文虎:西至,《杂志》云本作"西济",《正义》:济,渡也。《治要》引作"济"。(《校刊史记集解索隐正义札记·五帝本纪》)

　　[日]水泽利忠:"至",南化、枫、三、野、高、阁、中彭、治要"济"。(《史记会注考证附校补·五帝本纪第一》)

【汇注】

裴　骃：《地理志》曰流沙在张掖居延县。（《史记集解·五帝本纪》）

张守节：济，渡也。《括地志》云："居延海南，甘州张掖县东北千六十四里是。"（编者按：点校本《史记》修订本云："居延海南甘州张掖县东北千六十四里是"，"南"，疑当作"在"。按：本书卷一〇九《李将军列传》"过居延视地形"，《正义》引《括地志》："居延海在甘州张掖县东北六十四里。《地理志》云'居延泽，古文以为流沙'。"）（《史记正义·五帝本纪》）

金履祥：流沙，河名。即弱水也。按《一统志》，在陕西甘州卫城西环合黎山，东北入东莎界。《禹贡》"导弱水至于合黎，余波入于流沙"。按《西域传》，弱水在条支，自长安西行万二千里，又百余日方至其地，疑别有所谓弱水也。杜佑云：流沙河在沙州西八十里，其沙随风流行，故曰流沙。（《御批通鉴纲目前编》卷首《音释》）

程馀庆：在甘肃肃州西嘉峪关外（按：即今甘肃省嘉峪关市外）。（《历代名家评注史记集说·五帝本纪》）

钱　穆：案：居延海在今宁夏额济纳旧土尔扈特旗北境，分东西二泊：东曰索果诺尔，西曰嘎顺诺尔；为张掖河所汇。张掖河即古弱水也。《汉书》《水经注》皆谓流沙即居延。颜师古云："流沙在敦煌西八十里。"郭仪恭《广志》："流沙在玉门关外，南北二十里，东西数百里。"《晋书》："张骏使杨宣越流沙，伐龟兹、鄯善。"《魏书》："太平真君三年，沮渠无讳度流沙，据鄯善。"与《汉志》异。然最先所谓流沙，殆系关涉西方之传说，未必确有所指。（《史记地名考·中国与四裔》）

王　恢：《夏纪》"弱水余波入于流沙"，《汉志》，张掖居延泽，"古文以为流沙"。而《封禅书》，齐桓"伐大夏，涉流沙，上卑耳之山"。卑耳旧说在今山西平陆县，则流沙尚在其东也。《本纪》之流沙，殆袭《禹贡》，意谓极西。（《史记本纪地理图考·五帝本纪·流沙》）

陈蒲清：流沙，即古流沙泽，后称居延泽、居延海。由于淤塞，今分为两个湖（内蒙古的苏古诺尔湖和嘎顺诺尔湖）。（见王利器主编《史记注译·五帝本纪》）

⑬**【汇注】**

裴　骃：《海外经》曰："东海中有山焉，名曰度索。上有大桃树，屈蟠三千里。东北有门，名曰鬼门，万鬼所聚也。天帝使神人守之，一名神荼，一名郁垒，主阅领万鬼。若害人之鬼，以苇索缚之，射以桃弧，投虎食也。"（《史记集解·五帝本纪》）

钱大昕："东至于蟠木"，予谓蟠木者，扶木也。《吕览·为欲》篇："西至三危（编者按：清乾隆四十五年刻本作'流沙'），东至扶木。"又《求人篇》："禹东至榑木之地。"《说文》："榑桑，神木，日所出也。""榑"与"扶"通，扶木即扶桑。古音"扶"如酺，声转为"蟠"也。《汉书·天文志》"奢为扶"，郑氏云："'扶'当为

'蟠'。"（《廿二史考异》卷一《五帝本纪》）

　　王　恢：蟠木，此特以物标名，可见其时其地之荒况。以《本纪》尧舜羲仲居郁夷，禹抚东长、岛夷推之，盖指今山东省。（《史记本纪地理图考·五帝本纪·蟠木》）

⑭【汇注】

　　张守节：动物谓鸟兽之类；静物谓草木之类。（《史记正义·五帝本纪》）

⑮【汇校】

　　[日] **水泽利忠**："大小之神"，超、中统、毛、游、金陵同。各本"大小"互倒。南化、枫、三、梅、狩校记"大小"。（《史记会注考证附校补·五帝本纪第一》）

　　王叔岷：案：黄善夫本"大小"亦倒作"小大"，《家语》同。景祐本作"大小"，《长短经注》《艺文类聚》引并同。（《史记斠证·五帝本纪第一》）

　　赵生群：大小之神，"大小"，黄本、彭本、柯本、凌本、殿本用"小大"。（点校本《史记》修订本卷一《五帝本纪》）

【汇注】

　　张守节：大谓五岳、四渎，小谓丘陵、坟衍。（《史记正义·五帝本纪》）

⑯【汇注】

　　裴　骃：王肃曰："砥，平也。四远皆平而来服属。"（《史记集解·五帝本纪》）

　　司马贞：依王肃音止属，据《大戴礼》作"砥砺"也。（《史记索隐·五帝本纪》）

　　罗　苹：古帝王于中国边地，每有二都，孤棘，今营州。柳城东南百七十棘城，是。《寰宇记》云：颛帝之虚。《通典》云：号曰颛帝之虚。故慕容廆以大棘城，帝颛顼之都，移都之。教农桑，制同中国。商丘，濮阳也。以帝居之，因曰帝丘。乃卫之都，故今澶之临河东北三，有颛顼城。《史记》颛顼都帝丘，其地北至幽陵，惑也。《世纪》云：自穷桑徙商丘，大行东北及兖、广桑之野。豕韦之次。《水经》《晋志》因之，非。（见《路史·后纪八·高阳》注）

　　马　骕：《吕氏春秋》：尝得学黄帝之所以诲颛顼矣。爰有大圜在上，大矩在下，汝能法之，为民父母。（《绎史》卷七《高阳纪》）

　　又：《鹖子》：昔者，帝颛顼年十五而佐黄帝，二十而治天下。其治天下也，上缘黄帝之道而行之，学黄帝之道而常之。（同上）

　　又：《古史考》：颛帝以孟春正月为元，其时正朔立春，五星会于天历营室。天曰作时，地曰作昌，人曰作乐。鸟兽万物，莫不应和，故颛帝圣人，为历宗也。（同上）

　　又：《新书》：帝颛顼曰："至道不可过也，至义不可易也，是故以后者复迹也。"故上缘黄帝之道而行之，学黄帝之道而赏之，加而弗损，天下亦平也。颛顼曰："功莫美于去恶而为善，罪莫大于去善而为恶。故非吾善善而已也，善缘善也，非恶恶而已也，恶缘恶也。吾日慎一日，其此已也。"（同上）

吴汝纶：砥、底同字。至也。"砥属"犹言"来服"也。（《点勘史记读本·五帝本纪》）

徐旭生：《大荒东经》开头就说："东海之外大壑，少昊之国，少昊孺帝颛顼于此。"郭注"孺义未详"。按：孺与乳二字古义相通假。这里大约是说颛顼幼稚的时候曾经在少昊氏族内被养育的意思。《帝王世纪》所说"颛顼生十年而佐少昊"，也同《大荒经》所说不背谬，那他又像是属于东夷集团。祝融氏族，大家全说是出于他；又"黄帝……生昌意，昌意降居若水，生韩流……生帝颛顼"，若水后人全说它在今四川西境，那关于他的神话已经散布很远，到了四川西境。又在《山海经》里面，虽说《山经》《海外》《海内》《大荒》各经没有严格的区别，可是它所记的东西南北的方向大致可靠。帝颛顼却见于《海外北》《大荒北》《海内东》《大荒东》《大荒南》《大荒西》，像他这样东西南北"无远弗届"的情形，在《山海经》里面，除了帝俊以外，没有第三个人。（《中国古史的传说时代》第二章第五节《帝颛顼》）

【汇评】

金履祥：静轩周氏曰：民心归之，则为天子；天下叛之，则为独夫。故《书》曰："天视自我民视，天听自我民听。"是知天下之治乱，由君德之贤否也。史称少昊之衰，九黎乱德，民神为之杂揉矣。颛顼继体承祧，奋发中兴，命南正重司天以属神，北正黎司地以属民，绝地通天，无相侵渎，向之民惧于神，今神不民惧也。向之民惑于怪，今怪不民惑也。九黎昔尝梗化，今则稽首而归命焉。殆见神人自是而不杂，万物自是而有序，斯民自是而安生矣。五帝以来，历法未正，帝乃以孟春之月为元，冰冻始泮，蛰虫始发，是谓建寅之月为岁首也。夫以少昊之民，即颛顼之民；颛顼之位，即少昊之位，地不改辟，民不改聚，上之一心邪正，而民从违之间，捷于影响，由上之德有以使之也。上有好者，下必有甚焉者矣。君子之德风，小人之德草，草上之风必偃。故人君一念之善，足以召乎祯祥，一念之不善，足以致乎灾异。是以兢兢业业，罔敢怠荒，如临深渊，如履薄冰，而丰亨豫大之态，不萌于心胸之间，亦何亡国败家之有哉？（《御批通鉴纲目前编》卷首《史论》）

崔　述：《大戴记·五帝德》篇云："颛顼，洪渊以有谋，疏通而知事，养材以任地，履时以象天，依鬼神以制义，治气以教民，洁诚以祭祀。北至于幽陵，南至于交趾，西济于流沙，东至于蟠木。动静之物，小大之神，日月所照，莫不祗励。"余按："洪渊""疏通"二语乃贤哲之常事；"养材""履时"二语即黄帝之"顺天地之纪，历离日月星辰，时播百谷草木"等事也。其余云云，亦皆古贤帝王通用之言。非有事实可指不可移之他人者也。其为后人所撰甚明。（《崔东壁遗书·补上古考信录》卷下《大戴记称颛顼德无事实可指》）

帝颛顼生子曰穷蝉①。颛顼崩②，而玄嚣之孙高辛立，是为帝喾③。

① 【汇注】

司马贞：《系本》作"穷係"。宋衷云："一云穷係，谥也。"（《史记索隐·五帝本纪》）

张守节：帝舜之高祖也。（《史记正义·五帝本纪》）

② 【汇注】

左丘明：陈，颛顼之族也。（《春秋左氏传》昭公八年）

又：卫，颛顼之墟也。故为帝丘。（《春秋左氏传》昭公十七年）

裴骃：皇甫谧曰："在位七十八年，年九十八。"《皇览》曰："颛顼冢在东郡濮阳顿丘城门外广阳里中。顿丘者城门，名顿丘道。"（《史记集解·五帝本纪》）

孔颖达：次曰颛顼，则高阳氏。传二十世，三百五十岁。（《礼记正义·祭法》引《春秋命历·序》）

司马贞：皇甫谧云："据《左氏》，岁在鹑火而崩，葬东郡。"又《山海经》曰："颛顼葬鲋鱼山之阳，九嫔葬其阴。"（《史记索隐·五帝本纪》）

刘恕：《命历序》曰：颛顼传九世，三百五十年，或云八世，五百四十八年。（《资治通鉴外纪》卷一《黄帝》）

金履祥：葬濮阳。濮阳，地名。按《一统志》：古颛顼之墟曰帝丘，夏为昆吾氏所居，春秋卫成公迁都此地，汉置鄄城县，晋置濮阳郡。隋置濮州。唐宋元仍旧，至本朝因之，属东昌府。又按：东昌府城西北二十里有高阳氏陵，前有圣水井，旱祷辄应。旧有坛庙，久废。唯《祈雨祷雪感应碑》尚存。樊封为昆吾。昆吾，地名，按《一统志》在开州城东北二十五里古颛顼城内。相传为夏昆吾氏所筑。……按《一统志》《禹贡》冀州之域，本古豕韦氏之国，春秋为卫地，晋为濮阳国地，唐为滑州，宋金元仍旧。入本朝改为滑县，属大名府。（《御批通鉴纲目前编》卷首《音释》）

郑元庆：帝颛顼冢："晋初，衡山见颛顼冢，有营丘图。衡山州之东。"（《吴兴续图经》）"或疑颛顼都帝丘，今濮州是，无缘冢在此。古今流传虽不可尽信，然舜葬苍梧，禹葬会稽，何必其都邪？今州之杼山，相传夏杼巡狩所至。杼，夏之七王也。禹葬会稽，则杼之至此，固无足怪，庸俗之言，未可为全无据也。"（《避暑录话》）"予考《皇览》云，颛顼冢在东都濮阳县顿丘城门外广阳里中。《山海经》云，颛顼葬鲋嵎之阳，鲁公何不深究，遽信《图经》之说！"（《吴兴掌故集》）"《山海经》鲋嵎之山，汉水出焉。帝颛顼葬于其阳，九嫔葬于其阴。《水经·洒水注》引之。鲋嵎即蟠冢，在今陕西宁羌州北九十里，与沔县接界。《帝王世纪》颛顼葬濮阳顿丘，今直隶开州，是濮阳帝颛顼之墟，故曰帝丘。见《左传》。谓陵在顿丘者，是开州即濮阳也。今祀典亦在此地。"(《三余漫钞》)"《水经注》南岳岣嵝山下，舜庙南有祝融冢，楚灵王之世，山崩毁其坟，得《营丘九头图》，非吴兴之衡山也。且祝融，火官，亦非颛顼。《续图经》本以衡山傅会，鲁公沿误，盖亦未之考也。"(《石虹日记》)(《石柱记笺释》卷一《帝颛顼冢》)

③【汇校】

　　王叔岷：《考证》：枫山、三条、南化本云：喾，一作俈，音国。案：《御览》七九引"喾"作"俈"，有注云："与喾同。"《殷本纪》："为帝喾次妃。"日本古写本"喾"作"俈"，《封禅书》："帝俈封泰山。"（又见《管子·封禅篇》）《礼记·礼器》孔疏、《艺文类聚》三九、《御览》五三六引"俈"皆作"喾"，并同此例。《三代世表》亦作"俈"。(《史记斠证·五帝本纪第一》)

【汇注】

　　班　固：谓之帝喾者何？喾者，极也。言其能施行，穷极道德也。(《白虎通德论·号篇》)

　　应　劭：喾者，考也，成也。言其考明法度，醇美喾然，若酒之芬香也。(《风俗通义》第一《五帝》)

　　焦　竑：帝喾都亳，今河南偃师县。(《焦氏笔乘续集》卷六《古今都会》)

　　王　圻：帝喾之妃，邹屠氏之女也。轩辕去蚩尤之凶，迁其民善者于邹屠之地，迁恶者于有北之乡，其先以地命族，后分为邹氏、屠氏，女行不践地，常履风云，游于伊、洛，帝乃纳以为妃。常梦日则生一子，凡经八梦，则生八子。(《稗史汇编·人物门·后妃·帝喾妃》)

　　又：帝喾都亳，今河南偃师县。(《稗史汇编·地理门·京都·古今都会》)

　　高冲霄：帝喾高辛氏，姬姓，名夋，少昊之孙。父曰蟜极，帝号曰喾。始封于辛，以木德代高阳氏，故号高辛氏，都于亳，在位七十年，寿百五岁，崩于顿丘。子挚践位，尸位九年，诸侯废之，尊其弟放勋为天子。(《帝王世纪纂要》卷一《帝喾高辛氏》)

　　程馀庆：喾音谷。《颛顼纪》即取《黄帝纪》收束，故序法不详，然包罗已尽，《帝喾纪》同。(《历代名家评注史记集说·五帝本纪》)

　　夏曾佑：帝喾高辛者，黄帝之曾孙也。高辛父曰蟜极，蟜极父曰玄嚣，姬姓，其母不见（谓无可考）。以木德王。帝喾娶陈锋氏女，生放勋；娶娵訾氏女，生挚。帝喾崩，而挚代立。帝挚立，不善。崩，而弟放勋立，是为帝尧。包牺、神农、黄帝、少昊、颛顼，是谓五帝，古人用以纪五行，盖宗教说也。自包牺至炎帝，自炎帝至黄帝，中间年纪旷邈，前已详之。其黄帝、少昊、颛顼、帝喾，据此说，则父子相承，厘然可考。然郑元以为黄帝传十世，二千五百二十岁。次曰帝宣（即少昊）。则穷桑氏，传八世，五百岁。次曰颛顼，则高阳氏，传二十世，三百五十岁。次是帝喾，即高辛氏，传十世，四百岁。马迁为史家之巨擘，康成集汉学之大成，而其立说违反若此。然观迁所作《历书》，叙少昊、颛顼之衰，则其间必非一世可知矣。今姑用《本纪》说耳。（案：司马迁之说，出于《大戴礼》；郑元之说，出于《春秋历命序》。）（《中国古代史·上古史·帝喾氏》）

曲英杰：继高阳氏后即帝位为盟主者为帝喾高辛氏。《尚书》序云："汤始居亳，从先王居。"传曰："契父帝喾都亳，汤自商丘迁焉，故曰从先王居。"《帝王世纪》亦云：帝喾"都亳，今河南偃师是"。《水经注·汳水》载："阚骃曰：亳本帝喾之墟，在《禹贡》豫州河洛之间，今河南偃师城西二十里尸乡亭是也。"（《先秦都城复原研究·帝喾》）

【汇评】

崔　述：《大戴记·帝系篇》云："帝喾上妃姜嫄氏产后稷；次妃简狄氏产契；次妃陈隆氏产帝尧；次妃陬訾氏产帝挚。"《史记》云："帝喾崩，挚代立；帝挚立不善，崩，弟放勋立，是为帝尧。"《帝王世纪》云："帝喾在位七十年，年百五岁。挚在位九年，政微弱；而唐侯德盛，诸侯归之，乃受帝禅，封挚于高辛。"后之学者皆信之不疑；余独以为不然。（《崔东壁遗书·唐虞考信录》卷一《尧建极·辨尧与稷、契为喾子之说》）

又：《书》云："帝曰：'弃：黎民阻饥，汝后稷，播时百谷。'帝曰：'契：百姓不亲，五品不逊，汝作司徒，敬敷五教，在宽。'"是稷、契皆至舜世然后授官，暨禹播奏庶艰食也。若稷果喾元妃之子，则喾之崩，稷少亦不下五十岁，又历挚之九年，尧之百载，百有六十岁矣；契于此时亦当不下百数十岁；有是理乎！尧之兄弟有如此两圣人，而终尧之身不知用，四岳亦不之荐，迨舜然后举之，可谓不自见其眉睫者矣，尚何"明"之"明"而"侧陋"之"扬"哉！（同上）

又：《传》云："高辛氏有才子八人，高阳氏有才子八人；此十六族者，世济其美，不陨其名，以至于尧。"是高辛氏之子孙当尧之时已传数世而分数族矣，尧安得为高辛之子哉！（同上）

又：《传》云："高辛氏有二子，伯曰阏伯，季曰实沉，日寻干戈，以相征讨；后帝不臧，迁阏伯于商丘，迁实沉于大夏。"若尧亲高辛之子，则阏伯、实沉当为尧之兄弟，《传》文何得乃云尔乎！（同上）

又：唐、虞以前，未有父子相继为天子者。黄帝之子不继，颛顼之子不继，挚非贤圣也，何以独继喾而帝？《传》云："少皞挚之立也，凤鸟适至。"则是挚本少皞氏之名，或者后世传讹而误以为在喾之后，因疑为喾之子，未可知也。由是言之，不但

尧与稷、契非喾之子，即挚之继喾亦未必然也。（同上）

又：且即以《大戴记》之文论之，其《五帝德篇》云："高辛聪以知远，明以察微，执中而获天下。"然则高辛亦贤圣之君也；乃其立后既不于稷之嫡，又不于尧之圣，独取一庶而不善之挚立之，以致为诸侯所废，尚得为"聪明执中"乎！（同上）

> 帝喾高辛者①，黄帝之曾孙也②。高辛父曰蟜极③，蟜极父曰玄嚣，玄嚣父曰黄帝。自玄嚣与蟜极皆不得在位，至高辛即帝位④。高辛于颛顼为族子⑤。

① 【汇注】

郑子产：昔高辛氏有二子，伯曰阏伯，季曰实沉。居于旷林，不相能也。日寻干戈，以相征讨。后帝不臧（杜预：后帝，尧也；臧，善也），迁阏伯于商丘，主辰，商人是因，故辰为商星。迁实沉于大夏，主参，唐人是因，以服事夏商。（引自《春秋左氏传》昭公元年）

班　固：《春秋外传》曰，颛顼之所建，帝喾受之。清阳，玄嚣之孙也。［水］生木（故），故为木德。天下号曰高辛氏。帝挚继之，不知世数。（《汉书·律历志下》）

又：帝王者，何号也？号者，功之表也，所以表功明德，号令臣下者也。……帝喾有天下，号高辛。……高辛者，道德大信也。（《白虎通德论》卷一《号》）

戴　德：黄帝产玄嚣，玄嚣产蟜极，蟜极产高辛，是为帝喾。（《大戴礼记》卷七《帝系》）

又：宰我曰："请问帝喾？"孔子曰："玄嚣之孙，蟜极之子也。"曰："高辛生而神灵，自言其名。博施利物，不于其身，聪以知远，明以察微，顺天之义，知民之急。仁而威，惠而信，修身而天下服，取地之财而节用之，抚教万民而利诲之。历日月而迎送之，明鬼神而敬事之。其色郁郁，其德巍巍，其动也时，其服也士。春夏乘龙，秋冬乘马，黄黼黻衣，执中而获天下。日月所照，风雨所至，莫不从顺。"（《大戴礼记》卷七《五帝德》）

谯　周：高辛氏，或曰房姓，以木德王。（《古史考》）

裴　骃：张晏曰："少昊以前，天下之号象其德。颛顼以来，天下之号因其名。高阳、高辛皆所兴之地名；颛顼与喾皆以字为号：上古质故也。"（《史记集解·五帝本纪》）

司马贞：宋衷曰："高辛地名，因以为号。喾，名也。"皇甫谧云："帝喾名夋也。"（《史记索隐·五帝本纪》）

张守节：《帝王世纪》云："俈母无闻焉。"（《史记正义·五帝本纪》）

刘　恕：帝喾三十登帝位，元年己酉，或云辛亥辛巳，号高辛氏。少皞之前，天下之号象其德，百官之号象其徽。颛顼以来，天下之号因其地，百官之号因其事。高阳、高辛，皆所兴之地名。颛顼与喾，皆以字为号，上古质故也。或云高辛非地名，德高而新也。或云颛顼、帝喾，为帝之身号。高阳、高辛皆国氏土地之号。或云喾者，极也，言能穷极道德，序三辰以固民，都亳，尚黑，荐玉，以黑缯命，咸墨为声。歌《九招》《六列》《六英》。垂作鼙鼓、钟、磬、吹苓管、埙、箎，令凤鸟、天翟舞之，以康帝德。（《资治通鉴外纪》卷一《黄帝》）

苏　辙：帝喾高辛氏，黄帝之曾孙也。父曰蟜极，祖曰玄嚣，都于亳。取陈锋氏生尧，取娵訾氏生挚，取有娀氏生契，取有邰氏生稷。帝喾崩，而挚代立。帝挚立不善，崩，而其弟立，是为帝尧。契之后为殷，稷之后为周，故尧禅舜，舜祀喾于郊，而殷、周皆祀喾于禘。（《古史》卷二《五帝本纪》）

胡　宏：帝喾高辛氏，青阳之孙。生而神灵，自言其名，师于伯招。聪以知远，明以察微，顺天之义，知民之急，仁而威，愿而信。其动众也时，其服丧也哀。普施利物，不私其身。天下归之。都于亳，次序三辰，以治历明时。教民稼穑，执中而尹天下。取地之财而节用之，抚教万民而利诲之。历日月而迎送之，明鬼神而敬事之。其色郁郁，其德巍巍，制鼙鼓钟磬埙箎，作《六英之乐》。火正黎能昭显天，明敦大地德，光照四海，帝使并掌重职，赐之氏曰祝融。市法坏，祝融修之以便兆民。……帝元妃有邰氏女曰姜嫄，与帝喾禋祀上帝，以弗无子，步从帝而归。歆然心动，孕十月而生子，异，而寘之隘巷，寘之平林，又寘之寒冰，牛羊字之，鸟覆翼之，鸟去而呱，厥声载路。匍匐岐嶷，以就口实，因名曰弃。娶陈锋氏女曰庆都，有赤龙之祥，孕十四月而生尧于丹陵。娶有娀氏女曰简狄，浴于玄丘，祈于高禖，有飞燕之祥，卜之而顺，于是生契。娶娵訾氏女曰常仪，生子挚。帝殁，挚袭位，未久而殂。尧有圣德，以子州支君畴为师，初封于陶，后封于唐，号曰陶唐氏。（《皇王大纪》卷二《帝喾高辛氏》）

郑　樵：帝喾高辛氏，亦曰俈，黄帝之曾孙也。黄帝生玄嚣，是为少昊，玄嚣生蟜极，蟜极不得位，而生喾，姬姓。喾问道于栢招，年十五，佐高阳，三十登帝位。以其居于高辛，故曰高辛氏。乐曰《六英》（原注：或曰《五英》），作都于亳，尚黑，荐玉以黑缯。命咸黑。为声歌《九韶》《六列》《六英》，命垂作鼙鼓、钟、磬、吹苓、管、埙、箎，凤鸟、天翟来舞，以光帝德。……喾在位七十五年，年百五岁（原注：或云六十三年，年百岁。又云九十八岁，九十二岁），葬濮阳（原注：《命历序》曰：喾传十世，四百年）。（《通志》卷二《帝喾》）

罗　泌：帝喾高辛氏。姬姓，曰喾，一曰夋。喾之字曰亡斤，黄帝氏之子，曰玄枟之后也。父侨极。取陈丰氏曰裛，履大迹而伣，生喾。方喾之生，握裛莫觉，生而神异，自言其名，遂以名。方颐庞覠，珠庭仳齿，戴干，厥德神灵，厥行祗肃。年十有五，而佐高阳氏，受封于辛，为侯国。高阳崩，而喾是立，以木纪德，色尚黑，正朔服度，惟时之宜。……约身博施，惟爱人利物是图，谓黄帝之言曰：道若川水，其出亡已，其流亡止，是以服人而不为仇，分人而不为谆，顺天之义，知民之急，修身而天下服，故达于天下而不忘缘巧者之事，行仁者之操，上由黄帝之道，而明之，守高阳之庸而正之。节，仁之器，以修其财，而身专其美矣。（《路史·后纪九上·高辛》）

又：高辛，高阳封之，今南京谷熟高辛镇也。梁载云：襄邑有高辛城。襄邑今隶东京，而高辛故城在穀熟西南四十五。（《路史·国名纪卷丙·高辛氏后·高辛》）

罗　苹：《十道志》：襄邑有高辛城。《地志》云：下邑，梁国也。今砀山县下邑，今隶南京。《帝系谱》云：帝俈年十五，佐颛顼，有功，封为诸侯，邑于高辛。《九域志》有高辛城庙。（见《路史·后纪九上·高辛》注）

王应麟：《世纪》：帝喾都亳，今河南偃师是也。（原注：《通志》：高辛氏故都亦谓高辛。《史记正义》：高阳、高辛，所兴地名。）《书序》：汤始居亳，从先王居。注：契父帝喾都亳。《括地志》：亳邑，故城在洛州偃师县西十四里，本帝喾之墟，商汤之都也。（《通鉴地理通释》卷四《帝喾都》）

金履祥："在位七十年崩"，葬顿丘。顿丘，地名，按《一统志》，顿丘城在清丰县西南二十五里。《卫风》"送子涉淇，至于顿丘"即此，亦谓之阴安右城，汉置顿丘县，晋于县置顿丘郡。……今滑县东北七十里有帝喾陵在焉。（《御批通鉴纲目前编》卷首《帝喾高辛氏》）

马端临：帝喾高辛，黄帝之曾孙，玄嚣之孙，蟜极之子，继颛顼为天子，在位七十年崩，年百五岁。（《文献通考》卷二百五十《帝号历年》）

朱之蕃：按：《风俗通》云：喾者，考也，成也。言其考明法度醇美也。（见《百大家评注史记》卷一《五帝本纪》）

齐召南：帝喾高辛氏，少昊孙，蟜极子。姬姓。初封于莘，以木德王，都于亳。乐曰《九招》。（《历代帝王年表·帝王》）

梁玉绳：帝喾高辛氏：帝喾始见《祭法》《周语下》《鲁语上》，高辛氏始见《左文十八》，五帝之三也。喾又作俈，亦曰辛候，亦曰夋，字亡斤。姬姓。其母不见。生而自言其名，骈齿，戴干，代高阳氏，在位七十年，年百五十岁，都亳殷，葬濮阳顿丘城南台阴野之秋山。传十世，四百岁。按：张注本汉服虔《左传注》，但颛顼、喾皆是名，服以为德号，盖仍《白虎通·号》章为说，《风俗通·皇霸篇》因之，与张以为字同妄。至五帝三王之世系，颛顼、舜、禹，不出于黄帝。少昊帝及喾是黄帝之裔，非其亲子与曾孙也。尧、稷、契，亦非喾亲子，并非亲兄弟……而《五德志》谓喾，伏羲后；尧，神农后；舜，黄帝后；禹，少昊后；汤，颛顼后。皆不同祖，其说又别，未知所本。(《汉书人表考》卷一《帝喾高辛氏》，见《史记汉书诸表订补十种》)

崔　述：按：《春秋传》有高辛而无喾；至《国语》始称喾；《大戴礼》始以喾为高辛。《国语》固多附会，然妄合姓氏，谬举神怪则有矣，若无故撰此一代，恐《国语》尚未至是，且言之不一而足，理固当有之，不容略也。《传》既无文，故即以《国语》文补之。惟以喾为高辛，则未敢决，宁阙之可也。(《崔东壁遗书·补上古考信录》卷下《国语始称喾》)

施之勉：按：《御览》七十九引"喾"作"佶"，《三代世表》《封禅书》亦并作"佶"。杨树达曰：甲文作"羔"。羔、佶一声之转。《寰宇记》：故高辛城在穀孰城县西南四十五里。《地理志》云：梁国穀孰西南有高辛城。《帝系谱》：帝喾年十五，佐颛顼有功，封为诸侯，邑于高辛，即此城也。《一统志》：高辛城在归德府商丘县南，今名高辛里。(《史记会注考证订补·五帝本纪第一》)

王　恢：《元和志》(七)："高辛故城在穀孰县西南四十里，帝喾初封于此。"《清统志》(一九四)："高辛城在商邱县南，名高辛里。"今商丘东南四十里有高辛集。《路史·后纪》(九上)注引梁载言《十道志》："襄邑（睢县）有高辛城。"(《史记本纪地理图考·五帝本纪·高辛》)

② 【汇注】

程馀庆："帝喾高辛者，黄帝之曾孙也。"姬姓，受封于辛，因以为氏。今河南归德府商丘县有高辛里（按：在今河南省商丘县）。(《历代名家评注史记集说·五帝本纪》)

③ 【汇校】

张澍粹：喾，黄帝之曾孙。澍按：《汉·志》，帝喾，青阳玄嚣之子，《史记》则云高辛父曰蟜极。(《世本集补注》卷四《帝系篇》，见《世本八种》)

【汇注】

张守节：蟜音居兆反。本作"桥"，音同。又巨遥反。帝尧之祖也。(《史记正义·五帝本纪》)

刘　恕：少皞孙蟜极之子曰喾，生而神灵，自言其名，年十五，佐颛顼，在位七十八年，崩，年九十八岁，或云九十一，葬濮阳。(《资治通鉴外纪》卷一《黄帝》)

梁玉绳：玄嚣产蟜极，蟜极产帝喾，始见《大戴礼·五帝德》，《帝系》《史·五帝纪》《世本》。表本侨，又作乔，又作桥。案：《礼·祭法》疏引《命历序》云：黄帝传十世二千五百二十岁，少昊传八世五百岁，颛顼传二十世三百五十岁，次是帝喾，则以高辛为黄帝曾孙，妄矣。盖喾之上世莫考，侨极即为喾父，必非玄嚣亲子，当是

其子孙也。(《汉书人表考》卷二《蟜极》,见《史记汉书诸表订补十种》)

④【汇校】

[日]水泽利忠:"皆不得在位",南化、枫、梅、三、谦、狩、高、尾、中彭、中韩"皆不得在帝位"。(《史记会注考证附校补·五帝本纪第一》)

【汇注】

裴　骃:皇甫谧曰:"都亳,今河南偃师是。"(《史记集解·五帝本纪》)

金履祥:"都于亳",按《一统志》,亳城在归德府城东南四十五里,契父帝喾都亳,汤自商丘迁焉。郑玄曰:亳,今河南偃师县。《汉书音义》曰"济阴,亳县"。杜预曰:梁国蒙县。皇甫谧曰:孟子称汤居亳,与葛伯为邻。葛即今宁陵县葛乡。亳乃今谷熟县也。蒙为北亳,即景亳。汤受命之地。谷熟为南亳,汤所都偃师为西亳,即盘庚所徙,《书·立政》所谓三亳是也。古书亡灭,未知孰得其实。(《御批通鉴纲目前编》卷首《都于亳·音释》)

许　国:按:高辛父曰蟜极,蟜极父曰玄嚣,玄嚣父曰黄帝。玄嚣与蟜极皆不得在帝位,至高辛始立为帝。故此只约其词如此。(见《百大家评注史记》卷一《五帝本纪》)

程馀庆:都亳,故城在河南府偃师县西十四里。(《历代名家评注史记集说·五帝本纪》)

【汇评】

陆可教:此逆推世次之法,自下而上者也。既详言之,必用徽结语,则文有阖辟。(见《百大家评注史记》卷一《五帝本纪》)

⑤【汇注】

瞿方梅:方梅案:高辛为颛顼从父昆弟之子,而云族子者,据《尔雅·释亲》文。三从为族昆弟,其谓再从者曰族父。高辛次当再从,故亦有族之称。又《白虎通》曰:族者,凑也,谓恩爱相流凑也。顾亭林氏《日知录》曰:族非疏远之称,《汉书·张敞传》"广川王同族宗室刘调等",同族言其与王近亲。可证矣。(《史记三家注补正·五帝本纪第一》)

高辛生而神灵,自言其名①。普施利物,不于其身②。聪以知远,明以察微③。顺天之义④,知民之急。仁而威,惠而信,修身而天下服。取地之财而节用之,抚教万民而利诲之,历日月而迎送之⑤,明鬼神而敬事之⑥。其色郁郁,其德嶷嶷⑦,其动也时,其服也士⑧。帝喾溉执中而遍天下⑨。日月所照，风雨所至，莫不从服⑩。

① 【汇注】
张守节：《帝王世纪》云："帝俈高辛，姬姓也。其母生见其神异，自言其名曰岌。龆龀有圣德，年十五而佐颛顼，三十登位，都亳，以人事纪官也。"（编者按：点校本《史记》修订本云："自言其名曰岌"，"岌"，疑当作"夋"。按：上文"帝喾高辛者"，《索隐》引皇甫谧作"夋"。《金楼子》卷一《兴王》，《初学记》卷九引《帝王世纪》亦作"夋"。）（《史记正义·五帝本纪》）

② 【汇校】
[日] 水泽利忠：南化、枫、梅、三、梅、狩、高、中韩、中彭无"物"字。（《史记会注考证附校补·五帝本纪第一》）
【汇注】
王叔岷：案："于"犹"为"（去声）也。（《史记斠证·五帝本纪第一》）
马持盈："普施利物，不于其身"，普遍地推施恩德以利他人，丝毫不为自身的利益。（《史记今注·五帝本纪》）

③ 【汇注】
马持盈：聪而善听，故能知远；明而善察，故能见微。（《史记今注·五帝本纪》）

④ 【汇注】
左丘明：帝喾能序三辰以固民。（编者按：《国语·鲁语上》韦昭注曰："固，安也。帝喾，黄帝之曾孙，玄嚣之孙，蟜极之子，帝高辛也。三辰，日、月、星。谓能次序三辰，以治历明时，教民稼穑以安也。"意谓帝喾能掌握日、月、星运行的轨迹，使人民的生活秩序得到安定。）（《国语·鲁语上》）
马持盈：顺从上天所表现的行为（天无所不覆，无所不照）。（《史记今注·五帝本纪》）

⑤ 【汇注】
张守节：言作历弦、望、晦、朔，日月未至而迎之，过而送之，上"迎日推策"是也。（《史记正义·五帝本纪》）
[日] 泷川资言：中井积德曰：历，谓推步之。张文虎曰：《尚书》"寅饯纳日"，与"寅宾出日"相对，历日月而迎送之，盖即宾饯之意。（《史记会注考证·五帝本纪》）
徐旭生：东方的人由于周人的勃兴，才晓得有此古帝，所以传说中除了知远德高的空话以外，没有什么具体的事实。独《鲁语》所说"帝喾能序三辰以固民"，韦昭解为"能次序三辰（就是日、月、星）以治历明时，教民稼穑以安"，《五帝德篇》也

说他"历日月而迎送之",然则帝喾也许是在当时对于天行有所观测,对于历算有所推进吧。(《中国古史的传说时代》第二章第六节《帝喾》)

陈蒲清:历日月而迎送之,根据日月运行制作历法来推算季节朔望。据说当时曾制作《颛顼历》,以三百六十五日又四分之一为一年,极为精确。(见王利器主编《史记注译·五帝本纪》)

⑥【汇注】

张守节:天神曰神,人神曰鬼。又云圣人之精气谓之神,贤人之精气谓之鬼。言明识鬼神而敬事也。(《史记正义·五帝本纪》)

⑦【汇注】

司马贞:郁郁,犹穆穆也。巍巍,德高也。今案:《大戴礼》"郁"作"神","巍"作"俟"。(《史记索隐·五帝本纪》)

钱大昕:"其色郁郁,其德巍巍",《索隐》云:"《大戴礼》'郁'作'神','巍'作'俟'。"今《大戴礼》亦作"郁郁""巍巍",与小司马所见本不同,盖后人据《史记》转改。(《廿二史考异》卷一《五帝本纪》)

⑧【汇注】

司马贞:举动应天时,衣服服士服,言其公且廉也。(《史记索隐·五帝本纪》)

吴汝纶:"其服也士",某案:此谓天子而服士人之服。《索隐》说是。方侍郎谓"服"为用,引"有服在大僚"释之,其说似迂。(《点勘史记读本·五帝本纪》)

⑨【汇校】

裴　骃:徐广曰:"古'既'字作水旁。'遍',一作'尹'。"(《史记集解·五帝本纪》)

【汇注】

司马贞:即《尚书》"允执厥中"是也。(《史记索隐·五帝本纪》)

张守节:溉音既。言帝佶治民,若水之溉灌,平等而执中正,遍于天下也。(《史记正义·五帝本纪》)

蒋廷锡:按《帝王世纪》,帝喾以人事纪官,故以勾芒为木正,祝融为火正,蓐收为金正,云冥为水正,后土为土正,是五行之官,分职而治诸侯,于是化被天下。(《明伦汇编》卷七《帝纪部·帝喾高辛本纪》)

⑩【汇注】

张守节:以上《大戴》文也。(《史记正义·五帝本纪》)

王　圻:昔黄帝方制天下,立为万国,其后制度无闻。至于帝喾,乃始创置九州,统理万国。按:孔安国注:冀州、兖州、青州、徐州、扬州、荆州、豫州、梁州、雍州。(《三才图会·地理卷十四·帝喾九州之图》)

程馀庆：俱约略《黄帝纪》与《颛顼纪》一样写。［眉批］丁奉曰：史称"帝喾执中，遍天下"等语，则喾可谓至圣矣。顾其立嗣也，嫡不以稷，德不以尧，而乃以荒淫之挚，何也？人知尧之不立朱，而不知其惩之于挚；人知泰伯仲雍之让王季，而不知其仿之于稷、契；人知王季之受让，而不知其仿之于尧。（《历代名家译注史记集说·五帝本纪》）

【汇评】

崔　述：《大戴记·五帝德》篇云："帝喾生而神灵，自言其名；……日月所照，风雨所至，莫不从顺。"余按：此所称"生而神灵，自言其名"者，即黄帝之"生而神灵，弱而能言"也。"聪以知远，明以察微"者，即黄帝之"成而聪明"也。"明鬼神而敬事之"者，即颛顼之"洁诚以祭祀"也。"日月所照，风雨所至，莫不从顺"者，即颛顼之"日月所照，莫不祗励"也。"顺天之义，取地之财"者，即黄帝之"顺天地之纪"，颛顼之"养材以任地，履时以象天"也。盖撰此文者亦苦于无可言，故少窜易其词，而实仍即前之所云云也。（《崔东壁遗书·补上古考信录》卷下《〈大戴记〉称帝喾德与黄帝、颛顼不异》）

　　帝喾娶陈锋氏女①，生放勋②，娶娵訾氏女③，生挚④。帝喾崩⑤，而挚代立⑥。帝挚立，不善（崩）⑦，而弟放勋立⑧，是为帝尧⑨。

① 【汇校】

梁玉绳：附按：《汉律历志》《人表》及《路史》等书皆作"陈丰"，此及《大戴礼》作"锋"，岂古假借用字欤？疑是误文，故《正义》曰"锋又作'丰'"。今本《大戴礼》讹作"陈隆"，《诗·生民·疏》引《帝系篇》作"陈锋"可证。（《史记志疑》卷一《五帝本纪》）

［日］**水泽利忠**："锋"，南化、枫、棭、三、梅、狩、野、高、中彭、中韩、阁"鄪"。（《史记会注考证附校补·五帝本纪第一》）

【汇注】

司马贞：锋音峰。按：《系本》作"陈鄪氏"。皇甫谧云"陈锋氏女曰庆都"。庆都，名也。（《史记索隐·五帝本纪》）

张守节：锋音峰。又作"丰"。《帝王纪》云"帝俈有四妃，卜其子皆有天下。元妃有邰氏女，曰姜嫄，生后稷。次妃有娀氏女，曰简狄，生禼。次妃陈丰氏女，曰庆都，生放勋。次妃娵訾氏女，曰常仪，生帝挚"也。（《史记正义·五帝本纪》）

罗　泌："伊"，盖亦上世所国，今洛之伊阳县有伊水，尧之母家，伊侯国。(《路史·国名纪卷甲·炎帝后姜姓国·伊》)

罗　苹：《元和郡县志》：尧母庙［在濮之雷泽］县东南四里。尧陵，县西三里。尧即位，至永嘉三年，二千七百二十一年，纪载于碑。贞观十一年，禁樵采，春秋奠酹。(见《路史·发挥卷五·辨帝尧冢》注)

梁玉绳：陈丰始见《史·五帝纪·正义》引《史》异本，及本书《律历志》引《帝系》。帝喾次妃，陈锋氏女，产尧，始见《帝系》《五帝纪》。丰本作锋。名庆都。葬成阳城西尧陵南一里。(《汉书人表考》卷二《陈丰》，见《史记汉书诸表订补十种》)

【汇评】

高冲霄：帝喾执中，郁郁嶷嶷，动时服士，佐以四妃。姜嫄，庆都，简狄，常仪，稷、尧、契、挚，自天申之。契为商祖，稷开周基。(《帝王世纪纂要》卷一《帝喾高辛氏》)

② 【汇注】

张守节：放音方往反。勳亦作"勋"，音许云反。言尧能放上代之功，故曰放勋。谥尧。姓伊祁氏。帝王纪云："帝尧陶唐氏，祁姓也。母庆都，十四月生尧。"(《史记正义·五帝本纪》)

浦起龙：《淮南·修务训》：尧眉八采。高诱注：尧母庆都出观于河，有赤龙负图而至，奄然阴云。尧生，眉有八采之色。《尚书大传》：尧八眉，舜四瞳子。(《史通通释》卷五《采撰·尧八眉》)

鲁实先：帝尧生年，当在西元前二二四四年，是岁在《乾凿度历》为入癸酉蔀六十年，岁在己丑。(《史记会注考证驳议》五)

王叔岷：案：景祐本、黄善夫本、殿本"勳"并作"勋"，《御览》八十引同(《治要》引下文亦作"勋"。《三王世表》《金楼子》并同)。勋，古文勳，《书·尧典》："曰若稽古帝尧，曰放勋。"(《治要》引"勳"亦作"勋"。)(《史记斠证·五帝本纪第一》)

陈　直：直按：《小蓬莱阁金石文字记》，有《汉成阳灵台碑》，为尧母庆都而立，与皇甫谧之说正同。(《史记新证·五帝本纪》)

③ 【汇校】

［日］**水泽利忠**："娶娵訾氏女生挚"，南化、枫、梅、三、梅、狩、中彭"又娶娵訾氏女生挚"。(《史记会注考证附校补·五帝本纪第一》)

【汇注】

司马贞：按：皇甫谧云"女名常宜"也。(《史记索隐·五帝本纪》)

张守节：娵，足须反。訾，紫移反。（《史记正义·五帝本纪》）

朱之蕃：杨慎曰：娵訾，辰名，盖古之天官，因以为氏。（见《百大家评注史记》卷一《五帝本纪》）

王叔岷：案：上文《正义》、《艺文类聚》十一、《御览》八十引《帝王世纪》：娵訾氏女并作"常仪"。仪、宜古通。《礼记·檀弓》疏引《大戴礼》云："次妃陬〔訾〕氏之女曰常宜，生帝挚。"（今本《大戴礼》作"次妃曰陬訾氏，产帝挚。"）作"宜"，与《索隐》引《帝王世纪》合。（《史记斠证·五帝本纪第一》）

④【汇注】

金履祥：四妃娵訾氏女曰常仪，生挚，庶子曰伯奋、仲堪、叔献、季仲、伯虎、仲熊、叔豹、季貍、忠肃、共懿、宣慈、惠和，天下之人谓之八元。其不才子曰实沈、阏伯。（《御批通鉴纲目前编》卷首《帝喾高辛氏》）

梁玉绳：娵訾始见《史·五帝纪》。帝喾次妃，娵訾氏女，生挚，始见《帝系》《五帝纪》。娵本作陬，亦作有陬氏。名常仪。生而发与足齐，堕地能言。案：喾传十世四百岁，安得与弃、契、尧、挚为父子？先儒论之甚详，见《诗·生民》《礼·月令》疏。郑笺云：姜嫄当尧时为高辛氏之世妃。注《周礼·大司乐》云：姜嫄无所妃，是以特立庙祭之。贾、孔疏并云：谓为其后世子孙之妃。《殷》《周纪·索隐》引谯周《古史考》曰：契必非喾子，其父微不著。简狄非喾次妃。弃，帝喾之胄，其父亦不著。孔《月令》高禖疏云：简狄之夫不得为喾，亦高辛氏后世之妃。证古精确，观于稷、契之母，而尧、挚之母非喾妃自明。因以知姜嫄四女不配一夫，弃、契四人并非同父，《帝系》《史记》果可尽信乎！《三国志》蜀秦宓辨五帝非一族，谯周数往谘访，记录其言，《左昭元》疏亦以少昊、颛顼、舜、鲧世系为疑。余别有说，见《史记志疑》一。（《汉书人表考》卷二《娵訾》，见《史记汉书诸表订补十种》）

⑤【汇注】

戴　圣：夫圣王之制祭祀也，法施于民则祀之，以死勤事则祀之，以劳定国则祀之，能御大灾则祀之，能捍大患则祀之。……帝喾能序星辰以著众。（《礼记·祭法》）

裴　骃：皇甫谧曰："在位七十年，年百五岁。"皇览曰："帝喾冢在东郡濮阳顿丘城南臺阴野中。"（《史记集解·五帝本纪》）

孔颖达：次是帝喾，即高辛氏。传十世，四百岁。（《礼记正义·祭法》引《春秋命历·序》）

刘　恕：喾在位七十五年，崩；或云六十三年。年一百，或一百五岁、九十八岁、九十二岁，葬宜阳，或云濮阳。《命历序》曰：喾传十世，四百年。（《资治通鉴外纪》卷一《黄帝》）

罗　泌：帝生三十而御天，六十有三载崩，葬顿丘台城阴野之秋山，所谓顿丘台

也。(《路史·后纪九上·高辛》)

又：高辛崩，而帝庨立，袭高辛氏。帝庨之立，不善，九载，以其仲立，是为尧。有子玄元，尧封之于中路。(《路史·后纪九下·高辛纪下》)

罗　苹：《元和志》顿丘西北三十五有秋山，县北三十有帝俈墓。《寰宇记》秋山冢现存。《皇览》云在顿丘城南。唐以仲春祀帝俈于顿丘。三年一享。(见《路史·后纪九上·高辛》注)

王士俊：帝喾陵，在府城南四十五里，即帝所都之地。([雍正]《河南通志》卷四十九《陵墓》)

齐召南：在位七十年崩（原注：陵在滑县东北七十里）。(《历代帝王年表·帝王》)

⑥【汇注】

郑　樵：挚嗣立，荒淫无度，诸侯废之，推尧为天子。挚在位九年，非帝之限，不当五运。自黄帝至挚，三百四十一年。少昊至挚四世，二百四十一年（原注：《命历序》曰：黄帝传十世，千五百二十年，或云十八代）。(《通志》卷二《帝喾》)

罗　苹：庨见《年代历》，史传皆作挚。故高诱、陈伯宣以帝挚为少昊，而以少昊为俈之子，尹子遂有少昊逐弟之说，妄也。按：少昊在位八十四年，挚在位九年。挚立，不善；而少昊之德在人如此，夫何疑哉！《世纪》云，挚母于四人中班最下，而挚于兄弟中年最长，故登位后，立弟放勋为唐侯，按：庨，音致，人必误为挚而缪为少昊尔，世孰有名曾祖哉？(见《路史·后纪九下·高辛纪下》注)

金履祥：子挚即天子位，九年而废。(《御批通鉴纲目前编》卷首《帝喾高辛氏》)

又：帝喾崩，挚嗣立，荒淫无度，不修善政，居九年，诸侯废之，而尊尧为天子。(同上)

⑦【汇校】

张文虎：《索隐》本无"崩"字，据《注》及《正义》，盖后人妄增。(《校刊史记集解索隐正义札记·五帝本纪》)

赵生群：按：孔颖达等《尚书正义》卷一云："《史记》诸书皆言尧帝喾之子、帝挚之弟，喾崩挚立，挚崩乃传位于尧，然则尧以弟代兄，盖踰年改元。"则唐初孔颖达等所见《史记》亦有"崩"字。(点校本二十四史之修订本《史记》卷一《五帝本纪》)

编者按：辛德勇检核南宋庆元间建安黄善夫家塾刻三家注本《史记》，南宋绍兴初杭州刻十四行《史记集解》本，宋乾道七年蔡梦弼东塾刻附《集解》《索隐》本，以及宋淳熙三年张杅桐川郡斋刻附《集解》《索隐》本，发现以上诸本皆镌有"崩"字。

又：辛德勇认为：删除"崩字"，则将"帝挚嗣立，未久而崩"这一史实变为"或称挚荒淫，诸侯废之；或称唐侯盛德，挚微弱而禅焉"。这样一来，就会改变相关史实并触及上古史中某些根本问题。因此，辛德勇认为应保留"崩"字，书作"帝挚立，不善，崩，而帝放勋立，是为帝尧"。详见《史记新本校勘·五帝本纪》。

【汇注】

司马贞：古本作"不著"，音张虑反。俗本作"不善"。不善谓微弱，不著犹不著明。卫宏云："挚立九年而唐侯德盛，因禅位焉。"（《史记索隐·五帝本纪》）

张守节：《帝王纪》云："帝挚之母于四人中班最在下，而挚于兄弟最长，得登帝位。封异母弟放勋为唐侯。挚在位九年，政微弱，而唐侯德盛，诸侯归之，挚服其义，乃率群臣造唐而致禅。唐侯自知有天命，乃受帝禅。乃封挚于高辛。"今定州唐县也。（《史记正义·五帝本纪》）

梁玉绳：按：少昊帝名挚，此喾之胄亦名挚，盖族远不嫌同名也。（原注：《周书·尝麦解》以青阳名质，即帝少昊，非也。质，挚古通。）《路史·后纪》卷十注谓：《世纪》本卫宏云"唐侯德盛，挚微弱而致禅焉"。《皇王大纪》谓"袭位未久而殂"。《通鉴外纪》谓"荒淫无度而废之"。诸说各异，疑莫能明。据《人表》在上中，则不得如后世所言。（《史记志疑》卷一《五帝本纪》）

⑧【汇评】

皮日休：圣人务安民，不先置不仁以见其仁焉，不先用不德以见其德焉。苟如是，是见危者已坠而欲援，观斗者将死而方救。噫，其亦不仁矣。以高辛之仁化，用一挚，挚之不善，天下之民，辅尧以为君；以唐尧之仁化，用一鲧，鲧之不绩，天下之民，谋禹以为功。夫如是，挚之与鲧，是高辛、唐尧，诚用之也，非先置也。推其诚而用之，人民尚倍之如是，况先置者邪？（《皮子文薮》卷五《秦穆谥缪论》）

⑨【汇注】

左丘明：帝尧，为陶唐氏。（见《世本》下《氏姓》）

伏　生：尧年十六，以唐侯升为天子，遂以为号。（《尚书大传》卷一）

戴　德：帝喾产放勋，是为帝尧。（《大戴礼记》卷七《帝系》）

刘　安：逮至尧之时，十日并出，焦禾稼，杀草木，而民无所食，猰貐、凿齿、九婴、大风、封豨、修蛇，皆为民害，尧乃使羿诛凿齿于畴华之野，杀九婴于凶水之上，缴大风于青丘之泽，上射十日，而下杀猰貐，断修蛇于洞庭，禽封豨于桑林，万民皆喜，置尧以为天子。（《淮南子》卷八《本经》）

王　充：尧体就之如日，望之若云。洪水滔天，蛇龙为害，尧使禹治水，驱蛇龙，水治东流，蛇龙潜处。有殊奇之骨，故有诡异之验，有神灵之命，故有验物之效。天命当贵，故从唐侯入嗣帝后之位。（《论衡·吉验篇》）

应　劭：尧者，高也，饶也。言其隆兴焕炳，最高明也。（《风俗通义·皇霸第

一·五帝》）

王　嘉：帝尧在位，圣德光洽，河洛之滨，得玉版方尺，图天地之形，又获金璧之瑞，文字炳列，记天地造化之始。四凶即除，善人来服，分职设官，彝伦攸叙，乃命大禹疏川潴泽有吴之乡，有北之地，无有妖灾沉翔之类，自相驯扰。……尧在位七十年，有鸾雏岁岁来集，麒麟游于薮泽，枭鸱逃于绝漠。（《王子年拾遗记》卷一《唐尧》）

钱　时：尧，唐帝谥。尧初为唐侯，后有天下，因号曰唐。（《融堂书解》卷一《尧典》）

王应麟：《世纪》帝尧始封于唐，今中山唐县是也。尧山在焉（原注：《郡县志》：定州唐县，古唐侯国，尧初封于此。今定州北有故唐城）。唐水在西北入唐河（原注：南有望都县山，即尧母庆都之所居也，相去五十里。都山一名亘山。北登尧山，南望都山，故名县曰望都。《地理志》：尧山在唐县南。张晏以尧山在唐东北望都北。《史记》尧作游。成阳，《正义》濮州雷泽县是）。后又徙晋阳，今太原县也。于周在并州之域。及为天子，都平阳。于《诗·风》为"唐国"。武王子叔虞封焉。（《通鉴地理通释》卷四《历代都邑考·帝尧都》）

焦　竑：唐尧都平阳，今山西平阳府有唐城。（《焦氏笔乘续集》卷六《古今都会》）

齐召南：帝喾高辛氏，子挚嗣天子位，九年而废。诸侯尊唐侯为天子。（《历代帝王年表·帝王》）

高冲霄：帝尧陶唐氏，姓伊耆，帝喾之子，名放勋，号尧，或曰其名也。育于母家伊侯之国，后徙耆，故为伊耆氏。佐帝挚封植，受封于陶，复封于唐，故又曰陶唐氏。甲辰即位，都平阳，以火德王，建寅为岁首，起甲辰，尽癸未。在位九十八载，崩阳城，寿百十七岁。（《帝王世纪纂要》卷一《帝尧陶唐氏》）

张澍粹：澍按：孔《疏》云：尧是黄帝玄孙，舜是黄帝八代之孙。（《世本集补注》卷四《帝系篇》，见《世本八种》）

[日] 泷川资言：吴裕垂曰：尧嗣挚统，兄弟相及也。尧即帝位，经无明文，于是滋生异说，有谓挚服义而致禅者，有谓挚荒淫而见废者，此皆乱贼之徒，欲饰篡为禅，附会其说以自文耳。太史公所谓百家之言，其文不雅驯者，莫甚于此。故博采群书，择其尤雅者，著为本纪，以为帝挚不善，既崩而后放勋立，可谓折衷至正。俾万世人臣无所藉口矣。（《史记会注考证附校补·五帝本纪第一》）

刘玉玑：《汉·地理志》，河东郡平阳县，尧都也。在平河之阳。《括地志》云：今晋州所治平阳故城是也。《后汉·郡国志》：平阳，侯国，尧都此。《晋·地理志》：平阳，旧尧都。《帝王世纪》云：尧始封于唐，今中山唐县是也。后徙晋阳，今太原是也。及为天子，都平阳。郑氏《诗谱》云：太原、晋阳，尧始居此，后乃迁河东平阳，则尧都之在今临汾明矣。……民国为临汾县，隶山西省河东道，十六年裁河东道，隶山西省。（［民国］《临汾县志》卷一《沿革考》）

又：尧井，尧庙殿前，相传尧建都时凿。（［民国］《临汾县志》卷四《古迹记》）

王　恢：唐尧之都：渔猎时代，居无定所，传说亦殊，大体以山西临汾为中心。《世纪》《汾水注》《括地志》，并云尧都平阳，于《诗》为唐国。《河水注》引阚骃曰："尧都蒲坂。"按《晋世家》，古唐国，周公灭之，成王以封叔虞（《左》昭元），在虞乡县西三十里，名晋阳。盖涑水古名晋水。《汉志》临晋，应劭曰："以临晋水故名。"虞子燮父徙平阳，遂移晋水之名于平水，又仍旧名晋阳。而太原之晋阳，乃赵氏之私邑（《春秋》定十三），赵简子使董安于筑（《韩非子·十过》），赵襄子保晋阳以抗荀瑶及韩、魏之师，开"三晋"之新局，自此晋阳之名显，而平阳之晋阳又继虞乡之晋阳而晦。（《史记本纪地理图考·五帝本纪·唐尧之都》）

又：又有说在河北唐县者，《汉志》："中山国唐县，尧山在南。"应劭、张晏谓"尧为唐侯国"。谯周以为"封尧之子"。无非各以意说。《滱水注》又从而为之辞。所称"《史记》"云云，盖《世纪》之误（见《御览》八十）。（同上）

雷从云：帝尧部落的活动中心，可能在河北、河南、山东交界一带。雷学淇在他的《竹书纪年义证》卷五中，有一段较详的考证："陶唐氏者，帝尧有天下之号也。陶唐皆地名。《书》曰：'惟彼陶唐，率彼天常。'《说文》曰：'陶丘在济阴，有尧城，尧尝居之；后居于唐，故号陶唐氏。'韦昭曰：'陶、唐皆国名，犹汤称殷商也。今陶在山东曹州府定陶县西南。'唐地所在不一，应劭《汉书集解》曰：'中山国唐县，故尧国也。唐水在其西。'郑康成《诗谱》曰：'唐者帝尧旧都之地，今日太原晋阳，是尧始居此，后乃迁河东平阳。'《帝王世纪》兼取其说，谓：'尧始封于唐，今中山唐县是也，后徙晋阳，及为天子都平阳，于《诗》为唐国。'今中山之唐，在直隶保定；晋阳之唐，在山西太原。盖尧之初封，在中山之唐，与望都接壤，即望尧母之葬处者；晋阳之唐，乃帝裔之封国，非尧之徙封矣。"（《中国古代城市起源问题的再探索》，见田昌五主编《华夏文明》）

又：尧活动的中心，在河北、河南、山东交界一带，在其他文献中也有反映。《汉书·地理志》："河东郡平阳，唐尧所都。"应劭注："在平水之阳也。"《括地志》："故尧城，在濮州鄄城县东北十五里。"（同上）

田昌五：《毛诗·唐风谱》云："唐者，帝尧旧都之地，今日太原晋阳是。……成王封母弟叔虞于尧之故墟，曰唐侯。南有晋水，至子燮改为晋侯。"后人也有以晋阳为尧都者。然《史记·晋世家》云："唐在河、汾之东，方百里。"足证晋阳说之非。《史记正义·郑世家》引《括地志》亦云："故唐城在绛州翼城西二十里。徐才宗《国都城记》云：唐国，帝尧之裔子所封。……《地记》云：唐氏在大夏之墟，属河东安邑县，在今绛城西北一百里有唐城者，以为唐旧国。"现在翼城发现有晋国早期遗址，故应以此说为是。另有平阳说，如《汉书·地理志》平阳条下应劭注曰："尧都也，在平河之阳。"《晋书·刘元海载记》云："平阳有紫气，兼陶唐旧都。"平阳在今临汾市一带。还有蒲坂说，在今永济县境，系附会舜都蒲坂而来。（《华夏文明的起源·万国并存唐虞兴》）

又： 就历史传说而言，陶唐氏可谓黄帝族的嫡系。它居于今河北唐县、行唐、望都一带，继而到了冀南实沈之地，最后由于同阏伯发生矛盾，逾太行而定居于大夏，即汾水下游一带。在这里发现了中原龙山文化的两个类型：一曰三里桥类型，一曰陶寺类型。三里桥类型应即大夏文化，陶寺类型则是陶唐氏之文化。（《华夏文明的起源·中国早期文明的再发现》）

土　鼓

又： 据初步调查，陶寺类型主要分布于汾河下游及其支流浍河流域的临汾、襄汾、侯马、曲沃、翼城、绛县、新绛、稷山、河津等市县，与传说中陶唐氏的活动区域相吻合。其年代据对陶寺遗址的测定：遗址的上限应早于公元前2400年，或在公元前的2500年前后，下限应断在公元前1900年。换言之，遗址的年代范围可大致估算为公元前二十五六世纪至前二十世纪，历时五六百年。这段时间上接实沈时期，下接夏代初年，与陶唐氏的发达期也大致相当。（同上）

又： 陶寺遗址位于襄汾县城东北约7.5公里的崇山西麓，总面积达三百多万平方米，包括居址和墓地两部分，内涵十分丰富。（同上）

编者按： 田昌五先生《中国早期文明的再发现》（见《华夏文明的起源》）一文，令人信服地认识到帝尧时代绝非子虚乌有，在山西襄汾县陶寺村发现的土鼓、鼍鼓、铜铃等实物，可以再现2500年前后陶唐氏的文化特征。王国维于民国十四年四月在《古史新证》第一章《总论》中说："吾辈生于今日，幸于纸上之材料外更得地下之新材料。由此种材料，我辈固得据以补正纸上之材料，亦得证明古书之某部分全为实录。即百家不雅驯之言亦不无表示一面之事实。此二重证据法惟在今日始得为之。虽古书未得证明者不能加以否定，而其已得证明者不能不加以肯定可断言也。"兹据中国历史博物馆编的由上海教育出版社出版的《中国古代史参考图录·原始社会》三《山西龙山文化·襄汾陶寺遗址》所载的土鼓、鼍鼓、铜铃等实物图片予以转载，用作参证。吾辈不能因《尚书·尧典》为晚出，从而否定《尧典》的真实性，进而否定尧的存在。

又：从美洲易落魁人那里传过来轩辕氏的族徽，形状像龟，叫做"天鼋"。"龙"有多种异体字，《集韵》认为"鼋"是其中的一种。又称赑屃，在龙种之中，最能吃苦耐劳，最为雄健有力。明杨慎《升庵外集》说："俗传：龙生九子，不成龙，各有所好。弘治中御书小帖，以问内阁，李文正据罗玘、镏绩之言，具疏以对，今影响记之：一曰赑屃，好负重，今碑下趺是也；二曰螭吻，好望，今屋上兽头是也；三曰蒲牢，好吼，今钟上纽是也；四曰狴犴，有威力，故立于狱门；五曰饕餮，好饮食，故立于鼎盖；六曰蚣蝮，好水，故立于桥柱；七曰睚眦，好杀，故立于刀环；八曰狻猊，好烟火，故立于香炉；九曰椒图，好闭，故立于门铺。"黄帝子孙皆称自己是"龙的传人"，是有深远的历史渊源的。在尧时代的山西陶寺村所发掘的文物中，有"绘龙陶盘"，与轩辕氏族徽虽有很大差异，但受其影响与继承方面，仍可找出内在的联系。现在所称的"龙的传人"，追本溯源，可能就是黄帝

木鼍鼓

铜铃

族子孙的另一种说法。（见中国历史博物馆编《中国古代史参考图录·原始社会》，上海教育出版社1991年版）

曲英杰：陶唐氏之初居当在唐，在今河北唐县境。后西越太行山，沿汾水南下，徙至平阳，其为盟主时以平阳为都，在今山西临汾市境。其以南襄汾陶寺等发现有大规模的新石器时代聚落遗址。陶寺遗址面积约3百万平方米，其大墓中出土有成组的

鼍鼓、特磬、石刀形玉器、玉钺、石钺、玉琮、玉铲、玉瑗和彩绘陶器、木器等，据碳十四年代测定，其遗址时代从公元前25世纪延续到公元前18世纪。或可作为陶唐氏都城的一个线索。而晋阳之唐，当如雷学淇所辨，为尧后裔所居之地。(《先秦都城复原研究·尧舜都平阳》)

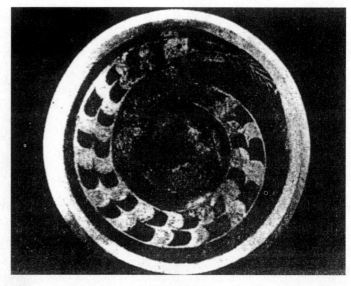

绘龙陶盘

【汇评】

韩　非：尧之王天下也，茅茨不翦，采椽不斫，粝粱之食，藜藿之羹，冬日麑裘，夏日葛衣，虽监门之服养，不亏于此矣。(《韩非子·五蠹篇》)

班　固：谓之尧者何？尧犹尧尧也，至高之貌，清妙高远，优游博衍，众圣之主，百王之长也。(《白虎通德论·号篇》)

崔　述：《史记·五帝本纪》云："黄帝崩，高阳立，是为帝颛顼；颛顼崩，高辛立，是为帝喾；帝喾崩，挚代立；帝挚立不善，崩，弟放勋立，是为帝尧。"——以为古帝皆相继而立者。《帝王世纪》衍之，复据《汉书》而小变其说，谓黄帝在位百年，年百一十一岁；其后少皞在位八十年，年百岁；其后乃为颛顼，在位七十八年，年九十八岁；帝喾在位七十年，年百五岁；挚在位九年，造唐而致禅。后之辑古史者大率本其年数以为上古甲子之实。(《崔东壁遗书·补上古考信录》卷下《少皞至尧四代皆非相继而立》)

又：余按：少皞、颛顼不继黄帝，前篇固已详言之矣，然即少皞至尧四代中，更无他天子，而亦前后不相及也。《国语》云："少皞之衰，九黎乱德，颛顼受之。"少皞既衰，颛顼乃兴，是颛顼与少皞不相及也。《传》云："高阳氏有才子八人，高辛氏有才子八人，此十六族者，世济其美，不陨其名，以至于尧。"高阳、高辛至尧时已数世而分数族，是尧与二代亦不相及也。然则上古帝王，其交会之间皆当有数十百岁，此衰而后彼兴，正如春秋之霸者然，安得有相继为天子者哉？盖凡说上古者皆以后世例之，故误以为相承不绝；不知古之天子无禅无继。有一圣人出焉，则天下皆归之而谓之帝，圣人既没，则其子孙降而夷于诸侯，又数十百年复有圣人出，则天下又归之，如是而已。(同上)

帝尧者①，放勋②。其仁如天③，其知如神④。就之如日⑤，望之如云⑥。富而不骄，贵而不舒⑦。黄收纯衣⑧，彤车乘白马⑨。能明驯德⑩，以亲九族⑪。九族既睦⑫，便章百姓⑬。百姓昭明，合和万国⑭。

① 【汇校】
  张文虎：宋本无"帝"字。(《校刊史记集解索隐正义札记·五帝本纪》)
  [日]水泽利忠：英房、南化、三、高、阁无"者"字。(《史记会注考证附校补·五帝本纪第一》)
【汇注】
  班　固：《帝系》曰，帝喾四妃，陈丰生帝尧，封于唐。盖高辛氏衰，天下归之。木生火，故为火德，天下号曰陶唐氏。让天下于虞，使子朱处于丹渊为诸侯。即位七十载。(《汉书·律历志下》)
  裴　骃：《谥法》曰："翼善传圣曰尧。"(《史记集解·五帝本纪》)
  欧阳询：《春秋元命苞》曰：尧眉八采，是谓通明，历象日月，璇玑玉衡。《尚书中候》曰：帝尧即政，荣光出河，休气四塞，龙马衔甲。赤文绿色，甲似龟背。五色，有列星之分，斗政之度，帝王录纪，兴亡之数。(《艺文类聚》卷十一《帝尧陶唐氏》)
  司马贞：尧，谥也。放勋，名。帝喾之子，姓伊祁氏。按：皇甫谧云"尧初生时，其母在三阿之南，寄于伊长孺之家，故从母所居为姓也"。(《史记索隐·五帝本纪》)
  张守节：徐广云："号陶唐。"帝王纪云："尧都平阳，于诗为唐国。"徐才《宗国都城记》云："唐国，帝尧之裔子所封。其北，帝夏禹都，汉曰太原郡，在古冀州太行恒山之西。其南有晋水。"《括地志》云："今晋州所理平阳故城是也。平阳河水一名晋水也。"(《史记正义·五帝本纪》)
  苏　辙：帝尧陶唐氏，都于平阳。黄收纯衣，彤车白马，茅茨不剪，土阶三等，为《咸池》之乐。克明俊德，以亲九族，九族既睦，平章百姓，百姓昭明，协和万邦。黎民于变时雍。高辛氏既衰，而三苗复乱九黎之德，尧乃复育重、黎之后，曰羲仲、羲叔、和仲、和叔，使平秩四方，以正四时，允厘百工，庶绩咸熙。……尧后有刘累者，学扰龙于豢龙氏，事夏孔甲，赐氏曰御龙，以更豕韦之后，为豕韦氏。商之衰，徙居于唐，周以唐封叔虞，复自唐徙杜，为唐杜氏。周宣王诛杜伯，其子隰叔适晋，为范氏，范武子奔秦，自秦复归于晋，其处者为刘氏，而汉其苗裔也。(《古史》卷二《五帝本纪》)
  刘　恕：帝尧，帝喾之子，年十五，长十尺，佐兄挚，受封唐侯，姓伊祁，号陶唐氏，都平阳。尚白，荐玉以白缯。茅茨不剪，朴桷不斫，素题不枅，大路不画，越席不缘，大羹不和，粢食不毇，藜藿之羹，饭于土簋，饮于土铏，金银珠玉不饰，锦绣文绮不展，奇怪异物不视，玩好之器不宝，淫佚之乐不听，宫垣室屋不垩色，布衣掩形，鹿裘御寒，衣履不敝尽不更为也。不以私曲之故，害耕稼之时。吏忠正奉法者尊其位，廉贞平洁爱民者厚其禄。民有孝慈力耕桑者，遣使表其闾。正法度，禁诈伪，存养孤寡，赈亡、祸之家。自奉甚薄，赋役甚寡。巡狩行教，周流五岳。西教沃民，东至黑齿，存心于天下，加志于穷民。一民饥，则曰我饥之也；一人寒，则曰我寒之也。一民有罪，曰我陷之也。百姓戴之如日月，亲之如父母，仁昭而义立，德博而化广，故不赏而民劝，不罚而民治。先恕而后教，单均刑法以仪民。（《资治通鉴外纪》卷一《帝尧》）

又：《谥法》：翼善传圣曰尧。《周书》谥法，周公所作。《檀弓》曰：死谥，周道也。而尧、舜、禹、汤、桀、纣得有谥者，因上世之生号，追之为死谥。上世质，非至善，至恶无号，故他君无谥也。《白虎通》曰：尧犹尧尧，至高之貌。清妙高远，优游博衍，百王之长也。（同上）

胡　宏：[《皇极经世》]元载甲辰，尧自唐侯升为天子，时年十六，都于平阳。……放则天命，勤于君道，日月劳之来之，匡之直之，辅之翼之，使自得之。又从而振德之。作布政之宫曰衢室，立诽谤之木，使天下得尽其言，建进善之旌，使天下得尽其才，置谏鼓于朝，使天下得改其过，天下之人无有异心。不赏而劝，不罚而治，戴之如日月，亲之如父母，仁昭而义立，德博而化广。（《皇王大纪》卷三《帝尧陶唐氏》）

又：五十一载甲午，有苗暴。杀戮无辜，始大为割耳、截鼻、椓阴、黥面五虐之刑，民相渐化，泯泯棼棼，反覆诅盟，尧与战于丹水之浦，以遏止其恶，夷绝其世。（同上）

罗　泌：帝尧，陶唐氏，姬姓。高辛氏之第二子也。母陈丰氏，曰庆都。尝观三河之首，赤帝显图，奄然风雨，庆都遇而萌之，黄云覆之，震十有四月，而生于丹陵。曰尧，是曰放勋。身俼十尺，丰下兑上，龙颜日角，八采三眸……聪明密微，其言不忒，其德不回。仁如天，智如神，明如日，而晦如阴。好谋能深，和而不怒，忧而畏祸，快而愉。年有十三，佐挚封植，受封于陶。明人察物，昭义崇仁，禁诈伪，正法度，不废穷民，不敖亡告。苦死者而哀妇人，底德靡解，百姓和欣，于是改国于唐。勤劳不居，俭而用礼，不贵时巧，不视文绣，温饭暖羹，不矮不易。裋衣袿履，不敝不更。……仁恩被于苍生，德化敷于四海，故亡胶漆之约于当世而道行。年十有七，谡以侯伯恢践帝，曰陶唐氏。都于平阳、安邑。以火纪德，谓赤帝。色尚白，黄收纯衣，彤车白马，乃立三公六卿，百揆暨百执事。富而亡骄，贵而不舒，居于明堂，斥题不枅，土阶不戚，茅茨不翦，泊如也。重先务急，亲贤，明骏德，以亲九族。九族

既穆，乃辨章于百姓。百姓昭明，而协和于万邦。黎民于变时雍。（《路史·后纪十一·陶唐氏》）

金履祥：帝尧陶唐氏，姓伊耆，名放勋，帝喾之子，以火德王天下，都平阳，在位九十八年，以子丹朱不肖，乃逊位于舜。（《御批通鉴纲目前编》卷首《帝尧陶唐氏》）

马端临：帝尧，帝喾之子，姓伊祈，名放勋。帝喾崩，而长子挚代立，封尧为唐侯。帝挚立，不善，在位九年，唐侯德盛，乃禅位于唐侯。尧以甲辰即位，都平阳，号陶唐氏。在位七十年，荐舜摄政，又二十八年崩。在位九十八年，寿一百一十八。首甲辰，尽癸未。（《文献通考》卷二百五十《帝号历年》）

朱之蕃：按：《风俗通》云：尧者高也，饶也。言其隆兴焕炳最高明也。（见《百大家评注史记》卷一《五帝本纪》）

觉罗石麟：帝尧陶唐氏，姬姓，高辛氏之第二子也。……年十有七，以侯伯践帝位，曰陶唐氏，都于平阳，以火纪德，为赤帝，色尚白，黄收纯衣，彤车白马，乃立三公六卿百揆暨百执事。居于明堂，斥题不枅，土阶不戚，茅茨不翦，洎如也。重先务，急亲贤，务求贤圣。乃更制五服，均五等，五国相维，设四岳、八伯以典诸侯，均井邑，都鄙而临民，以十二牧，春省耕，秋省敛。因地之生，美为贡赋，因人之好恶，为政教。（[雍正]《山西通志》卷六十一《帝王·陶唐》）

又：伊村。[临汾县]南十里，以帝尧姓伊祈名。相传有茅茨土阶遗址。（[雍正]《山西通志》卷五十七《古迹·临汾县》）

梁玉绳：帝尧陶唐氏：帝尧始见《书·尧典》，陶唐始见《书·五子之歌》。陶唐氏始见《左襄廿四》，五帝之四也。亦曰唐侯，亦曰唐帝，亦曰帝唐，亦曰伊唐，亦曰唐尧，亦曰伊尧，亦曰后帝，亦曰君帝，亦曰放勋，亦曰神宗，亦曰赤帝。母陈锋氏女，曰庆都，感赤龙，孕十四月而生尧于丹陵，翼之星精，身修十尺，面锐上丰下，眉八彩，参牟子，发长七尺二寸，忧劳瘦臞，形若腊，代高辛氏。在位九十八年，年百十八。始都太原晋阳，后迁河东平阳。葬济阴成阳谷林。（《汉书人表考》卷一《帝尧陶唐氏》，见《史记汉书诸表订补十种》）

又：案：《史·集解》引韦昭曰：陶、唐皆国名，犹称殷、商。《书·五子之歌》疏云：陶唐二字，或共为地名。未必如昭言。《左襄廿四·疏》云：历检书传，未闻尧居陶，而以陶冠唐。盖地以二字为名。考本书《地理志》中山唐县注，应劭曰：故尧国，唐水在西。张晏曰：尧为唐侯，国于此，未闻其地以二字名。而《续郡国志》曰：济阴定陶，古陶，尧所居。《竹书》尧八十九年作游宫于陶，九十年游居于陶。《史·货殖传》作游成阳，则非共为地名甚审。本书《高纪》注，晋臣瓒曰：尧初居唐，后居陶。师古曰：尧尝居陶，后居于唐。《路史·后纪十一》云：受封于陶，改国于唐，

说虽不同，可证尧合二地以为有天下之号。至《高纪》注引汉荀悦曰：唐者尧号，陶发声，则妄矣。（同上）

又：又《五德志》及帝尧碑俱称伊尧，《晋书·礼志上》言魏明帝景初元年，诏以舜妃为伊氏，是尧实姓伊，乃《易·疏》引《世纪》尧姓伊祁，故《礼·郊特牲》释文有尧号伊耆氏之说。而《史·正义》引《世纪》云：祁姓，宋司马光《稽古录》从之。《淮南·修务》高注云，尧母寄伊长孺家。《索隐》引皇甫谧云：尧初生时，其母寄于伊长孺家，从母所居为姓。《路史》谓尧姬姓，注以姓伊祁为失。复辨《世纪》或说祁从母姓之误。窃疑尧生于伊水之上，遂为伊姓。犹伊尹之姓伊尔，不关母所居，亦非从母姓。而尧既姓伊，自不得为祁矣。灵台碑谓尧母姓伊，尤诞不足信。《路史·国名纪一》，炎帝后姜姓伊侯国，尧之母家，自伊徙耆，爱曰伊耆，则伊是国名，非姓也。但《史》本《帝系》言。尧母陈锋氏，不云伊侯女，《路史》恐亦难信。（同上）

梁学昌：帝尧，称曰伊唐，又见《魏志·高堂隆传》。亦曰唐勋，见清浦王侍郎昶《金石萃编》唐员半千撰《尹尊师碑》。（《庭立纪闻·帝尧》，见《史记汉书诸表订补十种》）

陈士元：《史记·五帝本纪》惟云帝尧，不书姓氏。《索隐》云姓伊祁氏。然伊祁乃炎帝之姓，盖以尧与炎帝俱火德王，故谓尧为炎帝后。而《汉书》遂以尧为炎帝子，姓伊祁，谬矣。《世纪》云：庆都寄居于伊长孺家，故尧从母所居为姓。《灵台碑》云：昔者庆都氏姓曰伊，则伊其母姓，岂得为尧姓乎？《路史》云：帝尧，姬姓，帝喾之第二子也。……在位七十载。欲逊位，于是四岳举舜，又三载，尧已八十九岁，荐舜于天以摄事，一百载，尧乃殂落，寿一百十六岁。（《论语类考》卷七《尧》）

又：夫尧乃陶唐氏之名，而《索隐》则以尧、舜、禹为谥，然"尧曰'咨汝舜'，舜曰'咨汝禹、汝弃、汝契'"，若以为谥，则弃、契、垂、益、夔、龙皆谥乎？（同上）

徐旭生：帝尧所属的氏族，据传说为陶唐氏。简略地说，也可以叫作唐氏。他活动的地域，据《左传》哀公六年引《夏书》曰："惟彼陶唐，有此冀方。"郑玄曰："两河间曰冀州。"主要指今晋南一带。但有的说在今河北境内，约在唐县、望都一带。还有的说在今山东的极西部，有定陶、成阳诸说。河北、山东两说未见先秦古书。独山西的晋国开始时就叫作唐国。《诗经·国风》晋国的诗还叫作《唐风》。……又定公四年也记有"命（唐叔）以唐诰"的文字。那陶唐氏故墟在今山西境内，似无可疑。虽然如此，在山西境内的何处也还有争论。自杜预说大夏在太原晋阳县，后人多从其说，主要的理由是说唐的改晋是由于晋水，而晋人在晋阳。可是顾炎武说"况霍山以北，自晋悼公以后始开县邑，而前此不见于传""窃疑唐叔之封以至侯缗之灭并在于翼"。顾氏认为霍山以北地域与早期的晋国无干，实属颠扑不破的说法。今据翼城曲沃一带考古发掘材料印证，唐叔旧封地在于翼，实属可信。晋水，在今太原之晋阳。又据《括地志》"平阳河水一名晋水"，平阳亦即晋阳，在今临汾，那就不应当由于地名之偶同，就臆断唐叔旧封必在今太原附近。（《尧舜禹·帝尧》，载《文史》第 39 辑）

又：《汉书·地理志》："河东，本唐尧所居。"所以，寻找陶唐氏故虚，当在霍山以南的汾水流域，不应到霍山以北去找。至于说这一带是帝尧裔子分封的地方，不是尧旧居，并无确实的证据。（同上）

叶舒宪："尧"的繁体字写作"堯"，今人已经完全无法从字形看出其意义。这个字本不代表姓氏，而是一个圣号。该字收录在《说文解字》的"土部"，许慎的解说是："堯，高也。"清代文字学家段玉裁对此有个补充说明："堯，本谓高。陶唐氏以为号……堯之言至高也。"班固《白虎通义》讲到圣号雅号的问题时，也有类似的看法："谓之'尧'者何？尧犹峣峣也。至高之貌，清妙高远，优遊博衍，众圣之主，百王之长也。"古人的语言中还有个习惯，将两个尧字并称，如《墨子·亲士》："是故天地不昭昭，大水不潦潦，大火不燎燎，王德不尧尧者，乃千人之长也。"孙诒让《闲诂》："《白虎通》云：'尧犹峣峣，至高之貌。'"清王夫之《南岳赋》："其高也，拔乎原隰者九千六百步，轩轩尧尧，以扪银汉。"看来，从哥哥帝挚那里获得王位的放勋，被人们称为"尧"，也就相当于赞美其高大完美。（《班瑞：尧舜时代的神话历史》，载《民族艺术》2012 年第 1 期）

【汇评】

荀　子：尧有德，干戈不用，三苗服，举舜畎亩，任之天下，身休息。得后稷，五谷殖。夔为乐正，鸟兽服。（《荀子·成相》）

戴　德：宰我曰："请问帝尧？"孔子曰：高辛之子也，曰放勋，其仁如天，其知如神，就之如日，望之如云。富而不骄，贵而不豫，黄黼黻衣，丹车白马，伯夷主礼，龙夔教舞，举舜、彭祖而任之，四时先民治之，流共工于幽州，以变北狄，放驩兜于崇山，以变南蛮，杀三苗于三危，以变西戎，殛鲧于羽山，以变东夷。其言不贰，其德不回。四海之内，舟舆所至，莫不说夷。（《大戴礼记》卷七《五帝德》）

刘　安：尧眉八采，九窍通洞，而公正无私，一言而万民齐。（《淮南子》卷十九《修务》）

罗　苹：《六韬·计用》云："尧王天下，世谓贤君，其治则宫垣室屋不垩也，金银珠玉弗服也，锦绣文绮弗展也，淫佚之乐弗听也，桷椽楹柱非藻饰也，茅茨之盖弗榆齐也，褞衣袿履，不敝不更，为温饭暖羹，不酸秽不易。"《尸子》云："人君之有天下，瑶台九累，而尧白屋。黼衣九种，而尧大布。宫中三市，而尧鹑居。珍羞百种，而尧粝饭菜羹。骐驎青龙，而尧素车朴马。"尧盖不尽然也。由余亦言：昔尧饭于土簋，饮于土型，而墨子且谓尧黍稷不式，羹胾不重。饭土嘬，啜土铏。又淮南《五术》

云：大路不画，越席不缘，太羹不和，粢食不（毁）[糳]，布衣掩形。韩非至谓"粝粢之食，藜藿之羹，冬日麑裘，夏日葛衣，虽监门之养，弗亏于此者"。故纡而非中道者。（见《路史·后纪十一·陶唐氏》注）

黄淳耀：尧、舜、禹、汤，或以为谥，或以为皆名，或以尧、舜、禹为名，汤为号，余谓皆非也。《谥法》起于周公，以尧、舜、禹、汤为谥者，固不足据，而以有鳏者在下曰虞舜，及来禹等文，证其为名，则亦非也。史、传多追称之词，如《左传》石碏称陈桓公方有宠于王，《战国策》冯煖谓梁王曰"齐放其大臣孟尝君"，此类甚多，二典亦当时史臣所记舜、禹，皆追称耳。以"来禹"，为君称臣名，则"禹敷土"为臣书君名乎？尧之祖称艺祖、文祖，尧称神宗，岂得君臣皆名，漫无所别乎？孔子于老彭已不斥其名，如尧、舜、禹果名，岂得屡见于《书》乎？按秦始皇制曰："朕闻上古有号无谥，中古有号，死而以行为谥。"则尧、舜、禹、汤皆号也。生为号，死为谥。（《陶庵全集·史记评论·五帝本纪》）

崔　述：《尚书》何以始于唐虞也？天下始平于唐虞故也。盖上古之世，虽有包羲、神农、黄帝诸圣人相继而作，然草昧之初，洪荒之日，创始者难为力，故天下犹未平。至尧在位百年，又得舜以继之，禹、皋陶、稷、契诸大臣，共襄盛治，然后大害尽除，大利尽兴，制度礼乐可以垂诸万世。由是炙其德沐其仁者，作为《典》《谟》等篇以纪其实，而史于是乎始。其后禹、汤、文、武迭起，拨乱安民，制作益详，典籍益广，然亦莫不由是而推衍之。是以孔子祖述尧舜，孟子叙道统亦始于尧舜。然则尧舜者道统之祖，治法之祖，而亦即文章之祖也。（《崔东壁遗书·考信录提要》卷下《唐虞考信录序》）

又：周衰，王者不作，百家之言并兴，尧舜之道渐微，孔子惧夫愈久而愈失其实也，于是订正其书，阐发其道，以传于世。孔子既没，异端果盛行，杨、墨之言盈天下，叛尧舜者有之，诬尧舜者有之，称述太古以求加于尧舜者有之。于是则有孟子辞而辟之。迄乎孟子又没，而其说益诞妄，司马氏作《史记》，遂上溯于黄帝，虽颇删其不雅驯者，而所采已杂。逮谯周《古史考》、皇甫谧《帝王世纪》等书，又以黄帝为不足称述，益广搜远讨，溯之羲农以前，以求胜于孔子，而异说遂纷纷于世。……人非尧舜，则不能安居粒食以生，不能相维系无争夺以保其生，不能服习于礼乐教化以自别于禽兽之生。然则尧舜其犹天乎！其犹人之祖乎！人不可悖尧舜，故不可悖孔子也；人不可不宗孔子，即不可不宗尧舜也。（同上）

杨　宽：考昔人论尧舜之事迹，多以《尧典》为据，然《尧典》开首即曰"曰若稽古帝尧"，既为稽古而作，明非当时实录。惟《孟子》答咸丘蒙问，已引《尧典》曰："二十有八载，放勋乃徂落，百姓如丧考妣，三年四海遏密八音。"（《万章上》）似其书当出于《孟子》前，然考妣连文战国之世始有之，"妣"本与"祖"对文，即牝牡之初字，春秋时犹多如此（见郭沫若《释祖妣》），则《尧典》之出必在战国之世，或较《孟子》稍前耳。以《孟子》所纪尧、舜事与今本《尧典》对比，又多见其矛盾，如《孟子》称"当尧之时""洪水横流""五谷不登""蛟龙居之""禽兽逼人""民无所定"（《滕文公上、下》），困厄一至于此，而《尧典》乃称其"克明俊德，以亲九族，九族既睦，平章百姓；百姓昭明，协和万邦；黎民于变时雍"，又安和若是！……《孟子》所言尧舜事当别有传说，未必本于《尧典》，未必《孟子》所见《尧典》与今本绝异也。（见《古史辨》第七册［上］《中国上古史导论·尧与颛顼》）

② 【汇校】

　　崔　适："帝尧者名曰放勋"。按：各本无"名曰"二字，脱也。今依《舜本纪》"名曰重华"、《夏本纪》"名曰文命"补。彼有"名曰"二字，此不当无也。此"名"字非"自命也"之名，犹号也，谥也。《文选·洞箫赋》"幸得谥为洞箫兮"，彼假谥为名，犹此假名为谥也。是时虽无谥法，而有其意。尧、舜、禹皆名，放勋、重华、文命，犹后世之徽号也。《集解》以尧、舜、禹为谥，则《论语》"尧曰'咨尔舜'"，《尚书》"舜曰'禹，女平水土'"，岂生而有谥耶？舜、禹皆名，则尧可知矣。（《史记探源》卷二《五帝本纪》）

【汇注】

　　马　融：放勋，尧名。（《古文尚书注》卷一《尧典》）

　　裴　骃：徐广曰："号陶唐。"皇甫谧曰："尧以甲申岁生，甲辰即帝位，甲午征舜，甲寅舜代行天子事，辛巳崩，年百一十八，在位九十八年。"（《史记集解·五帝本纪》）

　　罗　苹：王功曰勋，达于四方曰放。或曰以帝德偶后人则曰勋。所放在尧，以帝德终前烈，则曰重华，所重在尧也。（见《路史·后纪十一·陶唐氏》注）

　　肖云举：太史公本《五帝德》，以放勋、重华、文命为名，孔安国《尚书传》则以尧、舜、禹为名。顾安国之说，宋儒宗之，马融诸人，以尧、舜、禹为谥。盖以夏商以前，以号为谥也。或问：黄帝，公孙姓；夏，姒姓；商，子姓；周，姬姓，何史迁于尧舜阙而不载？世传尧姓伊祈氏，舜姓姚氏，要之，世远莫稽云。（见《百大家评史记》卷一《五帝本纪》）

　　何　琇：放勋，见《孟子》。重华，见《离骚》。其为尧舜之号不疑。然必非在位之时，以美词自号。殆舜禹所追称乎？此谥法之始萌也。（《樵香小记》卷下《放勋重华》）

　　孙星衍：尧名放勋，又以尧为名者，此名即号，非君前臣名之名，由民称号之故。（《尚书今古文注疏》卷一《尧典》）

　　陈士元：《孟子》云：放勋乃殂落。屈原云："就重华而陈辞。"故《路史》又以尧名放勋，舜名重华。夫放勋者，总名帝尧德业之大也。重华者，帝舜重尧之华也，岂可以为尧、舜之名号乎？（《论语类考》卷七《尧》）

瞿中溶： 案：《白虎通》引《礼记·谥法记》曰"翼善传圣谥曰尧"，又引《中侯》曰"天子臣放勋"。《史记·五帝本纪》亦曰"帝尧者，放勋"。考《说文》：勋，古文勳。陆氏德明《经典释文》引马云："放勳，尧名。"《史记·舜本纪》云："虞舜者，名曰重华。"《史记》于"尧"下虽无"名"字，盖亦以放勋为尧名，与马融《尚书注》同也。《尚书·尧典》疏引郑注《中侯》云：重华，舜名。又言：放勋、重华、文命，盖以为三王之名同于郑元矣。郑知"名"者，以《帝系》云"禹名文命"。以上类之亦名，则郑亦以放勋为尧名，与马同。（《汉武梁祠画像考》卷二）

又： 《大戴礼》宰我问帝舜。孔子曰："蟜牛之孙，瞽叟之子也，曰重华。"《楚辞》"就重华而陈辞"，又"吾与重华游兮瑶之圃"，又"重华不可遌兮"，王氏逸注："重华，舜名也。"（同上）

汪之昌： 放勋本史臣赞尧之词，而孟子因以为尧号也。（《青学斋集》卷十一《放勋曰解》）

又： 《尧典》马融注：放勋，尧名。《白虎通·爵篇》中侯曰：天子臣放勋。据《御览》《中侯》，此语为尧告天文。律以君前臣名，大义自称放勋，则放勋为尧名无疑。（同上）

金景芳、吕绍纲： "尧"与"放勋"二者是名是字、是谥是号，前人说法不一。我们认为尧是名，放勋是号。……《秦始皇本纪》："朕闻太古有号毋谥。中古有号，死而以行为谥。"始皇此说当有根据。《礼记·檀弓》明白说"幼名，冠字，五十以伯仲，死谥，周道也"。所以以为"尧""放勋"是字或谥是错误的。孔颖达《尚书正义》所云"因上世之生号，陈之为死谥"，是对的。但尧不是号而是名。上古无谥，故马融以为"尧"是谥的说法系出于附会，不可从。至于尧名前冠以"帝"字，这个"帝"字当与黄帝、帝喾之称帝一例，都表明它们是军事民主制时代部落联盟首长的称号。（《〈尚书·虞夏书〉新解·〈尧典〉新解》）

【汇评】

刘知幾： 盖《虞书》之美放勋也，云"克明俊德"。而陆贾《新语》又曰："尧、舜之人，比屋可封。"盖因《尧典》成文而广造奇说也。案：《春秋传》云：高阳、高辛二氏各有才子八人，谓之"元""凯"。此十六族也，世济其美，不陨其名。以至于尧，尧不能举。帝鸿氏、少昊氏、颛顼氏各有不才子，谓之"浑沌""穷奇""梼杌"。此三族也，世济其凶，增其恶名，以至于尧，尧不能去。缙云氏亦有不才子，天下谓之"饕餮"，以比三族，俱称"四凶"。而尧亦不能去。斯则当尧之世，小人君子，比肩齐列，善恶无分，贤愚共贯。且《论语》有云："舜举皋繇，不仁者远。"是则当皋

鲧未举，不仁甚多，弥验尧时群小在位者矣。又安得谓之"克明俊德""比屋可封"者乎？（《史通》卷十三《疑古》）

黄　伦：伊川曰：放勋非尧号，盖史称尧之道也。以谓三皇而上，以神道设教，不言而化，至尧方见事功。后人以放勋为尧号，故记《孟子》者，遂以尧为放勋也。若以尧为放勋，则皋陶当号允迪，禹曰文命，下言"敷于四海"有甚义。（《尚书精义》卷一《尧典》）

③【汇注】

司马贞：如天之函养也。（《史记索隐·五帝本纪》）

蒋廷锡：按：《吕氏春秋·古乐篇》陶唐氏之始，阴多滞伏而湛积，水道壅塞，不行其原，民气郁阏而滞著，筋骨瑟缩，故作为舞以宣导之。帝尧命质为乐。质乃效山林谿谷之音以歌，乃以麋䩮置缶而鼓之。乃拊石击石以像上帝玉磬之音，以致舞百兽。瞽叟乃拌五弦之瑟，作以为十五弦之瑟，命之曰《大章》，以祭上帝。（《明伦汇编》卷八《帝纪部·陶唐氏》）

④【汇注】

司马贞：如神之微妙也。（《史记索隐·五帝本纪》）

金履祥：不虐无告，不废困穷，而其仁如天也。辨共工有滔天之罪，闻舜德于侧微之际，而其智如神也。当时之治，虽曰庶绩咸熙，万邦咸宁，而问之在朝，在朝不知；问之在野，在野不知，荡荡乎民无能名焉。……然尧在位七十载，逊而授之于舜，以天下与人，而能为天下得人，夫岂轻于付托之际哉！（《御批通鉴纲目前编》卷首《帝尧陶唐氏·总论》）

⑤【汇注】

司马贞：如日之照临，人咸依就之，若葵藿倾心以向日也。（《史记索隐·五帝本纪》）

⑥【汇注】

司马贞：如云之覆渥，言德化广大而浸润生人，人咸仰望之，故曰如百谷之仰膏雨也。（《史记索隐·五帝本纪》）

罗　泌：仁如天，智如神，明如日，而晦如阴。（《路史·后纪十一·陶唐氏》）

罗　苹：仁以莅之，智以周之，明以察之，晦以蓄之。（见《路史·后纪十一·陶唐氏》注）

［日］泷川资言：中井积德曰：如日，谓其温仁也，犹炙背于阳。如云，谓其高大覆冒。《索隐》非。（《史记会注考证附校补·五帝本纪第一》）

施之勉：孔广森曰：如日者，其色温也。如云者，其容盛也。（《史记会注考证订补·五帝本纪第一》）

⑦【汇注】

司马贞：舒犹慢也。《大戴礼》作"不豫"。（《史记索隐·五帝本纪》）

【汇评】

崔　述："曰若稽古帝尧，曰放勋，钦明文思安安，允恭克让；光被四表，格于上下。"（《书·尧典》）《大戴记》称尧云："其仁如天，其知如神；就之如日，望之如云；富而不骄，贵而不豫（《史记》作'舒'）；黄黼黻衣（《史记》作'黄收纯衣'），丹（《史记》作'彤'）车白马。"余按：《经》云"钦明文思安安"，"钦"以法天，"明"以治民，"文思"其条理之精密，"安安"其中道之从容，仅六言而圣人之德备矣。至《戴记》则肤阔语耳！"如天""如神"，可也，抑有本焉。"如日""如云"，则形容之词，非德之实也。"不骄""不舒"，以言圣人，浅矣。车服之色，尤无当焉。学者试取《经》文熟读而对勘之，若黑白冰炭之不相似矣。（《崔东壁遗书·唐虞考信录》卷一《尧建极·〈大戴记〉称尧德之肤阔》）

⑧【汇注】

裴　骃：徐广曰："纯，一作'紌'。"骃案：《太古冠冕图》云"夏名冕曰收"。《礼记》曰"野夫黄冠"。郑玄曰"纯衣，士之祭服"。（《史记集解·五帝本纪》）

司马贞：收，冕名。其色黄，故曰黄收，象古质素也。纯，读曰缁。（《史记索隐·五帝本纪》）

陈蒲清：纯，一作紌，通"缁"，黑色。又王引之《经义述闻》谓"纯"当读"黗"（tún），黄浊色。故纯衣当为深黄色衣服。（见王利器主编《史记注译·五帝本纪》）

⑨【汇注】

［日］泷川资言：以上采《五帝德》。"彤"，《戴记》作"丹"，义同。（《史记会注考证·五帝本纪》）

⑩【汇注】

刘　向：尧存心于天下，加志于穷民，痛万姓之罹罪，忧众生之不遂也。有一民饥，则曰此我饥之也；有一人寒，则曰此我寒之也；一民有罪，则曰此我陷之也。仁昭而义立，德博而化广；故不赏而民劝，不罚而民治。先恕而后教，是尧道也。（《说苑》卷一《君道》）

裴　骃：徐广曰："驯，古训字。"（《史记集解·五帝本纪》）

司马贞：《史记》"驯"字徐广皆读曰训。训，顺也。言圣德能顺人也。按：《尚书》作"俊德"，孔安国云"能明用俊德之士"，与此文意别也。（《史记索隐·五帝本纪》）

梁玉绳：附按：《汉书·儒林传》言史公从孔安国问《古文尚书》，故《史记》载

《尧典》《禹贡》《洪范》《微子》《金縢》诸篇多古文说，则是壁中真古文，而非史公之不循经典，自任胸怀矣。然字句之间，每与今所传迥异，何欤？盖古字多通借，又汉儒各习其师，不能尽同。……因知史公之于《尚书》，兼用今古文，复旁搜各本，荟萃成一家言，《索隐》所谓"博采经记而为此史，不必皆依《尚书》"，是也。而古人引用旧籍，不拘定本文，则增损窜易，诚所不免。……或谓《史》于诸经但书其事目足矣，不必全写其文。盖经典昭垂，不待表出，《史通》讥《汉地理志》载《禹贡》，正是此意，况仍不能尽录乎？然因《史》所载，后人得以校其异同；且逸书亦有赖《史》而后人始得见者，则于经大有补焉。凡非《史》误而有所辨者，为附按。（《史记志疑》卷一《五帝本纪》）

吴汝纶："能明驯德"，归云：凡用《尚书》，字异者，或史公所见别本不同，或古今文字异，或改用训解字，或全句改者，读之当有辨。（《点勘史记读本·各家史记评语·五帝本纪》）

【汇评】

钱　时：俊德，驯德之士也。克明，犹灼见也。尧惟灼见俊德而用之，故以之亲九族，则九族尽睦，以之章百姓，则百姓昭明，以之和万邦，则黎民于变时雍也。（《融堂书解》卷一《尧典》）

时　澜：至此乃言其为治之序。大抵为治之序：先亲而后疏，自内以及外，修身而后齐家，则明德在齐家之后，可也。今尧之克明峻德乃在以亲九族之先，何也？君不用贤，何以知亲九族，章百姓，和万邦之理？治国平天下，必资贤人讲求。《大学》曰：尊贤也。亲亲也。伊川谓尊贤在亲亲之先，如人之生，岂识礼义？需由学校朋友相与讲问，尧之圣，固知亲九族之理矣。犹必待俊德之士开导而启迪之，然后九族可睦也。此所以先明俊德之士，使之布列于朝廷之上，讲明是理，以之齐家，以之治国，以之平天下。（《增修东莱书说》卷一《尧典》）

⑪【汇注】

班　固：族者，何也？族者，凑也，聚也，谓恩爱相流凑也。生相亲爱，死相哀痛，有会聚之道，故谓之族。《尚书》曰："以亲九族。"族所以九何？九之为言究也。亲疏恩爱究竟也。谓父族四，母族三，妻族二。父族四者，谓父之姓，一族也；父女昆弟适人有子，二族也。身女昆弟适人有子，为三族也。身女子适人有子，为四族也。母族三者，母之父母一族也。母之昆弟二族也。母昆弟子三族也。母昆弟，男女皆在外亲，故合言之。妻族二者，妻之父为一族，妻之母为二族。妻之亲略，故父母各一族。（《白虎通德论》卷八《宗族》）

郑　玄：上自高祖，下及玄孙，凡九族。（《尚书郑注》卷一《尧典》）

夏　僎：九族，孔氏传谓高祖及元孙之亲。然高祖非己所得逮事，而元孙亦非己之所可及见，果何以亲而睦之哉？孔说误矣。惟夏侯、欧阳等以为父族四、母族三、妻族二。林少颖谓父族四：父五属之内，一也；父之女昆弟适人者及其子，二也；己之女昆弟适人者及其子，三也；己之女子适人者及其子，四也。母族三：母之父姓，一也；母之母姓，二也；母之女昆弟适人者及其子，三也。妻族二：谓妻之父姓，一也；妻之母姓，二也。盖敦宗睦族之道，必遍外内之亲，如使尧之所亲不过高祖元孙，则尧之所亲亦狭矣。（《尚书详解》卷一《尧典》）

郝　敬：九族，谓同姓由身以上四世，身以下四世，为九，以家言也。（《尚书辨解》卷一《尧典》）

金景芳、吕绍纲："九族"何指，古有二说：一说九族为上自高祖下至玄孙。《经典释文》曰："上自高祖下至玄孙。"马融、郑玄及伪孔《传》说同。另一说九族为父族四、母族三、妻族二。许慎《五经异义》引《戴礼》《尚书》欧阳说云："九族乃异姓有亲属者。父族四，五属之内为一族，父女昆弟适人者与其子为一族，己女昆弟适人者与其子为一族，己之子适人者与其子为一族。母族三，母之父姓为一族，母之母姓为一族，母女昆弟适人者为一族。妻族二，妻之父姓为一族，妻之母姓为一族。"《白虎通义·宗族篇》说与《尚书》欧阳说同，唯合母之父族、母族为一族，而增母之昆弟一族，与欧阳说微异，其实质是一致的。两说相比较，《尚书》欧阳说为可取。（《〈尚书·虞夏书〉新解·〈尧典〉新解》）

【汇评】

许　谦：九族之说不一，《白虎通》：父族四，谓父之同姓父女昆弟适人有子，身女昆弟适人有子，身女子适人有子者也。母族三：母之父母，母之昆弟，母昆弟子也。妻族二，妻之父、妻之母也。《朱子语录》：父族四，谓本族姑之夫，姊妹之夫，女子之夫也（原注：此与《白虎通》异），妻族二（原注：亦与《白虎通》同）。按：《白虎通》言母之父母昆弟及昆弟子，止是本姓一族，不可谓三族也。若《语录》云，则母有母之族，而父反无之，二家皆言妻之母族，是又厚于妻而薄于父也。今但自高祖至元孙，而一以服断之，则上下傍杀之余，外姓凡有服之亲，皆该在其中，亲疏毕举，轻重皆当，而无前说之失。（《读书丛说》卷二《尧典》）

金景芳、吕绍纲：当时是原始社会，"礼义有所措"的文明时代尚未开始，人们是按血缘团体组织成社会的，地域团体是以后的事。尧是部落联盟首长，不同于后世的帝王或地方行政长官，他是部落联盟的首长，必然也是本部落本氏族的代表。他若要解决好部落联盟的问题，必须先把自己所在的血缘体内的事情办好，否则他的一切便没了根底。（《〈尚书·虞夏书〉新解·〈尧典〉新解》）

⑫**【汇注】**

郑　玄：睦，亲也。（《尚书郑注》卷一《尧典》）

钱　时：既，尽也。（《融堂书解》卷一《尧典》）

【汇评】

佚　名：东坡曰：尧之民，比屋可封；桀之民，比屋可诛。若信此说，则尧时诸侯满天下，桀时大辟遍四海也。（《历代名贤确论》卷一《比屋可封》）

崔　述：尧何以有天下？曰：《经》固尝言之，但后人不之察耳。《经》曰："克明俊德，以亲九族，九族既睦。"言尧能明其德以施于同姓，而同姓皆归之，而尧始立家也。姓同，故以族别之。柳子所谓"智而明者，所伏必众，故近者聚而为群"是也。《经》曰"平章百姓，百姓昭明"。言尧能推其德以渐于异姓，而异姓之长亦各率其九族归之，而尧始建国也。邦同，故以姓别之。柳子所谓"德又大者，众群之长又就而听命焉，于是有诸侯之列"是也。《经》曰："协和万邦，黎民于变时雍。"言尧能推其德以大布于天下，而天下之君亦无不各率其百姓归之，而尧始为海内生民主也。柳子所谓"德又大者，诸侯之列，方伯连帅之类又就而听命焉，然后天下会于一"是也。盖古之天下原无父子相传之事，故孰为有德则人皆归之；虽有一二败俗拒命之人待兵刑而后服，要之上古人情淳厚，慕义向风者为多，故其得天下之次第大概如此，不必尽藉于先业也。若尧不藉父兄之业，即不能有天下，则羲、农、黄帝又何所藉而能得天下也哉？（《崔东壁遗书·唐虞考信录》卷一《尧有天下之故》）

⑬【汇校】

惠　栋："平章百姓"，《史记》作"便章"，《尚书大传》作"辩章"。案：下文"平秩"字，伏生作"便"，郑玄作"辩"。《说文》云：釆，辨别也。读若辨，古文作𠂢，与平相似。于部云：古文"平"作釆，孔氏袭古文，误以𠂢为平，训为平和，失之。辨与便同音，故《史记》又作"便"。《汉简》云《古文尚书》"平章"字，作釆，《玉篇》同《毛诗》。（《九经古义》卷三《尚书古义》）

［日］水泽利忠："便"，英房、南化、枫、㥏、三、梅、狩、野、阁、中彭"使"。（《史记会注考证附校补·五帝本纪第一》）

【汇注】

郑　玄：辩，别也。章，明也。（《尚书郑注》卷一《尧典》）

裴　骃：徐广曰："下云'便程东作'，然则训平为便也。"骃按：《尚书》并作"平"字。孔安国曰"百姓，百官"。郑玄曰"百姓，群臣之父子兄弟"。（《史记集解·五帝本纪》）

孔颖达：经传之言百姓，或指天下百姓。此下句乃有黎民，故知百姓即百官也。百官谓之百姓者，隐八年《左传》云：天子建德，因生以赐姓，谓建立有德，以为公卿，因其所生之地而赐之，以为其姓，令其收敛族亲，自为宗主。明王者任贤不任亲，故以百姓言之。《周官篇》云：唐虞稽古，建官维百。（《尚书疏·尧典》）

司马贞：《古文尚书》作"平"，此文盖读"平"为浦耕反。平既训便，因作"便章"。其今文作"辩章"。古"平"字亦作"便"，音婢缘反。便则训辩，遂为辩章。邹诞生本亦同也。（《史记索隐·五帝本纪》）

苏　轼：章，显用其贤者也。百姓，凡国之大族，民之望也。大族予之，民莫不予也。方是时，上世帝皇之子孙，其得姓者盖百余族而已，故曰百姓。（《东坡书传·尧典》）

夏　僎：百姓，百官族姓也。自其兴事造业而言之，则曰百工；自其联事合治而言之，则曰百僚；自其分职率属而言之，则曰百官；自其所掌而言之，则曰百执事；自其所主而言之，则曰百司；自其分姓受氏而言之，则曰百姓。（《尚书详解》卷一《尧典》）

时　澜：百姓，不必指百官，盖王畿之民也。……章者，使之通达而无雍蔽，是王畿之士农工商、鳏寡孤独，无不得其所也。（《增修东莱书说》卷一《尧典》）

郝　敬：章，明也。百姓，畿内之民近而少，故言姓。姓之言生也。（《尚书辨解》卷一《尧典》）

又："便章"注引《古文尚书》作"平章"，今文作"辩章"。按：平、便、辩三字声近，《易》"剥床以辩"，辩即平。《诗》"平平左右"，平即便。《论语》"便便言"，便即辩。《汉书·张敞传》，便面即屏面。《王莽传》：屏面即便面。屏音平。（《批点史记琐琐》卷一《五帝本纪》）

阮　元：《白虎通·姓名》，姓，生也。人所禀天气所生者也。《诗》云："天生烝民。"《尚书》曰："平章百姓。"姓所以有百何？以为古者圣人，吹律定姓，以记其族，人含五常而生，声有五音，宫、商、角、徵、羽，转而相杂，五五二十五，转生四时，故百而异也。气殊音悉备，皆殊百也。（《诗书古训》卷五上《尚书今文·尧典》）

金景芳、吕绍纲：意谓把本部落联盟内尧之近亲九族之外所有不同姓氏的血族团体区分明确，使各行其事，各尽其责，无有紊乱。（《〈尚书·虞夏书〉新解·〈尧典〉新解》）

【汇评】

钱　时：平章者，均平而表章之，旌别之谓也。后世不能化民成俗，皆由善恶混殽，无所别白之故，可胜叹哉？于是表章之，则是是非非，如辨黑白，百姓皆昭然著明矣。（《融堂书解》卷一《尧典》）

⑭【汇注】

马　骕：《管子》：昔者尧之治天下也，犹埴之在埏也，唯陶之所以为。犹金之在炉，恣冶之所以铸。其民引之而来，推之而往，使之而成，禁之而止。故尧之治也，

善明法禁之令而已矣。(《绎史》卷九《陶唐纪》)

又：尧舜之王，所以化海内者，北用禺氏之玉，南贵江汉之珠，其胜禽兽之仇，以大夫随之，令诸侯之子将委质者，皆以双武之皮，卿大夫豹饰，列大夫豹幨，大夫散其邑粟与其财物，以市虎豹之皮，故山林之人刺其猛兽，若从亲戚之仇，此君冕服于朝，而猛兽胜于外，大夫已散其财物，万人得受其流，此尧舜之数也。(同上)

蒋廷锡：按：《淮南子·修务训》：尧立，孝慈仁爱，使民如子弟。西教沃民，东至黑齿，北抚幽都，南道交趾。(《明伦汇编》卷八《帝纪部·陶唐氏》)

徐旭生：《尧典》大致说：帝尧时期过去的"万邦"至今已变得和睦共处，友好交往，共同组成了中原部落大联盟，国家的雏型出现了。虽然，早在黄帝时代三大集团（华夏、东夷、苗蛮）之间已在进行着文化交流和融合，尧时更促进了这种融化过程。(《尧舜禹·帝尧》，载《文史》第39辑)

【汇评】

钱　时：万邦之广，风俗各不同，不有以协和之，则国异政，家殊俗，何由化洽协合也。……协和万邦，则天下一家，皆在春风和气中，黎民自然丕变致时之雍和也。"(《融堂书解》卷一《尧典》)

胡一桂：《书》称帝德曰"钦明文思安安"者，帝之心法也，曰"允恭克让"者，帝之身法也。钦存于中，恭见于外，敬为圣学始终之要也。"克明峻德，以亲九族"，则身修而家齐矣。"九族既睦，平章百姓"，则家齐而国治矣。"百姓昭明，协和万邦"，则国治而天下平矣。圣经"明德"二字，实自尧发之，《大学》八条亦始于此。不但是也，"中"者，天下之大本。事，事物。物莫不有一中道，举天下以与人，大事也，而授受之际，不过曰"允执厥中"，圣经"中"之为义，亦自尧发之。《中庸》九经亦始于此。然则开千万世圣学之源者，尧之功，顾不钜乎！仲尼祖述尧舜，韩子所谓尧以是道传之舜、禹、汤、文、武、周公、孔子者，即此是也。道散于三极之间，所望于圣人者，裁成天地之道以立人极云耳。(引自《御批通鉴纲目前编》卷首《帝尧陶唐氏·总论》)

王充耘：圣人能明其大德，是以修己之功，盖无以复加。故推以及人，而无感不应，所谓举一世而熏陶之，而无有出于圣人范围之外者。(《书义主意》卷一《尧典》)

程　楷：治天下有本，曰明而已；治天下有要，曰断而已。明以烛天下之大几，则贤否是非，心有定见而无眩疑依违之惑；断以决天下之大务，则赏罚因革，事有定力而无僭滥舛缪之非。……尧之为君也，其知如神，仁照义立，明断之资备矣。故明扬侧陋，平章百姓，明孰尚焉？不赏而劝，不罚而治，断孰加焉？尧以是明断而协万邦也。(《明断编》)

郝　敬：此言恭让之化，家齐、国治而天下平也。(《尚书辨解》卷一《尧典》)

崔 述：且使尧之天下果传之于父兄，则尧当世守之，丹朱虽不肖，废而他立可也，舜虽大圣，相尧之子以治天下，如伊尹之于太甲可也；尧安得而授之舜，舜安得而受之于尧哉！（《崔东壁遗书·唐虞考信录》卷一《尧建极·尧有天下之故》）

乃命羲、和①，敬顺昊天②，数法日月星辰③，敬授民时④。分命羲仲⑤，居郁夷⑥，曰旸谷⑦。敬道日出⑧，便程东作⑨。日中⑩，星鸟⑪，以殷中春⑫。其民析⑬，鸟兽字微⑭。申命羲叔⑮，居南交⑯。便程南为⑰，敬致⑱。日永⑲，星火⑳，以正中夏㉑。其民因㉒，鸟兽希革㉓。申命和仲㉔，居西土㉕，曰昧谷㉖。敬道日入㉗，便程西成㉘。夜中㉙，星虚㉚，以正中秋㉛。其民夷易㉜，鸟兽毛毨㉝。申命和叔㉞，居北方㉟，曰幽都㊱。便在伏物㊲。日短㊳，星昴㊴，以正中冬㊵。其民燠㊶，鸟兽氄毛㊷。岁三百六十六日㊸，以闰月正四时㊹。信饬百官㊺，众功皆兴㊻。

① 【汇注】
司马迁：少暤氏之衰也，九黎乱德，民神杂扰，不可放物，祸灾荐至，莫尽其气。颛顼受之，乃命南正重司天以属神，命火正黎司地以属民，使复旧常，无相侵渎。其后三苗服九黎之德，故二官咸废所职，而闰余乖次，孟陬殄灭，摄提无纪，历数失序。尧复遂重黎之后，不忘旧者，使复典之，而立羲和之官。明时正度，则阴阳调，风雨节，茂气至，民无夭疫。年耆禅舜，申戒文祖，云"天之历数在尔躬"。舜亦以命禹。由是观之，王者所重也。（《史记·历书》）

马 融：羲氏掌天官，和氏掌地官，四子掌四时。（《古文尚书注》卷一《尧典》）

郑 玄：高辛氏之世，命重为南正司天，犁为火正司地。尧育重犁之后，羲氏和氏之子，贤者使掌旧职，天地之官，亦纪于近，命以民事，其时官名，盖曰稷司徒。（《尚书郑注》卷一《尧典》）

裴 骃：孔安国曰："重黎之后，羲氏、和氏世掌天地之官。"（《史记集解·五帝本纪》）

张守节：《吕刑传》云："重即羲，黎即和，虽别为氏族，而出自重黎也。"按：圣人不独治，必须贤辅，乃命相天地之官，若《周礼》天官卿、地官卿也。（《史记正

义·五帝本纪》）

袁燮：杨子云曰：羲近重，和近黎。羲、和既重、黎之后，为司天地之官。分明以羲、和为天地之官，以四子为四时之官，朝廷大臣不出此六官，此便是周之六卿，自古如此。甘誓之战，乃召六卿，在夏时已然可见也。四子所主者，各一时，凡属于天者皆羲氏所掌；凡属于地者皆和氏所掌也。天下万事，何者非天地？便如周家六卿，虽云各有所主。要之，天地官所属者分外较大。六官无非是理会民。设官分职，以为民极，民之外复有何事？（《絜斋家塾书钞》卷一《尧典》）

钱时：羲、和在颛顼帝时名重、黎，在尧时名羲、和，一也。（《融堂书解》卷一《尧典》）

王应麟：马郑皆曰此命羲和者，命为天地之官。下云"分命""申命"，为四时之职。天地之与四时，于周则冢宰、司徒之属，六卿是也。（《古文尚书注》卷一《尧典》）

郝敬：尧，首治之君也。天时，首治之事也。羲、和二氏，掌历象之官。（《尚书辨解》卷一《尧典》）

陈泰交：乃者，继事之辞。（《尚书注考》）

夏僎：程氏谓：……是尧之羲、和，即颛帝之重黎也。孔子谓：重黎之后，羲氏、和氏，世掌天地四时。《正义》谓：羲和虽别为氏族，而出自重黎，是二家乃以羲和为氏族也。林少颖以为不然。下文言咨汝羲暨和，则似名矣，非氏族也。余以经考之：《胤征》言羲和废厥职，夫尧与仲康之时，相去如此其远，若果人名者，岂有尧时人为羲和，而仲康之时，其人亦名为羲和也。要之，羲和乃官名也。盖掌天地四时之官，在颛帝时，其职名重黎，自尧以至夏商，其职名羲和也。（《尚书详解》卷一《尧典》）

又：然下文又言，分命羲仲、和仲，申命羲叔、和叔者，盖羲掌春夏，和掌秋冬。先春而夏继之，先秋而冬继之。故其言以仲叔言之，言相继相承如伯仲，亦犹鲁三桓子孙而云孟孙、叔孙、季孙也。《正义》谓羲氏、和氏之子字仲、字叔者，误矣。乃者，发语之辞，非谓时雍之后始命羲、和也。盖羲和之官，以授民时为职，民时之授，当考于历象，历为书，即《洪范》所谓历数，所以纪日月星辰之先后也。象为器，即《舜典》所谓璇玑玉衡，所以参考日月星辰之行度也。是二者，岂私意曲说可为哉？实因在天之象数，而立为成书，制为成器，以备占步而已。故尧之命羲和，所以必使之敬顺昊天而历象日月星辰者，以历象不可以私意为必，当顺天道之自然故也。（同上）

李光地：以下乃摘其行政、用人之大者。顺天授时，政之大本也；钦、敬一也，对天而言则曰钦，对民言则曰敬。（《尚书七篇解义》卷一《尧典》）

齐召南：帝尧陶唐氏：元载甲辰，命羲和。（《历代帝王年表·帝王》）

【汇评】

黄　伦：张氏曰：散天地之义气以为羲，羲者阳也；敛天地之仁气以为和，和者阴也。春夏阳也，故羲仲、羲叔主之；秋冬阴也，故和仲、和叔主之。夫阴阳者，王事之本，故尧之命官，可谓知所本矣。（《尚书精义》卷一《尧典》）

钱　时：方命羲、和治历明时，象者，象时之节令，历者，所以书之而授之于人也。日月星辰，乃天运自然之序，一毫人力无容于其间，尧命羲、和，不过敬顺其自然耳。此心之敬，与天通一无二。圣人先天而天弗违，后天而奉天时者，无他，敬而已。若昊天以治历，只是敬授人时耳。所以布历亦只是此敬。（《融堂书解》卷一《尧典》）

时　澜：尧之时，天人为一，故羲和之职甚重。后世如保章氏、星官、历翁，为职浸微，而治人之任备矣。万世帝王之事，不过奉天治民，古者详于天，后世详于民，而二事俱不偏废。天运之变也，尧未尝亲一事，任峻德与羲和而已。尧所职者，克明与乃命，可以观人君之道焉。（《增修东莱书说》卷一《尧典》）

又：自此以下，乃载尧命官之叙。前乎尧者，历法未毕，至尧始备。是以羲和之命，考中星以正四仲，如此之详也。虽然，尧所以急于为是者，非天下之未治而泛为也。黎民于变时雍，天下可谓治矣。天下既治，而用心于历象，不失其宜也。以命羲和一节观之，《尧典》舍此他无所为，尧果无为独此一命而已乎？盖职在羲和，乃命者在尧，虽羲和为之，而实尧为之，则知尧尽君道，无为之中而有为者存焉。羲和，当时大臣也，故史官举其事大体重者以见其余。于未作历之先钦若昊天，是先天而天弗违也；于既作历之后，敬授人时，是后天而奉天时也。此书惟羲和四子之事最详……分命，申命，人专一局，其命若散而无统，故于初必总命之，令人人皆体此意，皆知"钦若"，皆知"敬授"，盖定历之法，钦敬之心一失，则乖错舛谬，其害大矣。故虽分命、申命，所掌不同，而"乃命"之辞，钦敬之意，本无先后异同之别，一归于不致慢忽，乃可以共成历法，是尧之意也。（同上）

崔　述：曰：此其记尧之命羲、和，何也？曰：记历法所自始，四时所由定，而岁所由成也。盖历数自黄帝以来有之，故《传》云："少昊氏鸟名官，凤鸟氏，历正也。"然历之为法，必积久而后差数可见，创始者势不能以周详尽善也，故必行之数百年，至尧，而后朔之日数多寡可校，闰之疏密可推。尧犹惧其未符，又命官分验于四方渐损渐益，而后四时不爽，乃始定为画一之法以垂后世。故史记其命书，以志历所自始，《汉志》六历虽有黄帝、颛顼之称，然但其源出于二帝，后人迭加损益而推广以成书，非黄帝、颛顼所自为也。（《崔东壁遗书·唐虞考信录》卷一《尧授时·历法始于尧》）

② 【汇注】

张守节：敬犹恭勤也。元气昊然广大，故云昊天。释天云："春为苍天，夏为昊天，秋为旻天，冬为上天。"而独言昊天者，以尧能敬天，大，故以昊大言之。(《史记正义·五帝本纪》)

苏　轼：昊，广大也。(《东坡书传·尧典》)

黄　伦：张氏曰：《尔雅》言四时之天，于夏则曰昊天，盖言其气之布散浩浩故也。尧之历象授时，以气为主，故特曰昊天。钦昊天者，使之敬而不敢慢也；若昊天者，使之顺而不敢违也。日月星辰之运行于天，其往来有数，其伏见有象，为之历者，所以稽其数，为之象者，所以占其象，故分至启闭，弦望晦朔，得而考之，以此而敬授人时，则析因夷隩，不失其候矣，是故张昏中而种谷，火昏中而种黍，虚昏中而种麦，昴昏中而收敛，至于龙见而雩，火流而授衣，天根见而成梁，水昏正而栽，日至而毕，则历象以授时者，此可见矣。(《尚书精义》卷一《尧典》)

阮　元：《中论·历数》：其后三苗复九黎之德，尧复育重黎之后，不忘旧者，使复典教之，故《书》曰：乃命羲和，钦若昊天，历象日月星辰，敬授民时，于是阴阳调和，灾厉不作，休徵时至，嘉生蕃育，民人乐康，鬼神降福，舜、禹受之，循而勿失也。(《诗书古训》卷五上《尚书今文·尧典》)

顾颉刚：《今尚书》欧阳说：春曰"昊天"，夏曰"苍天"，秋曰"旻天"，冬曰"上天"：总为"皇天"。《尔雅》亦然。《古尚书》说云：天有五号，各用所宜称之：尊而君之则曰"皇天"，元气广大则称"昊天"，仁覆愍下则称"旻天"，自上监下则称"上天"，据远视之苍苍然则称"苍天"。谨按：《尚书》，尧命羲、和"钦若昊天"，总敕四时，知"昊天"不独春。《春秋左氏》曰"夏四月己丑，孔子卒"，称"旻天不吊"，时非秋天。(原注：《周礼·大宗伯疏》等引)(《崔东壁遗书·序》一二《东汉的疑古》)

【汇评】

刘宝楠：尧能法天而行化。(《论语正义·泰伯》)

③ 【汇注】

司马贞：尚书作"历象日月"，则此言"数法"，是训"历象"二字，谓命羲和以历数之法观察日月星辰之早晚，以敬授人时也。(《史记索隐·五帝本纪》)

张守节：历数之法，日之甲乙，月之大小，昏明递中之星，日月所会之辰，定其天数，以为一岁之历。(《史记正义·五帝本纪》)

苏　轼：星，四方中星也。辰，日月所会也。或曰：星，五星。辰，三辰，心、伐、北辰也。重黎之后，羲氏、和氏世掌天地四时之官，故尧以是命之。(《东坡书传》卷一《尧典》)

马持盈：数法日月星辰，不断地观察日月星辰运行的历程，以为法则。《尚书·尧典》为"历象日月星辰"，司马迁把它译为当时所容易了解的文句，故谓之"数法日月星辰"，有时他翻译的也不一定正确。（《史记今注·五帝本纪》）

金景芳、吕绍纲：星与辰究竟是怎样的关系？孔颖达于《大宗伯》疏说："二十八星，面有七，不当日月之会直谓之星。若日月所会则谓之宿，谓之辰，谓之次，亦谓之房。故《尚书·胤征》云'辰弗集于房'，孔注云'房，日月所会'是也。"孔颖达于《尧典》疏说："日行迟，月行疾，每月之朔，月行及日而与之会，其必在宿分。二十八宿是日月所会之处。辰，时也。集会有时，故谓之辰。日月所会与四方中星俱是二十八宿。举其人目所见，以星言之；论其日月所会，以辰言之。其实一物，故星辰共文。"……他们的核心思想是星即指二十八宿，不包括其他。星在作为日月相会的时空坐标时又称作辰。"日月星辰"，实质只有日月星，不是日月星之外另有辰。（《〈尚书·虞夏书〉新解·〈尧典〉新解》）

【汇评】

阮　元：《汉书·李寻传》：《书》曰"历象日月星辰"，此言仰视天文，俯察地理，观日月消息，候星辰行伍，揆山川变动，参人民繇俗，以制法度者祸福。举错悖逆，咎败将至，征兆为之先见，明君恐惧修正，侧身博问，转祸为福。不可救者，即蓄备以待之，故社稷亡忧。（《诗书古训》卷五上《尚书今文·尧典》）

④【汇注】

刘　向：古者有主四时者：主春者张，昏而中，可以种谷，上告于天子，下布之民；主夏者大火，昏而中，可以种黍菽，上告于天子，下布之民；主秋者虚，昏而中，可以种麦，上告于天子，下布之民；主冬者昴，昏而中，可以斩伐田猎盖藏，上告之天子，下布之民。故天子南面视四星之中，知民之缓急，急利不赋籍，不举力役。《书》曰："敬授民时。"《诗》曰："物其有矣，维其时矣。"物之所以有而不绝者，以其动之时也。（《说苑》卷十八《辨物》）

班　固：历数之起上矣。传述颛顼命南正重司天，火正黎司地，其后三苗乱德，二官咸废，而闰余乖次，孟陬殄灭，摄提失方。尧复育重、黎之后，使纂其业，故《书》曰："乃命羲、和，钦若昊天，历象日月星辰，敬授民时。""岁三百有六旬有六日，以闰月定四时成岁，允厘百官，众功皆美。"（《汉书·律历志上》）

张守节：《尚书考灵耀》云："主春者，张昏中，可以种稷。主夏者，火昏中，可以种黍菽。主秋者，虚昏中，可以种麦。主冬者，昴昏中，可以收敛也。"天子视四星之中，知民缓急，故云敬授民时也。（《史记正义·五帝本纪》）

罗　泌：初，重、黎受职高阳之代，高辛氏衰（原注：挚），三苗复九黎之事，民兴胥渐，罔中于信，而二官以废闰余乖统，民黩齐盟，上帝不蠲，苗民遏绝，于是复育重、黎之后，使纂旧业，乃命羲、和，绝地天通，羲载上天，黎献下地，俾主阴阳，羲、和居卿而致日，立浑仪，钦若昊天，历象日月星辰，敬授人时。（《路史·后纪十一·陶唐氏》）

罗　苹：帝尧时事以寅正时。（见《路史·后纪十一·陶唐氏》注）

夏　僎：人时者，薛氏云：周建子，天时也；商建丑，地时也；夏建寅，人时也。尧亦建寅，以人时授民，故曰人时。然改正朔始于周，尧舜之时，无三正之异，所谓人时，盖言民时也。故《史记》载《尧典》敬授人时，亦以为民时，则薛氏之说盖不可用也。（《尚书详解》卷一《尧典》）

金履祥：上古以来，因时作事，而历法盖未备，帝尧始为历象之制，定其财成辅相之节，以授其民，遂为后世常行之准焉。（《书经注》卷一《尧典》）

鄂尔泰：传所重在于民食。惟当敬授民时。立君所以牧民，民生在于粒食，是君之所重。《论语》云所重民食，谓年谷也。种植收敛乃时乃获，故惟当"敬授民时"。（《授时通考》卷一《总论上》）

金景芳、吕绍纲：人与民二字在经典中意义有别……民是一般老百姓，治于人和食人的劳动者，人则是有地位的统治阶级人士。尧时是原始氏族社会的军事民主制时代，国家尚未产生，当然谈不上统治阶级和被统治阶级的划分，但是毕竟有氏族、部落酋长与一般氏族成员之别。……"敬授人时"，是授时给本部落联盟内各部落、氏族以及"万邦"的领导人，而不是授给氏族一般成员。所以，当作"人时"，不当作"民时"。（《〈尚书·虞夏书〉新解·〈尧典〉新解》）

又：蔡沈《书集传》："人时谓耕获之候，凡民事早晚之所关也。"……时字蔡氏以为是指耕获之候与民事相关者，亦未的。确定耕获之候是授时的目的之一，但不是"时"的本身。时是什么……应当就是《洪范》九畴中第五畴五纪之"一曰岁，二曰月，三曰日，四曰星辰，五曰历数"。这五纪在尧时当已初步产生。授时就是授这个。尧以前的火历时代没有这五纪，授时是谈不上的。（同上）

【汇评】

刘　安：蚑行喙息，莫贵于人。孔窍肢体，皆通于天，天有九重，人亦有九窍，天有四时以制十二月，人亦有四肢以使十二节。天有十二月以制三百六十日，人亦有十二肢以使三百六十节，故举事而不顺天者，逆其生者也。（《淮南子》卷三《天文》）

班　固：尧命四子以敬授民时，是为政首。（《汉书·食货志》）

史　浩：夫圣人所以为圣者，能以己之光明，覆被一世，而其修德修政，动合自然之道而已。克明峻德，至于天下平矣，继当修政。政者，所以与世共之也。盖天不人不因，人不天不成。天人之际，其实无间，君天下者苟能顺天之时，授人以事，亦自然之理，非性分之外别有天人也。"乃"者，因之也。因黎民于变故，命羲、和以正天时，此见尧首德之钦若，又曰"敬授"，尧之钦德不于奉天治人之间见之，其何用耶？古者南正重司天，北正黎司地，扬雄谓羲近重，和近黎，其实重、黎分掌天地，羲、和则兼天地而分四时，名不同尔。"历"其书也，"象"其器也，"日月星辰"其三光也，"辰"其躔次也。仰观俯察，既已得其序，则时以作事，事以厚生，民之本于是乎在矣。（《尚书讲义》卷一《尧典》）

袁燮："敬授人时"，若人时不定，何以使人趋时赴功？然欲敬授人时，须先理会历象。历以算数，象以参历，既无差矣，然后可以颁历于天下。所谓"敬授人时"，古人于此事甚重，舜初即位，便在璇玑玉衡，以齐七政。羲、和湎淫，胤侯至举六师征之。何故如此之重？只缘事事重民故也。滕文公问为国，孟子首答以民事不可缓。立为君师，使之享崇高富贵之极，果为何事？无非为民而已。自后世此等官皆轻者，不以民事为重也。司马子长言"先人以为文史星历，近乎卜祝之间，固主上所戏弄，倡优畜之，流俗之所轻也"。在汉时已如此矣。（《絜斋家塾书钞》卷一《虞书》）

王充耘：为治之法，莫先于治历明时。盖天时正，然后人事方有所统纪，是以圣人慎之重之。终始不离乎敬者，此也。日、月、星之迟速，有自然之行；辰之远近，有自然之要度。步之以历，占之以象，不过敬顺天道之自然，而无敢用其私智者。盖将以授之于人，使知东作西成之候其所系者甚重也。苟一或不谨，而上有乖于天，即下有误于人矣。（《书义主意》卷一《尧典》）

又：圣人之命官，顺乎天以作历，明其时以授人，始终不越乎敬也。（同上）

鄂尔泰：马一龙《农说》：农为治本，知时为上。（《授时通考》卷二《总论下》）

崔述：帝王之治莫先于授时。四时不爽，然后农桑可兴，政令可布，人物之性可尽，天地阴阳之化可得而辅相燮理，书契史册之文可得而次第考核，故《尧典》载尧之政特详于此。（《崔东壁遗书·唐虞考信录》卷一《历法始于尧》）

阮元：《汉书·李寻传》：《书》曰"敬授民时"，故古之王者，尊天地，重阴阳，敬四时，严月令，顺之以善政，则和气可立致，犹枹鼓之相应也。（《诗书古训》卷五上《尚书今文·尧典》）

又：论曰：敬天授时，帝王之首务，故圣人重其事。居郁夷，居南交，居西土，居北方，四方测验之故事也。日中星鸟、日永星火、夜中星虚、日短星昴，中星刻漏之权舆也。至于以闰定时，尤非圣人不能作。盖悬象著明，莫大于二曜，法日月之行，调中朔之数，察发敛以正时，考会衡而班朔，百官以饬，众功以兴，由斯道也。观帝尧之命羲和，知千古步算之纲要，定于陶唐之世矣。（《畴人传》卷一《羲氏、和氏》）

柳诒徵：古人立国，以测天为急。后世立国，以治人为重。盖后人袭前人之法，劝农教稼，已有定时，躔度微差，无关大体，故觉天道远而人道迩。不汲汲于推步测验之术，不知邃古以来，万事草创，生民衣食之始，无在不与天文气候相关，苟无法以贯通天人，则在在皆形枘凿。故古之圣哲，殚精竭力，绵祀历年，察悬象之运行，示人民以法守。自羲农经颛顼，迄尧舜，始获成功。其艰苦愤悱，史虽不传，而以其时代推之，足知其尝耗无穷之心力。吾侪生千百世后，日食其赐而不知，殊无以谢先民也。(《中国文化史》第八章《治历授时》)

又：制历之关系，莫先于农时，《书》称"敬授民时"，以民间不知气候，定播种收获之期，则为害乎民事匪尠也。(同上)

[日] 泷川资言：崔述曰：……余按经文，四时之纪，闰之疏密，朞之日数多寡，皆至尧而后定，非旧已有成法而中废，至尧又修复之也。(《史记会注考证附校补·五帝本纪第一》)

王　恢：尧舜之世，实际领域当不甚广，乃命羲和实测太阳出、入、长、短的标准位置，定出"分至"，大值敬佩的是在数千年前我们的祖先有这种高深的德慧智术，而不须夸张数千万里的广大领域。如说郁夷远在辽东、朝鲜甚至日本，则东京日上东山，天水月犹在树；岭南四季如春，二至差距甚短，而燕地九月飞霜，日苦短而夜漫长。当知地愈远而气候差距亦愈大，则在农业社会开发之初期，最需要之"敬授民时"而订"便程农作"的全国共同生活工作进度表，反不切实用矣。(《史记本纪地理图考·五帝本纪·南交、幽都》)

金景芳、吕绍纲：在尧的时候，人们对天的认识发生了根本性的变化。孔子说："唯天为大，唯尧则之。"(《论语·泰伯》)这话有两层意思，一是说天的概念发生变化，以前的天是个狭小的世界，它属于神，现在的天广大无比，包括日月星辰，它是自然。二是说这样的天概念是尧建立起来的，唯有尧能够遵循自然之天的规律制定新历法，指导人们的生产与生活，尧以前的人办不到。尧是一个伟大的人物。(〈尚书·虞夏书〉新解·〈尧典〉新解·序说》)

⑤【汇注】

郑　玄：[羲仲]，官名。仲叔亦羲和之子。尧既分阴阳为四时，又命四时为之官。又主方岳之事，是为四岳。(《尚书郑注》卷一《尧典》)

黄　伦：无垢曰：羲仲所掌者，天下春事也。春事自东方起，故所掌之地，所司之星辰、日月、民时、鸟兽，皆东方与春事也，是其所职虽一方，而其所治，乃天下之春也。(《尚书精义》卷一《尧典》)

夏　僎：前言"乃命"者，盖总命以作历象之任也。此言"分命""申命"者，盖四子分掌前事也。……故唐孔氏谓：上言"乃命"，总举其目，就"乃命"之内，分其职掌，使羲主春夏，和主秋冬，故言"分命"。就羲、和之内，既命仲，复命叔，故言"申命"，其说得之。(《尚书详解》卷一《尧典》)

金景芳、吕绍纲："分命"与上文"乃命羲和"之"乃命"系相对而言。"乃命羲和"虽不言"总",其实有"总"的意思在内。意谓命令羲和二氏总管"历象日月星辰,敬授人时"之事,"分命",意谓在命羲和二氏之后具体地命令羲仲做具体的历象工作。据此,知上文"乃命羲和,历象日月星辰,敬授人时"与此言"分命羲仲"以及"申命和叔"等四项实为一事,不是二事。尧欲制定以日月为纪的新历法并颁布施行,任务交由羲和二氏完成。"历象日月星辰,敬授人时",是这项工作的总提法,此云"分命羲仲"等等是这项工作的具体落实或者说具体分工。"分命羲仲"等等所为不是别的,就是"历象日月星辰"之事。(《〈尚书·虞夏书〉新解·〈尧典〉新解》)

又:至于"羲仲"以及下文"羲叔""和仲""和叔"与上文"羲和"的关系,羲与和既是两个氏族也是两个氏族酋长的名称,则应当说羲仲、羲叔、和仲、和叔是羲和两氏族中的另外四个能人或者地位低于酋长的领导人。不必因此称仲称叔而连及羲和为羲伯和伯,从而说他们各是伯仲叔的昆弟关系。仲、叔其实是后世写定《尧典》者使用的当时用语。(同上)

【汇评】

时 澜:羲仲,居治东方之官。……日中星鸟,训诂已明,当是时也,以正仲春之候。使民皆分析而在田,鸟兽亦于此而孳尾。夫民事固人君所不可缓,而于鸟兽亦各有区处,何哉?鸟兽,物之至微而易忽者也。圣人为天地万物之主,天地之间一物不得其所,圣人歉然不安,以为职之不尽。先于民而及于物,故厥民析以下,即继之以鸟兽孳尾,以见圣人参天地,赞化育,一视同仁,无一念之不周。(《增修东莱书说》卷一《尧典》)

王充耘:言历既成,而分职以颁布,且考验之,恐其推步之或差也。所分有定职,所居有定方,所考验有定法,昼测日景,夜求中星,皆仰观诸天,以察有形之象。民以和而析居,鸟兽以和而生育,此又俯察民物以验夫无形之气。古人作历,周密如此,所以术不违天而政不失时也。非敬天勤民者,孰能如是!(《书义主意》卷一《尧典》)

张 英:分命羲仲四节,主于四仲之二分、二至以立言,东、南、西、北所以定方位也。春分之出日,夏至之敬致,秋分之纳日,所以考日行也,作讹、成易,所以授民事也。日中、宵中、日永、日短,所以定日晷也。星鸟、星火、星虚、星昴,所以验中星也。析、因、夷、隩,所以觇民气也。孳尾、希革、毛毨、氄毛,所以觇物变也。只此数语,而详密尽矣。后世月令、历数诸书,繁文夥说,有能出其范围者乎?于此可见古人立法之密,亦可见古人文字之简。(《书经衷论》卷一《尧典》)

⑥【汇注】

夏 僎:大抵作历之法,必先定方隅,验昏旦,测时气,齐晷刻,侯中星,而又验之以农事之早晚,物类之变化,然后中气可得而定。中气既定,然后闰余可得而推。学者于此,不必他求,惟求作历之法斯尽得之。宅嵎夷、宅南交、宅西、宅朔方,所谓定方隅也。宅者，李校书训为奠，盖谓嵎夷在正东，交趾在正南，陇西西县在正西，幽都在正北，作历之法，必先准定四面方隅，以为表识，然后地中可求，既求地中，然后候日月之出没，星辰之转运，故尧所以使四子各宅一方者，非谓居是地也，特使之定其方隅耳。如土圭之法，测日之南北东西，知其影之长短朝夕，亦尧之遗法也。先儒乃以宅为居，谓羲和往居是方，又谓时出往验四极，致日影以定分至，非其常居。而陈少南谓尧命羲和，欲以授民时，乃散处四方之极，则作历者一何劳乎？其说以为，因假其地，以明其各居一方之官，非各居一方之地也。然三说皆不若李校书之说为当。故余从之。（《尚书详解》卷一《尧典》）

钱　时：嵎夷，青州之地，正东方也。夏、秋、冬皆以方言，而春以地言，则知四方各有其地，以表东、西、南、北之正，彼此可以互见。（《融堂书解》卷一《尧典》）

罗　泌：尧命羲仲宅堣夷，在辽西，即青之堣夷，今文《书》及《帝命验》作禺铁，一作嵎銕，故即郁夷。（《路史·国名纪卷二十六·堣夷》）

李光地：宅嵎夷，则九州之极东处，故识其暑景，以定中国之日出时也。尤以春分之朝为重，故因司春，令四时之政，莫大于民事，末及于人物之变者，对时顺育，亦有政焉故也。言鸟兽不及草木者，统于东作西成之类，尊五谷以概其余也。（《尚书七篇解义》卷一《尧典》）

蒋廷锡：嵎夷，今朝鲜地。按孔安国《传》，东表之地称嵎夷。《正义》曰：青州在东界外之畔为表，故云东表之地。《禹贡锥指》援据《后汉书》，以嵎夷为朝鲜地。盖朝鲜古属青州，与山东登州府隔海相对，正合孔《传》东表之语。薛季宣书《古文训》谓嵎夷，海嵎诸夷，今登州。于钦《齐乘》又指为海宁州，非也。（《尚书地理今释·尧典》）

程馀庆：今高丽地（按：指朝鲜），古属青州。居，使之至四极，考度其日景，以定分至，非常居也。（《历代名家评注史记集说·五帝本纪》）

吕思勉：尧命羲仲宅嵎夷，嵎夷亦作郁夷，郁迟即委迟，然则倭奴即嵎夷，浮海而东者也。（《论学集林·陈杰良〈奄城访古记〉跋》）

⑦【汇校】

梁玉绳：附按：唐陆德明《经典释文》引《史》作"禺銕"，《尧典》疏引夏侯胜等书作"禺铁"，依今文也，不知何以改作"郁"？考嵎夷乃东表之地，《汉地理志》胶东国有郁秩县，王莽改胶东为郁秩，疑后人因此易之，非陆氏所见本，而不知嵎夷不在郁秩也，其地详德清胡氏渭《禹贡锥指》卷四。盖古《史记》本多不同，郁声近隅，今西北音犹然，故转为郁。即如旸谷，《索隐》谓《史》旧本作"汤谷"，《正义》谓"阳或作'旸'"，则本又作"阳谷"。同是唐人而所见本各异，亦是音近通借，可以知隅之为郁矣，故《正义》音郁为隅。此纪旧既作"禺銕"，而《夏纪》仍作"嵎夷"，未尝作"禺銕"。《索隐》云"今文《尚书》及《帝命验》并作'禺铁'，在辽西，古夷字也。""铁"字盖传写之误，《说文》土部作"堣夷"。（《史记志疑》卷一《五帝本纪》）

陈　直：《尚书·尧典》作旸夷，《经典释文》引《史记》作禺銕，与今本《史记》异。夷为銕字省文，《说文》铁字或体作銕。长沙仰天湖所出楚竹简，第三简云："銕箕一二十箕，皆又绘缯。"是战国时铁字多书作銕，太史公所谓古文，盖据当时流传之竹简原本。（《史记新证·五帝本纪》）

【汇注】

刘　安：日出于旸谷，浴于咸池，拂于扶桑，是谓晨明。（《淮南子》卷三《天文》）

马　融：嵎，海隅也。夷，莱夷也。旸谷，海嵎夷之地名。（《古文尚书注》卷一《尧典》）

裴　骃：《尚书》作"嵎夷"。孔安国曰："东表之地称嵎夷。日出于旸谷。羲仲，治东方之官。"（《史记集解·五帝本纪》）

司马贞：旧本作"汤谷"，今并依《尚书》字。按：《淮南子》曰"日出汤谷，浴于咸池"，则汤谷亦有他证明矣。又下曰"昧谷"，徐广云"一作'柳'"，柳亦日入处地名。太史公博采经记而为此史，广记异闻，不必皆依《尚书》。盖郁夷亦地之别名也。（《史记索隐·五帝本纪》）

张守节：郁音隅。阳或作"旸"。《禹贡》青州云："嵎夷既略。"按：嵎夷，青州也。尧命羲仲理东方青州嵎夷之地，日所出处，名曰阳明之谷。羲仲主东方之官，若《周礼》春官卿。（《史记正义·五帝本纪》）

苏　轼：《禹贡》，嵎夷在青州，又曰旸谷，则其地近日而先明，当在东方海上。以此推之，则昧谷当在西极，朔方幽都当在幽州，而南交为交趾明矣。春曰宅嵎夷，夏曰宅南交，冬曰宅朔方，而秋独曰宅西。徐广曰：西，今天水之西县也。羲和之任亦重矣。尧都于冀州，而其所重任之臣乃在四极万里之外，理或不然。当是致日景以定分至，然后历可起也。故使往验于四极，非常宅也。（《东坡书传》卷一《尧典》）

金履祥：旸谷，《周礼》所谓日东则景长，多风之地也。南交，日南则景短，多暑之地也。昧谷，日西，则景朝多阴之都也。幽都，日北，则景长多寒之地也。四方地势不同，风气亦异，各有宜也。故测候之际，因度其所宜，为授时之节。所谓"平秩东作""南讹""西成""朔易"者也。"易"如《周官》所谓一易、再易、三易，作讹成，易皆谓民事各以方异辞耳。"平秩"，《史记》依今文作"便程"其义尤明。（《书经注》卷一《尧典》）

汪之昌："旸谷"：马融注：海嵎夷之地名。《后汉书·东夷传赞》"宅是嵎夷，日乃旸谷"，其传云："昔尧命羲仲宅嵎夷，曰旸谷，盖日之所出也。"又云：燕人卫满，避地朝鲜，因王其国，武帝灭之。于是东夷始通上京。据此则朝鲜为嵎夷地。《禹贡锥指》谓青州跨有东海，朝鲜亦其域内地。《史记》旸谷作汤谷，《说文》："日出汤谷，登博桑。"《淮南子》："旸谷、扶桑，在东方。"《十洲记》："扶桑在碧海中。"《汉书·地理志》："乐浪海中有倭人。"应劭注："乐浪，古朝鲜国。"是"旸谷"在朝鲜，审矣。（《青学斋集》卷二《旸谷明都昧谷幽都今地释》）

吴汝纶：梁云：《释文》引《史》作"禹铁"，今作"郁夷"。郁声近隅。"旸谷"，《索隐》谓《史记》旧本作"汤谷"，谓"阳"或作"旸"，则本又作"阳谷"。（《点勘史记读本·五帝本纪》）

[日]泷川资言：沈涛曰：《释文》云《尧典》"宅嵎夷"，《史记》及《考灵耀》作"禹铗"，是陆氏所见《史记》本与小司马、张守节不同。又曰：《索隐》云《史记》旧本"旸谷"作"汤谷"，今并依《尚书》字，然则"旸谷"者，小司马所改也。史迁从安国问故，则《古文尚书》必作"汤谷"。《山海经》："黑齿国下有汤谷，汤谷上有扶桑，十日所浴。"《楚辞·天问》云："出自汤谷至蒙记。"《淮南子·天文训》云："日出于汤谷，浴于咸池，拂于扶桑。"古书皆以汤谷为日出之地。钱大昕说同。（《史记会注考证·五帝本纪》）

钱 穆：案：《宋书·州郡志》："丹徒县本古朱方，后名阳谷，秦改曰丹徒。"是朱方亦日出处也。古代地名多有随地理智识之展拓而推迁愈远者，于是古人所谓旸谷，后世遂至无可指实。（《史记地名考·中国与四裔》）

王 恢：郁夷、旸谷，意指今山东半岛。《尚书》《夏纪》《汉志》，并作嵎夷，或嵎铗、禹鐡，古今文与传写之讹异。《纪要》（三六）："山东栖霞县东北二十里有岠嵎山，又有岠嵎水北流入海。"以山在海嵎之表，又在莱夷之中，盖称之为嵎夷也。《尚书》羲仲宅嵎夷曰旸谷；《禹贡》嵎夷既略，皆是也。此与莱夷、淮夷、和夷、岛夷，同以夷而著其地望，如轩辕之丘、有熊之墟，缘黄帝而得名。（《史记本纪地理图考·五帝本纪·唐尧都邑》）

又：《楚辞》汤谷凡三见，《淮南子》"日出汤谷"，汤谷状日出海面景观，所谓"如汤"者也。"旸"则像日出也。《后汉书》作旸谷，状日出山，胡渭《禹贡锥指》从之；但以为今朝鲜、辽东。章太炎《疏正古文八事》，以"郁"为壁中书，引《毛诗》"周道倭迟"，《韩诗》倭作郁，谓郁夷即倭夷，意为即今日本。似皆忽略所以命羲仲居郁夷之意义而失之远矣。（同上）

金景芳、吕绍纲：曰字是语助词，不为义。全句意谓羲仲居住在东方海边嵎夷之旸谷这个地方做测日出的工作。……旸谷之旸字，《说文》日部引作"旸"，是出古文

《尚书》，山部引作"旸"，是出今文《尚书》。盖许氏称引经书多用古文，但是亦不废今文。(《〈尚书·虞夏书〉新解·〈尧典〉新解》)

又：自今日看来，嵎夷应当说是地名，它在山东半岛一带，靠海之边，是莱夷居住的地方。旸谷是嵎夷这块地方里面一个具体地点，羲仲在此测日出，定中国之日出时间。就是说，嵎夷是个大地名，旸谷是个小地名。(同上)

⑧【汇校】

［日］泷川资言：《尚书》"敬道日出"作"寅宾出日"，"便程"作"平秩"，下同。(《史记会注考证·五帝本纪》)

【汇注】

曾　钊：羲仲测日出，和仲测日入，互文相备。羲仲下不言日入者，东方见日早，校西方几差一时，则其入之早，亦差一时，可知因其见日早可以测里差，故以出日立文，其实羲仲未尝不度日入之影。和仲度日入必待灭尽者，若日入尚有余影，则差积不密，推节朔及日食皆差矣，故必候日入尽时识之。可谓凿然能发古义者矣。(见《越缦堂读书记》五《虞书命羲和章解》)

金景芳、吕绍纲：意谓羲仲去东方嵎夷之旸谷地方认认真真地迎接日出，以测定日躔到达春分的时间。他事先并不知春分在何时，必须大约在春分前后的日子里多次观测日出，然后才能确定春分的时日。故"寅宾出日"不得理解为仅仅春分那一天的事。是不知春分而通过多次观测出日定春分，不是已知春分而观测春分之出日。(《〈尚书·虞夏书〉新解·〈尧典〉新解》)

又：观测的办法是立表测影。沈彤《尚书小疏》："旸谷立表正当卯位，昧谷立表正当酉位。故必出日之影当表西，纳日之影当表东，于南北皆无少欹邪，则日躔正值卯酉之中，而春秋分可定。此宾饯二句确疏也。"沈氏此解极是。沈氏的理解很明白，他说冬至夏至看日影短长，必在中午，春分秋分看日影偏正，必在日出日落。朝暮日影正东正西，丝毫不偏南不偏北，那便是春分秋分日。(同上)

⑨【汇校】

吴汝纶：钱云："程""秩"声相近。《诗》秩秩大猷。《说文》作"戴戴"，程从呈声，"戴"从"戬"，戬亦声。故程、戴俱与秩通也。《说文》引《书》作"平颣"。(《点勘史记读本·五帝本纪》)

［日］水泽利忠："便"，南化、谦、枫、梅、狩、野、宋、岩、高"使"。(《史记会注考证附校补·五帝本纪第一》)

【汇注】

裴　骃：孔安国曰："敬道出日，平均次序东作之事，以务农也。"(《史记集解·五帝本纪》)》

司马贞：刘伯庄传皆依古史作"平秩"音。然《尚书大传》曰"辩秩东作"，则是训秩为程，言便课其作程者也。（《史记索隐·五帝本纪》）

张守节：道音导。便，程，并如字，后同。导，训也。三春主东，故言日出。耕作在春，故言东作。命羲仲恭勤道训万民东作之事，使有程期。（《史记正义·五帝本纪》）

苏　轼：东作，春作也。西成，秋成也。春夏欲民早起，故先日出而作，是谓寅宾出日；秋冬，寒不能早起，故令民候日入而息，是谓寅饯纳日，二叔不言饯者；因仲之辞。（《东坡书传》卷一《尧典》）

王叔岷：案：史公说《尧典》"平秩"为"便程"，平、便并借为"辩"，《尚书大传》作"辩"，是也。《说文》："辩，治也。"《索隐》"言便课其作程"，"程"有课义，《文选》张平子《西京赋》"程角觝之妙戏"，薛综注"程谓课其技能也"。"便程东作"犹言"治课东作"，谓治理课核春耕耳。下文两言"便程"，并与"治课"同义。（《史记斠证·五帝本纪第一》）

金景芳、吕纪纲：伪孔《传》谓"岁起于东"，东字代表春天，是对的。郑玄说"作，生也"（孔颖达《尧典》疏引），也是对的。《诗·天作》"天作高山"，毛传亦训作为生。《礼记·乐记》"春作夏长秋敛冬藏"，作与长、敛、藏并言，也是生的意思。此经"春作"当与《尧典》之"东作"义同，谓春天万物发生。春天万物发生是自然现象，非谓人为之农耕之事。故伪孔《传》说"岁起于东"，东字代表春天，是。（《〈尚书·虞夏书〉新解·〈尧典〉新解》）

又：林之奇《尚书全解》说，"平秩东作、南讹、西成、平在朔易者，阴阳四时之气，运于天地之间，造化密移，莫不有序。平秩者，平均次序也。在，察也。所以候其节气之早晚，如后世分定二十四节气之类是也。孔《传》论'东作'谓'岁起于东而始就耕，平均次序，东作之事，以务农也'。此但谓万物发生于东耳，非取于农作之事也"。林氏此说除"平，均也"可商以外，其论平秩东作、南讹、西成及平在朔易之意义，至为精卓。（同上）

⑩【汇注】

马　融：日中、宵中者，日见之漏与不见者齐也。古制，刻漏昼夜百刻，昼长六十刻，夜短四十刻；昼短四十刻，夜长六十刻；昼中五十刻，夜亦五十刻。（《古文尚书注》卷一《尧典》）

苏　轼：日中者，昼夜平也。二分，皆昼夜平。而春言日中，秋言宵中者，互相备也。（《东坡书传》卷一《尧典》）

⑪【汇注】

苏　轼：春分，朱鸟七宿，昏见于南方。夏至，则青龙。秋分，则元武。冬至，

则白虎。而夏、秋、冬独举一宿者,举其中也。殷,当也。《书》曰:九江孔殷。(《东坡书传》卷一《尧典》)

王　圻:二十八宿环列于四方,随天而西转。东方七宿,自角至箕,是为苍龙。以次舍而言,则房心为大火之中。南方七宿,自井至轸,是为鹑鸟。以形言,则有朱鸟之象。虚者,北方七宿之中星。昴者,西方七宿之中星。星本不移,附天而移,天倾西北极,居天之中。二十八宿半隐半见,各以其时。所以必于南方而考之,仲春之月,星火在东,星鸟在南,星昴在西,星虚在北。至仲夏,则鸟转而西,火转而南,虚转而东,昴转而北。至仲夏,则鸟转而西,火转而南,虚转而东,昴转而北。仲秋,则火转而西,虚转而南,昴转而东,鸟转而北。至仲冬,则虚转而西,昴转而南,鸟转而东,火转而北矣。来岁仲春,鸟复转而南,循环无穷。此《尧典》考中星以正四时,甚简而明,异乎《月令》之星举月本也。(《三才图会·天文卷三·尧典四仲中星之图》)

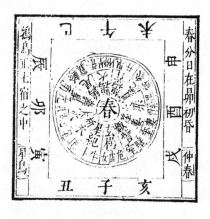

明·王圻《三才图会》卷三《天文》《尧典》仲春中星之图

明·王圻《三才图会》卷三《天文》《尧典》仲夏中星之图

明·王圻《三才图会》卷三《天文》《尧典》仲秋中星之图

明·王圻《三才图会》卷三《天文》《尧典》仲冬中星之图

金景芳、吕绍纲：日中星鸟，这是《尧典》所记四仲月中星之一。这四个字仅从字面看包括三个意思：第一，日中指春分这一天。这一天昼夜一样长，故曰"日中"。第二，鸟指二十八宿之所谓南方朱鸟（一名朱雀）七宿，即井（东井）、鬼（舆鬼）、柳、星（七星）、张、翼、轸。二十八宿每一宿的具体名称是后世文献中出现的，《尧典》中未见。第三，星指朱鸟七宿里叫作星的那一宿。所以"日中星鸟"的星字不是泛称，是具体指称一个星宿。三个意思连起来，是说春分这一天，朱鸟七宿之星这宿出现了。……其实重要的意思更在字面以外。第一它是中星，第二它出现在日入之后的初昏之时。《尧典》记载四个中星，除"日中星鸟"这一个在春分之日的初昏时出现以外，下文还有"日永星火""宵中星虚""日短星昴"三个。它们分别出现在夏至、秋分、冬至的初昏之时。古人对此有解释。马融、郑玄都说："星鸟、星火谓正在南方，春分之昏，七星中。仲夏之昏，心星中。秋分之昏，虚星中。冬至之昏，昴星中。皆举正中之星，不为一方尽见。"（《尧典》孔颖达疏引）他们说得很对，《尧典》记载的四中星正是这样。"日中星鸟"谓春分这一天的初昏时刻朱鸟七宿的星宿（即七星）在南方天空的正中间出现。（《〈尚书·虞夏书〉新解·〈尧典〉新解》）

又：什么叫中星呢？陈师凯《书传旁通》："自北南面望之，则昏时某星正值管之南端，在南正午之地，故谓之中星。"陈说是。……测中星的意义是什么？意义不在中星自身，而在通过中星测知太阳运行的踪迹，即所谓日躔。（同上）

又：尧时"历象日月星辰"，主要做了测日影（即"寅宾出日""敬致""寅饯纳日"）和考中星（即"日中星鸟""日永星火""宵中星虚""日短星昴"）两件事。这两件事在中国古代天文历法史上具有奠基的意义。自古迄今，制历的天象依据是恒星、太阳、月亮和五星，制历的基本手段是算数、图像和仪器，制历的最大难题是岁差和里差（亦称视差）。尧时仪器谈不到，岁差更不晓得，制历的方法远不及后世之精密，但是求差的基本方法却已不自觉地摸到了。梅文鼎《历学源流论》说："不能预知者，差之数。万世不易者，求差之法。古之圣人以日之所在不可以目视而器窥也，故为之中星以纪之鸟火虚昴，此万世求岁差之根数也。又以日之出入发敛不可以一方之所见为定也，故为之嵎夷、昧谷、南交、朔方之宅以分候之，此万世求里差之法也。"梅氏的结论是："世愈降，历愈密，而其大法则定于唐虞之时。"梅氏的结论是对的。唯说尧时用器窥天象，缺乏根据，说求差之法万世不变，亦有失武断、绝对。（同上）

⑫【汇注】

尸　佼：春为忠，东方为春。春，动也，是故鸟兽孕宁，草木华生，万物咸遂。忠之至也。（《尸子》卷下）

郑　玄：殷，中也。举仲月以统一时。春秋，言温凉也。（《尚书郑注》卷一《尧典》）

裴　骃：孔安国曰："日中谓春分之日也。鸟，南方朱鸟七宿也。殷，正也。春分之昏，鸟星毕见，以正仲春之气节。转以推孟、季，则可知也。"（《史记集解·五帝本纪》）

张守节：下"中"音仲，夏、秋、冬并同。（《史记正义·五帝本纪》）

陈泰交："以殷中春"训：殷，中也。"九江孔殷"训：殷，正也。（《尚书注考》）

陈蒲清："日中，星鸟，以殷中春"，指确定中（仲）春的节候（春分）。日中，春分时昼夜一般长，故称日中（中指昼夜平分）。星鸟，观察鸟星。鸟指春分黄昏时刻见于中天的朱鸟七宿中的第四星——"星宿"。古人在初昏时刻观察中天星座以确定节候，叫作"夜考中星"。殷，正，推定。根据《尚书·尧典》记载，当时大概只规定了四个节候，即仲春（春分）、仲夏（夏至）、仲秋（秋分）、仲冬（冬至），后来逐渐精密，发展为二十四个节气。（见王利器主编《史记注译·五帝本纪》）

金景芳、吕绍纲：《尔雅·释言》："殷，中也。"郭璞注："《书》曰'以殷仲春'。"《尧典》马融、郑玄注皆训殷为中。是"以殷仲春"之殷字是中的意思。又，《广雅》云"殷，正也"，《尧典》伪孔《传》亦云"殷，正也"。《史记·五帝本纪》录"以殷仲秋"作"以正中秋"。《史记》录《尚书》多以训诂代经文。故"以殷仲春"之殷字训中亦训正，中正义同。《尧典》孔颖达《疏》释"以殷仲春"曰："以此天时之候调正仲春之气节。"直把殷字释作调正。"以殷仲春"之仲字，《史记·五帝本纪》录作中。古字多以中为仲，古文《尚书》本亦作中，作仲是后人改的。此言"日中星鸟，以殷仲春"与下文言"日永星火，以正仲夏""宵中星虚，以殷仲秋""日短星昴，以正仲冬"，合释二分二至在制历上的重要意义。（《〈尚书·虞夏书〉新解·〈尧典〉新解》）

又：二分二至把握准确之后，便可据以确定四个仲月，从而确定四个孟月和四个季月，同时春夏秋冬四时也可因此而有定准。二分二至是中气，中气必在本月，绝对不可入前月。春分必在仲春二月，春分定了，仲春二月也就定了。夏至必在仲夏五月，夏至定了，仲夏五月也就定了。秋分必在仲秋八月，秋分定了，仲秋八月也就定了。冬至必在仲冬十一月，冬至定了，仲冬十一月也就定了。制历时务必注意掌握这一原则，如果发现二分二至有超入前月的现象，就要置闰解决。……假如不知道冬至一定在仲冬十一月，则年月的问题便是一笔糊涂账，无法弄清，就像尧之前施行火历时一样。可见尧时确定二分二至多么重要。（同上）

【汇评】

张　英：春、秋举二分，中气也；冬、夏举二至，至，极也。一则极短，为冬之至，一则极永，为夏之至。日永、日短，不言宵者，举日之永、短，而宵可知也。日中、宵中，互言也。古人作历，以日法为主，故三言日而一言宵也。历既作矣，又验之于地，又验之于日，验之于星，验之于民，皆所以考其历之疏密，而惟恐其不与天合也。古人之谨于承天如是哉！（《书经衷论》卷一《尧典》）

金景芳、吕绍纲：《左传》文公元年："尧王之正时也，履端于始，举正于中，归余于终。"所说与《尧典》之"以殷""以正"意义近似。"履端于始"，是定岁首，《尧典》先说春分"以殷仲春"，显然以孟春建寅之月为岁首。"举正于中"即是《尧典》说的以二分二至定四仲月。"归余于终"，指年终置闰。《汉书·律历志》所说"时所以纪启闭也，月所以纪分至也。启闭者节也，分至者中也。节不必在其月，故时中必在正数之月"，也符合《尧典》记载的情况。四时纪节气，四仲月纪二分二至即中气。节气可出月但不可出时，中气则必在本月。沈彤《尚书小疏》："分至，时之中也。四仲，月之中也。月之中与时之中，虽日数不能无参差，而气朔则必相直。故造历者必以分至居四仲，而四仲乃不失其中。此'以殷''以正'之义也。"此说极是。（《〈尚书·虞夏书〉新解·〈尧典〉新解》）

⑬【汇注】

苏　轼：冬寒无事，民入室处，春事既起，丁壮就田，其民老壮分析。（见《汉志》）（《东坡书传》卷一《尧典》）

袁　燮："厥民析"者，谓分析而在田也。想羲仲于此，必督促劝勉，敢有不勤，必加之以罚，或有疾患，或有丧祸，皆作道理处之。使分析于田亩，而无一人敢惰，然后可谓之析。（《絜斋家塾书钞》卷一《尧典》）

金景芳、吕绍纲：《尔雅·释言》："厥，其也。"民字须特别注意。古文献上民字与人字意义有区别。如《皋陶谟》人字五见，民字亦五见，人有人义，民有民义。人指上层人士，有地位的人，在尧舜时代是氏族、部落酋长一类的人物。在以后的阶级社会则是诸侯公卿大夫士等统治阶级。民指普通的下层的劳动者，在尧舜时代是氏族的一般成员，在夏商周三代的奴隶社会则是庶民大众、农村公社成员。《尧典》"敬授人时"的人属于上层人士，"黎民于变时雍"和这里"厥民析"以及下文"厥民因""厥民夷""厥民隩"的民属于氏族一般成员。析，江声《尚书集注音疏》引古注云："析，散也。"其疏云："析者，分析。故训为散。"厥民析，谓仲春二月，春分时节，劳动者们根据节气的变化自然地从居民点走出来，分散在田野，开始春天的农事活动。这民众的活动也被视作一种物候，用作考定春分点的根据之一。（《〈尚书·虞夏书〉新解·〈尧典〉新解》）

又："厥民析"是制历者确定春分的一个依据，不是历已制成，春分已定，然后驱赶民众奔赴野外耕田。盛百二《尚书释天》："若夫析、因、夷、隩，则气候衰旺非骤然而移。不至而至，至而不至，有余不足，四时有不正者矣。盖春不分则不温，夏不至则不暑，秋不分则不凉，冬不至则不寒，必于仲月验之者也。"是盛氏以为厥民析、因、夷、隩等是气候变化的表现，是二分二至，定四仲月的依据之一。孙星衍《尚书今古文注疏》："言使民在野。"非是。经文"厥民析"，无"使"义。是民应节气的变化自动分布于野，不是官员"使"民在野。因为是民自动散布于野，才有物候的意义。（同上）

⑭【汇校】

惠　栋："鸟兽孳尾"，《史记》作"字微"。字与孳通，微与尾通。《说文》曰："字者，言孳乳而侵多。"……"尾，微也。"《汗简》云："《古文尚书》字作孳，是孳为古文字也。"（《九经古义》卷三《尚书古义》）

【汇注】

裴　骃：孔安国曰："春事既起，丁壮就功，言其民老壮分析也。"乳化曰字。《尚书》"微"作"尾"字。说（文）云"尾，交接也"。（编者按：点校本《史记》修订本云："说云尾交接也"，"说云"，原作"说文云"。段玉裁《古文尚书撰异》卷一："裴骃《集解》曰'《尚书》微作尾，说云：尾，交接也。'此仍用孔《传》耳。'说云'转写作'说文云'，大误。"今据改。）（《史记集解·五帝本纪》）

苏　轼：乳化曰孳，交接曰尾。（《东坡书传》卷一《尧典》）

张家英：谨案："其民析，鸟兽字微"，《尚书·尧典》作"厥民析，鸟兽孳尾"。孔《传》："乳化曰孳，交接曰尾。"孔颖达疏："'孳、字'古今同耳。'字'训'爱'也。产生为乳，胎孕为化；孕、产必爱之，故乳化曰孳。鸟兽皆以尾交接，故交接曰尾。计当先尾后孳，随便言之。"（《十三经注疏》119页下、121页上）

以上孔颖达疏语中，训"字"为"爱"殊属牵强。虽然《玉篇·子部》中，有"字，爱也"之说，但不合此处文义。同时，《玉篇·子部》还有"字，养也，生也，饰也"与"孳，产也"条，为什么一定要看重那个"字，爱也"呢！

《说文·子部》："字，乳也。"段玉裁注："人及鸟生子曰乳。"段氏又于"孳"字下注云："蕃生之义当用孳。"是"字微"与"孳尾"二者相通假，并同为"繁殖交配"之义。（《〈史记〉十二本纪疑诂·五帝本纪》）

金景芳、吕绍纲：鸟兽孳尾，这是仲春二月春分时节更重要的物候。孳尾，《史记·五帝本纪》录作字微。孳、字古通用，尾、微古亦通用。古文《尚书》作孳尾，今文《尚书》作字微。伪孔《传》："乳化曰孳，交接曰尾。"《经典释文》引《说文》云："人及鸟生子曰乳，兽曰产。"孔颖达《尧典》疏："产生为乳，胎孕为化，故乳化曰孳。鸟兽皆以尾交接，故交接曰尾。"诸说是。仲春二月是鸟兽交尾孕育幼仔的时节。既鸟兽孳尾，便是仲春二月的物候。江声《尚书集注音疏》据《说文》"尾，微也"及《说文叙》"字者言孳乳而浸多也"为说，以为"春时鸟兽方字乳而尚微也"，亦通。（《〈尚书·虞夏书〉新解·〈尧典〉新解》）

【汇评】

黄　伦：孔颖达谓，丁壮在田，老弱在室，其析如此。且鸟兽孳尾，何与于人时哉？曰：此言圣人于农事如此其悉也。盖播种一非其时，而失天地之性，违阴阳之理，今验之日，而昼夜等，又验之星，而鸟见南方，可以就功无疑乎？曰：未也。更宜验之鸟兽，鸟兽孳养匹耦，则仲春之气，正而无差矣。以治农工，万不失一。使时至仲春，而日之不中，鸟星之不见，鸟兽之不孳尾，则天时不正，历象差矣。得无有不正之气，紊乱于其间乎？盖人主在上，实为天地阴阳之主，使人主心正气和，则四时有序，倘或心失其正，气乖其和，则形见于星辰鸟兽者，必有非常之异矣。此又帝尧所命羲和，以验己之得失也。（《尚书精义》卷一《尧典》）

⑮【汇注】

郝　敬：申，重也。既命羲仲，重命羲叔也。（《尚书辨解》卷一《尧典》）

金景芳、吕绍纲："乃命羲和"之后接着分命四仲叔，于羲仲言"分命"而于此羲叔言"申命"，虽用字不同，其实都是相对"乃命羲和"而言。命羲和是总命，以下对四仲叔都是分命，即具体的任命。《尔雅·释诂》："申，重也。""申命羲叔"，意谓在"分命羲仲"之后紧接着又分命羲叔。（《〈尚书·虞夏书〉新解·〈尧典〉新解》）

⑯【汇注】

裴　骃：孔安国曰："夏与春交，此治南方之官也。"（《史记集解·五帝本纪》）

司马贞：孔注未是。然则冬与秋交，何故下无其文？且东嵎夷，西昧谷，北幽都，三方皆言地，而夏独不言地，乃云与春交，斯不例之甚也。然南方地有名交阯者，或古文略举一字名地，南交则是交阯不疑也。（《史记索隐·五帝本纪》）

张守节：羲叔主南方官，若《周礼》夏官卿也。（《史记正义·五帝本纪》）

袁　燮：万物皆相见，南方之卦也。故曰南交。（《絜斋家塾书钞》卷一《尧典》）

钱　时：南交，或谓南方交阯之地，恐非。且东曰旸，西曰昧，北曰幽，皆明著其义而继陈其职业。若南方交阯，则其义不明。或谓南方相见之时，阴阳之所交也。其义亦未足。前乎此，则作于东，后乎此，则成于西。南，离明之地，正居春秋之间，为东作、西成之交会，故谓之南交。万物皆于是化育也。（《融堂书解》卷一《尧典》）

罗　泌：南交，羲叔所宅，今交州，故交阯交郡也。（《路史·国名纪卷丙·南交》）

罗　苹：南交，故交阯郡。一行云：开元十二年七月戊午，当食。自朔方至交阯，候之不差。知尧亦于此候日。四方既定，然后可以候日月出没，测星辰运行，以起历法。（见《路史·后纪十一·陶唐氏》注）

李光地：南交，九州之极南处，识其暑景，以定中国之日北也。（《尚书七篇解义》卷一《尧典》）

蒋廷锡：南交，今安南国。林之奇《尚书解》云：南交即南阯也。《史记·五帝本

纪》曰："黄帝之地，北至于幽陵，南至于交趾。"则交趾之对幽都，其来尚矣。(《尚书地理今释·尧典》)

汪之昌：南交，或据《尚书大传》"大交"之文，以南方地名交趾者当之。郑康成曰：夏不言"曰明都"三字，摩灭也。郑盖以东旸谷，西昧谷，北幽都，皆就当方所极地名，不应夏独泛言交趾。且旸谷、昧谷东西相对，南交、朔方南北对举。据下文，仲冬有曰"幽都"，此宜言"曰明都"。以旸谷为嵎夷地名例之，则此"明都"当为交趾之地名。《大戴礼》："昔虞舜以天德嗣尧，朔方幽都来服。南抚交趾。"《墨子》："昔者尧治天下，南抚交趾。"是尧时南至极于交趾。"明都"当在今之越南，以在南而名之明都，犹国门南谓之明堂。有以《禹贡》豫州孟豬《周礼注》作明都，妄拟其处，则差不止千里矣。(《青学斋集》卷二《旸谷明都昧谷幽都今地释》)

程馀庆：即交趾（按：指越南）。(《历代名家评注史记集说·五帝本纪》)

金景芳、吕绍纲：林之奇《尚书全解》："南交即交趾也。"刘敞以为"本当言'宅南曰交趾'，传写脱两字也"。刘说是。郑玄注以为"宅南交"下当有"曰明都"三字。"夏不言'曰明都'，摩灭也"（孔颖达《尧典》疏引）。根据是下文"宅朔方曰幽都"，北方有地名"幽都"，与之相对，南方必有地名"明都"。其实这是郑玄的臆想。北方有幽都，南方没有明都。"宅南交"的"南交"应如上述刘、林二家说，就是交趾，即今之越南。《墨子·节用中》云："古者尧治天下，南抚交趾，北降幽都，东西至日所出入，莫不宾服。"类似的记载亦见于《韩非子·十过》。是知尧之有"天下"，北至于幽都，南止于交趾，《墨》《韩》均不以为南方有所谓与北方幽都相对应的"明都"。伪孔《传》谓"南交，言夏与春交，举一隅以见之"，把地名交释作春夏相交，尤误。(《〈尚书·虞夏书〉新解·〈尧典〉新解》)

⑰【汇校】

袁　仁：《蔡传》"南讹"，《史记索隐》作"南为"，《史记索隐》现在皆作"南譌"，未尝作"为"也。论其义则动也，谓耘耕之类。(《尚书蔡注考误》)

惠　栋："平秩南讹"，《史记》作"南譌"，司马贞本又作"为"，云"为"依字读。春言东作，夏言南为，皆是耕作营为劝农之事。孔氏强读为讹字，虽则训化，解释亦甚纡回也。栋案："譌"与"讹"古字本通。……《说文》引《诗》云："民之譌言"，今《正月诗》作"讹"。《无羊传》云："讹，动也。"薛夫子云："譌，觉也。"《正月笺》又训讹为伪，伪亦与讹通。故《王莽传》又作"南伪"（原注：《古文尚书》作伪），《索隐》作"为"者，古"伪"字，皆省文作"为"，见《古文春秋左氏传》。但此经"讹"字当与"伪"别。《淮南·天文》曰"岁大旱，禾不为"，高诱曰："为，成也。"禾成于夏，故云南为，此与"东作""西成"皆言农事，《索隐》本是也。(《九经古义》卷三《尚书古义》)

梁玉绳："便程南譌"（原注：譌，金陵本作"为"）。附按：《索隐》云"为，依字读"，以《集解》读讹、训化为非，则当作"为"字也。而今《史记》作"讹"，盖传写之误。宋王应麟《困学纪闻》二引作"为"字。《正义》音于伪反。（《史记志疑》卷一《五帝本纪》）

张文虎："为"，各本作"譌"，依《撰异》改。嘉定钱氏《史记考异》，钱唐梁氏《史记志疑》说同。（《校刊史记集解索隐正义札记·五帝本纪》）

【汇注】

司马贞：为依字读。春言东作，夏言南为，皆是耕作营为劝农之事。孔安国强读为"讹"字，虽则训化，解释亦甚纡回也。（《史记索隐·五帝本纪》）

张守节：为音于伪反。命羲叔宜恭勤民事。致其种植，使有程期也。（《史记正义·五帝本纪》）

王叔岷：案：殿本作"南爲"，景祐本、黄善夫本《集解》为并作"譌"（与正文同）；殿本《正义》"爲"亦作"譌"。今本《尧典》作"南讹"（伪《孔传》亦作"讹"）。杜台卿《玉烛宝典》五引作"南僞"（引《孔传》亦作"僞"）；十二引作"南譌"，疑作"僞"是故书。僞，古"爲"字。史公盖以"爲"说"僞"也。"便程南爲"犹言"治课南爲"，谓治理课核夏耕耳。（《史记斠证·五帝本纪第一》）

金景芳、吕绍纲：《集解》："为，化也。"段玉裁《古文尚书撰异》："依小司马'强读为讹'云云，则知孔本经作'平秩南为'。《传》云：'为，化也。'古音为、化字同在第十七部。《老子列传》曰：'李耳无为自化，清静自正。'为、化一韵，静、正一韵。凡为者，所以化之也。"是知"南讹"本作"南为"或"南伪"，为当训化。（《〈尚书·虞夏书〉新解·〈尧典〉新解》）

又：《索隐》云："夏言'南为'，皆是耕作营为劝农之事。"伪孔《传》云："掌夏之官平叙南方化育之事，敬行其教，以致其功。"并误。司马贞与伪孔《传》以为是根据节气劝农致其耕作营为之功，而实际上《尧典》这段文字讲的是如何确定二分二至以制历的事，劝农不是羲氏和氏四仲叔的任务。（同上）

⑱【汇注】

裴　骃：孔安国曰："为，化也。平序分南方化育之事，敬行其教，以致其功也。"（《史记集解·五帝本纪》）

苏　轼：叙南方化育之事，以敬致其功。（《东坡书传》卷一《尧典》）

袁　燮："敬致"者，言日至于中，则羲叔敬以致日中之事。《周礼》有致日、致月是也。（《絜斋家塾书钞》卷一《尧典》）

陈蒲清：便程南为，有计划地分配夏天的农事；或说指辨别测定日道向南移动的时刻。敬致，恭敬地办事以求得成功；或说是恭敬地祭日而记下日影的长短，即所谓"昼

测日影"。（见王利器主编《史记注译·五帝本纪》）

  金景芳、吕绍纲：致，江声《尚书集注音疏》以为是致日，云："据《周礼·冯相氏》'冬夏致日，春秋致月'，此亦当然……""致日"即致日之影。孙诒让《周礼正义》于《典瑞》疏云："树八尺之表而得景，乃以土圭度其影之所至。《书·尧典》申命羲叔曰'敬致'。致亦谓之厎。《左桓十七年传》云'日官居卿以厎日'，致厎声义亦相近。致日即《大司徒》夏日至测影之义也。"又，同书《大司徒》疏引梅毂成云："土圭之所以致日影而辨分至定四方也，以长短之极察之，则知二至；以长短之中裁之，则知二分；以二分出入之影揆之，则知东西；以午中之影正之，则知南北。故辨分至定四方皆由此也。"江、孙、梅三说大体一致，意谓"敬致"即致日，致日不唯夏，冬亦致日，春秋亦致日，但冬夏致日与春秋意义不同。（《〈尚书·虞夏书〉新解·〈尧典〉新解》）

  又："敬致"即致日，致日即测日影。测日影通四时言，不唯夏一时。测夏至之日影，地点在九州之南交趾，负责此事的是羲叔。目的是确定日躔夏至点以造历，而非先知夏至点而后加考验，故测日影的工作必在夏至点前后多日进行，测冬至春分秋分无不如此。伪孔《传》云："敬行其教，以致其功。"谬不可从。（同上）

【汇评】

  钱　时：至于化育之功，则人力无容于其间，不过均平秩叙其事，如当种则种，当耘则耘之类。敬以待化功之成而已。自修人事以待天时也。"敬致"之义大矣哉！（《融堂书解》卷一《尧典》）

⑲**【汇注】**

  郑　玄：日长者，日见之漏五十五刻，日不见之漏四十五刻。于四时最长也。（《尚书郑注》卷一《尧典》）

  [日]**泷川资言**：中井积德曰："六十刻者，以日出入而言；五十五刻者，以晨昏而言。"愚按：据下文注，《集解》"五十五刻"下当有"失之"二字。（《史记会注考证·五帝本纪》）

  金景芳、吕绍纲："日永"是说昼长夜短问题。永，长。夏至这一天白天最长，夜间最短，故曰"日永"。（《〈尚书·虞夏书〉新解·〈尧典〉新解》）

  又：关于昼夜长短的问题，古代无钟表，而有刻漏，以刻漏计时之短长。然而计昼夜之短长必先确定何为昼何为夜，即划分昼夜之界限。昼夜概念古有二种，一为自然之昼夜，以日出入为分，日出至日入为昼，日入至日出为夜。二为人为之昼夜，以昏明为限，日出前二刻半为明，日入后二刻半为昏。胡宣中《星谱例》："古法每日百刻，每刻百分。"《尧典》孔颖达疏引马融云："昼长六十刻，夜短四十刻。昼短四十刻，夜长六十刻。昼中五十刻，夜亦五十刻。"马氏此说乃以日之出入为昼夜。盛百二《尚书释天》："太史所候以昏明为限者，乃候中星之法，蔡邕所谓'以星见为夜'是也。若历法所定昼夜，总以日出入为分，不以昏明为限。马氏之言是也。但二至之昼夜长短随方不同，而分至进退增减亦复不等。"盛说是。此"日永"即昼长六十刻，夜短四十刻之谓，以日之出入为限。昏时看中星与此无涉。（同上）

⑳【汇注】

苏　轼：永，长也。火，心也。（《东坡书传》卷一《尧典》）

王应麟：马郑皆曰星鸟，星火，谓正在南方，春分之昏，七星中；仲夏之昏，心星中；秋分之昏，虚星中；冬至之昏，昴星中。皆举正中之星，不为一方尽见，举仲月以统一时。（《古文尚书注》卷一《尧典》）

郝　敬：火，心星也。东方苍龙七宿之中。夏至，昏见于南方，正阳司令，夏方中也。（《尚书辨解》卷一《尧典》）

陈泰交：火谓大火。（《尚书注考》）

程馀庆：致，致日也。夏至之日中祠日，以土圭测之，而识其景。所谓夏至之影，尺有五寸，谓之地中也。日永，昼长六十刻。火，大火。苍龙之中星，昏见南方也。（《历代名家评注史记集说·五帝本纪》）

金景芳、吕绍纲：："敬致"是测日影，此"日永星火"是看中星，目的都是为了确定夏至点，进而造历以授人时。（《〈尚书·虞夏书〉新解·〈尧典〉新解》）

又："星火"是说中星的问题。星，中星。"星火"，谓夏至这一天昏时，火在正南方天空出现。夏季白昼最长的一天，昏时火在正南方天空出现，这一天便是夏至之日。（同上）

又："星火"，谓夏至之日昏时于正南方所见之星是火。火属于东方七宿，黄镇成《尚书通考》："东方七宿曰角、亢、氐、房、心、尾、箕，有苍龙之形。"然则"星火"之火究竟指东方七宿的哪一宿呢？伪孔《传》："火，苍龙之中星，举中则七星见。"是误以为中星是七宿之中，乃以为火指东方苍龙七宿中间一宿房。盛百二《尚书释天》亦云："星火，说者以为心星，愚以为乃大火之尾宿也。"以为"星火"指尾宿，显误。经文明言"火"而不言房、尾，以为"火"指房指尾，无据，不可从。《诗·七月》孔颖达疏引郑玄《郑志》答孙皓问云："'日永星火'谓大火之次，非心星也。"亦非是。"日永星火"之火应是指心宿而言。《春秋》昭公十七年："冬，有星孛于大辰。"《公羊传》："大辰者何？大火也。"《夏小正》："五月大火中。"《传》曰："大火，心也。"《经义述闻》："凡传之释星名，于二十八宿则以其别名释之，若'参也者伐星也''大火也者心也'之属是也。"是王引之以为大火就是心。但是，《尔雅·释天》说："大辰，房、心、尾也。"大火除心宿之外还包括房尾二宿。大火或大辰乃房、心、尾三宿之总名。这怎么解释呢？《春秋》言有星孛于大辰，《公羊传》说大辰即大火，此大火或大辰所指显然是房心尾三宿。《夏小正》"五月大火中"之大火则是心宿无疑。与此同例，《尧典》"日永星火"之火亦必是心宿。举大名指称大名中之小名，是古人行文的一种习惯。例如上文"日中星鸟"一语，表面上似说当日躔在春分点时，昏见之中星是朱鸟七宿，而实际上指称的仅仅是朱鸟七宿中叫作"星"的那一宿。严格地说，言火、大火、大辰、辰，包括房心尾三宿，然而一旦用以说明星象占候的时候，就是指称心一宿了。所以《尔雅·释天》"大火谓之大辰"句下郭璞注说："大火，心也。在中最明，故主时候焉。"戴震《原象》："唐虞时，春分，日在胃、昴之间，故鸟中。夏至，日在七星，故火中，火，心也。"戴氏以为"日永星火"之火是心宿，是对的。（同上）

张大可：星火，指东方苍龙七宿：角、亢、氐、房、心、尾、箕。傍晚心宿出现在正南，这一天就是夏至。（《史记全本新注》卷一《五帝本纪》）

㉑【汇注】

尸　佼：夏为乐，南方为夏。夏，兴也。南，任也。是故万物莫不任兴，蕃殖充盈，乐之至也。（《尸子》卷下）

郑　玄：司马之职，治南岳之事，得则夏气和，夏至之气昏火星中。（《尚书郑注》卷一《尧典》）

裴　骃：孔安国曰："永，长也，谓夏至之日。火，苍龙之中星，举中则七星见可知也，以正中夏之（气）节。"马融、王肃谓日长昼漏六十刻，郑玄曰五十五刻。（编者按：点校本《史记》修订本云："以正中夏之节"，张文虎《札记》卷一："《书传》'节'上有'气'字，仲春引有。"）（《史记集解·五帝本纪》）

陈泰交：正者夏至，阳之极，午为正阳位也。（《尚书注考》）

陈蒲清："日永，星火，以正中夏"，指确定中（仲）夏的节候（夏至）。日永，夏至白昼最长。火，夏至黄昏时刻，见于中天的苍龙七宿中的"心宿"，特指其中的主星"大火"，又名商星。不是行星之一的火星。（见王利器主编《史记注译·五帝本纪》）

金景芳、吕绍纲：测日影与看中星二者都是为了确定日躔之夏至点。夏至必在仲月，故夏至一旦确定，仲夏之月即建午之月也就确定了。仲夏之月有定，孟夏季夏之月遂可知。这就是"以正仲夏"之意义。（《〈尚书·虞夏书〉新解·〈尧典〉新解》）

㉒【汇注】

刘　安：三代之所道者，因也。故禹决江河，因水也；后稷播种树谷，因地也。汤武平暴乱，因时也。……事所与众同也；功所与时成也。（《淮南子》卷十四《诠言》）

钱　时："厥民因"者，因东作之事而踵成其役也。（《融堂书解》卷一《尧典》）

袁　燮："因"者，因乎春而不变也。春耕夏耘，耕固不可怠。勤于耕而怠于耘，则稂莠得为嘉谷之患，善者无自伸矣。故因乎春之时，亦使分析在田，有一毫之异，不可谓之因。（《絜斋家塾书钞》卷一《尧典》）

郝　敬：厥民因暑气盛，人思因依自蔽也。（《尚书辨解》卷一《尧典》）

马持盈：其民因，夏天气候热，人民因就耕作之地而散处。（《史记今注·五帝本纪》）

金景芳、吕绍纲：《说文》口部："因，就也。"京部："就，就高也。从京、尤。尤，异于凡也。"段玉裁《说文》因字注："为高必因丘陵，为大必就基阯。故因从口大，就其区域而扩充之也。"是因字有因仍原地扩充为高或扩充为大的意思。……参照《月令》"是月也，毋用火南方，可以居高明，可以远眺望，可以升高陵，可以处台榭"文，知释"因"为就高，是。仲夏暑盛而高处干燥凉爽，民就高处，乃极自然之事。伪孔《传》以为"因谓老弱因就在田之丁壮以助农也"。孙星衍《尚书今古文注疏》："盖谓民相就而助成耕耨之事。"《传》孙二说义同，皆谓仲夏之月民相因就而助农。此说与事理不顺，不可从。民相助农之事，春秋夏甚乃冬皆可行，不必仲夏。况且民众互助纯系人事，与节气无关。（《〈尚书·虞夏书〉新解·〈尧典〉新解》）

㉓【汇注】

郑　玄：夏时鸟兽毛疏皮见。（《尚书郑注》卷一《尧典》）

裴　骃：孔安国曰："因，谓老弱因就在田之丁壮以助农也。夏时鸟兽毛羽希少改易也。革，改也。"（《史记集解·五帝本纪》）

苏　轼：其羽毛希少而革易也。（《东坡书传》卷一《尧典》）

郝　敬：希革，鸟兽羽毛希少变革，皆所谓南气之讹化者。验乎此，而知所以平秩矣。（《尚书辨解》卷一《尧典》）

金景芳、吕绍纲：鸟兽希革是仲夏之月、夏至之时的重要物候。确定夏至点当然少不了这一项。……伪孔《传》："夏时鸟兽羽毛希少改易。革，改也。"传说是。盖"鸟兽希革"之希革二字是两个动词构成的复合谓语，意谓鸟兽之羽毛稀少，蜕了旧羽毛将更换新羽毛。（《〈尚书·虞夏书〉新解·〈尧典〉新解》）

㉔【汇注】

张守节：和仲主西方之官，若《周礼》秋官卿也。（《史记正义·五帝本纪》）

郝　敬：和仲，和氏之属。（《尚书辨解》卷一《尧典》）

㉕【汇注】

裴　骃：徐广曰："一无'土'字。以为西者，今天水之西县也。"骃按：郑玄曰"西者，陇西之西，今人谓之兑山"。（《史记集解·五帝本纪》）

罗　泌："西"：和仲所宅，今兴元西县，汉故西县，古来田西，而阆之晋安，有西水、上原，由京兆水西西水县界流入。（《路史·国名纪卷丙·西》）

李光地：西者，九州之极西处，识其晷景以定中国之日入时也。盖极东日出于土中为早，极西日入于土中为后。（《尚书七篇解义》卷一《尧典》）

蒋廷锡：按：《史记·五帝本纪》注，徐广曰"西者，今天水之西县（原注：汉属陇西郡)",非也。西县,秦置,在今陕西巩昌府秦州界,非以和仲宅西而名。西之不可为西县,犹朔方之不可为朔方郡。皆不当专指一处。黄度《尚书说》云,《禹贡》西被流沙,自流沙以西皆夷界。山川不纪于职方,故称西,以见境域之不止此也。(《尚书地理今释·尧典》)

金景芳、吕绍纲:《五帝本纪》称"西"为"西土",蒋氏、黄氏亦以为"西"不是地名,是泛指遥远的西方。"西"字这样理解不为错,不过和仲去西方测日影考中星,毕竟不可以随便在什么地方,总要有一个确定的地点,只是经文没有讲,后人的任何指实的说法如徐广、郑玄以为"西"是西县、兑山等,都是凭空臆想,不足信据。所以孔颖达疏说"东言嵎夷,则西亦有地明矣"是最适当的解释。(《〈尚书·虞夏书〉新解·〈尧典〉新解》)

㉖【汇注】

刘　安:日出于旸谷……至于蒙谷(高诱注:蒙谷即《尚书》昧谷,蒙、昧声相通),是谓定昏。(《淮南子》卷三《天文》)

裴　骃:徐广曰:"一作'柳谷'。"骃按:"孔安国曰"日入于谷而天下冥,故曰昧谷。此居治西方之官,掌秋天之政也"。(《史记集解·五帝本纪》)

钱　时:日出而明,故曰旸谷;日入而暗,故曰昧谷。非真有此谷也。日之升,如自谷而出;日之入,如从谷而纳也。(《融堂书解》卷一《尧典》)

郝　敬:昧谷,西方日入之乡。(《尚书辨解》卷一《尧典》)

汪之昌:吴虞翻奏郑尚书违失四事,一曰古篆卯字读当作柳,古柳、卯同字,而以为"昧"。考郑《周礼》"缝人"注:"柳之言聚,诸锦之所聚。《书经》作'柳谷'。"是郑亦作"柳"。《论衡》曰"日出扶桑,莫入细柳"。故宅西曰柳谷。盖柳者诸色所聚,日将没,其色赤,兼有余色,故云柳谷。《尔雅》言四极,西至日所入,为大蒙,亦以日之将入,有蒙昧之象而称。郑注:西者,陇西之西,今人谓之兑山。《汉书·地理志》陇西郡有西县,《易·说卦传》,说卦位兑,正秋也,则兑位正西,此山在陇西之西,于卦位当兑,故以名山。汉之陇西为今甘肃兰州府狄道州西县,今秦州西南。宋儒以《禹贡》西被流沙,当尧时西极之地。近王氏鸣盛据《王制》"西河流沙千里"之文,《禹贡》流沙,即《汉书》居延泽,在今删丹县地,偏于北矣。(《青学斋集》卷二《旸谷明都昧谷幽都今地释》)

王　恢:西土、昧谷:《尧典》伪孔《传》:"日入于谷而天下冥,故曰昧谷。昧谷曰西,则嵎夷东可知。"西土,《周书》屡称之,意即西方;视其所处观点而定。郑玄、徐广说即天水西县——今甘肃天水县西南百二十里,失之凿矣。(《史记本纪地理图考·五帝本纪·唐尧都邑》)

金景芳、吕绍纲:"昧谷",壁中古文本作卯谷,今文本作柳榖。《史记·五帝本纪》

今本作昧谷。伪孔本亦作昧谷。段玉裁《古文尚书撰异》以为作昧谷是郑玄所改。《五帝本纪》本来作柳谷，司马贞本作昧谷，乃浅人依所习古文《尚书》所改。伪孔本作昧谷是用郑玄说，而伪孔本的作者以为作昧谷乃出自孔安国，非郑玄所创。总之，段氏意谓作昧谷出于郑玄。但是王鸣盛《尚书后案》以为郑玄注《尚书》"昧谷"实作"柳谷"，所据是《周礼·天官·缝人》"衣翣柳之材"，郑注："《书》曰'分命和仲，度西曰柳穀'。"昧谷或柳谷、柳穀，古人多考究字形字义，而于昧谷之确切地理位置则绝少检讨。……总之"宅西曰昧谷"一语，是说和仲居西方某地测日影看中星之处。西是什么地区，昧谷是西的什么地方，今已不能查实。(《〈尚书·虞夏书〉新解·〈尧典〉新解》)

㉗【汇注】

金景芳、吕绍纲：不论字面意义怎么讲，其实质性的内容都是在那里测日影以定秋分点。……道即导守，导犹引也，兼有迎送二义。(《〈尚书·虞夏书〉新解·〈尧典〉新解》)

㉘【汇注】

裴　骃：孔安国曰："秋，西方，万物成也。"(《史记集解·五帝本纪》)

汪之昌：《史记》"平秋"作"便程"。《尔雅·释言》"便：便，辨也"。《风俗通·祀典篇》引《青史子》作"辨秩"，是"平"与"便"、与"辨"声近者，义亦得通用。《说文》豊部"艶，爵之次第也"。《虞书》曰"平艶东作"，许叔重自叙称：《书》孔氏。然则壁中古文本作平艶，其作秩者，案：《诗》秩秩大猷，《说文》作戴戴，从毀声，毀从呈声，程、秩声亦近。艶之假作秩，与《史记》之假作"程"正同。(《青学斋集》卷二《平秋西成宵中星虚解》)

又：窃谓"平秋"者，谓日躔分节气而次第出于东，次第交于南，次第入于西，当时设仪器测量，逐日刻记辨艶之也。故秋与春夏言平秋无异词。(同上)

陈蒲清：敬道日入，恭敬地送太阳落土。《尚书》作"寅饯纳日"。蔡沈注云："饯，礼送行者之名。"纳日，指秋天落日。西成，安排好秋天收成的农事，或说指辨别测定日落时刻。(见王利器主编《史记注译·五帝本纪》)

金景芳、吕绍纲：西成，据《仪礼·大射》郑玄注："西为阴中，万物之所成，故曰西成。"伪孔《传》："秋，西方，万物成。"孔颖达疏："秋，位在西，于时万物成熟。"蔡沈《书集传》："西成，秋月物成之时，所当成就之事也。"知是秋天万物成熟的意思。四家解"西成"为秋天万物成熟，是对的。……全句意义是……确定秋分点之后，还要依据秋天万物成熟的自然有序的过程划分秋季的其余节气。(《〈尚书·虞夏书〉新解·〈尧典〉新解》)

㉙【汇注】

郑　玄：夜中者，日不见之漏与见者齐。(《尚书郑注》卷一《尧典》)

金景芳、吕绍纲：《尔雅·释言》："宵，夜也。"《史记·五帝本纪》作"夜中星虚"。《史记》录《尚书》常以训诂代经文，是宵即夜，与昼对言。《周礼·挈壶氏》郑玄注云："夜中者日不见之漏与见者齐。"蔡沈《书集传》云："宵中者，秋分夜之刻于夏冬为适中也。昼夜亦各五十刻，举夜以见日，故曰宵。"……是"宵中"即秋分之日，与春分之日言"日中"一样，都是昼夜等长的意思。昼夜等长是确定春分和秋分的一项根据。（《〈尚书·虞夏书〉新解·〈尧典〉新解》）

㉚【汇注】

郑　玄：虚，北方玄武之宿。八月昏中，见于南方。（见《尚书大传》卷一注）

又：虚，玄武中虚宿也。（《尚书郑注》卷一《尧典》）

司马贞：虚，旧依字读，而邹诞生音墟。按：虚星主坟墓，邹氏或得其理。（《史记索隐·五帝本纪》）

郝　敬：虚，北方玄武七宿之中，以秋分之昏见也。（《尚书辨解》卷一《尧典》）

汪之昌：《周官·挈壶氏》疏引郑君"宵中星虚"注："夜中者，日不见之漏，与见者齐。虚，元武中宿也。"案：《尔雅·释言》："宵，夜也。"郑君以夜中释宵中，正本雅训疏引郑君以日见之漏五十五刻，日不见之漏四十五刻，为日长；日见之漏四十五刻，为日短。此云"日不见之漏与见者齐"，则昼夜漏刻皆五十刻。可知《史记·天官书》北宫元武虚，元武为北方七宿总名。七宿，斗、牛、女、虚、危、室、壁。虚二星上下如连珠，正居七宿之中。郑注元武中虚宿以此。……星虚以正中秋者，步星之术也。宵中者，又验日缠以求中气之术也。是平秩为测日缠发敛，无与乎农事也。（《青学斋集》卷二《平秩西成宵中星虚解》）

马持盈：星虚，虚，星名，北方七宿之一。星虚，谓初昏时，虚星在正南方，此乃秋分之现象。（《史记今注·五帝本纪》）

张大可：星虚，指北方玄武七宿：斗、牛、女、虚、危、室、壁。傍晚虚宿正南出现，这一天就是秋分。（《史记全本新注》卷一《五帝本纪》）

金景芳、吕绍纲："宵中星虚"，谓秋分之日初昏时于正南方天空出现的中星是虚。星，中星。中星是昏时于正南方天空出现的星。不是说二十八宿四方各七宿之中间一宿。中星其实每天昏时都有。《尧典》记载的四中星是当时二分二至四天昏时见于天正南方的星，用它确定二分二至。虚是二十八宿北方七宿之一。黄镇成《尚书通考》："北方七宿曰南斗、牵牛、须女、虚、危、营室、东壁，有玄武之形。"虚，恰好是北方七宿中间一宿。（《〈尚书·虞夏书〉新解·〈尧典〉新解》）

㉛【汇注】

尸　佼：秋为礼。西方为秋。秋，肃也。万物莫不肃敬，礼之至也。（《尸子》卷下）

伏　生：秋昏，虚星中，可以种麦。（《尚书大传》卷一）

又：西方者，何也？鲜方也。鲜，讯也。讯者，始入之貌。始入者，何以谓之秋？秋者，愁也。愁者，万物愁而入也。故曰：西方者，秋也。（同上）

又：《传》曰：天子以秋命三公，将率选士厉兵，以征不义，决狱讼，断刑罚，趣收敛，以顺天道，以佐秋杀。（同上）

裴　骃：孔安国曰："春言日，秋言夜，互相备也。虚，玄武之中星。亦言七星皆以秋分日见，以正三秋也。"（《史记集解·五帝本纪》）

程馀庆：虚，玄武之中星，昏见南方。月令两言日夜分，无春秋之异。此只以"日中""夜中"二字，已别春秋。（《历代名家评注史记集说·五帝本纪》）

陈蒲清："夜中，星虚，以正中秋"，指确定中（仲）秋的节候（秋分）。夜中，秋分时昼夜一般长。孔安国云："春言日，秋言夜，互相备也。"虚，秋分黄昏时刻，见于中天的有玄武七宿，其中第四叫"虚宿"。（见王利器主编《史记注译·五帝本纪》）

金景芳、吕绍纲："以殷仲秋"是根据"宵中星虚"确定秋分点，又根据秋分点确定仲秋八月。仲秋八月既定，则孟秋七月、季秋九月自明。（《〈尚书·虞夏书〉新解·〈尧典〉新解》）

㉜【汇校】

［日］泷川资言：《尚书》无"夷"字，史公以"易"代"夷"。今本"夷"字，后人旁注误入正文。夷、易义复。博士家《异字》云：中彭、中韩本、南化本无"易"字，盖误削。（《史记会注考证附校补·五帝本纪第一》）

［日］水泽利忠：南化、梅、三、狩、野、实、高、中彭、中韩无"易"字。（《史记会注考证附校补·五帝本纪第一》）

【汇注】

苏　轼：夷，平也。农事至秋稍缓，可以渐休，故曰夷。（《东坡书传》卷一《尧典》）

时　澜：夷者，民至此坦然无事也。（《增修东莱书说》卷一《尧典》）

钱　时：夷，平也。秋成，则民可息肩，平夷无事也。（《融堂书解》卷一《尧典》）

袁　燮："夷"者，至秋而少暇，夷训平，亦训易。（《絜斋家塾书钞》卷一《尧典》）

金景芳、吕绍纲：《尔雅·释诂》夷平二字同训易，是夷字可以训平。……其民平又是什么意思？江声《尚书集注音疏》："冬言'隩'，春言'析'，是以出入言，是谓民之居处。则夏言'因'，秋言'夷'，亦当以居处言。'因'是就高，夷之言平，承上'因'而言'夷'，则是谓去高居平地也。"江氏以为"因""夷"以民之居处言，仲夏湿热，民喜居高处；仲秋风凉，民喜居平地，甚合于事理，可从。（《〈尚书·虞夏书〉新解·〈尧典〉新解》）

【汇评】

许　谦：易，改易也。仲冬建子之月，新旧承续之交，是除旧易新之时，《疏》谓人三时在野，冬入隩室，物则三时生长，冬入囷仓，是人与物皆改易也。谨约盖藏，循行积聚，曰为改岁，入此室处。故在察其政，以顺天常。（《读书丛说》卷二《尧典》）

㉝【汇注】

郑　玄：毨，理也。毛更生整理。（《尚书郑注》卷一《尧典》）

裴　骃：孔安国曰："夷，平也。老壮者在田，与夏平也。毨，理也。毛更生（曰）整理。"（《史记集解·五帝本纪》）

郝　敬：毛毨，毛落更生新鲜也。（《尚书辨解》卷一《尧典》）

金景芳、吕绍纲：《玉篇》："毨，毛更生也。又，整理也。"《周礼·司裘》贾疏引郑玄注："毨，理也，毛更生整理。"二说义同。意谓仲秋鸟兽更生新羽毛。同经上文"鸟兽希革"联系起来看，彼言脱毛，此言更生新毛，于事理甚合，故郑说是。《说文》毛部："毨，选也。仲秋鸟兽毛盛，可选取以为器。从毛先声，读若选。"训毨为选，释"毛毨"为毛盛可选以为器用，殊迂回牵强，不如郑说明通。（《〈尚书·虞夏书〉新解·〈尧典〉新解》）

㉞【汇注】

金景芳、吕绍纲：《尔雅·释诂》："申，重也。"分命和氏族的代表人物和仲之后，又命和氏族的另一代表人物和叔，交给他一项测日影考中星的具体任务。（《〈尚书·虞夏书〉新解·〈尧典〉新解》）

【汇评】

崔　述：此其命二仲、二叔，何也？盖历有三率：一昼夜为"日率"，一盈亏为"月率"，皆易知者；独一寒暑为"岁率"，其间赢缩奇零最为难齐，故历法以成岁为要。然岁之终始非有定界，不可以徒求，故分以为四时而命二仲、二叔分居四方以考验之。时之终始尤无定界，益不可以徒求，故但求定夫四时之中。中得，则前推之即为始，后推之即为终。此圣人建中之治，虽历法亦不能外焉者也。"日永""日短"者，考之以晷漏；"星鸟""星虚"者，考之以躔度；犹惧其未也，复验之于人物出入变化之节，而后四时可定。四时定则日数可得，月闰不差而岁成矣。故其纲曰"敬授人时"。而孔子告颜渊亦曰"行夏之时"。所重在时，故不言日月岁也。（《崔东壁遗书·唐虞考信录》卷一《尧授时·求岁率先定四时之中》）

㉟【汇注】

伏　生：北方者，何也？伏方也。伏方也者，万物伏藏之方。伏藏之方，则何以谓之冬？冬者，中也。中也者，万物方藏于中也。故曰：北方，冬也。阳盛，则呼荼万物而养之外也。阴盛，则呼吸万物而藏之内也。故曰呼吸也者，阴阳之交接，万物之终始。

（编者按：郑康成注云："吁荼，气出而温，呼吸，气入而寒，温则生，寒则杀也。"）（《尚书大传》）

袁 燮：羲仲言东方，羲叔言南方，和仲言西方，和叔言北方，四时之事，四子各主一方，非谓专于此一方也。凡四方春间之事，皆羲仲掌之；凡四方夏间之事，皆羲叔掌之，和仲、和叔莫不皆然。若谓专掌一方，只羲仲平秩东作，而他三方皆不与闻，则他处春间事，将谁尸之耶？但羲仲所主者春，春属东，故言东；羲叔所主者夏，夏属南，故言南耳。和仲、和叔皆然也。如出日、纳日，日日有之，便如今历家所谓日出何处，入何处，此皆日日当理会，四子通掌之，特因日出于东，日入于西，故宾饯见于羲和二子，非谓余二子皆不与知也。寅宾出日，不必说日出于东方，则羲仲往彼处迎之。寅饯纳日，不必说日入于西方，则和仲就彼处送之。盖当日出时自有合理会底事。日入时亦然。（《絜斋家塾书钞》卷一《尧典》）

李光地：朔方，九州之极北处，识其晷景，以定中国之日南也。盖地极南则夏至日极北，地极北则冬至日极南。日极北者极暑，而二至昼夜长短之刻少，日极南者极寒，而二至昼夜长短之刻多也。推历者因初昏中昴，知冬至，日在虚。今冬至日在箕，计差五十余度，故历代有岁差之说。……大率六十七年而差一度也。（《尚书七篇解义》卷一《尧典》）

㊱【汇注】

裴 骃：孔安国曰："北称幽都，谓所聚也。"（《史记集解·五帝本纪》）

司马贞：《山海经》曰"北海之内有山名幽都"，盖是也。（《史记索隐·五帝本纪》）

张守节：按：北方幽州，阴聚之地，命和叔居理之。北方之官，若《周礼》冬官卿。（《史记正义·五帝本纪》）

罗 泌：幽都，和叔所宅幽也。一曰北幽。今之幽州，居山之上。有幽都山，以阴幽名，非宋地之幽。（《路史·国名纪卷丙·幽都》）

郝 敬：幽都，北极背阳之地，故曰幽。（《尚书辨解》卷一《尧典》）

蒋廷锡：朔方……朔则不限沙漠荒茫悠远，山川不可见，故称朔方。以为大界。或曰《山海经》北荒有幽都山。乐史《寰宇记》幽州有幽都山，皆为附会。此记良是。（《尚书地理今释·尧典》）

汪之昌：朔方，史迁作北。《尔雅》："北方之美者，有幽都之筋角焉。"郭璞注：幽都，山名。《淮南子·地形训》西北方曰不周之山，曰幽都之门。高诱注：幽，闇也。都，聚也。元冥将始用事，顺阴而聚，故曰幽都之门。《修务训》"北抚幽都"，高诱注：阴气所聚，故曰幽都。今雁门以北是。《书》流共工于幽州，《庄子·在宥篇》作幽都，《释文》李云：即幽州。《史记·正义》引《括地志》："故龚城檀州燕乐县界，故老传云：舜流共工，居此城。"按：燕乐为今直隶顺天府密云县东北塞外地。准诸高注，所谓雁门以北，亦近其地，固塙然可考也。盖旸谷、昧谷，以测最东、最西，明都、幽都，以测最南、最北，故曰据当时四极而言。（《青学斋集》卷二《旸谷明都昧谷幽都今地释》）

㊲【汇校】

　　金景芳、吕绍纲：《尸子》曰："'北方者，伏方也。'《尚书》作'平在朔易'。今案：《大传》云'便在伏物'，太史公据之而书。"今本《尚书大传》作"辩在朔易"，段玉裁《古文尚书撰异》以为"朔易"二字乃浅人所改。因为《尚书大传》是今文《尚书》，而今文《尚书》是作"伏物"的。古文《尚书》才作"朔易"。"伏物"是说冬天万物藏伏，"朔易"也说冬天万物藏伏，因而改岁。两说实不牴牾。（《〈尚书·虞夏书〉新解·〈尧典〉新解》）

【汇注】

　　司马贞：使和叔察北方藏伏之物，谓人畜积聚等冬皆藏伏。尸子亦曰"北方者，伏方也"。尚书作"平在朔易"。今按：《大传》云"便在伏物"，太史公据之而书。（《史记索隐·五帝本纪》）

　　钱　时：在，察也。和叔所当察者，当不止一端。姑以农事言之，方其服田，则稼器田所常用，至冬则无用矣。于此而不察，则委顿弊坏，将无以待来岁之用，仲冬简稼器，修稼政之类，皆平在之谓也。（《融堂书解》卷一《尧典》）

　　汪之昌：冬独言"平在"，盖朔易主合朔言。唐一行曰：日月合度谓之朔。《说文》引《秘书》说，日月为易，定合朔，尤历法之要。《尔雅》：在，察也。即在璇玑玉衡之在，言平在，见比平秩尤为专重。《诗·节南山》"谁秉国成"，《緜》"虞、芮质厥成"，《毛传》均以平释成。按日秋行西陆，立秋、秋分，月从白道出黄道西。《经》云"辨秋西成"，言日月之行，于是得正而平辨次之。是时日夜分，气候适平，故以西成立文。（《青学斋集》卷二《平秋西成宵中星虚解》）

　　王叔岷：案：《索隐》训"在"为察，是也（下文"舜乃在璇玑玉衡以齐七政"，"在"亦察也）。《尔雅·释诂》："在，察也。""便在伏物"犹言"治察伏物"，谓治理省察伏藏之物耳。（《史记斠证·五帝本纪第一》）

㊳【汇注】

　　郑　玄：日短者，日见之漏四十五刻，于四时最短。（《尚书郑注》卷一《尧典》）

　　金景芳、吕绍纲：日短，白昼最短，黑夜最长。孔颖达《尚书正义》引马融云："古制刻漏，昼夜百刻。昼长六十刻，夜短四十刻。昼短四十刻，夜长六十刻。昼中五十刻，夜亦五十刻。"孔《疏》云："融之此言，据日出见为说。"盛百二《尚书释天》云："马氏之言是也。但二至之昼夜长短随方不同。"盛说是。昼夜长短的比例要看所处地点之纬度高低。日短，是指冬至这一天白天最短，夜最长。短有多短，长有多长，要视纬度而定。这里讲"日短",其意义在于先不知日短在哪一天,通过测日影而后知哪一天日短。日短即冬至。不是已知日短在哪一天,而后通过测日影加以验证。(《〈尚书·虞夏书〉新解·〈尧典〉新解》)

㉟【汇注】

郑　玄：昴,白虎中昴宿也。(《尚书郑注》卷一《尧典》)

袁　燮：鸟、火、虚、昴,皆是分至之昏,见于南方。以数算之,如春分,星鸟当见则是日之昏乃见焉。(《絜斋家塾书钞》卷一《尧典》)

方中履：中星者,日初昏时,南方正中之星也。中星无刻无之,特白日不见,他时无准,惟于节气初昏之时,候之正午之位为便尔。《尧典》仲春星鸟,仲夏星火,仲秋星虚,仲冬星昴,盖二分、二至,昏之中星也。(《古今释疑》卷十三《中星》)

程馀庆：日短,昼四十一刻。昴,白虎中星,昏见南方。(《历代名家评注史记集说·五帝本纪》)

金景芳、吕绍纲：星昴是中星,通过考中星测知冬至点。冬至这一天昏时正南方天空出现昴星。反之,于仲冬时节昏时南方天空正中出现昴星,那一天便是冬至。……二十八宿之西方七宿是奎、娄、胃、昴、毕、觜、参。昴恰好是西方七宿之中间一宿。但所谓中星不是这个意思。中星是指昏时南方天空正中出现的那个星宿。"星昴"是说冬至日昏时南方天空正中出现的星宿是昴。(《〈尚书·虞夏书〉新解·〈尧典〉新解》)

㊵【汇注】

尸　佼：冬为信。北方为冬。冬,终也。北,伏方也。是故万物至冬皆伏,贵贱若一,美恶不减,信之至也。(《尸子》卷下)

伏　生：主冬者昴,昏中,可以收敛、田猎、断伐,当上告之天子,而下赋之民。故天子南面而视四星之中,知民之缓急,急则不赋籍,不举力役,故曰"敬授人时",此之谓也。(《尚书大传》卷一)

又：辩在朔易,日短。朔,始也。《传》曰：天子以冬命三公,谨盖藏,闭门闾,固封境,入山泽田猎,以顺天道,以佐冬固藏也。(同上)

裴　骃：孔安国曰："日短,冬至之日也。昴,白虎之中星。亦以七星并见,以正冬节也。"马融、王肃谓日短昼漏四十刻。郑玄曰四十五刻,失之。(《史记集解·五帝本纪》)

陈泰交：亦曰正者,冬至阴之极,子为正阴位也。(《尚书注考》)

陈蒲清："日短,星昴,以正中冬",指确定中(仲)冬的节候(冬至)。日短,冬至白昼最短。昴,冬至黄昏时刻见于中天的有白虎七宿,星昴指其中的第四星"昴宿"。(见王利器主编《史记注译·五帝本纪》)

金景芳、吕绍纲：仲冬指冬之仲月即建子之月。"以正仲冬",谓冬至既定,便可准确地知道冬之仲月在哪里。因为冬至这个中气必在冬之仲月。冬之仲月一定，则冬之孟月、季月自然知晓。《汉书·律历志》："《尧典》曰殷曰正，乃谓分至必在四仲之月也。"沈彤《尚书·小疏》："分至，时之中也，四仲月之中也。月之中与时之中虽日数不能无参差，而气朔则必相值。故造历者必以分至居四仲而四仲乃不失其中。此'以殷''以正'之义也。殷本训中，正对偏言，要亦中也。"沈说是。"以正仲冬"，实为根据冬至日确定仲冬之月即建子之月的意思。（《〈尚书·虞夏书〉新解·〈尧典〉新解》）

㊶【汇注】

　　苏　轼：隩，室也，民老幼皆入室。（《东坡书传》卷一《尧典》）

　　袁　燮："隩"者，冬月无事，可以入此室处也。言民而便及鸟兽，所谓仁民而爱物。（《絜斋家塾书钞》卷一《尧典》）

　　金景芳、吕绍纲：隩，《文选·赭白马赋》李善注引郑玄《尚书注》作奥，云："奥，内也。"段玉裁《古文尚书撰异》以为此字本作奥，今本作隩，乃唐人卫包妄改。《史记·五帝本纪》作燠，也是后世浅人妄加火旁。按：段说是。……此经"厥民隩"是讲劳动者适应节气的变化而自动调整生活环境的情况。析、因、夷、隩，全是劳动者群众自然而然的行为，不是统治者的有意安排，也不是某个人的主观愿望所决定。所以这些人群的表现，实际上带有物候的性质，也是当时制历的根据之一。（《〈尚书·虞夏书〉新解·〈尧典〉新解》）

㊷【汇校】

　　惠　栋："鸟兽氄毛"，《说文》引云"鸟兽䩔毛"，云"䩔：毛盛也"。《古文》正作"䩔"。张有《复古编》云"䩔，从毛、隼"。《书》曰"鸟兽䩔毛"，别作"氄"，非。《汗简》引《尚书》又作"䕪"。案："䕪"与"䩔"相似，《说文》或从此。"毛"，古"毛"字，《既夕记》云"马不齐毛"，郑注云："今文毛为毛，《古文尚书》毛皆作毛。"（《九经古义》卷三《尚书古义》）

【汇注】

　　马　融：氄，温柔貌。（《古文尚书注》卷一《尧典》）

　　裴　骃：徐广曰："氄音茸。"骃按：孔安国曰"民入室处，鸟兽皆生氄毳细毛以自温也"。（《史记集解·五帝本纪》）

　　苏　轼：氄，软厚也。（《东坡书传》卷一《尧典》）

　　郝　敬：氄毛，毛细柔温暖也。此朔易之气，验之幽都可知者。（《尚书辨解》卷一《尧典》）

　　金景芳、吕绍纲："鸟兽氄毛"一句是说鸟兽在仲冬时节必生出众多细软的绒毛来，以保护体温，防备风寒。……纯系一种物候现象。（《〈尚书·虞夏书〉新解·〈尧典〉新解》）

【汇评】

夏　僎：夫定方隅、验昏旦、测时候、齐晷刻、候中星，皆所以定四时之中气，而为作历之本，故继之以殷仲春、以正仲夏，以殷仲秋，以正仲冬，盖以之为言用也。凡此皆用以定四时之中气也。然尧犹以为未也，又使之观析、因、夷、隩，验农事之早晚，又观鸟兽之孳尾，希革、毨、氄，验物类之变化，盖民虽至愚，而因时作事，未尝少差，春则分析在田，而以耕以耨；夏因春事在田，而以耘以耔；秋则禾稼将成，民获卒岁之时，而心力平夷；冬则入居于隩煖之处，以备岁寒，因时而为，未尝或紊，故尧亦不敢忽而不考也。鸟兽微物，感天地至和之气，而动作应时，不期然而然。春则乳化而交接，夏则毛羽稀少而改革，秋则毛羽更生而整理，冬则又生氄细之毛以自温，随时变化，未尝或差，故尧亦不敢忽而不考也。由此观之，则尧之作历，仰观象于天，俯观事于民，远观于鸟兽，其事可谓不苟矣。（《尚书详解》卷一《尧典》）

㊸【汇注】

崔　述：《尔雅》云："载，岁也。夏曰岁，商曰祀，周曰年，唐、虞曰载。"南氏《纲目前编》因之，于唐、虞书"元载，二载"，于夏则书"元岁，二岁"，且于成汤即位之后书曰"改岁曰祀"。以余考之，不然。岁也者，唐、虞、三代之通名。积日则谓之月；积月则谓之岁。故《虞书》曰："朞，三百有六旬有六日，以闰月定四时，成岁。"又曰："岁二月，东巡狩。"《洪范》曰："一曰岁，二曰月，三曰日，岁月日时不易，百谷用成。"《洛诰》曰："王在新邑，烝祭岁。"虽唐、虞，虽商、周，未有不称为岁者也。（《崔东壁遗书·考古续说·"载、岁、祀、年"之的义》）

徐旭生：《尧典》中"四仲中星"，经竺可桢先生研究认为是殷末周初之现象。但当日人民知道一年的积日大约为三百六十六天是可能的。古时人民"日出而作，日入而息"，从事农艺畜牧制陶渔猎，均在户外工作，长期观察与体验，能初步分出耕种收藏与祭祀的不同季节，以定四时。这当是人们漫长经历的结果，因而出现原始的天象观测，应是个事实。（《尧舜禹·帝尧》，载《文史》第39辑）

金景芳、吕绍纲：岁即后世说的岁实，亦即回归年。岁实即日躔连续两次春分点的时间间隔。经过长期天文实测的积累，今日已知岁实即回归年的时间长度为365.2422日，即365日又5小时又48分46秒。古代中国人经过长时期的天文实测，逐渐接近这个数字。（《〈尚书·虞夏书〉新解·〈尧典〉新解》）

又：《周髀算经》记载："于是三百六十五日，南极影长，明日反短，以岁终日影反长，故知之。三百六十五日者三，三百六十六日者一，故知一岁三百六十五日四分之一，岁终也。"又《后汉书·律历志》记载："日发其端，周而为岁，然其影不复。四周千四百六十一日而影复初，是则日行之终，以周除日，得三百六十五四分度之一，为岁之日数。"把一岁三百六十五日之后那个奇零，确定为四分之一日，已经相当精确了，这就是四分历产生的基础。据张汝舟先生考证，四分历创制于战国初期，公元前427年（《二毋室古代天文历法论丛》）。尧时当然尚不知道将三百六十五日之后的奇零为四分之一日，但是既然说出三百六十六日这个数字，就表明尧时已掌握以太阳运行为对象的阳历了。（同上）

【汇评】

崔　适："岁三百六十六日"，按：《尚书》作"三百有六旬有六日"。上下皆言日数，中举旬数，文奥难晓，若顺文解之，直似三千六百六日矣。故太史公易之如此。（《史记探源》卷二《五帝本纪》）

㊹【汇注】

班　固：所以名为岁，何？岁者，遂也。三百六十六日一周天，万物毕死，故为一岁也。《尚书》曰："朞，三百有六旬有六日，以闰月定四时，成岁。"岁时何谓？春夏秋冬也。时者，期也，阴阳消息之期也。四时天异名何？天尊，各据其盛者为名也。春秋物变盛，冬夏气变盛。……四时不随正朔变，何？以为四时据物为名，春当生，冬当终，皆以正为时也。（《白虎通德论》卷九《四时》）

司马贞：夫周天三百六十五度四分度之一，是天度数也。而日行迟，一岁一周天；月行疾，一月一周天。日一日行一度，月一日行十三度十九分度之七。至二十九日半强，月行天一匝，又逐及日而与会。一年十二会，是为十二月。每月二十九日过半。年分出小月六，是每岁余六日。又大岁三百六十六日，小岁三百五十五日，举全数云六十六日。其实一岁唯余十一日弱。未满三岁，已成一月，则置闰。若三年不置闰，则正月为二月。九年差三月，则以春为夏。十七年差六月，则四时皆反。以此四时不正，岁不成矣。故传曰"归余于终，事则不悖"是也。（《史记索隐·五帝本纪》）

苏　轼：周四时曰朞，朞当三百六十五日四分日之一，而云六日，举其全也。岁止得三百五十四日，故以闰月定而正之。（《东坡书传》卷一《尧典》）

钱　时：前命羲和以中星正四时，可谓精密，然日之余者无所归，则节候差舛，中星不可得而正，故于是又总命以置闰之法也。……天时既正，方有以信百工而厘正之。庶绩皆可顺理也。（《融堂书解》卷一《尧典》）

时　澜：盖闰者，一岁之枢纽，天地之数，惟奇则无穷。一岁余十二日有奇，苟不置闰，则四时之气无由而定，一岁之功无由而成，以闰月归奇，始可以定时而成岁。（《增修东莱书说》卷一《尧典》）

王　圻：《尚书》云："期，三百有六旬有六日，以闰月定四时，成岁。"春、夏、秋、冬者，期也，阴阳消息之期也。四时异名何？天尊，各据其盛者为名也。春秋物变盛，冬夏气变盛。春曰苍天，夏曰昊天，秋曰旻天，冬为上天。四时不随正朔变，何？以为四时据物为名，春当生，秋当死者，以正为时也。（《稗史汇编·时令门·总论·载

岁祀论》）

又：《史记》曰：黄帝起消息，正闰余，则闰盖余分月也。黄帝造历始正之。（《稗史汇编·时令门·历数·闰月之始》）

又：《定闰月歌》："要知来岁闰，先算冬至余。更看大、小尽，决定不差池。"谓以今年冬至后余日为率，如十一月二十二日冬至，则本月尚多八日，来年当闰八月；如十一月小，当闰七月。若冬至在上旬，则以望日为断。（《稗史汇编·时令门·历数·布算法》）

又：置闰之法，其先则三年一闰者三，继以两年一闰者一；续又三年一闰者二，继以两年一闰者一，如是经七闰然后天日月相会之气朔，无欠无余，是谓一章。所谓两年一闰，及五岁再闰之说也。又历家必于三十三月左右方置一闰，然补前借后，必各得一月之半，则后月节气乃在此月之中，而中气不在其月，于是乎闰在矣。是固天然恰会，当此置闰，非人可移前徙后，强置之于所不当之月也。然则先儒所谓置一闰而有余，则留所余之分以起后，此固可通。而谓置两闰不足，则借下之日以终始者，于法窒矣。按：先儒偶借下终数之说，由人误认三年一闰之后，即继以两年一闰之文也。（《稗史汇编·时令门·历数·闰法》）

方中履：自黄帝以来，造历者莫不有元，黄帝用辛卯，颛顼用乙卯，虞用戊午，夏用丙寅，商用甲寅，周用丁巳，鲁用庚子，汉承秦初，用乙卯（原注：秦用颛顼历也）。武帝太初历用丁丑（原注：《史记》作甲寅）。……夫元者不过因历久必改，改则以此年为首，所谓日月闰积之数，皆自此始耳。更历更表何年不可以为元乎？……盖历久自差，不得不然，是故太初以来，诸历或百余年而差，或数十年而差，或一二年即差，何尝及所算之一元乎？夫钦天授时，只在七政交会，行度无失，元不必远推其始，亦不可逆定其终。此《崇祯历书》所以惟推二百年恒表，而随时考测，随时修改，可谓当矣。（《古今释疑》卷十三《历元》）

宫梦仁：四时（原注：一岁十二月，分为四时）：春（原注：正月，孟春；二月，仲春；三月，季春。为三春，属木）、夏（原注：四孟，五仲，六季，为三夏，属火）、秋（原注：七孟，八仲，九季，为三秋，属金）、冬（原注：十孟，十一仲，十二季，为三冬，属水）。（《读书纪数略》卷三《岁时类》）

熊朋来："《尧典》朞，三百有六旬有六日，以闰月定四时，成岁"，月有闰，天无闰，欲知月之有闰，以闰月定四时是也。欲知天之无闰，朞三百六旬有六日是也。朞者如上年冬至起，至下年冬至。上年立春起，至下年立春，其间相去皆是三百六十五日四分日之一，与周天度数相应。曰六旬有六日，举成数也。天虽无闰而月则有闰，合气盈朔虚而闰生焉。三岁一闰，五岁再闰，约三十二月一闰，十九年七闰，为一章。三年不置闰，则春一月入夏，上年一月入下年。三失闰则春皆作夏，十二失闰则上年皆作下年，所以定时成岁，不可无闰月在其间。天虽无闰月之三五而盈，三五而缺，则可见也。月之有闰，天之无闰，并行而不相悖，只《尧典》二句尽之，三百六旬有六日，上下年节气相直，不以闰年而加多，不以无闰而减少。天未尝知有闰也。故公《公羊》于"文六年闰月不告"，月之传曰：天无是月也。(《五经说》卷二)

程馀庆："岁三百六十六日，以闰月正四时。"岁十二月，月三十日。三百六十者，岁之常也。日与天会而多五日有奇，为气盈；月与日会而少五日有奇，为朔虚。合气盈、朔虚，而闰生焉。三岁一闰，五岁再闰，十九岁七闰，为一章，然犹有分秒之余。积四千六百一十七年，日月皆无余分，复得十一月甲子朔子时半冬至，又为历元矣。(《历代名家评注史记集说·五帝本纪》)

陈蒲清："岁三百六十六日，以闰月正四时。"此句讲当时的历法。岁，太阳一周天为一年，即地球绕日公转一周为一个太阳年，三百六十六日是举其成数(实际为365.242日)。闰月，为了弥补差数而设置的多余月份。阴历以月球绕地球一周为一月(平均约29.53日)，每年以十二个月计算，只有三百五十四天，每年比太阳年多十一天多。为了免除与地球公转的四时(季)差错，便设置闰月(三年设一个闰月，五年设两个闰月)。(见王利器主编《史记注译·五帝本纪》)

金景芳、吕绍纲：尧时知道岁实(尽管不准确)，知道二分二至，知道四仲月和春夏秋冬四时，是属于阳历的知识。此处提到闰月问题，则是属于以月相为对象的阴历的知识。既然知道闰月，就说明尧时已知道阳历的一岁366日与阴历十二个月的不协调的问题。阴历以月亮圆缺周期为一个月。后世的四分历知道一个月为29又499/940日。度过十二月后(大月三十日，小月二十九日)才354日，小于阳历一岁的岁实(365又1/4日)11又1/4日。就是月亮圆缺十二个周期后，并没过完阳历的一岁。一岁剩余11又1/4日，三年积累33又3/4日，即多出一个月多。于是采取三年多加一月的办法加以解决，这就是闰月。三年一闰还有余头，于是五年两闰，五年两闰则有不足，于是十九年七闰。这是后世四分历达到的水平，还不能说尧时已经做到了这一步。(《〈尚书·虞夏书〉新解·〈尧典〉新解》)

【汇评】

班　固：经于四时，虽亡事必书时月。时所以记启闭也，月所以纪分至也。启闭者，节也。分至者，中也。节不必在其月，故时中必在正数之月。故传曰："先王之正时也，履端于始，举正于中，归余于终。履端于始，序则不愆；举正于中，民则不惑；归余于终，事则不悖。"此圣王之重闰也。(《汉书·律历志上》)

又：是以《春秋》曰："举正于中。"又曰："闰月不告朔，非礼也。闰以正时，时以作事，事以厚生，生民之道于是乎在矣。不告闰朔，弃时正也，何以为民？"(同上)

陈　经：周天三百六十五度四分度之一，日行迟，一日行一度，一岁一周天，尚余五度四分度之一；月行速，一月一周天，而与日相会。圣人以其奇数而置闰，故一岁赶六日，併五度四分度之一，是为一年剩十一日有奇也。三年而一闰，五年而再闰，四时所以定，岁功所以成也。……振旅于春，茇舍于夏，时之属乎兵者也。启蛰而郊，龙见而雩，时之属乎祭者也。以至藏冰、颁冰、出火、纳火之类，莫不各因其时，以成其功。苟为不然，则三年而差一月，九年而差三月，十有七年而差六月，四时相反矣。时何由而定，岁何由而成，功若何而熙哉！左氏曰：闰以正时，时以作事，事以厚生，生民之本，于是乎在。春秋自文公闰月不告朔之后，失闰者屡矣，辰在申而司历以为建戌，又安知圣人治历明时之意，以人奉天，故闰置而岁以之成，因天治人，故时正而功以之立。天人相因，未始间隔，如是之至哉！（《尚书详解》卷一《尧典》）

熊　禾：洪荒之世，气浮而为天者，不过茫茫一太虚耳，固未有度数之分也。黄帝颛顼，虽云造历，盖未详也。至帝始命羲和分掌天地四时，于是推步之法愈密，日月星辰之丽于天者，始则而象之。岁分为四时，又分为十二月，又分为三百六十日，因其气盈朔虚，又为置闰，以应周天之度。于是天道可得而成矣。（《熊勿轩先生文集》卷四《帝尧万世之功论》）

袁　燮：盖一岁十二月三十日正三百六十日余六日，六小月又余六日，是一岁余十二日，三岁余三十六日，为一闰。又两年余二十四日，凑前所余六日，为一闰，故三年一闰，五年再闰。如此然后四时始定，岁功始成。百工皆得趋时赴功，庶绩莫不光明。……若是不置闰以归其余，则四时皆不得其正，天下事颠倒错乱，百工何由而理，庶绩何由而熙？履端于始，举正于中，归余于终，日既有余，无所顿放，自然是用置闰。天地无全功，置闰之法，分明是圣人在这里裁成天地之道，辅相天地之宜，似乎专是人事，然亦天理之自然。斗指两辰之间，便知其为闰，以此见亦非圣人之私意为之也。凡读二典，不可将作后世看。后世视此等事多以为缓而不切，唐虞之时，兹事甚重，盖四时不定，则庶功不成，利害非小，只看《月令》，无一事不顺天时，圣人安得不以为急乎！（《絜斋家塾书钞》卷一《尧典》）

王充耘：四时一周则为一期，期之日三百六旬而又六日。盖有奇而不齐，作历者必因其余以置闰，然后四时可定，而春不可以为夏，岁功可成，而子不至于为丑。闰以正时，时以作事，以此信治百官，孰敢玩岁愒日，而不思所以趋事赴功，庶绩咸熙，亦其效之所必至也。（《书义主意》卷一《尧典》）

又：前分命四节审历之正，此又以置闰足之，然后历法方全备。盖以一期之日，有奇不齐，必以余日置闰月，然后四时定而岁功成，否则，春失闰而为夏，寒暑反易而时不定，子失闰而入丑，名实乖戾而岁不成矣。故定时成岁，全系于闰。闰以正时，时以作事。春而布德宣惠，夏而劳民劝相，秋、冬则禁暴慢、谨盖藏之类。如《月令》所载，皆百工之职也。天时既正，则人事自修，以此信治百工，如日省月试，考绩黜陟，如所

谓岁终诏废置，三岁行诛赏，先时者杀无赦，不及时者杀无赦之类，人无敢不及时趋事趋功者，所以众功皆广也。（同上）

李光地：《传》曰"归余于终，事则不悖"，此之谓也。（《尚书七篇解义》卷一《尧典》）

崔　述：盖历数自黄帝以来有之，故《传》云："少皞氏鸟名官：凤鸟氏，历正也。"然历之为法，必积久而后差数可见，创始者势不能以周详尽善也，故必行之数百年。至尧，而后暮之日数多寡可校，闰之疏密可推。尧犹惧其未符，又命官分验于四方渐损渐益，而后四时不爽，乃始定为画一之法以垂后世。故史记其命书，以志历所自始。《汉志》六历虽有黄帝、颛顼之称，然但其源出于二帝，后人迭加损益而推广以成书，非黄帝、颛顼所自为也。（《崔东壁遗书·唐虞考信录》卷一《尧授时·历法始于尧》）

又：曰：历法，政事之一端耳，何为详记之如是也？曰：帝王之治莫先于授时。四时不爽，然后农桑可兴，政令可布，人物之性可尽，天地阴阳之化可得而辅相燮理，书契史册之文可得而次第考核，故《尧典》载尧之政特详于此，而孔子答颜渊"为邦"之问亦以"行夏时"为第一义也。所谓"夏时"，即尧所定之历。盖殷、周皆别起一方，故用其国旧历；而夏承虞，虞承唐，故历皆不改：《汉志》所以有三代历，而无唐、虞历也。故此章之文与《禹贡》相表里。四时之授，所以成天；九州之别，所以平地。天时正，然后政典举，故尧、舜之治始于授时；土功度，然后政化成，故尧、舜之治终于敷土也。（同上）

㊺【汇注】

裴　骃：徐广曰："［饬］古'敕'字。"（《史记集解·五帝本纪》）

马持盈：信饬百官，众功皆兴：《尚书·尧典》之文，为"允厘百工，庶绩咸熙"，与《史记》此段之文不同。按：《尧典》的意思是尧王告诉羲氏和氏说，"假定能依照这种时序来进行各种农事工作，我相信各种事功一定都会能兴办起来的"。这个"允厘百工"的"允"字，是当作假定词来解，而不可当作形容词解。司马迁把"允"字译为"信"，"厘"字译为"饬"，"百工"解为"百官"，这就与原意大不同了。原意是尧王告诉羲、和二氏要依着这种时序，来进行各种农事工作，那么，各种事功就一定能够兴办起来的，如果依着司马迁的"信饬百官"之句，就根本错解了原意。（《史记今注·五帝本纪》）

㊻【汇注】

夏　僎：言众工皆兴，所谓万事得其序者是也。（《尚书详解》卷一《尧典》）

姚　鼐：《史记·五帝本纪》"信饬百官，众功皆兴"。尧曰"谁可顺此事"，依太史公意，以"允厘百工，庶绩咸熙"，不上属治历事，而下属"若予采"，意此读是。（《惜抱轩笔记》卷一《书·允釐百工》）

[日] 泷川资言：《尚书》云：帝曰：咨，汝羲暨和，朞三百有六旬有六日，以闰月定四时成岁，允釐百工，庶绩咸熙。盖在书历成，尧戒羲和之言，而史公改为叙事之文。（《史记会注考证附校补·五帝本纪第一》）

【汇评】

黄　伦：郑氏曰：圣人之兴事造业，岂任其私智而为之哉？仰以观于天道而已。盖日月之运行，星辰之推移，时所系焉；生死进退，伏见流逆，吾则历以步其数，而数不至于差，象以占其仪，而象不至于忒。以此而颁正朔，以此而授民事，则天下之赴工趋务者，如规矩设，而不可欺以方圆，如绳墨陈，而不可欺以平直。此东作，南讹，西成，朔易，其民析，因、夷、隩有序，而不可乱也。（《尚书精义》卷一《尧典》）

夏　僎：当尧之时，洪水横流，泛滥于天下，为生民之计，可谓急矣，然尧不先命禹以平水土，命稷以播百谷，命契以敷五教，而乃先于命羲、和，以有作历置闰之法也。岂尧先所后而缓所急耶？盖不然，大禹、稷、契以所职，不过于百工，而平水与播谷敷教之事，又不过于庶绩，惟闰余既定，则天时正于上。天时正于上，则百官得其职，百事得其序，理亦当然。苟闰余不定，三年而差一月，则必以正月为二月，每月皆差，九年而差三月，则将以春为夏，十有九年差六月，则四时相反，如欲百工之允厘，庶绩之咸熙，不可得矣。虽有益、稷、皋陶之功，果安所施哉？惟天时既定，则人功由是而施，尧之治无先于此耳。邵康节云：日月星辰尧则之，江河淮海禹平之。其意不殊此。（《尚书详解》卷一《尧典》）

马　骕：《书》曰：钦若昊天，历象日月星辰，敬授人时，此尧之初政也。历数之起尚矣，庖犠氏画八卦，以应气候，炎帝分八节以纪农功，黄帝迎日推策、造律吕、作甲子，定闰余，少昊命鸟师以司分至启闭，颛顼建孟春以为历元。及尧即位，惧前法之未备，岁久之差移也，始为历象之法，察日星，均四时，顺民情，验物理，而畴人分职之事，必谆切告诫之，可谓至慎至详矣。且帝之所以首重其事者何也？人君代天理民，非敬天无以图治，非宪天无以出治，非奉天无以成治。帝惟以兢业钦若之心，懔乎居兆民之上，以天道为君道，是以百工允厘，庶绩咸熙。（《绎史》卷九《陶唐纪》）

金景芳、吕绍纲：这一段记述以日月运行为内容的新历法的制定及其意义。此事影响至为深远。古代中国人自然之天的天概念从此形成，唯物论世界观的基础从此奠定，构成了以孔子学说为主流的传统思想文化的理论骨干。自尧及尧以后上层人物及知识界，在天与天人关系上绝大多数人持理性的态度。对天神地祇人鬼的祭祀不过出于实用或政治的目的，不宜视为真正的宗教信仰。魏晋玄学和宋明理学的哲学唯心论是受道家佛家影响的结果，属于另一不同的系统。（《〈尚书·虞夏书〉新解·〈尧典〉新解·总论》）

尧曰①："谁可顺此事②？"放齐曰③："嗣子丹朱开明④。"尧曰："吁⑤！顽凶，不用⑥。"尧又曰："谁可者⑦？"讙兜曰⑧："共工旁聚布功⑨，可用。"尧曰："共工善言，其用僻，似恭漫天⑩，不可⑪。"尧又曰："嗟，四岳⑫！汤汤洪水滔天⑬，浩浩怀山襄陵⑭。下民其忧⑮，有能使治者？"皆曰鲧可⑯。尧曰："鲧负命毁族⑰，不可⑱。"岳曰："异哉⑲！试不可用而已⑳。"尧于是听岳用鲧㉑。九岁㉒，功用不成㉓。

① 【汇注】

　　夏　僎：程氏谓此乃尧老，广求圣贤，以巽帝位之意。故放齐以嗣子丹朱为对。其文与上相连，此说得之。（《尚书详解》卷一《尧典》）

② 【汇注】

　　张守节：言将登用之嗣位也。（《史记正义·五帝本纪》）

【汇评】

　　赵南星：古人举事，未有矫拂人情而可以成功者。观尧时"信饬百官，众工皆兴"，必曰："谁能顺此事？"夫顺之云者，通德类情，绝无矫强拂逆之意，方谓之顺。可见则天无名在此，成功文章亦在此。舜之恭己无为在此，禹之行所无事亦在此。人心，道心，俱从此出。顺之时义大矣哉！若夫《阴符》诸书，则隐言夫逆。盖逆，则所以治身，顺则所以治天下。治身不逆，则恬淫纵恣，无以自持，治天下不顺，则与聚勿施何出？顺则修己以安百姓，此钦明之主，所以为万世法也。（《增定二十一史韵》末卷《读史小论·帝尧》）

③ 【汇注】

　　裴　骃：孔安国曰："放齐，臣名。"（《史记集解·五帝本纪》）

【汇评】

　　吕　柟：放齐亦朱之党乎？曰：放齐其亦私心窥圣人乎！夫嚚嚣之才类启明，放齐或不能察，亦未可知，然其人亦卑矣。（《尚书说要》卷一《尧典》）

④ 【汇注】

　　张守节：放音方往反。郑玄云："帝尧胤嗣之子，名曰丹朱，开明也。"按：开，解而达也。《帝王纪》云："尧娶散宜氏女，曰女皇，生丹朱。"《汲冢纪年》云："后稷放帝子丹朱。"范汪《荆州记》云："丹水县在丹川，尧子朱之所封也。"《括地志》云："丹水故城在邓州内乡县西南百三十里。丹水故为县。"（《史记正义·五帝本纪》）

夏　僎：盖尧将（摄）〔禅〕位，访于群臣，放齐以常情揆之，父子相传，古今之通义也。故以嗣子丹朱为对。正如汉文欲举有德以匡朕之不能。有司请曰，子启最长，敦厚宽仁，请建为太子，亦此意也。（《尚书详解》卷一《尧典》）

金景芳、吕绍纲：《说文》糸部絑字下曰："《虞书》丹朱如此。"段玉裁《古文尚书撰异》："此谓壁中故书也。故书作絑，以今文读之乃易为朱字。"（《〈尚书·虞夏书〉新解·〈尚书〉新解》）

⑤【汇注】

裴　骃：孔安国曰："吁，疑怪之辞。"（《史记集解·五帝本纪》）

蔡　沈：吁者，叹其不然之辞。（《书集传》）

朱之蕃：吁者，不然之辞也。（见《百大家评注史记》卷一《五帝本纪》）

⑥【汇注】

张守节：《左传》云："口不道忠信之言为嚚，心不则德义之经为顽。"凶，讼也。言丹朱心既顽嚚，又好争讼，不可用之。（《史记正义·五帝本纪》）

［日］泷川资言：《尚书》作"吁，嚚讼可乎？"中井积德曰：不用，不中用也。（《史记会注考证附校补·五帝本纪第一》）

【汇评】

钱　时：愚每读书至此，未尝不叹尧以大圣人在上，其视邪正如辨黑白。……使当时不察，一信其言而用之，则治乱安危之机在反掌间耳。后世知人之明如尧者盖寡，而朋邪党引，罔上干进者，皆是也。可胜叹哉！（《融堂书解》卷一《尧典》）

⑦【汇注】

梁玉绳：金王若虚《滹南集·史记辨惑》曰："《尧典》'畴咨若时登庸，畴咨若予采'，帝所谓若时、若予采者，其义虽不甚明，要之是两事。而本纪于后节但云'尧又曰谁可者'，却只是申前事也。"（《史记志疑》卷一《五帝本纪》）

⑧【汇注】

张守节：兜音斗侯反。（《史记正义·五帝本纪》）

梁玉绳：讙兜始见《庄子·在宥》。本作驩兜，古文《尚书》作鵅吺，又作驩兜，又作驩头，又作讙头。或曰驩朱，为人鸟喙，有翼，杖翼而行。冢在澧之慈利县。案：《大荒南经》云：鲧妻士敬子曰炎融，生驩头。《北经》云：颛顼生驩头。《路史》谓黄帝子帝鸿之后有缙云氏，妻士敬氏，曰炎融，生驩头，釐姓。以《左文十八年》注：缙云，黄帝官名，《史·五帝本纪集解》缙云，炎帝裔，姜姓为非，俱不可信。（《汉书人表考》卷九《讙兜》，见《史记汉书诸表订补十种》）

程馀庆：尧司徒。（《历代名家评注史记集说·五帝本纪》）

⑨【汇注】

郯　子：共工氏以水纪，故为水师而水名。（引自《春秋左氏传》昭公十七年）

王　逸：康回，共工氏之名，盖康其国姓，回其名尔。（见《楚辞补注·天问》）

杜　预：共工以诸侯霸有九州者，在神农前，大皥后，亦受水瑞，以水名官。（《春秋经传集解》昭公十七年）

裴　骃：孔安国曰："讙兜，臣名。"郑玄曰："共工，水官名。"（《史记集解·五帝本纪》）

孔颖达：《正义》曰：共工氏霸有九州，《祭法》文也。此传从黄帝向上逆陈之，知共工在神农前，大皥后也。水之为瑞，亦未审也。（《春秋左传正义》昭公十七年）

苏　轼：共工，其先为是官者，因以氏也。……言共工能类聚而布其功也。（《东坡书传》卷一《尧典》）

梁玉绳：共工始见《虞书》。共工，官称。其人名氏未闻。（《汉书人表考》卷九《共工》，见《史记汉书诸表订补十种》）

⑩【汇注】

苏　轼：象恭敬而实灭其天理。滔，灭也。（《东坡书传》卷一《尧典》）

夏　僎：谓其貌之恭，而心之凶狠，滔滔漫天也。（《尚书详解》卷一《尧典》）

姚　鼐：《史记》云"似恭漫天"，太史公意盖作"欺谩"意，此"滔天"疑《古文尚书》本作"慆"或"謟"，皆欺谩意，假借作"滔"，与下"洪水滔天"字异。（《惜抱轩笔记》卷一《书·滔天》）

施之勉：唯徐文靖解曰：《竹书纪年》：帝尧十九年，命宫工治河。六十一年，命崇伯鲧治河。则鲧未命以前，四十一年中治河者，皆共工也。时帝问谁顺予事，而骧兜美共工之僝功。帝谓其貌若恭顺，而洪水仍致滔天，与下文"浩浩滔天"同一义。案：徐解"滔天"甚切当。要之此四十一年中，亦未尝全然无效。唯是治之不顺其性，故时而底定，时而横决，驯至于洪洞无涯，始谋易其人而任之，必非四十年皆滔天之日也。鲧障洪水，当时亦岂无小效，唯苟趣目前之计，而水仍不归壑，故绩用终于不成也。（《史记会注考证订补·五帝本纪第一》）

陈蒲清：用僻，办事乖僻无能，或解释为用意邪僻。似恭漫天，外貌好像恭顺，内心却骄纵。漫天，连对上天都怠慢不恭。"漫"通"慢"。旧注解释为罪恶滔天。（见王利器主编《史记注译·五帝本纪》）

⑪【汇注】

张守节：漫音莫干反。共工善为言语，用意邪僻也。似于恭敬，罪恶漫天，不可用也。（《史记正义·五帝本纪》）

罗　泌：共工氏，羲氏之代侯者也。是曰康回。髦身朱发，蚳狠明德，任智自神。

太昊氏没，傲乱天常，窃保冀方。抢攘为桀，于是左概介丘，右礜终隆。振滔洪水，以薄空桑。寇剧于诸侯，虐弱以逞。爰以浮游为卿。自谓水德，故为水纪。官师制度，皆以水名。盖乘时鹊起，而失其纪，是以后世不得议其世也。方其君国也，专以财利贸兴有亡。其取之也，水处十七，而陆处十三。乘天势以隘制天下，而用不匮。迨其跋扈，更复虐取，任刑以逞，人不堪命。于是立兵仗，聚亡义，以奸天宪。专任浮游，自圣其智，以为亡可臣者，故官圹而国日乱，民亡所附，贤亡所从。尚虞湛乐，淫失其身，犹欲凭怒，傫其悍塞，壅防百川。墮高闉卑，率方舆而潮陷之。行违皇乾，诸福弗畀，疾荐作而灾屡臻。女娲氏戮之，共工氏以亡。（《路史·后纪二·共工氏传》）

⑫【汇注】

应　劭：岳者，称考功德黜陟之，故谓之岳。（《风俗通义·佚文》）

郑　玄：四岳，四时之官，主四岳之事。始羲和之时，主四岳者谓之四伯，至其死，分岳事，置八伯，皆王官，其八伯唯驩兜、共工、放、齐骸四人而已，其余四人，无文可知。（《尚书郑注》卷一《尧典》）

张守节：嗟叹鸿水，问四岳谁能理也。孔安国云："四岳，即上羲和四子也。分掌四岳之诸侯，故称焉。"（《史记正义·五帝本纪》）

苏　轼：孔安国以四岳为羲和四子，而太史公以羲和为司马之先，以四岳为齐太公之祖，则四岳非羲和也。当以史为正。（《东坡书传》卷一《尧典》）

夏　僎：四岳主四方，方岳之官也。（《尚书详解》卷一《尧典》）

又：《尧典》言咨四岳者二：治洪水也，巽朕位也。《舜典》言咨四岳二：熙帝载也，典三礼也。古者大众必询众庶，言帝以此四者事大体重。四岳掌方岳，知天下众庶之情伪，故以访之。……四岳，主方岳之官，尧之任官，其常事则访之左右之臣，其大者则访之四岳。使于四岳求之，四岳求之方岳之间，得天下之公议……学者以是求之，则四岳为任职矣。此盖陈少南说也。四岳，汉孔氏为即羲和四子，分掌四岳之诸侯，唐孔氏为平秩四时之人，林少颖因广其说，谓舜巡狩，四岳首协时日，而后考制度，则四岳为羲和四子矣。凡此皆以四岳为四人，据李校书谓《春秋外传》谓羲和为司马氏之先，四岳为申吕氏之先，则四岳为一人，非羲和四子也。苏氏又引《书》，曰内有百揆四岳欲逊位，则四岳为一人明矣。其所谓二十二人，盖十二牧、九官并四岳一人，乃二十二矣。旧说徒见每访四岳而佥曰以答之，访者一人，而答者众，故以为四人，殊不知所谓佥曰，盖四岳采众言以进也，凡此皆以四岳为一人，或谓四人，于经无害，故两存之。（同上）

金履祥：四岳者，掌四方方岳之官，古者大事则咨四岳，使询访四方之言也。（《尚书注》卷一《尧典》）

郝　敬：四岳，官名，主四方诸侯之事，盖一人领之。（《尚书辨解》卷一《尧典》）

袁　仁：四岳者，四方诸侯之长。按《左传》许为太岳之后明矣。"佥曰鲧哉"，其

非一人可知，孔平仲乃谓四岳为一人，掌知四方之事，而《蔡传》因之，谬矣。（《尚书蔡注考误》）

金景芳、吕绍纲：四岳，古人说解多歧异。《汉书·百官公卿表》："四岳谓四方诸侯。"《周礼疏叙》引郑玄云："四岳，四时之官，主四岳之事。"伪孔《传》："四岳即上羲和之四子，分掌四岳之诸侯，故称焉。"《国语·周语下》"共之从孙四岳佐之"，韦昭注："四岳，官名，主四岳之祭，为诸侯伯。"蔡沈《书集传》："四岳，官名。一人而总四岳诸侯之事也。"诸说纷纭，莫衷一是。……《白虎通义·号篇》作"帝曰谘四岳"。训作谘有道理。谘，谋。"咨四岳"，是说帝尧向四岳征求意见，询问重大事情。那么"四岳"肯定不是一个人，而是很多人。《汉书·百官公卿表》的见解是正确的。"咨四岳"，其实就是原始氏族社会末期军事民主制度下的部落酋长会议。四岳是部落酋长，与后世的诸侯不同。文献称诸侯，用的是后世用语。（《〈尚书·虞夏书〉新解·〈尧典〉新解》）

⑬【汇校】

[日]**水泽利忠：**南化、枫、三、谦、狩、野、尾、阁"汤汤"二字作"荡荡"。按：据此，今本"汤汤"，"荡荡"讹。（《史记会注考证附校补·五帝本纪第一》）

【汇注】

吕不韦：昔上古龙门未开，吕梁未发，河出孟门，大溢逆流，无有丘陵沃衍平原高阜，尽皆灭之，名曰鸿水。（《吕氏春秋·开春论·爱类》）

郑　樵：是时龙门未开，吕梁未发，河出孟门，江淮通流，无有平原高阜，故曰洪水滔天，怀山襄陵。（《通志》卷二《帝尧》）

崔　适：按：《列子·天瑞篇》曰："天积气耳，亡处亡气，若屈伸呼吸，终日在天中行止。"张湛注："自地而上，则皆天矣。故俯仰喘息未始离天也。"《荀子·不苟篇》曰："天地比。"杨倞注曰："天无实形，地之上空虚者，皆天也。"此二"天"字之义，正复当尔，犹言到处皆然也。自来注《尚书》及《史记》者，皆未见及此。（《史记探源》卷二《五帝本纪》）

⑭【汇注】

裴　骃：孔安国曰："怀，包；襄，上也。"（《史记集解·五帝本纪》）

张守节：汤音商，今读如字。荡荡，广平之貌。言水奔突有所涤除，地上之物为水漂流荡荡然。按：怀，藏，包裹之义，故怀为包。《释言》以襄为驾，驾乘牛马皆在上也。言水襄上乘陵，浩浩盛大，势若漫天。（《史记正义·五帝本纪》）

苏　轼：汤汤、荡荡、浩浩，皆水之状也。割，害也。怀，包也。襄，上也。水逆流曰襄。（《东坡书传》卷一《尧典》）

黄　伦：荆公曰：山高而陵下，陵言襄，山言怀，何也？地高则襄陵，地下则怀山。

（《尚书精义》卷二《尧典》）

熊　禾：此盖混沌初分，水未有洩，积之岁久，冲决奔放愈甚，则怀襄之害愈烈。（引自《御批通鉴纲目前编》卷首《帝尧陶唐氏·总论》）

金履祥：怀山襄陵，叙其实也。浩浩滔天，言其势也。滔天，当时方言云尔，满望皆水，而天影其平若滔天然。（《尚书注》卷一《尧典》）

郝　敬：襄，乘也。陵，丘陵。言水没山陵也。（《尚书辨解》卷一《尧典》）

朱之蕃：怀，包其四面也；襄，驾出其上也。（见《百大家评注史记》卷一《五帝本纪》）

金景芳、吕绍纲：伪孔《传》："怀，包。襄，上。"《尔雅·释言》："襄，驾也。"《文选·西京赋》"襄岸夷涂"，薛综注："襄谓高也。"《尔雅·释地》："大阜曰陵。"又："高平曰陆，大陆曰阜。"是阜为大片的高平之地，陵为规模很大、地势很高的高平之地。全句意谓（洪水）奔腾涤荡，包围了山，漫过了陵。（《〈尚书·虞夏书〉新解·〈尧典〉新解》）

编者按：世界各国以及我国许多少数民族都有关于洪水的传说。《四川日报》社主办的《文摘周报》，1998年1月12日据《世界科技日报》称：英国考古学家佩瑟博士研究发现，地球在公元前24世纪中期曾经受到大规模陨石雨的冲击。由于陨石雨的影响，地球在这一段时间经历了毁灭性的洪水、饥荒和森林大火。分布在地球上不同区域的人类早期文明于是在公元前2350年左右几乎同时衰落了。佩瑟博士的结论与英国牛津大学天体物理学家克鲁布的研究结果不谋而合。克鲁布说，他发现在围绕木星旋转的一个轨道上有一个流星团，这个流星团每隔3000年与地球相撞一次，并造成陨石雨。尧时的洪水，是否与陨石雨有关呢？但陨石的痕迹尚待寻觅与论证。

⑮【汇注】

孟　子：当尧之时，天下犹未平，洪水横流，泛滥于天下，草木畅茂，禽兽繁殖，五谷不登，禽兽逼人，兽蹄鸟迹之道交于中国，尧独忧之，举舜而敷治焉。舜使益掌火，益烈山泽而焚之，禽兽逃匿。禹疏九河，瀹济漯而注诸海，决汝汉，排淮泗而注之江。然后中国可得而食也。当是时也，禹八年于外，三过其门而不入。（《孟子·滕文公上》）

刘　恕：于是龙门未开，吕梁未发，河出孟门，江淮通流，四海溟涬，无有平原高阜，尽皆灭之。名曰鸿水。民上丘陵，赴树木，阴多滞伏而湛积水，道壅塞，不行其原，民气郁阏而滞，著筋骨，瑟缩而不达。尧作为舞以宣导之。（《资治通鉴外纪》卷一《帝尧》）

【汇评】

陈　经：汤汤，言水之流也；荡荡，言水之大也；浩浩，言其不已也。皆所以明洪水之为害如此。自人情观之，水害方炽，民不得其所，尧若不可一朝居。今观《书》所载，尧以咨四岳，有能俾乂，其辞缓而不迫，从容而不惧，以见尧时所以备先具者有素，

不至重困民。又见尧择人以任其事，不至于仓皇无策。（《尚书详解》卷一《尧典》）

时　澜：夫当洪水方为割害，汤汤浩浩，包山襄陵，可谓甚矣。下民被害，至于怨咨，其势甚迫。有为之君，当是时也，必焦然不宁，迫切仓皇，计虑将不暇给。尧当事危势迫之时，乃曰有能俾乂？谓孰可使治？方雍容和缓无一毫迫切之态，以见圣人处事，经理绳画，井井有条，虽处繁剧纷扰之地，若安闲无事之时，平心定气，徐以应之。岂若后世浅心狭量、焦首濡足者哉？然尧岂可不轸于心乎？忧恤之言如此，从容之规如彼，圣人处事之法也。（《增修东莱书说》卷一《尧典》）

熊　禾：质凝为地者，亦不过一块土耳，固未有疆理之别也。黄帝虽曰分州画野，亦未详也。至帝始咨四岳，举其能治水者，以拯斯民垫溺一朝之命。鲧不能治，而禹继之，其施工之最难者，莫如冀、壶口、龙门等处。此盖混沌初分，水未有洩，积之岁久，冲决奔放愈甚，则怀襄之害愈烈。禹因其势，疏凿而顺导之。若其次第，则先青、兖、徐、杨之下流，而荆、豫、梁、雍，以次底绩，弼成五服，自甸侯至绥，而封建之制以立，咸则三壤，自畎浍至川，而井田之法以成，于是地道可得而平矣。自羲皇、黄帝之后，而适当一元文明之会，风气骎开，创制之法，维其时也。五典敦，五礼庸，五服章，五刑用，法度礼乐，彰彰然著明，如日月行天，亘古常见，此又立人之道，以参赞天地化育之所不及者。盖万世之功也。（《熊勿轩先生文集》卷四《帝尧万世之功论》）

⑯【汇注】

裴　骃：马融曰："鲧，臣名，禹父。"（《史记集解·五帝本纪》）

时　澜：合辞荐鲧，美其可以治水。（《增修东莱书说》卷一《尧典》）

梁玉绳：鲧始见《吴语》，本作鮌……颛顼之后。鲧名，字熙，封于崇，伯爵，故曰伯鲧。亦曰有窬伯鲧，亦曰崇伯，亦曰崇鲧，亦曰夏鲧，亦曰白马，殛之羽山，死三岁不腐，剖之以吴刀，其神化为黄熊。墓在临沂县东南百里。案《墨子》云：伯鲧，帝之元子，故《海内经》注、《史索隐》引《世本》及《帝系》并言颛顼生鲧，《海内经》言黄帝子骆明生鲧，《路史》言高阳子骆明生鲧。所说俱难信。本书《律历志》谓颛顼五世生鲧，似近真，然不如《吴越春秋》之为得矣。《学林》三论鲧不应列九等，亦非。彼徒见禹修鲧之功，实为夏郊，而尧放四罪，断无枉理，疑鲧在尧时不仅因治水被殛，观《吕览》称其作乱为患可见。至先儒以《左传》四凶当四罪，则误也。（《汉书人表考》卷九《鲧》，见《史记汉书诸表订补十种》）

齐召南：帝尧陶唐氏六十一载洪水，四岳举鲧。（《历代帝王年表·帝王》）

金景芳、吕绍纲：《大戴礼记·五帝德》记孔子答宰我问禹曰："高阳之孙，鲧之子也，曰文命。"《世本·帝系》："鲧生高密，是为禹。"（《玉篇》引）《史记·夏本纪》："夏禹，名曰文命。禹之父曰鲧，鲧之父曰帝颛顼，颛顼之父曰昌意，昌意之父曰黄帝。"史公此说据《世本》，可以信据。唯言禹曰"夏禹"，殊误。夏是禹子启所建国家的名号，与禹无涉。禹是军事民主制时代的最后一位部落联盟的酋长，启是文明社会的第一个君主。称夏启是对的，称夏禹则不可。(《〈尚书·虞夏书〉新解·〈尧典〉新解》)

⑰【汇注】

陈泰交：族，亲族也。(《尚书注考》)

陈士元：鲧字熙，封于崇，是为崇伯鲧，一作鲸，一作鯀，一作骸。颛顼五代孙，不才子梼杌也。梼杌，一名傲很（狠），一名难训，见《史记》注。……又按《神异经》云：东方有人焉，人形而身多毛，自解水上，知通塞。为人自用，欲为欲息，皆曰是鲧也。(《孟子杂记》卷三《辨名》)

陈　直：直按：屈子《离骚》云："鲧婞直以亡身兮，终然殀乎羽之野。"屈子对鲧的评价，与其他文献记载不同。(《史记新证·五帝本纪》)

⑱【汇注】

张守节：负音佩，依字通。负，违也。族，类也。鲧性很戾，违负教命，毁败善类，不可用也。诗云"贪人败类"也。(《史记正义·五帝本纪》)

⑲【汇注】

夏　僎：异，已也，言已矣乎。叹当时未见人能贤于鲧也。如孔子每言未见其人，必曰：已矣乎，吾未见好德如好色者也。已矣乎，吾未见能见其过而内自讼者也。皆叹未见其人也。岳既叹时人未见有能贤于鲧矣，故欲尧但试其可治水而已，无求其他，故曰试可乃已。(《尚书详解》卷一《尧典》)

徐　灏：《说文·廾部》："异，举也。从廾，㠯声。《虞书》曰：'岳曰：异哉！'"今文同。《释文》云："郑音异，孔、王音怡。"皆不言其义。伪孔传曰："已也，退也。"《正义》曰："异声近已，故为已也。已训为止，是停住之意，故为退也。"灏按：孔《传》以"已"为会意，不知"异"字以"廾"为义。廾，竦手也。竦手，有举意。从"已"，所以谐声耳。《集传》曰"已废而复强举"，亦是用《说文》义，但不知"已"为谐声，故兼用孔《传》，而强为之解也。(《读书杂释》卷二《异哉》)

金景芳、吕绍纲：《说文》廾部："异，举也。从廾，以声。《虞书》曰：'岳曰异哉。'"是许氏异训举。《经典释文》："徐云：郑音異。"段玉裁《古文尚书撰异》："郑音異者，盖郑读'异哉'为'異哉'。又《说文》异字下段注："郑音異，于其音求其义，谓四岳闻尧言，惊愕而曰'異哉'也。谓异为異之假借也。"是郑以为"異哉"是惊叹之词。伪孔《传》："异，已也，退也。言余人尽已，唯鲧可试。"是伪孔《传》异训已训退。自经上下文意看，郑义为长，可从。(《〈尚书·虞夏书〉新解·〈尧典〉新解》)

【汇评】

郝　敬：异者，强举之辞，试之乃可知也。尧于是使鲧往，九年，功弗成，舜殛之，尧先知过诸臣远矣。(《尚书辨解》卷一《尧典》)

⑳【汇校】

张文虎：旧刻无"用"字，审经文及传，无者是。（《校刊史记集解索隐正义札记·五帝本纪》）

【汇注】

张守节：异音異。孔安国云："异，已；已，退也。言余人尽已，唯鲧可试，无成乃退。"（《史记正义·五帝本纪》）

钱大昕："试不可用而已"，《尚书》云："试可乃已。"古人语急，以不可为可也。古经简质，得史公而义益明。（《廿二史考异》卷一《五帝本纪》）

金景芳、吕绍纲：试，《尔雅·释言》、《说文》言部皆训用。已，《尔雅·释诂》："辍，已也。"是已有辍义。《史记·五帝本纪》作"异哉，试不可用而已"。钱大昕《史记考异》："《尚书》云：'试可乃已。'古人语急，以不可为可也。古经简质，得史公而义益明。"钱说甚是。（《〈尚书·虞夏书〉新解·〈尧典〉新解》）

【汇评】

时　澜：洪水之害，其急如此，而尝试用鲧，乃曰"试可乃已"。民命所系，岂尝试之地乎？（《增修东莱书说》卷一《尧典》）

陈　经：异，已也。言余人尽推鲧可用，试之，无成功，而后可已也。放齐举朱，驩兜举共工，不闻有试可乃已之言，以见鲧之才，众人所推。当禹之未兴，在廷之臣，可以平水土者，未有出于鲧之右者。故四岳力言之。（《尚书详解》卷一《舜典》）

赵南星：至于四岳荐鲧："试不可用而后已"。夫知其可而荐之，知其不可不荐，治洪水何职？乃可轻于一试！殊不知上古君臣一德，猜忌不生，惟是爱惜人才，不忍遽弃，亦顺意也。假令后世有罪及举主之条，则四岳且有举鲧之过，安得有举舜之功？都俞景运，此可想见。（《增定二十一史韵》末卷《读史小论·帝尧》）

㉑【汇校】

［日］水泽利忠：南化、梅、高"尧于是听四岳用鲧"。（《史记会注考证附校补·五帝本纪第一》）

【汇注】

胡　宏：帝尧陶唐氏六十一载甲辰，大荒之开，自帝太昊、炎帝、黄帝，保聚生养，至于尧时，人民众多，耕牧之地日少，西北则龙底横浊河之冲，西南则滟滪巫峡塞岷江之口，淮济万川，未由地中行，泛滥于天下，蛇龙居之，草木畅茂，禽兽逼人，五谷不登，兽蹄鸟迹之道交于中国，民无所定，下者为巢，上者为营窟。尧有忧之，群臣荐崇伯鲧往治之。（《皇王大纪》卷三《帝尧陶唐氏》）

编者按：《竹书纪年统笺》卷二云：帝尧陶唐氏"六十一年，命崇伯鲧治河"。清徐文靖笺曰："按：《史记索隐》曰：'鲧帝，颛顼之子，字熙。……'孔《传》曰：'尧知其性狠戾圮族，未明其所能，而据众言言可试，故遂用之。'何孟春曰：'尧之用鲧九载之民命亦可试乎？宋初试策以发问而不能答。'予曰：《后汉·郑兴传》有言，'尧知鲧不可用而用之者，是屈己之明，因人之心也'。又张华《博物志》曰'昔鲧筮注洪水，而枚占大明，曰不吉，有初无后'，盖谓此也。今按《竹书纪年》，颛顼三十载产鲧，似鲧为颛帝子矣。然产鲧之后四十八年而颛帝陟；又历高辛氏六十三年，挚九年，尧即位六十一年，始命崇伯鲧治河，计前后相距一百八十一年，而尧始命之治河，无是理矣。《汉书·律历志》颛顼五代而生鲧，是为得之。又《世纪》：鲧封崇，伯国，在秦、晋之间，王伯厚曰：赵穿侵崇，是也。《寰宇记》垞成临泗水，《秦地志》云：垞城，古崇国。未知孰是。"

【汇评】

马 融：尧以大圣，知时运当然，人力所不能治，下民其咨，亦当忧劳，屈己之是，从人之非，遂用于鲧。（《古文尚书注》卷一《尧典》）

苏 辙：四岳荐鲧于尧，尧知鲧之不可用，而屈于四岳，民被其害者九年。后世疑之。知其不可而用之，不仁。屈于四岳而不能信，不知。予尝论之：水之为害，不可一日不治，而人之知治水者，虽圣贤，有不能也。是以尧舜皆不自治，得禹而后济。方禹之未见也，天下言治水者莫如鲧。弃鲧而不试，有不仁焉，斯尧之所以用鲧也欤？（《古史》卷二《五帝本纪》）

袁 燮：尧知丹朱、共工之不可用，遂弃之而不疑。至于鲧既知方命圮族，然犹从众人之议而用之，何哉？……惟洪水之患，在当时为害最大，且舍鲧之外，无可任其责者。众人既以为试可乃已，尧亦只得用之，而尧所以命之者，不过一"钦"字。盖人之过失为不善，只是不能敬，鲧虽方命圮族，苟能持之以敬，则前日过失，皆可使之风休冰释，水亦可治。曰"往，钦哉"，言其自此以往，不可不敬也。使鲧诚能佩服尧之言，何至于九载绩用弗成乎！（《絜斋家塾书钞》卷一《尧典》）

许 国：尧之用鲧，九载之民命亦可试乎？宋弘《试策》以发问而不能答。予曰：《后汉·郑兴传》有言，尧知鲧不可用，而用之者，是屈己之明，因人之心也。（见《百大家评注史记》卷一《五帝本纪》）

吕 柟：霄问："尧之于鲧也，知其弗贤而用之则非仁，如不知其弗贤而用之则非智。仁、智于尧有疑焉。"曰："兹尧之所以仁、智也。方割之水不可以坐视，一己之见不可以先四岳也。既试之而后已。此尧之其智如神，其仁如天乎！"（《尚书说要》卷一《尧典》）

孙之騄：鲧，帝颛顼之子，字熙。《连山易》云："鲧封于崇，故《国语》谓之崇伯鲧。"崇今鄂东。帝为洚水之患，访于四岳，乃以命鲧。鲧筮之于《归藏》，得其"大明"，曰"不吉。有初，亡后"。鲧障水，汨陈其五行，水不润下，故有鲧隉在相之安阳。

鯀筑以捍孟门，今谓三两城，又历高东三十五，又清河西三十，自宗城界来，而澶之临河西十五，鯀隄自黎阳界入，尧命鯀治水筑之以障，故无功。又澶德清军城东南五十有尧隄，过飞狐界，古长城即尧遭洪水，命鯀筑之者。(《考定竹书》卷二《[尧]六十一年，命崇伯鯀治河》)

㉒【汇校】

梁玉绳：附按：本作"九载"，明程一枝《史诠》云"载作'岁'，非也"。观《正义》详释"载"字，则自不得作"岁"，盖唐以后本传讹，《史诠》是也。(《史记志疑》卷一《五帝本纪》)

【汇注】

张守节：《尔雅·释天》云："载，岁也。夏曰祀，周曰年，唐、虞曰载。"李巡云："各自纪事，示不相袭也。"孙炎云："岁，取岁星行一次也。祀，取四时祭祀一讫也。年，取禾谷一熟也。载，取万物终更始也。载者，年之别名，故以载为年也。"(《史记正义·五帝本纪》)

㉓【汇注】

古史官：鯀作城郭。(《世本》下《作》)

张守节：案：功用不成，水患不息，故放退也。至明年得舜，乃殛之羽山，而用其子禹也。(《史记正义·五帝本纪》)

郑　樵：洪水滔天，怀山襄陵。尧忧民之忧，而求治水者。群臣四岳皆举高阳氏之子伯鯀。尧封鯀为崇伯，使之治水，鯀乃兴徒役，而作九仞之城，迄无成功。(《通志》卷二《帝尧》)

齐召南：帝尧陶唐氏六十九载，鯀无功。(《历代帝王年表·帝王》)

[日]**泷川资言**：《尚书》作"九载积用弗成"。愚按：《尚书》又云"三载考绩，三考黜陟幽明"，鯀盖历三考也，舜所以黜之。又按：以上略与《尚书》对比，以示史公剪裁之法，以下仿之。(《史记会注考证·五帝本纪》)

王叔岷：案：《御览》五九引"用鯀"作"命鯀治水"。《夏本纪》作"于是尧听四岳，用鯀治水"，"鯀"下亦有"治水"二字。景祐本、黄善夫本"载"并作"岁"。《尧典》下文"五载一巡守"，又云"三载考绩"。《五帝本纪》"载"并作"岁"。以彼例此，则此文盖本作"岁"矣。(《史记斠证·五帝本纪第一》)

【汇评】

时　澜：九年之间，亦有可观，岂无功哉？盖绩则有之，但终不能成功也。要知鯀非无才无功，心之忽实坏之也。(《增修东莱书说》卷一《尧典》)

夏　僎：尧已预知其无成也，已而功用历九年而不成，则尧可不谓之聪明之主乎？夫四岳荐鯀于尧，尧既知鯀不可用，又屈于四岳之请而试之，卒至民被其害者九年。后世疑之，谓尧知其不可用而用之，不仁，屈于四岳而不能自信，不智。余谓洪水之害，至尧犹甚，其下民怨咨，日望圣人拯而救之。奈何禹犹隐而未兴……天下言治水者，皆归于鲧。贤如四岳，犹信其可用，况天下乎？故尧于此，以谓民之病于洪水也如此其甚，望人君之拯治也如此其急，而同声共美鲧之治水也如此其众，吾虽知其不可用，然任一己之见，而违天下共见之心，则人必谓吾当艰难之际，舍能者不用，而坐观其害，莫不敛怨于己，故吾宁用之。而功不成，然后去之。终不肯自谓不可用而不用也。（《尚书详解》卷一《尧典》）

又：说者又谓，鲧既无功，早宜黜废，何待九年？然非无功也，但无成耳。唐孔氏亦谓水为大灾，百官不悟，谓鲧能治水，及遣往治，非无小益；人见其有益，谓鲧实能，日复一日，以终三考，三考不成，众人乃服，然后退之，以至九年。况《祭法》亦谓禹能修鲧之功。夫禹之大功，且修鲧之余，则鲧实非无功者，特不能成，故诛殛之。（同上）

钱　时：古年三载考绩，三考黜陟幽明。九载，是三考也。此上凡举荐者三，尧皆不然之。至此段末，独书绩用弗成一语，以著帝尧知人之明。此史氏书法之妙。（《融堂书解》卷一《尧典》）

陈　经：九载之间，鲧岂无功，但不成尔。然则鲧之无成功，一二年间，亦自可见，何必迟之九载，坐视斯民之受害哉？曰：三考黜陟，唐、虞之法也。待人以宽，使得展尽四体，故以九载而黜陟，法自尧立之，亦自尧行之。安可必其不能成功，而遂先自乱法哉？（《尚书详解》卷一《尧典》）

金履祥：程子曰：治水，天下之大任也；非其至公之心，能舍己从人，尽天下之议，则不能成其功。岂方命圮族者所能哉？鲧虽九年，而功弗成，然其所治固非他人所及也。惟其功有绪，故其自任益强，咈戾圮族益甚。公议隔而人心离矣。是其恶愈显而功不可成也。（《书经注》卷一《尧典》）

又：按：周汉以来，诸书多称尧有九年之水，今考其时，自洪水方割，即举鲧俾乂，九载无成，而后举舜，又二三年始举禹，禹八年于外而始告成功。前后计二十余年矣。而曰"九年"者，盖指鲧九载之间也。计自方割以来，洪水之害，无岁无之，如后世岁有河决之患，鲧于其间多为堤防以鄣之，而患日滋甚。孟子叙泛滥之祸，在举舜敷治之上，则九年之云，盖谓此时也。然洪水之害，一日不可缓，而待鲧九载无功，始易之何也？传称禹能修鲧之功，则九载之间非尽无功，但无成耳。而三考黜陟之典不可废，是以有羽山之贬焉。（同上）

又：《经》称鲧堙洪水，《传》称鲧障洪水，《国语》又称其堕高堙庳。《经》称禹决九川，《孟子》称禹疏九河，瀹济漯，决汝汉，掘地而放之海，然则鲧之治水也障之，禹之治水导之也。其成败之由以此。当其在鲧也，禹何以不谏？曰：禹安得不谏？以鲧之

方命圮族，况其子之言乎？故禹必有谏，鲧必有所不从，舜之知禹亦必以此。（同上）

佚　名：颍滨曰：四岳荐鲧于尧，尧知鲧之不可用而屈于四岳，民被其害者九年，后世疑之，知其不可用而用之，不仁。屈于四岳而不能信，不知。予尝论之：水之为害，不可一日不治，而知治水者，虽圣贤不能也，是以尧、舜皆不自治，使禹而后济。方禹之未见也，天下言治水者莫如鲧，弃鲧而不试，有不仁焉，斯尧之所以用鲧也欤！（《历代名贤确论》卷一《鲧治水》）

又：颍滨曰：尧之世，洪水为害，以意言之，尧之为国，当日夜不忘水耳。今考之于《书》，观其为政先后，命羲和正四时，务农事，其所先也。末乃命鲧治水，九年无成功。乃命四岳举贤以逊位，四岳称舜德曰"父顽母嚚象傲，克谐以孝，烝烝乂，不格奸"，尧以为然而用之，君臣皆无一言及于水者，舜既摄事黜鲧而用禹，洪水以平，天下以安，尧舜之治，其缓急先后，于此可见矣。使五教不明，父子不亲，兄弟相贼，虽无水患，求一日之安不可得。使五教既修，父子相安，兄弟相友，水虽未除，要必有能治之者。昔孔子论政曰："足食足兵，民信之矣。"子贡曰："必不得已而去于斯三者，何先？"曰："去兵。"曰："必不得已而去斯二者，何先？"曰："去食。自古皆有死，民无信不立。"古之圣人，其忧深虑远如此，世之君子，凡有意于治，皆曰富国而强兵。患国之不富，而侵渔细民；患兵之不强，而侵虐邻国，富强之利终不可得。而谓尧、舜、孔子不切于事情，于乎殆哉！（《历代名贤确论》卷三《尧舜之德》）

陈　简：是时舜禹未兴，在庭诸臣，其才无出鲧之右者，帝知其刚悖，曰"钦哉"以勉之。帝全鲧之才，鲧弃帝之命，天下之以才自负，不谨而取败者，皆鲧之类也。（《史谈补》卷一《帝尧陶唐氏》）

黄洪宪：鲧不堪用，帝尧已灼见其病矣，而四岳强举之，卒至九载之久，功用不成，然后见帝尧知人之明，果出于四岳诸人之上也。（见《百大家评注史记》卷一《五帝本纪》）

崔　述：说者多云"尧有九年之水，汤有七年之旱"，其语盖本《尧典》"九载"之文。然九载而鲧功不立，非水患止此九年也。孟子曰："天下犹未平，洪水横流，泛滥于天下。"则是水不自尧始也。舜曰："咨禹，汝平水土，维时懋哉！"则是水亦不自尧除也。盖上古之时，水原未有定道，圣人制衣食、宫室、器用、书契，日不暇给，而其初水患亦未大甚，不过洿下之地注之，故犹得以苟安；积久而水日多，至尧时遂至"怀山襄陵"耳。至禹始开水道，使归于海，至今沿之；非唐、虞以前即然也。故曰："禹之明德远矣；微禹，吾其鱼乎！"若但尧时偶然有水而禹治之，亦不足为难矣。世于此多汶汶，故今本《尧典》《孟子》之文而正之。（《崔东壁遗书·唐虞考信录》卷一《尧求舜·洪水不自尧时始》）

又：此其记放齐、驩兜及鲧之用，何也？曰：所以为举舜张本，亦所以为流四凶之张本也。朱既不足以付大事，而共工、驩兜相与比周，鲧功又不克成，是以尧之心迫欲得一人以代己而敷治也。共工、驩兜皆为尧所斥绝，即鲧之用亦非尧意，是以舜摄政后流之放之于远方也。曰：然而尧何以不流放之而必待夫舜也？曰：当尧之时，或其才有可取，罪尚未著，犹欲冀其成功，望其悔过；及舜摄政后，而情状日以显著，功既难冀其成，过亦无望其悔，然后流之放之。但典文简质，未及详载其由耳。非尧不能去，必待舜而后始去之也。盖尧之心但欲庶绩咸熙，黎民得所，原不私此数人，故舜流之放之而无所嫌。故《虞书》于舜未摄政之先记此数章，以见四凶之流放本皆尧之心，舜特体尧之心，终尧之事，以成尧之美，而初未尝反尧之政也。由是言之，知尧之心者莫如舜，而能知尧、舜之心者莫如作《尧典》之人，然则此篇亦非圣人不能为矣。（《崔东壁遗书·唐虞考信录》卷一《尧求舜·流四凶本尧心》）

徐旭生：尧时，黄河下游有"滔天"的洪水，给当时人民带来巨大灾难。尧问四岳："有能使治者？"皆曰："鲧可。"……尧不以为然，认为鲧"方命圮族"，不可。大家说可以让他去试试吧。尧于是说："往，钦哉。"终于知鲧之不可用而用之。可见当日部落联盟首长的权力是有限的，而联盟内各部落首长还保存有不少的民主作风，联盟议事会仍有决定权。……鲧之治水勿成，在于方法不对，用堵挡而不是疏导的办法，这就是他治水失败的根本原因。（《尧舜禹·帝尧》，载《文史》第39辑）

尧曰："嗟①！四岳！朕在位七十载②，汝能庸命③，践朕位④？"岳应曰："鄙德忝帝位⑤。"尧曰："悉举贵戚及疏远隐匿者⑥。"众皆言于尧曰："有矜在民间⑦，曰虞舜⑧。"尧曰："然，朕闻之⑨。其何如⑩？"岳曰："盲者子⑪。父顽⑫，母嚚⑬，弟傲⑭，能和以孝⑮，烝烝治⑯，不至奸⑰。"尧曰："吾其试哉⑱。"于是尧妻之二女⑲，观其德于二女⑳。舜饬下二女于妫汭㉑，如妇礼㉒。尧善之，乃使舜慎和五典㉓，五典能从㉔。乃遍入百官㉕，百官时序㉖。宾于四门㉗，四门穆穆㉘，诸侯远方宾客皆敬㉙。尧使舜入山林川泽㉚，暴风雷雨，舜行不迷㉛。尧以为圣㉜，召舜曰："女谋事至而言可绩，三年矣㉝。女登帝位㉞。"舜让于德不怿㉟。正月上日㊱，舜受终于文祖㊲。文祖者，尧大祖也㊳。

① 【汇注】

　　钱大昕："嗟！四岳"，《尚书》"嗟"为"咨"，"咨""嗟"声相近。(《廿二史考异》卷一《五帝本纪》)

② 【汇注】

　　郝　敬：古人自称皆曰朕，尧十六岁自唐侯为天子，在位七十载，时年八十有六。(《尚书辨解》卷一《尧典》)

　　阮　元：《独断》：朕，我也。古者尊卑共之，贵贱不嫌，则可同号之义也。尧曰："朕在位七十载。"皋陶与帝舜言曰："朕言惠，可底行。"(《诗书古训》卷五《尚书今文·尧典》)

　　金景芳、吕绍纲：《尔雅·释诂》："朕，我也。"戴震《考工记注》："舟之缝理曰朕。"此朕之本义。《释诂》谓"朕，我也"，乃后起之义。段玉裁《古文尚书撰异》谓"朕之为我，于音求之耳"，"用音不用义也"。《史记·李斯列传》："赵高说二世曰：'天子所以贵者，但以闻声，群莫得见其面，故号曰朕。'"是知天子专朕称，自秦始。(《〈尚书·虞夏书〉新解·〈尧典〉新解》)

③ 【汇校】

　　[日]水泽利忠：各本"女"字作"汝"(泷本据陈仁锡说"汝"改"女")。(《史记会注考证附校补·五帝本纪第一》)

　　严一萍：按：《尚书》"女"作"汝"，景祐本、黄善夫本、殿本亦作"汝"。"女"为"汝"之初文，作"汝"亦不误。(《史记会注考证斠订·五帝本纪第一》)

【汇注】

　　郝　敬：庸命，谓事上忠顺，非鲧之方命，丹朱之傲比也。(《尚书辨解》卷一《尧典》)

④ 【汇注】

　　郑　玄：言汝诸侯之中，有能顺事用天命者，入处我位，统治天子之事者乎？(《古文尚书注》卷一《尧典》)

　　张守节：孔安国云："尧年十六，以唐侯升为天子，在位七十载，时八十六，老将求代也。"(《史记正义·五帝本纪》)

　　[日]泷川资言：陈仁锡曰：湖本"女"作"汝"，误，篇内同。王观国曰：《伊训》曰"朕载自亳"，此伊尹自称朕也。《洛诰》曰"朕复子明辟"，此周公自称朕也。《离骚》曰"帝高阳之苗裔兮，朕皇考曰伯庸"，此屈原自称朕也。秦始皇帝初并天下，以命为制，令为诏，自称曰朕。自是惟人君称朕，臣下不敢称也。(《史记会注考证附校补·五帝本纪第一》)

　　王叔岷：案："践"借为"缵"，《说文》：缵，继也。《礼记·中庸》"践其位"。郑玄注："践"读为"缵"。与此同例。下文"夫而后之中国践天子位焉"（本《孟子·万章篇》），"年六十一，代尧践帝位"，"然后禹践天子位"，《夏本纪》"汤乃践天子位"（又见《殷本纪》），诸"践"字亦皆借为"缵"。（《史记斠证·五帝本纪第一》）

⑤【汇校】

惠　栋："否德忝帝位"，《史记》作"鄙德"。栋案：鄙与否，古通用。《论语》曰："予所否者，天厌之。"《论衡》引作"鄙"，训为鄙陋之鄙（原注：《释名》云："鄙，否也。小邑不能远通。"与《论衡》合）。故陆氏《释文》又音鄙，《益稷》云"否则威之"，徐邈音鄙。是"否"有"鄙"音。（原注：《正义》曰："否，古文不字。"）（《九经古义》卷三《尚书古义·否德忝帝位》）

【汇注】

张守节：四岳皆云，鄙俚无德，若便行天子事，是辱帝位。言己等不堪也。（《史记正义·五帝本纪》）

【汇评】

黄　伦：无垢曰：尧意虽知德莫如舜，圣莫如舜，得天历数莫如舜。然而天下至重，一旦不询于众，不考之公论，断以己意，遽以一匹夫为天子，此皆怪异不常，惊骇观听之常，圣人所不喜也。盖君子言必虑其所终，行必稽其所蔽，使尧不先委四岳，遽以与匹夫，使后世庸君效之，得以奋其私意，至有欲以天位与董贤，如哀帝者。故必先委四岳，以顺天下之常情，然后听其辞受，以卜天之历数焉。岳曰："否，德忝帝位。"非谦辞也。天下至重，岂可不量力，不度德，遽欲当之乎？（《尚书精义》卷二《尧典》）

又：荆公曰：尧固已闻舜矣，然且谓岳："汝能庸命，巽朕位？"然则尧之出此，伪欤？曰：非然也。四岳者，皆大贤人，故尧任之，以与之厘百工，熙庶绩者矣，尧虽闻舜，然未敢自用其所闻也。以为四岳亦能庸命，虽与之天下，亦可以朝诸侯一天下也。此四人苟有贤于己者，宜亦知之，苟知之，宜亦推之。故推四岳之功善，而云欲予之天下者，四人也。知足以知圣人，而其污不至乎贪天下也。舜诚圣人而在下，则四人宜知之矣。知之则宜言之矣。其肯相为比党，而蔽在下之贤于己者乎？此尧稽于众，舍己从人，不敢自用其耳目之聪明也。必待四岳师锡己以舜，而后征用之耳。然则四岳何以不早举舜欤？曰：阴虽有美，含之以从王事，必待上之唱也，然后发。故四岳虽知舜，必待尧之唱也，然后锡。（同上）

时　澜：或言尧已知舜，姑逊于四岳，而听其自推，此后世之机心耳。帝者之道直以大，事之次序，各有当然。且尧欲逊位，必先于本朝择贤，亦其理也。尧之逊非虚逊，四岳之辞非虚辞也。尧知四岳之可以当天下，而实欲逊，四岳言否德，盖自揆于心有毫厘之未尽，而实不敢当。以天下与，以天下辞，各实动其心之所安，此直大之象也。夫四岳果不足以居帝位，则尧若不知人，四岳果足以居帝位而固辞，则四岳为不情。是又当以夫子、漆雕开之事观之。孔子使漆雕开仕，对曰：吾斯之未能信。谓孔子不知漆雕开，不可；谓漆雕开诬孔子，亦不可。盖孔子实见漆雕开可以入仕，漆雕开亦实有未能自惬，洙泗之象，唐虞之象也。（《增修东莱书说》卷一《尧典》）

陈　经：尧既知有舜，复欲先逊四岳，何也？以天下而与人，古无是理。四岳，朝之大臣，总摄百僚，而居其上，观其否德忝帝位之言，度德量力如此，则四岳之贤，亦非庸流。尧于逊其位，必先四岳，如其四岳不敢当，且推逊于舜，而后尧始及舜，其次序自当如此。以是知尧之授舜也，出于众人之情，以人情而卜天意向背，尧何常容一毫私心？孟子识此意，则曰：天与贤则与贤。设若尧于此时，已知舜之圣，舍四岳而遽授之舜，不询之大臣，不考之公论，不由其次序，是私意也。是乃启后世人主之私心，不得与人燕者，私以与之人，其为害岂不多哉？（《尚书详解》卷一《舜典》）

⑥【汇注】

陈蒲清：贵戚，指显贵的人。疏远隐匿者，指地位低名声小的人。（见王利器主编《史记注译·五帝本纪》）

⑦【汇注】

伏　生：孔子对子张曰："男子三十而娶，女子二十而嫁。女二十而通织纴绩纺之事，黼黻文章之美，不若是，则上无以孝于舅姑，下无以事夫养子也。舜父顽母嚚，不见室家之端，故谓之鳏。《书》曰：有鳏在下，曰虞舜。"（《尚书大传》卷一《尧典》）

裴　骃：孔安国曰："无妻曰矜。"（《史记集解·五帝本纪》）

张守节：矜，古顽反。（《史记正义·五帝本纪》）

夏　僎：舜时年三十，尚未娶，故称矜。唐孔氏引《诗》："何草不元？何人不矜？"谓暂离室家，尚谓之矜，不独老而无妻始称之也。薛氏谓：举而言其矜，欲帝妻之也。此说虽可喜，然下文言"我其试哉"。女于时，则妻舜乃出于帝意，若如薛氏之言，则妻舜乃出于四岳之请，夫岳举舜于侧微之中，未知尧之用否，而先请以女妻之，非人情也。但舜时适未娶也，四岳荐之，因言之耳。岂有言以鳏而欲尧妻之理哉？（《尚书详解》卷一《尧典》）

陈　经：舜时年三十，未娶，故曰矜。（《尚书详解》卷一《尧典》）

金履祥：老而无妻曰鳏。舜三十未娶，而即曰鳏。古者圣人繁育人。民三十而娶者，期之极也。至此而未娶，即鳏也。《书大传》曰：父顽母嚚，而不见室家之端，故谓之鳏。（《书经注》卷一《尧典》）

崔　述：古者三十而娶；三十未娶，常事耳，何以"鳏"称也？以下"厘降二女"，故于此称鳏焉。明舜之未娶也。此古文之简而周也。（《崔东壁遗书·唐虞考信录》卷一《尧求舜·称舜为鳏之故》）

金景芳、吕绍纲：鳏字《五帝本纪》作矜。《诗·何草不黄》："何人不矜。"《王制》："老而无妻者谓之矜。"是矜、鳏字通。《尚书大传》："孔子对子张曰：'男子三十而娶，女子二十而嫁。舜父顽母嚚，不见室家之端，故谓之鳏。'"（《〈尚书·虞夏书〉新解·〈尧典〉新解》）

【汇评】

苏　轼：无妻曰矜。举舜而言其矜者，欲帝妻之也。帝知岳不足禅，而禅之，岳知舜可禅而不举，何也？以天下予庶人，古无是道也。故必先自岳始。岳必不敢当也。岳不敢当，而后及其余，曰"吾不择贵贱也"，而众乃敢举舜，理势然也。尧之知舜至矣，而天下不足以尽知之，故将授之天下，使其事发于众，不发于尧，故舜受之也安。（《东坡书传》卷一《尧典》）

黄　伦：无垢曰：举舜而言其鳏者，欲帝妻之也。然余观众人举舜之意，非特欲帝妻之而已。且欲更试舜以妻子之难也。彼其未娶，而处父母兄弟之间，孝友之心，尚非散也。古人云：妻子具而孝衰于亲。以匹夫之贱，更以天子之女，处之顽嚚傲很之间，而又在父母兄弟妻子之列，爱妻子则于父母兄弟必有所不终，爱父母则于妻子有所未尽，此天下之最难处也。众人举舜之意，亦岂轻以天下予舜哉！（《尚书精义》卷二《尧典》）

⑧【汇注】

马　融：舜，谥也。舜死后，贤臣录之，臣子为讳，故变名言谥。（《古文尚书注》卷一《尧典》）

郑　玄：虞，氏；舜，名。（《尚书郑注》卷一《尧典》）

金景芳、吕绍纲：虞，古人说亦纷纭，王先谦《尚书孔传参正》引王符《氏姓志》云："舜姓虞。《郑语》史伯称舜之先曰虞幕，虞是国名，后以封国为姓氏也，今山西虞城县是其地。"是以虞为国名，以国为姓，地点在山西。按：所谓国名，其实应是部落或氏族之名。虞应是氏，不应是姓。古代男子不称姓而称氏。况且据《左传》隐公八年《正义》引《世本·氏姓》云："帝舜姚姓。"既为姚姓，则不应又为虞姓。孔颖达《尚书正义》："颛顼以来，地为国号，而舜有天下，号曰有虞氏，是地名也。王肃云：'虞，地名也。'皇甫谧云：'尧以二女妻舜，封之于虞，今河东太阳，山西虞地是也。'然则舜居虞地，以虞为氏，尧封之虞为诸侯，及王天下，遂为天子之号，故从微至著常称虞氏。"说虞为氏，是对的。说虞是地名，也不错。部落或氏族的名称常与所居地之名相联系。舜之部落称虞，犹如"崇伯鲧"之崇，是地名也是部落名。虞是舜所属的部落或氏族的名称，非自舜始，其先人已然。皇甫谧以为尧封舜于虞，舜才得虞为氏，大误。以上诸家说虽有不同，或以虞为姓，或以为氏，或以为虞是先有，或以为虞是后封，但地点都以为在山西虞地。……赵岐注《孟子》以为舜之生与卒皆在今山东。……唯《括地志》以为在山西，与王符《氏姓志》说相近。……焦循《孟子正义》调和二说，以为各有道理。焦氏云："凡言人地以所生为断，迁卒皆在后。《孟子》亦据舜生而言东也。"

"若河东之虞，盖本舜祖虞幕之封。故《书》称虞舜，《史》言冀州，犹后人称祖籍标郡望耳。"焦说可资参考。(《〈尚书·虞夏书〉新解·〈尧典〉新解》)

【汇评】

黄　伦：周氏范曰：唐虞之际，君臣之间，何其德之盛，而道之公欤！尧为天子，不以传之子，而逊于四岳，四岳不以逊位为得，而曰"否德忝帝位"，师锡于帝者，不以有位之大臣，而以侧微之虞舜。盖是时天下之人，不以天下为可欲，而以天下为不得已。茅茨土阶，非有后世之富贵也；君臣简易，非有后世之崇高也。有天下之忧，而无天下之乐，有天下之劳，而无天下之佚。故以天子之尊，而授天下于在下之匹夫，天下不以为异，而大臣亦无觊觎羡慕之心，惟其有至德者，则天下相与推尊之以为君，而无私天下之心，此后世所以不及也。(《尚书精义》卷二《尧典》)

时　澜：夫举朝皆知有舜，尧亦自知有舜，必待明明扬侧陋而后言，此深见唐虞广大气象。后世固有名震京师、声动天下者。举世之间，一贤所居，头角即露，众目共指，况如虞舜之圣，居之侧微，岂不张皇？惟尧时，比屋可封，虽圣如舜，天下不以为异。辟如太山巨麓，众木森森，虽有出林之木，不见其表表，若培塿之下卒然有之，必以为奇。学者当知，四岳举舜之时，气象不同，故曰：惟天为大，惟尧则之。(《增修东莱书说》卷一《尧典》)

⑨【汇注】

罗　泌：初，尧在位七十载矣，见丹朱之不肖，不足以嗣天下，乃求贤以巽于位。至梦长人，见而论治。舜之潜德，尧实知之。于是畴咨于众，询四岳，明明扬仄陋，得诸服泽之阳。问以天下，曰：我欲致天下，为之奈何？对曰：执一无失，行微亡怠，中信亡倦，而天下自来。问以奚事，对曰：事天。问之奚任，对曰：任地。又问奚务，对曰：务人。曰：人之情奈何？对曰：妻子具而孝衰于亲，嗜欲得而信衰于友。人之情乎？人情大不美，又奚问？若夫从道则吉，反道则凶，犹影响也。南面而与之言，席龙垩而荫翳，桑荫不移，而尧志得。始尚见帝，帝馆之于贰室，亦享帝，迭为宾主。语礼乐，详而不苄；语政治，简而易行；论道，广大而亡穷；论天下事，贯眤条达，咸叶于帝，而咸可底绩，于是锡之绨衣雅琴，命之姚姓，妃以盲，娅以鬐，以观其内，九子事之以观其外。(《路史·后纪十二·有虞氏》)

【汇评】

陈　经：予闻者，尧已知其人久矣。如何者，未知其果如何也。当此之时，朝廷清明，上下无壅，士修于草野之中，而名已达于朝廷之上，又见得尧未尝不留意于人才，虽侧微之贤，犹自知之，如汉尚有遗意焉；武帝先识兒宽，宣帝知东海萧生，皆此意也。尧既闻其名，又问其如何者，将以考其实，不专于传闻之可信。(《尚书详解》卷一《尧典》)

⑩【汇评】

黄　伦：无垢曰：夫舜之处顽嚚傲很之间，而克尽为人子为人兄之道，尧亦知之旧矣。乃有如何之问，何也？此欲显舜之德于天下也。为人子，而父心不则德义之经，母口不道忠信之言；为人兄，而弟傲慢不恭，舜之不幸可知矣。夫在他人，有顽嚚傲很者，远之可也，绝之可也。父母兄弟，岂有远之绝之之理乎？然则将何以得其心哉？欲合其心欤，必同其顽嚚傲很可也。此岂可为邪？将洁其身欤，此吾父母兄弟也，何忍于父母兄弟之间取名乎？此所谓天下之难处也。观舜之用心，真可以为天下法矣。舜如之何？曰：天下自见其顽嚚傲很，吾止见其为吾父母兄弟矣，以事父母之道事之，以友弟之道友之，以吾之爱，起父母弟之爱，以吾之敬，起父母弟之敬。父子，天性也；兄弟，天伦也。天性、天伦之中，无他物也，爱敬而已。……以爱敬发之，而顽嚚一变为信顺，此不格奸之说也。呜呼，处父母子弟兄间，一有不得其所，使父母兄弟，有恶名著见者，皆人子不孝之罪也。（《尚书精义》卷二《尧典》）

金履祥：以舜之玄德，年二十而闻于天下，以尧之明思，天下固无遗照也。然闻之而不自举之，盖为天下择人，必尽天下之议，圣人目大心平，大公无我，意象于此可想见也。（《书经注》卷一《尧典》）

⑪【汇注】

梁玉绳：附按：伪孔《传》言"瞽瞍非真瞽"，与《史》异。《路史·后纪》谓"瞽瞍天瞽"，注云"《史记》是也，二孔以为有目但不分善恶者，妄"。以经文考之，孔说似纡曲，然因有此二解，而《类林·真元赋》遂谓"瞍掩井后，两目乃瞽，舜舐父目，寻以光明"，斯罗苹所斥为齐东之语也。（《史记志疑》卷一《五帝本纪》）

⑫【汇注】

杜　预：心不则德义之经为顽。（《春秋经传集解》文公十八年）

⑬【汇注】

富　辰：心不则德义之经为顽，口不道忠信之言为嚚。（引自《春秋左氏传》襄公二十四年）

马持盈：嚚，口不道忠信之言曰嚚，言谈荒谬邪恶。嚚音银。此一母亲乃舜之后母。（《史记今注·五帝本纪》）

⑭【汇注】

郝　敬：顽，不仁也；嚚，不信也。傲，很。（《尚书辨解》卷一《尧典》）

⑮【汇评】

项安世：子曰：舜其大孝也欤，德为圣人，尊为天子，富有四海之内，宗庙飨之，子孙保之。故大德必得其位，必得其禄，必得其名，必得其寿。故天之生物，必因其材而笃焉。故栽者培之，倾者覆之，《诗》曰：嘉乐君子，宪宪令德，宜民宜人，受禄于

天，保佑命之，自天申之。故大德者必受命。(《项氏家说》附录卷二《中庸臆说》)

⑯【汇注】

黄　伦：烝烝，进也，以言其渐也。爱敬亦不可急也。当优而柔之，使自得之，餍而饫之，使自趋之。若江海之浸，膏泽之润，有不知所以然者，烝烝之义也。(《尚书精义》卷二《尧典》)

郝　敬：烝烝，上进罔觉之意。(《尚书辨解》卷一《尧典》)

【汇评】

时　澜："烝烝"二字，舜之工夫在此。"烝烝"者，有熏灌之意。《诗》曰"烝烝浮浮"，如甑之炊物，薪燃不继，则气熄不腾，烝烝之工间断，不能熟物。火既不歇，则自然烝烝，以至于熟。舜处顽父嚚母傲弟之间，彼为恶之力日日不已，苟非孝诚熏灌工夫源源，安能至于不格奸之地？苟有间断，则无以胜其为恶矣。盖为善为恶，各有力量，力过者胜，此烝烝不格奸之意。(《增修东莱书说》卷一《尧典》)

⑰【汇注】

裴　骃：孔安国曰："不至于奸恶。"(《史记集解·五帝本纪》)

张守节：烝，之升反。进也。言父顽，母嚚，弟傲，舜皆如以孝，进之于善，不至于奸恶也。(《史记正义·五帝本纪》)

钱　时：父则顽矣，母则嚚矣，其弟则又傲矣。一家之中，都是乖戾，略无一点和气。常情处此，殆不可一朝居。舜处其间，能以孝道谐和之，薰烝不已。乖戾之气，化为乂治。烝者，如甑之炊物也。(《融堂书解》卷一《尧典》)

朱　熹：瞽瞍，舜父名。厎，致也。豫，悦乐也。瞽瞍至顽，尝欲杀舜，至是而厎豫焉。《书》所谓"不格奸，亦允若"是也。(《孟子集注》卷四《离娄》)

[日]泷川资言：王引之曰：烝烝即孝德之形容，谓之烝烝者，言孝德之厚美也。《大雅·文王有声》云"文王烝哉"，《韩诗》云"烝，美也"。《鲁颂·泮水》云"烝烝皇皇"，《传》云"烝烝，厚也"。愚按：不至奸，不使至于奸恶也。(《史记会注考证·五帝本纪》)

【汇评】

苏　轼：象，舜弟也。谐，和也。烝，进也。奸，乱也。舜能以孝谐和父母昆弟，使进于德，不及于乱。而孟子、太史公皆言象日以杀舜为事，涂廪、浚井，仅脱于死，至欲室其二嫂，其为格奸也，甚矣！故凡言舜之事，不告而娶，避尧之子于南河之南，举皆齐东野人之语，而二子不察也。(《东坡书传》卷一《尧典》)

黄　伦：司马温公曰：所贵于舜者，惟其能以孝和谐其亲，使之进退以善自治，而不至于恶也。如是，则舜为子，瞽瞍必不杀人矣。若不能正其未然，使至于杀人，执于有司，乃弃天下，窃之以逃。狂夫且犹不然，而谓舜为之乎？是特委巷之言也。殆非孟子之言也。且瞽瞍既执于皋陶矣，舜恶得而窃之？虽负而逃于海滨，犹可执也。若曰：皋陶外虽执之，以正其法，而内实纵之，以与舜，是君臣相与为伪，以欺天下也，乌得为舜与皋陶哉？又舜既为天子矣，天下之民，戴之如父母，虽欲遵海滨而处，民岂听之哉？是皋陶之执瞽瞍，得法而忘舜，所亡益多矣！（《尚书精义》卷二《尧典》）

时　澜：四岳称舜可以当天下之实，独于家庭中言之。治天下之能，一语不及。而独举其父、母、弟，何也？盖舜，瞽瞍之子，父既顽，母既嚚，弟复傲，日居死亡之地，而舜克谐以孝，事难事之亲，化顽、嚚、傲之风，悉归于春风和气。始也，怨怒忌克，乖争陵犯，一家之中，无所不有。克谐以孝之后，悉变为和柔雍容悦豫之象，和气烝烝，父母弟不至于顽、嚚、傲之奸。治家如此，移以治天下，则投之繁剧纷扰之地而不乱，处之奸宄凶险之时而不慑，四岳可谓善观人，推其治家以见其治天下也。（《增修东莱书说》卷一《尧典》）

郝　敬：奸，恶也，在内曰奸。如谋浚井、焚廪之类。防御过则伤恩，舜怡然顺受，而和之以孝，精诚上达，烝烝然如氤氲气升，潜孚默化父母之顽嚚，弟象之傲，自然义治，初非有待于防御禁格也。盖真仁纯孝，感动于形迹之外，而自然冰释。格奸而父，人可能也。烝烝治，而不格奸，非圣神不能。（《尚书辨解》卷一《尧典》）

⑱【汇注】

郑　玄：试以为臣之事。（《尚书郑注》卷一《尧典》）

王　充：尧老求禅，四岳举舜。尧曰："我其试哉！"说《尚书》曰："试者用也；我其用之为天子也。"文为天子也。文又曰："女于时，观厥刑于二女。"观者，观尔虞舜于天下，不谓尧自观之也。若此者，高大尧舜，以为圣人相见已审，不须观试，精耀相照，旷然相信。（《论衡·正说篇》）

张守节：欲以二女试舜，观其理家之道也。（《史记正义·五帝本纪》）

金景芳、吕绍纲：试，《尔雅·释言》、《说文》言部皆训用。……王充以为试者试之于职。《后汉书·章帝纪》引建武诏书云："尧试臣以职，不直以言语笔札。"与王充说同，合于经义，可从。全句谓尧对四岳说，我将试用他。试用他做部落联盟首长，即做尧的接班者。汉人用"天子"一词，是后世概念，尧舜时代是原始氏族社会，无"天子"之说。（《〈尚书·虞夏书〉新解·〈尧典〉新解》）

【汇评】

黄　伦：无垢曰：夫父顽母嚚弟傲，而克谐以孝，使之不格奸，则天所以试舜者至矣。尧方曰："我其试哉！"夫近之则不逊，远之则怨，天下最难处者，莫如妇人女子也。贫贱之女，尚难调和，而况天子之女，贵骄难下乎？以匹夫之贱，而娶天子之女，自难处矣，况置之于父母兄弟顽嚚傲很之间，其难处益甚矣。向来至孝，未有妻子，孝心天全也。今以贵骄之女，颜色之私，杂于至孝之中，能保其无疵乎？于此而无疵，则天下

难事，不足为矣。(《尚书精义》卷二《尧典》)

朱士端：舜知佞，尧知圣，尧闻舜贤，四岳举之，心知其奇，而未必知其能，故言"我其试哉！"试之于职。(《强识编》卷一《尚书》)

⑲【汇注】

张守节：妻音七计反。二女，娥皇、女英也。娥皇无子，女英生商均。舜升天子，娥皇为后，女英为妃。(《史记正义·五帝本纪》)

邓名世："癸比"，《元和姓纂》曰：国名也，女为舜妃者。后为氏。(《古今姓氏书辨证》卷二十一《癸比》)

王　圻：《大戴礼》舜娶尧之女匼氏，或谓女匼，与皇、英为三。《路史》舜元妃娥皇，盲，无子；次妃女英，生子二人；三妃登比氏，生女二人。庶、媵生子九人。登比，姓纂作癸北。《山海经》作登北，岂即《大戴礼》所为女匼者邪？《尸子》云尧征舜，妻之以媓，媵之以娥，无女英名，岂女英即女匼邪？(《稗史汇编·身体门·舜妃盲》)

孙之騄：《古今人表》娥皇、女䯽，舜妃。敫手，舜妹。《吕览》曰：尧传天下于舜，礼之诸侯，妻之二女，臣以十子，北面而朝之。《韩非子》曰："妻帝二女而取天下，不可谓义。"《归藏》曰："《坤开筮》帝尧降二女以舜妃。"(《考定竹书》卷二《七十一年，帝命二女嫔于舜》)

觉罗石麟：二妃坛，《山川记》："蒲坂城外有二妃坛。"《西征记》同，盖祠娥皇女英处。今名娥英陵，在苍陵谷山之上。([雍正]《山西通志》卷五十九《古迹·永济县》)

程馀庆：治天下有则，家之谓也。家人离必起于妇人，故暌次家人，以二女同居，而志行不同也。尧所以釐降二女于妫汭，是治天下观于家，治家观于身而已。(《历代名家评注史记集说·五帝本纪》)

王叔岷：案："之"犹"以"也，《淮南子·泰族篇》《论衡·正说篇》《金楼子·后妃篇》并作"妻以二女"。《淮南子》许慎注："二女，娥皇、女英。"《御览》(景宋本)一三五引《尸子》云："尧妻舜以娥，媵之以皇。娥、皇，众之女英。"以娥与皇为尧二女，"女英"非尧女名，未知何据。(《史记斠证·五帝本纪第一》)

金景芳、吕绍纲：以女妻人用"女"字而不用"妻"字者，义略有别也。段玉裁《古文尚书撰异》："古文每字必有法。古凡言'妻'者必为其正妻，如'以其子妻之''以其兄之子妻之'是也。凡言'女'者不必为其正妻，如《左氏传》'宋雍氏女于郑庄公''骊戎男，女晋以骊姬'，《孟子》'齐景公涕泣而女于吴'是也。《左氏》桓公十一年传曰：'郑昭公之败北戎也，齐人将妻之。'必以其未有嫡妃也。……凡言妻之，一人而已，虽有娣姪之媵从，必统于所尊也。凡言'女之'，则不分尊卑，故曰'二女'、曰'纳女五人'、曰'三妃'，皆不分尊卑之词也。"按：段说是。(《〈尚书·虞夏书〉新

解·〈尧典〉新解》)

【汇评】

史　浩：以为有鳏在下曰虞舜，然必曰有鳏在下者，言其无妻也。其意若曰：舜虽可以嗣德，然侧陋一介，人未必服。尧乃以女妻之。天下必以尧之贵戚而不敢慢也。所以为舜地者至矣。(《尚书讲义》卷一《尧典》)

郝　敬：按：诸臣荐舜曰：鳏，是欲帝女之也。尧即厘以女，君臣之间，笃信如此。千古遭逢，无如尧舜，千古不复有舜，尤不复有尧矣。(《尚书辨解》卷一《尧典》)

⑳【汇校】

[日] 水泽利忠："观其德于二女"，南化、枫、三、梅、狩，"观其自为于二女"。(《史记会注考证附校补·五帝本纪第一》)

【汇注】

张守节：视其为德行于二女，以理家而观国也。(《史记正义·五帝本纪》)

【汇评】

时　澜：舜已居父母兄弟之难，尧又举而置之天下至难之地。何则？仰事之工夫，方纯一而烝烝，加之以俯育，亦或足以分其力，顽嚚之父母，一毫不至，则怨随之，天子之女，一毫不满，则怨随之。致顽嚚于其前，至贵骄于其后，左右前后皆陷阱也。尽力于父母，则妻子之间容有未尽，垂情于妻子，则父母之间必有不满，此人情之至难。(《增修东莱书说》卷一《尧典》)

陈　简：观人之法，有用八征以验之者，未闻妻二女以验之也。果如验则亦已矣，否否。业已妻矣，将奈何？曰：尧每事尽善，其鉴自真。曰"试"曰"观"，不过验其决如所料耳，非始试之、始观之也。(《史谈补》卷一《帝尧陶唐氏》)

李光地：《传》曰：孝衰于妻子。孟子曰：有妻子则慕妻子。《诗·小雅》言，兄弟之爱，以妻子好合为先。《大雅》言，刑于寡妻，至于兄弟。盖未见不弟而能孝，不孚于妻子而能弟者，惟圣人察于人伦，故于此尽心焉。(《尚书七篇解义》卷一《尧典》)

㉑【汇注】

马　融：水所入曰汭。妫汭，妫水之曲。(《古文尚书注》卷一《尧典》)

裴　骃：孔安国曰："舜所居妫水之汭。"(《史记集解·五帝本纪》)

司马贞：《列女传》云二女长曰娥皇，次曰女英。《系本》作"女莹"。《大戴礼》作"女匽"。皇甫谧云："妫水在河东虞乡县历山西。汭，水涯也，犹洛汭、渭汭然也。"(《史记索隐·五帝本纪》)

张守节：饬音勅。下音胡亚反。汭音芮。舜能整齐二女以义理，下二女之心于妫汭，使行妇道于虞氏也。《括地志》云："妫汭水源出蒲州河东南山。许慎云：'水涯曰汭。'

按：《地记》云'河东郡青山东山中有二泉，下南流者妫水，北流者汭水。二水异源，合流出谷，西注河。妫水北曰汭也'。又云'河东县二里故蒲坂城，舜所都也。城中有舜庙，城外有舜宅及二妃坛'。"（《史记正义·五帝本纪》）（编者按：点校本《史记》修订本："妫汭水源出蒲州河东南山"，"河东"下疑脱"县"字，"南"下疑有脱文。按：张衍田《史记正义佚文辑校·陈杞世家》"尧妻之二女，居于妫汭"，《正义》引《括地志》"妫汭水源出蒲州河东县南首山"。《元和志》卷一二《河东道》一《河中府·河东县》："妫汭水源出县南雷首山。""雷首山"即"首山"。）

郝　敬：妫，水名；汭，水北。舜所居也。（《尚书辨解》卷一《尧典》）

钱大昕："舜釐下二女于妫汭"，《索隐》云："二女长曰娥皇，次曰女英。系本作'女莹'。《大戴礼》作'女匽'。""莹""匽"皆"英"之转。（《廿二史考异》卷一《五帝本纪》）

程馀庆：妫、汭，二水名，在山西蒲州府永济县首阳山下，南曰妫，北曰汭。言舜能整齐二女，以义理下二女之心，使尽妇道于家也。（《历代名家评注史记集说·五帝本纪》）

[日] 泷川资言：《尚书》"釐下"作"釐降"，句下有"帝曰钦哉"四字。蔡沈云：尧治装下有二女嫁于妫水之北，使为舜妇于虞氏之家也。钦哉，尧戒二女之辞，经义盖如此。史公句上冠以"舜"字，与经殊。《正义》得之。（《史记会注考证·五帝本纪》）

王　恢：妫水出永济县南六十里之历山，西流入河。《尧典》："釐降二女于妫汭，嫔于虞。"虞在虞乡，伪孔《传》："妫水之汭。"《世纪》曰："妫水在河东虞乡县历山西。汭，水涯也，犹洛汭、渭汭然也。"本一水而二源，《河水注》分为北汭南妫，失其义矣。《史记本纪地理图考·五帝本纪·虞舜》

陈蒲清：妫（guī），水名。黄河支流，源出于山西省历山，西流至蒲州入黄河。汭（ruì），河道弯曲处或河流的北岸；有人认为汭也是水名，与妫水合流后进入黄河。传说蒲州的蒲坂城是舜的故都。（见王利器主编《史记注译·五帝本纪》）

㉒【汇评】

苏　轼：舜能以理下二女于妫水之阳，耕稼陶渔之地，使二女不独敬其亲，而通敬其族，舜之所谓诸难，无难于此者也。虽付之天下可也。尧以是信之矣。而人未足以信之矣。更试之以五典、百揆、四门、大麓之事。（《东坡书传》卷一《尧典》）

时　澜：尧之试舜，独以二女而观之，何哉？舜之事父母，友兄弟，既已至矣，夫妇之道，犹未著见，故以二女妻之。圣人观人，必于实行。观厥刑于二女，此实行也。舜于此能以义理降二女之心于妫水之汭，而使尽妇道于虞。……四岳之举舜，指家庭之事而言之，尧之试舜，亦于家庭之事而观之，可以见身修而后家齐，家齐而后国治，国治而后天下平之理。（《增修东莱书说》卷一《尧典》）

金履祥：静轩周氏曰，迨夫妻尧二女，摄尧天下，无骄色，无喜容。雍雍默默，躬修德化，不耽乎衽席之私情，不溺乎房帏之偏爱，二女倾心乐从，皆执妇道。以帝女而下嫁匹夫，以天子而下友庶人，不妒忌，不骄矜，何德如之！有夫妇然后有父子，有父子然后有君臣，夫妇人伦之大纲也。《易》曰：夫夫妇妇而家道正，正家而天下定矣。大舜能尽夫妇之道，二女能修夫妇之德，近而家庭夫妇之道蔼然也；远而天下夫妇之道粲然也。自非圣人至公无我之心，则二女必有争长之心，大舜必有偏爱之意，而夫妻必有反目之嫌也。（《御批通鉴纲目前编》卷首《帝尧陶唐氏·史论》）

㉓【汇注】

郑　玄：五典，五教也。盖试以司徒之职。（《尚书郑注》卷一《尧典》）

钱　时：父子有亲，君臣有义，夫妇有别，长幼有序，朋友有信，谓之五典。（《融堂书解》卷一《尧典》）

郝　敬：谓使舜和五常教民，而民无违教。（《尚书辨解》卷一《尧典》）

【汇评】

金景芳、吕绍纲：五典、五品、五教实为一事，即《左传》文公十八年"举八元，使布五教于四方"之"父义，母慈，兄友，弟恭，子孝"五种人伦关系及其道德规范。后世孔子及其所创之儒家学派重人伦的思想盖源乎此。《中庸》讲的"天下之达道五，所以行之者三，曰君臣也，父子也，夫妇也，昆弟也，朋友之交也"和《孟子·滕文公上》讲的"契为司徒，教以人伦，父子有亲，君臣有义，夫妇有别，长幼有序，朋友有信"，都是继承《尧典》而来。所不同者，《尧典》的"五典"反映原始社会的情况，五品和五教都属于血缘关系范围，而到了《礼记》和《孟子》所说"达道五"和"人伦"则反映阶级社会的情况，在血缘关系之外加了政治关系，君臣之义突出出来，夫妇之义也在特别强调之列。这些变化既反映历史的发展，也说明中国传统文化中重人伦的特点渊源有自，渊源就在尧舜。《中庸》说"仲尼祖述尧舜"，委实不虚。（《〈尚书·虞夏书〉新解·〈尧典〉新解》）

㉔【汇注】

陈泰交：从，顺也。（《尚书注考》）

㉕【汇注】

金景芳、吕绍纲：《广雅·释诂》："选，入也。"孙星衍《尚书今古文注疏》："则遍入为遍选也。"《史记》意谓遍选百官，《淮南子》云"任以百官"，意思大体一致，皆谓尧命舜处理百官的事情，以考验他的能力。（《〈尚书·虞夏书〉新解·〈尧典〉新解》）

㉖【汇注】

金景芳、吕绍纲：王引之《经义述闻》说："时叙者，承叙也。承叙者，承顺也。《大戴礼·少间篇》曰'时天之气，用地之财'。谓承天之气也。承、时，一声之转。《楚策》：'仰承甘露而引之。'《新序·杂事篇》承作时，是时与承同义。《尔雅》曰：'顺，叙也。'《大戴礼·保傅篇》曰：'言语不序。'《周语》曰：'周旋序顺。'是叙与顺同义。合言之则曰'时叙'。'百揆时叙'，谓百揆莫不承顺也。文公十八年《左传》曰'以揆百事，莫不时序'是也。若训时为是而云'莫不是序'，则不辞矣。"王说甚是，可从。……"时叙"也是说百官做得很好，都承顺舜的指导。（《〈尚书·虞夏书〉新解·〈尧典〉新解》）

㉗【汇注】

　　郑　玄：舜为上傧，以迎诸侯。（《尚书郑注》卷一《尧典》）

　　裴　骃：马融曰："四门，四方之门。诸侯群臣朝者，舜宾迎之，皆有美德也。"（《史记集解·五帝本纪》）

　　陈泰交：古者以宾礼亲邦国诸侯，各以方至而使主焉。故曰宾。（《尚书注考》）

　　惠　栋："宾于四门"，郑康成云："宾，读为傧。舜为上傧，以迎诸侯。"案："宾"为古文"傧"，见《仪礼·乡饮酒礼》注："《穆天子传》云：祭公宾丧。注：傧赞礼仪。又云：内史宾侯注，傧相。"《史记·苏秦传》"必长宾之义"作傧。孔安国以为四方诸侯来朝者，舜宾迎之。读为宾客之宾，非也。（《九经古义》卷三《尚书古义》）

㉘【汇注】

　　陈泰交：穆穆者，和敬之容也。（《尚书注考》）

　　阮　元：《春秋左氏》文十八年传：季文子使大史克对曰：故《虞书》数舜之功，曰"慎徽五典，五典克从"，无违教也；曰"纳于百揆，百揆时序"，无废事也；曰"宾于四门，四门穆穆"，无凶人也。（《诗书古训》卷五上《尚书今文·尧典》）

　　金景芳、吕绍纲：四门，明堂之四门。周制，诸侯朝天子必于明堂。诸侯尊卑不同，其于明堂所处的位置则不同。据《逸周书·明堂解》和《礼记·明堂位》，夷狄之君朝天子时要立在明堂四门之外。九夷之国在东门之外，八蛮之国在南门之外，六戎之国在西门之外，五狄之国在北门之外。尧时部落联盟首长会见部落酋长的事情当然会有的，但不可能有周时的明堂之制。所谓"四门穆穆"，系后世写定《尧典》的人用周时的概念说明尧时的事情。所以"四门"一词代表来朝的各地部落酋长。（《〈尚书·虞夏书〉新解·〈尧典〉新解》）

㉙【汇注】

　　马持盈：诸侯者有政治隶属关系之部落，远方者只有邦交而并无政治隶属关系。（《史记今注·五帝本纪》）

㉚【汇注】

　　司马贞：《尚书》云"纳于大麓"，《穀梁传》云"林属于山曰麓"，是山足曰麓，故此以为入山林不迷。孔氏以麓训录，言令舜大录万几之政，与此不同。（《史记索隐·五

帝本纪》）

[日] 泷川资言：《尚书大传》云"纳之大麓之野"，野即川林山泽也，是史公所本。《汉书·王莽传》张竦称莽功德曰："比三世为三公，送大行秉冢宰，职填国家，四方辐凑，靡不得所。《书》曰'纳于大陆，烈风雷雨弗迷'，公之谓矣。"又莽曰："予前在大麓。"《论衡·正说篇》：《书》云"入于大麓，烈风雷雨不迷"，言大录三公之位，居一公之位，大总录二公之事，众多并吉，若疾风大雨。王肃注《尚书》曰"麓，录也"，是以大麓为大录万几之政，与史公义异。（《史记会注考证·五帝本纪》）

马持盈：山林川泽都是困惑难行之地，尧以此来考验舜。（《史记今注·五帝本纪》）

㉛【汇注】

程馀庆：洪水为害，尧使舜入山林，相视原隰，雷雨大至，而舜行不迷，非固聪明诚智，确乎不乱，不能也。（《历代名家评注史记集说·五帝本纪》）

【汇评】

王充耘：此是尧得舜而历试诸难，而舜为圣人，才全德备，无施不可。故凡有所为，其效响应。然上三者皆人事之常，众人犹或可及。卒然而遇天变，于此而不震不慑，不易常度者，此岂众人所能及哉？诚如是，付托以天下之重，所谓谈笑而举之者矣，岂不能胜其任乎？尧所谓以天下得人也。（《书义主意》卷一《舜典》）

李光地：烈风雷雨弗迷者，因适有是事，见舜之事天者如事亲，威怒之加敬而不失其度，是孝之成也。（《尚书七篇解义》卷一《舜典》）

㉜【汇注】

梁玉绳：附按：此即《舜纪》所称"入于大麓，烈风雷雨不迷"也，与《尚书》及《尚书大传》同。盖大麓有二解，《孔丛子》伪书也，宋黎靖德《朱子语录》云出东汉，其《论书篇》载孔子答宰我语，以为"大录万几之政"。伪孔《传》袭《孔丛子》，他若《汉书·于定国传》《王莽传》《后书·窦宪传》、郑康成《大传注》《宋书·礼志》《百官志》、唐欧阳询《艺文类聚》与《路史·发挥》引桓谭《新论》及《皇王大纪》之类，并同斯释，宋《程子遗书》亦从之。东汉以来置官有录尚书事，实肇于此。史公去伏生未远，又亲授经孔安国，故有山林之说，伏、孔必别有所据。高诱注《淮南子·泰族训》、唐章怀太子李贤注《后书·刘恺传》、宋苏辙《古史》、蔡沈《书集传》之类，皆从《史记》，朱子亦从之。二解均通，不妨并存。后儒妄生异端，增为怪僻，《发挥》谓大麓乃钜鹿县罐婴山，又谓纳麓乃告禅代于泰山，又谓主祭荐天之事。《论衡·正说篇》同《孔丛》，而《吉验篇》复从《史记》，又衍之曰"舜入大麓之野，虎狼不搏，蝮蛇不噬"。《列女传》别云"尧试舜百方，每谋于二女"，乖妄之甚，几失其本。故《皇王大纪》斥《史记》为齐东野语，明杨慎《丹铅录》比之茅山斗法，岂非误沿饰之词，而未加深考耶？（《史记志疑》卷一《五帝本纪》）

马持盈：圣，才德俱美，无所不通。（《史记今注·五帝本纪》）

【汇评】

胡　宏：宏闻诸先君子，有曰："知人之哲，无过于尧。"有言丹朱可登庸者，已知嚚讼；有言共工若予采者，已知其象恭；有言伯鲧可使治水者，已知其方命；有言舜可以逊位者，则曰"俞！予闻之矣"。妻舜之二女，观其刑家。二女嫔虞，瞽瞍厎豫而家齐；乃命以位，观其治国。五典克从，百揆时叙，四门穆穆而国治，纳于大麓，使大录万机之政，观其平天下。无烈风雷雨之迷，天地之和应而天下平。然后授以帝位，此事理之次，不可易者也。司马子长曰"尧使舜入山林川泽，暴风雷雨，舜行不迷，尧以为圣"，吁，安得此浅陋之言哉！夫处己之难，莫难于正心诚意，处物之难，莫难于治国平天下。观其家齐国治天下平，则知其意诚心正矣。意诚心正与天地参，不可以有加矣。于是又使入山林川泽，岂所以试乎？且烈风雷雨非可期者也，设若不遇尧，将遂无以知其圣耶？此真齐东野人之语，而子长不察也。孟子曰：尽信书不如无书。故君子于文词有滞者，取其理与意可矣。（《皇王大纪》卷三《帝尧陶唐氏》）

㉝【汇注】

郑　玄：三年者，宾四门之后三年也。（《尚书郑注》卷一《尧典》）

【汇评】

夏　僎：《正义》曰：君之驭臣，必三年考绩。考既有功，故使升帝位，将禅之也。夫鲧三考乃退，此一考使升者何也？鲧待三考，冀其成功，无成，乃黜之，缓刑之义。舜既有成，他无所待，故一考即升，且大圣之事，不可以常法论也。（《尚书详解》卷二《舜典》）

㉞【汇注】

墨　子：昔者舜耕历山，陶河濒，渔雷泽，尧得之服泽之阳，举以为天子，与接天下之政，治天下之民。（《墨子》卷二《尚贤中》）

【汇评】

黄　伦：无垢曰：既历试诸难，三年于此矣，凡所谋议，施之有为，无不成功者，天意人心，已尽归之矣。尧知天人交归，位有不可久居者，所以不俟九年三考，而有禅位之命也。（《尚书精义》卷三《舜典》）

㉟【汇校】

金履祥：子王子曰：尧之试舜如此之详，而让德弗嗣之下，无再命之辞，巽位之际，亦无丁宁告戒之语。按：《论语·尧曰篇》首载：帝曰："咨尔舜，天之历数在尔躬，允执其中四海困穷，天禄永终。"二十四字乃二典之脱文也。（《书经注》卷一《舜典》）

梁玉绳：附按：不怿，自序作"不台"，盖怡省作"台"，而怿即怡也，徐广谓今文作"不怡"，可证。然古文作"不嗣"，嗣与怡音义迥殊，不应通用。东吴惠氏栋《九经古义》曰"古怡字省作'台',古嗣字省作'司'"。《高宗肜日》"王司敬民",《史》作"王嗣"。吕大临《考古图·晋姜鼎》云"余惟司朕先姑",或古"司""台"字相似,因乱之也。(《史记志疑》卷一《五帝本纪》)

【汇注】

裴　骃:徐广曰:"音亦。今文《尚书》作'不怡'。怡,怿也。"(《史记集解·五帝本纪》)

司马贞:古文作"不嗣",今文作"不怡",怡即怿也。谓辞让于德不堪,所以心意不悦怿也。俗本作"泽",误尔,亦当为"怿"。(《史记索隐·五帝本纪》)

郝　敬:"不怿"注:德不堪,故不悦怿,俗本作"泽"。按:作"泽"近是。《尚书》作"德弗嗣",言德不堪继嗣,嗣、泽声近。光华曰泽,即《尚书》所谓"鄙德忝帝位"之意。(《批点史记琐琐》卷一《五帝本纪》)

程馀庆:言德不为人所悦也。(《历代名家评注史记集说·五帝本纪》)

[日] 泷川资言:史公《自序》云"唐尧逊位,虞舜不台",台、怡通。《释诂》:"怡、怿,乐也。"史公以故训代之。(《史记会注考证·五帝本纪》)

陈蒲清:舜让于德不怿,舜用道德不能使人悦服来推辞。或断为:"舜让于德,不怿。"不怿,不悦,不愿意继承帝位。(见王利器主编《史记注译·五帝本纪》)

【汇评】

时　澜:舜逊非文具之逊,亦非自揆其德不足以当天下而逊。当是时也,足以受尧之天下者,无以易舜。让德弗嗣,盖一旦将任天地万物之责,圣人之心自有惕然如不胜之意,此尧之兢兢,舜之业业,文王之纯亦不已也。下文若不相接,意必有舜再逊之辞。史官阙焉。即言受终之意,何也?当有如《大禹谟》所载舜命禹之辞曰"惟汝谐"者,盖《舜典》不载,即《大禹谟》可以互见,史官省文之体,读书者当知之。(《增修东莱书说》卷二《舜典》)

㊱【汇注】

伏　生:上日,元日。(《尚书大传》卷一)

班　固:不言正日言正月,何也?积日成月,物随月而变,故据物为正也。(《白虎通德论》卷七《三正》)

郑　玄:帝王易代,莫不改正建朔。尧正建丑,舜正建子,此时未改尧正,故云。正月上日即位,乃改尧正,故云月正元日。(《尚书郑注》卷一《尧典》)

裴　骃:马融曰:"上日,朔日也。"(《史记集解·五帝本纪》)

苏　轼:上日,上旬日也。(《东坡书传》卷二《舜典》)

黄　伦:无垢曰:人主即位,改元肇正,所以受终,必在正月上日。此《春秋》书"元年春王正月"之意也。上日,或以谓朔日,以谓一岁日之上也。或以谓上旬之日,以

意逆志，朔日之说为长。（《尚书精义》卷三《舜典》）

史　浩：正月，一月也。上日，非朔日，乃吉日也。（《尚书讲义》卷二《舜典》）

雷学淇：孟春为正月，仲春为二月，依次顺推，至于季冬，周而复始，此乃帝王所同，不易之道。（《古经天象考》卷五《月名》）

马持盈：正月上日，正月上旬之吉日。（《史记今注·五帝本纪》）

陈蒲清：上日，朔日，初一。（见王利器主编《史记注译·五帝本纪》）

金景芳、吕绍纲：言"正月"，涉及尧时以何月为岁首即建正的问题，古人对此歧说不一。《史记·五帝本纪》索隐引郑玄云："尧正建丑，舜正建子。此时未改，故依尧正月上日也。"《诗纬·推度灾》云："轩辕、高辛、夏后氏、汉皆以十三月为正。少昊、有唐、有殷皆以十二月为正。高阳、有虞、有周皆以十一月为正。"按：郑说不可从。《诗纬》说尤为诞妄。孔颖达《尚书正义》引王肃云："唯殷周改正，易民视听，自夏以上皆以建寅为正。"王说极是。（《〈尚书·虞夏书〉新解·〈尧典〉新解》）

㊲【汇注】

尸　佼：舜一徙成邑，再徙成都，三徙成国，其致四方之士。尧闻其贤，征之草茅之中，与之语礼，乐而不逆；与之语政，至简而易行；与之语道，广大而不穷。于是妻之以媓，滕之以娥，九子事之，而托天下焉。（《尸子》卷下）

马　融：文祖，天也。天为文，万物之祖，故曰文祖。（《古文尚书注》卷一《尧典》）

裴　骃：郑玄曰："文祖者，五府之大名，犹周之明堂。"（《史记集解·五帝本纪》）

司马贞：《尚书·帝命验》曰："五府，五帝之庙。苍曰灵府，赤曰文祖，黄曰神斗，白曰显纪，黑曰玄矩。唐虞谓之五府，夏谓世室，殷谓重屋，周谓明堂，皆祀五帝之所也。"（《史记索隐·五帝本纪》）

张守节：舜受尧终帝之事于文祖也。《尚书·帝命验》云："帝者承天立五府，以尊天重象也。五府者，黄曰神斗。"注云："唐虞谓之天府，夏谓之世室，殷谓之重屋，周谓之明堂，皆祀五帝之所也。文祖者，赤帝熛怒之府，名曰文祖。火精光明，文章之祖，故谓之文祖。周曰明堂。神斗者，黄帝含枢纽之府，名曰神斗。斗，主也。土精澄静，四行之主，故谓之神斗。周曰太室。显纪者，白帝招拒之府，名显纪。纪，法也。金精断割万物，故谓之显纪。周曰总章。玄矩者，黑帝汁光纪之府，名曰玄矩。矩，法也。水精玄昧，能权轻重，故谓之玄矩。周曰玄堂。灵府者，苍帝灵威仰之府，名曰灵府。周曰青阳。"（《史记正义·五帝本纪》）

苏　轼：太史公曰：文祖，尧之太祖也。不于其所祖受尧之终，必于尧之祖庙。有事于祖庙，则余庙可知。（《东坡书传》卷二《舜典》）

郑　樵：舜有大功二十，四方莫不仰戴，尧知舜之足授天下也，使摄行天子事，舜

辞不获，乃以正月朔受终于文祖。文祖者，尧之祖庙，以明天下之重，不敢以己授也。（《通志》卷二《帝舜》）

史　浩："文祖"，其始祖庙也。有事于祖庙，则余庙可知矣。古者人君受命，告于文祖，受终亦然。"受终"者，明尧犹在御，而倦勤退位，终天子之事尔。至是舜始摄之也。古之圣人，求与天地相似者，惟尧与舜，此孔子定《书》，独首二典也。（《尚书讲义》卷二《舜典》）

陈　经：正月上日，犹曰朔日也。受终于文祖，乃尧受终也。终始之义甚重。使帝尧在位，政事有阙，民物失所。有丝毫之愧心，则不足为善始善终。今也由即位而至于今日，无一不尽其善，帝尧之责塞矣。文祖者，尧之祖庙，有文德，故谓之文祖。尧于此而受终，则舜于此而受始可知。曰受者，如有所受，然非己之所得专也。（《尚书详解》卷二《舜典》）

金履祥：尧老而舜摄也，尧终其事而舜受之也。（《书经注》卷一《舜典》）

郝　敬：舜谦让己德，弗堪继嗣，至正上旬，尧进舜于文祖庙，付以天下。尧老托舜终事，孟子所谓尧老舜摄也。文祖，尧祖也。（《尚书辨解》卷一《尧典》）

王夫之："文祖"，朱子谓尧庙当立于丹朱之国……今按：舜始摄政，受终于文祖。"受终"云者，受之于尧也，其不当于舜之私庙明矣。唐虞夏后之先，同出于黄帝，唐，玄嚣之族也。虞夏，颛顼之族也……此云祖者，盖黄帝之庙，故虞夏皆禘黄帝。《祭法》所谓祖颛顼者，则商均、夏启以后事。（《尚书稗疏》卷二《舜典》）

宫梦仁：《史记》"舜受终于文祖"，尧文德之祖庙。康成云：五府之大名，犹周之明堂也。（《读书纪数略》卷十三《唐虞五府》）

又：蔡邕《明堂论》：明堂，天子太庙也。人君南面，故以明堂为名。飨射、养老、教学、选士，皆于其中。（《读书纪数略》卷十三《明堂五名》）

李光地：舜于是始居摄也。（《尚书七篇解义》卷一《舜典》）

姚　鼐："文祖"，《史记》："文祖者，尧太祖也。"依《五帝本纪》，则当即黄帝矣。然但言尧太祖者，五帝世系，似太史公虽依《大戴礼记》序之，殆亦未敢信为真孔子之言耶？（《惜抱轩笔记》卷一《书·文祖》）

[日] 泷川资言：受终者，《孟子》所谓尧老而舜摄者，就政而言，不就位而言。段玉裁曰：尧太祖盖谓黄帝。姚范曰：以文祖为尧太祖，此疑太史公从安国问故而得之者。今《书·传》乃云"尧文德之祖庙"，则谬悠之说矣。康成以纬书解经，裴氏不当取以解此。愚按：五天帝之说，自五人帝而生，皆以五德配五色，周末始有之，唐虞所无。（《史记会注考证·五帝本纪》）

金景芳、吕绍纲：文祖为何，古人众说纷纭。……以上"文德之祖庙"说、"明堂"说、"黄帝"说，都不得要领。要害在于"文"字不知怎么讲。这个"文"字最初的意义应当是先，而与"文"字常常连言的"武"字最初有继嗣的意思，即"文"表示在先，武表示继后。"文祖"其实就是先祖之意。这在《诗》里可以找到证据。《诗经·大雅·江汉》"告于文人"。毛传："文人，文德之人也。"召虎荣受王的厚赐，理当告于他的先人，才合情理；告于有文德的人，是什么意思？郑笺云："告其先祖诸有德美见记者。"郑玄正确地猜到了"文人"指先祖言，但是仍在"先祖"之下加上"有德美见记者"一句，说明他不知道"文人"之"文"应训为先。……文就是先。《尧典》之"文祖"亦是先祖之意。舜的这位先祖是谁呢？据《国语·鲁语上》"有虞氏禘黄帝而祖颛顼，郊尧而宗舜"之说，知舜的后人以颛顼为祖，那么舜本人所祖，必也是颛顼。"受终于文祖"，谓舜受尧之终的仪式在舜之先祖颛顼庙里举行。（《〈尚书·虞夏书〉新解·〈尧典〉新解》）

【汇评】

黄　伦：无垢曰：尧禅位于舜，故受终于文祖庙也。受终之义，其亦深矣。夫人主上受皇天祖宗之托，下应臣民社稷之寄，岂易事哉？奢泰逸游，苛刻柔懦，固不可为，至于事一失其几，法一爽其节，民情隐微，或不加察，奸人计虑，或不灼知，则足以招非意之辱，作大祸之基。今尧在位七十余年矣，兢兢业业，幸上当天意，下合民心，祖宗之业不衰，社稷之基不坠，几务清肃，法常森严，物情妥，奸计清，殆其保守先祖之德，今日方知免矣。所以受终于始祖之庙，而以此重任付之舜也。（《尚书精义》卷三《舜典》）

钱　时：舜逊让之后，其辞旨往复，必更有节奏。但既不可得而终辞，故史氏略之。即《书》受终之事，直是付托得人，仰不愧，俯不怍，方无余责，方无负于祖宗耳。（《融堂书解》卷一《舜典》）

时　澜：言受终，则舜正始之意可知。必于文祖之庙者，以见尧不敢私以天下与人。盖天下者，文祖之天下，示不敢专也。受终二字，尤宜深味。尧平时治民，兢兢业业，不敢有一毫怠忽之心，想其在文祖之庙，欲脱释天下，惕然免于天地万物之责。舜在文祖之庙，受尧之付托，惕然受责，如有所不能。书曰"受终"，辞意至重。想象在庙之时尧舜之心，则万世为君之道著矣。尧为天下得人，其责方塞，正如《易》云："视履考祥，其旋元吉。"曾子所谓"而今而后，吾知免夫'小子'"者也。尧与舜受终于文祖之庙，此时此意，不可不深体。（《增修东莱书说》卷二《舜典》）

袁　燮："受终"者，尧受终也。"文祖"者，尧之祖庙也。尧将禅位于舜，故受终于文祖之庙，以为君临天下许多时节，至于今日，方保得彻头彻尾，可以无憾。自古人主有终者极鲜，靡不有初，鲜克有终。甚矣，有终之难也。唐可称者三君，明皇、宪宗，皆不克其终。自古人君，岂惟不克厥终，在位稍久，便异于始。唐太宗践祚，未几，郑（征）公已有"十渐不克终"之戒。尧至于此，方敢说有始有卒。呜呼，难哉！方其受终

也，意必告之曰：此皆宗庙之力也。自有许多事、辞，特不见于此耳。（《絜斋家塾书钞》卷一《舜典》）

　　崔　述："帝曰：'格汝舜：询事考言，乃言厎可绩，三载；汝陟帝位！'舜让于德，弗嗣。正月上日，受终于文祖。"（《书·尧典》）"尧老而舜摄也。"（《孟子》）……"受终"者何？孟子所谓"尧老而舜摄"者是也。盖尧欲舜即居天子位而舜不肯，舜欲己终不行天子政而尧又不肯，于是乎尧不得已降心以从舜而使之摄政，舜亦不得已降心以从尧而为尧摄政。两圣人各欲行其心之所安，而时势所迫，遂创千古之奇，而适得乎天理人情之正。故摄之云者，前此未有也，理与势相摩，而圣人之权生焉。故曰尧、舜为万世之法也。然则何以谓之"受终"？尧之事未毕，授之舜使终之，故曰受终也。（《崔东壁遗书·唐虞考信录》卷二《舜相尧·舜摄政之不得已》）

㊳【汇校】

　　[日]水泽利忠："尧大祖也"，大，毛（本）（作）"太"。按：太，"大"讹。（《史记会注考证附校补·五帝本纪第一》）

【汇注】

　　吴汝纶："文祖者，尧大祖也。"姚南青云："疑此亦从安国问故得之。"今《书·传》乃云"尧文德之祖庙"，则谬悠之说。又云：康成以纬说经，裴氏不当取以注史。（《点勘史记读本·各家史记评语·五帝本纪》）

　　崔　适：按：《撰异》曰："尧太祖，盖谓黄帝。《集解》引郑注解之，相去万里。"此说是也。五天帝之说，自五人帝而生，皆以五德配五色，古文家始有此言。《纬书》复为五天帝造名，《春秋文耀鉤》曰："苍曰灵威仰，赤曰赤熛怒，黄曰舍枢纽，白曰白招拒，黑曰汁光纪。"与《尚书·帝命验》文小异。纬书出哀、平间，与古文经、传同时，皆刘歆与所征千数人作。《殷》《周本纪》虽有吞卵、践迹之言，不谓契为白帝子，稷为苍帝子也，岂应以文祖为赤帝乎？郑谓赤帝乃天帝也，古文说。此谓黄帝乃人帝也，今文说。裴、马之解，援古乱今矣。（《史记探源》卷二《五帝本纪》）

　　　　于是帝尧老，命舜摄行天子之政①，以观天命②。舜乃在璇玑玉衡③，以齐七政④。遂类于上帝⑤，禋于六宗⑥，望于山川⑦，辩于群神⑧。揖五瑞⑨。择吉月日，见四岳诸牧⑩，班瑞⑪。岁二月⑫，东巡狩⑬，至于岱宗⑭，柴⑮，望秩于山川⑯。遂见东方君长⑰，合时月正日⑱，同律度量衡⑲，修五礼五玉三帛二生一死为挚⑳，如五器㉑，卒乃复㉒。五月，南巡狩；八月，西巡狩；十一月，北巡狩：皆如初㉓。归㉔，至于祖祢庙㉕，用特牛礼㉖。五岁一巡狩㉗，群后四朝㉘。遍告以言㉙，明试以功㉚，车服以庸㉛。肇十有二州㉜，决川㉝。象以典刑㉞，流宥五刑㉟，鞭作官刑㊱，扑作教刑㊲，金作赎刑㊳。眚灾过㊴，赦㊵；怙终贼㊶，刑㊷。钦哉，钦哉㊸，惟刑之静哉㊹！

① 【汇注】

[日] 泷川资言："于是"以下，本《孟子·万章篇》。（《史记会注考证附校补·五帝本纪第一》）

【汇评】

孟子：万章曰："尧以天下与舜，有诸？"孟子曰："否，天子不能以天下与人。""然则舜有天下也，孰与之？"曰："天与之！""天与之者，谆谆然命之乎？"曰："否，天不言，以行与事示之而已矣！"曰："以行与事示之者如之何？"曰："天子能荐人于天，不能使天与之天下。……昔者，尧荐舜于天，而天受之；暴之于民，而民受之；故曰：天不言，以行与事示之而已矣！"曰："敢问荐之于天，而天受之，暴之于民，而民受之，如何？"曰："使之主祭，而百神享之，是天受之使之主事，而事治，百姓安之，是民受之也。天与之，人与之，故曰'天子不能以天下与人'。舜相尧二十有八载，非人之所能为也，天也。尧崩，三年之丧毕，舜避尧之子于南河之南。天下诸侯朝觐者，不之尧之子而之舜；讼狱者，不之尧之子而之舜；讴歌者，不讴歌尧之子而讴歌舜，故曰天也。夫然后之中国，践天子位焉。……"（《孟子·万章上》）

② 【汇注】

陈蒲清：古人迷信天意，故尧叫舜代理政事来观察舜继位是否符合天意，所谓"荐之于天"。（见王利器主编《史记注译·五帝本纪》）

③ 【汇校】

惠　栋："在璇玑玉衡"，案：京房《易略例》及周公《礼殿记》、孟郁《修尧庙碑》，皆作"旋机"。伏生《书传》曰"旋机"者何也？《传》曰："旋者，还也。机者，几也，缴也。其变几微，而所动者大。谓之旋机。是故旋机谓之北极。"其说与京房及汉碑字合。（《九经古义》卷三《尚书古义·在璇玑玉衡》）

【汇注】

郑　玄：浑仪中筩为旋机，外规为玉衡也。（《尚书大传注》卷一）

马　融：璇，美玉也。玑，浑天仪，可转旋，故曰玑。衡，其中横筩，所以视星宿

也。以璇为玑，以玉为衡，盖贵天象也。(《古文尚书注》卷一《尧典》)

黄　伦：无垢曰：余昔在史馆，常观浑仪之制。始信玑衡之法为不谬也。其制为三大轮，其中空，其外圆，每轮画分黄道、赤道，又画二十八宿分野，又画为三百六十五度四分度之一，春、秋通为一轮，冬、夏各为一轮，交分于台上，以分日之短长也。台下为柱，以金龙绕之，半在地上、半在地下之说，非谓置之于地也。轮半画为昼，半画为夜，昼则转在夜之轮于上，夜则转在昼之轮于下，以此为地上地下之说尔。轮即所谓玑也，古以璇玉为之，而王雱以美珠为璇，璇玑以珠为玑也，以珠以玉，皆不可判。使以珠为之，不过以为饰尔，非以珠为日月五星也。天道尊严，故以璇为之，玉衡之制，其状如今之所谓箫管也，欲验天文者，先正玑轮，乃以箫制轮中，于箫管下，上望其空，直观天星，如《尧典》星鸟、星火之制，万不差一。倘日月薄蚀，五星失度，以箫置玑轮，于其度中望之，盖无毫发之差，其制精密，非圣人能为此制乎？舜既受终，未知天象如何，故察玑衡，以观日月五星焉。(《尚书精义》卷三《舜典》)

又：胡氏曰：璇生于渊之蚌，而与月亏盈，阴精之纯也；玉生于山之石，而气白如虹，阳精之纯也。传曰：玉能除水之灾，珠能御火之灾，故宝之。以为阴阳之精，则其为物神故也。故玑衡之器，运者为玑，则以璇饰之，观者为衡，则以玉饰之。非以为侈也，盖于此以在七政而齐之，其物非阴阳之精，则有所不神，而不足在故也。(同上)

高似孙：贺道养《浑天记》曰：昔记天体者有三：浑仪，莫知其始，《书》曰"璇玑玉衡，以齐七政"，盖浑仪体也。二曰宣夜，夏、殷之法也。三曰周髀。周髀所造，非周家术也。近世复有三术：一曰方天，兴于王充；二曰轩天，起于姚信；三曰穹天，由于虞喜。皆以臆断浮说，不足观也，惟浑天之事，征验不疑，此论精确。(《纬略》卷八《浑天记》)

程大昌：尧世已有浑仪，璇玑玉衡是也。晋世陆绩始造浑象，其晷度与浑仪同，而形模与浑仪反。沈存中尝讥世人混两为一，而未尝明著其说，故见者未能豁然也。二器之写天度，皆以浑天家为主。而古人形容浑天最能明的者，惟葛洪鸡子之论也。洪之说曰：天形如鸡子，地形如鸡子中黄，是为天包地外，而地在天中也。浑仪也者，设为四游仪，写日月星宿于天盘之上，而包括乎厚地，正如鸡子之壳也。是为写肖本形而顺以求之者也。至于浑象也者，设为圆毬，而橅拟天度，以日星傅真毬上，毬固可转，而人遂俯观，则天盘反在人下，是为殊形诡制而合于理也。若即其状而详言之，则如权衡之上详刻铢、两、钩、斤，而人遂可俯首以观者也。是如翻倒天度傅之于外，而人立天外以行省视者也。仪与象异者，制盖如此也。至陶弘景又出新意，造浑天象，高三尺许，地居中央，天转而地不动，悉与天会，此则兼采仪、象而两用之矣。然天中虽立，厚地而元无所资于窥测，又不如四游仪专橅天度，而日星半隐地下者。其制自具也，则其制稍赘，而不如浑象之切用，无欠无余也。(《演繁露》卷七《浑仪浑象》)

金履祥：以玉为玑，以象天体之运转，以璇玑饰之，以象星辰之位次，以玉为横箾，推其分度时节，以窥天而与玑合。羲和之法，至是盖密。后世浑天仪盖其法也。（《书经注》卷一《舜典》）

雷学淇：按：北辰居其所而不移，太一之静象也，体也；北斗运于天而不息，太一之动象也，用也。其在于《易》，北辰，即乾之元，北斗即乾之九，于《书》则北辰是璇玑，北斗是玉衡。璇玑即旋机也，其旋无象，寄于玉衡，故北辰以北斗为用。（《古经天象考》卷四《循斗·象》）

成蓉镜：南北之枢曰南极、北极，亦谓之赤极，亦曰天极，北极亦曰北辰，亦曰北极，枢亦曰正北极。……出入乎赤极者曰黄极，亦曰北极，璇玑古亦曰北极。（《推步迪蒙记》）

陈　直：《古玉图考》五十页，有璇玑图，汉世以来，谓之浑天仪。（《史记新证·五帝本纪》）

张家英：谨按：此源于《尚书·舜典》，原句只少一个"舜"字。孔氏《传》："在，察也。……舜察天文，齐七政，以审己当天心与否。"

《尔雅·释诂下》："在，察也。"邢昺疏："谓审察也。"郝懿行疏："'在、察'一声之转。"《诗·大雅·文王》："文王陟降，在帝左右。"郑氏《笺》："在，察也。文王能观知天意，顺其所为，从而行之。"又，《礼记·文王世子》言文王为世子时的孝行，其中有"食上，必在视寒暖之节"句，郑氏《注》："在，察也。"上举后一例中，"在"与"视"合用为词，于此可以知道，此"在"字乃"观察"即"仔细察看"之义，而此义在上古汉语时期是常用的。（《〈史记〉十二本纪疑诂·五帝本纪》）

金景芳、吕绍纲：对于"璇玑玉衡"之解释最为确切明通的，要推魏源之《书古微》。魏氏据《尚书大传》"璇机谓之北极"，谓璇机即北极星。……北极星在后世文献上也具体叫做太一、帝星、天极星。《尚书》所谓璇玑，即指这颗北极星而言。由于有岁差的关系，哪颗星处在近北极的位置，古今是有变化的。就是说，谁来充当北极星，不是永恒不变，尧舜时代的北极星是上弼、少弼，周代的北极星是庶子，现在的北极星是勾陈。这颗旋绕乎北极（也叫北辰）之大星就是璇玑。这是内璇玑，亦即《尚书》"璇玑玉衡"之"璇玑"。（《〈尚书·虞夏书〉新解·〈尧典〉新解》）

又：此外，旋绕于北极星之外，在常见垣内有二十余星，叫作紫宫，亦称紫微垣。而垣之下有斗六星，昼夜循紫微垣以环绕北极运行，与北极星相对而言，这叫作外璇玑，也就是《尚书》"璇玑玉衡"之"玉衡"。这斗六星，古代文献有不同的称谓，《庄子》谓之维斗，《尔雅》谓之斗极，《素问》谓之天纲，《史记》及《淮南子》谓之太一。《尚书纬》谓之神斗，《易纬·乾凿度》郑注谓之太乙，道家书谓之斗母，晋以后各《天文志》谓之黄道极。此斗六星与垣外之北斗七星完全是两回事，不可混同。（同上）

又：不过，北斗七星与斗六星相对而言，叫小玉衡，斗六星叫大玉衡。小玉衡不起于尧舜之时而起于周代。周代北斗（小玉衡）每月所指恰好与斗极（即大玉衡）月建相符，故《周月解》以北斗柄定闰月，《史记·天官书》因此亦兼存二斗，以维斗（大玉衡）为尧舜时代天象之玉衡，以北斗（小玉衡）为周代天象之玉衡。其实《尚书》所说"璇玑玉衡"之"玉衡"，只是大玉衡维斗，绝不是小玉衡北斗。（同上）

【汇评】

王充耘：舜初摄位，庶务更新，以示正始之道，而事之重者，莫急于治历明时，故首察玑衡以稽天象。其次莫重于祭告神祇，故类上帝，禋六宗，望山川，遍群神次之。（《书义主意》卷一《舜典》）

梅文鼎：盖七政璇玑之制，类先天卦画之图。原道必本乎天，儒者根宗之学。制器以尚其象，帝王钦若之心，理至难言，以象显之则理尽，意所未悉，以器示之则意明。故扬雄覃思浑天，用成元草；平子精探《灵宪》，聿阐元枢。覆矩仰规，一行以之衍策；天根月窟，尧夫于焉弄丸。此圣学之攸先，匪术家之私尚也。（《涵芬楼古今文钞》卷九十七《拟璇玑玉衡赋有序》）

④【汇注】

伏　生：齐，中也。"七政"者，谓春、秋、冬、夏、天文、地理、人道，所以为政也。道正而万事顺成，故天道，政之大也。（《尚书大传》卷一）

孔安国：在，察也。璇，美玉，玑、衡玉者，正天文之器，可运转者。七政：日、月、五星，各异政。舜察天文，齐七政，以审己当天心与否。（《尚书传·尧典》）

马　融：七政者，北斗七星。各有所主：第一曰主日，法天；第二曰主月，法地；第三曰命火，谓荧惑也；第四曰煞土，谓填星也；第五曰伐水，谓辰星也；第六曰危木，谓岁星也；第七曰罚金，谓太白也。日月五星各异，故名曰七政也。日月星皆以璇玑玉衡，度知其盈缩进退，失政所在，圣人谦让，犹不自安，视璇玑玉衡，以验齐日月五星行度，知其政是与否，重审己之事也。（《古文尚书注》卷一《尧典》）

郑　玄：转运者为机，持正者为衡。璇机玉衡，浑天仪也。皆以玉为之。七政，日月五星也。以机衡视其行度，观受禅是非也。（《尚书郑注》卷一《尧典》）

张守节：《说文》云："璇，赤玉也。"按：舜虽受尧命，犹不自安，更以璇玑玉衡以正天文。玑为运转，衡为横箫，运玑使动于下，以衡望之，是王者正天文器也，观其齐与不齐。今七政齐，则以受禅为是。蔡邕云："玉衡长八尺，孔径一寸，下端望之，以视星宿，并县玑以象天，而以衡望之，转玑窥衡，以知星宿。玑径八尺，圆周二丈五尺而强也。"郑玄云："运转为者玑，持正者为衡。"《尚书大传》云："政者，齐中也。谓春秋冬夏天文地理人道，所以为政也，道正而万事顺成，故天道政之大也。"（《史记正义·五帝本纪》）

陈　经：璇玑玉衡，正天文之器，如后世之浑仪。玑可以运转，衡如箫管之状。璇玉者，天象尊严，以珠玉为饰。七政，日月五星在天之政也。在，察也。璇玑玉衡，观七政之运，循其常度，无有差错，此所谓齐也。人君为天地星辰之主，君有阙政，则日月薄蚀，星辰变动，安得而齐？（《尚书详解》卷二《舜典》）

郝　敬：七政，日月五星。七者，经纬运行，天之政也。尧钦若昊天，舜摄尧事，亦首天时，政莫大乎此。（《尚书辨解》卷一《尧典》）

王　圻：蔡邕曰：古之言天者三家，曰宣夜，曰盖天，曰浑天。宣夜之学绝，无师法。盖天术数具存，考验天状，多有违失。独浑天近得其理，今铜仪即其法也。立八尺之圆体，以具天地之形，以正黄道，察发敛，行日月，步五纬，精深微妙，百代不易之道也。今按：《舜典》"在璇玑玉衡，以齐七政"，则唐虞之时已用浑天之法，其他妄说，不待攻而自破矣。（《三才图会》卷一《天文·总序》）

李光地：此亦尧首钦天授时之意，然尧历象者日月星辰耳，未及五纬，盖至舜而法加密也。（《尚书七篇解义》）卷一《舜典》）

刘绍攽：《蔡传》谓七者运行，有迟有速，有顺有逆，犹人君之有政事。吴草庐因谓各有限节度数，如国家之政然。此以政字专属七者。夫天地之位，本于中和，雨旸之时，根于肃乂。孔颖达曰：得失由政，故称政。盖深有见于天人交感之微乎！若如蔡说，则人君之政，与日月五星分而为二，又奚怪天变不足畏之说之妄哉！（《九畹古文》卷八《七政辩》）

程馀庆："舜乃在璇玑玉衡，以齐七政。"在，察也。玑，机同。以玉为机，象天之转运，以璇珠饰之，象星辰之位次；以玉为衡管，推其行度时节，以窥日月五星之运行，而与机合，如今之浑天仪也。先经天略。（《历代名家评注史记集说·五帝本纪》）

顾颉刚：《尧典》云："在璇玑、玉衡，以齐七政。"伪孔《传》云："'在'，察也。'璇'，美玉。'玑''衡'，王者正天文之器，可运转者。'七政'，日、月、五星各异政。舜察天文，齐七政，以审己当天心与否。"孔颖达疏："舜……虽受尧命，犹不自安。……乃复察此璇玑、玉衡以齐整天之日、月、五星七曜之政，观其齐与不齐。齐则受之是也，不齐则受之非也。见七政皆齐，知己受为是，遂行为帝之事。"照这样讲来，舜当时用了"浑天仪"这样的仪器去观测天象，决定他的受禅是否合于天心，正与《论语·尧曰》的"天之历数在尔躬"同义，是五德终始说下的产物。其所谓"齐"，或者是"日月合璧，五星联珠"一类现象吧！（《顾颉刚古史论文集》第二册《虞初小说回目考释》三十一）

陈蒲清：七政，指日月五星（金、木、水、火、土）。齐七政，即观察日月星辰来校正历法。或认为"七政"指下面讲的祭祀、班瑞、东巡、南巡、西巡、北巡、归祖等七件政事。（见王利器主编《史记注译·五帝本纪》）

金景芳：吕绍纲："七政"则应以《尚书大传》说为正解，即天文、地理、人事和春夏秋冬四时。（《〈尚书·虞夏书〉新解·〈尧典〉新解》）

又："在璇玑玉衡，以齐七政"，意思与经上文与"乃命羲和，钦若昊天，历象日月星辰，敬授人时"之意义相一致。主要是凭天象而不是凭仪器，办法很简单，就是测量，测量的手段只是表、绳、揆漏而已，根本没有什么浑天仪。办法不复杂，意义却很重大。天文以此正，地理以此分，人事以此齐，四时以此定。故曰"以齐七政"。《史记·天官书·索隐》引马融注《尚书》云："七政者，北斗七星，各有所主……日月五星各异，故曰七政也。"《史记会注考证》引《晋志》引石氏云："命火谓荧惑也以下五谓字，皆不可通，疑法字之误。"马氏此说无据亦无理，不足凭信。郑玄注《尚书大传》云："七政，谓春、秋、冬、夏、天文、地理、人道，所以为政也。道正而万事顺成，故天道，政之大者也。"郑氏此注符合《大传》之义，是正确的。令人困惑难解的是《史记·五帝本纪·集解》引郑玄曰："七政，日月五星也。"郑玄是大注释家，何以如此自相矛盾！江声《尚书集注音疏》说："盖彼（指《五帝本纪》集解）误以马注为郑注尔，必非郑注，不可不辩。"按：江说有理。（同上）

【汇评】

黄　伦：无垢曰：天子者，乃日月五星之主也。使主非其人，其象必变，是七政待人主而齐也。今察玑衡七政皆齐，然后知洪水之灾，以见尧大数已过，不得不退也。七政既齐，又以见舜历数在躬，不得而辞也。（《尚书精义》卷三《舜典》）

又：张氏曰：日月五星，运行变动，人所取正也，故谓之七政。是故人事修于下，则天意应于上，王政失于此，则天谴形于彼，此舜于即政之初，所以察玑衡而齐之也。玑运乎上，而以璇为之，取阴之精也，衡望乎上，而以玉为之，取阳之精也。盖天地之精为阴阳，阴阳之气为日月，阴阳之散为五行，而其象在五星，必取是以为器者，盖以类求之者也。《尧典》言历象日月星辰，于此言璇玑玉衡，以齐七政者，历象以数推之者也，玑衡以器得之者也。数出于天，故推之以授人时，器出于人，故占之以齐七政，尧以道在天下，故以历象言之，舜以政事治之，特见诸形器而已，此璇玉衡之所由作也。（同上）

时　澜：尧既历象日月星辰矣，舜复何所在，何所齐哉？盖观天象运行，足以卜一身之得失。舜摄位之后，未有以验此身之当天意与否？故求之历象之间，以见天心之逆顺。苟天象有一之不顺，则是己之不足当帝位也。虽然，舜之事天，亦有自矣，如纳麓之时，风雨弗迷，天已享舜矣，而又何疑邪？盖昔者乃尧之试舜，今也舜亦欲自试，以验其身之如何也，故察玑衡以齐七政。（《增修东莱书说》卷二《舜典》）

钱　时：谓之政者，天文之休咎，君政得失之符也。人君与天一体无二，其所感召，如响应声。古圣因名以政。见得一躔一度，皆是自家切己事。非徒课星翁历史一艺之疏密而已也。齐者，各得其躔度之正也。一有不齐，责将孰归？舜摄位之初，以此为第一段事。其旨微矣。不然，则七政在天，而所以齐之者，断断在我，岂璇玑玉衡一器物之微所可辨哉？（《融堂书解》卷一《舜典》）

袁 燮：璇玑玉衡，正天文之器也。璇玑画其象，而以玉衡望之。七政，日月五星也。在璇玑玉衡，所以治历明时，亦所以观天文而察时变。玑衡之日月星辰乃一定而不变者，天之日月星辰却有时乎变，以玑衡而验诸天，有一毫不合，便是灾异，便是人主失德之所致，人主于此便当惕然内顾，恐惧修省，以答天心，以消变异也。（《絜斋家塾书钞》卷一《舜典》）

王 圻：爰自混元之初，七政运行，岁序变易，有象可占，有数可推，由是历数生焉。夫日月星辰，有形而运乎上者也，四时六气，无形而运乎下者也。一有一无，不相为倅。然而二者实相检押以成岁功。盖日穷于次，月穷于纪，星回于天，此有形之运于上而成岁者也。五日为候，三候为气，六气为时，四时为岁，此无形之运于下而成岁者也。混元之初，日月如合璧，五星如连珠。自此运行迨今，未尝复会如合璧连珠者何也？盖七政之行，迟速不同，故其复会也甚难。日之行天也，一岁而一周；月之行天也，一月而一周；岁星之周也，常以十二年；镇星之周也，以二十八年；荧惑之周也，以二年。惟太白、辰星附日而行，或速则先日，或迟则后日，速而先日，昏见西方；迟而后日，辰见东方。要之，周天仅与日同，故亦岁一周天焉，夫惟七政之行不齐如此，此其所以难合也。（《三才图会》卷三《总论七政之运行》）

张 英：唐虞之圣人为治，皆取法于天，故《尧典》首言"钦若昊天"，舜摄位之初，首齐七政，经星之丽于天者，终古不易，历法之参差，仪器之转运，惟在日月五星耳。故七政齐而经星不必言也。（《书经衷论》卷一《舜典》）

崔 述：此舜成天之政，所以补尧授时之未备，故首及之。（《崔东壁遗书·唐虞考信录》卷二《舜相尧·在璇玑玉衡，以齐七政》）

⑤【汇注】

马 融：上帝，太乙神，在紫微宫，天之最尊者。（《古文尚书注》卷一《尧典》）

郑 玄：礼祭上帝于圜丘。（《尚书郑注》卷一《尧典》）

张守节：《五经异义》云："非时祭天谓之类，言以事类告也。时舜告摄，非常祭也。"《王制》云："天子将出，类于上帝。"郑玄云："昊天上帝谓天皇大帝，北辰之星。"（《史记正义·五帝本纪》）

苏 轼：类，事类也。以事告，非常祀也。凡祀上帝，必及地示，何以知其然也？以郊之有望知之。《春秋》书"不郊，犹三望"。《传》曰："望，郊之细也。"《书》曰："庚戌，柴望，大告武成。"柴，祀天也。望，祀山川也。而礼成于一日，祀山川，而不及地，此理之必不然者也。是以知祀天必及地也。《诗》曰"昊天有成命"，郊祀天地也。

汉以来，学者考之不详，而世主或出其私意。五時祭帝，汾阴祀后土，而王莽始合祭天地，世祖以来，或合或否，而唐明皇始下诏合祀，至于今者疑焉，以为莽与明皇始变礼，而不知祀天之必及地。盖自舜以来见于经矣。（《东坡书传》卷二《舜典》）

胡　宏：论曰："肆类于上帝，禋于六宗"，此阙文，失其次者也。其文宜曰："受终于文祖，禋于六宗，在璇玑玉衡，以齐七政，肆类于上帝，宜于冢土，望于山川。"《书经》焚毁，伏生耄矣，口授于人，故多阙失也。国有大事，必既告诸祖祢，然后告于天地以及群臣，此礼之常也。故有以六宗为三昭三穆，学者多从其说。孔安国曰："六宗者，四时也，寒暑也，日也，月也，星也，水旱也。夫圣人名必当物，祀上帝而谓之类者，本乎天者咸在其中也。况四时寒暑水旱与日月星辰之运，即天神之属，又可分裂各为神乎？古者大旱雩于上帝，不曰雩于旱神，斯可见矣。"历代诸儒之说，咸与孔子不相远。（《皇王大纪》卷四《帝舜有虞氏》）

钱　时：遂也，其事不容缓也。类，先儒以为非常祭。然《周官》有"类社稷则为位"之文，是社稷亦有类祭也。《皇矣诗》"是类是祃"，注谓师祭。是出师亦有类祭也。岂皆非常之祭欤？（《融堂书解》卷一《舜典》）

史　浩：类，祭也。上帝，天也。天，夫道也；地，妻道也。举天则地必从矣。《昊天有成命》之诗，曰"郊祀天地"者，以此也。（《尚书讲义》卷二《舜典》）

方　回：《王制》云："天子将出征，类乎上帝。"所言类者，皆是祭天之事，言以事类而祭也。回谓人主自有祭天之礼，因他事及出征、大灾眚，告天，则谓之类，非正祭也。孔安国以为告天及五帝，则当辨明之。上帝之为天，如《孝经》郊祀后稷以配天，宗祀文王于明堂以配上帝。总言之，谓之天。专以天之主宰之神言之，谓之帝。孔安国谓告天及五帝，则一天之外又有五帝，窃恐非也。朱文公所以疑《书·传》非安国之笔也。汉儒习见五帝之说与天混言之固不可，与天分言之亦不可。《汉书·郊祀志》引《书》及《孝经》此语，师古注"类于上帝"曰："上帝，天也。"此言简而当。（《续古今考》卷十四《祀天地总考》）

马端临：帝谓五精之帝，所配祭南郊者。……类，祭名也。（《文献通考》卷一百九《巡狩》原注）

郝　敬：类，祭天神也。天象无形，以气为类，如东郊祭春，南郊祭夏，各以方类也。（《尚书辨解》卷一《尧典》）

许　谦：以形体谓之天，以主宰谓之帝，上帝者，昊天上帝也。昊，广大也，言广大之天，主宰之帝也。《祭法》曰：燔柴于泰坛，祭天也。（《读书丛说》卷二《舜典》）

王世贞："类帝"而下，见君受命于天；"辑瑞"而下，见臣受命于君。（见《百大家评注史记》卷一《五帝本纪》）

金景芳、吕绍纲：类，《太平御览》卷五二七引《五经异义》曰："今《尚书》夏侯、欧阳说，类，祭天名也。以事类祭之奈何？天位在南方，就南郊祭之是也。"此今《尚书》说。《太平御览》卷五二五引《五经异义》曰："古《尚书》说，非时祭天谓之类，言以事类告也。肆类于上帝，时舜告摄，非常祭。"其实今古两说并无大不同。古《尚书》说类是非时之常祭。今《尚书》说类是以事类祭之，也是以为类不是常祭。孙星衍《尚书今古文注疏》以为以事类祭之非常祭有两种情况，一是摄位，一是出征打仗。舜肆类于上帝，就是因摄位而祭上帝，属于非常祭。(《〈尚书·虞夏书〉新解·〈尧典〉新解》)

又：关于上帝，古人有各种解释。……其实上帝不必确指为谁，上帝是人帝的影子，它是人们头脑中的超自然的、有旨意的主宰者，是属于宗教迷信的东西。从思想渊源上说，当是"南正重司天以属神"(《国语·楚语下》观射父语)之遗。尧时已经创制了以"历象日月星辰"为根据的阴阳历，对天有了基本上正确的认识，树立了自然之天的天概念。这是一方面。另一方面，由于历史的局限，他们不可能放弃对上帝与诸神的祭祀。朴素的唯物论与宗教迷信并存，是中国古代文化的一个重要特点。孔子也是如此，一方面是朴素的唯物论，一方面又重祭祀。(同上)

⑥【汇注】

伏　生：万物非天不生，非地不载，非春不动，非夏不长，非秋不收，非冬不藏，故《书》"禋于六宗"，此之谓也。(《尚书大传》卷一《尧典》)

孔安国：精意以享，谓之禋。宗，尊也。所尊祭者。其祀有六：谓四时也，寒暑也、日也、月也、星也、水旱也。祭亦可以摄告。(《尚书传·尧典》)

马　融：禋，精意以享也。六宗，天地四时也。万物非天不覆，非地不载，非春不生，非夏不长，非秋不收，非冬不藏，此其所谓六也。(《古文尚书注》卷一《尧典》)

郑　玄：禋，祭也。字当做禋。马氏以为，六宗谓日、月、星辰、泰山、河、海也。《经》曰："肆类于上帝，禋于六宗，望秩于山川，遍于群神。"《月令》：天子祈来年于天宗。如此则六宗近，谓天神也。以《周礼》差之，则为星、辰、司中、司命、风师、雨师也。(《尚书大传注》卷一)

挚　虞：案：舜受终类于上帝，禋于六宗，望于山川，则六宗非上帝之神，又非山川之灵也。……六宗者，太极冲和之气，为六气之宗者也。《虞书》谓之六宗，《周书》谓之天宗。(见《全晋文》卷七十六《奏祀六宗》)

张　髦：禋于六宗。《礼》，祖考所尊者六也。何以考之？《周礼》及《礼记·王制》："天子将出，类于上帝，宜于社，造于祢，巡狩四方，觐诸侯，归格于祖祢，用特。"《尧典》亦曰："肆类于上帝，禋于六宗，望于山川，遍于群神，班瑞于群后，肆觐东后，叶时月正日，同律度量衡，巡狩一岁以周，尔乃归格于艺祖，用特。"臣以《尚书》与《礼·王制》，同事一义，符契相合。"禋于六宗"正谓祀祖考宗庙也。文祖之庙六宗，即三昭三穆也。若如十家之说，既各异义，上下违背，且没乎祖之礼，考之礼，考之祀典，尊卑失序，若但类于上帝，不禋祖祢而行，去时不告，归何以格？以此推之，较然可知也。……居其位，摄其事，郊天地，供群神之礼，巡狩天下，而遗其祖宗，恐非有虞之志也。(见《全晋文》卷七十三《上疏驳六宗旧说》)

裴　骃： 郑玄曰："六宗，星、辰、司中、司命、风师、雨师也。"骃按：六宗义众矣。愚谓郑说为长。(《史记集解·五帝本纪》)

颜师古： 孟康曰：六宗：星、辰、风伯、雨师、司中、司命。一说云乾坤六子。又一说：天宗三，日月星辰；地宗三，泰山、河、海。或曰：天地间游神也。师古曰：……洁精以祀谓之禋。六宗之义，说者多矣。乾坤六子其最通乎。(《汉书注·郊祀志上》)

张守节： 《周语》云"精意以享曰禋"也。孙炎云："禋，絜敬之祭也。"按：星，五纬星也。辰，日月所会十二次也。司中、司命，文昌第五、第四星也。风师，箕星也。雨师，毕星也。孔安国云："四时寒暑也，日月星也，水旱也。"《礼·祭法》云："埋少牢于大昭，祭时也。禳祈于坎坛，祭寒暑也。王宫，祭日也。夜明，祭月也。幽禜，祭星。雩禜，祭水旱也。"司马彪《续汉书》云："安帝立六宗，祀于洛阳城西北亥地，礼比大社。魏因之。至晋初，荀颛言新祀，以六宗之神诸家说不同，乃废之也。"(《史记正义·五帝本纪》)

苏　辙： 儒者言六宗，皆不同。《礼·祭法》曰："泰昭，祭时也；坎坛，祭寒暑也；王宫，祭日也；夜明，祭月也；幽宗，祭星也；雩宗，祭水旱也。"孔安国、王肃以此为六宗，夫言古事，当以古说为近。舍祭法不用，而以意立说，未可信也。或以乾坤六子，宗庙三昭三穆当之，其数虽合，然自古无祭八卦之文。舜既受终于文祖，然后推考天人，观其逆顺而遍祭之，则三昭、三穆于其祭文祖兼之矣。(《古史》卷二《五帝本纪》注)

编者按： 郑氏注《礼记·祭法》较为详尽，云："昭，明也，亦谓坛也。时，四时也，亦谓阴阳之神也。……寒暑不时，或祈之寒于坎，暑于坛。王宫，日坛。王，君也，日称君。宫，坛营域也。夜明，亦谓月坛也。宗，皆当为'禜'，字之误也。幽禜，亦谓星坛也。星以昏始见，禜之言营也。雩禜亦谓水旱坛也。雩之言吁嗟也。《春秋传》曰：日月星辰之神，则雪霜风雨之不时，于是乎禜之。山川之神，则水旱疠疫之不时，于是乎禜之四方，即谓山林川谷丘陵之神也。祭山林丘陵于坛，川谷于坎，每方各为坎为坛，怪物云气非常见者也。"

黄　伦： 胡氏曰：万物本乎天，人本乎祖，则尊尊者所以为义，亲亲者所以为仁，仁义之道无他，报本反始而已。此宗庙之制所由设也。盖有天下者祀七世，所谓六宗，三昭、三穆也。(《尚书精义》卷三《舜典》)

钱　时： 六宗，三昭三穆。精意以享曰禋，固善，岂享六宗之外皆非精意欤？类即

禋，禋即望，望即遍。名不同耳。圣人有二心哉？《周官》谓以禋礼祀昊天上帝，是不独六宗为然也。（《融堂书解》卷一《舜典》）

陈　经：今以文势考之，舜即位之初，上告天神，中告人鬼，下告地祇。则六宗当从张髦之说。（《尚书详解》卷二《舜典》）

郝　敬：禋，烟通，香气也。古者宗庙之祭，焚萧与脂，使烟气旁达，合神于漠，故谓祭为禋六宗。羲黄以来，列圣之当祀者，其目未详。宗，尊也。或云虞氏宗庙，三昭三穆也。《祭法》有四时、寒暑、日、月、星、水旱为六宗。愚按：此言上帝为天，六宗为人，山川为地。《周礼》天神、人鬼、地祇之说本此。不得以六宗为天神明矣。（《尚书辨解》卷一《尧典》）

袁　仁：《蔡传》宗孔以《祭法》六者当之。按：《祭法》所云：郑以为皆祈祷之祭，则不可用以解此经，宜依欧阳、大小夏侯，庶为近之。（《尚书蔡注考误》）

朱之蕃：宗，尊也；六宗，六者皆尊神，故云六宗。禋者，精意以享之谓。（见《百大家评注史记》卷一《五帝本纪》）

方中履：《尚书》"禋于六宗"，诸儒训释互有异同。（□□）孔光、刘歆以为《易》六子，水、火、雷、风、山、泽也。伏生与马融以为天地四时，梁崔灵恩取之。贾逵以为天宗三：日、月、星也；地宗三：河、海、岱也。欧阳及大小夏侯说《尚书》云：所祭者六，上不及天，下不及人，傍不及四方，居中央，恍惚助阴阳变化，有益于人者也。李邰取之。古《尚书》说：日月为阴阳，宗北辰，为星宗；岱为山宗；河为水宗；海为泽宗。郑玄以六宗言禋与祭天同名，则六者皆是天之神祇，谓星、辰、司中、司命、风师、雨师。星谓五纬也，辰为日月所会十二次也，司中、司命，文昌第五、第四星也，风师箕也，雨师毕也。《孔丛子》取《祭法》四时寒暑、日、月、水、旱为六亲宗，孔安国因之。王肃取《家语》之文与孔注同。肃又以为六子之卦。刘劭言万物负阴而抱阳，冲气以为和，六宗者，太极冲和之气，为六气之宗也。挚虞以为《月令》孟冬天子祈来年于天宗，天宗，六宗之神也。虞喜《别论》曰：地有五色，太社象之，总五为一，则成六。六为地数，推校经句阙无祭，则祭地也。刘昭以为此说近得其实。张迪以为六代帝王。张髦以为祀祖考所尊者六：三昭、三穆是也。王安石取之。司马彪云：天宗者，日、月、星、辰、寒、暑之属也。地宗，社稷五祀之属也。四方之宗，四时、五帝之属也。后魏高闾以天皇大帝及五帝为六宗，杜佑取之，朱子《书说》则取《祭法》。（《古今释疑》卷五《六宗》）

又：履闻之老父曰：《尚书》本文，上言上帝，下言山川群神，此似为地太社之说近之。然一六太虚无据也。常以五方有六神，东方少昊之子曰重，为勾芒；南方颛顼之子曰黎，为祝融；西方少皞之子曰该，为蓐收；北方少皞之二子曰脩，曰熙，为玄冥；中央共工氏之子曰勾龙，为后土，比较诸家为确矣。盖五行而二水也。（同上）

惠　栋：张纯《六宗表》曰：臣窃以十一家凡有六统，而所据各异，考之经、礼，大义不通。臣谓"禋于六宗"，祀祖考所尊者六，即三昭、三穆也。按：王肃创夏、商七庙之名，张纯有《帝世六宗之表》，皆乱经之人。张纯疑三国张慎子，字元基（按：《三国志·孙和传》注：张纯，字元基，敦之子）。（《松崖笔记》卷二《六宗》）

汪之昌：近全谢山谓六宗之说，汉魏十四家错出不一。王西庄《蛾术编》罗列诸说之异于郑义者，一概驳斥，其言甚辨。考经莫古于《尚书》，解经莫先于伏生。《尚书大传》云：万物非天不生，非地不载，非春不动，非夏不长，非秋不收，非冬不藏，故《书》"禋于六宗"，此之谓也。分别六宗甚明。伏生为秦汉间老师，所据必系古文义无疑。或以言天，则帝在于类似禋者，非天以为地，又与下山川无别，则禋者亦非地，不若郑君以星、辰、司中、司命、风师、雨师为六宗，专属天神，合于《周官·大宗伯》禋祀经文。按：郑君释禋为煙，即本伏义。其说六宗，不应又与伏违。窃以为伏生不直云天地春夏秋冬，而言"非天不生"云云，亦非径以天地四时当六宗，显然当谓主此六者之神。所谓宗主，犹天文家称最高天为宗，动天故号以六宗，第浑而言之。郑君《大传》注六宗，近谓天神也。以《周礼》差之，则为星、辰、司中、司命、风师、雨师。可见郑君所云"六宗"，正申伏说。（《青学斋集》卷二《禋于六宗解》）

王闿运：六宗，皆天帝也。上帝感生，帝之上即郊帝，主日之天也。感生与余四德而五，神州耀魄宝为六，皆人之所由生，而俱统于上帝，故曰宗。（《尚书大传补注·尧典》）

金景芳、吕绍纲：《尔雅·释诂》："禋，祭也。"《通典·吉礼》引郑玄注《尧典》"禋于六宗"云："禋，烟也，取其气达升报于阳也。"又，《尚书大传》"故书烟于六宗"，郑玄注云："烟，祭也，字当为禋。"《周礼·春官·大宗伯》"以禋祀祀昊天上帝，以实柴祀日月星辰，以槱燎祀司中、司命、风师、雨师"，郑玄注云："禋之言烟，周人尚臭，烟，气之臭闻者也。槱，积也。《诗》曰'芃芃棫朴，薪之槱之'。三祀皆实柴实牲体焉，或有玉帛燔燎而升烟，所以报阳也。"孙诒让《周礼正义》云："郑注云：'烟，祭也，字当为禋。'盖禋、烟声类同，故升烟以祭谓之禋祀，对实柴槱燎言之也。散文则禋通为祭祀。"（《〈尚书·虞夏书〉新解·〈尧典〉新解》）

又：据以上诸家说，禋是祭祀的一种形式与方法。禋之取义于烟，其道理如《周语》云："精意以享谓之禋。"《诗·大雅·生民》孔《疏》引王肃云："《周语》曰'精意以享曰禋'，禋非燔燎之谓也。"孔《疏》又引袁准云："禋者，烟气烟煴也。天之体远不得就，圣人思尽其心而不知所由，故因烟气之上以致其诚，《外传》（指《国语·周语》）曰'精意以享谓之禋'，此之谓也。"《周语》"精意以享"之说与郑玄"取其气达升报于阳"之说其实一致。《周礼·大宗伯》提到禋、实柴、槱燎三种祭祀方法，郑玄注云"皆实柴实牲体焉"是对的。意谓对昊天、上帝、日月、星辰、司中、司命、风师、雨师的祭祀，都是用薪柴堆积起来加上牲体，然后点火燃烧，使冒出的烟上升达到祭祀的对象，带去祭祀者的诚心。王鸣盛《尚书后案》说："此三祀本同，皆取升烟之义，特错举互文耳。"王说是。（同上）

又：六宗指什么？……郑氏根据《周礼·大宗伯》文，禋祀的对象都是昊天、上帝、日月、星辰、司中、司命、风师、雨师等天神，故知《尧典》之"六宗"既言禋，必亦是天神无疑。郑玄何以知"六宗"不包括日月在内呢！因为《礼记·郊特牲》有"郊之祭也，迎长日之至也，大报天而主日也"之语，《祭义》有"郊之祭，大报天而主日，配以月"之语，是以知郊祭祭日与月，则其余星、辰、司中、司命、风师、雨师为六宗自明。按：郑玄对六宗的解释是对的。司马迁于六宗无说。……天地四时说、四时寒暑日月星水旱说、乾坤六子说、天宗三地宗三说、游神说，皆不足取。"禋于六宗"这句话的意思应是舜接受尧位之后，曾对星、辰、司中、司命、风师、雨师等天上诸神进行禋祀，即实柴实牲，点火燃烧，使气味上升达于诸神，以表达他的诚心。（同上）

编者按："六宗"之义，众说纷纭，既"类于上帝"，"禋于六宗"，"望于山川"，"辨于群神"，已条分缕析，划为四类，所祀对象，不容相混。上帝、山川、群神均应排除在六宗之列，似较为合乎逻辑。

⑦【汇注】

裴　骃：徐广曰："名山大川。"（《史记集解·五帝本纪》）

颜师古：望谓在远者望而祭之。（《汉书注·郊祀志上》）

张守节：望者，遥望而祭山川也。山川，五岳、四渎也。《尔雅》云："梁山，晋望也。"（《史记正义·五帝本纪》）

史　浩：四坎坛之祭四方山林川谷之见怪物者，谓不然，无之。以其幽远，望而祭之，故曰望于山川，遍于群神也。（《尚书讲义》卷二《舜典》）

陈　经：望于山川者，天子祭四望名山大川。五岳四渎既远，则望而祭之。（《尚书详解》卷二《舜典》）

许　谦：山林、川谷、丘陵，能出云，为风雨，见怪物，皆曰神，有天下者祭百神。（《读书丛说》卷二《舜典》）

又：望者，巡狩至方岳，不能遍祭群神，止于岳下统望而祭之。秩则随所祭之神品秩高下，如岳视三公，渎视诸侯，饔饩九牢，饔五牢；侯伯饔饩七牢，殂四牢；子男饔饩五牢，殂三牢。又上公豆四十，侯伯三十二，子男二十四，此即秩之类也。但恐唐、虞、《周礼》有不同耳。（《读书丛说》卷二《舜典》）

金景芳、吕绍纲：江声《尚书集注音疏》："《穀梁传》僖公三十一年范宁注引郑君曰：'望者祭山川之名。'未知所引是《尚书》注否，故用其义而不称郑也。《公羊传》僖公三十一年传曰：'三望者何？望，祭也。然则何祭？祭泰山河海。'是望为祭山川河海之名。"江氏据郑注，释望为祭山川河海之名，不完全对。祭山川河海可以叫望，但望不仅仅指祭山川河海。《白虎通·封禅》云："望，祭山川，祀群神也。"可见祀群神也叫望。陈立《公羊义疏》僖公三十一年云："鲁祭泰山河海，故止三望耳。《尧典》'望于山川，遍于群神'，《诗》疏引郑注'望者祭山川之名，遍者以尊卑秩祭群神若丘陵坟衍之属'。彼对文，故望与遍异，其实山川之神亦以尊卑秩祭。《王制》'五岳视三公，四渎视诸侯'之属是也。"陈氏又云："盖望为祭群神之通称。"按：陈说是。（《〈尚书·虞夏书〉新解·〈尧典〉新解》）

又，《尧典》之"望于山川，遍于群神"之"望"与"遍"是互文见义的关系。"望于山川"之山川应依《王制》"天子祭天下名山大川"和《公羊传》僖公三十一年"天子有方望之事，无所不通"作解，是泛指天下名山大川。《公羊传》僖公三十一年说三望是"祭泰山河海"，是就鲁国而言。伪孔《传》云"九州名山大川五岳四渎之属，皆一时望祭之"，是对的。《史记·五帝本纪》《论衡·祭意篇》皆作"望于山川"《汉书》之《郊祀志》《王莽传》，《续汉书·祭祀志》《说苑·辨物篇》《尚书大传》郑注等引皆作"望秩于山川"。（同上）

⑧【汇校】

惠　栋："徧于群神"，《史记》徧作"辩"。汉樊毅《修西岳庙记》云"辩于群神"。《仪礼·乡饮酒礼》云："众宾辩。"郑康成云：今文"辩"皆作"徧"。是"辩"为古文，"徧"为今文也。（《九经古义》卷三《尚书古义》）

[日] 泷川资言：《封禅书》"辩"作"徧"。王先谦曰：《黄图》载元始仪、《说苑·辨物篇》、《汉书·王莽传》、《论衡·祭意篇》、《白石神君碑》、《魏公卿上尊号表》皆作"徧"。愚按："辩"又或作"班"。徧、辩、班音近。盖与类、禋、望同祭神也。其义未详。（《史记会注考证附校补·五帝本纪第一》）

蒋善国："遍于群神"，《史记·五帝本纪》和汉樊毅修《西岳庙碑》均作"辩"。徐广说："辩音班。"光武《封泰山刻石文》，扬雄《太常箴》引作"班于群神"。按：遍和辩是古今字……《仪礼·乡饮酒礼》注说："今文辩皆作遍。"（《尚书综述》）

【汇注】

郑　玄：遍以尊卑次秩祭之。群神，丘陵坟衍之属。（《尚书郑注》卷一《尧典》）

裴　骃：徐广曰："辩音班。"骃按：郑玄曰"群神若丘陵坟衍"。（《史记集解·五帝本纪》）

张守节：辩音遍。谓祭群神也。（《史记正义·五帝本纪》）

苏　轼：精意以享，曰禋。宗，尊也。六宗，尊神也。所祭不经见，诸儒各以意度之，皆可疑。惟晋张髦以为三昭、三穆，学者多从其说，然以《书》考之，受终之初，既有事于文祖，其势必及余庙，岂有独祭文祖于齐七政之前，而别祭余庙于类上帝之后者乎？以此推之，则齐七政之后，所祭皆天神，非人鬼矣。孔安国：六宗：四时也，寒暑也，日也，月也，星也，水旱也。其说自西汉有之。意其必有所传受，非臆度者。其神名，坛位，皆不可以礼推。犹秦八神、汉太乙之类，岂区区曲学所能以私意损益者哉？春秋不郊，犹三望，三望分野之星与国中山川，乃知古者郊祭天地，必及于天地之间所谓尊神者。鲁，诸侯也，故三望而已。则此"禋于六宗，望于山川，遍于群神"盖与"类于上帝"为一礼耳。又以《祭法》考之，其曰燔柴于泰坛，祭天也，瘗埋于泰折，祭地也。则此所谓"类于上帝"者也。埋少牢于泰昭，祭时也；相近于坎坛，祭寒暑也；王宫，祭日也；夜明，祭月也；幽宗，祭星也；雩宗，祭水旱也。则此所谓"禋于六宗"也。四坎坛，祭四方也。山林、川谷、丘陵，能出云，为风雨，见怪物，皆曰神。有天下者，祭百神，则此所谓"望于山川，遍于群神"也。《祭法》所叙，盖郊祀天地，从祀诸神之坛位。而《舜典》之章句，义疏也，故星为幽宗，水旱为雩宗，合于所谓六宗者。但郑玄曲为异说，而改宗为禜，不可信也。（《东坡书传》卷二《舜典》）

黄　伦：言上帝，则日月、星辰、司中、司命、风师、雨师，皆在其中矣。言六宗，则文祖在其中矣。言山川，则社、稷、五祀、四方、百物在其中矣。言群神，则法施于民，以劳定国，以死勤事，能御大灾，能捍大患者，在其中矣。（《尚书精义》）卷三《舜书》）

陈　经：遍于群神，则不特以死勤事，能御大灾者祀之。虽祀典不载，如《祭法》谓有天下者祭百神，皆遍及之也。曰类、曰禋、曰望、曰遍，各随其宜也。（《尚书详解》卷二《舜典》）

罗　苹：有天下者祭百神，皆有功于民者。天神既类，人鬼已禋，而地示又望矣，犹若未也。至于薰蒿悽怆，百物之精莫不至，则圣人之至也。夫既受终而主祭，行巡守则为天子事矣，时以尧在，未即真尔。（见《路史·后纪十二·有虞氏》注）

郝　敬：群神，谓丘陵坟衍先贤往哲之类。（《尚书辨解》卷一《尧典》）

李光地：首上帝，次以六宗者，在天之属也。继山川，次以群神者，在地之属也。（《尚书七篇解义》卷一《舜典》）

金景芳、吕绍纲："遍于群神"或"辩于群神""班于群神"，意思都是祭祀。其特点是强调祭祀的对象有等级差别。郑玄注云："遍，以尊卑次秩祭之。群神若丘陵坟衍之属。"（《诗·周颂·时迈》序疏及《史记·五帝本纪·集解》引）郑说是。（《〈尚书·虞夏书〉新解·〈尧典〉新解》）

【汇评】

时　澜：人君之于天下，曰神曰民而已。舜既受天下，类上帝，以至遍群神，所以致神主之职。六宗，三昭三穆也。类、禋、望、遍，非徒祭之名，舜之心盖历历而对越也。……遍群神以上，似无迹可见，要之，学者须知皆圣人之实政。盖人君之职，事

神治民。在璇玑以下，事神也；辑瑞以下，治民也。(《增修东莱书说》卷二《舜典》)

袁 燮：舜在璇玑玉衡，以齐七政，既无变矣，然后始敢举祭祀之礼，为天地百神之主。若使观乎天文，有一毫不合天意，定不敢祭。何故不敢？此当思之。《经》曰："自成汤至于帝乙，罔不明德恤祀。"又曰："予冲子夙夜毖祀。"古人于祭祀甚重，人主朝夕从事，惟以此为务。观乎天文而有变动，则是在我者未能无愧，何以交乎神明？虽致崇极以祀之，神亦不我飨也。惟此心无一毫（不）〔之〕愧，仰足以当乎天心，然后始敢交乎神明，为天地百神之主。史臣下一"肆"字，写出大舜之心。(《絜斋家塾书钞》卷一《舜典》)

⑨【汇校】

丘 濬：按："揖"，《封禅书》作"辑"，依《尚书》之旧也。(《百大家评注史记》卷一《五帝本纪》)

惠 栋："辑五瑞"，《史记》作"揖"。魏修《孔子庙碑》亦云"揖五瑞"，《秦本纪》曰"抟心揖志"，《义》作"辑"，汉碑皆以"揖"为"辑"。马融曰揖，敛也，与孔训同而字异。(《九经古义》卷三《尚书古文》)

张文虎："揖"，游本"辑"，《集解》同。(《校刊史记集解索隐正义札记·五帝本纪》)

王先谦：钱大昭曰：《尚书》作"辑"，《史记》及魏修《孔子庙碑》并作"揖"。古字通。(《汉书补注·郊祀志上》)

蒋善国："辑五瑞"，辑字，马本和《史记·五帝本纪》《汉书·郊祀志》、魏孔羡《修孔子庙碑》俱作揖，《史记·封禅书》和《白虎通·文质篇》均作辑，《汉书·倪宽传》注作楫，并说："辑、楫、集三字并同。"按：辑与揖通。《晋语》"君辑大夫就车"，旧训辑为揖。《史记·秦本纪》"抟心揖志"，《正义》作辑。(《尚书综述》)

【汇注】

马 融：揖，敛也。(《古文尚书注》卷一《尧典》)

颜师古：揖与辑同。揖，合也。五瑞：公、侯、伯、子、男之瑞玉。(《汉书注·郊祀志上》)

郑 樵：五瑞者，五等诸侯所执之玉也。(《通志》卷二《帝舜》)

陈 经："辑五瑞"而下，所以觐诸侯之事也。人君为神人之主，即位之初，既致告于神矣，故自此觐诸侯以理人事。五等诸侯所执之玉，如桓圭、信圭之类，曰五瑞。辑，敛也。………日日朝觐四岳群诸侯，欲其上下情亲，以观群诸侯之能否，其果皆贤，无所贬黜也。于是以五瑞复还之，故曰班。既辑之，复班之，予夺自我故也。(《尚书详解》卷二《舜典》)

郝 敬：五瑞，五等诸侯分封之圭。舜既摄行天子事，则畿甸诸侯首觐，先敛其圭

以考信也。(《尚书辨解》卷一《尧典》)

张家英："揖五瑞"之"揖"，《尚书·舜典》与《封禅书》并作"辑"。《书·孔传》："辑，敛。"孔颖达疏："《释言》云：'辑，合也。'辑是合聚之义，故为敛也。"《汉书·郊祀志上》亦作"揖"。师古曰："'揖'与'辑'同。揖，合也。"《秦始皇本纪》："普天之下，抟心揖志。"此"揖"字亦同"辑"。《集韵·缉韵》："揖，聚也。"即入切，读jí。

"五瑞"为五种瑞玉。《周礼·大宗伯》言："以玉作六瑞以等邦国：王执镇圭，公执桓圭，侯执信圭，伯执躬圭，子执谷璧，男执蒲璧。"《典瑞》同。又，班固《白虎通·文质》："何谓五瑞？谓珪、璧、琮、璜、璋也。……五玉者何所施？盖以为璜以征召，璧以聘问，璋以发兵，珪以执信，琮以起土功之事。"此亦可备一解。(《〈史记〉十二本纪疑诂·五帝本纪》)

金景芳、吕绍纲：揖，集敛聚合的意思。(《〈尚书·虞夏书〉新解·〈尧典〉新解》)

又：五瑞，《周礼·春官·典瑞》："公执桓圭，侯执信圭，伯执躬圭，缫皆三采三就。子执谷璧，男执蒲璧，缫皆二采再就。以朝觐宗遇会同于王，诸侯相见亦如之。"《史记·五帝本纪·正义》引孔文祥云："宋末，会稽修禹庙，于庙庭山土中得五等圭璧百余枚，形与《周礼》同，皆短小。此即禹会诸侯于会稽，执以礼山神而埋之。其璧今犹有在也。"《集解》引马融云："五瑞，公侯伯子男所执，以为瑞信也。尧将禅舜，使群牧敛之，使舜亲往班之。"是知五瑞是五等信物，或圭或璧，皆为玉制品，相当于后世的身份证件之类。(同上)

又：马融云"使群牧敛之"，是以"揖"的主语是尧，即尧把五瑞收集上来。伪孔《传》说"舜敛公侯伯子男之瑞"，以为"揖"的主词(语)是舜。比照经上下文意，伪孔《传》说是。应当指出，"公侯伯子男"是后世用语，尧舜时代是原始社会末期，没有五等爵称，有的是部落酋长。(同上)

叶舒宪：关于舜帝接替尧的王位后，紧接着祭祀上帝群神的国家礼仪，就是收集五种瑞玉，召见四方部落的领袖们，以颁发瑞玉为执照信物，完成国家中央权力与地方统治者之间的分权统治关系。"辑五瑞"及"班瑞"的事件，首先可以表明玉礼器使用者们拥有共同的神话信仰。"瑞"作为显示天意神意的吉兆符号物，其内涵的象征性意义必须为颁发者及接受者所共同熟悉。在此前提之下，以玉为信物的统治制度方有可能成立。换言之，以玉的神话信仰观念为基础的史前玉文化发达到相当程度，才有可能出现中原地区的华夏第一王权建构过程中的玉瑞制度。(《班瑞：尧舜时代的神话历史》，载《民族艺术》2012年第1期)

【汇评】

时　澜："辑五瑞"以下，即位之初，政治不可不一而与之更始也。以是知诸侯不敢自有其土，乃天子之土也。受终文祖，类、禋、望、遍，知天子亦不敢自有其天下，乃天下之天下也。诸侯之行赏罚，当以奉天为心，盖赏罚，天之权也，既月乃日者，尽此一月，次月然后日日觐见四岳群牧，以观人之贤否，以审天下之治。民情休戚，风俗利病，政事得失也。"班瑞"于群后者，欲命令之出于一也。想当时群后亦不敢以班瑞而取必于舜，必视其田野辟，人民育，然后班之。亦以见古者诸侯不敢认土地以为己有也。辑五瑞以下，皆有实迹。（《增修东莱书说》卷二《舜书》）

⑩【汇校】

[日] 水泽利忠："择吉月日"，南化、枫、三、梅，无"月"字。（《史记会注考证附校补·五帝本纪第一》）

【汇注】

苏　辙：世咸以四岳为四人，非也。《传》言齐、许皆四岳之后，姜姓，盖一人耳。（《古史》卷二《五帝本纪》注）

阮　元：《白虎通·文质》：王者始立，诸侯皆见何？当受法禀正教也。《尚书》辑五瑞，觐四岳，谓舜始即位，见四方诸侯，合符信。（《诗书古训》卷五上《尚书今文·尧典》）

【汇评】

王充耘：圣人摄位，首祭告神祇以感于神，其次朝会以感于人。盖天子为神之主，又为民之主，正始之道，必以此二者为先。观其祭非常祭而谓之类，朝非常朝而谓之日觐，可见矣。（《书义主意》卷一《舜典》）

又：天子乃神人之主，故舜既摄位，即礼神祇以尽祭告之诚，以君为神之主也。朝诸侯以正君臣之分，以君为人之主也，皆正始之道所当先者，故祭非常祭而特行之，朝非常朝而特征之，观类与日觐可见矣。然主祭而神享之，天意之所属也；会朝而诸侯率服，人心之所归也。圣人之有天下，岂偶然哉？（同上）

⑪【汇注】

裴　骃：马融曰："揖，敛也。五瑞，公侯伯子男所执，以为瑞信也。尧将禅舜，使群牧敛之，使舜亲往班之。"（《史记集解·五帝本纪》）

颜师古：四岳诸牧，谓四方诸侯也。班，布也。（《汉书注·郊祀志上》）

张守节：揖音集。《周礼·典瑞》云："王执镇圭，尺二寸。公执桓圭，九寸。侯执信圭，七寸。伯执躬圭，五寸。子执谷璧，男执蒲璧，皆五寸。言五瑞者，王不在中也。"孔文祥云："宋末，会稽修禹庙，于庙庭山土中得五等圭璧百余枚，形与周礼同，皆短小。此即禹会诸侯于会稽，执以礼山神而埋之。其璧今犹有在也。"（《史记正义·五

帝本纪》)

苏　轼：辑，敛也。班，还也。五瑞，五玉也。公执桓圭，侯执信圭，伯执躬圭，子执谷璧，男执蒲璧。既，尽也。正月之未尽也。盖齐七政，类上帝，无暇日见诸侯，既月无事，则四岳群牧可以日觐矣。古者朝觐贽玉，已事则还之。故始辑而终班。(《东坡书传》卷二《舜典》)

黄　伦：刘氏曰：收诸侯之圭瑞，还之王府，必俟二月朔。颁之诸侯者，以新历数也。(《尚书精义》卷三《舜典》)

袁　燮：新天子即位，五等诸侯皆纳其宝，逾月而后班还之。便如今节帅始莅事，僚属皆纳其印记相似。既月而后班，则此一月之内，必大加询访考察。方其始来见也，与之讲论，敷奏以言，即可见矣。而一月之内，询访考察其政治之得失，才德之高下必实，是一个人足以君国子民者，然后归其瑞，如其不然，定不复班。夫诸侯之所以君其国者，以其有此宝也。执之足以君其国，一旦失之，何以君国？然则诸侯于此谁敢不益自勉。(《絜斋家塾书钞》卷一《舜典》)

陈泰交：班、颁同。(《尚书注考》)

崔　述：[肆类于上帝]以下，此记布政于内之事。先事神而后治人者，奉天以出治，明不敢自专也。(《崔东壁遗书·唐虞考信录》卷二《舜相尧》)

顾颉刚："揖五瑞，……班瑞"：舜已摄位，应当把尧时所封的诸侯一一见过；为了惟恐其中有冒滥，所以要辑瑞作证；既已见面，仍把这些瑞玉还给他们。(《顾颉刚古史论文集》第二册《虞初小说回目考释》二十四)

马持盈：班瑞，将五种符瑞颁还于诸侯。由此节可见远古的人，对于天地山川鬼神的祭祀，是何等的注重，因为那时大自然对于人生的支配力量是太大了，人没有能力以克服客观环境，故不能不向之请命了。(《史记今注·五帝本纪》)

编者按：《尚书·舜典》"班瑞"作"班瑞于群后"。钱时《融堂书解》析之曰："止言群牧者，岂群牧来觐而诸侯不皆至欤？观班瑞于群后，可见。若诸侯皆至，自当并言侯牧，不应独言群牧，而下文班瑞却言群后也。况五瑞，诸侯所执以见天子者，今未觐群牧，先辑五瑞，则是但敛而归之上，非诸侯执之以至，明矣。舜既致告天地鬼神，即敛五瑞。及群牧来觐之后，乃始班之。盖诸侯统属于群牧，群牧来觐，舜所以访问贤否及政治之得失者，必有权度矣。非苟然辑之，又苟然班之也。五等圭璧，君上所赐，舜既摄政，宜有以正大权之所自出。一辑一班，阳开阴阖，敛散予夺，制之自我，使天下耸然不敢自必，岂苟然也哉？"

金景芳、吕绍纲：史迁于"班瑞"后省"群后"，是史迁以为四岳群牧即群后。江声《尚书集注音疏》亦云："群后即四岳群牧。"四岳群牧其实就是四方诸侯。在尧舜时代，所谓四方诸侯，实际上是各部落酋长。全句意谓舜选择某月吉日召见各部落酋长，把圭

璧等瑞信之物依尊卑等次还给他们。(《〈尚书·虞夏书〉新解·〈尧典〉新解》)

【汇评】

黄　伦：无垢曰：辑有收敛之义。……以新君即位，人情未洽，与之周旋款洽，使上下之情通，因以观其德性，察其智议，询土风之异同，（防）〔访〕民情之好恶，考人材之短长，称与不称，以待巡狩而黜陟焉。既贤者无可废置，乃班瑞而复之，使各安其位焉。又见舜之安静不扰，亶亶乎有垂衣拱手之象焉。其盛矣哉！(《尚书精义》卷三《舜典》)

王　直："辑瑞"于摄位之初者，将以验其信否，而尽其询察之道。"班瑞"于既觐之后者，所以典之正始，而示夫更新之义。(见《百大家评注史记》卷一《五帝本纪》)

⑫【汇注】

黄　伦：伊川曰：自"岁二月"已下，言巡狩之事，非是当年二月便往，亦非一岁之中，遍历五岳也。(《尚书精义》卷三《舜典》)

陈　经：自此以下，舜巡狩四岳之事。二月、五月、八月、十一月，皆取四时之中，正二月而东，五月而南，八月而西，十一月而北，以其四方，顺其四时，以见圣人举动，无一而不明天。与尧命羲和，东作西成，以殷仲春，以正仲夏同义。巡狩东方，至于岱山之下，东岳岱山，为众山之所尊也。故曰岱宗。燔柴以告至，若《武成》谓柴望告武成，既燔柴告天，又望东方山川而祭之。秩，序也。五岳牲礼视三公，四渎视诸侯，其余视伯子男。皆各有次序，故曰秩。肆觐东后，柴望既毕，乃见东方之诸侯，先神而后人也。(《尚书详解》卷二《舜典》)

郝　敬：岁二月，即朝岳、牧之次月。春东、夏南、秋西、冬北，法天时也，东岳岱山，南岳衡山，西岳华山，北岳恒山，中岳嵩山。不言中岳者，中诸侯先觐，则中岳已先望也。(《尚书辨解》卷一《尧典》)

阮　元：《礼记·王制》：岁二月，东巡守，至于岱宗，柴而望祀山川，觐诸侯，问百年者就见之，命大师陈诗，以观民风。命市纳贾，以观民之所好恶。志淫好辟，命典礼考时月，定日同律，礼乐制度衣服正之。山川神祇有不举者为不敬，不敬者君削以地。宗庙有不顺者为不孝，不孝者尽绌以爵。变礼易乐者为不从，不从者君流。革制度衣服者为叛，叛者君讨。有功德于民者，加地进律。五月，南巡守，至于南岳，为东巡守之礼；八月，西巡守，至于西岳，如南巡守之礼；十有一月，北巡守，至于北岳，为西巡守之礼。(《诗书古训》卷五上《尚书今文·尧典》)

又：《白虎通·巡狩》：巡狩所以四时出，何？当承宗庙，故不逾时也。以夏之仲月者，同律度，当得其中也。二月八月昼夜分，五月十一月阴阳终。《尚书》曰：二月，东巡狩，至于岱宗，柴；五月，南巡狩，至于南岳；八月，西巡狩，至于西岳；十有一月，朔巡狩，至于北岳。(同上)

金景芳、吕绍纲：《公羊传》隐公八年疏引郑玄注云："岁二月者，正岁建卯之月也。"郑玄虽然有尧建丑正、舜建子正之谬说，但是他说"岁二月"是建卯之月，还是对的。郑氏说的"正岁"，是指与四时交替相符合的夏正而言，也是对的。段玉裁《古文尚书撰异》据乃师戴震《周礼大史正岁解》一文的观点，说："曰'岁二月'者，建寅之二月也。郑以经文此云'岁二月'，则上文'正月'之上不言岁者，非建寅也。'二月'系诸'岁'，则建卯之月也。"按：段从郑说"岁二月"是寅正之二月，即建卯之月，是对的。而以为经上文"正月"之上不言"岁"，非建寅也，则不对。其实尧舜皆建寅正，舜无改正朔之事。言"正月"，是寅正之正月。言"岁二月"，是寅正之二月。（《〈尚书·虞夏书〉新解·〈尧典〉新解》）

又：是哪一年二月呢？《五帝本纪·集解》引马融云："舜受终后五年之二月。"《春秋运斗枢》云："舜以太尉受号即位为天子，五年二月东巡狩。"是马说之所本。罗泌《路史》驳之云："岁二月者乃次一年之二月也。世不之究，《虞夏传》（按：即《尚书大传》）云'维元祀巡守四岳八伯'，马说非也。"按：马说舜接尧班之后五年巡狩，非，罗说次一年二月舜巡守，亦非。实即当年之二月。（同上）

⑬【汇注】

孟　子：天子适诸侯曰巡狩。（《孟子·梁惠王下》）

颜师古：狩，守也。诸侯为天子守土，故巡行（狩）。（《汉书注·郊祀志上》）

金景芳、吕绍纲："东巡守"，去东方巡守。巡守，《尚书大传》郑玄注云："巡，行也，视所守也。天子以天下为守。"《周礼·地官·土训》郑玄注云："天子以四海为守。"二说义同，所据是《左传》昭公二十三年："古者天子守在四夷。"伪孔《传》："诸侯为天子守土，故称守。"伪孔《传》说与郑说文异而义通。《孟子·梁惠王下》云："天子适诸侯曰巡守。巡守者，巡所守也。"义亦同。守或作狩。巡守的意义，《公羊传》隐公八年何休注"天子有事于泰山"句云："王者所以必巡守者，天下虽平，自不亲见，犹恐远方独有不得其所，故三年一使三公黜陟，五年亲自巡守。巡犹循也，守犹守也。循行守视之辞，亦不可国至人见为烦扰，故至四岳足以知四方之政而已。"（《〈尚书·虞夏书〉新解·〈尧典〉新解》）

又：有人说天子巡守是后世的事情，尧舜时代只是个部落联盟，不可能有巡守之事。其实不然，尧舜禹时虽谈不上对全中国的有效统治，但是他们作为华夏族部落联盟的首长，其影响力肯定达到四周各异族部落、氏族。此经上文讲"协和万邦"，《禹贡》有九州之说，《左传》哀公七年说"禹合诸侯于涂山，执玉帛者万国"，就是证明。"巡守"之词当时可能没有，但巡守之事则肯定是有的。（同上）

【汇评】

郝　敬：巡守之事，前此或未有也。舜以侧陋师锡，尧老代终，欲亲为抚循其民，

而任其劳，后遂以为常典耳。（《尚书辨解》卷一《尧典》）

王　直：巡狩亦非舜创立此制，盖亦循袭将来。故《黄帝纪》亦云披山通道，未尝宁居。（见《百大家评注史记》卷一《五帝本纪》）

阮　元：《白虎通·巡狩》：王者所以巡狩者，何？巡者，循也。狩，牧也。为天下循行守牧民也。道德太平，恐远近不同化，幽隐有不得所，考礼义，正法度，同律历，计时月，皆为民也。（《诗书古训》卷五上《尚书今文·尧典》）

⑭【汇注】

应　劭：泰山，山之尊者。一曰岱宗。岱者，始也；宗者，长也。万物之始，阴阳交代，云触石而出，肤寸而合，不崇朝而遍雨天下，其惟泰山乎。故为五岳之长。……岱宗庙在博县西北三十里，山虞长守之。（《风俗通义·山泽第十·五岳》）

郝　敬：岱独云宗者，东为帝首出之乡也。（《尚书辨解》卷一《尧典》）

王　圻：按：泰山在山东济南府泰安州，五岳之东岳也。《博物志》云：泰山一曰天孙，言为天帝孙也。主召魂。东方万物始成，故知人生命之长短。《五经通义》云，一曰岱宗。言王者受命易姓，报功告成，必于岱宗也。东方万物始交代之处。宗，长也。言为群岳之长。《白虎通》云：王者受命必封禅。封者，增高也。禅者，广厚也。皆刻石纪号，著己之功绩以自效也。天以高为尊，地以厚为德，故增泰山之高以示报天，禅梁甫之趾以示报地。（《三才图会·地理卷八·泰山图》）

吴树平：《后汉书·郡国志》云：“博有泰山庙，岱山在西北。”博县，东汉属泰山郡，故地在今山东泰安县东南。山虞长，官名，负责掌管山林。（《风俗通义校释·山泽第十·五岳》）

金景芳、吕绍纲：岱宗，《公羊传》隐公八年疏引郑玄注云：“岱宗者，东岳名也。”《尔雅·释山》云：“河东岱。”又云：“泰山为东岳。”是岱宗即东岳，亦即泰山。《白虎通义·巡狩篇》：“岳者何谓也？岳之为言捔也。捔，功德也。东方为岱宗者何？言万物更相代于东方也。”（《〈尚书·虞夏书〉新解·〈尧典〉新解》）

【汇评】

胡　宏：舜柴于四岳，所以致吾诚而教诸侯，以必有事也。封十有二山，使无牧伐，表识一州之集，盖示民以有事也。五载一巡狩，周遍天下，礼百神，朝诸侯，以抚兆民。天行健，圣人之行亦健；天心无欲，圣人之心亦无欲；天德日新，圣人之德亦日新。此圣人在位益久，而天下益平治之道也。自史迁著《封禅书》，载管仲言上古封禅之君七十有二，后世人主希慕之，以为太平盛典。然登不遍于四岳，封非十有二山，入怀宴安，不行五载一巡狩之制，出崇泰侈，无纳言计功行赏之实，镌文告成，明示得意，而非所以教诸侯德也。泥金检玉，遂其侈心，而非所以教诸侯礼也。心与天道相反，事与圣人相悖，故太平之典方举，而天灾人祸随至者多矣。梁许懋曰：燧人之前，世质民淳，安得泥金检玉，结绳而治？安得镌文告成？是故考舜可以知后世封禅之失，稽懋言，可以知史迁著书之谬。君天下者，奈何信史迁而不信孔圣乎！（《五峰集》卷四《皇王大纪论·马迁封禅》）

崔　述：《史记·封禅书》云："岱宗，泰山也；南岳，衡山也；西岳，华山也；北岳，恒山也；中岳，嵩高也。"后世传《尚书》者皆因之。余按：四岳惟岱宗见于《经》，无可疑者。华山山高大而道里亦近，或当不诬。若衡乃在荆州南境，独为夐远；使汝、洛间诸侯涉数千里而往会焉，殊不近于人情。且《禹贡》以霍山为大岳，《春秋传》亦称四岳为大岳，则大岳似当为四岳之一，北岳亦未必果恒山也。大抵三代以上年远文缺，不可考者较多，不如阙之为善。至增嵩为五岳，尤为无据。《尧典》但称四岳，而《春秋传》亦云"四岳、三涂、阳城、大室、荆山、中南，九州之险也"。大室，即今嵩高。然则岳止有四而嵩之非岳也明矣。此盖秦、汉之间方士之所指目。故今皆无所采。《尔雅》亦戴五岳之名，与《史记》大同小异，皆不足据也。（《崔东壁遗书·唐虞考信录》卷二《舜相尧·〈史记〉五岳名不足据》）

⑮【汇校】

张文虎：宋本、毛本"紫"，各本"柴"。（《校刊史记集解索隐正义札记·五帝本纪》）

蒋善国："柴"，郑本和《史记·五帝本纪》《封禅书》《汉书·郊祀志》《白虎通·巡狩篇》《风俗通·山泽篇》《公羊传》隐公八年解诂、《后汉书·律历志》《张纯传》俱作柴。《史记·五帝本纪·集解》引郑本和《说文·示部》作紫。（《尚书综述》）

【汇注】

马　融：舜受终后，五年之二月，紫祭时，积柴加牲其上而燔之。（《古文尚书注》卷一《尧典》）

裴　骃：马融曰："舜受终后五年之二月。"郑玄曰："建卯之月也。紫祭东岳者，考绩。紫，燎也。"（《史记集解·五帝本纪》）

颜师古：柴，积柴而燔。（《汉书注·郊祀志上》）

张守节：按：既班瑞群后即东巡者，守土之诸侯会岱宗之岳，焚柴告至也。王者巡狩，以诸侯自专一国，威福任己，恐其壅遏上命，泽不下流，故巡行问人疾苦也。《风俗通》云："太，山之尊者，一曰岱宗，始也，长也，万物之始，阴阳交代，故为五岳之长也。"按：二月，仲月也。仲，中也，言得其中也。（《史记正义·五帝本纪》）

苏　轼：巡狩者，巡行诸侯之所守也。岱宗，泰山也。柴，燔柴祭天告至也。（《东坡书传》卷二《舜典》）

袁　燮：柴，焚柴而祭也。（《絜斋家塾书钞》卷一《舜典》）

金履祥：紫，《礼记》作柴。而望祀山川，盖古者祭山，埋之；祭川，沈之。今于东岳之下，祀东岳而及东方山川，不能遍埋沈也。故柴而望祭，取其气之旁达也。旧说柴句，谓燔柴以祭天。古者祭天必于郊，有大事特告，则放郊礼而谓之类，天子将出，类于上帝，未闻至岱宗而始祭告也。余三岳皆如岱礼，则一岁巡狩而四祭天，不已渎乎？当从《记》以柴望秩于山川为句。（《书经注》卷一《舜典》）

马端临：燔柴告感生之天帝。（《文献通考》卷一百九《巡狩》原注）

许　谦：燔柴以祀天，盖以牲燔其香气，上达于天也。柴字古注、蔡传皆作祭天。若巡狩四岳，一岁四祭，不亦渎乎？金先生谓祭山则埋，祭水则沈，礼也。今不能遍沈埋，故亦柴之，使气傍达。旧说柴作一句，非，当连下读。（《读书丛说》卷二《舜典》）

阮　元：《后汉书·张纯传》：纯奏上宜封禅曰：自古受命而帝，治世之隆必有封禅，以告成功焉。《书》曰：岁二月，东巡狩，至于岱宗，柴，则封禅之义也。（《诗书古训》卷五上《尚书今文·尧典》）

金景芳、吕绍纲：柴，《说文》作祡，示部祡字下曰："烧柴尞祭天也。从示此声。《虞书》曰：'至于岱宗祡。'"段玉裁《古文尚书撰异》云："至于岱宗祡，此孔安国所以今文读之《尚书》也。今本作柴，则汉以后人所改，而非出于卫包也。"柴是祭天，其具体办法，《经典释文》引马融："祭时积柴加牲其上而燔之。"《礼记·郊特牲》："天子适四方，先柴。"郑玄注："所到必先燔柴，有事于上帝也。"《公羊传》隐公八年疏引郑注："柴者，考绩燎也。"有一点须指出，柴是至泰山祭天，不是祭泰山。王鸣盛《尚书后案》云："考《大宗伯》'三祀'积柴实牲燔燎升烟，皆祭天神，与山川无涉。则柴为祭天告至无疑。"王说足可信据，有《白虎通义·巡狩篇》"巡狩必祭天何本？巡狩为天，祭天所以告至也"一说为证。（《〈尚书·虞夏书〉新解·〈尧典〉新解》）

【汇评】

黄　伦：范氏曰：古者天子巡守，至于方岳，必告祭柴望，所以尊天，而怀柔百神也。后世学礼者，失其传，而诸儒之谄谀者，为说以希世主，谓之"封禅"，实自秦始，古无有也。且三代不封禅而王，秦封禅而亡，人主不法三代而法秦，以为太平盛世，亦已谬矣。（《尚书精义》卷三《舜典》）

⑯【汇注】

马　融："望秩于山川"者，遍以尊卑祭之，五岳视三公，四渎视诸侯，其余小者或视卿大夫，或视伯子男矣。秩，次也。（《古文尚书注》卷一《尧典》）

张守节：乃以秩望祭东方诸侯境内之名山大川也。言秩者，五岳视三公，四渎视诸侯。（《史记正义·五帝本纪》）

苏　轼：东岳，诸侯境内名山大川，如其秩次，望祭之。五岳，牲祀，视三公。四渎，视诸侯，其余，视伯子男。（《东坡书传》卷二《舜典》）

陈泰交：秩者，牲帛祝号之次第。（《尚书注考》）

金景芳、吕绍纲：秩即䵽。《说文·豐部》䵽字云："爵之次弟也。"《公羊传》隐公八年疏引郑玄注曰："望秩于山川者，遍以尊卑祭之。五岳视三公，四渎视诸侯，其余小者或视卿大夫，或视伯子男矣。秩，次也。"王先谦《尚书孔传参正》引郑玄《书传》（按：即《尚书大传》）注云："所视者谓其牲币粢盛笾豆爵献之数。"是秩字表天子望祭山川诸神有尊卑次第，并非一律对待。……《诗·周颂·般》"隋山乔岳，允犹翕河"句下郑笺云："望秩于山川，小山及高岳皆信，案山川之图而次序祭之。"（《〈尚书·虞夏书〉新解·〈尧典〉新解》）

⑰【汇评】

王充耘：圣人之时巡，始于举祀事以感神明，终于朝诸侯以明礼法。二月而东至岱宗，盖各顺其时，然所至必先祭祀而后觐诸侯，先神而后人，其序自当如此。犹前类、禋、望，后方辑瑞，觐岳牧也。（《书义主意》卷一《舜典》）

⑱【汇注】

裴　骃：郑玄曰："协正四时之月数及日名，备有失误。"（《史记集解·五帝本纪》）

颜师古：时，四时也。月，十二月也。日，三百六十日。（《汉书注·郊祀志》）

张守节：既见东方君长，乃合同四时气节，月之大小，日之甲乙，使齐一也。《周礼》："太史掌正岁年以序事，颁正朔于邦国。"则节气晦朔皆天子颁之。犹恐诸侯国异，或不齐同，因巡狩合正之。（《史记正义·五帝本纪》）

金履祥：朱子曰：时谓四时，月谓月之大小，日谓日之甲乙。诸侯之国，有不齐者，则协而正之也，同审而一之也。（《御批通鉴纲目前编》卷一《七十有四载巡狩》注）

郝　敬：时，谓四时；月，谓十二月；正，谓岁首；日，谓三百六旬六日，此申明历象也。（《尚书辨解》卷一《尧典》）

金景芳、吕绍纲：据此经上文关于"历象日月星辰，敬授人时"和四中星、四仲月以及"期三百有六旬有六日，以闰月定四时成岁"的记载，当时已采用阴阳历的历法，即根据太阳的运行定年定四时，定三百六十六日，根据月亮的运行定月。年、时、月于是必生乖违，乃用闰月的办法调和之。舜在东方巡守时"协时月正日"还有一个使天下各部落齐同历法的问题。犹如孔颖达《尚书正义》所说："《周礼·大史》云'正岁年颁告朔于邦国'，则节气晦朔皆天子颁之，犹恐诸侯国异或不齐同，故因巡守而合和之。"（《〈尚书·虞夏书〉新解·〈尧典〉新解》）

又："正日"，郑玄谓是定日之名，亦即统一用干支纪日的问题。干即甲乙丙丁等十天干，支即子丑寅卯等十二地支。十天干和十二地支配合以纪日，六十日一周期，即所谓甲子纪日法。据《世本》，"大挠作甲子"，大挠是黄帝时人，今考黄帝时代不可能产生甲子纪日的方法。道理主要在于十天干实际上是对太阳运行的称谓，十二地支实际上是对月亮运行的称谓。甲乙丙丁与子丑寅卯等必须是人们对于日月星辰有了一定的认识之后方可产生。黄帝时代使用原始的火历，即根据观察大火（心宿二）的行踪确定生产季节，对于日月的运行不能看不见，但是不理解，所以不可能产生甲子纪日的方法。甲子纪日的方法的产生当在尧时，因为尧时才"历象日月星辰"，认识了太阳月亮运行的关系和规律。郑玄释舜"正日"是"正日名"，孔《疏》说"正日名"即"谓甲乙之类也"，是正确的。（同上）

【汇评】

司马迁：天下有道，则不失纪序；无道，则正朔不行于诸侯。……先王之正时也，履端于始，举正于中，归邪于终。履端于始，序则不愆；举正于中，民则不惑；归邪于终，事则不悖。（《史记·历书》）

陈　经：协时月正日而下，皆所以正诸侯之法度。时月正日者，正朔之所自出；律度量衡者，制度之所自始。五礼者，名分上下之所由以正。《中庸》曰：非天子，不议礼，不制度，不考文。《公羊春秋》，王正月为大一统。天无二日，民无二王，家无二主。尊无二上，道无二致，政无二门。言致治者，欲令政事皆出于一，而变礼易乐，革制度，国异政，家殊俗者，流放窜殛贬削之也。刑随其后，此国政之归于一也。故舜之巡狩，时月必协之，日必正也。盖积日而成月，积月而成时，日于时月为详，故特言正。（《尚书详解》卷二《舜典》）

⑲【汇注】

刘　安：古之为度量，轻重生乎天道。黄钟之律，修九十，物以三生，三九二十七，故幅广二尺七寸。音以八相生，故人修八尺，寻自倍，故八尺而为寻。有形则有声，音之数五，以五乘八，五八四十，故四丈而为匹。匹者，中人之度也。一匹而为制。秋分蔈定，蔈定而禾熟。律之数十二，故十二蔈而当一粟，十二粟而当一寸，律以当辰，音以当日，日之数十（高诱注：十，从甲至癸日），故十寸而为尺，十尺而为丈。其以为量，十二粟而当一分，十二分而当一铢，十二铢而当半两。衡有左右，因倍之，故二十四铢为一两。天有四时，以成一岁，因而四之，四四十六，故十六两而为一斤。三月而为一时，三十日为一月，故三十斤为一钧。四时而为一岁，故四钧为一石。其以为音也，一律而生五音，十二律而为六十音，因而六之，六六三十六，故三百六十音以当一岁之日，故律历之数，天地之道也。（《淮南子》卷三《天文》）

班　固：夫推历生律制器，规圆矩方，权重衡平，准绳嘉量，探赜索隐，钩深致远，莫不用焉。度长短者不失毫厘，量多少者不失圭撮，权轻重者不失黍絫，纪于一，协于十，长于百，大于千，衍于万，其法在算术。宣于天下，小学是则。职在太史，羲和掌之。（《汉书·律历志上》）

又：度者，分、寸、尺、丈、引也，所以度长短也。本起黄钟之长。以子谷秬黍中者，一黍之广，度之九十分，黄钟之长。一为一分，十分为寸，十寸为尺，十尺为丈，十丈为引，而五度审矣。其法用铜，高一寸，广二寸，长一丈，而分寸尺丈存焉。用竹为引，高一分，广六分，长十丈，其方法矩，高广之数，阴阳之象也。分者，自三微而成著，可分别也。寸者，忖也。尺者，蒦也。丈也，张也。引者，信也。夫度者，别于分，忖于寸，蒦于尺，张于丈，信于引。引者，信天下也。职在内官，廷尉掌之。（同上）

又：量者，龠、合、升、斗、斛也，所以量多少也。本起于黄钟之龠，用度数审其容，以子谷秬黍中者千有二百实其龠，以井水准其概。合龠为合，十合为升，十升为斗，十斗为斛，而五量嘉矣。其法用铜，方尺而圜其外，旁有庣焉。其上为斛，其下为斗，左耳为升，右耳为合龠。其状似爵，以縻爵禄。上三下二，参天两地，圜而函方，左一右二，阴阳之象也。其圜象规，其重二钧，备气物之数，合万有一千五百二十。声中黄钟，始于黄钟而反覆焉，君制器之象也。龠者，黄钟律之实也，跃微动气而生物也。合者，合龠之量也。升者，登合之量也。斗者，聚升之量也。斛者，角斗平多少之量也。夫量者，跃于龠，合于合，登于升，聚于斗，角于斛也。职在太仓，大司农掌之。（同上）

又：衡权者，衡，平也，权，重也，衡所以任权而均物平轻重也。其道如底，以见准之正，绳之直，左旋见规，右折见矩。其在天也，佐助旋机，斟酌建指，以齐七政，故曰玉衡。《论语》云："立则见其参于前也，在车则见其倚于衡也。"又曰："齐之以礼。"此衡在前居南方之义也。（同上）

马　融：律，法也。（《古文尚书注》卷一《尧典》）

裴　骃：郑玄曰："律，音律；度，丈尺；量，斗斛；衡，斤两也。"（编者按：点校本《史记》修订本："律音律"，耿本、黄本、彭本作"同阴律"。按：《周礼·春官宗伯》"典同，中士二人"，郑玄注："同，阴律也。不以阳律名官者，因其先言耳。《书》曰'协时月正日，同律度量衡'。"景祐本、绍兴本作"同律"，疑脱"阴"字。）（《史记集解·五帝本纪》）

杜　佑：先王通于伦理，以侯气之管为乐声之均，吹建子之律……律者，法也，言阳气施生，各有其法；又律者，帅也，所以帅导阳气，使之通达。（《通典》卷一百四十三《乐三》）

张守节：律之十二律，度之丈尺，量之斗斛，衡之斤两，皆使天下相同，无制度长短轻重异也。《汉·律历志》云："《虞书》云'同律度量衡'，所以齐远近，立民信也。律有十二，阳六为律，阴六为吕。律以统气类物，一曰黄钟，二曰太蔟，三曰姑洗，四曰蕤宾，五曰夷则，六曰无射。吕以旅阳宣气，一曰林钟，二曰南吕，三曰应钟，四曰大吕，五曰夹钟，六曰中吕。度者，分、寸、尺、丈、引也，所以度长短也。本起黄钟之管长，以子谷秬黍中者一黍为一分，十分为一寸，十寸为尺，十尺为丈，十丈为引，而五度审矣。量者，龠、合、升、斗、斛也，所以量多少也。本起黄钟之龠，以子谷秬黍中者千有二百实为一龠，合龠为合，十合为升，十升为斗，十斗为斛，而五量嘉矣。衡权者，铢、两、斤、钧、石也，所以称物轻重也。本起于黄钟之重，一龠容千二百黍，重十二铢，二十四铢为两，十六两为斤，三十斤为钧，四钧为石，而五权谨矣。衡，平也。权，重也。"（《史记正义·五帝本纪》）

许　谦：自伏羲有网罟之咏，伊耆有苇籥之音，葛天之八阕，神农之五弦，古之制声也，尚矣。然以圣哲自为之，而法未立也。黄帝氏欲立宪以垂万世，故使伶伦自大夏之西，昆仑之阴，取竹之嶰谷，生而窍厚薄均者，断两节之间，而为黄钟之宫，因制十二筩，吹其六以应凤鸣为阳，六应皇鸣为阴，比黄钟之宫，而皆可以生之。是为律本。定六律、六吕之制，以候气之应，而调宫商角徵羽之声，故能谐和中声，候气不爽，五声六律，旋相为宫，而声不穷矣。然律之制，岂惟用于乐而已，故又因以为度，而度长短焉。又因以为量，而量多少焉。又因以为权衡，而平轻重焉。故备数之妙用，与天地侔矣。（《读书丛说》卷二《舜典》）

王　圻：《吕氏春秋》曰：黄帝命伶伦自大夏之西取竹于嶰谷，以生空窍厚均者断两节间长三寸九分而吹之，以为十二筒，听凤鸣以为十二律。雄鸣六为律，雌鸣六为吕。《月令·章句》曰：上古圣人本阴阳，别风气，乃截竹为管，谓之律。（《稗史汇编·音乐门·乐律·律吕》）

[日] 泷川资言：《正义》"本起黄钟之管"以下十七字与《汉书·律历志》同讹。馆本依《宋史·律志》改作"本起黄钟之长，以子谷秬黍中者，一黍之起，积千二百黍之广度之，九十分一为一分，十分为寸"。（《史记会注考证附校补·五帝本纪第一》）

金景芳、吕绍纲：同字是动词，于此作谓语，以下律、度、量、衡是四个并列的名词，于此作宾语。《汉书·律历志》："《虞书》曰'乃同律度量衡'，所以齐远近立民信也。"王先谦《尚书孔传参正》："上加'乃'字，则'同'谓齐等。下言律度量衡，无一语及'同'。又云同律、审度、嘉量、平衡、钧权、正准、直绳，亦不以'同'为实义。"按：王说是。同是齐等之义。"同律度量衡"，就是把各地本不齐等的律度量衡齐等起来。用今语表述即统一律度量衡。《经典释文》引王肃："同，齐也。"王肃释同为齐，是。（《〈尚书·虞夏书〉新解·〈尧典〉新解》）

又：律、度、量、衡四字应据《汉书·律历志》作解。"律十有二，阳六为律，阴六为吕"，"律以统气类物"，"吕以旅阳宣气"。"度者，分、寸、尺、丈、引也，所以度长短也"，"量者，龠、合、升、斗、斛也，所以量多少也"，"衡权者，衡平也，权重也。衡所以任权而均物平轻重也"，"权者，铢、两、斤、钧、石也，所以称物平施，知轻重也"。此汉代之律、度、量、衡，具体的情况当然不同于舜时。但是，舜时必也有度量衡物之长短、多少、轻重的确定标志和单位，不过十分原始罢了。而且华夏族与周边异族

之间乃至同族内部各部落之间，度量衡的标志与单位必也各异。(同上)

【汇评】

班　固：《虞书》曰"乃同律度量衡"，所以齐远近，立民信也。自伏羲画八卦，由数起，至黄帝、尧、舜而大备，三代稽古，法度章焉。周衰官失，孔子陈后王之法，曰"谨权量，审法度，修废官，举逸民，四方之政行矣"。(《汉书·律历志》)

黄　伦：胡氏曰：孔子云：谨权量，审法度，四方之政行焉。夫政事出于法度，而法度出于权量，宫室舟车之制，衣服器用之等，分田制禄之限，敛财用物之法，未有舍度数而能定者，其同律度量衡，为是故也。则知协时月正日，同律度量衡者，所以齐政事也。(《尚书精义》卷三《舜典》)

袁　燮：度量衡皆起于律，律同则度量衡皆同矣。律起于黍，以黍之长短而为度，以黍之多寡而为量，以黍之轻重而为衡。自唐以后，律既亡，所谓度量衡者，皆意为之，而亦参差不齐矣。夫诸侯禀命于天子，所谓时日月、度量衡，不容有丝毫之异。故当巡守之际，而协之，正之，同之，凡此者所以一人心也，此即春秋大一统之义。六合同风，九州共贯也。若使天下诸侯各自为正朔，各自为度量衡，则国异政，家殊俗，变风、变雅之所由作也。天无二日，民无二王，家无二主，尊无二上。苟国自为政，则所谓尊者不胜其多矣，协时月正日，同律度量衡，古人此意甚深远，其所以巡守，无非是理会事，故曰天子适诸侯曰巡守。巡守者，巡所守也。诸侯朝于天子曰述职。述职者，述所职也。无非事者，甚么不是理会事。(《絜斋家塾书钞》卷一《舜典》)

顾炎武：古帝王之于权量，其于天下则五岁巡狩而一正之。《虞书》"同律度量衡"是也。其于国中，则每岁而再正之。《礼记·月令》"日夜分，则同度量，钧衡石、角斗甬、正权概"是也。故关石钧，大禹以之兴夏；谨权量，审法度，而武王以之造周。……夫法不一则民巧生，有王者起，同权量而正经界，其先务矣。(《日知录》卷十《斗斛丈尺》)

金景芳、吕绍纲：舜时会不会有"同律度量衡"的事实呢？陈梦家《尚书通论》中华书局本第142页云："《尧典》所说'协时月正日'及'同律度量衡'为秦始皇并六国后所力行。秦虽皆取诸旧法，而实最先以此一统制度普施于天下。《尧典》此二句，或因秦法而加。"按：陈氏之说是个人猜测，并无实据。在中国历史上，统一度量衡的事情几乎各个朝代都有，有的一次性解决，有的逐步划一，有的声势大，有的悄悄办理。中华人民共和国建立之后四十多年也在不断地划一、调整度量衡。秦统一六国，六国之度量衡又极不一致，故统一之后划一度量衡便成为一件大事，但是不可因此就说划一度量衡只是秦代的事。舜时的天下早已不限于中原地区的华夏部落，东西南北四裔都有异族部落或部落联盟与华夏族发生关系而且接受华夏族的制约，这与治水有关。大禹治水是个涉及面相当广泛的伟大行动。所以才有十二州、九州之说，有"执玉帛者万国"之说。

既然如此，为什么说舜时不可能"同律度量衡"呢！有是肯定有，只是规范化程度要低于后世罢了。(《〈尚书·虞夏书〉新解·〈尧典〉新解》)

⑳【汇校】

朱国祚：考之《书·传》，则"五玉、三帛、二生、一死为贽"，此十字当在"遂见东方君长"之下，"合时月正日"之上，言东方君长入觐，皆执此贽也。汉儒亦以为此段有错简。当云"遂见东方五玉三帛二生一死为贽，合时月正日，同律度量衡，修五礼，如五器，卒乃复"，特太史公仍《尚书》之旧耳。(《百大家评注史记》卷一《五帝本纪》)

蒋善国：贽，《史记·封禅书》《汉书·郊祀志》、郑本、《公羊传》隐公八年解诂，俱作"贽"。《史记·五帝本纪》和马本均作"挚"。《说文·女部》作"雉贄"。(《尚书综述》)

【汇注】

裴　骃：[五礼]，马融曰："吉、凶、宾、军、嘉也。"(《史记集解·五帝本纪》)

又：[五玉]，郑玄曰："即五瑞也。执之曰瑞，陈列曰玉。"(同上)

又：[三帛]，马融曰："三孤所执也。"郑玄曰："帛，所以荐玉也。必三者，高阳氏后用赤缯，高辛氏后用黑缯，其余诸侯皆用白缯。"(同上)

又：[二生一死为挚]，马融曰："挚：二生，羔、雁，卿大夫所执；一死，雉，士所执。"(同上)

颜师古：五礼，吉、凶、宾、军、嘉也。五乐，谓春则琴瑟，夏则竽笙，季夏则鼓，秋则钟，冬则磬也。五乐，《尚书》作"五玉"。今志亦有作五玉者。五玉即五瑞。(《汉书注·郊祀志上》)

又：三帛，玄、纁、黄也。二牲，羔、雁也。一死，雉也。贽者，所执以为礼也。(同上)

张守节：修五礼，《周礼》"以吉礼事邦国之鬼神祇，以凶礼哀邦国之忧，以宾礼亲邦国，以军礼同邦国，以嘉礼亲万民"也。《尚书·尧典》云"类于上帝"，吉礼也；"如丧考妣"，凶礼也；"群后四朝"，宾礼也；《大禹谟》云"汝徂征"，军礼也；《尧典》云"女于时"，嘉礼也。女音女虑反。(《史记正义·五帝本纪》)

又：三帛，孔安国云："诸侯世子执纁，公子孤执玄，附庸之君执黄也。"按：《三统纪》推伏羲为天统，色尚赤。神农为地统，色尚黑。黄帝为人统，色尚白。少昊，黄帝子，亦尚白。故高阳氏又天统，亦尚赤。尧为人统，故用白。(同上)

又：二生，羔、雁也。郑玄注《周礼·大宗伯》云："羔，小羊也，取其群不失其类也。雁，取其候时而行也。卿执羔，大夫执雁。"按：羔、雁性驯，可生为贽。(同上)

又：一死，雉也。马融曰："一死雉，士所执也。"按：不可生为贽，故死。雉，取其守介死不失节也。（同上）

又：挚音至。贽，执也。郑玄云："贽之言至，所以自致也。"韦昭云："贽，六贽：孤执皮帛，卿执羔，大夫执雁，士执雉，庶人执鹜，工商执鸡也。"（同上）

郝　敬：五礼，谓五等诸侯朝觐之礼。如下文玉帛贽皆是也。五玉，谓五等诸侯之瑞玉，即圭也。三帛，谓贡币也。帛、牲，皆所以贽，诸侯有五等，而币帛惟三等，谓大国、次国、小国也。二生一死贽，谓诸侯来见，所贽牲牢，每品以三为率，内用一死者，告杀且戒不用命也。（《尚书辨解》卷一《尧典》）

许　谦：五礼，见《周礼·大宗伯》：以吉礼事邦国之鬼神示（其别有十二）：以禋祀祀昊天上帝；以实柴祀日月星辰；以槱燎祀司中、司命、风师、雨师；以血祭祭社稷、五祀、五岳；以貍沈祭山林川泽；以疈辜祭四方百物。——以上祭地示。以肆献祼享先王；以馈食享先王；以祠春享先王；以禴夏享先王；以尝秋享先王；以烝冬享先王。——以上享人鬼。以凶礼哀邦国之忧（其别有五）：以丧礼哀死亡；以荒礼哀凶札；以吊礼哀祸灾；以禬礼哀围败；以恤礼哀寇乱。以宾礼亲邦国（其别有八）：春见曰朝；夏见曰宗；秋见曰觐；冬见曰遇；时见曰会；殷见曰同（殷，众也。十二岁，王不巡狩，则六服尽朝，既毕，为坛合诸侯以命政）；时聘曰问（天子有事乃聘之）；殷覜曰视（一服朝之岁，以朝者少，诸侯使卿以大礼众聘焉）。以军礼同邦国（其别有五）：大师之礼，用众也；大均之礼，恤众也；大田之礼，简众也；大役之礼，任众也；大封之礼，合众也。以嘉礼亲万民（其别有六）：饮食之礼，亲宗族兄弟；婚冠之礼，亲成男女；宾射之礼，亲故旧朋友；饷燕之礼，亲四方宾客；脤膰之礼，亲兄弟之国；贺庆之礼，亲异姓之国。

右五礼皆周制，其随时损益，虽不尽与唐、虞同，然亦皆其遗法也。今存者唯周礼耳。观此则可见古礼之大概矣。（《读书丛说》卷二《舜典》）

又：三帛，《典命》云：诸侯之适子誓于天子，摄其君则下其君之礼一等，未誓则以皮帛继子男，誓谓天子命之为树子也。降一等谓公子如侯，侯子如伯之类。今注世子执纁，以未誓者言也。公之孤四命，以皮帛，视小国之君，今不言皮，虞、周礼异也。凡帛其长一丈八尺，两而合之为卷，五卷九十端，共为一束。三入为纁，浅绛也；赤与黄色，六入为玄黑，而有赤色。（同上）

朱之蕃：按：《书·传》云：五礼曰修，所以同天下之风俗。（见《百大家评注史记》卷一《五帝本纪》）

袁　仁：《注》谓五玉即上文五瑞，误矣。盖此五玉，乃诸侯所执以为贽者，若五瑞则天子之命圭，诸侯世守以为瑞信者，岂有贽见之礼而乃献其世守之圭耶？（《尚书蔡注考误》）

梁玉绳：附按：下有"五器"句，自包侯贽在内，疑"玉"字讹也。宋史绳祖《学斋佔毕》曰"徐子仪试宏词《舜五乐颂》，是《班志》（原注：《郊祀》）舜修五礼、五乐"。余谓《书》云五玉，"玉"字当为"乐"，盖已有五瑞，即玉也，故注列五乐之目于下。（《史记志疑》卷一《五帝本纪》）

王先谦：朱一新曰：汪本"生"作"牲"。叶德辉曰：德藩本作"牲"。先谦曰：官本注"二牲"作"二生"。（《汉书补注·郊祀志上》）

金景芳、吕绍纲：《史记》之《五帝本纪》《封禅书》作"修五礼五玉"，《汉书·郊祀志》作"修五礼五乐"。段玉裁《古文尚书撰异》说作"五乐"与作"五玉"都是今文《尚书》，只是读之者各异，因而治《尚书》者所从各异罢了。……其实即以为"五玉"就是经上文"辑五瑞"之五瑞。既言"辑五瑞"，又言"修五玉"，"五玉"何以必须修，怎样修，古人无说，今亦难明，存疑可也。（《〈尚书·虞夏书〉新解·〈尧典〉新解》）

又：所谓"二生一死贽"，是说当时用作贽的动物，有两种是活的，一种是死的。《史记正义·五帝本纪》："二生，羔、雁也。郑玄注《周礼·大宗伯》云：'羔，小羊也，取其群不失其类也。雁，取其候时而行也。卿执羔，大夫执雁。'案：羔、雁性驯，可生为贽。一死，雉也。马融云：'一死雉，士所执也。'案：不可生为贽，故死。雉，取其守介死不失节也。"这是汉人根据礼书对《尧典》"二生一死贽"的解释，仅可作为参考。舜时没有卿大夫士的等级，人们相见是否有如此严格的等级界限，是否一定用羔、雁、雉这些动物，都很难说。《白虎通义·瑞贽篇》就说："卿大夫之贽，古以麈鹿，今以羔、雁何？以为古者质其内，谓得美草鸣相呼。今文取其外，谓羔跪乳，雁有行列也。"《仪礼·士相见礼》亦云："上大夫相见，以羔，饰之以布，四维之，结于面，左头，如麛执之。"《白虎通·瑞贽篇》据此而曰："明古以麈鹿，今以羔也。"《白虎通》透露的这点消息很重要，说明古代人与人相见有用贽的习俗，但是作贽的具体动物与含义有个发展变化的过程，舜时可能用鹿一类的动物，用羔、用雁、用雉必是后世的规矩。用鹿，为什么有二生一死，则是有待研究的问题。（同上）

【汇评】

杜　佑：古者人君及臣重于相见之礼，所以相尊敬。故将有所见，必执贽。贽者，至也，信也。君子于其所尊必执贽以相见，明其厚心之至，以表忠信，不敢相亵也。（《通典》卷七十五《天子上公及诸侯卿大夫士等贽》）

陈　经：五礼，吉凶军宾嘉，因而修之，凡此，皆欲制度出于一，则上下无异政，而臣民无二心故也。（《尚书详解》卷二《舜典》）

钱　时："五礼"至"一死挚"曰"修"，都不他及，可概见矣。礼虽有定式，不修则恐其废坠；贽虽有定制，不修则恐其僣差。故五等之礼，玉帛、生死之贽，于是皆修

明之也。后世礼废，风俗日坏，皆上之人不能修之。（《融堂书解》卷一《舜典》）

金景芳、吕绍纲：吉凶军宾嘉五礼本为平日当修之事，不待巡守之时修之。既于东巡守之时言"修五礼"，其修字当亦是整齐划一的意思。汉代人讲的吉凶军宾嘉五礼是从三部礼书尤其《周礼·大宗伯》的记载而来的，且礼这东西从理论上讲，它是阶级社会的产物，原始社会没有礼，然而必然有风俗习惯，叫它为礼俗亦可，文明时代的礼不会突然冒出，它要有一定的现成材料作为铺垫，这铺垫正是原始社会晚期事实上已存在的礼俗。《尧典》是后世追记的作品，在用词方面带有后世的色彩势难避免，但却不应因此说它是后世的东西，不反映尧舜时代的史实，"五礼"就是一例。对历史上形成的任何文献都应当取分析的、透视的亦即历史的方法去对待，而不宜看死。（《〈尚书·虞夏书〉新解·〈尧典〉新解》）

又：对三帛的解释，说亦不同。《公羊传》隐公八年疏及《史记集解·五帝本纪》引郑玄注云："帛，所以荐玉也。必三者，高阳氏后用赤缯，高辛氏后用黑缯，其余诸侯皆用白缯。"……按：郑注本纬书，纬书此说诞妄不可从。夏尚黑，殷尚白，周尚赤，是历史事实，以此上推则不可。尧舜禹及其以前不存在尚黑、尚白、尚赤的问题。（同上）

又：关于用帛（缯）荐玉的方法，《周礼·典瑞》言荐玉改帛用缫，郑玄注云："缫有五采文，所以荐玉，木为中干，用韦衣而画之，三采朱白苍，二采朱绿也。就，成也。一匝为一就。"《周礼》所言及郑注所云以缫荐玉乃周时的方法，但是大体可用作理解《尧典》以帛荐玉的参考。粗疏地说，以帛荐玉，就是用一定颜色的帛把玉包裹起来。关于三帛的解释，王肃有不同的说法。王氏云："三帛，缥玄黄也。附庸与诸侯之嫡子、公之孤，执皮帛，其执之色未详闻。或曰孤执玄，诸侯之嫡子执缥，附庸执黄。"（《玉海》八十七卷《圭璧门》引）伪孔《传》说略同。又《史记·五帝本纪·集解》引马融云："三孤所执也。"王、伪孔、马之说皆不足信据。舜时没有孤、嫡子、附庸之说。（同上）

㉑【汇注】

朱之蕃：朱熹曰：五器，五礼之器也。五礼者，乃吉凶军宾嘉之五礼，凶礼之器，即是衰绖之类；军礼之器，即是兵戈之类；吉礼之器，即是簠簋之类。（《百大家评注史记》卷一《五帝本纪》）

马持盈：如五器，符合于五器的证件。（如，符合也。五器，进见时各以其爵级所执之玉器，以为证明文件。诸侯临走之前，先查对其证件是否相符合。）（《史记今注·五帝本纪》）

金景芳、吕绍纲："五器"之器是什么？《史记·五帝本纪·集解》引马融云："五器，上五玉。五玉，礼终则还之，三帛以下不还也。"马氏意谓五器即五玉，五玉礼毕则返还，故经云"如五器，卒乃复"。《公羊传》隐公八年疏引郑玄注云："如者以物相授与之，言授贽之器有五，卿大夫上士中士下士也，器各异饰，饰未闻所用也。"伪孔《传》：

"器谓圭璧。如五器，礼终则还之，三帛生死则否。"说与马同。孙星衍《尚书今古文注疏》："禽止三种而器有五，盖上中下士三等，器各异饰，并羔、雁之器为五。"与郑说近似。此二说于古无徵，于经文之义亦扞格难通。（《〈尚书·虞夏书〉新解·〈尧典〉新解》）

又：俞樾《群经平议》之说近是。俞氏以为此如字与经上文"同律度量衡"之同字意义相同，都可训均。《广雅·释言》："如，均也。"又经上文"同律度量衡"，伪孔《传》云："律法制及尺丈斛斗斤两，两皆均同。"那么，如与同二字并有均义。律度量衡言同，五器言如，其义一也。是俞氏释如字为均同之义。俞氏释器为兵，五器为五兵，即五种兵器。其文曰："《国语》'阜其财求而利其器用'，韦注曰：'器，兵甲也。用，耒耜之属也。'是古谓兵器为器。……五器既为五兵，那么五兵何所指？俞氏又云："《司马法》曰：'弓、矢御，殳、矛守，戈、戟助，凡五兵，长以卫短，短以救长。'是古者兵器有五，故谓之五器。天子巡守所至，必均同之，故曰'如五器'也。"俞说亦有理，但古语难明，"如五器"到底应作何解释，实难质言。（同上）

【汇评】

黄　伦：胡氏曰：昔者君子，比德于玉焉。而玉者，天下莫不贵，有道之象，故人君执焉。然天子用全，公用龙，侯用瓒，伯用将，至于子男则二玉，而二玉道德之杀也。然皆以其贵美者若之，故曰五玉。小行人曰成六瑞，王用镇圭，公用桓圭，侯用信圭，伯用躬圭，子用谷璧，男用蒲璧。以其为用者命之，故又皆曰五器，辑之则皆有所命验，故曰瑞，赘则自有其美，故曰玉，还之则不废其用，故曰器，所以备其名也。（《尚书精义》卷三《舜典》）

㉒【汇注】

孔安国：卒终复还也。器谓圭璧，如五器，礼终则还之。三帛，生死则否。（《尚书传·尧典》）

裴　骃：马融曰："五器，上五玉。五玉礼终则还之，三帛已下不还也。"（《史记集解·五帝本纪》）

张守节：卒音子律反。复音伏。（《史记正义·五帝本纪》）

史　浩："岁二月……卒乃复"，此舜作率诸侯之法也。天子适诸侯曰巡狩。……诸侯各以其等而行赘见之礼也。五器，五瑞也。执而归之天子，毕礼则复还之也。舜以是而率诸侯，诸侯敢不虔恭而奉命乎？后世帝王于即政之始，不知考礼、正刑、一德以自尊者，是不法舜也，而可以治乎！（《尚书讲义》卷二《舜典》）

陈　经：五玉者，即五等诸侯所执之玉。……五器即五玉，礼毕复还之，其余皆受之。所以际其礼意。五器复之，所以昭俭德也。（《尚书详解》卷二《舜典》）

金履祥："卒乃复"者，举祀礼，觐诸侯，一正朔，同制度，修五礼，如五器，数事皆毕，则不复东行，而遂西向，且转而南行也。今按："如五器"即《礼记》所谓考制度、衣服，正之之类是也。（《御批通鉴纲目前编》卷一《七十有四载巡狩》注）

郝　敬：五器，即五玉，如者，始至并纳，觐毕各如器还之。不乱也。孔子曰"唯名与器不可假人"，即此意。五玉亦犹畿内之辑瑞，如五器亦犹畿内之班瑞。卒谓东巡守毕，乃复，复之南岳也。犹《论语》"则不复也"之复，一方事毕，复之一方也。（《尚书辨解》卷一《尧典》）

朱之蕃：卒乃复者，事毕复归也。非谓复归京师，只是事毕还归，故亦曰复。前说班瑞于群后，则是还之也。（见《百大家评注史记》卷一《五帝本纪》）

金景芳、吕绍纲：《公羊传》隐公八年疏引郑玄注云："卒，已也。复，归也。巡守礼毕乃反归矣。"按：郑说是。俞樾《群经平议》据《周礼·天官·宰夫》"诸臣之复"，郑玄注"复之言报也，反也。反报于王，谓于朝廷奏事"，以为"卒乃复"当从此义，谓每一方礼毕，舜辄使人反报于尧也。按：俞说不可取，舜既已受尧之终而摄位视事，便没有巡守礼毕向尧报告的必要。郑玄既知复字有反报之义，而于《尧典》"卒乃复"注取复之反归义，不取反报义，想他必也考虑到了这一层道理。（《〈尚书·虞夏书〉新解·〈尧典〉新解》）

【汇评】

时　澜：大抵即位之初，政令不可不一与之更始，此乃圣人鼓舞天下常新之道也。五器，即五玉也，三帛、二生、微物也，故受之。五玉，乃群臣所执之物，不可废者，故复之。时、日、月易于迁移，法度易于弛玩，必时时协之同之，则常新而无弊。《易》曰：通其变，使民不倦，神而化之，使民宜之。此其义也。观"卒乃复"之意，见诸侯不敢私有爵土，又观"至于岱宗，紫，望秩于山川"之意，见舜亦不敢私有其天下。盖唐虞君臣，皆不认天下为己有，故无一不出于至公。岱宗，柴，至卒乃复，皆即位初规模，想尧时亦然，舜则因之。（《增修东莱书说》卷二《舜典》）

㉓【汇注】

应　劭：谨按：《尚书》："岁二月，东巡狩，至于岱宗，柴。"岱宗，泰山也。"望秩于山川，遂见东后。"东后，诸侯也。"合时月正日，同律度量衡，修五礼、五玉、三帛、二牲、一死贽。""五月南巡狩，至于南岳。"南岳，衡山也。"八月西巡狩，至于西岳。"西岳，华山也。"十二月北巡狩，至于北岳。"北岳，恒山也。皆如岱宗之礼。（《风俗通义》第十《五岳》）

又：南方衡山，一名霍山。霍者，万物盛长，垂枝布叶，霍然而大。庙在庐江灊县。（同上）

又：西方华山。华者，变也，万物滋熟，变华于西方也。庙在弘农华阴县。（同上）

又：北方恒山，恒者，常也，万物伏藏于北方有常也。庙在中山上曲阳县。（同上）

史　浩：五月必至南方，八月必至西方，十有一月必至北方，各以其时也。以其时者，顺天道也。如岱礼，如初，如西礼，其实无异也。（《尚书讲义》卷二《舜典》）

　　陈　经：五月南巡狩，至于南岳，即衡山也；西巡至于西岳，即华山也；北巡至于北岳，即恒山也。如岱礼，如初，如西礼，皆古人作文之法，初无他义。（《尚书详解》卷二《舜典》）

㉔【汇评】

　　郝　敬：夫舜以一岁之内，周行天下万有余里，可谓勤已。然当时不以为扰，后世颂其无为者何哉？孔子所谓有天下而不与，孟子谓饭糗茹草，若固有之。王通氏谓仪卫少而征求寡，宜其用不费而民不劳也。禹踵而行之，勤俭无异于舜，故夏民有一游之颂，后王以世胄在位，无舜、禹之恭俭，欲踵巡守之事，鲜不蔽矣。况于周穆王、秦始皇之甚焉者乎？（《尚书辨解》卷一《尧典》）

㉕【汇注】

　　张守节：祢音乃礼反。何休云："生曰父，死曰考，庙曰祢。"（《史记正义·五帝本纪》）

　　金履祥：朱子曰：古者君将出，必告于祖祢，归又至其庙而告之。孝子不忍死其亲，出告反面之义也。（《书经注》卷一《舜典》）

　　阮　元：《白虎通·巡狩》：王者出必告庙，何？孝子出辞反面，事死如事生。（《诗书古训》卷五上《尚书今文·尧典》）

　　钱大昕：《说文》无"祢"字。祢者，尔也。考于七庙为最近，故称尔。后人因加"示"旁。《尚书》作"艺祖"。马融云："艺，祢也。"盖用史公说，艺、祢音亦相近。（《廿二史考异》卷一《五帝本纪》）

　　施之勉：按：《礼记·王制》《白虎通·巡守篇》《说苑·修文篇》《后汉书·肃宗纪》《安帝纪》皆作"祖祢"，《尚书大传》作"祢祖"。吴汝纶曰：祖祢，尧之祖祢也。舜父盖尚存。（《史记会注考证订补·五帝本纪第一》）

㉖【汇注】

　　金履祥：（朱子曰）特，特牲也，谓一牛也。古者君有出……告反面之义也。《王制》曰："归格于祖祢。"郑注曰："祖下及祢，皆一牛。"（《御批通鉴纲目前编》卷一《七十有四载巡狩》注）

　　崔　述："岁二月，东巡狩……用特"，此记布政于外之事。亦先神而后人者，内外一也，无所不用其敬也。（《崔东壁遗书·唐虞考信录》卷二《舜相尧》）

【汇评】

　　黄　伦：薛氏曰：格庙用特，其礼俭也。庙礼从俭，制度可知矣，必用有度，而后可以巡守。（《尚书精义》卷三《舜典》）

又： 无垢曰：二月东巡，五月南巡，八月西巡，十有一月朔巡。盖随天道运行……诸侯之贤不肖，风俗之媺恶，土地之有无，民情之好尚，无不知矣。参稽审证，立一代新政，为群圣祖，为后世法，则是行也，岂故为是逸游哉？及其归也，以一特牛，告至于艺祖之庙，以见舜之为是巡守者，盖奉祖宗之命以行，其出入往来，无不以祖宗为念，而非出于私意也。然而巡守，祭四岳以柴，山川以望，归祭艺祖以特，亦可谓简易矣。于是神简易如此，则夫道路奉给，寝膳共须，想一切简易，而不为是烦费也。后世人主，不知此义，乃千乘万骑，巡海求神仙，于民事何益？少君方士，望蓬莱而见太一，于天道何补哉？可胜叹也！（同上）

史　浩： 用特者，牲用一牛。……一牛蒇事，告至之礼如是其俭，则道路之供亿菲薄可知矣。舜非不知千乘万骑可以自奉，三牲九鼎可以奉祖庙也，盖以谓五载一巡，苟作法于丰，天下萧然烦费矣，子孙宁无起封泰山而禅梁父之说者乎？谨始之道，舜其得之。（《尚书讲义》卷二《舜典》）

陈　经： 归而告至，则其出必告可知矣。用特，一牛也。事神之礼，贵简不贵繁，观其事神如此，则舜之道途所以供给者皆简易可知。文中子曰：舜一岁而巡狩四岳，国不费而民不劳，何也？仪卫少而征求寡也。古之圣人，以一岁之间而遍行四方，其意欲以省方观民，考察风俗，正其制度，岂徒以逞己之侈心哉？后世不明此意，借指圣经，以文其侈，封泰山，禅梁父，以是为告成功。千乘万骑，望蓬莱，祠太乙，其失圣人之意亦远矣！（《尚书详解》卷二《舜典》）

时　澜： 深味此语，可以见圣人之用心。夫舜负天地万物之责，持业业危惧之心，遍巡天下，诸侯既无不顺，然后舜归见于祖庙而无愧。（《增修东莱书说》卷二《舜典》）

㉗【汇注】

伏　生： 五年亲自巡守。巡，犹循也。狩，犹守也。循行守视之辞，亦不可国至人见为烦扰，故至四岳，知四方之政而已。（《尚书大传》卷一）

杜　佑： 晏子对齐景公曰："天子适诸侯曰巡狩。"《白虎通》曰："巡者，循也。狩者，牧也。为天下循行守牧民也。"道德太平，恐远近不同，化幽隐有不得所者，敬亲行之，行礼谨敬，重人之至也。郑玄云：诸侯为天子守土，时一巡省之。《书》曰"五载一巡狩"，所以必五年者，因天道时有所生，岁有所成，三岁一闰，天道少备，五岁再闰，天道大备也。（《通典》卷五十四《礼十四·巡狩》）

黄　伦： 刘氏曰：唐虞氏分天下，五服在其畿内，甸服之君，则皆执事之人也。朝夕见焉，故不待修朝觐之礼，至于侯服当朝一年，绥服当朝二年，要服当朝三年，荒服当朝四年，则天下诸侯毕皆一朝，一朝则天子巡守，故五载一巡守也。（《尚书精义》卷三《舜典》）

陈　经：天子五年一巡狩，诸侯四年而各一朝，唐虞分天下为五服，畿内甸服之诸侯，执事于王庭，朝夕见焉，无俟于朝。至于侯服，当朝一年，绥服朝二年，要服朝三年，荒服朝四年，群后四朝之礼既毕，而天子复出巡狩，是五年之间，天子与诸侯之相见者凡二。然后君臣上下之情，得以交通浃洽，无有间隔，朝廷之德意志虑，下达而无隐情，群国之休戚利害，上闻于朝廷而无壅蔽，所谓山东之祸，二世不觉，南诏之败，明皇不知者，无有也。（《尚书详解》卷二《舜典》）

【汇评】

班　固：所以五岁巡狩何？为太烦也，过五年为太疏也。因天道时有所生，岁有所成，三岁一闰，天道小备，五岁再闰，天道大备，故五岁一巡狩。（《白虎通德论》卷五《巡狩》）

崔　述：自尧以前，圣帝迭兴，其时亦必有朝觐巡狩之事，但尚未有定制；至舜而后垂为常典，故记之也。曰：天下政事多矣：舜之摄也，必有大变革，大号令，以新天下之耳目；而所记他事殊少，独记朝觐巡狩乃过半焉，何也？曰：此圣人御天下之要道。盖天子以一人而临四海，虽有如天之仁，而远方遐国，穷簷荜屋，势不能以周知，故所重惟在"明"：是以称尧之德先以"钦明"，述尧之事先以"克明峻德"，纪舜之命官先以"辟四门，明四目"也。然天下之大，何以明之？……是故朝觐巡狩者，天子之所以为明也。盖以天下之广，诸侯之众，其仁与暴，勤与惰，政事之修举废坠，天子皆无由知之。……由是言之，朝觐之典，非以媚天子，效嵩呼也，将以询其政事也。……盖尧、舜虽躬圣人之德，而常恐天下之一民一物不得其所，故"子贡曰：'博施于民而能济众，何如？'孔子曰：'尧、舜其犹病诸！'"惟其病也，是以定为朝觐巡狩之永制也。后世相沿日久，以为典礼固然，能知圣人之深意者少矣。盖圣人之明有二，曰用人，曰察吏，二者交相为用，不可偏废。故《尧典》于舜摄政时纪察吏之事，必终之以"敷奏以言，明试以功"，所以明徒察之无益也；于舜即位后纪用人之事，必终之以"三载考绩，黜陟幽明"，所以明徒用之未周也。（《崔东壁遗书·唐虞考信录》卷二《舜相尧·舜立朝觐巡狩之制之故》）

㉘【汇注】

孟　子：诸侯朝于天子曰"述职"。（《孟子·告子下》）

裴　骃：郑玄曰："巡狩之年，诸侯见于方岳之下。其间四年，四方诸侯分来朝于京师也。"（《史记集解·五帝本纪》）

史　浩：天子巡狩，诸侯各朝于方岳之下，群后四朝是也。（《尚书讲义》卷二《舜典》）

袁　燮：四年之内，五服诸侯来朝，皆遍至。五载则天子巡守，遍四岳。所谓诸侯来朝，亦非同时。圣人缘人情而制礼，随其道里之远近，亦有一年一朝者，亦有间岁、三岁一朝者。所以四时之见,各异其名。《周礼》侯服岁一见,甸服二岁一见,男服三岁一见。虞、周之制虽不同,然亦见其来朝之时,各自不同也。但言四年之内,五服皆遍,无有不来朝者耳。夫以五年之内,诸侯既皆朝于天子,天子又巡守诸侯王者,诸侯常常相见,政治之得失,人材之优劣,民情之幽隐,皆得悉考而周知焉。闾阎隐微,无不达于九重。后世诸侯朝天子之礼犹不废,至天子巡守之制则全无矣。古之人君甚劳,后世惟秦始皇、汉武帝往来巡守,亦不过极耳目之观而已。大抵古之巡守为民也,后世之巡守悦己也。(《絜斋家塾书钞》卷一《舜典》)

时 澜:五年复巡守,四方诸侯各朝于方岳,是五年一整肃也。所至之方,则一方诸侯来朝,故谓之四朝。(《增修东莱书说》卷二《舜典》)

郝 敬:五载一巡守,定期也。群后四朝,谓四年之内四方诸侯述职来朝于京师也。(《尚书辨解》卷一《尧典》)

崔 述:"五载一巡守,群后四朝。"此总上内外之政言之。(《崔东壁遗书·唐虞考信录》卷二《舜相尧》)

金景芳、吕绍纲:"群后四朝",诸家说不同。群后谓四方诸侯,这没有歧义。问题在"四朝"是什么意思。《经典释文》引马融说:"四面朝于方岳之下。"孙星衍《尚书今古文注疏》解释马氏说云:"言诸侯因天子巡守,四面来见于方岳之下,不复来朝京师也。"(《〈尚书·虞夏书〉新解·〈尧典〉新解》)

又:《礼记·王制》孔《疏》引郑玄注云:"巡守之年,诸侯见于方岳之下,其间四年诸侯分来朝于京师,岁遍是也。"孙星衍《尚书今古文注疏》解释郑氏说云:"云'其间四年四方诸侯分来朝于京师岁遍'者,谓四方诸侯分为四部,每天子巡守之明年,东方朝春,明年南方朝夏,又明年西方朝秋,又明年北方朝冬,又明年则天子巡守矣。岁遍者,言凡四岁而遍,非一岁也。"是郑说与乃师马氏说异。(同上)

又:《公羊传》桓公元年"诸侯时朝乎天子"句下何休解诂云:"五年一朝王者,亦贵得天下之欢心,以事其先王,因助祭以述其职。故分四方诸侯为五部,部有四辈,辈主一时。《孝经》曰:'四海之内各以其职来助祭。'《尚书》曰:'群后四朝,敷奏以言,明试以功,车服以庸。'是也。"陈乔樅《今文尚书经说考》解释何休说云:"则五年之中四时祭祀皆有诸侯助祭,至巡守之年诸侯各就其方以四时朝于方岳之下,而所分之第五部于是年亦分四辈以四时朝于京师,因助祭而述职,故五年乃遍也。若如郑说止分四部,四年而遍,则巡守之年四方诸侯无一来京师助祭者,于大典有缺,是不如何说为长。"(同上)

又:关于"诸侯四朝"的理解,主要有以上马、郑、何三说。从经文字义看,马说有道理。部落联盟首长五年巡守四岳一次,这一年华夷各部落酋长以及某些氏族酋长各在所在之方就近朝觐他。这是文中应有之义。那么其余四年间各酋长便一直不再赴"京师"朝见部落联盟首长了吗？当然不能不朝见。故郑玄说诸侯四年之间各朝京师一次，恐怕也是当有之事。何休说的确不足取，既不合经文之义，亦悖于事理。但是他强调诸侯朝见天子主要有助祭和述职两项内容，则是对的。此三说应以马说为主，以郑、何说作为补充。（同上）

㉙【汇注】

　　张守节：徧音遍。言遍告天子治理之言也。（《史记正义·五帝本纪》）

　　钱　时："岁二月，东巡狩"以下，是受终后当年有此一出，甚明。此后所书，却是舜后来巡守定式，故自此方有奏言、试功之事。受终之始，未有此施行也。敷奏以言，若曰某田野如何而辟，某人民如何而育，某风俗所以教化者何，某法度所以修明者何，凡其职业，一一陈述，舜于是按其所言试验其功。功与言合，则车服以庸之，所以旌赏也。此正是考绩黜陟之法，如何只说"庸"而不言黜？庸，用也。功不副言，则黜而不用，明矣。故观"明试"二字，可见圣人在上，如青天白日，的的诣实，不容一毫诈妄。（《融堂书解》卷一《舜典》）

　　吴汝纶：钱云古音"敷"如"布"，"布""遍"声相近。"奏""告"亦声之转也。奏属齿音，告属牙音，均为出声，故得相转。（《点勘史记读本》）

　　陈蒲清：遍告以言，诸侯普遍向天子报告治理天下的情况；亦可解释为天子向各方诸侯宣布治理国家的意见。（见王利器主编《史记注译·五帝本纪》）

㉚【汇注】

　　杜　佑：岁二月，东巡狩，至于岱宗，柴而望祀山川，觐诸侯。其方之诸侯先于境首待之（原注：《祭义》云：天子巡狩，诸侯待于境），所过山川，则使祝宗先以三等璋、瓉，皆以黄金为鼻，流酌郁鬯以礼神，次乃校人杀黄驹以祭之。每宿舍，掌舍设梐枑再重，其外则土方氏又设蕃篱。既至方岳，先问百年，就见之；若未满百年，八十、九十者，路经其门则见之，不然则不。天子乃令太（保）〔师〕采人歌谣之诗，以乐播而陈之，以观人风俗，以审其善恶（原注：所谓命太师陈诗以观民风也）；命典市之官陈百物之贵贱，以观人之所好恶；又命典礼之官考校四时节气、月之晦朔、甲乙等日，及侯气之律吕，所用礼乐、宫室、车旗等制度，君臣上下之衣服，皆以王者所颁制度考校之；诸侯封内有名山大川，不举而祭之者，为不敬，不敬者君削其地；有祭宗庙，不顺昭穆者为不孝，不孝者君绌以爵；变礼易乐者为不从，不从者君流；革制度、衣冠者为畔，畔者君讨；有功德于人者，加地进律；其诸侯待王之牢，礼以一犊。既绌陟诸侯，乃与之相见于方岳之下。（《通典》卷五十四《巡狩》）

　　金履祥：林氏曰：天子巡狩，则有协时月以下等事；诸侯来朝，则有敷奏、明试以下等事。（《御批资治通鉴纲目前编》卷一《七十有四载巡狩》注）

　　郝　敬：明试以功，天子考征其治事之功也。（《尚书辨解》卷一《尧典》）

【汇评】

时　澜：圣人操大权，总大纲，治天下之妙用如此。大抵人情久则玩，多怠废而不振，五年一致提警之工，使制度井然，复如其初，以时而新，不至有废置更改之患。（《增修东莱书说》卷二《舜典》）

㉛【汇注】

张守节：孔安国云："功成则锡车服，以表显其能用也。"（《史记正义·五帝本纪》）

史　浩：民功曰庸，以车服而赏庸，所以表凡我之行，皆为民也。诸侯以民功而受赏，其谁不劝乎？然天子之赐山川土田，皆在所锡，而必曰"车服"者，以车服为赐予之大也。（《尚书讲义》卷二《舜典》）

袁　燮：所谓"车服以庸"，非谓至此而始锡之以车服也。既为诸侯，君临一国，岂有不乘车，亦岂有无其服者？此所谓"车服以庸"，乃记所谓有功德于民者，加地进律是也。车服如《周礼》言夏篆、夏缦、䄙冕、毳冕之类，因其所言，考其所行，确然有成功者，从而加宠命焉。如子男则升为侯伯，侯伯则升而为公，是谓"车服以庸"，却非始锡之也。（《絜斋家塾书钞》卷一《舜典》）

郝　敬：车服以庸，锡之车骑服色，旌表其功用也。（《尚书辨解》卷一《尧典》）

刘叔远：夫车服者，名器之所系，圣人以名器赐诸侯，正为有功于民者旌表之也。而欲知其功之在于民，将何以试之哉？惟夫敷奏其所言，以明试其为功，使言果皆切为民，而非出于喜功生事之言，则一敷奏之余，于其功也试之明矣，由是而为车服之赐，而民功曰庸之外，又岂他属耶？舜之巡狩，用此道也。"敷奏以言，明试以功，车服以庸"，见于《舜典》之书。尝观夫子之言曰："如有所誉者，其有所试矣。"以夫子称誉之辞，犹且必得于所试，况虞廷圣人，以名器与人，而有不听其言以验其功乎？（引自《群英书义》上《敷奏以言明试以功车服以庸》）

阮　元：《后汉书·舆服志》：《书》曰："明试以功，车服以庸。"言昔者圣人兴天下之大利，除天下之大害，躬亲其事，身履其勤，忧之劳之，不避寒暑，使天下之民物，各得安其性命，无夭昏暴陵之灾。（《诗书古训》卷五上《尧典》）

程馀庆："五岁一巡狩，群后四朝。遍告以言，明试以功，车服以庸。"天下非一人所能独治，于是有封建。诸侯不能保其常治，于是有巡狩。巡狩者，所以维持封建也。（《历代名家评注史记集说·五帝本纪》）

金景芳、吕绍纲：《尔雅·释言》："试，用也。"《说文·言部》同。《尔雅·释诂》："庸，劳也。"江声《尚书集注音疏》："敷陈以言者，谓遍使诸侯进陈其平时之政绩，以观其治否而定其功罪，故曰考绩也。伏生《大传》云：'山川神祇有不举者为不敬，不敬者削以地。宗庙有不顺者为不孝，不孝者黜以爵。变礼易乐为不从，不者君流。改制度衣服为畔，畔者君讨。有功者赏之。'《书》曰：'明试以功，车服以庸。'"《大传》所说就是"敷奏以言，明试以功，车服以庸"的具体内容。即舜听取各部落酋长的述职，藉以考察他们的功过，有罪过者罚，有功劳者赏，以车服酬劳之。（《〈尚书·虞夏书〉新解·〈尧典〉新解》）

【汇评】

黄　伦：无垢曰：巡守，来朝，皆欲知诸侯之贤不肖，而行黜陟以竦动之也。何以知其贤不肖乎？使其敷奏以言，论国计之大体，陈民情之利害，吾则因其所奏之言，以明试之。观其有功无功，而为之赏罚耳。当时诸侯贤者，何其众也。何以知之？其曰：车服以庸，而不及责罚，以是知诸侯贤者之众也。必旌之以车服者，车服华美，显然著见，使人亲瞻咏叹，而知所爱慕焉。此圣人变移耳目之一术也。（《尚书精义》卷三《舜典》）

陈　经：盖有言者必有功，亦有徒能言而无功者。圣人责实之政，不使夫人以利口空言者获进，必因言以试其功焉。言在是而功在是，然后锡之以车服，以显其可用。《诗》云"路车乘马"，又云"玄衮及黼"，盖车服者彰著人之耳目，古之所以锡有功者，皆以是。……观此一章，又当知圣人处治安之世，人情怠惰之时，其考察之精、振励之严如此。盖世治无虞，则天子养尊，群臣养安，人情既久而易玩，玩则弛，弛则纪纲法度废而不举者多矣。圣人忧其玩而弛，弛而不举也，于是时时有以振作，时时有以警厉，使人情不敢有所玩弛，则治可以常治，安可以常安。成周之制，六年，五服一朝，又六年，王乃时巡，考制度，明黜陟。至抚万邦，巡侯甸，征弗庭，其与帝舜之制一也。（《尚书详解》卷二《舜典》）

王充耘："五岁一巡狩……车服以庸"，此言其君臣交际，截有定制，而其综核劝奖臣下，复有要法，此所以不劳而治也。夫五载之多，天子一往巡狩，诸侯各一来朝，其交接有时而不乱，奏言以观其蕴，试功以考其成，而车服以厚其报，其赏功核实而不欺，圣人以宽训众、以简御烦之道也。一往一来，礼无不答，所以通上下之情，言必敷奏而无所壅，功必明试而无所蔽，民功曰庸，立诸侯所以为民也。故有功于民者，辄旌异之。（《书义主意》卷一《舜典》）

金景芳、吕绍纲："车服以庸"，是舜对那些有功有劳的酋长给予重赏。究竟赏什么很难说。车马衣服这些东西当时不能没有，但是不会有汉代人所说"九锡"的那种等级意义。江声《尚书集注音疏》把"车服以庸"解释为《王制》的"加地进爵"，即增其服命，升其爵秩，肯定也不是事实。舜时处在原始社会的军事民主制阶段，舜只是一位部落联盟首长，各华夷部落的酋长们固然要接受他的制约、影响，存在着上与下、纳贡与赏罚的关系，却不会有加地进爵之事。氏族与部落是自然长成的，酋长与部落联盟机构中的"官员"是推选的，不容有分封土地和赐命封爵那种事情存在。

(《〈尚书·虞夏书〉新解·〈尧典〉新解》)

㉜【汇注】

班　固：尧遭洪水，怀山襄陵，天下分绝为十二州。使禹治之，水土既平，更制九州。(《汉书·地理志》)

郑　玄：舜以青州越海，而分齐为营州、冀州。南北大远，分卫为并州，燕以北为幽州。新置三州，并旧，为十二州也。更为之定界，潴水害也。(《尚书郑注》卷一《尧典》)

欧阳询：《春秋说题辞》曰：州之言殊也，合同类，异其界也。(《艺文类聚·州部》)

又：《说文》曰：尧遭洪水，民居水中高土，故名曰州。一曰，州，畴也，畴其土而生之也。(同上)

又：张衡《灵宪图》曰：崑苍东南，有赤县之州，风雨有时，寒暑有节。苟非此土，南则多暑，北则多寒，东则多阴，故圣王不处焉。(同上)

杜　佑：尧遭洪水，而天下分绝，使禹平水土，还为九州，如旧制也。舜摄帝位，分为十二州，故《虞书》云"肇有十二州"也。(《通典》卷一百七十一《州郡一·序目上》)

刘　恕：初，舜分天下为十二州，禹复为九州。收天下美铜铸为九鼎，以象九州。(《资治通鉴外纪》卷二《夏》)

史　浩：盖洪水既平之后，民日繁庶，分州所以均户口也。……肇，始也。舜始分冀为幽、并，分青为营也。(《尚书讲义》卷二《舜典》)

钱　时：此事当在水平之后。……若禹之治水在肇十有二州后，则《禹贡》不应独别九州；若谓禹后独并九州，则尧殂落时水平已久，曷为有咨十二牧之文乎？况自言其荒度土功，亦继之曰州十有二师，意愈明矣。(《融堂书解》卷一《舜典》)

袁　燮：九州而肇为十二，此盖因禹治水，见州有太大者，隔绝之远，耳目有所不及，故分为十二，而更建三州牧焉，庶几地近而民皆被其泽，是当时肇之之意也。(《絜斋家塾书钞》卷一《舜典》)

陈　经：九州之说，其来已久，至舜而始分十有二州，此水土既平之后也。《禹贡》之书，乃在尧时，故以九州制贡。至舜时，知冀、青二州，其境土阔远，难以总摄，故分冀为幽、为并，分青为营。(《尚书详解》卷二《舜典》)

王应麟：孔氏云，禹治水之后，舜分冀为幽、并，分青为营。马氏云：禹平水土，置九州，舜以冀州之北广大，分置并州，燕、齐辽远，分燕为幽，齐为营。《汉书·地理志》云："尧遭洪水，天下分绝为十二州，禹平水土，更制九州，列五服。"与孔、马之说异。愚谓《舜典》言肇十有二州，咨十有二牧，而后命禹平水土，当以《汉·

志》为正。郑氏谓分卫为并，燕以北为幽，分齐为营。朱氏谓分冀东恒山之地为并，又东北醫无闾之地为幽。又青之东北、辽东等处为营，而冀止有河内之地，今河东一路是也。刘氏云，冀州之域，大于九州，于是分为幽并，以此二州北扞夷狄，使不得接于王畿。《书大传·虞夏传》云"兆十有二州"，注："兆，域也。为营域以祭十二州之分星也。"（《通鉴地理通释》卷一《舜十二州》）

罗　璧：黄帝画野分州，封域才经见。……封域皆九州内，舜肇十二州。孔安国传《书》谓析青为营，析冀为幽、并。郑氏因疑析青、析冀之说，谓《王制》言四海之内九州，州方千里，州建百里之国三十，七十里之国六十，五十里之国百有二十，此时并地法行，州有定域，国有定制，不可得而增减者也。今曰析青为营，析冀为幽、并，则二州地削于七州，古制紊矣。况冀为天子之都，岂可削哉？或者九州外别建营、并、幽三州。且流共工于幽州，正以罪人屏之荒服外之穷处，若析冀为幽，则近在王畿，何取为流窜哉？……《左传》叙四凶投之四裔。裔，远也，远则非近冀之幽矣，况流四凶在治水前，时未析营、并、幽，无幽州之名。……若流共工于幽州，盖为北裔水居之洲，近冀之幽非也。（《罗氏识遗》卷二《十二州》）

郝　敬：尧时天下九州，冀、兖、青、徐、荆、扬、豫、梁、雍也。舜巡狩，以冀、青二州地广，割冀为幽州、并州，割青为营州，是十有二也。肇，始也。（《尚书辨解》卷一《尧典》）

李光地：舜居摄之初，鲧犹治水也。绩用弗成，故舜殛之而兴禹焉。此言摄政而经理地域之事，与前齐七政者相首尾。中间则有祭祀、朝觐、巡守，盖三才之序也。州数与《禹贡》不同者，说者谓古分九州，舜增设三州，故曰肇。然幽、并、营者，徒以冀极塞而青跨海，形势阔绝，作牧分治，殆如国有附庸之类，虽有州名，仍统于冀、青，故后禹成功作贡，亦止于九，而其言则曰州十有二师也。《蔡传》从孔说，谓在禹治水之后者非是。（《尚书七篇解义》卷一《舜典》）

崔　述："肇"之为言"始"也，前此未有而始设之之谓肇；若前此固有九州而但增之，非肇也。且析九以为十二，细事耳，非舜代尧致治之大政也；特书之，何居焉？然则古未尝有州，自舜巡狩以后始分为十二州，以属之十二牧，故史臣特记之曰"肇十有二州"，以志州所自始。"州"之为文，本取两川相抱而象形者，故《说文》云："水中可居曰州。"徐铉曰："今别作洲，非是。"是时洪水滔天，其域在中若州渚然，是以名之为州。故舜摄政之初，但曰"日觐四岳群牧"，不曰"九牧"，牧未有定数也；及舜即位，则曰"咨十有二牧"，不曰"咨于群牧"，牧已有常额也。其后禹别九州，亦曰"九牧"，不曰"群牧"，州之肇于舜而非增于舜明矣。（《崔东壁遗书·唐虞考信录》卷二《舜相尧·"肇十二州"以前无九州》）

又：至十二州之名，《经》《传》皆无之。幽、并、营之为州，虽见于《周官》

《尔雅》，然彼自记九州之名，与舜之十二州初无涉也。……而后儒必欲曲为之解，使之并行不悖，过矣！况欲以此补舜十二州之缺乎！大抵儒者之患皆好强不知以为知。古书既缺，十二州名无可考证，则亦已矣；适见《周官》《尔雅》有幽、并、营三州名，为《禹贡》所无，遂附会之以补舜十二州之数。巧则巧矣，而不知其误且诬也！或者又谓陶唐都冀，声名文教自冀四达，冀之北土所及固广，则又从而为之辞者。使北之所及果广，则其山川亦当有一二见于《禹贡》，何以太原、碣石而北寂然一无所记载乎？故今概无所采，而以"肇十二州"之文列于九州未定之前。（《崔东壁遗书·唐虞考信录》卷二《舜相尧·十二州名无可考》）

俞正燮：《尚书》肇十有二州在殛鲧之前。按：《汉书·地理志》云："尧遭洪水，怀山襄陵，天下分绝为十二州。使禹治水。水土既平，更制九州。"盖鲧绩弗成，舜行山麓，大风雷雨，见天下高陆十二，为民所居，乃就封其山，设策浚川，殛鲧、举禹益，咨十有二牧。至禹告成功后，奠上古九山、九川，虞兆域祭分星十二次，就用十二牧，弗改制。夏时，复用九州。经文之序，应如此。传谓舜增营于禹之青，增幽、并于禹之冀，是禹已成功，仍复殛鲧，不合情理。幽、营殷名，并是周名。虞十二州，不知何名也。（《癸巳类稿》卷一《肇十二州义》）

程馀庆：十二州，冀、兖、青、徐、荆、扬、豫、梁、雍、幽、并、营也。（《历代名家评注史记集说·五帝本纪》）

顾颉刚：《尧典》中有"肇十有二州"之语，这十二州的名目，书上没有写，所以在西汉人的解释中都不曾具体指出。就是班固的《地理志》，也只说"尧遭洪水，天下分绝为十二州"，举不出十二个州名来。自从《尔雅》在学术界上占了地位，于是〔东汉〕马融首先说："舜以冀州之北广大，分置并州；燕、齐辽远，分燕置幽州，分齐为营州；于是为十二州。"他的根据，第一是《禹贡》上的"冀、兖、青、徐、扬、荆、豫、梁、雍"，第二是《职方》增出的"幽、并"，第三是《尔雅》异名的"营"。他说，禹定的本是九州，舜嫌冀州太大，分为冀、并二州；又嫌东方辽远，更在冀、兖、青间分出幽、营二州，九州加了三州，恰成十二，这不是奇巧的事吗？从此以后，郑玄、伪孔依声学舌，舜的十二州名就这样地实定了！（《崔东壁遗书·序·司马迁与郑玄的整齐故事》）

又：《尔雅》作者嫌"青"的一名不固定（山东半岛固以居东方而名青，山东南部和江苏北部的徐州也在东方，何尝不可名青），所以援用冀、雍的办法，以邑名为州名而改为营。想不到就为这一个"营"字，竟注定了殷的九州名和舜的十二州名！这不但是虞、夏、商、周的人想不到，就是《尔雅》的作者也何尝想到。然而唐、宋以来，讲地理沿革史的人又哪一个敢违背了这些东汉人所决定的事实？因此，我们所看见的历史地图，就尽多了《虞舜十二州图》和《尔雅殷制图》。"俗语不实，流为丹

青"，经学家给我们上的当，我们已是够受的了。（同上）

编者按：九州之起，非自禹始，《禹贡·释文·周公职录》云："黄帝受命风后，受图割地，布九州。"宋王应麟曰："冀、兖、青、徐、扬、荆、豫、梁、雍，《帝王世纪》云'颛顼所建，帝喾受之。孔子称其地北至幽陵，南暨交趾，西蹈流沙，东极蟠木，是以建万国而制九州'。《通典》亦谓'颛顼置九州'。叶氏云'《祭法》，共工氏之霸九州也，其子曰后土，能平九州。则九州之名旧矣'。"杨泉《物理论》并申述曰："九州变易，交错不同。《禹贡》有梁州，无并州。《周官》有并州，无梁州。《尔雅》有营州，无青州。汉兴，武帝开拓三方，立十三州，通并、梁之数而增交，益焉。"

金景芳、吕绍纲：十二州之形成与洪水有关，是由于尧时天下特大洪水而自然划成十二个陆洲，不是人为的行政区划。王先谦《尚书孔传参正》引皮锡瑞云："《地理志》云'尧遭洪水，怀山襄陵，天下分绝为十二州，使禹治之。水土既平，更治九州'。又《谷永传》'永对曰，尧遭洪水之灾，天下分绝为十二州'。《王莽传》'《尧典》十二州后定为九州'。据今文家说，十二州之分因洪水之故。盖州本水平可居之名。洪水横流，天下分绝，水中可居者十有二处，因分为十二州。水土既平，更制九州。西汉今文无分九州为十二州之说。"是知十二州乃尧时因洪水分割自然而成，不是舜之所为，更非在九州之后。（《〈尚书·虞夏书〉新解·〈尧典〉新解》）

又："肇十有二州"，应释为舜摄位时兆域之内共有十二州。十二州不是行政单位，而是自然的、地理的概念。十二州的名称，据江声《尚书集注音疏》说，是冀、兖、青、徐、扬、荆、豫、梁、雍、并、幽、营。此十二州名之由来，江氏云："《禹贡》及《尔雅·释地》《周礼·职方氏》皆有九州而名互异。《禹贡》之九州，冀、兖、青、徐、扬、荆、豫、梁、雍也。《尔雅》则有幽、营，无青、梁。《周礼》则有幽、并，无徐、梁。《禹贡》夏书也，《周礼》周制也，《尔雅》九州先儒皆以为殷制，三代之制故各不同，总其异名凡十有二。其各州之命名必皆因乎前代，故知此十二州盖兼彼三书之异名矣。"（同上）

又：按：以上诸家说只可作为参考。说十二州非人所为，是洪水自然造成的，有理。但是"十二"这个数字恐怕不是实指，与九州之"九"有所不同。"十二州"，意谓州很多，很多而言"十二"，不言更大的数，这可能与古人关于数的观念有关，《礼记·郊特牲》："祭之日，王被衮以象天。戴冕，璪十有二旒，则天数也。乘素车，贵其质也。旂十有二旒，龙章而设日月，以象天也。"是古人以十二为最尊贵的数，与天子有关的事物常以十二为限。《尧典》之"十二州"因与舜有关，所以用十二这个数。实际上州有很多，但不必恰是十二个。（同上）

【汇评】

杜　佑：尧使鲧理水，功不成，复使禹理之，又举舜历试，禹因理水，遂别九州。故《尚书》云："东渐于海，西被流沙，朔南暨声教，讫于四海，禹锡玄圭，告厥成功。"孔安国注云："尧赐玄圭以明之。"又舜自登庸二十年，始居摄位，"肇十有二州"，注云："肇，始也。禹理水之后，舜始置十二州，分冀州为并州、幽州，分青州为营州。"其后八年，尧崩。舜咨四岳曰："有能奋庸熙帝之载，使宅百揆，亮采惠畴。"佥举禹为司空。舜曰："汝平水土，惟时懋哉。"注云："四岳同辞曰禹理洪水，有成功，言可用。故舜然其所举，称其前功以命之。懋，勉也。惟居是百揆，勉行之。"则禹之绩本在尧代，舜未居摄以前也。而《史记》云："尧崩后，舜以禹为司空，命平水土，以开九州。"又按：自鲧理水，绩用不成，后至尧崩，凡二十八载，洪水为害，下民昏垫，岂有年逾二纪，方使伯禹理之。《汉书》亦云："尧遭洪水，天下分绝为十二州，禹理水，更制九州。"则九州在十二州之后，乃与《舜典》乖互不同。马季长云："禹平水土，置九州。舜以冀州之北广大，分置并州，分燕置幽州，分齐为营州。"则十二州在九州之后也，与孔注符矣。若稽其证据，乃子长、孟坚之误矣。（《通典》卷一七二《州郡二》）

黄　伦：无垢曰：舜巡守四方，遍历天下，其身亲目睹利害，皎然不疑。想东、北二方诸侯，敷奏之余，必以冀与青二州疆理太大，山川太远，人民稀阔，号令隔疏，而当洪水之后，田赋有当检治，贡篚有当劝督，非异时无事可守常法也。将欲为之，力有所不及，将欲已之，事有所不可，舜乃创为新政，分冀为三，而有幽、并，分青为二，而有营州。……非舜巡守，何以见四方利害，而敢为此举哉？（《尚书精义》卷三《舜典》）

又：胡氏曰：夫州本九，则十有二者，以事言之，天有九野，有十二次。州合而九者，象九野也。州分而为十二者，象十二次也。以理考之，则乾元用九，乃见天则，九天德也。六阴六阳，所以分天道之大，数不过十二，则十二天道也。盖其象义，取诸此也。（同上）

杨　宽：自古但闻有九州之说：如《齐侯镈》云"咸有九州，处禹之堵"；《左襄四年传》引《虞人之箴》云"芒芒禹迹，画为九州"；《吕氏春秋·有始览》亦云"地有九州"；邹衍大九州、小九州之说，亦无非九州说之推演；《尧典》十二州之说古籍所未见，其出自较晚。（见《古史辨》第七册［上］《中国上古史导论·尧与颛顼》）

㉝**【汇注】**

裴　骃：马融曰："禹平水土，置九州。舜以冀州之北广大，分置并州。燕、齐辽远，分燕置幽州，分齐为营州。于是为十二州也。"郑玄曰："更为之定界，浚水害也。"（《史记集解·五帝本纪》）

【汇评】

　　王充耘：圣人之疆理天下，封表十二州之山，浚导十二州之川，所以辨封域、正疆界也。盖自摄位以来，察璇玑以正天时，修祭祀以交神明，会同巡狩以抚驭侯国，至此又从而正经界，其先后次第如此。然于此可见胸次包罗，规模广大，举四海之广，皆在其心量中，其经界区处，井井有条。所谓与天地同流，岂曰小小之补助而已者。于此可见此处要□规模，气象宏阔，它人管一家，且有莫知所措者，今圣人一出，便能整顿乾坤。且天下之大，有名山大川为之限隔，风气不通，民生异俗，封疆之域，一彼一此，俱有自然，圣人从而封之浚之，而州域不劳而辨矣。作此题者，说出圣人气象方活动，不然，则索然无说矣。（《书义主意》卷一《舜典》）

㉞【汇注】

　　墨　子：画衣冠，异章服，而民不犯。（见《墨子间诂·墨子佚文》）

　　慎　到：有虞之诛，以幪巾当墨，以草缨当劓，以菲履当刖，以艾韠当宫，布以无领当大辟。此有虞之诛也。斩人肢体，凿人肌肤，谓之刑。画衣冠，异章服，谓之戮。上世用戮而民不犯也，当世用刑而民不从。（《慎子·逸文》，见《御览》六百四十五）

　　伏　生：唐虞象刑而民不敢犯，苗民用刑而民兴相渐。唐虞之象刑，上刑赭衣不纯，中刑杂屦，下刑墨幪，以居州里，而民耻之。（《尚书大传》卷一）

　　又：唐虞象刑，犯墨者蒙皂巾，犯劓者赭其衣，犯膑者以墨幪其膑处而画之，犯大辟者布衣无领。（同上）

　　马　融：言咎繇制五常之刑，无犯之者，但有其象，无其人也。（《古文尚书注》卷一《尧典》）

　　张守节：孔安国云："象，法也。法用常刑，用不越法也。"（《史记正义·五帝本纪》）

　　苏　轼：典刑，常刑也。杀人者死，伤人者刑，象其所犯。（《东坡书传》卷二《舜典》）

　　黄　伦：张氏曰：《易》曰："天垂象，见吉凶。"又曰："见乃谓之象。"则象者垂以示人，使人见之之谓也。象以典者，所以治之也；象以刑者，所以制之也。典如太宰之六典，刑如司寇之五刑，皆有以示之，使之知有所避就，则人之犯禁也鲜矣。（《尚书精义》卷三《舜典》）

　　程大昌：《舜典》曰："象以典刑。"《皋陶谟》曰："方施象刑惟明。"是唐虞固有象刑矣。而去古既远，说者不一，荀况记时人之语曰："象刑墨黥搔婴共艾毕菲对履杀赭衣而不纯也。"汉文帝诏除肉刑曰："有虞氏画衣冠异章服以为戮，而民不犯。今法有肉刑三，而奸不止。"武帝之策贤良曰："唐虞画象而民不犯。"应劭曰："二帝但画衣冠、异章服，而民不犯也。"《孝经纬》曰："三皇无文，五帝画象，三王肉刑。画象者，上罪墨象赭衣杂屦，中罪赭衣杂屦，下罪杂屦而已。"《白虎通》曰："画象者，其衣服象五刑也。犯墨者蒙巾，犯劓者以赭著其衣，犯髌者以墨蒙其髌，象而画之。犯宫者扉。犯大辟者布衣无领。"凡此数说者，虽不能会归于一，要其大致，皆谓别异衣服以愧辱之，而不致于用刑。此远古而讹传也。禹之称舜曰："与其杀不辜，宁失不经。"特不杀不辜尔，而未尝去杀也。"怙终贼，刑。"刑故无小，是未尝置刑不用也！（《考古编》卷四《象刑一》）

时　澜：象非画象之象，乃象示之象，盖布象其法以示民，使晓然可见也。（《增修东莱书说》卷二《舜典》）

金履祥：朱子曰：象如天之垂象，示人典常也。示人以常刑，所谓墨、劓、剕、宫、大辟，五刑之正也。所以待夫元恶大憝，杀人伤人，穿窬淫邪，凡罪之不可宥者也。（《御批通鉴纲目前编》卷一《七十有六载窜三苗于三危》注）

郝　敬：象，示也。犹《周礼》悬治法于象魏，使民观象之象，即律令也。典，常也。"流宥"以下六条，皆所谓典也。（《尚书辨解》卷一《尧典》）

周　祈：《书》曰"象以典刑"，蔡沈以五刑如天垂象以示人，《白虎通》曰：象刑者以衣服象五刑：犯墨者幪巾，犯劓者赭其衣，犯膑者黑其髌，犯宫者扉，犯大辟者布衣而无领缘，谓唐虞之世，人尚德义，但设象而民自不犯也。若然，何至又有"怙终贼，刑"耶？其说出《孝经纬》云"五帝画象民顺机，画象亦犹悬法象魏"，非指衣服而言。蔡沈所说为是。《白虎通》亦自相兼。盖犯墨者着幪巾就刑，余四刑皆然，今有罪者亦去平时衣冠也。（《名义考》卷七《象刑》）

张　英："象以典刑"一句，五刑之正者也。（《书经衷论》卷一《舜典》）

袁　仁：《注》谓天之垂象以示人，似也。至以墨、劓、剕、宫、大辟，为五刑，则误矣。《吕刑》谓苗民始作五虐之刑，爰始淫为劓、刵、椓、黥，则舜时无是法也。特画象于服以辱之耳。《慎子》云：有虞之诛，以幪巾当墨，草缨当劓，菲履当剕鞾，□当宫，布衣无领当大辟。汉武《诏》曰"尧舜画衣冠而民不犯"，正谓此也。（《尚书蔡注考误》）

程馀庆：象，谓画五刑之状以示人也。典，常也。墨、劓、剕、宫、大辟，五刑之正也。（《历代名家评注史记集说·五帝本纪》）

吕思勉：象刑之说，见《书大传》，谓不残贼人之肢体，徒僇辱之而已。汉文《废肉刑诏》"盖闻有虞氏之时，画衣冠、异章服以为戮，而民弗犯"，即今文《书》说也。（《经子解题·荀子》）

徐旭生："象"有刻画之意。就是说，把五种不同的刑罚公布出去，以示儆戒。（《尧舜禹·帝舜》，载《文史》第39辑）

马持盈：象以典刑，用法要以正常的刑律。象，法也。典，正常的。或解释"象"字为象征性的，如荀子所谓"古之刑法，异其服色，以示耻辱也"。如《白虎通》所谓"治古无肉刑而有象刑"。(《史记今注·五帝本纪》)

陈蒲清：象以典刑，把正常的刑律刻在器物上。象，刻画。典，常。有人把"象"解释为刑罚的象征性，即并没有真正受到刑罚的人，或处罚较轻。(见王利器主编《史记注译·五帝本纪》)

金景芳、吕绍纲：此句古人有不同的解释，而以《尚书大传》的说法最为得实。……它把经文"象以典刑"直接简称为"象刑"，象刑的具体内容，简言之就是用改变罪人衣冠服饰以及鞋的办法代替肉刑。(《〈尚书·虞夏书〉新解·〈尧典〉新解》)

又：《尔雅·释诂》："典，常也。"典刑，常用之刑，即所谓五刑。五刑的共同特点是戕害罪人的肉体。《易·系辞传》："象也者，象此者也。"又："象也者像也。""象以典刑"或者说"象刑"的意思就是用效法、象征的手段施行五种常用的刑罚，亦即用象征肉刑的办法代替肉刑。《尚书大传》郑玄注云："纯，缘也。时人尚德义，犯刑者但易之衣服，自为大耻。屦，履也。幪，巾也。使不得冠饰。《周礼》罢民亦然。上刑易三，中刑易二，下刑易一，轻重之差。"郑注的解释是正确的。(同上)

【汇评】

荀　子：世俗之为说者曰："治古无肉刑而有象刑。"……是不然。以为治邪？则人固莫触罪，非独不用肉刑，亦不用象刑矣。以为人或触罪矣，而直轻其刑，然则是杀人者不死，伤人者不刑也。罪至重而刑至轻，庸人不知恶矣。乱莫大焉。凡刑人之本，禁暴恶恶，且(惩)其未也。杀人者不死，而伤人者不刑，是谓惠暴而宽贼也，非恶恶也。故象刑殆非生于治古，并起于乱今也。治古不然。(《荀子·正论篇》)

如　淳：古无象刑也。所有象刑之言者，近起今人恶刑之重，故遂推言古之圣君，但以象刑天下自治。(见《汉书·刑法志》注)

沈　颜：舜禹之代，象刑而人不敢犯。言象刑者，以赭以墨染其衣冠，异其服色，凡为三等。及秦法苛虐，方用肉刑，锯凿笙扑，楚毒毕至。而人犯愈多，俗益不治，其故何也？非徒上古淳朴，人易为化，亦由圣智玄远，深得其理故也。夫法过峻则犯者多，犯者多则刑者众，刑者众则民无耻，民无耻则虽日劓之、刖之、笞之、扑之，而不为畏也。……凡民之心，知恣其所为，而不知戒其所失，今辱而笞之，不足以为法也。何者？盖笞绝则罪释，痛止则耻灭，耻灭则复为其非矣，故不足以为法也。虞舜染其衣冠，异其服色，是罪终身不释，耻毕世不灭，岂特己以为耻也，人之见之者，皆以为耻也，皆以为戒也。愚故曰：非徒上古淳朴，人易其化，亦由圣智玄邈，深得其理故也。(《象刑解》，见《涵芬楼古今文钞》卷十)

陈　经：象以典刑，舜于此始轻刑也。《吕刑》曰：刑罚世轻世重，自尧至舜，民尽于变，俗皆可封。罔干予正，不犯有司，则刑可措矣。于是制为轻刑，以待其有时而丽于法。若下文所谓鞭朴赎是也。典刑，谓墨、劓、剕、宫、大辟之常刑也。常刑既不用，则象以示乎民。然则舜以流鞭朴赎而轻其五刑，则五刑可以去矣。曷为象示乎民？盖民习乎刑之重，耳之所闻、目之所见者在是，一旦而骤去之，得无启奸人之心，而自去其隄防也哉？于是象示乎民，使知所畏而不敢骤去，于是尤见圣人思虑周密，其爱民之至如此。（《尚书详解》卷二《舜典》）

金景芳、吕绍纲：古人常把"象刑"说成"画象"，因而后世便有人说"象以典刑"是把五刑的形象画到器物上，让人们望而生畏，不敢犯罪。如曾运乾《尚书正读》说："象，刻画也。盖刻画墨、劓、剕、宫、大辟之刑于器物，使民知所惩戒。"就是有代表性的一例。这是一个很大也很重要的误解。……古人所说的"画象"就是设象刑的意思，设象刑就是用改变衣冠服饰及鞸屦正常式样使与常人不同而以此羞辱犯人的办法代替肉刑。设象刑的实质是对犯人施加精神压力而不伤及肉体。这当然是极轻的刑罚。（《〈尚书·虞夏书〉新解·〈尧典〉新解》）

又：还有一个问题须说明，既然三皇时代只用言教，不用肉刑，五帝之尧舜时代何以会有"象以典刑"之说？典刑就是五项常刑，亦即肉刑。尧舜之前迄无肉刑，怎么会产生用象征性刑罚去代替肉刑的说法。这可从两方面理解：一方面，是与当时苗民实行肉刑相对照而言。意谓苗民实行肉刑，华夏族不实行肉刑，而照着"苗民"所行肉刑的样子袥象征性的肉刑，即象刑。这有《吕刑》为证。……另一方面，《尧典》毕竟是后人所追记（我们认为是周室东迁后不久作），用词免不了带有后世的色彩。后世至夏商周三王时期肯定有了肉刑，通常谓之"五刑"，《尧典》"典刑"即指常用的五刑而言。上文引《孝经说》引孔子所说"三皇设言""五帝画象""三王肉刑"，是可信的。周时既有五刑，周人在写成《尧典》时，把舜时实行的象征性刑罚加以概括而与后世的五刑联系对照地看，实属自然。（同上）

又：尧舜时代刑罚就其手段来看，共有象刑、流刑、鞭刑、扑刑、赎刑五类，五类刑罚往往有交叉的现象，然而并行不悖。最重的当为流刑，其次是象刑，其次是鞭、扑，其次是赎刑。受象刑的人居族人之中，为人所不齿，等于被人视为"非我族类"一般。这种精神上的压力对于氏族社会的人来说，当然比鞭扑之皮肉之苦更难以忍受。（同上）

㉟【汇注】

郑　玄：五刑，墨、劓、剕、宫、辟。正刑五，加之流、宥、鞭朴、赎刑，此之谓九刑。其轻者，或流放之，四罪是也。（《尚书郑注》卷一《尧典》）

杜　佑：宥，宽也。以流放之法宽五刑。（《通典》卷一百六十三《刑制上·虞》）

裴　骃：马融曰："流，放；宥，宽也。一曰幼少，二曰老耄，三曰蠢愚。五刑，

墨、劓、剕、宫、大辟。"(《史记集解·五帝本纪》)

张守节：孔安国云："以流放之法宽五刑也。"郑玄云："三宥，一曰弗识，二曰过失，三曰遗忘也。"(《史记正义·五帝本纪》)

苏　轼：五刑，墨、劓、剕、宫、辟也。作五流之法，以宥五刑之轻者。墨，薄刑也，其宥乃至于流乎？曰：刑者终身不可复，而流者有时而释，不贤于刑之乎！(《东坡书传》卷二《舜典》)

黄　伦：张氏曰：人之罪，有加之刀锯，则为太重，有施之鞭扑，则为太轻，故于是又制五流之法，所以宥五刑之轻者而已。流如水之流也，或近或远，各因其罪之轻重而为之所也。(《尚书精义》卷三《舜典》)

史　浩：五刑，墨、劓、剕、宫、大辟。流者，屏之远方，纳之圜土，冀其自新，而不残其肢体也。(《尚书讲义》卷二《舜典》)

袁　燮："流宥五刑"，有疑者"罪疑惟轻"，故为流以宥之。(《絜斋家塾书钞》卷一《舜典》)

金履祥：朱子曰：所谓墨、劓、剕、宫、大辟，五刑之正也。所以待夫元恶大憝。杀人、伤人、穿窬、淫邪，凡罪之不可宥者也。流遣之使远去。宥，宽也，所以待夫罪之稍轻，虽入于五刑，而情可矜，法可疑与夫亲贵勋劳而不可加以刑者，则以此而宽之也。(《书经注》卷一《舜典》)

郝　敬：流，放窜也。宥，宽减也。五刑，墨、劓、剕、宫、大辟，古谓之肉刑，用刀锯割截人肢体，刑之重者，本蚩尤、三苗之法。后世袭用之，说见《吕刑》，至舜始宥而易以流也。(《尚书辨解》卷一《尧典》)

周　祈：古五刑，墨、劓、膑、宫、大辟。墨，黥面；劓，割鼻；膑，去膝盖骨；宫，男子去势，妇女幽闭；大辟，死刑。皋陶改膑为剕，去足肚；周改为刖，去趾。汉文帝定律，诸当黥者，钳为城旦舂；当劓者，笞三百；当刖左趾者，笞五百；刖右趾已论而复有笞罪者，弃市；宫与大辟犹故也。北魏文帝诏应宫刑者，直没官，于是宫刑始除矣。唐玄宗令应斩者重杖流岭南，于是大辟亦除矣。今人以除肉刑美汉文，而不知北魏文帝之贤也。知肉刑当除，而不知大辟终不可废也。(《名义考》卷七《五刑》)

又：宫，次死之刑。男子割势，妇人幽闭。男女皆下蚕室。蚕室，密室也。又曰荫室，隐于荫室，一百日乃可，故曰隐宫。割势若犍牛然，幽闭若去牝豕子肠，使不复生，故曰次死之刑。或疑幽闭为禁锢，则视劓剕反轻，岂能以荫室终身哉？自北魏文帝除后，其法遂泯，惟割势为阉人进身之阶，甘自蹈之矣。(《名义考》卷七《宫刑》)

张　英："流宥五刑"一句，五刑之疑者也。(《书经衷论》卷一《舜典》)

崔　述："象以典刑，流宥五刑"，刑之大者也。"五刑"，《吕刑》所述"墨、劓、剕、宫、大辟"是也。刑重则流远，刑轻则流近，故刑有五，流亦有五，后章所称"五刑有服，五流有宅"是也。当刑而宥之者，《蔡传》所谓"情可矜，法可疑，与夫亲贵勋劳而不可加以刑者"是也。（《崔东壁遗书·唐虞考信录》卷二《舜相尧·刑有大小常变之分》）

金景芳、吕绍纲：五刑古人大体有二说：一从伤害人体部分划分。大辟，杀头；宫，去势；膑，去足；劓，去鼻；黥，刺面。《白虎通·五刑》《周礼·司刑》《汉书·刑法志》《尚书·吕刑》大体同为此说。一从伤害的不同手段划分。《国语·鲁语上》记臧文仲云"大刑用甲兵，其次用斧钺，中刑用刀锯，其次用钻笮，薄刑用鞭扑，以威民也"即是。《周礼·司刑》贾公彦疏引郑玄注《尧典》云："正刑五，加之流宥、鞭、朴、赎刑，此之谓九刑者。"《左传》文公十八年史克有周公制周礼"有常无赦，九刑不忘"之说，其"九刑"似亦指《尧典》之五正刑加流宥、鞭、扑、赎刑。其实《尧典》郑注说的五正刑（墨、劓、剕、宫、大辟）和臧文仲说的五刑，实不抵触。依古人不同事实可合而数称之的行文惯例，如果将二者统称十刑亦未尝不可。而且按照《鲁语上》韦昭注的说法，"割鼻用刀，断截用锯，亦有大辟"，"钻，膑刑也；笮，黥刑也"，两种五刑，实质一致。（《〈尚书·虞夏书〉新解·〈尧典〉新解》）

又："流宥五刑"之"流宥"二字当是一个词，表达一个意思，即流放。"流宥"二字，流是主要的，宥字是次要的，仅起陪衬的作用。流放而配以宥字，反映周人的思想。其实在氏族制的尧舜时代，最大最重的刑罚是流放，即驱逐出本血缘团体氏族、部落之外，使在异族中生活，根本不需要有什么"三宥"的理由。（同上）

又："流宥五刑"一句的实质性意义在于说明舜时除有"象刑"之外，还有流刑。"流刑"与"象刑"五种并行不悖。如《白虎通·五刑》说的以"布衣无领"象征大辟，以外还有一种流刑。流刑代替大辟，何以云"流宥五刑"呢？这是由于古人行文习惯所致，上云"象以典刑"，下云"流宥五刑"，以使典刑与五刑相对成文。从字面上看，似乎墨、劓、剕、宫、大辟五刑都可减为流刑，其实不是。一则五刑皆可通过象刑表现，二则在氏族社会根本不存在真正的肉刑，只有象刑，不须再宽减，况且五刑之前四刑在当时都不比流刑为重。总而言之，"流宥五刑"不过是说舜时除象刑外，另有流刑。（同上）

【汇评】

黄　伦：荆公曰：先王以为人之罪，有被之五刑为已重，加之以宥、鞭、扑为已轻。已轻则不足以惩，已重则吾有所不忍，于是又为之制五流之法，以宥五刑之轻者。此则先王之仁，以鞭扑五刑，为未足以尽出入之差故也。（《尚书精义》卷三《舜典》）

又：杨氏曰：昔舜命皋陶作士，而曰"五刑有服，五服三就，五流有宅，五宅三居"者，凡以用刑，有就轻，有就重，有就轻重之中，宅流有居，近有居，远有居，远近之中，凡以宥五刑之轻者而已。且先王制刑，有墨、劓、剕、宫、大辟，此五刑也，自此而下，有鞭作官刑，以治在官者焉，有扑作教刑，以治在学者焉。苟惟人之有罪，有被之五刑为已重，加之鞭扑为已轻。已重则在此者，有所不忍，已轻则在彼者，有所不畏，于是又为之五流之法，以宥五刑之轻焉。于戏盛哉！其谓之祥刑，谓之明刑者，职此之由耳。（同上）

陈　经：流宥五刑者，宥，宽也。设为五流之法，以宽其五刑，随其情而为之远近也。在官者之刑，以其罪未入于五刑，则为鞭以警之。教者之刑，以其罪未入于五刑，则为之扑以警之。情之可疑者，置之刑则不忍，释之则不可，于是乎有金以赎之，随其罪而为之轻重多寡，《吕刑》所谓百锾、千锾之类是也。（《尚书详解》卷二《舜典》）

郑伯熊："象以典刑"，舜嗣位之初，巡狩既毕，即首制刑书，何也？曰：始轻刑也。古之世惟肉刑而已。圣人之于斩、割、杀戮，岂忍也哉？民习乎重，不遽轻者，势也。时雍之世，刑措不用，于是制为轻典五流，以宥其大者。为鞭、为朴，以待其小者，犹以为未也。又为赎，以恕其情之有可矜与法之有可疑者。肉刑盖将无用矣，而不敢废也，以示民使终知所避耳。古所谓画象而民不犯者，岂虚语哉？……且四凶之恶，以孔子诛少正卯言之，宜若不可以并生，然止于流放窜殛者，盖以流宥之也。其叙四凶之罪于"象以典刑，流宥五刑"诸语，已用轻典之后，所以不杀欤！然舜之典轻矣，犹曰："惟刑之恤哉！"盖轻典亦忧其或用也。穆王之赎刑已详矣，犹曰朕言多惧者，虽赎而犹恐其或误也。呜呼！有国者何可不识此心哉！典狱者何可不识此心哉！（《郑敷文书说·象以典刑流宥五刑》）

金景芳、吕绍纲：五刑即《吕刑》和《尚书大传》说的墨、劓、剕、宫、大辟。"象以典刑"即象刑，亦即用改变罪人衣冠服履正常样式使与常人异以羞辱之的办法代替肉刑。也就是说，尧舜时代不用肉刑，而用象刑。象刑是象征性刑罚，当然比肉刑轻得多。这里又讲"流宥五刑"，怎么理解呢？古人因为句中有宥字，就以为"流宥五刑"轻于"象以典刑"，其实不然。"流宥五刑"与"象以典刑"应是并列的关系。就是说，"象以典刑"是尧舜时代解决五刑问题的一种办法，"流宥五刑"是解决五刑问题的另一种办法，无所谓轻重的问题。若论轻重，"流宥五刑"要比"象以典刑"为重。在氏族制社会，流放乃是最重的刑罚。《尚书·洪范》："鲧则殛死。"《经典释文》："殛，本又作极。"《魏志》裴松之注："《诗》云：'致天之届。'郑玄云：'届，极也。'《洪范》曰：'鲧则极死。'"孙星衍《尚书今古文注疏》案："言极之远方，至死不反。"是以鲧之大罪不过流放远方而已。说明舜时实无死刑。流即放，流与放一义，今语谓"流放"是也。（《〈尚书·虞夏书〉新解·〈尧典〉新解》）

㊱【汇注】

杜　佑：以鞭为治官事之刑。（《通典》卷一百六十二《刑制上·虞》）

裴　骃：马融曰："为辨治官事者为刑。"（《史记集解·五帝本纪》）

苏　轼：官刑，以治庶人。在官慢于事，而未入于刑者。（《东坡书传》卷二《舜典》）

黄　伦：张氏曰：鞭作官刑，所以治在官之贱者。扑作教刑，所以治在学之少者。在官、在学，皆士也。其有不率者，则为之鞭扑以治之，所以儆其怠也。（《尚书精义》卷三《舜典》）

袁　燮："鞭作官刑"，官刑，谓庶人在官者，府史胥徒之类是也。既是庶人在官，必是才智过于凡民，与田野间庶人不同，故不施肉刑，而以鞭代之。（《絜斋家塾书钞》卷一《舜典》）

金履祥：鞭，木末垂革，官府之刑。扑，夏楚，学校之刑，皆以待夫罪之轻者也。（《书经注》卷一《舜典》）

郝　敬：鞭刑，垂革条于木末，官府考讯之刑。（《尚书辨解》卷一《尧典》）

张　英："鞭作官刑"一句，五刑之外，又有此轻刑也。（《书经衷论》卷一《舜典》）

金景芳、吕绍纲：《鲁语》臧文仲所言五种刑罚手段，最轻的是鞭扑之刑，《鲁语》所谓"薄刑用鞭扑"是也。但《鲁语》所言是周代的事。舜时容或有鞭扑之刑，肯定也是有限度的，很轻的，不会像秦汉以后那样往死里抽打。比象刑要轻，比流刑尤轻。（《〈尚书·虞夏书〉新解·〈尧典〉新解》）

又："官刑"是说鞭刑的施行范围。《史记·五帝本纪·集解》引马融说："为辨治官事者为刑。"《三国志·明帝纪》诏曰："'鞭作官刑'，所以纠慢怠也。"伪孔《传》："以作为治官事之刑。"孔颖达《尚书正义》："治官事之刑者，言若于官事不治则鞭之。"《鲁语》韦昭注："鞭，官刑。"蔡沈《书集传》："鞭作官刑者，官府之刑也。"孙星衍《尚书今古文注疏》："庶人在官有禄者，过则加之鞭笞也。"《左传》关于鞭刑的记载也不少。……《左传》这些记载证明，马融、《三国志》、伪孔《传》、孔疏、韦昭注、蔡传、孙氏疏关于"鞭作官刑"之"官刑"的解释是对的。"官刑"的确是官府内部上级对下级使用的一种刑罚手段，带有很大的随意性。（同上）

又：但是有一个问题，鞭刑尽管比斧钺、刀锯、钻笮为轻，而且就其带有短暂性而言，也不比象刑那样给人长期的精神压力为重，然而它毕竟是肉刑，又是属于官府范围内的事情，尚处在氏族制时代的尧舜那里，根本没有脱离人民的官府和官吏，可能有鞭刑吗！这个问题，我们现在做不出自己满意的解释。（同上）

【汇评】

孙传能：吏治尚宽。……然则下之狃于其宽而慢弛废事者多矣。古称刑措，必曰大畏民志。曰不怒而民威于鈇钺，若不畏、不威，所谓宽则民慢，其能治乎？以性度言，喜怒不形深可尚，至于吏治弛而不张，不可为法也。（《剡溪漫笔》卷二《蒲鞭》）

㊲【汇注】

郑　玄：扑，榎楚也。扑为教官为刑者。（《尚书郑注》卷一《尧典》）

杜　佑：扑，榎楚也。不勤道业则挞之。（《通典》卷一百六十二《刑制上·虞》）

袁　燮："扑作教刑"，扑者，榎楚也，扑又与鞭不同。（《絜斋家塾书钞》卷一《舜典》）

郝　敬：扑刑，榎、楚二物，教诲戒饬之刑。（《尚书辨解》卷一《尧典》）

程馀庆：夏、楚二物，学校之刑。（《历代名家评注史记集说·五帝本纪》）

金景芳、吕绍纲：《史记·五帝本纪·集解》引郑玄注云："扑，榎楚也。扑为教官为刑者。"《礼记·学记》："夏楚二物，收其威也。"郑玄注："夏，榎也。楚，荆也。二者所以扑挞犯礼者。收，谓收敛整齐之。威，威仪也。"孔颖达疏："'夏楚二物，收其威也'，学者不勤其业，师则以夏楚二物以笞挞之。所以然者，欲令学者畏之，收敛其威仪也。"孔颖达《尧典》疏："官刑，鞭扑俱用，教刑唯扑而已，故属于教，其实官刑亦当用扑。盖重者鞭之，轻者扑之。"伪孔《传》："扑作教刑者，夏楚二物，学校之刑也。"是扑人用夏与楚两种东西。楚即荆条。夏与榎古通用。夏即榎，《尔雅·释木》："榎，山榎。"郭注："今之山楸是也。"山楸即山核桃树。学生学业不勤，教师则以荆条或楸木扑之。虽不似皮鞭抽打厉害，坚硬的荆条与楸木扑挞之痛楚亦必不轻。（《〈尚书·虞夏书〉新解·〈尧典〉新解》）

【汇评】

金景芳、吕绍纲：据"扑作教刑"一句，知舜时已有学校教育，而且采取体罚的办法教学。但是舜时究竟有没有学校呢？《礼记·学记》云："古之教者，家有塾，党有庠，术有序，国有学。"古到什么时候，没有说。《孟子·滕文公上》说："设为庠序学校以教之。庠者养也，校者教也，序者射也。夏曰校，殷曰序，周曰庠。学则三代共之。皆所以明人伦也。"肯定夏殷周三代有学校，夏之前有没有学校，也未说。但是它指明了三代学校教育的中心内容是明人伦，而据《尧典》经下文"帝曰：契！百姓不亲，五品不逊，汝作司徒，敬敷五教在宽"，知舜极重视人伦教育，命司徒专管此事。据《周礼》，司徒一职恰是掌邦教的教官，有以"乡三物"教万民的职责。夏之前即使未有学校，而人伦教育确已存在。有了教育，施以一定的强制性手段亦不无可能。（《〈尚书·虞夏书〉新解·〈尧典〉新解》）

㊳【汇注】

裴　骃：马融曰："金，黄金也。意善功恶，使出金赎罪，坐不戒慎者。"（《史记集解·五帝本纪》）

杜　佑：误而入刑，出黄金以赎。（《通典》卷一百六十二《刑制上·虞》）

苏　轼：过误而入于刑，与罪疑者，皆入金以赎。（《东坡书传》卷二《舜典》）

黄　伦：张氏曰：金作赎刑者，使之出金以赎其罪。盖五刑之有疑者，赦而从赎，《吕刑》所谓其罚百锾是也。（《尚书精义》卷三《舜典》）

金履祥：金，罚其金也；赎，赎其罪也。所以待夫罪之极轻，虽入于鞭朴之刑而情法犹有可议者也。（《御批通鉴纲目前编》卷一《七十有六载窜三苗于三危》注）

郝　敬：赎刑，小过使纳金有差，刑之最轻者，犹未赦也。（《尚书辨解》卷一《尧典》）

袁　仁：《孔氏传》云：黄金，铜也。《吕刑》其罚千锾。注曰：黄铁亦是铜，古之赎罪者皆用铜。汉始用黄金，但少其斤量，令与铜相敌。按：金通五金，古者黄金谓之荡，白金谓之银，故以铜为黄金，今宜直注曰铜。（《尚书蔡注考误》）

张　英："金作赎刑"一句，轻刑之中又有当轻者也。（《书经衷论》卷一《舜典》）

姚　鼐：余谓"赎"者，情尤轻于当流者也。（《惜抱轩笔记》卷一《金赎》）

崔　述："鞭作官刑，扑作教刑，金作赎刑"，刑之小者也。官刑者，在官之人因官事而得罪；教刑者，居学校而不率师长之教训；赎刑则常人之犯小罪者。三者皆不丽于五刑，故不残其肢体，不流之远方。然纵之不问，势必至于无所忌惮，以病人而妨政，故以此三者惩之也。（《崔东壁遗书·唐虞考信录》卷二《刑有小大常变之分》）

又："金作赎刑"，伪孔《传》通承上文而言，谓"误而入刑，出金以赎罪"。《蔡传》但承上两句而言，谓"所赎者官府学校之刑"（《吕刑》篇题下），盖罪之极轻，虽入于鞭扑之刑而情法犹有可议者也（《舜典》本文下）。余按：此章文云"象以典刑，流宥五刑"，则是流与五刑相表里，五刑有当宥者则流之也。云"鞭作官刑，扑作教刑，金作赎刑"，则是五刑五流之外别有此三种刑，各用于所宜用，而与五刑不相涉也。若谓误入于五刑者以金赎罪，则文当云"流宥五刑，金赎五刑"，即所赎者官刑教刑，亦当变文以明之：皆不当言"作赎刑"，与上"作官刑""作教刑"之语文同义均，平列而为三也。且下文云"眚灾肆赦"，误入于刑非眚灾乎，何以或赦或赎而官刑教刑皆许之赎？倘有恃其多金而违误官事，不率教典者，又何以处之？（《崔东壁遗书·唐虞考信录》卷二《赎刑之义》）

又：然则此三刑者本各自为一法，不但在五刑之外，即三者亦渺不相涉也。盖官刑专以治官府，教刑专以治学校，赎刑不言所施，则为泛言可知；但所犯罪小，不丽于五刑，是以不忍残其肢体，亦或未宜加以鞭扑，故以赎为之刑，即后世所谓"罚"也。古未有罚名，故谓之赎刑耳。大抵其罪多由财物细事而起，如近世侵占田宅、攘取钱帛之属。彼惧于失金则不敢轻犯；亦有畏罚甚于畏鞭扑者，故罚之自足以止奸，不必其刑之也。不然，死者不可复生，断者不可复续，五刑非可以轻用也，而流止以宥五刑，鞭扑止用之于官府学校，则轻罪将何以治之？《传》曰："刑罚清而民服。"孔子曰："刑罚不中则民无所措手足。"然则有刑则必有罚，各视其所犯以加之，非罪当刑而可以罚代也。（同上）

程馀庆：罪之极轻者。（《历代名家评注史记集说·五帝本纪》）

陈　直：《淮南子·泰族训》云："故舜深藏黄金于崭岩之山，所以塞贪鄙之心也。"此文献中舜时有黄金之记载。又《管子》及《盐铁论·力耕篇》皆云汤以岩山之铜铸币以赎其民，此文献金作赎刑之记载，虞夏时是否已用金属及已用金属货币，尚属存疑，文献与古物相符合处，距离甚远。（《史记新证·五帝本纪》）

金景芳、吕绍纲：金是什么？《史记·五帝本纪·集解》引马融云："金，黄金也。"伪孔《传》说同。《尚书·吕刑》："其罚百锾。"伪孔《传》："锾，黄铁也。"二者都是讲赎罪，一云黄金，一云黄铁，而且铁明明是黑色，却言黄铁，这是为什么？《尔雅·释器》："黄金谓之璗。"又："白金谓之银。"是黄金白银都叫金。……孔颖达疏云："此传'黄金'，《吕刑》'黄铁'，皆是今之铜也。"王鸣盛《尚书后案》："马云'金，黄金也'者，谓铜也。《禹贡》'金三品'，郑云'铜三色'，是铜，赤金，古赎罪用铜也。"按：孔疏、王案之说是。古人云"黄金"，所指就是铜，马融、伪孔说不误。用真正的黄金赎罪是汉及汉以后事。（《〈尚书·虞夏书〉新解·〈尧典〉新解》）

又：《史记·五帝本纪·集解》引马融云："意善功恶，使出金赎罪，坐不戒慎者。"《潜夫论·述赦篇》："'金作赎刑''赦过宥罪'，皆谓良人吉士时有过误，不幸陷离者尔。"《国语·齐语》："小罪谪以金分。"韦昭注云："小罪，不入于五刑者。以金赎（按：赎当作分），有分两之差，今之罚金是也。《书》曰：'金作赎刑。'"伪孔《传》："误而入刑。"孔《疏》："过失杀伤人。"蔡沈《书集传》："赎，赎其罪也。盖罪之极轻，虽入于鞭扑之刑，而情法犹有可议者也。"是知可以金赎之罪，须人是好人，罪是小罪，且犯罪是出于不戒慎。孙星衍《尚书今古文注疏》据郑玄《驳五经异议》"赎死罪千锾"之说，以为死刑也可赎。郑玄所云乃汉代情况，不足以证舜时死刑可赎。因为舜时实际上无死刑。（同上）

【汇评】

金景芳、吕绍纲：尧舜之时能否有赎刑，赎刑是否用铜。梁启超《古书真伪及其年代》言及"金作赎刑"时说："金属货币是周朝才有的东西，当然不应在尧舜的书上发现。"梁氏意谓"金作赎刑"是周代的事，是周人追记《尧典》时加进去的。铜作为交易之货币固然是以后的事，但是铜作为兵器，据文献记载，出现却很早。……是蚩尤之时已用铜制兵器。铜虽尚未产生交换价值，不能作为货币使用，却有很大的使用价值。用它赎罪，是可能的。《管子·中匡》："甲兵未足也，请薄刑罚，以厚甲兵。于是死罪不杀，刑罪不罚，使以甲兵赎。死罪以犀甲一戟，刑罚以胁盾一戟。过罚以金钧。无所计而讼者，成以束矢。"《淮南子·氾论训》说同。以兵器作赎刑，是春秋时代确有之事，那么尧舜时代既已有铜，又有战争，"金作赎刑"的"金"用作兵器，也并非不可能。此可解梁氏周朝以前无金属货币因而不可能"金作赎刑"之疑。尧舜时代尚无明显的私有财产，连同人本身在内的一切东西都属于氏族、部落。赎刑，犯罪通常是个人的，而赎刑的过程应当在氏族与氏族或部落与部落之间进行。一人犯罪，要由他的氏族或部落负责赎刑。这是三代以后人难以理解的事情。(《〈尚书·虞夏书〉新解·〈尧典〉新解》)

㊉【汇注】

陈泰交：过者，不识而误犯也。(《尚书注考》)

张　英："眚灾"二句，又原其情之故误而权衡轻重于其间也。(《书经衷论》卷一《舜典》)

朱之蕃：钟兆斗曰：按《书·传》云：眚谓过误，灾谓不幸。(见《百大家评注史记》卷一《五帝本纪》)

㊵【汇注】

裴　骃：郑玄曰："眚灾，为人作患害者也。过失，虽有害则赦之。"(《史记集解·五帝本纪》)

黄　伦：张氏曰：眚灾肆赦者，所以宥过也；怙终贼刑者，所以刑故也。《康诰》曰：乃有大罪，非终，乃惟眚灾适尔。既道极厥辜，时乃不可杀，此眚灾肆赦之谓也。人有小罪非眚，乃惟终自作不典，不可不杀，此怙终贼刑之谓也。(《尚书精义》卷三《舜典》)

袁　燮：无目者谓之眚。言小民无知，误触刑宪，非其本情，有如眚者，如此者直赦之。(《絜斋家塾书钞》卷一《舜典》)

金履祥：朱子曰：眚谓过误，灾谓不幸。若人有如此而入于刑，则又不待流宥金赎而直赦之也。(《书经注》卷一《舜典》)

郝　敬：过误为眚，不幸为灾，则纵肆舍赦之，并赎亦免矣。所以然者，无非企民之令终耳。(《尚书辨解》卷一《尧典》)

王叔岷：案：《尧典》作"眚灾肆赦"。伪孔《传》："眚，过。"灾，籀文烖。烖借为菑。(《庄子·人间世篇》："命之曰菑人。"《释文》："菑音灾。"即二字通用之例。)《说文》:"甾,才耕田也。"(才,旧误"不"。据王念孙《广雅疏证》卷十上引改。)又云:"才,草木之初也。"是甾有初、才义。《尔雅·释诂》:"肆,故也。"史公说肆为过,过亦故也。(《庄子·寓言篇》:"请问其过。"《道藏》王元泽《新传》本、元《纂图互注》本、世德堂本"过"并作"故",即二字通用之例。)《书·无逸》:"肆中宗之享国,七十有五年。"《鲁世家》"肆"作"故"。史公于彼文说肆为故,于此文说肆为过,其义一也。"眚灾过赦"犹言"过甾故赦",谓过初犯故赦也。(《史记斠证·五帝本纪第一》)

金景芳、吕绍纲:孙星衍《尚书今古文注疏》眚灾为月食说。意谓一旦发生月食,人君就要省刑、赦罪。他据《左传》庄公二十五年"非日月之眚不鼓",杜注"眚犹灾也",以及《乾象通鉴》引《尚书纬》曰"当赦不赦,月为之食",《开元占经》引石氏曰"若月行疾则君刑缓,行迟则君刑急,故人君月有变则省刑。《书》曰'眚灾肆赦'"等材料,相信眚灾是月食,天上发生月食,地上人君就要赦罪。这一说法显然不可信据。第一,从历史发展上说,灾异说产生于春秋战国,兴盛于汉代,尧舜时代无此思想。第二,从训诂上说,日月之食固然可谓之眚,但是眚不仅仅是日月之食。第三,从经上下文看,下句"怙终贼刑"是讲人,上句"眚灾肆赦"亦应是讲人。若是讲灾异,则不合古人行文的习惯。除此之外,各家理解亦有分歧。《史记·五帝本纪》肆字作过,郑玄本亦如此。《集解》引郑玄注云:"眚栽,为人作患害者也。过失,虽有害则赦之。"栽,古文灾字。郑氏说是根据《康诰》"人有小罪非眚,乃唯终,自作不典,式尔,有厥罪小,乃不可不杀。乃有大罪,非终,乃唯眚灾,适尔既道极厥辜,时乃不可杀"而来。《康诰》此段经文约而言之,大意谓人犯小罪,未造成灾害,但他坚持不改,怙恶不悛,不能不杀。人犯大罪,但是能改正,纵使造成一定的灾害,也可不杀。(《〈尚书·虞夏书〉新解·〈尧典〉新解》)

【汇评】

高　拱:或问"赦"。曰:赦甚害事,有国者亦明刑而已矣,何赦为?何言之?曰:刑不清而恃赦,则平日之戕良也多;刑清而徒以赦,则今(日)之纵恶也大。每见赦后,亡命之无赖在配所者皆还,旧恶不悛,一时里间甚受其害,是放虎狼蛇蝎为仁,而不计其所伤之众也。……《书》曰:"眚灾肆赦。"不然乎?曰:过者,无心之误,眚即过也。灾谓出于不幸者也,故赦之。《书》又曰:"宥过无大,刑故无小。"夫苟过虽大必宥,苟故虽小必刑。固非不问过与故而咸赦除也。且赦过者无日不然,亦非数载而偶一行也。是故赦过者虽无日不然,而犹恐其少;赦故者虽数载一行,而犹病其多。(《本语》卷六)

㊶【汇校】

裴　骃:徐广曰:"[终]一作'众'。"(《史记集解·五帝本纪》)

【汇注】

陈泰交：终，谓再犯。（《尚书注考》）

又：杀人曰贼。（同上）

王叔岷：案："怙"借为"辜"，《尔雅·释诂》："辜，罪也。"于省吾《尚书新证》云："贼从则声，贼、则古通。""怙终贼刑"犹言"罪终则刑"，谓罪不改则刑也。徐广引一本"终"作"众"，或存《史记》之旧亦未可知。史公盖以众说《尧典》之终。（终、众古通，《仪礼·士相见礼》："众皆若是。"郑玄注："今文众为终。"《礼记·祭法》："尧能赏均刑法以义终。""以义终"犹言"以宜众"也。）"怙众贼刑"犹言"罪多则刑"耳。《说文》："众，多也。"（《史记斠证·五帝本纪第一》）

㊷【汇注】

郑　玄：怙其奸邪，终身以为残，贼则用刑之。（《尚书郑注》卷一《尧典》）

杜　佑：眚，过也。灾，害也。贼，杀也。过而有害，当缓，赦也。怙奸自终，当刑杀之。（《通典》卷一百六十二《刑制上·虞》）

苏　轼：《易》曰："无妄行，有眚。"眚亦灾也。眚灾者，犹曰不幸，非其罪也。肆，纵也。《春秋》"肆大眚"，是也。怙，恃也，终不改也。贼，害也。不幸而有罪，则纵舍之，恃恶不悛以害人，则刑之。（《东坡书传》卷二《舜典》）

袁　燮：至于怙终者，为恶不悛，诚不可赦，然后加之以刑。前面象以典刑亦未曾用至如此，则有所不赦矣。（《絜斋家塾书钞》卷一《舜典》）

金履祥：朱子曰：贼，杀也。怙终贼刑者，怙为有恃，终为再犯，若人有如此而入于刑，则虽当宥、当赎亦不许其宥，不听其赎，而必刑之也。（《书经注》卷一《舜典》）

郝　敬：至终不肯悛，或恃上之宽，或凭己之狡，或一人而屡犯，或他人而故作，是有心怙终为贼而已，贼则杀，离其身首。鞭扑不足，金不赎，赦不及矣。（《尚书辨解》卷一《尧典》）

姚　鼐："怙终贼刑"，郑注："谓其人终身为残贼则刑之。""贼"字读属"怙终"者。说伪孔："贼，杀也。"言刑杀怙终之人，此解胜郑矣，而义未尽。盖"贼"止是伤残之义，肉刑皆贼，不独杀也。《左传》"亡人得贼者"言被伤残也，同此解。（《惜抱轩笔记》卷一《书·怙终贼刑》）

崔　述："眚灾肆赦，怙终贼刑"，刑之变也。刑之事以施罪，刑之意以止恶，故论其事尤论其心。非其心之所欲，时势所迫，不得已而误陷于罪，从而刑之，则民无所措其手足，故赦之——《康诰》所谓"适尔，时乃不可杀"者也。怙恶不悛，恃法之止于是而故屡犯之，以常罪罪之，则不足以止奸而善良罹其毒，故贼之——《康诰》所谓"自作不典，式尔，乃不可不杀"者也。（《崔东壁遗书·唐虞考信录》卷二《刑

有大小常变之分》）

俞正燮：舜制"象以典刑，流宥五刑，鞭作官刑，扑作教刑，金作赎刑，眚灾肆赦，怙终贼刑"。枚采马、王，则云："贼，杀也。怙奸自终，当刑杀之。"其言甚陋，杀怙终之人，岂当自名为贼？宋范镇云："舜五刑，流也，官也，教也，赎也，贼也。赎岂得谓之刑？刑岂可谓之贼？"又云："流宥五刑者，舜制五流以宥三苗之劓、刖、腓、宫、大辟也。"按苗民淫为劓、刵、椓、黥，见于《吕刑》。其作五虐之刑，乃依古作法，虐用以制民，不得谓刖、腓、宫、大辟，苗制而舜宥之。盖怙终贼刑者，怙恃奸诈之人，终行不改之人，杀人不忌之人，不在宥赎之列，当刑之。《左传》昭公十四年，叔向云：己恶而掠美为昏，贪以败官为墨，杀人不忌为贼。《夏书》曰："昏、墨、贼、杀，皋陶之刑也。"贼，即叔向所引之贼，刑即叔向所引之杀，不当以贼杀连文生义也。（《癸巳类稿》卷一《怙终贼刑解》）

程馀庆："眚栽过，赦；怙终贼，刑。"眚，过误。栽，不幸。怙，有时。终，再犯。贼，杀也。二句或由重而即轻，或由轻而即重，盖用法之权衡，所谓法外意也。（《历代名家评注史记集说·五帝本纪》）

金景芳、吕绍纲："怙终贼刑"，《集解》引郑玄云："怙其奸邪，终身以为残贼，则用刑之。"此句之解与上句一样，都取《康诰》经义。郑玄对这两句话的解释，大意是这样的：人犯了罪，造成一定的患害，有了过失，但是他能改正，不再犯，对这样的人应当赦免。人犯了罪，或许并未造成太大的患害，但是他怙恶不悛，屡教不改，终身做残贼之人，对这样的人必用刑。上下两句互文见义。上句有无怙终之义，下句有无眚灾或小眚灾之义。郑玄的解释是正确的。中华书局点校本《史记》断作："眚灾过，赦；怙终贼，刑。"说明点校者也赞成郑说。（《〈尚书·虞夏书〉新解·〈尧典〉新解》）

【汇评】

陈　忠：臣闻轻者重之端，小者大之源，故堤溃蚁孔，气泄针芒，是以明者慎微，智者识几。《书》曰：小，不可不杀。（见《后汉书·陈忠传》）

王　符：《尚书·康诰》："有厥罪小，乃不可不杀。"言恶（旧本作"恐"）人有罪虽小，然非以过差为之也。乃欲终身行之，故虽小，不可不杀也。何则？是本顽凶，思恶而为之者也。乃有大罪，匪终，乃惟眚哉。适尔，既道极厥罪，时亦不可杀。言杀人虽有大罪，非欲以终身为恶，乃过误尔，是不杀也。若此者，虽曰赦之可也。"金作赎刑"赦作宥罪，皆谓良人吉士，时有过误，不幸陷离者尔。（《潜夫论·述赦》）

时　澜：贼刑者，戕贼之刑，古之所谓肉刑也。夫肉刑之制，自后世观之，疑古人立法之不仁矣，胡不考舜制刑之本心，象以示之，复开流宥之门，施鞭扑之宽，又继之以眚灾肆赦，可谓待之以君子长者之厚矣。有怙终之人，然后不得已而有贼刑焉。

以此见唐虞虽有五刑，本未尝用，至于长恶不悛而后用也。然则舜有肉刑之制，乃所以深爱天下后世也。(《增修东莱书说》卷二《舜典》)

崔　述：按：刑所以弼教，非以示威，故论其事，尤论其情。眚灾而不赦，则人无所措其手足；怙终而不杀，则奸猾之人恃法之止于此而恣行无所忌。圣人所以分别而宥之惩之也。尧、舜以此立法，而武王复以之诰《康叔》，信乎先圣后圣其揆一也。后世不复论心，而但据其迹以定罪，于是刑网日密，眚灾者不得赦而怙终者不必杀，强暴得以长其恶而贤哲或反罹于法。至于里巷之间，横逆之人，欺良懦，陵孤寡，为一方之大害，然按其罪皆不至于死，而他人之为所困厄、饥寒、忧病，以致陨其生者，不可以枚举；而且一人行之，众人效之，闾阎由此日穷，风俗由此日坏。况于官吏之弄权窃柄而上下其手者乎！甚矣圣人之制之宽猛各得其宜也！(《崔东壁遗书·考古续说》卷一《附刑法同异考·论情重于论事》)

㊸【汇注】

黄　伦：张氏曰：钦者，敬之至，恤者，忧之深。重言"钦哉"，尤当钦其钦，而不敢忽也。曾子曰"如得其情，则哀矜而勿喜"。《吕刑》曰"哀敬折狱"，则古人之于刑，未尝不钦恤之矣。(《尚书精义》卷三《舜典》)

张　英："钦哉"二句，总言慎刑之心，有加无已也。(《书经衷论》卷一《舜典》)

许　谦：《尧典》四"钦"字，《舜典》亦四"钦"字，"钦明文思"，史臣颂尧之全德也。"钦哉，钦哉"，史臣颂舜用刑之善也。余五"钦"则戒人。是皆尧、舜躬行心得之余，措诸人者也。尧、舜之圣，亦唯钦而已矣。读二典者之所当知，而日用之所当先也。(《读书丛说》卷二《舜典》)

㊹【汇注】

裴　骃：徐广曰："今文云'惟刑之谧哉'。《尔雅》曰'谧，静也'。"(《史记集解·五帝本纪》)

司马贞：注"惟刑之谧哉"，按：古文作"恤哉"，且今文是伏生口诵，𫇶谧声近，遂作"谧"也。(《史记索隐·五帝本纪》)

王叔岷：案：《索隐》引古文《尚书》作"恤哉"，而云"𫇶、谧声近"，则"恤哉"当作"𫇶哉"。《书钞》四三引《书》(《尧典》)亦作"𫇶哉"，存古本之旧。(《《盘庚》"永敬大恤"，《多士》"罔不明德恤祀"，敦煌本"恤"并作"𫇶"，与此同例。)徐广引今文作"谧哉"，𫇶、谧声近相通；史公说𫇶为静，其义亦同。𫇶、谧、静，并有慎义。《尔雅·释诂》："慎、谧，静也。"慎、谧并训静，静与慎同义；则谧亦与慎同义，𫇶亦与慎同义矣。"惟刑之静哉"犹云"惟刑之慎哉"(参看王氏《述闻》)。(《史记斠证·五帝本纪第一》)

陈蒲清：钦，慎重的意思。唯刑之静，静刑，希望减少用刑。今文《尚书》作"惟刑则谧"，古文《尚书》作"惟刑之恤"。"钦哉"三句，当是帝舜勉励百官的话。（见王利器主编《史记注译·五帝本纪》）

金景芳、吕绍纲：《尔雅·释诂》："钦，敬也。"敬，做事严肃认真。……《集解》引徐广曰："今文云'惟刑之谧哉'。《尔雅》曰：'谧，静也。'"段氏《撰异》云："《史记》作静者，以故训易其字，使读者易通。谧训静，故易为静也。若古文作卹，亦是静慎之意。"又云："卹、恤与谧、溢皆同部相假借，皆谓慎静。盖静、慎意得交通，未有心气不静而可谓之慎者，未有能慎而浮妄之动不除不貊然宁静者。卹、谧皆谓慎刑，无二义也。方兴伪传训忧，误矣。……"全句意谓舜告诫说，你们可要认真又认真啊！刑罚这种事情最为重要的就是要冷静审慎。伪孔《传》释恤为忧，恤固有忧义，然而在此训慎、静为长。（《〈尚书·虞夏书〉新解·〈尧典〉新解》）

【汇评】

黄　伦：陈氏曰：古人有言曰：立大事必用斧钺，立大事不用斧钺，惟至敬者能之。舜之本心，钦谨在上，欲天下各安其所，而五刑不用。不幸而有败常乱俗者，舜不得已而用刑，则是舜之所忧也。恤，忧也。孔子曰：修已以安百姓，尧舜其犹病诸！夫惟不得已而用刑，则民有不安者矣，民之有不安，宜舜之所以忧也。（《尚书精义》卷三《舜典》）

时　澜：而曰"惟"者，见恤刑之至，无以加也。（《增修东莱书说》卷二《舜典》）

金履祥：古今之言尧舜者，皆曰极治之时，而不知帝尧乃善制乱之主。何则？帝尧治天下，天下雍熙者，至是六十余年。气化可谓极盛，天下可谓极治矣。盛则必衰，惟其人事无致乱之因，故散而为子朱之不肖，洪水之横流，四罪在朝，圣人在下，是亦一乱矣。惟帝尧善于制乱。故水之为灾也，则敷治；子之不肖也，则与贤；舜禹并兴，四罪终去，所以处乱而迄不害其为治也。然则世皆以尧为极治之主，愚独谓尧舜皆善治乱之君，后之为君者无徒曰气数云。（《书经注》卷一《舜典》）

王充耘：圣人之制刑有定法，而其用刑无忽心。夫刑者天之所以讨有罪，虽圣人有所不容废也。故重而五刑，宽则有流，轻焉鞭扑，宽则有赎，误犯者不待流赎而遂赦，不悛者不听流赎而必刑，或重或轻，或操或舍，截有定叙而不紊者，立法之道也。然刑特以讨有罪，使民有所畏而不敢犯耳，非恃之以求逞也。故法虽有定，而钦恤之意，行乎其间者则无穷，圣人岂忍于用刑也哉？死者不可复生，断者不可复续，一失其当，则民无所措手足矣。故明于立法者，所以奉天讨不易之定理，而谨于用法者，所以见圣人好生之本心，二者并行而不悖也。（《书义主意》卷一《舜典》）

郝　敬：史臣赞舜好生之心，是制刑之本也。共工、驩兜、三苗、鲧，罪皆当五

刑,始皆流宥,至于怙终乃杀之。天下所以戴德畏威,咸心服也。(《尚书辨解》卷一《尧典》)

张　英:[象以典刑……惟刑之静哉]文止三十七字,而仁至义尽,曲折周详,不复不漏,后世刑书繁重,不能出其范围,洵化工之笔也。(《书经衷论》卷一《舜典》)

金景芳、吕绍纲:"象以典刑,流宥五刑,鞭作官刑,扑作教刑,金作赎刑,眚灾肆赦,怙终贼刑。钦哉钦哉,惟刑之恤哉"和流放四凶的记载,是中国刑法史的最早文献材料。国家出现之前,从理论上说是"谋闭而不兴,盗窃乱贼而不作"(《礼运》记孔子语)的时代,不应有刑罚。但是作为国家产生后的阶级统治手段之一的刑罚制度不可能一朝突然出现,原始氏族社会晚期必为它提供了一定的制度的和思想的条件。《尧典》恰好反映了这方面的情况。《尧典》的刑罚思想与制度具有明显的原始社会的特点。它实行象刑,用象刑代替三苗的五刑(肉刑与死刑),还有流刑和赎刑。这反映当时是血缘社会的特点。同一血缘团体内的人属于同一祖先,当然不忍刑之杀之。最大的惩罚是流放。对原始社会的人来说,被赶出氏族、部落之外,可能是难以忍受的痛苦。"金作赎刑"则反映私有制与产品交换的存在。"眚灾肆赦,怙终贼刑"和"惟刑之恤",体现重教育和慎刑的思想。周代周公旦"明德慎罚"和孔子强调的"刑罚中"的思想盖渊源于此。(《〈尚书·虞夏书〉新解·〈尧典〉新解·总论》)

讙兜进言共工①,尧曰不可而试之工师②,共工果淫辟③。四岳举鲧治鸿水,尧以为不可,岳强请试之④,试之而无功⑤,故百姓不便⑥。三苗在江淮、荆州数为乱⑦。于是舜归而言于帝⑧,请流共工于幽陵⑨,以变北狄⑩;放讙兜于崇山⑪,以变南蛮⑫;迁三苗于三危⑬,以变西戎⑭;殛鲧于羽山⑮,以变东夷⑯:四罪而天下咸服⑰。

①【汇注】

张守节:讙兜,浑沌也。共工,穷奇也。鲧,梼杌也。三苗,饕餮也。《左传》云"舜臣尧,流四凶,投诸四裔,以御魑魅"也。(《史记正义·五帝本纪》)

郑　樵:共工氏在伏羲之后,专任知刑,以水德,居木火之间,霸而不王,亦以水纪官。《周语》曰:共工欲壅防百川,堕高堙庳,以害天下。皇天弗福,庶民弗佑,是以灭亡。贾逵曰:共工,诸侯也。炎帝之后,姜姓。高阳氏衰,共工与高辛争而王。《归藏启筮》曰:共工人面蛇身朱发。《淮南子》曰:共工之力,触不周之山,使地倾东南，与高辛争，而帝遂潜于渊。又曰：舜时，有共工振滔洪水，以薄空桑。《文子》曰：共工水害，颛帝诛之。荀卿曰：禹伐共工。据此所言，皆不足信。然共工氏当始于伏羲之后，子孙承传，以至尧舜之世，皆谓之共工氏。（《通志》卷二《帝喾》）

吕　柟：问：象恭滔天者何？曰言共工之象恭，虽天且漫也。讙兜何以举之？曰：其党也。（《尚书说要》卷一《尧典》）

陈士元：驩兜一作讙兜，一作驩兠，一作驩头。帝鸿之后，缙云氏不才子浑沌也。共工，少昊氏不才子穷奇也。……又按《神异经》云：南方荒中有人焉，人面鸟喙，有翼，两手足扶翼而行，食海中鱼，为人狠恶，不畏风雨，兽犯死乃休，名曰驩兜。西北荒有人焉，人面，朱髯，蛇身，人手足，而食五谷禽兽，顽愚，名曰共工。（《孟子杂记》卷三《辨名》）

翟云升：共工氏，师古曰：共读曰龚，下皆类此。《左传》昭十七年，共工氏以水纪。注：共工，以诸侯霸有九州者，在神农前，太昊之后。《家语》《五帝德》正作龚工氏。（《校正古今人表》第二《共工氏》）

孙国仁："讙兜"，仁按：《山海经》作讙头。《左传·正义》作鹓吺，古字音同，皆可通假，犹浑敦作混沌、混伅也，梼杌作梼机也。惟《虞书》同。又《博物志》有讙兜国。《汉书人表略校·讙兜》）

② 【汇校】

［日］水泽利忠："尧曰不可"，南化、枫、梅、狩、野、高、中彭、中韩无"曰"字。（《史记会注考证附校补·五帝本纪第一》）

【汇注】

张守节：工师，若今大匠卿也。（《史记正义·五帝本纪》）

③ 【汇注】

太子晋：古之长民者，不堕山，不崇薮，不防川，不窦泽。……昔共工氏弃此道也，虞于湛乐，淫失其身。欲壅防百川，堕高堙庳，以害天下。皇天弗福，庶民弗助，祸乱并兴，共用灭。（《国语·周语下》）

刘　安：舜之时，共工振滔洪水，以薄空桑。龙门未开，吕梁未发，江淮通流，四海溟涬，民皆上丘陵，赴树木，舜乃使禹疏三江五湖，辟伊阙，导瀍、涧，平通沟陆，流注东海，鸿水漏，九州干，万民皆宁其性，是以称尧舜以为圣。（《淮南子》卷八《本经》）

颜师古：文颖曰：共工，主水官也。少昊氏衰，秉政作害，颛顼伐之。本主水官，因水行也。师古曰：共读曰龚。（《汉书注·刑法志》）

张守节：匹亦反。（《史记正义·五帝本纪》

罗　泌：共工氏，羲氏之代侯者也。是曰康回。髦身朱发，蚹狠明德，任智自神。

太昊氏没,俶乱天常,窃保冀方,抢攘为杰,于是左概介丘,右彎终隆。振滔洪水,以薄空桑。寇剧于诸侯,虐弱以逞。爰以浮游为卿,自谓水德,故为水纪。官师制度,皆以水名,盖乘时鹊起而失其纪,是以后世不得议其世也。方其君国也,专以财利贸兴,有亡其取之也。水处十七而陆处十三,乘天势以隘制天下而用不匮。追其跋扈,更复虐取,任刑以逞,人不堪命。于是立兵仗,聚亡义,以奸天宪,专任浮游,自圣其智,以为亡可臣者,故官圹而国日乱。民亡所附,贤亡所从。尚虞湛乐,淫失其身。犹欲冯怒傺其悍,塞壅防百川,堕高闉卑,率方舆而潮陷之,行违皇乾,诸福弗畀,疾荐作而灾屡臻。(《路史·后纪二·共工氏传》)

④【汇评】

朱之蕃：王安石曰：鲧之治水虽方命圮族,而其才则群臣皆莫及。然则舍鲧而孰使哉？当此时,禹盖尚少,而舜犹伏于下也。(见《百大家评注史记》卷一《五帝本纪》)

⑤【汇注】

高　登：四凶,小人之有才者也。尧固知之,然重违众言,或举而姑试之,或呼而姑置之,功罪未判,安得而遽去之,至舜然后绩用堕矣,罪恶彰矣,投窜之也宜矣。(《东溪集》卷下《尧不去四凶》)

⑥【汇注】

赵　晔：帝尧之时,洪水滔滔,天下沉渍,九州阏塞,四渎雍闭。帝乃忧中国之不康,悼黎元之罹咎,乃命四岳,乃举贤良,将任治水。自中国至于条方莫荐人。帝靡所任,四岳乃举鲧而荐之于尧。帝曰："鲧负命毁族,不可。"四岳曰："等之群臣,未有如鲧者。"尧用治水,受命九载,功不成。帝怒曰："朕知不能也！"乃更求之,得舜,使摄行天子之政。(《吴越春秋》卷四《越王无余外传》)

⑦【汇注】

墨　子：昔者三苗大乱,天命殛之。日妖宵出,雨血三朝,龙生于庙,犬哭于市,夏冰,地坼及泉,五谷变化,民乃大振。(《墨子·非攻下》)

韩　婴：当舜之时,有苗不服,其不服者,衡山在南,岐山在北,左洞庭之陂,右彭泽之水,由此险也。以其不服,禹请伐之,而舜不许,曰："吾喻教犹未竭也。"久喻教,而有苗民请服。天下闻之,皆薄禹之义而美舜之德。《诗》曰："载色载笑,匪怒伊教。"舜之谓也。(《韩诗外传》卷三)

王　充：异类以殊为同,同类以钧为异,所由不在于物,在于人也。凡含血气者,教之所以异也。三苗之民,或贤或不肖；尧舜齐之,恩教加也。(《论衡·率性篇》)

裴　骃：马融曰：[三苗]国名也。(《史记集解·五帝本纪》)

张守节：《左传》云自古诸侯不用王命,虞有三苗,夏有观扈。孔安国云："缙云氏之后为诸侯，号饕餮也。"吴起云："三苗之国，左洞庭而右彭蠡。"按：洞庭，湖名，在岳州巴陵西南一里，南与青草湖连。彭蠡，湖名，在江州浔阳县东南五十二里。以天子在北，故洞庭在西为左，彭蠡在东为右。今江州、鄂州、岳州，三苗之地也。（《史记正义·五帝本纪》）

又：淮，读曰汇，音胡罪反，今彭蠡湖也。本属荆州。《尚书》云"南入于江，东汇泽为彭蠡"是也。（同上）

杜　佑：三苗作五虐之刑，杀戮无辜，爰始淫为劓刵椓黥（原注：始为截人耳鼻，椓窍黥面，以加无辜，故曰五虐）。（《通典》卷一百七十《峻酷》）

郑　樵：韦昭曰：三苗，炎帝之后，诸侯也。尧舜之时，诛讨有罪，废绝其世，不灭其国。立其近亲，绍其先祀。所以有苗国历代常存，屡不从化。（《通志》卷二《帝舜》）

又：《随巢子》《汲冢纪年》曰：三苗将亡，天雨血，夏有冰，地坼及泉，青龙生于庙。日夜出，昼，日不出。（同上）

罗　泌：三苗国，周景式云：柴桑、彭泽之间，古三苗国。左洞庭，右彭蠡，负固而亡者。今衡、岳、潭之境而南海，亦有三苗国。（《路史·国名纪乙·三苗国》）

周　祈：《书》传三苗国在江南荆、扬之间。《地理沿革表》，潭州古三苗国，潭州今长沙，盖建国在长沙，而所治则江南荆、扬也。国中多猫姓。（《名义考》卷五《三苗》）

陈士元：三苗即讙兜子饕餮也。又按：《神异经》云：西荒中有人焉，面目手足皆人形，而胁下有翼，不能飞，为人饕餮，淫逸无理，名曰苗民。《山海经》又云：《大荒北经》黑水之北，有人有翼，名曰苗民，一名三毛。（《孟子杂记》卷三《辨名》）

梁玉绳：三苗始见《虞·夏书》，其国以三苗为名，非三国也。亦曰有苗，亦曰苗民，亦单称苗，一曰三毛国。其人长齿，上下相冒，有翼不能飞。案：《吕刑》疏，《礼·缁衣》疏引郑注，《楚语下》韦注，并以三苗为九黎之后。《范史·西羌传》言三苗，姜姓之别，为炎帝后。《山海经》云：釐姓。《路史》据之以为黄帝后。三说未知孰是。至《山海经》谓骧头生苗民，既妄诞难信，高诱注《淮南·原道、修务》，以三苗乃浑敦、穷奇、饕餮三族之苗裔，尤臆解可笑。（《汉书人表考》卷九《三苗》，见《史记汉书诸表订补十种》）

程馀庆：三苗，国名，即今湖南溪峒诸苗，其种不一，故号三苗。今湖北武昌府、湖南岳州府、江西九江府皆其地。淮，疑作湖。（《历代名家评注史记集说·五帝本纪》）

陈蒲清：三苗，南方的一个部族，散居于今湘、鄂、赣、皖毗邻地区，可能是苗族的祖先。或认为三苗是三族（炎帝后代）的不才子弟。荆州，汉水以南地区，即今

湖北、湖南、江西三省的部分地区。（见王利器主编《史记注译·五帝本纪》）

⑧【汇注】

刘　安：尧立，孝慈仁爱，使民如子弟。西教沃民，东至黑齿，北抚幽都，南道交趾。放讙兜于崇山，窜三苗于三危，流共工于幽州，殛鲧于羽山。（《淮南子》卷十九《修务》）

⑨【汇注】

郑　玄：幽州，北裔。禹治水既毕，乃流四凶。舜不刑此四人者，以为尧臣不忍刑之。（《尚书郑注》卷一《尧典》）

裴　骃：马融曰："北裔也。"（《史记集解·五帝本纪》）

张守节：《尚书》及《大戴礼》皆作"幽州"。《括地志》云："故龚城在檀州燕乐县界。故老传云舜流共工幽州，居此城。"《神异经》云："西北荒有人焉，人面，朱髦，蛇身，人手足，而食五谷禽兽，顽愚，名曰共工。"（《史记正义·五帝本纪》）

王　圻：尝读董子《祷雨文》中，"其神共工"，意共工恶臣，舜所流也，何以主水？后见《淮南子·原道篇》曰："共工与高辛帝争，不胜，遂潜于渊。"注谓共工以霸力行水于羲、农之间者也。杜预曰：共工氏以诸侯霸有九州，在神农之前，太昊之后，亦受水瑞。而《律书》颛顼有共工之陈，以平水害。兵家有共工水害，颛顼禽之之说。又史曰：共工作乱，振滔洪水，以害天下，皇天弗福，庶民弗助，女娲氏戮之。据此则因其受水之瑞能振滔之。至死，即以之为水神。故后世言之者以为名，在羲农之间是矣。非《尧典》方鸠僝功者，乃舜所流耳。其戮之者，曰女娲、曰高辛、曰颛顼不同，世远事微，纪之错也。其曰为神者，岂有天人弗佑以害天下者而可祀之耶？此董子所以不纯也。（《稗史汇编·文史门·辨讹下·共工》）

又：西北荒中有人焉，人面朱发，蛇身人首而无足，名曰共工。此人食五谷禽兽，贪恶顽愚。（《稗史汇编·志异门·人异·共工》）

又：此名共工，亦国名，贪恶顽愚，故舜流贬于此地。（同上）

程馀庆：今顺天府密云县北五十里有故共城，即流共工处。（《历代名家评注史记集说·五帝本纪》）

徐旭生：在古书中多传共工氏的事迹，上及远古，下到虞夏，可以指明共工在古代为一显著的氏族。共系地名，工未知何义。对于共工氏的传说颇不一致，有恭维它的，也有诋毁它的。可是不管恭维与诋毁，它的传说几乎全同水有关。共工氏以水纪，故为水师而水名，已经足以证明它同水有很深的因缘。恭维它的有《国语·鲁语上》，说："共工氏之伯九有也，其子曰后土，能平九土，故祀以为社。"……诋毁它的有《国语·周语下》，内说："昔共工氏弃此道也，虞于湛乐，淫失其身，欲壅防百川，堕高堙庳，以害天下。皇天弗福，庶民弗助，祸乱并兴，共工用灭。其在有虞，有崇伯鲧播其淫心，称遂共工之过，尧用殛之于羽山。……共之从孙四岳佐之……祚四岳国，命以侯伯，赐姓曰姜，氏曰有吕，谓其能为禹股肱心膂以养物丰民人也。"……由于沉溺于淫乐，也或由于不知道变通尽利的道理，遂致覆亡，实使后人感慨系之。幸而族中还有四岳，生于治水的世家，能利用前人失败的经验，更精密地观察到水的本性，才能革除前人的错误，辅佐大禹，导治洪水，得了极大的成功，以至他的族姓，姜氏又成了显著的群后。这实在不是偶然的事情。（《中国古史的传说时代》第三章《洪水解·共工氏的兴亡》）

编者按："幽陵"，杜佑《通典》卷一百六十二作"幽洲"，并释之曰："幽洲，北裔，水中可居者曰洲。"可备一格。又《尚书·舜典》亦作"幽洲"。蒋廷锡《尚书地理今释·舜典》云："按《说文》，洲通作州。《括地志》云，故龚地，在檀州燕乐县界（原注：今顺天府密云县东北塞外地）。故老传云，舜流共工幽州，居此城。"

金景芳、吕绍纲：《礼记·射义》郑玄注："流，放也。"其实相当于今语之流放。……舜将共工流放到北方边远的一个什么地方，在幽州境内或境外，故曰幽州。究竟是什么地点，今无可考，亦无须考。（《〈尚书·虞夏书〉新解·〈尧典〉新解》）

又：关于共工的说法尤多，依《左传》文公十八年及杜注说，共工是少暤之不才子。而《左传》昭公十七年"共工以水纪"下杜注又说："共工以诸侯霸有九州者，在神农前，太暤后。"《淮南子·天文训》："昔者共工与颛顼争为帝，怒而触不周之山。"《论衡·谈天》说同。《史记·律书》："颛顼有共工之陈，以平水害。"此说共工与颛顼同时。据《世本·帝系》和《史记·五帝本纪》，颛顼是黄帝之孙，而舜是颛顼的六世孙。《国语·周语》载太子晋云："其在有虞，有崇伯鲧播其淫心，称遂共工之过，尧用殛之于羽山。"此说共工与鲧同时。《荀子·成相》："禹有功，抑下鸿，辟除民害逐共工。"此说共工与禹同时。《战国策·秦策》说同。（同上）

又：以上诸说共工，时间差距很大，唯一可能成立的解释，是文献中所说共工非指一个人，而是先后几个人。他们都是共工这个氏族的代表，时间有先后，亦不必是一个父系血统的继嗣，他们是氏族内部推选产生的。原始氏族社会通常如此。摩尔根《古代社会》介绍的易洛魁人的氏族就是"氏族个别成员的名字，也就表明了他属于哪一氏族"，"酋长必须从本氏族成员中选出，他的职位在氏族内部世袭"（引自《马克思恩格斯选集》第4卷，第83页、81页）。注意，是氏族内部世袭！酋长的名字应当就是氏族的名字。"共工"是这种情况的典型表现。不是一个叫共工的人活了无数世代，也不是文献记载混乱。共工是一个氏族，酋长屡换，而氏族常在。"流共工于幽洲"，舜将共工流放到北部幽州一个地方去。（同上）

【汇评】

黄志清：按：《神异经》中所载云云，大都是本夷风俗如此，故舜因窜四凶于此

地，传所谓"以御魑魅者"是也，不可谓四凶便如此形象。（见《百大家评注史记》卷一《五帝本纪》）

⑩【汇校】

裴　骃：徐广曰："变，一作'燮'。"（《史记集解·五帝本纪》）

【汇注】

司马贞：变谓变其形及衣服，同于夷狄也。徐广云作"燮"。燮，和也。（《史记索隐·五帝本纪》）

张守节：言四凶流四裔，各于四夷放共工等为中国之风俗也。（《史记正义·五帝本纪》）

陈蒲清：以变北狄，叫他改变北狄的风俗；或说改变他的装束，使跟北狄人一样。（见王利器主编《史记注译·五帝本纪》）

金景芳、吕绍纲：《史记·五帝本纪》在流、放、迁、殛四句之下，依次有"以变北狄""以变南蛮""以变西戎""以变东夷"四句。《大戴礼记·五帝德》亦有此四句。对于变字的解释，古有两说：一说，《史记正义》引徐广云："变，一作燮。"燮，和也。"以燮北狄""以燮南蛮"，意谓流放四凶，让他们改变狄蛮戎夷之风俗为中国之风俗。《史记正义》云："言四凶流四裔，各于四夷放共工等为中国之风俗也。"就是此意。另一说，用夷狄之风俗改变四凶，使之同于夷狄。《史记索隐》云："变谓变其形及衣服，同于夷狄也。"就是此意。两说孰是？皮锡瑞《今文尚书考证》以为《索隐》之说非。今按：《索隐》之说是。流放四凶，是一种最严厉的惩罚，让他们变同夷狄，符合流刑的原义，况且个别人作为罪人落入夷狄之中，事实上只能为夷狄所改变。（《〈尚书·虞夏书〉新解·〈尧典〉新解》）

⑪【汇注】

裴　骃：马融曰："南裔也。"（《史记集解·五帝本纪》）

张守节：《神异经》云："南方荒中有人焉，人面鸟喙，有翼，两手足扶翼而行，食海中鱼，为人佷恶，不畏风雨禽兽，犯死乃休，名曰驩兜也。"（《史记正义·五帝本纪》）

杜　佑：党于共工，故放之崇山。崇山，南裔。（《通典》卷一百六十二《刑制上·虞》）

罗　泌：驩兜，以嬖臣狐攻专权亡国（罗苹注：荀卿云：尧伐之）。今弘农有地名（晃）志，为驩兜之都。然意驩为国，当如鲁驩，未必晃地。其后窜之崇山，则今澧之慈利也。有驩晃墓。然岭外驩州，《图经记》以为其窜所，乐史亦记驩州为所放处，则去崇山远矣。驩，隋为州，是为驩朱国。（《路史·国名纪乙·驩兜》）

又：崇山，在慈利。潞之涉东南亦有崇山，非也。（《路史·国名纪乙·崇山》）

又：妻土敬氏曰炎融，遗腹而生驩头，为尧司徒。弇义隐贼，好行凶慝，天下之人谓之倱伅，尧放之于崇山。驩头者，驩兜也。以狐功辅缪，亡其国。（《路史·后纪六·帝鸿氏》）

罗　苹：《山海经》云：国人似仙，人面鸟喙，捕鱼海岛。郭氏谓：尧臣，有罪，放南海，死。帝矜之，使其子居南海，祠之。而《神异经》言"驩兜民鸟足，仗翼而行，食鱼，不畏风雨，有所触，死乃已。居南荒中"尤异。（见《路史·国名纪卷乙·驩兜》注）

又：崇山，在澧之慈利县，有驩兜冢。《左传》云：帝鸿氏不才子，凡其后世皆谓之子。（见《路史·后纪六·帝鸿氏》注）

朱之蕃：按：《书·疏》《禹贡》无崇山，不知其处，盖在衡岭之南也。（见《百大家评注史记》卷一《五帝本纪》）

王　圻：南方有人，人面鸟喙，而有手足，挟翼而行，食海中鱼，有翼不足以飞，一名鹏兜，一名驩兜，为人狠恶，不畏禽兽，犯死乃休。驩兜，国名也。（《稗史汇编·志异门·人异·鹏兜》）

蒋廷锡：崇山，在今湖广永定卫西大庸所东。（《尚书地理今释·舜典》）

程馀庆：崇山，在湖南澧州慈利县西三十里。（《历代名家评注史记集说·五帝本纪》）

王　恢：崇山，当即嵩山。山南汝水即迳蛮中。《北史·郦范传》，道元守鲁阳，犹称"山蛮"。《路史·国名纪乙》："弘农（灵宝）有地名兜，志为驩兜之都。"又曰："澧州之慈利有驩兜墓。然岭外驩州，《图经记》以为其窜所。乐史亦记（一七一）驩州为所放处，则去崇山远矣。潞之涉，亦有崇山，非也。"《通典》说澧阳（大庸）。说在今安南中部之驩者，其荒唐与以西藏、敦煌说三危同。（《史记本纪地理图考·五帝本纪·流殛四罪》）

陈蒲清：崇山，在今湖南省大庸县西南；或说在今广西壮族自治区西林县、凌云县一带。（见王利器主编《史记注译·五帝本纪》）

编者按：《清一统志》云《尚书·疏》谓崇山在衡岭南，唐沈佺期有《从崇山向越裳》诗，《尚书》之崇山，当在交广之间。《通典》谓澧阳县有崇山，即放谨兜之所，《清一统志》又反对此说，言此崇山非放谨兜处。

金景芳、吕绍纲：《礼记·射义》郑玄注："流，放也。"流训放。流与放都是今语流放之意。流、放以及经下文之窜、殛，四字同义，实无差别，为了行文的需要才分别使用四个不同的字。段玉裁《古文尚书撰异》："《经典》（陆德明《经典释文》）窜、蔡、杀、槃四字同音通用，皆谓放流之也。"经下文殛字义同，说见下。蔡沈《书集传》谓"流，遣之远去，如水之流也。放，置之于此，不得他适也。窜则驱逐禁锢

之，殛则拘囚困苦之，随其罪之轻重而异法也"。(《〈尚书·虞夏书〉新解·〈尧典〉新解》)

又：欢，经文原作驩，《史记》作讙，今简化字作欢。欢兜的罪过，经上文有言曰："欢兜曰：都共工方鸠僝功。帝曰：吁，静言庸违。"《史记·五帝本纪》以训诂代经文，说："欢兜曰：'共工旁聚布工，可用。'尧曰：'吁！共工善言，其用僻，似恭漫天，不可。'"下文又说："欢兜进言共工，尧曰不可，而试之工师，共工果淫辟。"《正义》："工师，若今之大匠师。"《论衡·恢国篇》亦云："共工之行，靖言庸回，欢兜私之，称焉于尧。"是欢兜的罪过在于与共工阴相比奸。《左传》文公十八年："昔帝鸿氏有不才子，掩义隐贼，好行凶德，丑类恶物，顽嚚不友，是与比周，天下之民谓之浑敦。"杜预注："帝鸿，黄帝。浑敦谓欢兜。浑敦，不开通之貌。"《左传》所记欢兜的罪过与《史记》义同而文加详。(同上)

又：崇山，《五帝本纪》集解引马融："南裔也。"即南方边远之地。具体地点，据《太平御览》卷四十九引盛弘之《荆州记》曰："崇山，《书》云'放欢兜于崇山'，崇山在澧阳县南七十五里。"孔颖达《尚书正义》："《禹贡》无崇山，不知其处，盖在衡岭之南也。"王鸣盛《尚书后案》谓："其地不可的知也。杜佑云'在澧州澧阳，本汉零陵地，今为澧州永定县'，恐臆说也。"今按：崇山地望虽不可确指，说在南裔，大江之南，当不误。如同共工之流于幽州，当时必有一个具体的地点，则是肯定的。(同上)

⑫【汇注】

王 圻：南蛮多种，性不能教，连合朋党，失意则相攻，居洞依山，或聚或散，西至崑峇，东至海洋，产出奇货，故人贪而勇战，春夏多疾疫。利在疾战，不可久师。(《稗史汇编·国宪门·南蛮》)

⑬【汇校】

蒋善国："窜三苗于三危"：《说文》作"竄三苗于三危"，《孟子·万章上》作"杀三苗于三危"，《庄子·在宥篇》作"投三苗于三危"，只有《淮南子·修务训》作"窜三苗于三危"。按：杀是𢿱的省文，是"放散之不与通"的意思；与竄训塞，与"杜塞之使不得通中国"的意思相同。窜字也许是卫包改的，假借作𢿱字和竄字。(《尚书综述》)

【汇注】

裴 骃：马融曰："西裔也。"(《史记集解·五帝本纪》)

张守节：《括地志》云："三危山有三峰，故曰三危，俗亦名卑羽山，在沙州敦煌县东南三十里。"《神异经》云："西荒中有人焉，面目手足皆人形，而胳下有翼不能飞，为人饕餮，淫逸无理，名曰苗民。"又《山海经》云大荒北经"黑水之北，有人

有翼,名曰苗民"也。(《史记正义·五帝本纪》)

杜　佑：三苗,国名,缙云氏之后。时为诸侯。三危,西裔。(《通典》卷一百六十二《刑制上·虞》)

罗　泌：[驩兜]生三苗氏。苗民长齿,上下相冒。高辛邦之,唉于饮食,冒于货贿,侵欲崇侈,不可盈厌。聚敛积实,不知纪极。不分孤寡,不恤穷匮。天下之人,以比三凶,谓之"饕餮"。尧窜之于三危。河西诸羌俱其类也。(《路史·后纪六·帝鸿氏》)

又："三苗国",周景式云：柴桑、彭泽之间,古三苗国。左洞庭,右彭蠡,负固而亡者。今衡、岳、潭之境,而南海,亦有三苗国。(《路史·国名纪卷乙·三苗国》)

又："三危",今戎房瓜沙等州是其处,有三峰山,俗曰升雨山,在敦煌南三十里。《地道记》云：鸟鼠同穴,西有三危山,三苗所处,是也。(《路史·国名纪卷乙·三危》)

罗　苹：《山海经》三苗国在西北赤水之东,南海三苗之国。记云：禹伐有苗,其余裔叛,以入南海。《外国图》云：去九疑三万三千里。《神异经》云：苗民人形而腋翼,不能飞,为人饕餮,淫佚而无度,居西北荒。(见《路史·国名纪卷乙·三苗国》注)

又：崇宁五年,蔡京修第于河北,得瓦棺十数,其骸皆长丈余,颅骨不圆,而楷牙如犬牙,下冒其骸,时谓撩牙。按《述异记》,苗民长齿,上下相冒,盖当时自有此一种人。虞氏瓦棺,则其时所瘗也。(见《路史·后纪六·帝鸿氏》注)

金履祥：《庄子·释文》谓尧六十年放驩兜于崇山,六十四年流共工于幽都,六十六年窜三苗于三危。(《御批通鉴纲目前编》卷一《宾于四门》注)

又：《隋书》曰：党项羌者,盖三苗之后也。其种有宕昌、白狼,皆自称猕猴种。东接临洮、西平,西接叶护,南北数千里。三危,山名,旧云沙洲,燉煌县东四十里卑两山是。然三危乃因山以名其地,不必拘曰居此山也。(《御批通鉴纲目前编》卷一《七十有六载窜三苗于三危》注)

蒋廷锡：三苗,今湖广武昌、岳州二府,江西九江府地。《史记正义》曰："吴起云,三苗之国,左洞庭而右彭蠡,今江州、鄂州、岳州也。"(《尚书地理今释·舜典》)

又：三危,在今陕西(编者按：原文如此,应为现在的甘肃)嘉峪关外废沙州卫界。《括地志》云：山有三峰,故曰三危,俗亦名卑羽山,在沙州敦煌县东南三十里(原注：按：《蔡传》云"三危,西裔之地",即《禹贡》所谓"三危既宅"者是矣。若导川黑水,所经之三危,自在大河之南,与此为二)。(同上)

程馀庆：三危山在肃州嘉峪关外废沙州敦煌县东南三十里(按：在今甘肃省敦煌

市东南）。（《历代名家评注史记集说·五帝本纪》）

钱　穆：舜、禹征三苗，屡见《尚书》《战国策》《墨子》《荀子》《韩非子》《贾子新书》《淮南子》《盐铁论》《说苑》诸书，必为古代一大事。……《魏策》吴起之言曰："昔三苗之居，左彭蠡之波，右洞庭之水，汶山在其南，衡山在其北。"后世误谓在湖湘之间。惟洞庭、彭蠡地位既左右互易，又古衡山不指湖南，且不当在三苗北。古河域亦有名彭蠡者。江北汉水亦有名洞庭者。春秋河东有茅戎，又有陆浑蛮氏，亦称戎蛮子。杜《注》（编者按：杜预《春秋左传正义》）云："在河南新城县。"苗与茅、蛮同声。古三苗疆域大率南北以此为度，正与虞、夏壤地杂处。舜、禹驱逼苗民，渐迁而西，所谓"窜三苗于三危，以变西戎"也。若三苗在湖、湘间，不应驱至今甘肃境。（《国史大纲》第一编第一章《中原华夏文化之发祥·虞夏大事》）

又　案：《郡国志》陇西郡首阳县注："《地道记》曰：'有三危，三苗所处。'"首阳，今渭源县东北。鸟鼠山，今渭源县西。岷山，今岷县南。则三危居可知。又考汉永光二年，陇西羌反，冯奉世讨之，屯首阳西极上。如淳曰："西极，山名也。"郭璞注《淮南·地形》："三危，西极之山名。"则三危山即汉冯奉世所登之西极山。陆德明《庄子音义》："三危，今属天水郡。"亦指此言。今失其名，无可确指。至敦煌卑羽，则自汉人拓迹，移而至此。当从《索隐》。（《史记地名考·上古地名》）

王　恢：三苗、三危：三苗九黎，种类实繁（三九多数义），远古与我族杂居黄河中下游。甲骨文苗、危凡数见，与其相关地方推测，当在河内沁水流域。《左》襄二十六年，晋与贲皇苗，《河水注》瀍水历轵关南迳苗亭。在今济源县西。盖自涿鹿败溃，周犹存其故名；其族南窜，尧又败之丹水。此云"在江淮、荆州数为乱"，复迁三危，盖缘《禹贡》作如是说，非其始也。而《禹贡》之三危，乃指昆仑、析支、渠搜之所居，在陇海河洮之间，即后之西羌也。而其余众顽蠢难化，则逾洞庭，散居湘、黔、桂、滇，今僮、徭、猓、苗，皆其裔也。（《史记本纪地理图考·五帝本纪·流殛四罪》）

陈蒲清：三危，山名。在今甘肃省敦煌县东。此据《括地志》说。或说在今甘肃省渭源县或天水县。（见王利器主编《史记注译·五帝本纪》）

金景芳、吕绍纲：三苗因何罪恶而遭流放，《尧典》无说。《左传》昭公元年言自古诸侯不用王命者，"虞有三苗，夏有观、扈，商有姺、邳，周有徐、奄"。《论衡·恢国篇》："三苗，巧佞之人，或言有罪之国。"关于三苗，《战国策·魏策一》吴起对魏武侯曰："昔者，三苗之居，左彭蠡之波，右有洞庭之水，文山在其南，而衡山在其北。"《史记·吴起传》作"左洞庭，右彭蠡"。《说苑·君道篇》、《韩诗外传》三皆同《魏策》。盖《吴起传》北向言之也。文山即汶山。诸祖耿《战国策集注汇考》引张奇曰："汶山太远，非在南，衡山亦不得在北。盖山为江之讹，而南北字上下误次也。"

按：张说南北字上下误次，是也。《括地志》云："衡山兼跨长沙、衡州二府之境，此三苗所居也。"《史记正义·五帝本纪》云："今江州、鄂州、岳州，三苗之地也。"是三苗活动范围相当广大，大致当今湘、鄂、赣三省。故马融云："三苗，国名也。"（《经典释文》、《五帝本纪》集解引）所谓国，其实是一个部落。（《〈尚书·虞夏书〉新解·〈尧典〉新解》）

又：又，《左传》文公十八年："缙云氏有不才子，贪于饮食，冒于货贿，侵欲崇侈，不可盈厌，聚敛积实，不知纪极，不分孤寡，不恤穷匮，天下之民以比三凶，谓之饕餮。"杜注："缙云，黄帝时官名。"《左传》昭公元年杜注："三苗，饕餮，放三危者。"是文公十八年所云之饕餮，就是《尧典》"窜三苗于三危"之三苗。《左传》文公十八年叙述三苗罪状时，言"比之三凶"云云，视与另"三凶"有所不同。所言三苗之罪状重在物质上的贪欲，亦与"三凶"之在道德、精神上不良者异。是知三苗非华夏族。（同上）

又：所谓三苗，和经上文之共工、欢兜一样，既指一个具体的人即酋长，也指一个氏族或部落。流放的究竟仅止一人还是一个氏族或部落呢，古人未曾明言，但据《左传》文公十八年云："舜臣尧，宾于四门，流四凶族。"既言"族"，则所流者定非酋长一人。（同上）

又：三危，《史记集解·五帝本纪》引马融云："西裔也。"《左传》文公十八年杜注："裔，远也。"是三危在西部远方某地。《五帝本纪·正义》引《括地志》云："三危山有三峰，故曰三危。俗亦名卑羽山，在沙州敦煌县东南三十里。"又《禹贡》"三危既宅，三苗丕叙"句下孔颖达疏云："郑玄引《地记》'《书》云三危之山在鸟鼠之西南，当岷山。则在积石之西南'。《地记》乃妄书，未必可信，要知三危之山必在河之南也。"《左传》昭公九年："先王居梼杌于四裔，以御魑魅，故允姓之奸居于瓜州。"杜注云："允姓，阴戎之祖，与三苗俱放三危者。瓜州，今敦煌。"王鸣盛《尚书后案》："三危自是西裔，但今鸟鼠之西，岷山之北，积石之南，大山亦多，不知当以何山为郑所指之古三危，阙疑可也。"按：今甘肃敦煌东南有山名三危。是三危在汉之敦煌县，唐之沙州，今之敦煌市，可以确指，不必阙疑。（同上）

⑭【汇评】

刘　安：三苗之民，皆可使忠信。或贤或不肖，唯唐虞能齐其美。（《淮南子》卷十《缪称》）

王　圻：西戎之性，勇悍好利，或城居，或野处，米粮少，金贝多，故人勇战斗难败，自碛石以南，诸戎种繁，地广形险，俗强凶狠，故人多不臣，当候之以外衅，歆之以内乱，则可图矣。（《稗史汇编·国宪门·西戎》）

⑮【汇校】

金景芳、吕绍纲：《汉书·律历志》及《楚辞》王逸注引《世本·帝系》云："颛顼五世而生鲧。"《玉篇》引同书云："鲧生高密，是为禹。"《史记·夏本纪》云："禹之父曰鲧，鲧之父曰帝颛顼，颛顼之父曰昌意，昌意之父曰黄帝。"两说差距甚大，一说鲧是颛顼之五世孙，一说是颛顼之子。比较而言，《史记》之说恐有误。《五帝本纪》与《夏本纪》说就不同。《夏本纪》说鲧是颛顼之子，黄帝之曾孙。而《五帝本纪》言颛顼之子只曰生穷蝉，未及鲧。鲧与帝喾同为黄帝之曾孙，而尧是帝喾之子，是鲧为尧之父辈。这多少有一点问题。问题更大的是《五帝本纪》明言舜之父是瞽叟，瞽叟之父是桥牛，桥牛之父是句望，句望之父是敬康，敬康之父是穷蝉，穷蝉之父是颛顼，即舜是颛顼之六代孙。根据《尔雅·释亲》规定的亲属称谓，舜是鲧的族昆孙，鲧是舜的高祖的族父。相距六代的两个人，怎么可能处在同时，一个人把另一个流放了呢！可见《史记》关于鲧世系的记载是混乱的。《尧典》和《左传》文公十八年关于舜殛鲧于羽山的记载既是历史的事实，则必须认定《夏本纪》之鲧是颛顼之子的说法为不可信，而《世本》"颛顼五世而生鲧"和《五帝本纪》舜是颛顼之六代孙的说法为近是。(《〈尚书·虞夏书〉新解·〈尧典〉新解》)

【汇注】

韩　非：尧欲传天下于舜，鲧谏曰："不祥哉！孰以天下而传之于匹夫乎？"尧不听，举兵而诛杀鲧于羽山之郊。共工又谏曰："孰以天下而传之于匹夫乎？"尧不听，又举兵而流共工于幽州之都。于是天下莫敢言无传天下于舜。仲尼闻之曰："尧之知，舜之贤，非其难者也。夫至乎诛谏者，必传之舜，乃其难也。"一曰："不以其所疑败其所察，则难也。"(《韩非子》卷十三《外储说右上》)

吕不韦：尧以天下让舜，鲧为诸侯，怒于尧曰："得天之道者为帝，得帝之道者为三公，今我得地之道，而不以我为三公！"以尧为失论。欲得三公，怒甚猛兽，欲以为乱。比兽之角，能以为城；举其尾，能以为旌。召之不来，仿佯于野以患帝。舜于是殛之于羽山，副之以吴刀。禹不敢怨，而反事之，官为司空，以通水潦，颜色黎黑，步不相过，窍气不通，以中帝心。(《吕氏春秋·恃君览·行论》)

司马迁：用鲧治水，九年而水不息，功用不成。于是帝尧乃求人，更得舜。舜登用，摄行天子之政，巡狩。行视鲧之治水无状，乃殛鲧于羽山以死。(《史记·夏本纪》)

王　逸：鲧迁羽山三年，然后死，事见《天问》"[永遏在羽山，夫何三年不弛?]"(见《楚辞补注·离骚》)

高　诱：羽山，东极之山也。《书》云"鲧乃殛死"，先殛后死也。(《吕氏春秋注·恃君览·行论》)

裴　骃：马融曰："殛，诛也。羽山，东裔也。"(《史记集解·五帝本纪》)

孔颖达：鲧障鸿水而殛死者，鲧塞水而无功，而被尧殛死于羽山，亦是有微功于人，故得祀之。若无微功，焉能治水九载？又《世本》云"作城廓"，是有功也。郑答赵商云："鲧非诛死。鲧放居东裔，至死不得反于朝。禹乃其子也，以有圣功，故尧兴之。若以为杀人父，用其子，而舜禹何以忍乎？而《尚书》云'鲧则殛死，禹乃嗣兴'者，箕子见武王诛纣，今与己言，惧其意有惭德，为说父不肖则罪，子贤则举之，以满武王意也。"(《礼记正义·祭法》)

张守节：殛音纪力反。孔安国云："殛、窜、放、流，皆诛也。"《括地志》云："羽山在沂州临沂县界。"《神异经》云："东方有人焉，人形而身多毛，自解水土，知通塞，为人自用，欲为欲息，皆（曰）云是鲧也。"（编者按：点校本《史记》修订本："皆曰是鲧也"，"曰"下原有"云"字。张文虎《札记》卷一："二字当衍其一。"水泽利忠《校补》："王、柯、秦藩无'云'字。"今据删。)(《史记正义·五帝本纪》)

苏　轼：羽山，东裔，在海中。殛，诛死也。流、放、窜，皆迁也。(《东坡书传》卷二《舜典》)

罗　泌：洪水滔天，鲧窃帝之息壤以埋洪水。息生之土，长而不穷，故有息石。汉元帝时，临滁地涌六里，崇二丈所；哀帝之世，无盐危山，土起覆章，如驰道状，盖息壤也。……然鲧以埋水殛，禹复用之。彼以障沮，而此以填后祸也。(《路史·余论卷十·息壤》)

吴　琯：羽山，《地志》在东海郡祝其县南，今海州朐山县。(《吴越春秋》卷四《越王无余外传》校)

朱之蕃：黄洪宪曰：宋太（祖）云，四凶之罪，止于投窜，则殛亦非诛明矣。(见《百大家评注史记》卷一《五帝本纪》)

蒋廷锡：羽山，在今山东兖州府沂水东南一百里，接郯城县及江南淮安府海州赣榆县界。(《尚书地理今释·羽山》)

徐文靖：《周语》太子晋曰："其在有虞，有崇伯鲧，播其滔心，称遂共工之过，尧用殛之于羽山。"《连山易》曰：有崇伯鲧，伏于羽山之野。又按：《一统志》羽山在淮安府赣榆县西北八十里，即舜殛鲧处。山下有羽潭。《左传》鲧为黄能，入于羽渊，即此。孔安国《舜典传》曰：羽山东裔，在海中，今登州府蓬莱县有羽山。《寰宇记》云：在县东十五里，即殛鲧处，有鲧城，在县南六十里。(《竹书纪年统笺》卷二《六十九年殛崇伯鲧》)

阮　元：《礼记·祭法》：鲧障鸿水而殛死。(《诗书古训》卷五上《尚书今文·尧典》)

又：《春秋左氏》昭七年传：子产对曰：昔尧殛鲧于羽山，其神化为黄熊，以入于羽渊，实为夏郊，三代祀之。（同上）

又：《国语·周语》：太子晋曰：其在有虞，有崇伯鲧，播其淫心，称遂共工之过，尧用殛之于羽山。（同上）

梁玉绳：鲧始见于《吴语》。本作鲧，又作骸，又作骸，又作鯀，又作猷。颛顼之后。鲧名，字熙，封于崇，伯爵。故曰伯鲧，亦曰有崇伯鲧，亦曰崇伯，亦曰崇鲧，亦曰夏鲧，亦曰白马。殛之羽山。……墓在临沂县东南百里。案：《墨子》云：伯鲧，帝之元子。故《海内经》注、《史·索隐》引《世本》及《帝系》并言颛顼生鲧，《海内经》言黄帝子骆明生鲧，《路史》言高阳子骆明生鲧，所说俱难信。本书《律历志》谓颛顼五世生鲧，似近真。然不如《吴越春秋》之为得矣。（《汉书古今人表考》卷九《鲧》，见《史记汉书诸表订补十种》）

程馀庆：殛：拘囚也。此羽山在山东登州府东三十里。"以变北狄"等句妙，放流中具有仁厚，具有经济。是五帝德。（《历代名家评注史记集说·五帝本纪》）

钱保塘：《路史》瘠鲧年百有六，以壬辰日卒。（《历代名人生卒录》卷一《鲧》）

徐旭生：殛是诛责的意思。古人辩鲧并非被杀，大致不错。（《中国古史的传说时代》）

施之勉：按：《郑志》：答赵商曰：鲧非诛死，鲧放居东裔，至死不得反于朝。禹，乃其子也，以有圣功，故尧兴之。若以为杀人父，用其子，而舜、禹何以忍乎？洪兴祖曰：鲧迁羽山，三年，然后死。事见《天问》。瞿方梅曰：案《郡国志》，东海郡祝其县有羽山。注曰：殛鲧之山。杜预曰：在县西南。《博物记》曰：东北独居山西南有渊水，即羽泉也。俗称此山为惩父山。李申耆曰：祝其，在今江苏海州赣榆县西南五十里。（《史记会注考证订补·五帝本纪第一》）

王　恢：羽山，河南嵩县东北。《左》昭七年："尧殛鲧于羽山，其神化为黄熊，以入于渊，实为夏郊，三代祀之。晋为盟主，其或者未之祀也乎？韩子祀夏郊。"其近禹居之阳城，何等明确。《杜注》乃偏取《汉志》祝其（今江苏赣榆）县羽山说之。《伊水注》正其谬："涓水左合禅渚水，水上承陆浑县东禅渚。即《山海》所谓'南望禅渚，禹父之所化'。"而《禹贡·山水泽地篇》注又依《杜注》，《元和志》（一一）从之。胡渭《禹贡锥指》（三二）、阎若璩《四书释地·又续》，犹谓"此地太近，非荒服放流之宅"，乃据《舜典》伪《孔传》"羽山东裔在海中"，取《寰宇记》（二〇）蓬莱县东南之羽山以强合之，且辨为《禹贡》之羽山在徐域，《舜典》之羽山在青城。江永《春秋地理考实》、程发轫《春秋左传地名图考》并是其说，盖皆就开发数千年后放逐罪臣于岭南、关东、塞北、西域之观念说也。更昧于《大戴礼》诸书以四罪配发四裔，后人又从而附会之，"书可尽信乎哉！"（《史记本纪地理图考·五帝本纪·流

殛四罪》）

马持盈：殛，处罚，放逐也。有人解释为诛杀，不对，因为如果是把鲧杀死了，怎么还能使他变化东夷呢？羽山，在山东沂州。（《史记今注·五帝本纪》）

陈蒲清：羽山，在今山东省蓬莱县东南。一说在今江苏连云港一带。（见王利器主编《史记注译·五帝本纪》）

程嘉哲：羽山，古地名，鲧被杀处。按：《舜典》中的四个罪人，其中三个或流、或放、或窜，都应远离本土，只有鲧被杀，当是在其封地附近就地正法的。《淮南子·地形》有"睢出羽山"之文，虽然由于睢水的故道多次变迁，最初的发源地已难确考，但在河南某处，总是无可置疑。《山海经》说鲧被杀于羽郊，有郊必有邑，可知羽山下古有羽邑。《说文》中有个叫作䣱的古地名，䣱古写作𨛫，是羽、邑二字的合书。这个地方在河南南部，正好离嵩山不远。据此推断，羽山当是它附近的小山。（《天问新注》）

张家英：《正义》所引孔安国语，见《尚书·舜典》"殛鲧于羽山"句下《传》。孔颖达疏云："《释言》云：'殛，诛也。'《传》称流四凶族俱是流；而谓之'殛、窜、放、流，皆诛'者，'流'者移居其处，若水流然，罪之正名，故也言也；放者使之自活；窜者投弃之外；殛者诛责之称：俱是流徙。异其文，述作之体也，四者之次，盖以罪重者先。共工滔天为罪之最大，驩兜与之同恶，故以次之。"又，《尚书·洪范》有"鲧则殛死"句，孔《传》："放鲧至死不赦。"孔颖达疏："《传》嫌'殛'谓'被诛杀'，故辨之云'放鲧至死不赦'也。"是《尚书》之《传》与《疏》并以"殛"为"流放"。

《尔雅·释言》："殛，诛也。"郝懿行疏："'诛'者，《说文》云：'讨也。'……讨不必杀之。"是郝氏亦以为"殛"非"诛杀"之义。

鲧为上古传说人物；于其结局，传说亦不一。《山海经·海内经》有"帝令祝融杀鲧于羽郊"的记载；信此类传说者，即持"殛"为"诛杀"说。然在《尚书》中，"殛"与"流、放、窜"并列；在《史记》此处，"殛"亦与"流、放、迁"并列，则此"殛"字，自是"流放、迁徙"之义。（《〈史记〉十二本纪疑诂·五帝本纪·殛》）

田昌五：殛即放逐，从有关材料看，鲧确实被放逐了。鲧，允姓。羽山，据《后汉书·贾复传》"复亦聚众于羽山"，其地在今南阳之西。后来这里有一个允姓郜国，当为鲧之后裔。（《华夏文明的起源·万国并存唐虞兴》）

金景芳、吕绍纲：殛字古人训释不一。《说文·歺部》："殛，殊也。《虞书》曰：'殛鲧于羽山。'"……段注于许氏引《尧典》"殛鲧于羽山"句下又云："此引经言假借也。殛本殊杀之名，故其字厕于殇、殂、殪、梦之间。《尧典》'殛鲧'，则为'极'

之假借，非殊杀也。《左传》曰：'流四凶族，投诸四裔。'刘向曰：'舜有四放之罚。'屈原曰：'永遏在羽山。夫何三年不施？'王注：'言尧长放鲧于羽山，绝在不毛之地，三年不舍其罪也。'《郑志》答赵商曰：'鲧非诛死，鲧放居东裔，至死不得反于朝。禹乃其子也，以有圣功，故尧兴之。'寻此诸说，可得其实矣。"按：段注之说极是。（《〈尚书·虞夏书〉新解·〈尧典〉新解》）

又：《说文》殛字下引《尧典》"殛鲧于羽山"，段氏疑是后人所增入。"殛鲧"乃"极鲧"，这是有诸多文献可证的。……段氏《古文尚书撰异》："殛之所假借为极。极，穷也。《孟子》言'极之于所往'是也。"又云："刘向谓放、流、窜、殛为四放之罚。今浅学谓殛为杀，大误。"王先谦《尚书孔传参正》亦云："'殛鲧于羽山'，今文与古文同，殛与流、放、窜同义，非诛杀也。伪孔不明殛义，并窜、放、流皆训诛矣。"《史记·夏本纪》云："舜登用，摄行天子之政，巡狩，行视鲧之治水无状，乃殛鲧于羽山以死。"亦谓鲧因殛而死，殛非死刑。鲧被舜流放到羽山那个不毛之地，就死在那里。训殛为诛杀，于事理亦不合，处死本可随时随地，何须远至东方之羽山！（同上）

又：还有一个舜"殛鲧于羽山"发生在禹治水之前还是之后的问题。《郑志》："答赵商云：鲧非诛死。鲧放居东裔，至死不得反于朝。禹乃其子也，以有圣功，故尧兴之。若以为杀人父用其子，舜、禹何以忍乎！"是郑玄认为殛鲧在禹治水之后。孔颖达《尚书正义》引王肃云："若待禹治水功成而后以鲧为无功殛之，是为舜用人子之功而流放其父，则禹之勤劳适足使父致殛。"是王氏以为殛鲧当在禹治水功成之前。按：王说是，有文献可征，《洪范》："鲧则殛死，禹乃嗣兴。"《左传》僖公三十三年："公曰：'其父有罪，可乎？'对曰：'舜之罪也殛鲧，其举也兴禹。'"襄公二十一年："鲧殛而禹兴。"杜注："言不以父罪废其子。"《史记·夏本纪》："乃殛鲧于羽山以死。天下皆以舜之诛为是。于是舜举鲧子禹，而使续鲧之业。"此四条材料皆言殛鲧在先而兴禹在后。（同上）

【汇评】

杜　佑：按司马迁曰舜流四凶于四裔，以御魑魅，此一明四凶不死也；又《舜典》云"流宥五刑"者，五刑中有死，既以流放代死，此二明四凶不死也；又《舜典》言舜美皋陶作士曰"五流有宅"，孔安国注云："五流有宅"者，谓不忍加刑，则流放之若四凶，此三明四凶不死也。按《洪范》"鲧则殛死，禹乃嗣兴"，或者谓便杀之，所以辨鲧至羽山而自死者也。（《通典》卷一百六十二《刑制上·舜》）

苏　轼：《史记·舜本纪》，舜归而言帝，请流共工于幽陵，以变北狄；放讙兜于崇山，以变南蛮；迁三苗于三危，以变西戎；殛鲧于羽山，以变东夷。太史公多见先秦古书，故其言时有可考，以证西汉以来儒者之失。四族者，若皆穷奸极恶，则必诛于尧之世，不待舜矣。屈原云"鲧婞直以亡身"，则鲧盖刚而犯上者耳。若四族者皆小人也，则安能以变四夷之族哉？由此观之，四族之诛，皆非诛死，亦不废弃，但迁之远方，为要荒之君长尔。如左氏之言，皆后世流传之过，若尧世有大奸在朝而不能去，则尧不足为尧矣。（《东坡志林》卷三）

夏　僎：说者又谓，鲧性狠极，帝所素知，何早不去而待于舜？盖舜之时，治水无功，法应贬黜，而又必诛殛之于羽山，抑又何耶？盖鲧之才智，天下之所谓大奸佞者，始见尧朝，位卑任轻，则能隐其恶而居其职，虽尧知其方命圮族，而恶迹未著，何因去之？及将进而用以治水之任，则尧之用过乃分，恶必著见，故吁而言其不可。已而大臣举之，天下贤之，不得已而试其治水之任。及鲧既居治水之任，九载之间，平昔韬藏之恶，一旦发露，故舜得以殛之。如王莽、司马懿，若使终身居卿大夫之位，必不彰篡逆之谋，惟用过其分，则有以发其凶慝也。（《尚书详解》卷一《尧典》）

沈自邠：殛人之父而用人之子，舜固开诚而不疑；而禹目击其父之见殛而身遂受舜之用，亦无纤毫芥蒂也。盖至此而见帝舜用法之公云。（见《百大家评注史记》卷一《五帝本纪》）

崔　述："舜之罪也殛鲧，其举也兴禹。"（《左传》僖公三十三年）《纲目前编》以尧之七十一载为舜殛鲧之年，七十二载为舜用禹之岁。余按：鲧，大臣也，其德虽不可用，其才未必无可观，使其诛果不可暂缓，尧不待舜之摄政当即殛之；使犹可暂缓而责其后效，舜必不于摄政之初而即殛之也。舜之摄政，不过尧老而代之理事以终尧之功；非尧有所不能，必待舜而后能之也。学者亟于称舜，遂至往往无以处尧，亦已过矣！《书》曰："鲧则殛死，禹乃嗣兴。"但言禹兴于鲧殛之后耳，非谓鲧甫殛而禹即兴也。若鲧甫得罪而禹即任事，揆诸人情亦殊不可；舜何独不少为禹地乎！况舜之即位，禹虽已为司空，然尚未平水土，则是舜之举禹虽在尧世而为时亦不甚久也。然则鲧之殛当在舜摄政数年以后，禹之举当在尧殂落数年以前，乃于事理为近。（《崔东壁遗书·唐虞考信录》卷二《附录·殛鲧，兴禹非一时事》）

王　恢：《书》云"明试以功""三载考绩"，鲧不过"试之而无功"，黜之足矣，何烝殛之徐州犹嫌太近！尧舜圣明，既放"进言共工"之骓兜，而"四岳举鲧"，且"强请试之"，未闻稍加惩处，得毋同罪而异罚乎？抑骓兜、共工、鲧，皆国之重臣，不于国门以儆臣工，乃与作乱之三苗同科，迸诸四夷，尚得谓"用刑当其罪"而殛之海中耶？（《史记本纪地理图考·五帝本纪·流殛四罪》）

又：《吕览·行论》《韩非子·外储说右上》《论衡·率性》，并云鲧欲得三公，尧不听，欲为乱，尧殛之。《竹书》云：尧六十九年黜鲧，七十年得舜。而《左》僖三十三年、《孟子·万章篇》，皆云舜殛鲧。《路史·后纪》（一一）又云，尧禅舜，鲧非之，帝乃殛之羽山；共工又讪，流之幽州；罗苹注曰："程子以为共、骓无大奸，恐一

且舜以侧陋显居其上,且将臣使之,故不能堪而作恶。"盖传说既异,后人臆说又殊也。(同上)

杨钊:《国语·吴语》在伍子胥劝说夫差不要淫乱时,说:"今王既变鲧、禹之功,而高高下下,以罢民于姑苏,天夺吾食,都鄙荐饥。"这里是把鲧与禹当成英雄,而将"鲧、禹之功"并提。《韩非子·五蠹》也说:"天下大水,而鲧、禹决渎。"这也是鲧禹并提,而没有褒此贬彼。《左传》文公二年记鲁国的君臣们,在讨论祭祀先君的次序时,有的主张僖公提到闵公的前面,有的提出反对理由,说:"祀,国之大事也,而逆之,可谓礼乎!……故禹不先鲧,汤不先契,文、武不先不窋。"从这里可以看出,在夏的后人祭祀祖先时,不但没有把鲧当成罪人排除在祭祀之外,反而把他当成先人并且排在大禹之先加以奉祀。(《鲧、禹治水及其他》,载《学术月刊》1994年第5期)

又:鲧治水是尽心竭力,为什么被杀呢?《国语·晋语八》说是"鲧违帝(尧)命",《尚书·尧典》说他是"方命圮族"。儒家传说尧、舜、禹禅让的佳话,其实在原始社会末期,各个部落首领就展开了争夺最高领导权的尖锐斗争,如《竹书纪年》载"尧之末年,德衰,为舜所囚",又"舜囚尧,复偃塞丹朱,不使其父相见",再"舜篡尧立,立丹朱城,俄又夺之"。《韩非子·说疑》说:"舜偪尧,禹偪舜,汤放桀,武王伐纣,此四王者,人臣弑其君者也,而天下誉之?"尧、舜之时,争权的斗争已很激烈,鲧就是死在这个过程中,并不是因为其他,后来禹又继承了父鲧的事业,把舜击败而夺取了王位。鲧是为夏部落的利益而牺牲的,而且在治水的活动中也建立了功勋,所以大禹和夏王朝以及以后的各个帝王隆重祭祀鲧也是必然的。(同上)

⑯【汇注】

王圻:东夷之性,薄礼少义,悍急能斗,依山堑海,凭以自固。上和下睦,百姓安乐,未可图也。若上乱下离,则可以行间。间起则隙生,修文教以来之,固兵甲以击之,其势必胜。(《稗史汇编·国宪门·东夷》)

梁玉绳:"于是舜归……以变东夷。"按:罪四凶见于《尚书》,述于《孟子》,至《大戴礼·五帝德》始有变四夷之说,岂真孔氏语哉?舍经文而从别记,史公之好异也,乃又谓舜巡狩归而言于尧以罪之,盖与《夏纪》同误。流、放、迁、殛,不同一时,特《尚书》总记于舜摄位巡狩之后,见天下咸服帝尧,以起下如丧考妣耳。(原注:有谓天下服舜者非。)陆德明《庄子释文》云:"尧六十年放驩兜,六十四年流共工,六十六年窜三苗。"(原注:元金履祥《通鉴前编》)陆氏必有案据,吾然其言。而鲧独未及。考《竹书纪年》云"尧六十一年命崇伯鲧治河,六十九年黜崇伯鲧",正合"九载绩用弗成"之文。其事出尧不出舜,故《国语》太子晋曰"有崇伯鲧,尧用殛之",《左传》子产曰"尧殛鲧羽山",《汉书》鲍宣曰"尧放四罪而天下服",

《后汉书》樊儵曰"唐尧大圣，尚优游四凶之狱，使天下咸知，然后殛罚"，并以放四罪为尧。惟《万章》从战国流俗之言，称此事属舜，盖与《左传》僖三十三年胥臣言"舜殛鲧兴禹"同误，史公谬仍之（原注：《荀子·议兵篇》云"尧伐驩兜，舜伐有苗，禹伐共工"，此又歧论也）。后儒解经，未曾参检，而复以舜所去之四不才子并为一科，不亦舛乎？若以放四罪之事非出于尧，则尧岂能稽诛至舜摄位日耶？《韩子·外储说右上》《吕氏春秋·行论篇》、晋张华《博物志》俱谓鲧、共工、三苗因谤尧让舜得罪，则诬妄甚矣。（《史记志疑》卷一《五帝本纪》）

⑰【汇注】

王　充：驩兜之行，靖言庸回；共工私之，称荐于尧。三苗巧佞之人，或言有罪之国。鲧不能治水，知力极尽，罪皆在身，不加于上，唐虞放流。流于不毛，怨恶谋上。（《论衡·恢国篇》）

班　固：唐、虞之际，至治之极，犹流共工、放驩兜、窜三苗、殛鲧，然后天下服。（《汉书·刑法志》）

郑　樵：伯鲧治水九载，而功用不成；三苗为乱于江淮，驩兜举共工，试以工师，淫荒怠事，舜因巡狩，归而言于帝，请流共工于幽州，以变北狄；放驩兜于崇山，以变南蛮；迁三苗于三危，以变西戎；殛鲧于羽山，以变东夷；四罪而天下咸服。（《通志》卷二《帝舜》）

陈　经：流、放、窜、殛，不必皆死刑也。特置之远方，使不与中国齿也。何以知之？左氏曰：投诸四裔。而此经上文言"象以典刑""钦哉""惟刑之恤"，则知舜当轻刑之际，犹怀钦恤之念。四凶虽剧恶，岂遽致之死哉？此四凶者，左氏所载甚详。幽州、崇山、三危、羽山，即四裔也。尧不能去，至舜而始去之，以见帝尧圣明在上，四凶之奸谋邪心，不敢发露，而才谋智略，足以立功，及舜以匹夫而为天子，四凶乃于此时忌嫉之心生，而奸邪发露，不能掩其恶故也。四罪而天下咸服，舜之心即天下之心也。舜以公天下为心，而无所容其私，可罪者在彼，而舜无预焉。天下虽欲不服，乌得而不服？舜摄位之初，车服以庸，则赏足以劝善，四罪而天下咸服，则罚足以惩恶，此舜所以为能用其权也。（《尚书详解》卷二《舜典》）

陈泰交：服者，天下皆服其用刑之当罪也。（《尚书注考》）

齐召南：帝尧陶唐氏，七十载，举舜，罪四凶。（《历代帝王年表·帝王》）

崔　述：杜氏《左传集解》谓浑敦即驩兜，穷奇即共工，梼杌即鲧，张氏《史记正义》谓饕餮即三苗，则一事矣。余按：以为二事，则彼称"四罪"，此言"四凶"，事既不异，数亦适符，不应如是之巧；况合而计之，当为八罪八凶（刚案：当作"四罪四凶"），又不应《经》独记彼，《传》独言此，各述其半而止也。以为一事，则同此四人，《传》何不明言之，而但为隐词？况鲧有过人之才，如《传》所云，四岳及廷臣无因共荐之；而三苗之杀戮无辜，亦不应仅斥其贪冒聚敛而已也。公羊氏云："所见异词，所闻异词，所传闻异词。"盖本一事而传之者各异，犹皋陶典刑而或以为伯夷也。谓别为一事固不可，谓即此四人亦不可也。况史克之语夸甚，安能保其不失实；必委曲为之说，使之并行不悖，此学者之大病也。故列之于存疑，而即附之"四罪咸服"之后。（《崔东壁遗书·唐虞考信录》卷二《〈左传〉四凶为传闻之误》）

徐旭生：至于四凶，古书中有不同说法。《左传》文公十八年："举十六相，去四凶。"……《尚书》作共工、骓兜、三苗、鲧。《左传》则作浑敦、穷奇、梼杌、饕餮。《史记》兼采二说。《尚书》说，载于《帝尧》中，《左传》说，载于《帝舜》中，这是良史审慎的处理法。史迁知二说来自不同源的史料，所以兼载之。后人因四数相合，就竭力比附，以共工为穷奇，骓兜为浑敦，三苗为饕餮，鲧为梼杌。实则，穷奇出于少昊氏，嬴姓；共工氏，姜姓，与少昊氏无干。骓兜，据《山海经》，为一南方氏族名。又说此氏族与鲧、颛顼有关系，未说他与浑敦有关系。至于浑敦，实出于帝鸿氏（鸿即江，实为"帝江"），在西方天山附近，与南方的骓兜并不相干。这几点显著矛盾，足证《尧典》与《左传》虽全说到"四凶"，却原来是两回事。不管怎样，但可说明当时的人口繁衍，部落势力扩大，彼此之间掠夺财物，扩占土地，引起了部落之间的战斗。所谓"流、放、窜、殛"，只不过是对战败者的处理办法。一个流于北方（幽州在北），一个放于南方（崇山有多处同名，有冀州之崇山、豫州之崇山、南方之崇山。骓兜既属南方氏族，则此崇山，当指南方），一个窜于西方（三危在西），一个殛于东方（羽山在东方）。而帝舜则是个战胜者，统占了中原，即所谓"天下咸服"。（《尧舜禹·帝舜》，载《文史》第39辑）

金景芳、吕绍纲：四，指经上文所言之共工、欢兜、三苗、鲧，亦即《左传》文公十八年所言之穷奇、浑敦、饕餮、梼杌四凶族。罪字本作辠，秦时改作罪。《说文》辠字下云："犯法也。""四罪"二字在此句经文中不是一个词，指共工等四凶，而是两个词，"四"是四凶，"罪"指四凶伏罪，即受到应得的惩罚。或者说，舜给四凶治了罪，亦即经上文说的流、放、窜、殛。（《〈尚书·虞夏书〉新解·〈尧典〉新解》）

又："天下"，中国古代文献常用的词，其含义因历史时代不同而有变化。原始社会是血缘社会，在进入氏族制阶段之后，人们始终以氏族为单位，以部落为界限。人们的活动范围极小，氏族和部落就是他们视野中的天下，而后扩大到部落联盟，再扩大到部落联盟之外的其他部落联盟。尧舜时代已进入氏族社会的最后阶段，天下的范围应包括当时即被称为中国的华夏族的部落联盟及四裔的异族部落。（同上）

又："天下咸服"的"服"字应是《孟子·公孙丑上》"中心悦而诚服也"的服，不是《论语·泰伯》"三分天下有其二，以服事殷"的服。服什么？伪《孔传》云"皆服舜用刑当其罪"是对的。舜流放共工等四凶，是以实际的行动实行了经上文说的

"眚灾肆赦，怙终贼刑"和"唯刑之恤"的原则。虽有过错且造成后果但能改正的，赦免；坚持不改，顽固不化的人则必施刑。然而不施肉刑，更不诛灭，而是流放之于四裔。故天下皆心服。（同上）

【汇评】

孟　子：舜流共工于幽州，放驩兜于崇山，杀三苗于三危，殛鲧于羽山，四罪而天下咸服，诛不仁也。（《孟子·万章》）

庄　子：崔瞿问于老聃曰："不治天下，安藏人心？"老子曰："汝慎无撄人心，人心排下而进上，上下囚杀，淖约柔乎刚强，廉刿彫琢，其热焦火，其寒凝冰，其疾俛仰之间，而再抚四海之外。其居也，渊而静；其动也，县而天。偾骄而不可系者，其唯人心乎？昔者黄帝始以仁义撄人心，尧舜于是乎股无胈，胫无毛，以养天下之形；愁其五藏以为仁义，矜其血气以规法度。然犹有不胜也，尧于是放驩兜于崇山，投三苗于三危，流共工于幽都，此不胜天下也。"（《庄子·在宥》）

管　子：夫利莫大于治，害莫大于乱。夫五帝、三王所以成功立名显于后世者，以为天下致利除害也。事行不必同，所务一也。夫民贪行躁，而诛罚轻，罪过不发，则是长淫乱而便邪僻也。有爱人之心，而实合于伤民，此二者不可不察也。（《管子》卷十五《正世》）

韩　非：尧欲传天下于舜，鲧谏曰："不祥哉！孰有以天下而传匹夫乎？"尧不听，举兵而诛鲧于羽山之郊。共工又谏曰："孰以天下而传之匹夫乎？"尧不听，又举兵而诛共工于幽州之都。于是天下莫敢言无传天下于舜。仲尼闻之，曰："尧之知舜之贤，非其难者也。夫至乎诛谏者，乃其难者也。"（《韩非子·外储说右上》）

编者按：尧舜时代，曾有诛伐驩兜、有苗、共工及鲧之举，究其原因，则大相径庭，韩非之言，乃以反对禅让所致，此法家与儒家以及史迁之说，皆不相侔。

杨　震：臣闻政以得贤为本，理以去秽为务。是以唐、虞，俊乂在官，四凶流放，天下咸服，以致雍熙。（见《后汉书·杨震传》）

刘　恕：四凶之罪，著于海内。尧知舜于侧微，天下未尽厌服，遗之大功二十，使民臣仰其功业；而郑玄以尧之末年，四凶在朝，为亢龙有悔，乌足以知圣人哉！（《资治通鉴外纪》卷一《帝尧》）

苏　轼：此四凶族也，其罪则莫得详矣。至于流且死，则非小罪矣。然尧不诛而待舜，古今以为疑，此皆世家巨室，其执政用事也久矣，非尧始举而用之，苟无大故，虽知其恶，势不可去，至舜为政，而四人者不利，乃始为恶于舜之世，如管、蔡之于周公也欤！（《东坡书传》卷二《舜典》）

黄　伦：周氏曰：舜之时，四凶皆在其朝，而尧未之去，舜既即位，始正其罪，投之四裔，而天下咸服。岂尧之知人不若舜之明欤？且尧为天子，舜为匹夫，一旦举而授以天下之重，尧非有知人之明，其孰能断之而不疑哉？夫天下之事，其有难于以天子之位与人，而必得其人者哉？故曰：以天下与人易，为天下得人难。尧既能知舜矣，而谓其不能知四凶也，可乎哉？盖四凶至此，其罪已大著耳。或曰：尧非不知四凶也，尧以舜兴于侧微之中，天下之心，未尽厌服，故留遗此大功焉耳。呜呼，亦未必然也！（《尚书精义》卷三《舜典》）

又：黄氏君俞曰：孔子曰：善不积不足以成名，恶不积不足以灭身。小人以小善为无益，而弗为也；以小恶为无伤，而弗去也。故恶积而不可掩，罪大而不可解，此四凶之所以诛也。四凶于尧之末，其恶已萌矣。尧冀其迁善远罪，而未之诛也。于舜之摄恶积而不可解，所以见诛也。尧舜之刑，不刑其过，刑其迹也。尧舜之赏，不赏其功，赏其心也。故三载考绩，三考黜陟幽明。（同上）

范　浚： 或曰：尧之时，四凶犹在，舜即位，始去之。左氏谓尧不能去，然则何以为尧乎？答曰：左氏失言。彼四凶恶，未稔，天下未尽闻，则尧不遽诛，至舜而四罪章，乃诛之耳。汉人固云唐尧优游，四凶厌服，海内唐人亦谓使尧恶四凶，不待试用，加之诛放，天下必以为戮不辜，此言是也。不然，以尧大圣，去四凶如去虮虱耳，不能云乎哉？太史公因左氏语而易之曰：尧未能去，谓未去之可也。以谓未能，则亦不可。然予抑有疑者，洪水方割，万人昏垫，使鲧治之，历九载而绩弗成，则赤子之为鱼久且众矣。忍鱼其民而不忍乎凶人，实忍万人而不忍一鲧之身，岂尧心哉？此固予所疑者，其亦尽信书不如无书谓乎！（《香溪集》卷六《去四凶辨》）

郑伯熊： 骦兜共工之徒，其恶著于心，在尧舜朝久矣，而不敢少肆者，尧之心如水镜之于物，其妍丑不吾欺也。而人之鉴于水镜者，岂得自隐哉。彼其心盖知夫尧之见之如见肺肝，恐惧惭缩之不暇，而暇恶之肆乎？恶无所肆，而才为世用，其假息于尧之世宜也。圣人之于人虽不可化，亦曰姑惟教之；化之未格，亦曰姑惟俟之。俟之久矣，而终不吾化，则所谓不移之愚，而怙终之刑所不得而宥也。且尧之德辉被乎四表，鸟兽知之，而况于人乎？民变时雍，而况在朝廷之上，日迩清光者乎？终尧之世，而不变是，无时而变矣。岂得留在庶顽之列，以俟其格哉？然四子之心术，尧舜知之，固也。朝廷之士，且不知顾方以为贤而荐之，一诛而天下咸服，何也？自尧舜发其心术之秘，而朝廷之士察之矣。凡小人之恶，未尝不包蓄，然未有终能忍而不泄者，未尝不掩覆，亦未有终能护而不彰者。舜兴于畎亩之中，群臣天下之所安，而小人之所不悦也。其所包蓄者泄而掩覆者著矣，亦幸而在于用轻典之世哉！（《郑敷文书说·四罪而天下咸服》）

时　澜： 四罪必于恤刑之后言之，见史官深识唐虞用刑之意。以舜象刑条目观之，必至于是事势穷极然后加之，以贼刑既钦且恤，则知舜于四罪之诛亦可谓大不得已也。肉刑尚尔，况于流放窜殛又重于肉刑者乎？四罪而天下咸服，舜自即位以来，止于四罪之诛，故史官特叙于《舜典》之篇，抑以见用刑之简也。虽然，四凶之恶，非一日矣，尧不能去，而留以遗舜，何也？圣人于天下之善恶，行此心之至公，而顺是理之所到。尧之时，四凶之恶未成，尧何忿嫉之心，至舜之时，四凶之恶已著，舜不得而已也。舜之诛凶，与尧之用舜，其道一也。（《增修东莱书说》卷二《舜典》）

陈　经：或曰：不赏而民劝，不怒而民威于斧钺，圣人之极至也，以舜之圣，固足以潜消奸宄，而兴起斯人之善心，又何以赏罚为？曾不思圣人之威天下，本不以兵革。而弧矢之利未尝废，圣人之固国本，不以山谿之险也；而王公设险以守国者未尝废。圣人之化民，本不以声色也，而三令五申者未尝废。呜呼，此圣人吉凶与民同患难之心，必如是而后道与法并行，化与政并立，不然，则亦徒善而已矣。（《尚书详解》卷二《舜典》）

王若虚：《舜典》称"四罪而天下咸服"，言刑之当而已。《史记·帝尧本纪》云："舜言于帝，请流共工于幽陵，以变北狄；放驩兜于崇山，以变南蛮；迁三苗于三危，以变西戎；殛鲧于羽山，以变东夷。"至《舜纪》则引《左传》所载浑沌、穷奇、梼杌、饕餮之事，云"流四凶族，迁于四裔，以御魑魅"，文虽差殊，其为四罪，一也。一则曰变四夷，一则曰御魑魅，舜之意果安在哉？盖二者皆陋说，不足取焉。且此事止当做《舜纪》而复见于尧，止当从经，而反取于传，纪之语不亦冗而杂乎？（《滹南遗志集》卷九《史记辨惑》）

金履祥：《书》叙四罪在舜摄位之末，盖作书者纪舜象刑之法，与其恤刑之意，因纪二十八年之间所刑者四人而已，外是无刑者，是则因而系诸典刑之下，非摄位季年之事也。若果季年之事，则崇鲧羽山之殛，稽诸于三考之后，而追罪于三十年之余也。且是时禹已成功而罪鲧，人情之必不然者，而谓圣人为之乎！（《御批通鉴纲目前编》卷一）

王充耘：此言圣人用刑轻重，各当其罪，故足以服天下之心。流轻乎放，而殛重于窜，盖因其罪而罪之，故各随其轻重而异其法，圣人初无容心于其间也。圣人以天下之怒为怒，故重不失之苛，轻不失之纵，夫孰得而议之。（《书义主意》）卷一《舜典》）

郝　敬：或曰：尧不诛四凶，何也？天下事，非一圣人所能兼，罪恶未盈，圣人亦不忍先发。放流能改，虽舜亦将宥之耳。故尧之不诛，与舜流宥之意同。……象刑诛凶者，明试考功之事也。（《尚书辨解》卷一《尧典》）

朱之蕃：太史公欲叙舜罪此四凶，先把四凶之罪却略叙明，便是文有卷按处。（见《百大家评注史记》卷一《五帝本纪》）

郝懿行：去四凶者虽舜，其实皆秉命于尧。盖舜斯时方居摄，未陟帝位也。故流、放、窜、殛，特书于二十八载之前，以明去四凶者尧也。《左传》谓"尧未能去，至舜

而后去之"，非也。（《书说》卷上，见《郝懿行集》）

尧立七十年得舜①；二十年而老，令舜摄行天子之政②，荐之于天。尧辟位凡二十八年而崩③。百姓悲哀④，如丧父母⑤。三年，四方莫举乐⑥，以思尧⑦。尧知子丹朱之不肖⑧，不足授天下，于是乃权授舜⑨。授舜，则天下得其利而丹朱病⑩；授丹朱，则天下病而丹朱得其利。尧曰"终不以天下之病而利一人"⑪，而卒授舜以天下⑫。尧崩，三年之丧毕，舜让辟丹朱于南河之南⑬。诸侯朝觐者不之丹朱而之舜⑭，狱讼者不之丹朱而之舜⑮，讴歌者不讴歌丹朱而讴歌舜⑯。舜曰⑰："天也⑱！"夫而后之中国践天子位焉⑲，是为帝舜⑳。

① 【汇注】

徐文靖："帝尧陶唐氏七十年春正月，帝使四岳锡虞舜命"，《笺》按：《尧典》曰："帝曰：咨，四岳，朕在位七十载，汝能庸命，巽朕位？岳曰：否德忝帝位！曰：明明扬侧陋！师锡帝曰：有鳏在下曰虞舜。帝曰：俞！予闻。"《五帝本纪》曰："尧立七十年得舜。"是矣。（《竹书纪年统笺》卷二《帝尧陶唐氏》）

② 【汇注】

崔　述：《史记》称舜得举二十年而尧使摄政，摄政八年而尧崩，盖以《经》之"二十八载"为自举舜时数之也。《蔡传》云"历试三年，居摄二十八年"，则是自舜"受终"时计之矣。余按：《经》云："乃言厎可绩，三载。"不容舜举二十年而厎可绩者止三载。孟子云："舜相尧二十有八载。"不容初举历试之时即以相尧称之。蔡氏之说是也。（《崔东壁遗书·唐虞考信录》卷二《舜摄政年数》）

③ 【汇注】

墨　子：昔者尧北教乎八狄，道死，葬蛩山（编者按：孙诒让：毕云，蛩，《初学记》引作"蛰"，一本亦作"蛰"。《北堂书钞》《后汉书注》《太平御览》俱引作"邛"）之阴。（《墨子》卷六《节葬下》）

吕不韦：尧葬于谷林，通树之。（《吕氏春秋·孟冬纪·安死》）

裴　骃：徐广曰："尧在位凡九十八年。"骃按：《皇览》曰"尧冢在济阴城阳。

刘向曰'尧葬济阴，丘垅皆小'。《吕氏春秋》曰'尧葬谷林'。"皇甫谧曰："谷林即城阳。尧都平阳，于《诗》为唐国。"（《史记集解·五帝本纪》）

张守节：皇甫谧云："尧即位九十八年，通舜摄二十八年也，凡年百一十七岁。"孔安国云："尧寿百一十六岁。"《括地志》云："尧陵在濮州雷泽县西三里。郭缘生《述征记》云'城阳县东有尧冢，亦曰尧陵，有碑'是也。"《括地志》云："雷泽县本汉城阳县也。"（《史记正义·五帝本纪》）

孔颖达：尧能赏均刑法，以义终者。尧以天下位授舜，封禹稷官，得其人，是能赏均平也。五刑有宅，是能刑有法也。禅舜而老，二十八载乃殂，是义终也。（《礼记正义·祭法》）

刘　恕：孔安国曰：尧年十六升为天子，七十载求禅，试舜三载，自正月上日至崩，二十八载，尧凡寿百一十七岁。王肃曰：历试三载，其一在征用之年，其余二载与摄位二十八年，凡三十岁。孔颖达曰：尧一百一十六岁，言七误也。皇甫谧曰：尧以甲申岁生，甲辰即位，甲午征舜，甲寅舜代行天子事，辛巳崩，年百一十八，在位九十八年。（《资治通鉴外纪》卷一《帝尧》）

袁　燮：后世人主亦曰崩，此皆不与死字相似。《檀弓》载子张死，召申详而语之曰："君子曰终，小人曰死。吾今日其庶几乎？"言庶几其可谓之终也。众人皆只是死，圣人则否。（《絜斋家塾书钞》卷一《舜典》）

郑　樵：尧生，以甲申即位，以甲辰召舜，以甲午召舜之年，尧七十一矣。舜以甲寅摄政，尧九十一矣，以辛巳崩，是避位二十八年，在位九十八年，凡百十八岁，葬于谷林，实济阴。（《通志》卷二《帝尧》）

罗　泌：古今之事绪无穷，而地理之差尤为难于究竟。尧之冢在济阴成阳，尧母灵台在南。汉章帝元和二年，使奉太牢，祠尧于成阳、灵台，是其处也。今皆在濮之雷泽东南。而王充乃云葬崇山，墨子则谓北教八狄，道死南已之市，而葬蛮山之阴。盖仪墓尔。按：欧阳文忠公《集古录》言灵台碑以为《史记》《地志》《水经》诸书，皆无尧母葬处，粤稽《地志》及范晔《志》则云成阳有尧冢、灵台，而此碑云："尧母葬兹，欲人莫知，名曰灵台。"又郭缘之《述征记》："成阳城东南九里有尧陵，陵东有中山夫人祠，在城南二里，盖尧妃也。东南六里，有庆都冢，上有祠庙，而《水经注》言：'成阳城西二里有尧陵，陵南一里有庆都陵，于城为西南，称曰灵台乡，曰崇仁邑，号修义。'"其葬处明白若此，恶得云"无"言邪？然《述征记》"在成阳东"，而今之所识，乃在成阳西北四十里谷林，则古今疆场相出入，有不同者。郭氏所记乃小成阳，小成阳在成阳西北五十里，隶于河南，有山曰成阳，谷林在其下。小成阳以山得名，乃尧葬所在，有尧之故名焉。即庸俗所谓囚尧城者。（《路史·发挥卷五·辨帝尧冢》）

罗　苹：《论衡》曰尧葬冀州，或云葬崇山。仪墓如汉世远郡园陵与苍梧舜墓之类，非实葬所。《山海经》云：尧葬狄山之阳，郦善长以为非，亦此类。（见《路史·发挥卷五·辨帝尧冢》注）

陈士元：郑玄氏云：尧游城阳而死葬焉。《外纪》云：尧葬于谷林。子十人，长曰监明，先死。监明之子式封于刘，其后有刘累事存。《汉纪》尧取富宜氏，生朱、朱傲，使出就丹，尧崩，舜封朱于房，为房侯，谓之虞宾。夏后封之唐。（《论语类考》卷七《尧》）

王　圻：尧都平阳，而陵在兖之东平，相去三千余里。岂河东土厚，反无尺地可为衣冠之藏（葬）？意尧老舜摄，端拱无为，乘彼白云游于帝都，至兖徂落，而遂卜因山耶？古人嬴、博之葬，其亦缘此耳。（《稗史汇编·文史门·辨讹下·舜葬仓梧》）

孙之騄：《路史》二十有八载，谦然写其天下之尊，爰与方迥游于阳城，乃徂落。《世纪》云：尧葬济阴成阳西北四十里，是为谷林。墨子以为尧堂高三尺，土阶三等，北教八狄，道死蛩山之阴。《山海经》尧葬狄山之阳，一名崇山。《东坡书传》尧寿一百一十七岁。《尚书通考》尧十六岁，自唐侯升为天子，在位七十载，试舜三载，又老不听政二十有八载，在位通计一百单一年，寿一百十六岁。沈约曰：帝子丹朱避舜于房陵，舜让不克，朱遂封于房，为虞宾。三年，舜即天子之位。帝崩，虞氏国之于房，为房邑侯。（《考定竹书》卷二《一百年帝陟于陶》）

齐召南：帝尧陶唐氏，在位一百载崩，禅位于舜。葬成阳。（《历代帝王年表·帝王》）

徐文靖："帝尧陶唐氏，一百年，帝陟于陶"。《笺》按：尧元丙子，终乙卯，凡一百年。《异苑》：晋太康三年冬大寒，南州人见二鹤，语曰：今岁不减尧崩年。《吕氏春秋》曰：尧葬谷林。《帝王世纪》曰：尧在位九十八年，一百一十八岁乃殂，葬于济阴之成阳西北四十里，是为谷林。尧娶散宜氏女曰女皇，生丹朱，又有庶子九人，皆不肖，故以天下命舜。（《竹书纪年统笺》卷二《帝尧陶唐氏》）

梁玉绳：按：《书》言"尧七十载得舜"，又言"二十八载尧崩"，史与经合，《竹书》谓"百年陟"，非也。故《论衡·气寿篇》云"尧七十载得舜，舜征二十岁在位，尧退而老，八岁而终，至殂落八十九岁"，未在位之时必已成人，今计数百有余矣。而《集解》引《世纪》云"尧以甲辰即位，甲午征舜，甲寅舜代行天子事，辛巳崩，年百十八，在位九十八年"，思以求合于《史记》，则尧五十一岁得舜，七十一岁摄位矣，岂不妄哉！（原注：《列子·仲尼篇》谓"尧治天下五十年禅舜"，《汉·律历志》谓"尧在位七十载"，尤妄。）唐韩愈《昌黎集·论佛骨表》从之，亦未深考耳。盖尧之年无征，伪孔《传》言尧十六为天子，《世纪》谓二十为天子，不知何据。若依孔

《传》是百十六岁（原注：《书·传》[孔安国《尚书传》]"十六"误"十七"），《世纪》增二岁，疑莫能明。至《史》以尧为辟位，未免歧误。舜之为帝，孟子辨之甚详，史公取入纪中，如下文三年丧毕然后践位是也，辟位之言，不几矛盾两伤欤？《史通·疑古篇》引《汲冢琐语》曰"舜放尧于平阳"。《正义》引《竹书》云："昔尧德衰，舜囚尧。复偃塞丹朱，使不得与父相见。"又引《括地志》"囚尧城在濮州鄄城县东北，偃朱城在县西北"。即其所以诬圣人者，至莽、丕之不若，而皆自战国时来。（《史记志疑》卷一《五帝本纪》）

乔松年：帝尧陵相传在濮州。乾隆四十五年，钱箨、石侍郎上疏，以为在平阳。部驳其说，再疏辨之，终格于部。钱疏大意谓：《史记》凡古帝王书葬地者，皆非崩于所都之地也；不书葬地者，皆崩于所都之地也。尧都平阳，即葬平阳，特自《吕览》造为尧葬谷林之语，以致刘向、皇甫谧沿其谬误。至郦道元《水经注》历叙诸家之说，谓尧葬济阴成阳者，而断以书疑志疑。盖道元不以诸家所说尧葬济阴之言为是，乃后人转引《水经注》以证诸家，实为大误。当据王充所言，定为平阳云云。予按：钱说颇为近理，较之移北岳于浑源之论更为允惬。北岳获从所请，而尧陵未获厘正，亦事之不平者也。乾隆初年修《一统志》，于平阳府下亦载尧陵。儒臣按语云：前人皆谓尧陵在濮州，惟《冢墓记》谓在平阳。《冢墓记》虽后出，然都平阳，即葬平阳，亦其宜也。故存之。此论与钱侍郎闇合矣。（《萝藦亭札记》卷三）

又：唐人祭尧于平阳，但未明言是陵墓所在。（同上）

刘玉玑：陶唐氏陵，在[临汾]城东七十里郭行里。土人谓之神林，又谓之神临，陵高一百五十尺，广二百余步，旁皆山石，惟此地为平。土深丈余。其庙正殿三间，庑十间，山后有河一道，有金泰和二年碑记。窃考舜陟方乃死，陵在九疑，禹会诸侯于江南，计功而崩，陵在会稽。惟尧之巡狩不见经传，而此其国都之地，则此陵为尧陵无疑也。（[民国]《临汾县志》卷四《古迹记·陵墓》）

刘　坦：按：《舜纪》谓尧辟位凡八年而崩，此云二十八年，盖通得舜之年而言。（《史记纪年考》卷二《唐尧》）

王　恢：尧陵亦复有数说：《汉志》《世纪》《瓠子河注》《晋志》《元和志》《路史》，都说在成阳——今山东濮县西；《曹州志》《东平府志》又不一其说（见《清统志》一七九、一八一）。皇甫鉴《城塚记》说在山西临汾县东七十里。如尧都平阳，则其说为近。《史记本纪地理图考·五帝本纪·唐尧之都》）

徐旭生：至于尧之死葬何处？说法不一。《吕氏春秋·安死》："尧葬于谷林。"《左传》与《水经注》说："尧葬成阳。"成阳山下有谷林。西汉刘向说："尧葬济阴丘陇山。"《通典》说："曹州界有尧塚。"这些说法，尚未得到考古发掘材料的旁证，看来不甚可靠。而《墨子·节葬》说："尧葬蛩山之阴。"《山海经》说"（尧）葬狄山"，或云"葬崇山"。《论衡》"尧葬冀州"。既然陶唐氏故墟，应在霍山以南汾水流域。那末，尧死葬于冀州之崇山，此说应近情理。(《尧舜禹·帝尧》，载《文史》第39辑)

金景芳、吕绍纲：关于二十八载的问题，《史记·五帝本纪》："尧立七十年得舜，二十年而老，令舜摄行天子之政，荐之于天。尧辟位凡二十八年而崩。"《集解》引徐广云："尧在位凡九十八年。"王鸣盛《尚书后案》云："自'厘降二女'以下至'纳于大麓'，皆舜征庸事。自'受终文祖'至'四罪咸服'，皆舜摄位事。征庸二十载，摄位八载，时尧委政于舜，故总之云二十有八载。"又云："《史记》与经合，郑说同此，的然可据者也。"按：王说是。伪孔《传》说："尧年十六即位，七十载求禅，试舜三载，自正月上日至崩，二十八载尧死，寿一百一十七岁。"蔡沈《书集传》说略同。皆不足信据。(《〈尚书·虞夏书〉新解·〈尧典〉新解》)

王文清：《墨子·节葬（下）》说："昔者，尧北教乎八狄，道死，葬蛩山之阴。"《山海经·海外南经》则说："狄山，帝尧葬于阳，帝喾葬于阴。……一名汤山……其范林方三百里。"清毕沅注曰："《墨子》云：'尧北教八狄，道死，葬蛩山之阴。'则此云狄山者，狄中之山也。"《山海经·大荒南经》又说："帝尧、帝喾、帝舜葬于岳山。"郭璞注："即狄山也。"《帝王世纪》引《山海经》则作"尧葬狄山之阳，一名崇山"。这些记载，说明唐尧所葬之"狄山"，即"狄中之山"，它名叫蛩山、汤山、岳山、崇山，所以有唐葬于崇山之说。《史记·司马相如列传》记载司马相如《大人赋》中有"历唐尧于崇山兮，过虞舜于九疑"的辞句。《正义》引张揖云："崇山，狄山也。《海外经》云：'狄山，帝尧葬其阳。'九疑山，零陵营道县，舜所葬处。"(《陶寺遗存可能是陶唐氏文化遗存》，载《华夏文明》第1集)

又：唐尧所葬之狄山或蛩山、汤山、岳山、崇山，当在古大夏，今山西中部至西南部境内。古大夏地区，当是陶唐氏的唐人与其他所谓戎狄人杂居。西周初年，周成王封其弟叔虞于唐人的唐墟和夏人的夏墟。"命以《唐诰》，封于夏虚，启以夏政，疆以戎索"，又称"唐叔受之以处参虚，以匡戎狄"。说明大夏地区是华夷杂居。春秋时还有白狄、赤狄等居住在那里。唐尧所葬之狄山，或许是有戎狄氏族部落居住过的"狄中之山"，但这里也是陶唐氏唐人居住之地，也称为蛩山、汤山、岳山、崇山等。陶寺墓地在今崇山（因峰颠有三源寺塔，今又俗称塔儿山）之西麓，面积在三万平方米以上，是上古人的氏族部落墓地。今之崇山，是否就是唐尧所葬之崇山，现在虽还不能断定，但这一墓地很可能是帝尧陶唐氏时期的氏族部落墓地。因为陶寺文化遗存的碳素年代，与帝尧陶唐氏的历史年代基本相当。(同上)

【汇评】

时　澜：舜历位二十八年，当时号令，舜之号令也。当时德泽，舜之德泽也。尧与百姓相忘二十八年矣，何帝乃殂落而百姓如考妣之丧，天下乃不忘尧如此？见尧德在民之深也。大抵人情初则思，中则厌，久则忘。二十八年之久，宜其厌而忘矣。尧之德泽，沦浃渐渍，在人之深，历年之久，百姓虽不见尧，而常见尧之德泽，是以尧之殂而百姓思之不能已也。大抵刑政非不可以治天下，但一时之间整肃而有条理，久则必弛。若德泽之柔抚，久而愈新。百姓思尧之义也。虽然，又足以见舜摄尧位二十八年之久，凡一政事、一号令，皆遵尧之法而不变，是以天下闻舜之号令，如亲闻尧之号令。乐舜之德泽，如亲承尧之德泽。舜承尧之心，可体而见矣。自此以前，舜之治甚详，事皆自为；自此以后，舜之治甚略，任九官十二牧之外，事若有所不亲者。盖尧在上，舜虽受位，犹臣道也。尧崩之后，舜始即位行君道，故命官而不亲，于前可以观坤作成物之义，于后可以观乾知太始之义。（《增修东莱书说》卷二《舜典》）

④【汇注】

　　金履祥：百姓者，畿内之民。（《书经注》卷一《舜典》）

⑤【汇注】

　　金景芳、吕绍纲：丧，就是死亡，死亡不言死或亡而言丧，有一定的意义。《白虎通·崩薨篇》："丧者何谓也？丧者亡也。人死谓之丧何？言其丧亡不可复得见也。不直言死，称丧者何？为孝子之心不忍言也。"此说可资参考。（《〈尚书·虞夏书〉新解·〈尧典〉新解》）

【汇评】

　　钱　时：愚观百姓如丧考妣，不觉怆然感叹，元后作民父母，百年之间，蒙被圣化，则其依依慕恋，何异赤子之怀父母也，一旦失之，哀号痛裂，真怀所发，有不知其然而然者，此岂可以伪为也哉！（《融堂书解》卷一《舜典》）

　　陈　经：舜历试三年，而尧始逊位，舜摄位二十八年，而尧始崩。百姓追慕尧之德如父母，三年，四海皆止绝八音，其情之伤痛于中，至于如此，一以见尧之德泽在人为甚深，一以见舜于二十八载之间，其号令政事，无时而不禀命于尧，亦无往而不称道尧之德意，以达于下，所以尧虽退而自忘，天下盖未始忘尧也。（《尚书详解》卷二《舜典》）

　　罗　泌：赞曰：聪明文思，荡荡巍巍。惟天为大，惟尧则之。不激不委，因事立法。昭义崇仁，内穆外协。询政行人，问老衢室。茅茨土阶，允恭勿失。万物备我，生化咸宜。诵言行道，比隆伏羲。（《路史·后纪十一·陶唐氏》）

⑥【汇注】

　　王　圻：上古亲死，葬之中野，丧期无数。至虞舜二十有八载，放勋殂落，百姓如丧考妣。三载，四海遏密八音，则三年之丧，尧舜始也。《孟子》曰："三年之丧，斋衰之服，三代共之。"《淮南子·齐俗训》曰：武王伐纣，载尸而行，海内未定，故

不为三年之丧。许慎注云：三年之丧，始于成王。(《稗史汇编·国宪门·典制·丧纪》)

金景芳、吕绍纲："三载"是说哀思时间之长久，与后世周人之父丧君丧，为子为臣者斩衰三年，母丧而父已先卒，为子者齐衰三年的丧制是不一样的。三年之丧的礼制，尧舜时代尚未形成。说"三年"仅仅谓人们对尧之死曾经哀痛很久，是自然之感情，不是礼制的规定。江声《尚书集注音疏》云："周制丧考斩衰，丧妣齐衰。唐虞丧制则无文可考，此言'如丧考妣三年'，止言其哀思之久，以见尧德之入人深，不必详其衰制。"江氏说大体得其实。(《〈尚书·虞夏书〉新解·〈尧典〉新解》)

【汇评】

张守节：《尚书》"三载，四海遏密八音"是也。(《史记正义·五帝本纪》)

袁　燮："三载，四海遏密八音"：非有所禁制而不敢也，生乎其心，而自有所不忍也。今且谓尧何故使如此？学者便当如此致思，此无他，只缘尧平日治天下，见于发号施令，立纲陈纪，事事物物，皆契人心。吾之所为，既有契于人心，故人心自无时而能忘，非不能忘尧也，不能自忘其心也。孟子曰："以力服人者，非心服也；力不赡也。以德服人者，中心悦而诚服也。如七十子之服孔子也。"盖缘孔子一言一动，皆合乎人心，求其毫厘之失而不可得，故七十子直是中心悦而诚服。尧舜之治天下亦是如此……若事事契合人心，却不解忘，盖缘我所做底便是他底心。(《絜斋家塾书钞》卷一《舜典》)

顾炎武：百姓，有爵命者也。为君斩衰三年，礼也。四海遏密八音，礼不下庶人，且有农亩服贾力役之事，岂能皆服斩衰，但遏密八音而已。此当时君丧礼制。(《日知录·君丧》)

金景芳、吕绍纲：《尔雅·释地》："九夷，八狄，七戎，六蛮，谓之四海。"是四海乃中国九州之外荒远处所居之夷狄戎蛮。尧死，夷狄戎蛮尚且"遏密八音"，华夏族人如何，自可以想见。(《〈尚书·虞夏书〉新解·〈尧典〉新解》)

又：不论八音为何，尧舜时夷狄戎蛮已有音乐是无可怀疑的。《白虎通·礼乐篇》："东夷之乐曰朝离，南夷之乐曰南，西夷之乐曰味，北夷之乐曰禁。"又："王者制夷狄乐，不制夷狄礼。"是知古代夷狄戎蛮有乐而无礼。……经文的意思是，尧死了，本部落联盟内的人如同死了父母一样地哀痛，持续很长的时间，在这段很长的时间内，荒远的夷狄戎蛮地区也都静悄悄地听不见乐声。《史记·五帝本纪》"百姓悲哀，如丧父母，三年，四方莫举乐，以思尧"，是对经文极准确明通的训释。(同上)

⑦【汇注】

程　楷：尧之为君也，其知如神，仁照义立，明断之资备矣。故明扬侧陋，平章百姓，明孰尚焉。不赏而劝，不罚而治，断孰加焉。尧以是明断而协万邦也。(《明断

编》）

陈蒲清：自"帝尧者，放勋"至此，多引自《尚书·尧典》与《尚书·舜典》。（见王利器主编《史记注译·五帝本纪》）

金景芳、吕绍纲：《史记·五帝本纪》以诂训代替经文，说："百姓悲哀，如丧父母。三年，四方莫举乐，以思尧。"《史记》的训释是正确的。百姓，古人多以下文"四海"对比而言，江声《尚书集注音疏》谓"此经下文别言'四海'，乃谓民间，则百姓自是群臣矣"。把"百姓"与"四海"相对照、区别而言，无疑是对的，但是以百姓为群臣，四海为民间，似不妥。此"百姓"应与经上文"九族既睦，平章百姓"的"百姓"同义，而"四海"所指亦应同于经上文"百姓昭明，协和万邦"的"万邦"。尧既做到了"克明俊德，以亲九族；九族既睦，平章百姓；百姓昭明，协和万邦"，现在他死了，"九族"的哀痛自不待言，百姓与万邦（四海）悲痛之情是可以想见的。（《〈尚书·虞夏书〉新解·〈尧典〉新解》）

⑧【汇注】

夏　禹：丹朱傲，惟慢游是好，傲虐是作。罔昼夜頟頟，罔水行舟，朋淫于家，用殄厥世。（见《尚书·益稷》）

伏　生：尧为天子，丹朱为太子，舜为左右。尧知丹朱之不肖，必将坏其宗庙，灭其社稷，而天下同贼之，故尧推尊舜而尚之，属诸侯焉。致天下于大麓之野。（《尚书大传》卷一）

司马贞：郑玄云："肖，似也。不似，言不如父也。"皇甫谧云："尧娶散宜氏之女，曰女皇，生丹朱。又有庶子九人，皆不肖也。"（编者按：点校本《史记》修订本："不似言不如父也"，"父"，耿本、黄本、彭本、《索隐》本、柯本、凌本、殿本作"人"。按：《礼记·杂记下》"某之子不肖"，郑玄注："肖，似也。不似，言不如人。"）（《史记索隐·五帝本纪》）

胡　宏：七十二载，尧娶散宜氏女，曰女皇；生子丹朱。丹朱不肖。于是尧生八十七年老而衰矣，将命舜摄天子事，或曰："奈何舍胤子朱？"尧曰："私一人病天下，可乎？"（《皇王大纪》卷三《帝尧陶唐氏》）

罗　泌：帝初取富宜氏曰皇，生朱。鸷佷媢克，兄弟为阋，嚚讼嫚游而朋淫，帝悲之，为制弈棋以闲其情，使出就丹。帝崩，虞氏国之于房，为房侯，以奉其祀，服其服，礼乐如之，谓之虞宾。天子弗臣。夏后封之唐，如虞之礼。朱卒，葬筇阳。（《路史·后纪十一·陶唐氏》）

罗　苹：相之安阳永和镇南有故尧城，开皇四，尧城县以为尧居，乃朱居也。《相图经》引《孟子注》舜封丹朱于白水，白水乃今清河，盖夏封之，在镇西南三里，有丹朱陵。南八里，有帝子夜游台，周二百步，《相台志》云：丹朱嫚游之地。筇邓同筇阳乡，在内黄北二十笫阳聚。《元和志》：丹朱墓，唐山县东一里。《寰宇记》：冢在永定东二里，又唐县有鸣郎城，《九州要记》云：尧时丹朱所居，相之冢为是矣。而经注城阳有丹朱冢，《海内南经》：苍梧之山，帝丹朱葬于阴，无信。（见《路史·后纪十一·陶唐氏》注）

陈士元：丹朱，尧子，名朱，封于丹。《说文》朱作絑。（《孟子杂记》卷三《辨名》）

梁玉绳：朱，胤子，始见《书·尧典》，即丹朱，又作絑。朱名，丹是国。尧让天下于虞，使子朱处丹渊为诸侯，舜封为房邑侯，禹封之唐。亦曰帝丹朱。母女皇，子陵。案：孔《传》：胤国，子爵。疏言古有胤国，求官而荐太子，以下愚为启明，揆之人情，必不然，此说殊谬。《五帝纪》作嗣子丹朱，《孟子》赵注、《吕氏春秋·去私》高注并称丹朱，胤嗣之子也。又朱之葬，《寰宇记》五十五谓在相州永定县东，与《路史》以为在萧阳同，《一统志》以为在保定府庆都县东门外，则《山海经》谓在苍梧之阴，非矣。（《汉书人表考》卷八《朱》，见《史记汉书诸表订补十种》）

梁学昌：《广韵》房字注：丹朱子陵以父封为氏。《周语》韦注曰：狸姓，丹朱之后。（《庭立纪闻·下中朱》，见《史记汉书诸表订补十种》）

徐旭生：《吕氏春秋·召类篇》："尧战于丹水之浦，以服南蛮。"这是颇古的传说。丹水即今陕西东南部、河南西南部的丹江。蛮即苗。苗民原处湖南、江西、湖北境内。春秋时，在今外方、伏牛山脉内有蛮民。那末，河南西南部在早期也当为蛮地。尧在那里曾与蛮族交过战，颇近情理。尧的儿子，传说他名丹朱。这个"丹"字是否与丹水有关系，也颇不容易说，很可能与丹水有关系。（《尧舜禹·帝尧》，载《文史》第39辑）

又：古书中多说尧之子丹朱不肖，大概不如尧的才干，可能是事实。可是说尧由此不把天下传之子而授之于舜，即不明白当日帝尧还不过是部落联盟首长，不到世袭传子的时候，职位交替仍须由联盟各部落首长的推戴，在这个方面，他自己并无权力。孟子与荀子虽不免有以战国情事推断古史之嫌，但他们还不坚信当时"禅让"的说法，在看法上还不算太失真。《山海经》内古代首领有帝号的不很多，而丹朱却有帝号，足证他在古代的声名还是相当煊赫的。而《竹书》说："舜囚尧，复偃塞丹朱，使不与父相见也。"这条记载也可能近于事实。当氏族制度进一步解体，国家雏形在现，权位的争夺开始了，这也是历史发展的必然。（同上）

【汇评】

张履祥：舜之于均，犹尧之于朱也。圣人待不肖之子若弟，恩全义亦全也。曰：然则伊尹周公，何以得能之于太甲、成王与？曰：非是之伦也。成王幼不能涖祚，未闻有失德之举也。太甲之德不及成王，其初不顺于师保，商祚几危，然后能迁善改过，故伊尹得以冕服奉之归亳，朱岂能怨艾之人哉？未有口不道忠信之言，其智足以饰非，其才足以侮物，自贤之人，而能悔过迁善者也。（《杨园先生全集》卷十九《丹朱论》）

⑨【汇注】

司马贞：父子继立，常道也。求贤而禅，权道也。权者，反常而合道。（《史记索隐·五帝本纪》）

张守节：五帝官天下，老则禅贤，故权试舜也。（《史记正义·五帝本纪》）

罗　泌：谓以天下授舜，则天下幸而朱（福）〔疾〕；授朱则天下病而朱利。曰：予终不以天下之病利一人！乃放朱于丹而卒禅舜。舜让于德弗嗣，弗可，遂致天下于大麓之野，属诸侯焉。崇縣非之曰："不详哉！谁以天下予人哉？"帝乃殛之羽山。共工又讪，乃流之幽州，必以禅舜，而天下莫有非者。故仲尼曰：尧知舜贤非难也，不以所闻，败所察，其难也！正月上日，受终于天府。（《路史·后纪十二·有虞氏》）

【汇评】

吕不韦：三代所宝莫如因，因则无敌。……舜一徙成邑，再徙成都，三徙成国，而尧授之禅位，因人之心也。（《吕氏春秋·慎大览·不广》）

吴汝纶："于是乃权授舜"，归云：太史公终是秦汉时人，所以作《始皇》《项羽》《高祖本纪》，其事雄伟，笔力与之称。《五帝》《三王纪》便时见其陋，然古书存者亦少矣。凌稚隆云："利""病"六句，文法奇正迭出，此叙事中议论。《点勘史记读本·五帝本纪》）

⑩【汇校】

［日］水泽利忠："授舜则天下得其利"，枫、三无"授"字。南化、梅、狩无"授舜"二字。（《史记会注考证附校补·五帝本纪第一》）

【汇评】

张尔岐：此史迁以世俗之见妄测圣人也。以事实论之，以天下授舜，天下固利矣，丹朱亦不病；授丹朱，天下固病矣，丹朱亦不利。圣人举动如天施地生，万物咸若，岂有欲利天下而独病其子之理？（《蒿庵闲话》卷二）

马汝邺：美矣哉，唐虞之禅让也！尧舜以兆民之心为己心。知朱、均之不足授以天下也，于是顺乎民心，择民之所向者畀之，不以天下之病而利一人。大哉言乎，何其公而无私也。（《晦珠馆文稿·唐虞禅》）

⑪【汇评】

吕　柟：尧视天下重于己子，然乎？曰：然。昔者，尧以天下之故，捐二女于虞舜，若试之而不登庸焉，二女为虚归矣。及舜既可用也，又废乎丹朱。当是时也，视天下重，视二女、九男轻。然则孟子何以言"幼吾幼，以及人之幼"？曰：推恩之仁，笃近而及远，博爱之仁，舍小而谋大。（《尚书说要》卷一《尧典》）

⑫【汇评】

荀　子：尧让贤，以为民，泛利兼爱德施均。辨治上下，贵贱有等明君臣。尧授能，舜遇时，尚贤推德天下治。(《荀子》卷十八《成相篇》)

尸　佼：舜受天下，颜色不变；尧以天下与舜，颜色不变，知天下无能损益于己也。(《尸子》卷下)

韩　非：尧之王天下也，茅茨不剪，采椽不斲，粝粢之食，藜藿之羹。冬日麑裘，夏日葛衣，虽监门之服养，不亏于此矣。禹之王天下也，身执耒臿，以为民先，股无胈，胫不生毛，虽臣虏之劳，不苦于此矣。以是言之，夫古之让天子者，是去监门之养，而离臣虏之苦也，古传天下而不足多也。今之县令，一日身死，子孙累世絜驾，故人重之。是以人之于让也，轻辞古之天子，难去今之县令者，薄厚之实异也。(《韩非子·五蠹》)

吕不韦：尧有子十人，不与其子而授舜，舜有子九人，不予其子而授禹，至公也。(《吕氏春秋·孟春纪·去私》)

刘　安：人之所以乐为人主者，以其穷耳目之欲，而适躬体之便也。今高台层榭，人之所丽也，而尧朴桷不斲，素题不枅。珍怪奇异，人之所美也，而尧粝粢之饭，藜藿之羹。文绣狐白，人之所好也，而尧布衣揜形，鹿裘御寒，养性之具不加厚，而增之以任重之忧，故举天下而传之于舜，若解重负然。非直辞让，诚无以为也。此轻天下之具也。(《淮南子》卷七《精神》)

又：尧王天下而忧不解，授舜而忧释。忧而守之，而乐与贤，终不私其利矣。(《淮南子》卷十《缪称》)

刘知幾：《尧典·序》又云："将逊于位，让于虞舜。"孔氏注曰："尧知子丹朱不肖，故有禅位之志。"案：《汲冢琐语》云："舜放尧于平阳。"而书云某地有城，以"囚尧"为号。识者凭斯异说，颇以禅授为疑。然则观此二书，已足为证者矣，而犹有所未睹也。何者？据《山海经》，谓放勋之子为帝丹朱，而列君于帝者，得非舜虽废尧，仍立尧子，俄又夺其帝者乎？观近古有奸雄奋发，自号勤王，或废父而立其子，或黜兄而奉其弟，始则示相推戴，终亦成其篡夺。求诸历代，往往而有。必以古方今，千载一揆。斯则尧之授舜，其事难明，谓之让国，徒虚语耳。(《史通》卷十三《疑古》)

金履祥：静轩周氏：人莫知其子之恶，莫知其苗之硕。古有是言也。帝尧之心，廓然大公，非溺爱不明之比。故知子之不肖，不足以主神器而传大宝，所以求乎贤人焉。此公天下之大端大本也。若后世之欺人孤儿寡妇，狐媚以取天下，皆以禅位为说者，等而上之，何啻霄壤而径庭之乎？(《御批通鉴纲目前编》卷首《帝尧陶唐氏·史论》)

贺　详：尧不以天下与丹朱而与舜，世皆谓圣人至公无我，知爱天下而不知爱其子。余谓帝尧此举，固所以爱天下也，尤所以爱丹朱也。异时方行雨施，万国咸宁，虞宾在位，同其福庆，则安家国而厚苍生，两得之矣。若使以其傲虐之资，轻居臣民之上，则毒痛四海，不有南巢之放，必有牧野之诛，尚得谓爱之乎？曾子曰："君子爱人以德。"庞德公曰："吾遗子孙以安。尧舜之于子，亦不过爱之以德，遗之以安耳。"故爱子者人之常情，尧舜岂外常情以为异哉！（《留余堂史取》卷二《世评》）

张履祥：或曰：禹有典则以贻子孙，汤制官刑以儆有位，示之典刑，辅之以舜禹，恶必遂覆亡与？曰：不观商受之事乎？微、箕、祖伊、商容、比干之属，非其世臣巨室乎？六七君之典刑，焉有不善，曾能制其恣睢暴戾否耶？夫朱亦受之伦而已。使受当日不为天子，勉守侯度以终其身，无以济其不才，稔恶宁至乎极也？尧之于朱，犹舜之于象也。二人傲一也，不得有为于其国，使吏治之，而纳其贡税，道必一也。不得暴彼民，则可以保其身，非特可以保身，因可以不失富贵，以是为亲爱之也。（《杨园先生全集》卷十九《丹朱论》）

汤滨尹：亲而丹朱不可疏，而群臣不可则。则嗣帝位者除是舜一人而已。唐虞相继，岂偶然哉？（见《百大家评注史记》卷一《五帝本纪》）

马　骕：天降洪水，下民昏垫，胤子不肖，鲧绩无成，凡此者皆天也，而在朝旧臣，不过共、骧之等夷，帝是以忧惶咨询，务得可以异位之圣人，然后明扬师锡，举舜而荐之天焉。凡此者，亦皆天也。而说者曰：四凶在朝，尧不能去，元恺在野，尧不能用。此非尧之不能也，当舜未登庸之时，共、骧诸臣，类有鸠功任事之才，凶迹未著，圣人何为无罪而行诛？抑帝所汲汲咨求者，得舜而授之以政，既得舜矣，考绩黜陟之典，悉以委之，所去所举，犹是以帝尧之心为心，而尧何庸有事哉！（《绎史》卷九《陶唐纪》）

吴汝纶："尧知子丹朱之不肖"云云，至"而卒授舜以天下"，归氏谓《五帝三王纪》时见其陋。愚谓此数语文辞既奥衍，义亦非陋。（《点勘史记读本·五帝本纪》）

柳诒徵：吾国圣哲之教，以迨后世相承之格言，恒以让为美德。远西诸国，无此礼俗，即其文字，亦未有与吾国"让"字之义相当者。故论中国文化，不可不知逊让之风之由来也。人情好争而不相让，中土初民，固亦如是。如《吕览》谓"君子之立出于长，长之立出于争"。可见吾民初非不知竞争，第开化既早，经验较多，积千万年之竞争，熟睹惨杀纷乱之祸之无已，则憬然觉悟，知人类非相让不能相安，而唐虞之君臣，遂身倡而力行之。高位大权，钜富至贵，庸不可以让人，而所争者，惟在道德之高下，及人群之安否。后此数千年，虽曰争夺劫杀之事不绝于史策，然以逊让为美德之意，深中于人心，时时可以杀忿争之毒，而为和亲之媒。故国家与民族，遂历久而不敝，此非历史人物影响于国民性者乎？（《中国文化史》第九章《唐虞之让国》）

韩兆琦：司马迁在取用《尚书》原文的时候，有时删繁就简，有时将难懂的原文改写成稍稍好懂的文字，也有时加进一些自己的想象发挥，以突出自己所要表达的思想。如《五帝本纪》写尧将禅位于舜时的一段心理活动说："尧知子丹朱之不肖，不足授天下，于是乃权授舜。授舜，则天下得其利而丹朱病；授丹朱，则天下病而丹朱得其利。尧曰'终不以天下之病而利一人'。而卒授舜以天下。"这段文字是司马迁以前的任何古籍所没有的，清代郭嵩焘对此议论说："尧、舜二帝纪全用《尚书》文，尧本纪篇末引《孟子》语以结之，因于其中著此数语以生趣。此亦史公好奇处，尧、舜之禅代，正不必有此计较。"（《史记札记》）郭嵩焘认为这样写是"降低"了大圣人的形象，实际上不增加这段文字则不能引起人们的注意，司马迁所以要想象、推衍、增加这段文字，正是为了突出大圣人的无私品格，为后世一切视天下为其私有财产的帝王做反照。（《史记博议·史记与尚书》）

金景芳、吕绍纲：尧之让位于舜，是众所周知的禅让制度。禅让不宜视作个人品德的表现，应理解为一种制度，一种原始军事民主制下的选举制度。世袭是当时人不能理解也不能接受的。几次言及的"咨四岳"，是军事民主制下的部落酋长会议，荐贤和联盟公职人员的委任，都由它进行。（《〈尚书·虞夏书〉新解·〈尧典〉新解·总论》）

⑬【汇注】

裴　骃：刘熙曰："南河，九河之最在南者。"（《史记集解·五帝本纪》）

张守节：《括地志》云："故尧城在濮州鄄城县东北十五里。《竹书》云昔尧德衰，为舜所囚也。又有偃朱故城，在县西北十五里。《竹书》云舜囚尧，复偃塞丹朱，使不与父相见也。"按：濮州北临漯，大川也。河在尧都之南，故曰南河，《禹贡》"至于南河"是也。其偃朱城所居，即"舜让避丹朱于南河之南"处也。（《史记正义·五帝本纪》）

周世则：《图经》：虞山在余姚西三十里，一云在上虞之东。《太康地志》云，舜避丹朱于此。（《会稽三赋注》）

罗　泌：《水经注》，上虞一曰虞宾，《太康地记》为避丹朱之所。（《路史·余论七·历山》）

程馀庆：今山东曹州府濮州东有偃朱城，舜避丹朱于此（按：在今山东省濮县境）。盖尧都平阳，是冀州，在河北，其河南则豫州地，舜避于此者，所谓越境乃免耳。阳城箕山之阴同。（《历代名家评注史记集说·五帝本纪》）

施之勉：洪颐煊曰：《礼记·王制》：自恒山至于南河，千里而近。自南河至江，千里而近。《尚书·禹贡》：荆州，浮于江沱潜汉，逾于洛，至于南河。《左氏》闵二年传：晋侯将伐曹，假道于卫，卫人不许，还自南河济。皆以河在冀州南，故曰南河，

与九河无涉。(《史记会注考证订补·五帝本纪第一》)

王　恢：尧都平阳，舜都蒲坂，禹都安邑，黄河自华阴屈东，过大伾又北折，故曰南河。《禹贡》"逾于洛，至于南河"是也。《孟子》：舜避尧之子于南河之南；禹避舜之子于阳城——在今登封东北，皆在南河之南。(《史记本纪地理图考·五帝本纪·舜避丹朱于南河》)

陈蒲清：南河，此指黄河自潼关以下西东流向的一段。(见王利器主编《史记注译·五帝本纪》)

【汇评】

胡　宏：尧(舜)命舜、禹行天子之事，舜、禹亦既受命，行天子之事，及尧、舜既终，又避其子，何哉？人臣至于代天子，行天下之政，已亢矣，况又将去人臣以为天子乎？尧、舜之丧甫除，舜、禹政自己出，使丹朱、商均去其宫室，可则可矣，是用九而为首，非所以明微也。故舜、禹避之，以展天下之情，成揖让之礼，其心与计利害辽乎天地之不相及也。使舜、禹而有计利之心，则是以争夺行，尚何授受之有？(《皇王大纪》卷三《帝尧陶唐氏》)

贺　详：尧授舜，舜授禹，舜禹受尧舜天下，非私也，何避之有？受终于文祖，受命神宗，"天之历数在尔躬"，见于《尚书》，著于《论语》矣。何至孟子，乃有此论乎？舜受尧之天下不以为泰，孟子既言之矣，如其不当受，则显辞于庭，何必俟君薨而后避，如其当受，而伪为逊避，则操懿鬼媚之术，而谓舜、禹为之乎？且尧、舜不以天下私其子，恐以一人病天下也。舜、禹若私丹朱、商均，为一人之私德，忘天下之大计，又岂圣人之心乎？今日方避，明日偃然又来，是何举措乎？……孟子于《武成》取二三策，善观《孟子》者，例是可也。(《留余堂史取》卷二《世评》)

崔　述：不以天下与子，自古圣人皆然，不独尧也。盖上古之时，诸侯各君其国，各子其民，有大德之圣人出焉则相率而归之，圣人没则已耳；非若后世创业之主以兵受命，征伐攻取而后能得天下，而子孙世守其业者比也。是以上古有天下者，其前皆无所受，其后皆无所授。自羲、农、黄帝以降皆若是而已矣，非尧以丹朱不肖故独不传之子也。且尧亦未尝传天下于舜也，尧之初意但欲让舜以天下耳。……但以舜不肯受而让于德弗嗣，不得已乃使舜受终摄政，至尧崩而后践位焉；初非虑身后之天下无所属而始属之舜也。曰：尧不虑身后之天下无所属，何为汲汲焉以天下与舜也？曰：此尧之所以为大也。尧以天下未治，故授之舜使治之也。盖当洪荒之世，天下未平，生民多患，人犹蠢蠢焉去禽兽不甚远：此之为治，犹辟荒田而驭生马，不但非一圣人所能独理，亦并非数十年所能奏功。使非尧与舜两大圣人耘鉏驯扰，相继于百五十载之久，则治功不成。……由是言之，生万世之人者天也，治万世之人者尧也，尧之心一天而已矣。(《崔东壁遗书·唐虞考信录》卷二《舜相尧·尧让舜非传舜》)

⑭【汇注】

　　陈蒲清：朝觐，诸侯在春秋两季拜见天子。春曰朝，秋曰觐。（见王利器主编《史记注译·五帝本纪》）

⑮【汇校】

　　[日]泷川资言：三条、南化本"狱讼"作"讼狱"，与《孟子》合。（《史记会注考证附校补·五帝本纪第一》）

　　[日]水泽利忠："狱讼者"，南化、梅、狩"狱讼"互倒。（《史记会注考证附校补·五帝本纪第一》）

【汇注】

　　顾颉刚：《万章上》云："舜相尧二十有八载，非人之所能为也，天也。尧崩，三年之丧毕，舜避尧之子于南河之南，天下诸侯朝觐者不之尧之子而之舜，讼狱者不之尧之子而之舜，讴歌者不讴歌尧之子而讴歌舜，故曰天也。夫然后之中国，践天子位焉。"在这一大段文字里可以看出，孟子对于天子这个位子还是拥护传子制而不赞成禅让制的，所以他要在尧死之后，舜不是直接承受帝位而要避开帝位，只因丹朱继了尧位之后，做事太不得人民的拥护，而舜却有二十八年长期摄政的历史，得到人民的高度好感，所以他虽是避开了国都，隐居到黄河的南面，但人民还不肯放过他，拉了他出来做皇帝。这真是"人心所向，天意可知"。（《顾颉刚古史论文集》第二册《虞初小说回目考释》三十三）

　　又：《左传》文公十八年所记史克的话，也说"是以尧崩而天下如一，同心戴舜以为天子"。似乎舜为天子确是由于人民的推戴而不是出于尧的禅让。（同上）

⑯【汇评】

　　张　谓：称尧见囚，小儒之虚诞；为禹所放，曲士之穿凿。攻乎异端，斯害也已！（引自《涵芬楼古今文钞》卷六十四《虞帝庙碑铭》）

⑰【汇校】

　　梁玉绳：按：孟子自言舜为天子，是天也，《史》误以为舜之言。（《史记志疑》卷一《五帝本纪》）

⑱【汇注】

　　左丘明：尧崩，而天下如一，同心戴舜以为天子。（《春秋左氏传》文公十八年）

⑲【汇注】

　　裴　骃：刘熙曰："天子之位不可旷年，于是遂反格于文祖而当帝位。帝王所都为中，故曰中国。"（《史记集解·五帝本纪》）

　　郑　樵：舜摄位二十八年，尧崩。舜仰慕三年，坐，则见尧于墙；食，则睹尧于羹。三年丧毕，而避丹朱。天下不归丹朱而归舜，然后践天子位。（《通志》卷二《帝

舜》)

程馀庆："夫而后之中国践天子位焉"，中国，国中也。谓自偃朱城而之国都蒲坂也。(《历代名家评注史记集说·五帝本纪》)

刘　坦：尧即位七十年得舜，得舜二十年使摄政，舜摄尧政八年而尧崩，更摄丹朱政三年而践帝位，是尧在位凡九十年，通舜摄及丧期，凡一百有一年。(《史记纪年考》卷二《唐虞夏商纪年考·唐尧》)

陈蒲清：中国，此指国都之中。舜都所在地，或说即尧都平阳，或说是蒲阪（今山西省永济县西）。(见王利器主编《史记注译·五帝本纪》)

曲英杰：《古本竹书纪年》云："舜囚尧于平阳，取之帝位。"《孟子·万章上》载："尧崩，三年之丧毕。舜避尧之子于南河之南。天下诸侯朝觐者，不之尧之子而之舜。讼狱者，不之尧之子而之舜。讴歌者，不讴歌尧之子而讴歌舜。故曰：'天也。'夫然后之中国，践天子位焉，而居尧之宫，逼尧之子。"有虞氏代替陶唐氏为盟主，不管是出于有虞氏对陶唐氏之征伐，还是出于陶唐氏对有虞氏之禅让，其最后占据陶唐氏所都之地平阳，"居尧之宫"，都是有可能的。(《先秦都城复原研究·尧舜都平阳》)

【汇评】

马汝邺：论者以为尧舜生而圣明，值彼时人心古朴，虽以帝王之尊，无殊常人，故其任天下也易，而让天下也亦易。后世奢靡，人心骄侈，宫室、衣服、玩好，超乎万民之上，古之天子，劳心焦思，以济万民者，后世兆民尽其所有奉之，天子处尊安荣，谁不生觊觎之心？或假天命而行征伐，或结人心而行篡弑，演至今日，愈不堪设想矣。若使世风返古，化奢为俭，使天子与平民无异，则唐虞之风，未始不可复睹。(《晦珠馆文稿·唐虞禅》)

⑳【汇注】

古史官：帝舜，姚姓。(《世本》下《氏姓》)

班　固：虞帝，《帝系》曰，颛顼生穷蝉，五世而生瞽叟，瞽叟生帝舜，处虞之妫汭，尧嬗以天下。火生土，故为土德，天下号曰有虞氏。让天下于禹，使子商均为诸侯。即位五十载。(《汉书·律历志下》)

应　劭：舜者，推也，循也。言其推行道德，循尧绪也。(《风俗通义·皇霸第一·五帝》)

郑　樵：舜重瞳，龙颜大口，黑色，长六尺，生于姚墟，故姓以姚。(《通志》卷二《帝舜》)

焦　竑：虞舜都蒲坂，今山西平阳府蒲州有庙。(《焦氏笔乘续集》卷六《古今都会》)

高冲霄：帝舜有虞氏，姚姓，名重华，号舜，或曰其名也。黄帝八代孙。黄帝生昌意，昌意生颛顼，颛顼生穷蝉，穷蝉生敬康，敬康生句望，句望生蟜牛，蟜牛生瞽瞍。瞽瞍生舜于诸冯。以土德王，在位四十八载，寿百十岁。都蒲版，崩苍梧，起甲申，尽癸酉，凡五十年。（《帝王世纪纂要》卷一《帝舜有虞氏》）

翟云升： 仁圣盛明曰舜，舜之言充也。（《校正古今人表》第一《帝舜有虞氏》，见《史记汉书诸表订补十种》）

张习孔： 传说舜为谥号，名叫重华，曾任有虞氏首领，因此又称虞舜，姓姚，是颛顼七世孙。据记载，他从摄位到正式继立，放逐或剪除了被当时人称为四凶的共工、驩兜、三苗、鲧；起用了号称八恺、八元（恺、元皆指才德兼备而言）的苍舒、隤皑、梼戭、大临、尨降、庭坚、仲容、叔达、伯奋、仲堪、叔献、季仲、伯虎、仲熊、叔豹、季狸；命伯禹为司空，平治水土；命契为司徒，管理百姓；命皋陶为士，主持刑罚；命弃为后稷，主持农事；命重为共工，管理百工；命伯益为虞，管理山林。舜老，因禹治水有功，让位于禹（一说舜为禹所放逐，死于今湘桂边上的"苍梧之野"）。（《中国历史大事编年——远古至东汉·帝舜》）

【汇评】

孔　子： 子曰："舜其大知也与！舜好问而好察迩言；隐恶而扬善；执其两端，用其中于民。其斯以为舜乎！"（见《中庸》第六章）

编者按： 朱熹解之曰："舜之所以为大知者，以其不自用，而取诸人也。迩言者，浅近之言，犹必察焉，其无遗善可知，然于其言之未善者，则隐而不宣，其善者，则播而不匿，其广大光明又如此，则人孰不乐告以善哉！两端，谓众论不同之极致。盖凡物皆有两端，如小大厚薄之类，于善之中又执其两端，而度量以取中，然后用之，则其择之审而行之至矣。然非在我之权度精切不差，何以与此？此知之所以无过不及，而道之所以行也。"（见《中庸章句》第六章）

孟　子： 大舜有大焉，善与人同。舍己从人，乐取于人以为善。自耕稼陶渔以至为帝，无非取于人者。取诸人以为善，是与人为善者也。故君子莫大乎与人为善。（《孟子·公孙丑上》）

又： 舜之饭糗茹草也，若将终身焉。及其为天子也，被袗衣，鼓琴，二女果，若固有之。（编者按：朱熹集注云：言圣人之心，不以贫贱而有慕于外，不以富贵而有动于中。随遇而安，无预于己，所性分定故也。）（《孟子·尽心下》）

　　虞舜者①，名曰重华②。重华父曰瞽叟③，瞽叟父曰桥牛④，桥牛父曰句望⑤，句望父曰敬康⑥，敬康父曰穷蝉⑦，穷蝉父曰帝颛顼⑧，颛顼父曰昌意⑨：以至舜七世矣⑩。自从穷蝉以至帝舜⑪,皆微为庶人⑫。

① 【汇注】

孔 鲋:舜身修八尺有奇,颔无毛,亦圣。(《孔丛子》卷上《居卫》)

班 固:帝王者何号也?号者,功之表也,所以表功明德,号令臣下者也。……或曰唐虞者,号也。唐,荡荡也。荡荡者,道德至大之貌也。虞者,乐也,言天下有道,人皆乐也。(《白虎通德论》卷一《号》)

裴 骃:谥法曰:"仁圣盛明曰舜。"(《史记集解·五帝本纪》)

司马贞:虞,国名,在河东大阳县。舜,谥也。皇甫谧云"舜字都君"也。(《史记索隐·五帝本纪》)

张守节:《括地志》云:"故虞城在陕州河北县东北五十里虞山之上。郦元注《水经》云幹桥东北有虞城,尧以女嫔于虞之地也。又宋州虞城大襄国所封之邑,杜预云舜后诸侯也。又越州余姚县,顾野王云舜后支庶所封之地。舜姚姓,故云余姚。县西七十里有汉上虞故县。《会稽旧记》云舜上虞人,去虞三十里有姚丘,即舜所生也。周处《风土记》云舜东夷之人,生姚丘。"《括地志》又云:"姚墟在濮州雷泽县东十三里。《孝经援神契》云舜生于姚墟。"按:二所未详也。(编者按:点校本《史记》修订本:郦元注《水经》云"幹桥东北有虞城","幹桥",四库本作"軨桥",疑是。按:《水经注》卷四《河水》:"傅岩东北十余里,即颠軨坂也,《春秋左传》所谓'入自颠軨'者也。有东西绝涧,左右幽空,穷深地壑,中则筑以成道,指南北之路,谓之为軨桥也。桥之东北有虞原,原上道东有虞城,尧妻舜以嫔于虞者也。")(《史记正义·五帝本纪》)

罗 泌:舜长九尺,太上员首,龙颜日衡,方庭甚口,面颡亡髦,怀珠握褒,形卷娄色黧露,目童重曜,故曰舜,而原曰重华。潜哲文明,温恭通智,敏敦好学,而止至善,寅畏天命,而尤长于天文。(《路史·后纪十二·有虞氏》)

金履祥:帝舜有虞氏,姓姚,名重华。颛顼五世孙,受尧禅,以土德王天下,都蒲坂,在位五十年,逊位于禹。(《御批通鉴纲目前编》卷首《帝舜有虞氏》)

马端临:帝舜,颛顼七世孙,瞽瞍之子,姓姚氏,名重华。年三十,尧举之,年五十,摄行天子事。年五十八,尧崩。年六十一,以丙戌岁代尧践帝位,都蒲阪,号有虞氏。三十一年,以丁巳岁禅于禹,又八年崩,寿一百岁,首丙戌,尽癸亥。(《文献通考》卷二百五十《帝号历年》)

朱之蕃:按:《风俗通》云:舜者,推也,循也,言其推行道德,循尧之绪也。(见《百大家评注史记》卷一《五帝本纪》)

陈士元:帝舜有虞氏,姚姓,其先国于虞,为虞姓。王符《氏姓志》云:舜姓虞。

而史伯亦称虞幕，则其上世为虞矣。《书》云：有鳏在下，曰虞舜。则虞舜微时止姓虞而名舜可知。《史记》云舜祖句望出于颛顼，非也。予尝著《荒史》有辨矣。《风俗通》云：舜祖幕。《左传》云：舜祭幕。《路史》云：虞幕生乔牛，乔牛生瞽叟，是虞幕为舜祖，而舜姓虞也。《纲目前编》云：尧即位四十有一载甲申，舜生于诸冯。《索隐》云：舜母曰握登。苏氏《古史》云舜生于诸冯之姚墟，故为姚姓。居于妫汭，故为妫姓。金履祥氏云：诸冯、妫汭皆在今河东县。《孟子》以舜生诸冯为东夷之人，盖对文王西夷而言，犹云东方、西方耳，故曰地之相去千有余里。盖自河中至岐周千余里也。而说者指齐之历山、濮之雷夏为舜耕渔之地，或又指会稽上虞牛羊村百官渡，为舜所居，其谬殊甚。舜本虞帝之名，一徙成市，再徙成都。万章云"谋盖都君"，而皇甫谧遂以"都君为舜之字"。《路史》云：目瞳重曜，故曰舜，而字曰重华也。《世纪》云：因瞳子名重华。《春秋演孔图》云：舜目四瞳，谓之重明。《尸子》与《淮南子》皆云舜两瞳子，是为重明。罗苹氏云：目动曰舜，与瞬同。诸说皆非也。尧、舜、禹字义，古无定注。《广雅》云：尧，晓也。郑玄氏《礼记注》云：舜，充也。《玉篇》云：禹，舒也。或云：尧，逊也；舜，运也；禹，举也。《余冬录》云：舜，准也，循也；禹，辅也；汤，攘也。又《谥法》云"翼善传圣曰尧"，"仁圣盛明曰舜"，"受禅成功曰禹"，此皆后人臆说耳。（《论语类考》卷七《舜》）

王　圻：帝舜有虞氏：黄帝八代孙也。黄帝生昌意，昌意生颛顼，颛顼生穷蝉，穷蝉生敬康，敬康生句芒，句芒生蟜牛，蟜牛生瞽瞍，瞽瞍生舜。舜生于姚墟，姓姚氏，火德王。都蒲坂。父顽，母嚚，象傲，常欲杀之。克谐以孝，烝烝义，不格奸。孝闻于尧，四岳咸荐，厘降二女以试，命总百揆，历试以位，乃禅天下。在位五十年，寿百十岁。（《三才图会·人物卷一·帝舜有虞氏》）

徐文靖："帝舜有虞氏"，《笺》按：《帝王世纪》曰：舜嫔于虞，因以为虞氏。今河东太阳西山上虞城是。（《竹书纪年通笺》卷二《帝舜有虞氏》）

梁玉绳：帝舜有虞氏（张晏曰：仁圣盛明曰舜，舜之言充也）。帝舜始见《书·舜典》，有虞氏屡见《礼记》《国语》，五帝之五也。舜又作俊，亦曰帝舜氏，亦曰虞帝，亦曰虞舜，亦曰大舜，亦曰重华，亦曰都君，亦曰仲华，亦曰黄帝。姚姓。父瞽瞍，母握登，感大虹而生舜于姚墟。斗之星精，长六尺，形体大上而员首，四瞳子，龙颜大口，形癯若腒，色黳黑，面颔亡毛，在位五十年，年百岁，都蒲坂，葬安邑鸣条。案：张晏释舜为充，本《中庸》郑注，而所引尧、舜《谥法》，本《白虎通》《独断》，其说盖起于董子《繁露》。《繁露》谓颛顼、喾、尧、舜皆谥，殆非也。尧、舜并是名，《尧典》疏谓汤不在《谥法》，而《谥法》云行雨施曰汤。或本除虐去残曰汤，将由后来所加故异，据此例推，则仁圣盛明曰舜，《中庸》疏又引《谥法》受禅成功曰舜。他若禹亦不在《谥法》。而《尧典》疏称"渊源流通曰禹"。《史集解》又引《谥

法》"受禅成功曰禹"。俱后人追撰虚增，不足信尔。(《汉书人表考》卷一《帝舜有虞氏》，见《史记汉书诸表订补十种》)

程馀庆：虞，国名，故城在山西解州平陆县东北四十五里（按：在今山西省平陆县境）。舜之先虞幕封此，为有虞氏。至瞽瞍娶握登，生舜于姚墟（按：在今河南省濮城市南），故姓姚。(《历代名家评注史记集说·五帝本纪》)

徐旭生：虞在哪里？《水经注》："河水东过大阳县南。"注云："蛤桥东北有虞原，原上道东有虞城，尧妻舜以嫔于虞者也。"河东大阳县即今山西平陆县。(《尧舜虞·帝舜》，载《文史》第39辑)

夏曾佑：帝舜有虞氏，名重华。父曰瞽叟，瞽叟父曰桥牛，桥牛父曰句望，句望父曰敬康，敬康父曰穷蝉，穷蝉父曰帝颛顼。母握登，见大虹，意感而生舜，姚姓，都于蒲坂（今山西蒲州）。以土德王。观河渚。有五老相谓曰："河图将来。"告帝期，五老化为流星，上入昴。有顷，赤龙负图出。命二十二人，各尽其职（禹、垂、益、伯夷、夔、龙六人，又四岳、十二牧，共二十二人。除稷、契、皋陶三人，其详见《尚书·舜典》）。舜生三十登庸（言始见用）。三十在位（摄政三十年）五十载（即帝位五十年）。陟方乃死（巡狩至苍梧而崩）。(《中国古代史·上古史·尧舜》)

王　恢：虞即冀州之虞乡县，与所都之蒲坂连境。虞乡盖因虞舜得名。虞又与芮接壤，与芮争田，周初尚存。他或为其后裔，而仍其名以名其地。或云舜子商均封于虞，左哀元年，伍员曰：少康逃奔有虞。即今河南虞城县。故"东夷"传耕陶渔之地。或言舜支庶封于浙，而有上虞与余姚。周克殷，武王封虞仲之后于夏虚——太阳，左僖五年晋灭之：而说者每多混。(《史记本纪地理图考·五帝本纪·虞舜》)

又：《史地考》曰："《正义》各说，不过以后世'虞'者推测说之。《帝王世纪》舜都蒲坂，则在河东。然蒲坂与大阳亦非一地。而大阳之虞，乃周初封国，则不知虞舜之虞，果在此否？惟会其大体而观，则虞在河东为近是。"（同上）

【汇评】

戴　德：宰我曰："请问帝舜？"孔子曰："蟜牛之孙，瞽叟之子也，曰重华。好学孝友，闻于四海，陶稼事亲，宽裕温良。敦敏而知时，畏天而知时，畏天而爱民，恤远而亲亲，承受大命，依于倪皇，叡明通知，为天下王。……舜之少也，恶颊劳苦，二十以孝闻乎天下。三十在位，嗣帝所，五十乃死。葬于苍梧之野。"(《大戴礼记》卷七《五帝德》)

高冲霄：帝舜受禅，元德覆冒，在下有鳏，举以大孝，釐女试使，类帝禋庙。七政五礼，四巡归告。才进元凯，凶投边徼。二十二人，烂然星陈。日月光华，宏于一人。五弦九韶，风动南薰。二妃哭野，苍梧乘云。(《帝王世纪纂要》卷一《帝舜有虞氏》)

② 【汇注】

刘 安：舜二瞳子，是谓重明。作事成法，出言成章。（《淮南子》卷十九《修务》）

裴 骃：徐广曰："皇甫谧云'舜以尧之二十一年甲子生，三十一年甲午征用，七十九年壬午即真，百岁癸卯崩'。"（《史记集解·五帝本纪》）

张守节：《尚书》云："重华协于帝。"孔安国云："华谓文德也，言其光文重合于尧。"瞽叟姓妫。妻曰握登，见大虹意感而生舜于姚墟，故姓姚。目重瞳子，故曰重华。字都君。龙颜，大口，黑色，身长六尺一寸。（《史记正义·五帝本纪》）

苏 轼：重，袭；华，文也。袭尧之文也。（《东坡书传》卷二《舜典》）

黄 伦：无垢曰：舜重华，即放勋也。勋则有功而可见，华则有文而可观。（《尚书精义》卷三《舜典》）

又：陈氏曰：尧有光华之德，舜亦有光华之德，以舜之光华，合尧之光华，故曰重华。（同上）

洪兴祖：帝舜曰重华，与尧为放勋，一也。则重华非名也，号也。群臣称帝不称尧，则尧为名，帝称禹，不称文命，则文命为号。伊尹称尹躬暨汤，则汤号也。汤自称予小子履，则履名也。（《楚辞补注·离骚》）

时 澜：华，光华也。重华者，尧舜并出，德盛辉光，前后相映，重光合照，如日月递明，常有光辉。正乾之二五，大人交相见之时也。虽然，此特舜之华与尧协耳。（《增修东莱书说》卷二《舜典》）

钱 时：虞，氏也。舜，谥也。或者因"有鳏在下，曰虞舜"之语，遂疑其为名。先儒谓《书》作于后世，故变名书谥。此说是已。不然，则孔子序《书》，禹、汤、文、武皆称谥，而于虞舜独以名斥之，可乎？（《融堂书解》卷一《舜典》）

袁 燮："华"者，光华也。舜之华即尧之光也。"重华"是明两作离之意。尧有此光华，舜亦有此光华，故与帝相合无间。今试以身，体之圣人，何故有此光华？而众人何独无此光华？人生天地之中，以生既有此秉彝良心，便有此光华，但渺乎其小耳，更为物欲所蔽，昏塞之者多矣。要之，本来光华自在，惟圣人功夫既到，胸中无一毫蔽塞，见诸政事，一一皆当，道理皆合人心，举天下皆尊仰之，皆称颂之，是以其光华充塞天地，今须是将他发见。于政事处看，方见他光华弥满宇宙。处濬是常常去疏濬，不使有一毫障塞，如濬川之濬。哲者，智也。人岂可以无智？禹之治水，只是一个智。所谁智若禹之行水。《中庸》曰：舜其大智也欤！舜好问而好察迩言，隐恶而扬善，执其两端，用其中于民。其斯以为舜乎！（《絜斋家塾书钞》卷一《舜典》）

罗 苹：《世纪》云：因瞳子名重华。《真源》云：字仲华。按《荀子》尧舜参眸子，是尧亦重瞳。然但一目重。《书大传》言舜四童子，则两目重矣。故《春秋演孔图》云：舜目四瞳，谓之重明。承乾踵尧，海内富昌。《元命苞》云：舜重瞳子，是谓重原。上应摄提，下应三元。《尸子》《淮南子》云：舜两瞳子，是谓重明。作事成法，出言成章。夫舜，菖也，蔓地莲华之名，有映曜意，故目好动而曰舜，或作瞚。《书·注》云：舜，名也，《仪礼·正义》以为名号之名，非也。（见《路史·后纪十二·有虞氏》注）

金履祥：放勋以成功言，重华即重放勋之华也。（《书经注》卷二《舜典》）

苏　澹：重华，亦非名也。尧有道德之光华，而舜又有道德之光华，合德帝尧，因以为重华耳，太史公执为名，未足凭也。（《百大家评注史记》卷一《五帝本纪》）

徐文靖：《笺》按：《春秋演孔图》曰：舜重瞳子，是谓重明。上应摄提，以象三光。又《后汉书·郅恽传》曰"步重华于南野"，太子贤注：重华，舜字也。（《竹书纪年统笺》卷二《帝舜有虞氏》）

梁玉绳：附按：史公本《五帝德》，以放勋、重华、文命为名。此所谓名者，号也。因《尚书》篇首有此二字，后世遂以为号，非名字之名也。孔颖达有云"人有号谥之名"，是已。以号为名者，如《史记》名曰轩辕、名曰重华、名曰文命之类；以谥为名者，如《孟子》名之曰幽、厉之类，皆得谓之名。故《孟子》之称放勋，《楚辞》之称重华，《大戴礼·五帝德、帝系》称文命，俱后世号之焉耳。宋郑樵《通志·氏族略》云"唐、虞、夏、商虽有国号，天子世世称名，至周而后，讳名用谥"。谅哉斯语。乃又有以尧、舜、禹是谥非名者，妄也。谥起于周，《檀弓》有"死谥周道"之文，《逸周书》有《谥法解》一篇，殷以前宁有谥乎？……《路史·发挥》有《尧舜禹非谥辨》，可参观之，总缘未明乎名与号之一说，无怪其言无准的，全违故实矣。《索隐》讥史公以放勋、重华、文命为名未必为得，小司马未考耳。（《史记志疑》卷一《五帝本纪》）

［日］泷川资言：阎若璩曰：古帝王有名有号，如尧、舜、禹其名也。放勋、重华、文命皆其号也，非史臣之赞辞。《孟子》引古《尧典》曰"放勋乃殂落"，许氏《说文》正同。他日引尧之言为"放勋曰"，则可知其以是为号也矣。屈原赋二十五篇最近古，《离骚》曰"就重华而陈词"，《涉江》曰"吾与重华游兮瑶之圃"，《怀沙》曰"重华不可遌兮"，"重华"凡三见，皆实谓舜，岂得云"重华"本史臣赞舜之辞，屈子因以为舜号也乎？（《史记会注考证·五帝本纪》）

【汇评】

王充耘：光被四表者尧也，而舜重光如尧，然其德可谓盛矣。夫谓之重华，则一言足以极其形容。（《书义主意》卷一《舜典》）

③【汇校】

张文虎：《尧典·疏》、《御览》百三十五、《元龟》二十七引《史》文，并作

"瞍"。今作"叟",疑非。又《书传》"配字曰瞍,瞍无目之称",今《正义》引并作"叟",皆误也。(《校刊史记集解索隐正义札记·五帝本纪》)

④【汇校】
王叔岷:案:《御览》八一引《大戴礼·五帝德》、《左》昭八年《传疏》引〔《大戴礼》〕《帝系》、《家语·五帝德》"叟"皆作"瞍"。下文"瞽叟更娶妻而生象",《御览》一三五引"叟"亦作"瞍"。"瞽叟从下纵火焚廪""瞽叟与象共下土实井",《孟子·万章篇》朱熹《集注》引"叟"并作"瞍";"后瞽叟又使舜穿井",《初学记》七引"叟"亦作"瞍"。(《史记斠证·五帝本纪第一》)

【汇注】
张守节:先后反。孔安国云:"无目曰瞽。舜父有目不能分别好恶,故时人谓之瞽,配字曰'叟'。叟,无目之称也。"(《史记正义·五帝本纪》)

陈泰交:瞽,无目之名。(《尚书注考》)

郝　敬:按:叟,老父之称,或作"瞍",谓舜父无眸子,误。(《批点史记琐琐》卷一《五帝本纪》)

梁玉绳:瞽始见《书·尧典》《大禹谟》,瞽瞍始见《大禹谟》。蟜牛产瞽叟,瞽叟产舜,始见《帝系》。瞽,鼓也,瞑瞑然目平合如鼓皮也。按:孔《传》舜父有目,不能分别好恶,时人谓之瞽。配字曰瞍。此说恐非。《尧典》瞽子,《五帝纪》作盲者子,故《路史·后纪十二》称天瞽。又《吕氏春秋·古乐》言瞽叟为尧拌五弦之瑟,作十五弦,皆无目之验。而瞍与瞽同义,似当作叟为是。《帝系》《五帝纪》《世表》《墨子·非儒》《吕·古乐》皆作叟。此表"䎸"字,或以古文示意欤?(《汉书人表考》卷八《鼓䎸》,见《史记汉书诸表订补十种》)

施之勉:雷学淇曰:《周语》曰,瞽告有协风至。又曰,古之神瞽,考中声而量之以制。韦注云,瞽,乐太师。神瞽,古乐正。《郑语》谓虞幕能听协风以成乐物生。是虞幕初为瞽官也。瞽叟之称瞽亦犹是。《书》曰瞽子,即谓是瞽官之子也。《吕氏春秋·古乐》曰:尧命瞽叟拌五弦之瑟,作以为十五弦之瑟,命之曰大章,以祭上帝。此即叟为乐师之证。盖自幕至叟,世为乐正,嗣守虞封。观《书》曰虞舜,又曰嫔于虞,为国土现存者可知。观《国语》及《吕览》等说,其世为乐官可知。《史记》谓自穷蝉至舜,皆微,为庶人,舜父瞽叟盲。后出《书传》谓舜父有目不能分别好恶,故时人谓之瞽,配字曰瞍,此皆稗记也。孔颖达《尚书》《左传》正义,因《尧典》有鳏在下,及《书序》虞舜侧微等文,谓瞽叟以前,常有国土,至瞽叟始失国,此亦非是。夫叟以前,常有国土,信矣,谓叟始失国,于经传无明征。盖叟亦贤者流,能世其官,佐尧制乐,故《传》曰"无违命",《书》曰"不格奸",又曰瞽叟厎豫,瞽叟允若。若亡国绝世,何以云"不格奸""无违命"乎?"在下""侧微",止是无位之称。诸侯之嗣名未达于天子，且违志未娶，故曰"在下"，曰"侧微"，犹高宗之旧劳于外，祖甲之旧为小人已，岂得为瞽叟失国之证？况舜之不得于父母弟，越在田亩，抑亦人情。金履祥《尚书表注》曰，幕始封国，传至瞽叟，舜为嫡长，父母弟恶之鳏之，欲夺嫡耳。此为确论。且《书》之斥叟，止谓之顽，别无他恶。顽之义，《玉篇》为钝，《广韵》为愚。愚钝之人，易于偏听，故嚚傲者得售其奸。然浚井完廪等说，亦《孟子》偶未与辨者，殊不足信。伪《传》用《左传》说，谓心不则德义之经为顽。武丁之于孝己也，吉甫之于伯奇也，诚有伤父道矣，而后世仍谓之贤君贤相，何于舜父独深恶乎？（《史记会注考证订补·五帝本纪第一》）

⑤【汇校】
　　王叔岷：《考证》：《戴记》"桥"作"蟜"，"望"作"芒"。案：《御览》八一引《帝王世纪》，"望"亦作"芒"。（《史记斠证·五帝本纪第一》）
　　【汇注】
　　张守节：桥又音娇。（《史记正义·五帝本纪》）

⑥【汇校】
　　梁玉绳：按：《吕梁碑》叙舜上世无句望一代，甚是，盖《史》仍《大戴礼》之误也。句望即句芒，乃少昊之子重，安得指为敬康之子、桥牛之父耶？（《史记志疑》卷一《五帝本纪》）
　　【汇注】
　　张守节：句，古侯反。望音亡。（《史记正义·五帝本纪》）
　　夏燮：按：《史记·五帝本纪》重华父曰瞽叟，瞽叟父曰桥牛，桥牛父曰句望，句望父曰敬康，敬康父曰穷蝉，穷蝉父曰帝颛顼，颛顼父曰昌意，以至舜七世矣。自穷蝉以至帝舜，皆微为庶人。以校此表，前有穷蝉，云颛顼子，生敬康。此云句望，敬康子，生蟜牛。末行鼓叜，云蟜牛子，生舜，则与七世之说符。盖皆据《世本》也。然考之昭八年《传》，自幕至于瞽瞍，无违命。杜《注》但云幕，舜之先，而莫能明其世次。孔《疏》引《鲁语》幕帅颛顼之文，而云幕是舜先，不知去舜远近。又引《帝系》云，亦不知幕于蟜牛以前，是谁名字之异。盖孔氏亦疑幕在七世中，而名字之异，荒远难稽。今检《鲁语》展禽论祀典云：幕，能帅颛顼者也，有虞氏报焉。韦昭解云：幕，舜后虞思也，为夏诸侯。帅，循也。颛顼，有虞之祖也。如昭说，不但与《左传》自幕至于瞽瞍之文先后倒置，而本文所谓有虞氏报焉者，岂虞之在夏，尚得以有虞氏称之？昭以为报颛顼，尤属费解。宜孔氏之但引《鲁语》，而不据韦解也。殿本《史记》本纪考证引《路史·余论》曰：《吕梁碑》，刘耽作，碑中叙纪虞帝之世云：舜祖幕，幕生穷蝉，穷蝉生敬康，敬康生乔牛，乔牛生瞽叟，瞽叟产舜，命禹行水道吕梁。特此节完备为可考。质之于纪，惟无句望，且不言出自黄帝。予谓《路史》所引,与《左传》及杜氏幕为舜先之语合。疑幕即颛顼之子,传至穷蝉而失国。史家所纪,据其微为庶人之数世言之,遂托始于穷蝉,因误以穷蝉为颛顼之子。而证之《左传》《国语》,可以补《世本》之阙云。(《校汉书八表》卷八《古今人表·句望》)

程馀庆:按:句望即句芒,乃少昊子。故汉刘耽《吕梁碑》无句望一代。《史》误。(《历代名家评注史记集说·五帝本纪》)

⑦【汇校】

张澍稡:澍按:《史记索隐》云:穷蝉,《世本》作穷系,今《太平御览》引作系蝉者误。又按:穷系舜之高祖,舜为黄帝八世孙也。《大戴礼》文与此同。而《世表》云句望生蟜牛,蟜牛生瞽瞍。《索隐》云:《世表》依《世本》,不知何以差互如是。(《世本集补注》卷四《帝系篇》,见《世本八种》)

⑧【汇注】

梁玉绳:颛顼产穷蝉,穷蝉产敬康,始见《大戴礼·帝系》《史·五帝纪》《世表》。蝉又作係。案:《路史·余论》载《吕梁碑》云:舜祖幕,幕生穷蝉。《鲁语》上云:幕能帅颛顼者。幕之上世无考。未知颛顼之亲子欤?抑其子孙欤?金石较谱牒似更确。穷蝉既是幕子,又未知穷蝉之去颛顼中隔几世,安得以为父子哉!表依《帝系》《史记》不列幕名,亦疏。(《汉书人表考》卷二《穷蝉》,见《史记汉书诸表订补十种》)

程馀庆:《世系》亦倒序。遥接穷蝉。(《历代名家评注史记集说·五帝本纪》)

⑨【汇校】

[日]**水泽利忠**:南化、三、梅、狩、阁、高、野、中彭、中统重"昌意"二字。(《史记会注考证附校补·五帝本纪第一》)

【汇注】

程馀庆:直追至昌意,以应《黄帝纪》。(《历代名家评注史记集说·五帝本纪》)

【汇评】

罗　泌:道有所谓经,亦有所谓权;法有所谓正,亦有所谓义。经与正者常也,权与义尤不得而废焉。舜之有天下,受之尧也。受之于尧,于是祖尧之祖,而不自致其祖。方其摄也,受终文祖,文祖者,尧之太祖也。及其立也,则复格于文祖,皆不自致其祖,而祖尧之祖。以其受之尧也,权也。《虞书》曰"祖考来格",夫所谓"考"者,瞽目之叟,而"祖"者,叟之父,非可易也。然则祖颛顼者,特推其位之所自传者,祖之非祖也。其宗尧也,亦惟推本帝业之所从,受而取之,以为配也。义也,禘于员丘,黄帝非虞氏在庙之帝也。郊于国之阳,帝喾非虞氏在庙之立也。由是言之,颛顼岂虞氏之祖哉?颛顼传之帝喾,喾传之挚,传之尧,是知尧亦祖颛顼矣。然则尧、舜之所祖,为传位者信也。降及夏后,天下为家,于是始祖其祖矣。祖其祖,常也。故康成云：有虞氏尚德，其禘郊祖宗之人，配用有德而已，皆非虞氏之亲也。自夏而后，稍以其姓代之，郊鲧是也。是郑亦以舜为不出高阳矣。然云尚德，是不知权与义之说也。苏轼亦云：受天下于人，必告其人之所从受者，虞祖颛顼而宗尧，则神宗当为尧，而文祖当为颛顼。（《路史·发挥卷五·论舜不出黄帝》）

⑩【汇校】

雷学淇：《舜典》疏引《世本》云：舜是黄帝八代之孙，皆约全文言之。戴书云：颛顼产穷蝉，穷蝉产敬康，敬康产句芒，句芒产蟜牛，蟜牛产瞽叟，瞽叟产重华，是为帝舜。与《汉·志》五世之说，未审《世本》元文，与此同否？（《世本注》上，见《世本八种》）

罗　泌：《吕梁碑》，刘耽作。……耽于传无闻矣，据碑之言皇帝登封之岁，则盖秦汉间人也。碑中叙记虞帝之世云：舜祖幕，幕生穷蝉，穷蝉生敬康，敬康生乔牛，乔牛生瞽叟。瞽叟产舜，命禹行水道吕梁。特此节完备为可考，质之于传，惟无"句望"，且不言出自黄帝，谅得其正。（《路史·余论七·吕梁碑》）

[日] 泷川资言：赵翼曰：《左传》昭公八年云：自幕至于瞽瞍无违命者，舜重之以明德。《国语·鲁语》：幕，能帅颛顼者也，有虞氏报焉。则舜之先有名幕者，《史记》无之。（《史记会注考证附校补·五帝本纪第一》）

【汇评】

罗　璧：子由《古史》讥司马迁《史记》轻信而疏略，今以所记《世系》求之：其言黄帝生昌意，昌意生颛顼，颛顼生穷蝉，穷蝉生敬康，敬康生句望，句望生蟜牛，蟜牛生瞽瞍，瞽瞍生舜。自黄帝至舜，凡九世。及叙禹系曰：黄帝生昌意，昌意生颛顼，颛顼生鲧，鲧生禹，禹去黄帝止五世。禹继舜兴，何舜远而禹近也？叙黄帝至汤凡十七世，汤至纣又二十九世，通四十八世；叙黄帝至武王但十九世，武王后汤六百年兴，去黄帝乃止二十世，何纣远而武近也？后之论世系者多本《史记》，殆未考迁之谬也。（《罗氏识遗》卷六《史记世系》）

王　恢：部落时代，统系无征。远古姑无论，即周公东征后，封禹之后于杞，以孔子之"信而好古"，犹曰"杞不足徵，文献不足"。而《史记》言禹父曰鲧，鲧父即帝颛顼，虞舜为颛顼六世孙。然则禹为舜五世祖矣。古代帝王，本为不同地区之部落首长，此衰彼兴，互为雄长。史家以后世王朝政权之转移，纲纪远古之递禅，盖意在使各自独立之民族结合在一世系之下，以黄帝为共祖，求民族之统一耳。（《史记本纪地理图考·五帝本纪》）

⑪【汇校】

吴汝纶："自从穷蝉以至帝舜"，依《通志》校删"从"字、"以"字。（《点勘史记读本·五帝本纪》）

【汇注】

古史官：颛顼生穷蝉，五世而生瞽叟，瞽叟生重华，是为帝舜。（《世本》上）

【汇评】

崔　述：《大戴记·帝系篇》云："黄帝产昌意，昌意产高阳，是为帝颛顼。颛顼产穷蝉，穷蝉产敬康，敬康产勾芒，勾芒产蟜牛，蟜牛产瞽瞍，瞽瞍产重华，是为帝舜。"《史记·五帝本纪》因之。余按《春秋传》云："陈，颛顼之族也；自幕至于瞽瞍无违命。"《国语》云："幕，能帅颛顼者也；有虞氏报焉。"则舜之先，颛顼之后之有一幕必也；何以《记》之世次无之？而勾芒，据《春秋传》乃少皞氏之子，亦不得为颛顼裔也。且《大戴记》以尧为黄帝之玄孙，则是尧与舜之高祖敬康为同高祖兄弟；男女辨姓，人道之大防也，况于近属，尧安得以其女妻舜，舜安得遂取之！而上下相距至四五世，舜之年又安得与尧之女等乎！盖谓舜之出于颛顼，可也；谓颛顼、舜与古帝王之皆出于黄帝，则不可。谓幕有功德而传于世，可信也；谓舜先世之名无不历历皆传于世，则不可信。然则《大戴》之文不若《春秋传》之为近理矣。而《传》文又与《国语》同，或当不诬。故弃彼而采此。（《崔东壁遗书·唐虞考信录》卷一《尧求舜·辨舜出于黄帝之说》）

又：韦昭《国语解》云："幕，舜之后虞思也，为夏诸侯。"按《传》此文，则幕乃舜祖，非舜后也。且《国语》称"上甲微帅契"，"高圉大王帅稷"，皆在汤、武前，惟杼在禹后，则以为"帅禹"：若幕果在舜后，何不谓之"帅舜"，乃谓之"帅颛顼"乎！韦氏盖因《大戴》《史记》叙舜先世无幕，故曲为之说，而以幕为思，所谓因误而益误也。今正之。（《崔东壁遗书·唐虞考信录》卷一《尧求舜·韦昭以幕为舜后之误》）

⑫【汇校】

编者按：《春秋左氏传》昭公八年云："自幕至于瞽瞍，无违命。"杜预注曰："幕，舜之先，瞽瞍舜父，从幕至瞽瞍，间无违天命废绝者。"即皆为有国之在位者，不"皆微为庶人"。孔颖达《正义》曰：《鲁语》曰：幕能师颛顼者也。有虞氏报焉。孔晁云：幕能修道，功不及祖，德不及宗，故每于岁之大烝而祭焉。谓之报，谓虞舜祭幕，明幕是舜先，不知去舜远近也。《帝系》云：颛顼生穷蝉，穷蝉生敬康，敬康生句芒，句芒生蟜牛，蟜牛生瞽瞍。亦不知幕于蟜牛以前是谁名字之异也。从幕至瞽叟，无违天命废绝，言其不绝世，继嗣相传，以至舜也。观《传》此文，瞽叟以前，似有国土。而《尚书序》云"虞舜侧微"，孔安国云"为庶人，故微贱"，《经》云"有鳏在下，曰虞舜"，明是下贱矣。盖至瞽叟始失国耳。此久远之事，不可知也。

【汇注】

梁玉绳：按：自幕有虞国，递传至舜，犹然诸侯。耕、渔、陶、贩，乃其初不得于亲之故，若伯奇、重耳矣。《左传》称"自幕至瞽瞍无违命"，书之师锡，号为虞舜，二女之降，亦名嫔虞，孟子述象呼舜都君（原注：《索隐》引《世纪》以都君为舜字，非也。《路史·发挥》以为都鄙之君，亦非），何言微为庶人，此与《陈世家》并误。所谓匹夫而有天下者，亦以其家庭多难，厕身侧陋，不啻匹夫。况古之天子，常不若后世之尊，观武丁、祖甲可见也。宋魏了翁《古今考》本《左传·疏》又谓"自瞽瞍失国"，不足据。（《史记志疑》卷一《五帝本纪》）

王叔岷： 案：《路史·后纪十二》注云："《史》云：'穷蝉以来，微在匹庶。'谓庶士，非庶民也。"自景祐本以下皆作"微为庶人"，庶人犹庶民也。罗苹所据，未知何本。（《史记斠证·五帝本纪第一》）

舜父瞽叟盲①，而舜母死②。瞽叟更娶妻而生象③，象傲。瞽叟爱后妻子④，常欲杀舜，舜避逃⑤；及有小过，则受罪⑥。顺事父及后母与弟，日以笃谨⑦，匪有解⑧。

① 【汇注】
周　祈： 郑云无目眹谓之瞽，有目无眸子谓之瞍，按：眹，兆也，无目眹，谓目上下相合漫无兆域，若鼓皮然。故曰瞽。《说文》瞽目但有眹也，非是。瞍，即今青盲，目上下开有眹而无珠子，故曰有目无眸子，《诗》所谓矇瞍也。（《名义考》卷六《瞽瞍》）

又： 《广韵》吉凶形兆谓之兆眹。按：兆，灼龟坼，眹（原注，音引），目眶。二者著见几微，故吉凶形兆谓之兆眹，或作眹兆，而读者作朕兆，谬矣。（《名义考》卷八《兆眹》）

又： 孔颖达曰：无目曰瞽，舜父有目不能分别善恶，故谓之瞽。配字曰瞍，盖瞍亦无目之称。（《名义考》卷八《瞽瞍仪狄》）

徐旭生： 《吕氏春秋·古乐》："瞽瞍乃拌五弦之瑟，作以为十五弦之瑟，命之曰大章，以祭上帝。舜立，命延乃拌瞽瞍之所为瑟，益之八弦，以为二十三弦之瑟。帝舜乃令质修《九招》《六列》《六英》以明帝德。"《礼记·乐记·正义》：按：《乐律》及《礼乐志》云："尧作大章，是大章为尧乐。"而《古乐》篇说"大章"的作者为瞽瞍。他大约有音乐天才，是古代一位音乐家。传说中瞽瞍顽，象傲，全不很好，与舜不和，甚至屡次想杀舜。由于舜很警惕，他们没有成功。（《尧舜禹·帝舜》，载《文史》第39辑）

② 【汇注】
　　司马贞：皇甫谧云："舜母名握登，生舜于姚墟，因姓姚氏也。"（《史记索隐·五帝本纪》）
③ 【汇注】
　　梁玉绳：象始见《尧典》，舜弟始见《孟子》。瞽叟后妻子，封于有庳，谓之鼻天子。与丹朱并称朱、象。（《汉书人表考》卷八《象》，见《史记汉书诸表订补十种》）
　　张澍粹：舜母握登。象为东泽氏女曰壬女所生，与颗手同产。（《世本集补注》卷四《帝系篇》，见《世本八种》）
④ 【汇注】
　　荀　子：虞舜孝已，孝而亲不爱。（《荀子》卷十九《大略篇》）
　　崔　述：余按：《史记》此文采之《书》及《孟子》，而《书》《孟子》皆未言为后母，则《史记》但因其失爱，故亿之耳。郑武姜恶庄公而欲立共叔段，隋文帝以独孤后之言立广而废勇，岂必皆异母哉！汉刘表前妻生子琦、琮，后妻蔡氏之姪，琮妻也，遂爱琮而潜琦；而世俗相传，谓琦与琮异母；亦以其爱故亿之也。吾恶知舜之于象不亦如琦之于琮乎？《经》既无文，阙之不失为慎。（《崔东壁遗书·唐虞考信录》卷一《尧求舜·辨舜、象异母之说》）
【汇评】
　　孟　子：万章问曰："舜往于田，号泣于旻天，何为其号泣也？"孟子曰："怨慕也。"万章曰："父母爱之，喜而不忘；父母恶之，劳而不怨。然则舜怨乎？"曰："长息问于公明高曰：'舜往于田，则吾既得闻命矣，号泣于旻天。于父母，则吾不知也。'公明高曰：'是非尔所知也。'夫公明高以孝子之心，为不若是恝，我竭力耕田，共为子职而已矣，父母之不我爱，于我何哉？帝使其子九男二女，百官牛羊仓廪备，以事舜于畎亩之中。天下之士多就之者，帝将胥天下而迁之焉。为不顺于父母，如穷人无所归。天下之士悦之，人之所欲也，而不足以解忧；好色，人之所欲，妻帝之二女，而不足以解忧；富，人之所欲，富有天下，而不足以解忧；贵，人之所欲，贵为天子，而不足以解忧。人悦之、好色、富贵，皆不足以解忧。惟顺于父母可以解忧。人少则慕父母，知好色则慕少艾，有妻子则慕妻子，仕则慕君，不得于君则热中。大孝终身慕父母。五十而慕者，予于大舜见之矣！"（《孟子·万章》）
　　丘　濬：不曰爱象，而曰"爱后妻子"，所以见叟之不明也。此亦足以警世之为父者矣。（见《百大家评注史记》卷一《五帝本纪》）
　　王　崧：金履祥《通鉴前编》："瞽叟之欲杀舜也，《史记》谓爱后妻子之故。然瞽叟特出于爱憎，而舜又非有大过恶，何至欲杀之哉？考《左氏》史赵之言曰'自幕至于瞽叟无违命'，则虞氏自幕故有国；至瞽叟亦无违命，则粗能守其国者也。其欲杀舜，盖欲废嫡立幼；而象之欲杀其兄，亦欲夺嫡故耳。不然，岂以匹夫之微，爱憎之故，而遽欲杀之哉！"（《崔东壁遗书》附录《关于本书的评论·舜家门之难》）

又：瞽瞍有二子：曰舜，曰象。爱象而欲传以爵土，又难于舜为冢子，故常欲杀之，诚如金氏之说。舜顺适不失子道，欲杀不可得，欲求常在侧，如《史记》所云。于是瞽瞍杀之之意亦已寝息。《书》所谓"克谐以孝，烝烝乂，不格奸"者，此之谓也。无如象夺嫡之意甚迫，或与其母日谮潜之。瞽瞍听其言，不为之娶，逐舜于外，如殷高宗之放孝己，尹吉甫之放伯奇，又如晋献公嬖骊姬，欲立其子奚齐而出三公子。舜亦窥见瞽瞍之意，让国于象；又爱念父母，不敢自死，若常在侧，则恐触父之怒而启其杀心，致贻不慈之愆，乃从父命别居，时往省其父母。其耕历山而于田号泣，为不能事父母也。此未受尧养时事。帝使九男、二女、百官、牛羊、仓廪事之，将胥天下而迁，尚在此后。孟子推原舜心，以为"人悦之，好色，富贵，无足以解忧，惟顺于父母可以解忧"，故类叙于"竭力耕田，共为子职"之时。舜既见逐，备历耕稼陶渔；一年而所居成聚，二年成邑，三年成都。其在侧陋之大略如此。（同上）

程馀庆：不曰爱象，而曰爱后妻子，说得人情。（《历代名家评注史记集说·五帝本纪》）

⑤【汇注】

胡 宏：瞽瞍之妻握登，有大虹之祥而生舜于诸冯之姚墟。故为有姚。居于妫汭，故为有妫。好学乐善，宽裕温良，善与人同乐。取诸人以为善。学于务成昭。务成昭曰：避天下之逆，从天下之顺，则身修而万物得矣。握登死，瞽瞍再娶，生象，爱象而恶舜，必欲杀之，舜大杖则走，小杖则受，顺适孝慈，欲杀不可得，年二十，孝友闻于人。有友七人：马雄、陶方、回续、牙伯阳、东不訾、秦不虚、灵甫，常辅翼之。（《皇王大纪》卷三《帝尧陶唐氏》）

⑥【汇注】

[日] **泷川资言**：崔述曰：《史记》此文采之《书》及《孟子》，而《书》《孟子》皆未言为后母，则《史记》但因其失爱，故亿之耳。愚按：《帝王世纪》云"舜能和谐，大杖则避，小杖则受"，盖敷衍《史》文"有小过则受罪"六字。（《史记会注考证附校补·五帝本纪第一》）

【汇评】

苏 辙：孟子曰：尧将举舜，妻以二女，瞽瞍不顺，不告而娶，既而犹欲杀舜而分其室，然舜终不以为怨。余考之于《书》，孟子盖失之矣。世岂有不能顺其父母而能治天下者哉？四岳之荐舜曰："烝烝乂，不格奸。"益之称舜曰："夔夔齐栗，瞽亦允若。"则舜之为庶人，既已能顺其亲，使不至于奸矣，父母兄弟之际，智力之所不施也，有顽父、嚚母、傲弟而能和之，以不失其亲，唯至仁能之，此尧之所以用舜而不

疑者也。父子相贼，奸之大也。岂其既已用之，而犹欲杀之哉。(《古史》卷二《五帝本纪》)

⑦【汇注】

孟　子：舜尽事亲之道，而瞽瞍厎豫。(《孟子·离娄上》)

【汇评】

孟　子：人之所以异于禽兽者，几希。庶人去之，君子存之。舜明于庶物，察于人伦，由仁义行，非行仁义也。(《孟子·离娄下》)

⑧【汇校】

[日]水泽利忠：毛、金陵同，各本"解"字作"懈"。详节"匪有懈怠"。(《史记会注考证附校补·五帝本纪第一》)

王叔岷：案：景祐本、黄善夫本、殿本"解"并作"懈"。懈、解正、假字。(《史记斠证·五帝本纪第一》)

　　　　舜①，冀州之人也②。舜耕历山③，渔雷泽④，陶河滨⑤，作什器于寿丘⑥，就时于负夏⑦。舜父瞽叟顽，母嚚⑧，弟象傲，皆欲杀舜⑨。舜顺适不失子道⑩，兄弟孝慈⑪。欲杀，不可得；即求，尝在侧⑫。

①【汇评】

孟　子：禹闻善言，则拜。大舜有大焉。善与人同，舍己从人，乐取于人以为善，自耕稼陶渔以至为帝，无非取于人者。(《孟子·公孙丑上》)

②【汇注】

孟　子：舜生于诸冯，迁于负夏，卒于鸣条，东夷之人也。(《孟子·离娄下》)

张守节：蒲州河东县本属冀州。宋《永初山川记》云："蒲坂城中有舜庙，城外有舜宅及二妃坛。"《括地志》云："妫州有妫水，源出城中。《耆旧传》云即舜釐降二女于妫汭之所。外城中有舜井，城北有历山，山上有舜庙，未详。"按：妫州亦冀州城是也。(《史记正义·五帝本纪》)

王　恢：冀州，三面临河，略当今山西、河南北部及河北省之大部。《禹贡》以冀冠九州，贡道总归于河东，益足证唐、虞、夏之都矣。(《史记本纪地理图考·五帝本纪·虞舜》)

陈蒲清：冀州，古九州之一。相当于今山西、河南北部、河北省大部及辽宁西部。(见王利器主编《史记注译·五帝本纪》)

【汇评】

王十朋：舜生于诸冯，孟子以为东夷之人。历世逾远，汧传失真。太史公以为冀州，然邪？否邪？然越之邑则有上虞、余姚，山则有虞山、历山，水则有渔浦三忧，地则有姚丘百官，里焉有栗，陶焉有灶，汲焉有井，祀焉有庙，此[皆]其遗迹也。意者不生于是，则游于是乎？舜为人子，克谐以孝，故其俗至今烝烝是效。舜为人臣，克尽其道，故其俗至今孳孳是蹈。舜为人兄，怨怒不藏，故其俗至今爱而能容。舜为人君，以天下禅，故其俗至今廉而能逊。（《会稽三赋》卷上《会稽风俗赋》）

③【汇注】

郑　玄：历山，在河东。（《尚书大传注》卷一）

张守节：《括地志》云："蒲州河东县雷首山，一名中条山，亦名历山，亦名首阳山，亦名蒲山，亦名襄山，亦名甘枣山，亦名猪山，亦名狗头山，亦名薄山，亦名吴山。此山西起雷首山，东至吴坂，凡十一名，随州县分之。历山南有舜井。"（编者按：点校本《史记》修订本：本书卷二八《封禅书》"薄山者，衰山也"，《正义》引《括地志》："薄山亦名衰山，一名寸棘山，一名渠山，一名雷首山，一名独头山，一名首阳山，一名吴山，一名条山，在陕州芮城县城北十里。此山西起雷山，东至吴坂，凡十名。"山名、次序、数字多异。）又云："越州余姚县有历山舜井，濮州雷泽县有历山舜井，二所又有姚墟，云生舜处也。及妫州历山舜井，皆云舜所耕处，未详也。"（《史记正义·五帝本纪》）

蒋廷锡：历山，在今山西平阳府蒲州南三十里，即《禹贡》雷首山也。《水经注》云：河东郡南有历山，谓之历观。舜所耕处。（《尚书地理今释·大禹谟》）

桂　馥：历城有历山、舜庙，附会无征之说也。《魏书·太宗纪》至广宁，登历山，祭舜庙。而《地形志》又言历城有舜山祠。（《札朴》卷九《乡里旧闻·历山》）

程馀庆：在濮州南七十里。（《历代名家评注史记集说·五帝本纪》）

毕　沅：历山，毕云："《史记集解》云：'郑玄曰：在河东。'《水经注》云：'河东郡南有历山，谓之历观，舜所耕处也。有舜井，妫、汭二水出焉。'二说在今山西永济县。高诱注《淮南子》云：'历山在泲阴成阳也。一曰济南历城山也。'《水经注》又云：'周处《风土记》曰：《记》云耕于历山，而始宁、剡二县上，舜所耕田，于山下多柞树，吴越之间名柞为枥，故曰历山。'与郑说异。《括地志》云：'蒲州河东县历山南有舜井。'又云：'越州余姚县有历山舜井，濮州雷泽县有历山舜井，二所又有姚墟，云生舜处也。及妫州历山舜井，皆云舜所耕处。未详也。'案：说各不同。"（见《墨子间诂》卷二《尚贤中》）

钱　穆：案：汉成帝幸河汾，登历观，扬雄上《河东赋》云："登历观而遥望，喜虞氏之所耕。"《郡国志注》："蒲坂县南二十里有历山。"今永济县东南六十里。（《史

记地名考·上古地名》)

【汇评】

孟　子：舜之居深山之中（朱熹注：居深山，谓耕历山时也），与木石居，与鹿豕游，其所以异于深山之野人者几希。及其闻一善言，见一善行，若决江河，沛然莫之能御也。（《孟子·尽心上》）

朱之蕃：《淮南子》云：昔舜耕于历山，朞年，而田者争处垅畔，以封壤肥饶相让；钓于河滨，朞年，而渔者争处湍濑，以曲隈深潭相予。当此之时，口不设言，手不指麾，执玄德于心，而化驰若神，使舜无其志，虽口辨而户说之，不能化一人，是故不道之道，莽乎大哉！（见《百大家评注史记》卷一《五帝本纪》）

④【汇注】

郑　玄：雷夏，沇州泽，今属济阴。（《尚书大传注》卷一）

张守节：《括地志》云："雷夏泽在濮州雷泽县郭外西北。《山海经》云雷泽有雷神，龙身人头，鼓其腹则雷也。"（《史记正义·五帝本纪》）

罗　泌：雷泽亦非一。周处谓是太湖，故《寰宇》引《尚书·释言》谓在震泽若阳城，汉濩泽县。墨子则言舜渔在此泽，今在阳城西北十二。《寰宇记》为乌號切矣。《郡国志》言邑西，今有地名舜田，然今潭之益阳，岳之沅江，故梁之重华县，有虞帝城。《记》亦谓是所都。（《路史·余论七·历山》）

觉罗石麟：雷泽，[永济县]南四十五里雷首山下，相传舜渔于此。（[雍正]《山西通志》卷五十九《古迹·永济县》）

程馀庆：在濮州东南。（《历代名家评注史记集说·五帝本纪》）

钱　穆：案：雷泽，今鄄城县南，接菏泽县界。又考《禹贡》雷夏在兖州，固无可疑；然河东有雷首山，又有雷水，说者亦称之雷泽，则舜渔雷泽，未必即《禹贡》之雷泽。又《禹贡》既有雷夏，又有大野，复有菏泽，三者相毗近。"雷夏既泽"，惟见于《禹贡》，其名不必甚早。（《史记地名考·上古地名》）

⑤【汇校】

陆伯焜：或"陶"上脱"或耕"二字，语见《水经注》，言无地不可耕且陶也。（《史记考证·五帝本纪》）

【汇注】

裴　骃：皇甫谧曰："济阴定陶西南陶丘亭是也。"（《史记集解·五帝本纪》）

张守节：按：于曹州滨河作瓦器也。《括地志》云："陶城在蒲州河东县北三十里，即舜所都也。南去历山不远。或耕或陶，所在则可，何必定陶方得为陶也？舜之陶也，斯或一焉。"（编者按：点校本《史记》修订本："何必定陶方得为陶也舜之陶也"，黄本、彭本、柯本、凌本、殿本作"何必定陶方得为陶之陶也"。）（《史记正义·五帝

本纪》）

　　王　圻：陶器自舜时便有。三代迄于秦、汉，所谓甓器是也。今土中得者，其质浑厚，不务色泽。末俗尚靡，不贵金玉而贵铜瓷，遂有秘色窑器。（《稗史汇编·器用门·什物·陶器》）

　　觉罗石麟：陶城，［永济县］北三十里。《淮南子》"陶于河滨，期年而器以利"。河滨在蒲州陶城北，有故陶城，南距历山甚近，故孟津有陶河之称。《水经注》"陶城在蒲坂城北"。一说河滨在济之郓城，盖以东夷之说也。夫帝冀人，而虞、历山、陶城皆在冀，盖初耕于野，未必远去父母也。（［雍正］《山西通志》卷五十九《古迹·永济县》）

　　崔　述：历山、雷泽、河滨，说者各异：或以为皆冀州地，或以为皆青、兖州地。自晋、唐以来，相争驳不已。按：虞乃冀州境，舜不应耕稼陶渔于二千里外，则以为冀州者近是。孟子虽有"东夷"之语，然但较文王而东耳。《传》称"桀走鸣条"，鸣条亦冀州境，岂得遂以为青、兖哉！要之，《史记》所称有无本不可知，亦不足深辨也。（《崔东壁遗书·唐虞考信录》卷一《历山、雷泽、河滨皆冀州地》）

　　王　恢：历山既有多说，雷泽又有濮县、永济与阳城，河滨复有定陶之陶墟与永济之陶城。《河水注》：河水南经陶城西，舜陶河滨，皇甫士安以为定陶。然陶城在蒲坂北（《括地志》：北三十里），城即舜所都也。南去历山不远。或耕或陶，所在则可，何必定陶方得为陶也。舜之陶，斯或一焉。孟津亦有陶河之称。如《禹贡》所称"济出陶丘北"，禹河时行今卫河而北，定陶本无河道，当以永济为是。《史记本纪地理图考·五帝本纪·虞舜》

【汇评】

　　罗　泌：孔子曰：耕渔陶贩，非舜事也，而往为之，以救败也。舜其仁也乎！编蒲结罝，躬耕处苦，而民从之，一徙成邑，再徙成都，三徙成国，至邓之虚，而百千万家，小大说之，秀士以从。（《路史·后纪十二·有虞氏》）

⑥【汇注】

　　裴　骃：皇甫谧曰："在鲁东门之北。"（《史记集解·五帝本纪》）

　　司马贞：什器，什，数也。盖人家常用之器非一，故以十为数，犹今云"什物"也。寿丘，地名，黄帝生处。（《史记索隐·五帝本纪》）

　　张守节：寿音受。颜师古云："军法，伍人为伍，二伍为什，则共器物，故谓生生之具为什器，亦犹从军及作役者十人为火，共畜调度也。"（《史记正义·五帝本纪》）

　　程馀庆：什器，犹云什物，人家常用之器也。寿丘，地名，在兖州府曲阜县东北六里。（《历代名家评注史记集说·五帝本纪》）

　　王　恢：寿丘，盖与"寿陵"同义。生前预筑之陵，初未有名，其后或成定名，如《庄子》称"寿陵馀子"，《洛阳伽蓝记》有寿丘里。《集解》引《世纪》说"在鲁东门之北"（见上轩辕之丘），远古时作、贩，安得相去千百里外？亦当近在河东。《史记本纪地理图考·五帝本纪·虞舜》

⑦【汇注】

裴　骃：郑玄曰："负夏，卫地。"（《史记集解·五帝本纪》）

司马贞：就时犹逐时，若言乘时射利也。《尚书大传》曰"贩于顿丘，就时负夏"，孟子曰"迁于负夏"是也。（《史记索隐·五帝本纪》）

王　恢：负夏，郑玄云"卫地"，缘《尚书大传》"贩于顿丘，就时负夏"说也。《史地考》二："旧说负夏即瑕邱（滋阳西二十五里），卫地当近濮阳。又阳夏令太康。疑负夏犹北夏。《老子》：'万物负阴而抱阳。'或指安邑、大夏，不必在濮阳。"按：《禹贡》复尾，《书》与《汉志》"复"并作"倍"。夏墟盖以中条山北之安邑为中心，如《老子》说，负夏应指山南河北一带，而后定名之夏阳，即今之平陆。如《孟子》生于诸冯，迁于负夏，卒于鸣条（安邑），正在今山西南部相连之地，非若旧说散在千里之外。《史记本纪地理图考·五帝本纪·虞舜》

⑧【汇评】

吴汝纶："舜父瞽叟顽，母嚚"，归云："瞽叟事再提，不为复，至末后又书，是太史公用意处。"（《点勘史记读本·各家史记评语·五帝本纪》）

⑨【汇评】

杨　时：问："象日以杀舜为事，而舜终不为所杀，何也？"曰："尧在上，天下岂容有杀兄者乎？此语自是万章所传之谬，据书所载，但云象傲而已。观万章之言，傲何足以尽之？其言杀舜之时，尧已妻之二女，又使其子九男、百官皆事舜于畎亩之中，象必不敢，但万章所问，其大意不在此，故孟子当时亦不暇辨。"（《龟山集》卷十《语录》）

⑩【汇注】

马　骕：《春秋繁露》：舜形体大上而圆首，长于天文，纯于孝慈。（《绎史》卷十《有虞纪》）

⑪【汇校】

梁玉绳：按：此句与上下文义不相接贯，疑是衍文。（《史记志疑》卷一《五帝本纪》）

［日］泷川资言：兄，疑当作"友"。（《史记会注考证附校补·五帝本纪第一》）

【汇评】

程馀庆：善处兄弟便是孝，即成父母底豫之慈。"兄弟孝慈"，谁能颠倒一字？（《历代名家评注史记集说·五帝本纪》）

⑫【汇校】

[日] 水泽利忠：尝，南化、枫、三、狩、中彭、中韩、景、井、蜀、绍、毛，（作）"常"。（《史记会注考证附校补·五帝本纪第一》）

【汇评】

赵南星：君亲一也。亲有瞽瞍，犹君有桀纣也。撄其锋者，鲜不之死。乃史之纪舜，则曰"欲杀不可得""即求尝在侧"，夫瞍心既迷，何所不至？使舜稍有不顺，瞽瞍便得而杀之。惟至无一说之可持，无一隙之可觅，不得已而使浚井，使延廪，是所谓欲杀不可得也。及掩盖而舜在，捐阶而舜又在，岂非欲求常在侧乎？苟移此道事君，将关龙逢、比干或可不见于世，何鹭拳兵谏，毛焦解衣为哉！《易》曰："履虎尾，不咥人，亨。"臣则文（至）〔王〕有之，子则帝舜有焉。（《增订二十一史韵》末卷《读史小论·帝舜》）

程馀庆：二句便是圣人作用，人子常宜体认。按：《左传》自幕至于瞽叟无违命。注云："言自敬康、桥牛，皆有爵邑也。"爵邑何在？即虞国也。是瞽瞍承先世爵邑，忽遭盲废，应传于舜。瞍后妻欲杀舜，以象代之。舜初不敢成父过，负罪引慝，以冀挽回。继知必不可以，于是有托而逃，以爵邑诿之于象。舜生蒲坂，忽耕历山，渔雷泽，陶河滨，相距千里而遥。至寿丘、负夏，则又远矣。屡徙其地，俾父母无复疑心。而耕稼陶渔之众，亦知舜有克让之实，故让畔让居，成聚成邑，有所感也。不然，岂有终日号泣，即可格亲之理？且弃亲远遁，自食其力，民亦何由见其孝而归之哉？瞽瞍事再提，先略后详法，至篇末又书，是史公用意处。（《历代名家评注史记集说·五帝本纪》）

舜年二十以孝闻①。三十而帝尧问可用者②，四岳咸荐虞舜③，曰可。于是尧乃以二女妻舜以观其内④，使九男与处以观其外⑤。舜居妫汭⑥，内行弥谨。尧二女不敢以贵骄事舜亲戚⑦，甚有妇道。尧九男皆益笃⑧。舜耕历山⑨，历山之人皆让畔⑩；渔雷泽⑪，雷泽上人皆让居⑫；陶河滨⑬，河滨器皆不苦窳⑭。一年而所居成聚⑮，二年成邑⑯，三年成都⑰。尧乃赐舜絺衣，与琴⑱，为筑仓廪，予牛羊。瞽叟尚复欲杀之⑲，使舜上涂廪⑳，瞽叟从下纵火焚廪。舜乃以两笠自扞而下㉑，去，得不死㉒。后瞽叟又使舜穿井㉓，舜穿井为匿空㉔，旁出㉕；舜既入深，瞽叟与象共下土实井㉖，舜从匿空出㉗，去㉘。瞽叟、象喜，以舜为已死㉙。象曰："本谋者象。"象与其父母分㉚，于是曰："舜妻尧二女，与琴，象取之㉛。牛羊仓廪予父母。"象乃止舜宫居㉜，鼓其琴㉝。舜往见之㉞。象鄂不怿㉟，曰："我思舜正郁陶㊱。"舜曰："然，尔其庶矣㊲！"舜复事瞽叟爱弟弥谨㊳。于是尧乃试舜五典百官㊴，皆治㊵。

① 【汇注】

[日] 泷川资言：《五帝德》云："舜二十以孝闻于天下。"（《史记会注考证附校补·五帝本纪第一》）

【汇评】

孟　子：舜尽事亲之道，而瞽瞍厎豫，瞽瞍厎豫而天下化，瞽瞍厎豫而天下为父子者定，此之谓大孝。（《孟子·离娄》）

司马迁：且夫孝始于事亲，中于事君，终于立身。扬名于后世，以显父母，此孝之大者。（《史记·太史公自序》）

王士元：孝者，善事父母之名也。夫善事父母，敬顺为本，意以承之。顺承颜色，无所不至。发一言，举一意，不敢忘父母；营一指，措一足，不敢忘父母。事君不敢不忠，朋友不敢不信，临下不敢不敬，向善不敢不勤，虽居独室之中，亦不敢懈其诚，此之为全孝。故孝诚之至，通乎神明，光于四海，有感必应，善事父母之所致也。昔者虞舜其大孝矣！庶母惑父，屡憎害之，舜心益恭，惧而无怨，谋使浚井，下土实之，于时天休震动，神明骏赫，道穴而出，奉养滋谨，由是玄德茂盛，为天下君，善事父母之所致也。（《亢仓子·训道第七》）

崔　述：《大戴记》称舜云："好学、孝友、宽裕、温良，敦敏而知时，畏天而爱民，恤远而亲亲；承受天命，依于倪皇（字疑误）；叡明通知为天下王。"余按：此语至为肤浅，且百王群圣之所同，不得独以称舜。《五帝本纪》亦不之采，岂以其陋而削之耶？大抵此篇《史记》所采者尚成文理，所不采者尤浅谬；其文与《史记》异同者，皆不如《史记》之完善。或《史记》有所删定邪？抑今之《大戴》非古本，其中有讹误增益邪？（《崔东壁遗书·唐虞考信录》卷一《史记不采大戴记舜德》）

李文耕：耕按：孔子称"舜大孝至矣"，然其要总在不见父母不是处。此便是人伦之察，所以负罪引慝而卒有以化瞽叟者也。夫人伦之变，至舜而极，然能尽爱敬之诚，则至顽如瞍，尚有以得其欢心，而喻之于道，况顽不如瞍者乎？后之事亲者，第以舜比，便无容身地，虽遇难事之亲，无所藉口以自恕矣。（《孝弟录》卷上《虞舜孺慕》）

② 【汇注】

张守节：可用，谓可为天子也。（《史记正义·五帝本纪》）

③ 【汇注】

伏　生：舜不登而高，不行而远，拱揖于天下，而天下称仁。（《尚书大传》卷三《略说》）

王　圻：舜事亲养兄为天下法，其游也，得六人，曰：雄陶、方回、续牙、伯阳、东不识、秦不空，皆一国之贤者。（《稗史汇编·人物门·帝王上·舜》）

④ 【汇注】

胡　宏：尧欲以位让四岳，四岳辞。尧命悉举贵戚及疏远隐匿者。于是众以舜言之于尧。尧曰："然。朕闻之，舜生三十年矣，父母不使娶。"尧知舜告则不得娶也，遂女以二女娥皇、女英，九男、百官、牛羊、仓廪备，以养舜于畎亩之中。舜内行弥谨。釐降二女，不敢贵骄。于妫汭事舜亲戚，甚有妇道。九男皆益笃。舜事父母弥至，于是瞽瞍信其孝而顺其道焉。（《皇王大纪》卷三《帝尧陶唐氏》）

觉罗石麟：［临汾县］城东礼城，相传尧妻舜二女地。（［雍正］《山西通志》卷五十七《古迹·临汾县》）

张澍粹：澍按：孔《疏》云：按《世本》尧是黄帝玄孙，舜是黄帝八代孙。计尧女于舜之曾祖，为四世从姊妹，以之为妻，于义不可。《世本》之言，未可据信。或者古道质故也。《路史·余论》吕梁碑中叙纪虞帝之世云舜祖幕，幕生穷蝉，穷蝉生敬康，敬康生乔牛，乔牛生瞽瞍，瞽瞍生舜云云，质之于传，惟无句望，不箸出自黄帝，谅得其正。又按：盲与皇，声相近，汲冢古文葬后育于渭，又系盲字之讹。《地理志》：陈仓有舜妻育冢祠。后盲即娥皇也。罃即女英，《人表》亦作罃，一引作瑩，非。《大戴礼·帝系篇》舜娶于帝尧之子，谓之女匽氏，一作少匽。《尸子》云：妻之以媓，媵之以娥，此二妃皆尧女，尸佼以媓娥分为二，不数女英，误矣。郑注《礼记》云：舜有三妃，其一即登比也。或谓娥即女英，则世本有娥盲，又有女罃，不其复乎？司马贞曰：《列女传》云：二女，长曰娥皇，次曰女英。是矣。（《世本集补注》卷四《帝系篇》，见《世本八种》）

【汇评】

孟　子：万章问曰："《诗》云：'娶妻如之何？必告父母。信斯言也，宜莫如舜。舜之不告而娶，何也？'"孟子曰："告则不得娶。男女居室，人之大伦也。如告，则废人之大伦，以怼父母。是以不告也。"（《孟子·万章上》）

胡　宏：子告父母而娶，女氏告父母而妻，此婚礼之常也。若夫圣人不居庙堂之上，而穷居山林。圣人，人伦之至，而反不得于父母，此则非常之大事也。尧为天子，当此非常之事，岂得不以为急务？是故二圣人略常礼，以天子二女嫁于匹夫。既二女嫔虞，瞽瞍厎豫，圣人之化行，而人伦明于天下后世。岂特不格奸于一家一时而已耶？大哉权乎！去轻以就重，略名以全实，亏小以成大，舍近以图远，圣人之所以变化莫测，而天下之所以治也。圣学衰微，当事任者尚变诈，随流俗，急轻而缓重，务名而弃实，知小而昧大，见近而忘远，因循苟且，以是为权。兆于灭亡而不悟，悲夫！（《皇王大纪》卷三《帝尧陶唐氏》）

夏　僎：林少颖曰：尧之试舜，将授以天下，而其所以观之者，不观其他，而惟曰：女于时，观厥刑于二女者，盖夫夫妇妇而家道正，家道正而天下定矣。（《尚书详解》卷一《尧典》）

朱　熹：孟子曰："不孝有三，无后为大。舜不告而娶，为无后也。君子以为犹告也。"舜告焉，则不得娶，而终于无后矣。告者，礼也。不告者，权也。"犹告"言与告同也。盖权而得中，则不离于正矣。（《孟子集注》卷四《离娄上》）

金履祥：史称黄帝之曾孙喾，喾之子尧，则尧，黄帝之玄孙也。又称黄帝生昌意，昌意生颛顼，历穷蝉、敬康、句望、蟜牛以至瞽叟以生舜，则舜黄帝八世孙也。尧舜俱出于黄帝，则二女之妻不亦亡宗嬻姓乱序无别已乎！……然则舜果何出？考之于书曰：虞舜曰嫔于虞，是虞者有国之称，参之《国语》史伯之言曰：成天地之大功者，其子孙未尝不章。虞、夏、商、周是也。虞幕能听协风以成乐物生者也，夏禹能平水土以处庶类者也。商契能和合五教，以保于百姓者也。周弃能播植谷蔬，以衣食民人者也。其后皆为王公侯伯。夫以虞幕并契、稷而言。则幕为有功，始封之君虞为有国之号，而舜所自出以王天下者也。（《御批通鉴纲目前编》卷一）

沈懋学：舜娶尧二女，据《史记》世次，言为曾祖姑，人伦之理，必不若是。按：《韩诗外传》云，战国处士讥舜曰：兼二女，非达理也。使尧舜果同族，其不举以为讥，而止讥其兼乎？观此，太史公之说谬矣。故学者一以经为主，而按《史》之是非可也。（见《百大家评注史记》卷一《五帝本纪》）

王世贞：《礼》有虞氏禘黄帝而郊喾，祖颛顼而宗尧，《世本》亦言尧为黄帝曾孙，舜为黄帝八代孙，以尧之二女于舜之曾祖为四从姊妹，尧岂以妻舜哉？《礼记》《世本》之言，皆不足信。（《百大家评注史记》卷一《五帝本纪》）

王　圻：罗泌云：尝见汉刘耽所书《吕梁碑》字为小篆，而讹泐者过半，其可读者仅六十言。碑中序虞舜之世云：舜始祖幕，幕生穷蝉，穷蝉生敬康，敬康生乔牛，乔牛生瞽叟，瞽叟产舜，质以《史记》盖同，而不言出自黄帝，此可以洗二女同姓尊卑为婚之疑矣。（《稗史汇编·人物门·统系·虞周世系》）

崔　述：按《经》记嫔虞事，绝未见有不告之意。孟子之言或有所本。然尧为天子，瞽瞍即不欲舜娶，势亦无如之何；而"烝烝乂，不格奸"之后，何至尚欲其鳏以终身乎？且瞽瞍果制舜使不得娶，亦必将制舜使不得仕：即不告而仕矣，瞽瞍知之，独不能迫之使去，禁之使不得行其志乎？安得事事皆避之而不使知也！大抵战国时多好谈上古事，而传闻往往过其实：孟子但以义裁之，苟不害于大义，亦不甚核其事实之有无也。（《崔东壁遗书·唐虞考信录》卷一《辨不告而娶之说》）

⑤【汇注】

刘　恕：三十，尧闻其贤，征之草茅之中，与之语礼乐而不逆，道广大而不穷，尧妻二女以观其内，任之百官以观其外。封于虞为诸侯。（《资治通鉴外纪》卷一《帝尧》）

程馀庆：尧长子监明，早死，封其嗣于刘。嫡子朱，封于丹。庶子九人：凡房、傅、铸、唐、冀、随、郚、栎、函，皆尧后之国也。（《历代名家评注史记集说·五帝本纪》）

【汇评】

李长卿：尧以天下与舜，而不与子；天下归舜，不归尧之子。舜以天下与禹，而不与子，天下归禹而不归舜之子，有所与而无所归者，子之是也；有所归而无所与者，武王是也。（《松霞馆赘言》卷二十七）

又：尧官其家，九男二女以事舜；禹家其官，天之历数以禅子。天乎，人不得而私之；人乎，天不得而公之。（同上）

⑥【汇校】

雷学淇：淇案：饶内，即妫汭。《国语》作嬴内，近本《水经注》刊本，俱作妫汭。《玉海》引《水经注》作饶内。《通典》金州西城县下，引《世本》作饶汭，《路史·国名》亦引作饶汭也。盖古文本作饶内，后之刊《水经》者，改从妫汭。（《世本注》下《居》，见《世本八种》）

【汇注】

宋　衷：“舜居饶内”，在汉中西城县，或言妫虚，在西北，舜之居。（《世本注》下《居》，见《世本八种》）

周世则：舜井在上虞西北三十五里。又有舜水，在县南二百五十步。……舜庙在上虞县西三十五里。（引自王十朋《会稽三赋·会稽风俗赋注》）

王应麟：妫，水名。在今河中府河东县，出历山，入河。《尔雅》水北曰汭。《括地志》妫州有妫水，源出城中。《耆旧传》曰即舜妫汭。《水经注》《世本》曰：舜居饶内，在汉中西城，或言妫墟在西北，舜所居也。《通典》：金州西城县有妫墟，《帝王世纪》谓之姚墟。《世本》曰：饶汭，《古文尚书》《周语》嬴内，音妫汭。《括地志》又云姚墟在濮州雷泽县东十三里，《会稽旧记》云，上虞三十里有姚丘，即舜所生也。（《通鉴地理通释》卷四《历代都邑考·帝舜都》）

王夫之：蔡注引《尔雅》，水北曰汭。今按《尔雅》并无此文。盖孔氏"泾属渭汭"之传有此言，而蔡氏误识之也。《金史·地理志》蒲州有妫水、汭水。《汉·郡国志》云"南流者妫，北流者汭，异源同归，混流西注，而入于河"，则是妫、汭固为二水也。又许慎说："汭，水相入也。"故言洛汭者，洛入河也；渭汭者，渭入河也。然则妫汭者，亦妫水入河之称。乃水之以汭名者，若《周礼》"其川泾汭"，亦以汧源之汭水，与泾并流而入渭，则两水相放之间，中复有一水附入焉，则谓之汭。此亦妫水入河之介，别有一水从中附入而为汭也。蔡氏亦云："妫水出河东历山，入海。"不知妫汭去海且数千里，由河达海，而非竟入于海。蔡氏生长东南，目所未见，更不留心参考，其卤莽乃有如此者。（《尚书稗疏·虞书尧典》）

蒋廷锡：妫汭，在今山西平阳府蒲州界。按孔安国《传》云："舜所居妫水之汭。"《经典释文》云："汭水之内也。"皆不以汭为水名。而《水经注》云："历山有舜井，妫水出焉，南曰妫水，北曰汭水。异源同归，浑流南入于河。"《史记正义》亦引《地记》云："河东郡青山东，山中有二泉，南流者曰妫水，北流者曰汭水。"今考山西平阳府蒲州南有妫、汭二水，皆南注大河，与《水经注》《地记》二书合。盖汭本训北、训内，又为小水入大水之名，或后人见妫水北有一小水入妫，遂蒙《尧典》文而加名耳。（《尚书地理今释·尧典》）

张澍粹：颛顼生穷蝉，六世生舜，处虞之妫汭，尧禅以天下，火生土，故为土德，天下号曰有虞氏，即位五十载。（《世本集补注》卷四《帝系篇》，见《世本八种》）

秦嘉谟：舜居妫汭，妫虚在西城西北，舜之居。（《世本辑注·世本居篇》，见《世本八种》）

徐旭生：妫、汭二水发源于历山。《水经注》："河东郡南有历山，舜所耕处也，有舜井，妫、汭二水出焉。南曰妫水，北曰汭水，西径历山下。"《尚书》所谓"厘降二女于妫汭也"。（《尧舜禹·帝舜》，载《文史》第39辑）

⑦【汇校】

[日]**水泽利忠**："尧二女不敢以贵骄"，南化、谦、狩、高、中彭、中韩，（作）"贵骄华"。（《史记会注考证附校补·五帝本纪第一》）

【汇注】

张守节：二女不敢以帝女骄慢舜之亲戚。亲戚，谓父瞽叟，后母弟象，妹颗手等也。颗音苦果反。（《史记正义·五帝本纪》）

钱大昕：古人称父母为亲戚，《大戴记·曾子疾病篇》："亲戚既没，虽欲孝，谁为孝？"《孟子·尽心篇》："人莫大焉，亡亲戚君臣上下。"《楚世家》"楚人皆怜之，如悲亲戚"，犹言如丧考妣也。《孟尝君列传》"使使存问献遗其亲戚"，亦谓其父母也。《正义》兼弟妹言之，非史公之旨。（《廿二史考异》卷一《五帝本纪》）

⑧【汇注】

张守节：笃，惇也。非唯二女恭勤妇道，九男事舜皆益惇厚谨敬也。（《史记正义·五帝本纪》）

郑　樵：舜之母曰握登。死，而瞽瞍以继室生象。瞽瞍惑于继室而昵象。象复阴相父母，有杀舜之心。舜无所恨，而事父母与弟，不敢迨遑。年虽五十，犹作婴儿慕亲。尧闻其贤，聘之于草茅之中，与之语礼乐，而知其道广大不穷。妻以二女，以观其内，使九男与处，以观其外。舜迁于妫汭，二女从之，率舜之教，不敢以贵易其亲戚，尽妇道焉。九男相与益笃。（《通志》卷二《帝舜》）

王　圻：孟子曰："尧使九男二女以事舜于畎亩之中。"赵岐注云：《尧典》曰：厘降二女，不见九男，独丹朱以胤求禅，其余八庶无事，故不见于《尧典》。予按：吕不韦《春秋》云：尧有子十人，而与舜贵公也。然自丹朱之外，不特八庶子而已。皇甫谧《帝王世纪》曰：尧取散宜氏之女曰女皇，生丹朱，又有庶子九人，其数正与不韦《春秋》合。盖使事舜时，朱以嫡子故，不在所遣中。赵岐云八庶，盖未考耳。（《稗史汇编·伦叙门·父子类·尧九男辨》）

⑨【汇注】

王安石：余姚县人，有与季父争田，于县、于州、于转使不直，提点刑狱令余来直之。将归，闵然望历山而赋之。历山在县西上虞县界中，或曰舜所耕云。（《历山赋并序》，引自《涵芬楼古今文钞》卷九十五）

王应麟：《郡国志》：河东蒲坂有雷首山。注，县南二十里有历山，舜所耕处。《括地志》：蒲州河中府河东县雷首山亦名历山，南有舜井。又：越州余姚县有历山、舜井。濮州雷泽县有历山、舜井。又有姚墟，云生舜处也。妫州外城中有舜井，城北有历山，皆云舜所耕处，未详也。南丰曾氏曰：郑康成释历山，在河东。世之好事者因妫水出于雷首，迁就附益，谓历山为雷首之别号，不考其实矣。孟子谓舜东夷之人，则陶渔在济阴，作什器在鲁东门，就时在卫，耕历山在齐，皆东方之地，合于《孟子》。《图记》谓齐之南山为历山，舜所耕处，故其城名历城，在济南府。（《通鉴地理通释》卷四《历代都邑考·帝舜都》）

罗　泌：历山，今河东县之雷首山也。其山九名，一曰首阳，临河，与大华对峙，即谓历观。扬雄所云登历观以迳望者。乐史谓在偃师西北二十五里，有舜庙、舜井。妫水、汭水、妫南汭北，然后魏《舆地图·上谷记下》洛城西南四十有潘城，城西北三里亦有历山，形如覆釜，下有舜、瞽二祠。云是舜居帝之踪迹，何闻至是？而齐之历城南五里，又有历山。《水经注》云上有舜祠，县东复有舜井，亦云耕处。《寰宇记》在县东百步。云舜之所穿，又有华水，与历山井通。曾子固言舜耕历山，渔雷泽，陶河滨，作什器于寿丘，就时于负夏。康成谓历山在河东，雷泽在济阴，而负夏则卫地。皇甫谧乃谓寿丘在鲁东门之北，河滨为即陶丘，乃定陶西南之陶丘亭。耕稼陶渔，皆舜之初年，其地必不大相远，今皆在鲁卫间，则历山不得独在河东，遂以为娶后所居。后世因有妫水而迁就之。夫河中，乃帝所生，若所都而历城古历下也。其相去也远矣。耕渔之时，徒以謷叟不顺，暂即荒野，顾非日后就贩之比。其初未必远去父母之侧。（《路史·余论七·历山》）

又：按《九域志》，济南、濮阳、河中，皆有历山，俱存祠庙。而今秦地池阳、澧阳、始宁、河县、上虞、无锡亦皆有之。子列子云：舜耕河阳。《书大传》云：舜陶河滨。按《元和志》，乃河东县北四十之故陶城。《苏氏演义》云：历山有四：一河中，二齐之历阳县，三冀州，四濮之雷泽。雷泽不闻有二，耕渔必不相远，即此为是。今曹濮间有舜豢龙井，定陶城皆其踪也。然历山何止四哉？信都之历山，乐史亦以为舜耕在是。《援神契》云：舜生姚墟，应劭谓与雷泽相近。《寰宇记》在雷泽县东十三里，历山在县西北十六，今濮之雷泽西北六十，有小山孤立，谓之历山。山北有小阜，属池目之姚墟。劭谥缘之，皆记舜耕之所而池之。建德东十里更有尧城山，县南三十有尧城、尧祠。云尧巡所至，梁武于此立太原府，县北二十为舜城，城有舜井，有枥山，上有尧、舜二祠。《元和郡志》谓是两帝南巡所至。而《周处记》始宁界复有舜所耕田，一山多柞，因谓枥山，而以具区为之雷泽，以其中有大小雷山也。王介甫从之，妄矣。夫使帝果南巡，至是，亦何豫耕渔之日邪？（同上）

陈　直：武梁祠画像题字云："帝舜名重华，耕于历山，外养三年。"与本文同，外养未详。（《史记新证·五帝本纪》）

徐旭生：历山，《括地志》："蒲州河东县雷首山，一名中条山，亦名历山，亦名首阳山。"雷首山下的沼泽，当可名为雷泽。应即今永济县西的张阳池，古称晋兴泽。此地西距黄河不远，或耕、或渔、或陶，都在晋南一地，何必东耕于历城之历山（或南下余姚），钓于济阴之雷泽，陶于曹州之河滨？往来千里之遥，殊为不近情理。此或其后虞族人口繁多，势力扩大，活动地区向东扩展，遂居于河南东部之地。秦汉时虞县，亦称为古虞国，为舜之商均之封地。故孟子曰："舜，东夷之人也。"这种情况，可能接近于事实。总之，山西南部的运城、平陆、解州、虞乡、永济一带，实为有虞氏之故土。（《尧舜禹·帝舜》，载《文史》第39辑）

王　恢：历山，永济县东南六十里，与虞乡搭界。（《史记本纪地理图考·五帝本纪·虞舜》）

又：历山见于《清统志》者十有三，言舜耕者七：其在北方者：（一）宣化府，在今察哈尔涿鹿西南；（二）平阳府，山西冀城县东南七十里；（三）蒲州府，永济县东南六十里；（四）济南府，山东历城县南五里。在南方者：（一）池州，安徽东流县东三十里；（二）金华府，浙江永康县南三十五里；（三）绍兴府，余姚县西北六十里。又引苏鹗《演义》云："历山有四：一汉中，二齐州，三冀州，四濮州，要当以河中（永济）为是。"《蒲州府》曰："汉成帝幸河汾，登历观，扬雄上《河东赋》云：'登历观而游望兮，喜虞氏之所耕。'则以舜所耕之历山为在河东蒲坂，其说旧矣。"但又以曾巩《齐州二堂记》之辨最为明晰，蒲坂之历山，未必即舜耕处也。……观夫晋人以为在晋，齐人以为在齐，浙人以为在浙，远古诚然荒邈，传说固难考实，然就唐、虞、夏三代民族活动史地言，自耕稼陶渔以至为帝，要皆在河东百数里之间，不应散在千数百里之外。其所以异说杂陈者，正益显我族缅怀先圣凿开洪荒之精神，肇农工商业文化之悠久，与夫立贤无方，与人为善之明德，亘万古而常新，弥六合以生气。虽不免于附会，而实发自民族之敬爱，与恣谈怪异者迥殊也。（《史记本纪地理图考·五帝本纪·虞舜》）

【汇评】

尸　佼：舜兼爱百姓，务利天下，其田历山也，荷彼耒耜，耕彼南亩，与四海俱有其利。其渔雷泽也，旱则为耕者凿渎，俭则为猎者表虎。故有光若日月，天下归之若父母。（《尸子》卷下）

韩　非：历山之农者侵畔，舜往耕焉，期年甽亩正。河滨之渔者争坻，舜往渔焉，期年而让长。东夷之陶者器苦窳，舜往陶焉，期年而器牢。仲尼叹曰：耕渔与陶，非舜官也，而舜往为之者，所以救败也。舜其信仁乎！乃躬藉处苦而民从之。故曰圣人之德化乎！（《韩非子·难一》）

刘　向：历山之田者善侵畔，而舜耕焉；雷泽之渔者善争陂，而舜渔焉；东夷之陶器窳，而舜陶焉。故耕渔与陶非舜之事，而舜为之，以救败也。（《说苑》卷二十《反质》）

⑩【汇注】

张守节：《韩非子》"历山之农相侵略，舜往耕，朞年，耕者让畔"也。（编者按：点校本《史记》修订本："历山之农相侵略"，"侵略"，殿本作"侵畔"。按：《韩非子·难一》："历山之农者侵畔。"）（《史记正义·五帝本纪》）

刘　恕：耕于历山，朞年，而田者争处墝埆，以封壤肥饶相让。（《资治通鉴外纪》卷一《帝尧》）

⑪【汇校】

孙诒让："雷泽"，《太平御览》《玉海》引作"濩泽"。《地理志》河东郡有濩泽。应劭曰：泽在西北。《通典》云泽州阳城县有濩泽水。《史记集解》云：郑玄曰，雷夏兖州泽今属济阴。按：今山西永济县南四十里雷首山下有泽，亦云舜所渔也。王云雷泽本作濩泽。此后人习闻舜渔雷泽之事，而以其所知改其所不知也。《汉书·地理志》河东郡濩泽县。应劭曰：有濩泽在西北。《穆天子传》天子四日休于濩泽。郭璞曰：今平阳濩泽县是也。濩音穫。《水经·沁水》注曰：濩泽水出濩泽城西白涧渠东，迳濩泽。《墨子》曰：舜渔濩泽，又东迳濩泽县故城南，盖以泽氏县也。《初学记·州郡部》正文出"舜泽"二字，注曰："《墨子》曰：舜渔于濩泽，在濩泽县西。"今本《初学记》作"雷泽"，与注不合，明是后人所改。又《元和郡县志·河东道下》《太平寰宇记·河东道下》《太平御览·州郡部九》《路史·疏仡纪》引《墨子》，并作"濩泽"。是《墨子》自作"濩泽"，与他书作"雷泽"者不同。濩泽在今泽州府阳城县西嶕峣山下。（《墨子间诂》卷二《尚贤中》）

【汇注】

王应麟：《括地志》：雷夏泽在濮州雷泽县郭外西北。郑康成云：在济阴。《地理志》《禹贡》，雷泽在济阴成阳县西北。墨子曰：舜渔于濩泽。《通典》泽州阳城县有濩泽水。（《通鉴地理通释》卷四《历代都邑考·帝舜都》）

王　恢：雷泽，永济县南。（《史记本纪地理图考·五帝本纪·虞舜》）

又：《货殖传》舜渔雷泽，《集解》引徐广说，《瓠子河注》谓在大成阳县故城西北十余里。《清统志》（一八一）因并曾巩记，说在濮州东南接雷泽县界。（同上）

又：《史地考》（二）："《禹贡》雷夏及兖州，固无可疑；然河东有雷首山，又有雷水，说者亦称雷泽。则舜渔雷泽，未必即《禹贡》之雷夏。"（同上）

又：《沁水注》引《墨子》，"舜渔濩泽"，在山西阳城县西北。周处《风土记》更说在太湖，乐史、王安石信之，罗泌（《路史·后纪十一》）极论其非，而主濩泽。（同上）

⑫【汇校】

［日］水泽利忠："雷泽上人皆让居"，南化、枫、三、谦、狩、野、高、阁，（作）"雷泽上之人皆让居"。（《史记会注考证附校补·五帝本纪第一》）

【汇注】

刘　恕：渔于雷泽，渔者争处湍濑，以曲隈深潭相予。（资治通鉴外纪）卷一《帝尧》）

⑬【汇注】

郦道元："舜陶河滨"，皇甫士安以为定陶不在此也。然陶城在蒲坂城北，城即舜所都也，南去历山不远，或耕或陶，所在则可，何必定陶方得为陶也。舜之陶也，斯或一焉。孟津有陶河之称，盖从此始之。南对蒲津关。（《水经注》卷四《河水》）

王应麟：皇甫谧曰：济阴、定陶西南陶丘亭是也。今广济军。《括地志》陶城在蒲州河东县北三十里，即舜所都也，南去历山不远，何必定陶？（《通鉴地理通释》卷四《历代都邑考·帝舜都》）

【汇评】

尸　佼：夫高显尊贵，利天下之径也，非仁者之所以轻也。何以知其然耶？日之能烛远，势高也，使日在井中，则不能烛十步矣。舜之方陶也，不能利其巷下，南面而君天下，蛮夷戎狄皆被其福。（《尸子·明堂》）

崔　述：历山、雷泽、河滨，说者各异，或以为皆冀州地，或以为皆青、兖州地。自晋、唐以来，相争驳不已。按虞乃冀州境，舜不应耕稼陶渔于二千里外，则以为冀州者近是。孟子虽有"东夷"之语，然但较文王而东耳。《传》称"桀走鸣条"，鸣条亦冀州境，岂得遂以为青、兖哉！要之，《史记》所称有无本不可知，亦不足深辨也。（《崔东壁遗书·唐虞考信录》卷一《尧求舜·历山、雷泽、河滨皆冀州地》）

⑭【汇注】

裴　骃：《史记音隐》曰："音游甫反。"骃谓窳，病也。（《史记集解·五帝本纪》）

张守节：苦，读如盬，音古。盬，粗也。窳音庾。（《史记正义·五帝本纪》）

郝　敬："苦窳"，按：凡物甘曰美，苦曰恶，器觚邪曰窳，音庾。（《批点史记琐琐》卷一《五帝本纪》）

程馀庆：苦，音楛，恶也。窳，音庾，器中空也。言河滨陶者，皆化于舜，不作苦恶败坏之器也。（《历代名家评注史记集说·五帝本纪》）

【汇评】

管　仲：凡所谓能以所不利利人者，舜是也。舜耕历山，陶河滨，渔雷泽，不取其利以教百姓，百姓举利之，此所谓能以所不利利人者也。（《管子》卷二十一《版法解》）

韩　非：历山之农者侵畔，舜往耕焉，期年甽亩正。河滨之渔者争坻（原注：坻，水中高地，钓者依之），舜往渔焉，朞年，而让长。东夷之陶者器苦窳，舜往陶焉，朞年而器牢。仲尼叹曰："耕渔与陶，非舜官也（原注：非大人之事），而舜往为之者，所以救败也。舜其信仁乎！乃躬藉处苦，而民从之。故曰圣人之德化乎！"（《韩非子》卷十五《难一》）

又：或问儒者曰："方此时也，尧安在？"其人曰："尧为天子。"然则仲尼之圣尧奈何？圣人明察，在上位，将使天下无奸也。今耕渔不争，陶器不窳，舜又何德而化（原注：若尧以舜在上则自有礼让，何须舜以化之）！舜之救败也，则是尧有失也。贤舜则去尧之明察，圣尧则去舜之德化，不可两得也。……且舜救败，朞年已一过，三年已三过，舜有尽，寿有尽，天下过无已者。有尽逐无已，所止者寡矣。赏罚使天下必行之，令曰"中程者赏，弗中程者诛"。令朝至暮变，暮至朝变，十日而海内毕矣。奚待朞年？舜犹不以此说尧，令从己，乃躬亲，不亦无术乎？且夫以身为苦而后

化民者，尧舜之所难也，处势而骄下者，庸主之所易也。将治天下，释庸主之所易，道尧舜之所难，未可与为政也。（同上）

⑮【汇注】

张守节：聚，在喻反，谓村落也。（《史记正义·五帝本纪》）

[日]泷川资言：《尸子》及《吕氏春秋·贵因篇》云：舜一徙成邑，再徙成都，三徙成国。《庄子·徐无鬼篇》：舜有膻行，百姓悦之，故三徙成都，至邓之虚而十有余万家。与是《史》微异。中井积德曰：邑大于聚，都又大于邑，如是而已矣。不当引《周官》制度。（《史记会注考证附校补·五帝本纪第一》）

【汇评】

孙　兰：太古之世，洪水方殷，民无所定，山川初建，则因其势而成聚。聚也者，或山川平旷而可居，或猛毒相远而无害，或茹毛饮血之所资，或冲激漂荡之所避，民将去危就安，去苦就乐。则捍患兴利，不得不群而相聚也。如或道里辽远，山川隔绝，则不能成聚，必其山川之足以依，泉流之足以通，器用之足以备，瓜瓠荤菜百果草木之足以资，禽兽鱼鳖之足以利。有一人者，才智足为众服，而后群而归之，相其流泉，观其阴阳，定其高下，度其夕阳，建立名山，以相统制，而后人情有所系而维之。故析城为城，王屋为屋，少室、太室为室。城足以御灾患，屋足以蔽风雨，室足以安形体，皆人民相聚以相统卫也。是故有茹毛饮血之世，有汙尊抱饮之世，有佃渔网罟之世，有庖厨火食之世，有耕田凿井之世，则一聚者可以不散，而未聚者可以复聚，此因势成聚之说也。（《柳庭舆地隅说》卷上）

⑯【汇注】

马持盈：邑，周礼谓"九夫为井，四井为邑，四邑为丘，四丘为甸，四甸为县，四县为都"。事实上，并不一定如此呆板区别。可作为人口较多之市镇讲。（《史记今注·五帝本纪》）

⑰【汇注】

张守节：《周礼·郊野法》云"九夫为井，四井为邑，四邑为丘，四丘为甸，四甸为县，四县为都"也。（《史记正义·五帝本纪》）

梁玉绳："舜耕历山……三年成都。"按：耕稼、陶、渔，乃舜微时事，在尧妻舜前，上文已载之矣，则让畔、让居以及成聚、成都，宜并入上文，何又重见于釐降后耶？疑当移"舜，耕历山"至"苦窳"三十一字置上文"舜，冀州之人也"下，而衍上文"舜耕历山，渔雷泽，陶河滨"十字，再移"一年"至"成都"十五字置上文"就时于负夏"之下，盖《史》文之复出错见者也。（《史记志疑》卷一《五帝本纪》）

曲英杰：《帝王世纪》云："舜所都，或言蒲阪，或言平阳，或言潘。潘，今上谷也。"《水经注·河水》载："河水又南迳城西。舜陶河滨，皇甫士安以为定陶，不在此也。然陶城蒲坂城北，城即舜所都也。南去历山不远。或耕或陶，所在则可，何必定陶方得为陶也。舜之陶也，斯或一焉。"又载："（河东）郡南有历山，谓之历观，舜所耕处也。有舜井。妫汭二水出焉，南曰妫水，北曰汭水，乃迳历山下，上有舜庙。"据此，见于记载的有虞氏活动地区大部分在今山西南部。而孟子既称舜为东夷之人，亦当有所本。很可能是其居于东夷诸冯之地，后迁负夏，再沿古河水迁至历山。其在历山，"一年而所居成聚，二年成邑，三年成都"，亦可表明是后迁于此。《括地志》云："陶城在蒲州河东县北三十里，即舜所都也。"在今山西永济县境，当为有虞氏西迁后的活动据点。此一带已发现有仰韶文化、龙山文化与二里头文化共存的遗址（中国社会科学院考古研究所山西工作队《晋南二里头文化遗址的调查与试掘》，载《考古》1980年第3期）。或有可能有一部分为有虞氏居住和活动之遗存。后有虞氏代陶唐氏为盟，其为都之地则当在平阳。（《先秦都城复原研究·尧舜都平阳》）

【汇评】

崔　述：《史记·五帝本纪》云："舜耕历山，人皆让畔；渔雷泽，人皆让居；陶河滨，器皆不苦窳。一年而所居成聚，二年成邑，三年成都。"余按：此皆后人追美舜德之词，不必实有此事。舜尚不能化象之傲，历山、雷泽之人岂皆贤而无不肖哉！"成邑""成都"，即《孟子》"士多就之"之意而极为形容者。都、邑、聚，皆后世之名，显为后人所撰，非古本有是语也。大抵称古人者多过其实：以舜之不顺乎亲也，则谓舜既升庸之后，瞽瞍犹欲杀之；以舜之德能型俗也，则谓舜当耕稼之时，人已化而归之。试比而观之，无乃感一家太难而感一方太易乎！且孔子恶乡原，孟子称"士憎兹多口"，故曰"不如乡人之善者好之，其不善者恶之"；"有不虞之誉，有求全之毁"。虽上古人情淳笃，与后世不同，要未敢信为必然也。（《崔东壁遗书·唐虞考信录》卷一《辨历山让畔之说》）

蒋　彤：看来上古君民之间，与今世土豪略相似，其力足以养人，其言足以服人，事有不能就而请焉。人或相竞，就而决焉。于是相率而从之，即相率而君之。所以舜之所处，一年成聚，三年成都。土广人稀，无分民，并无分土，民既归之，则土亦为所有，非必有前朝后市之模，左宗右社之制，官联法度之繁，城郭沟池之固，于此不宜，则迁乎彼，于彼不宜则再迁。（《暨阳答问》卷一）

⑱【汇注】

张守节：绨，勑迟反，细葛布衣也。邹氏音竹几反。（《史记正义·五帝本纪》）

郝　敬：绨衣，按：绨衣即袗衣。孟子曰：舜披袗衣鼓琴。袗，单也。《论语》当暑袗绤绤，凡缯之希薄者皆可名绨，不独葛耳。《皋陶谟》：藻火粉米，黼黻绨绣，以五采彰施于五色作服，谓以绨缯刺绣，藻火等五采于衣，即所谓袗衣也。古礼衣皆用单。《士冠礼》兄弟毕袗玄，即玄端，亦单衣也。（《批点史记琐琐》卷一《五帝本

纪》）

⑲【汇注】

　　王　崧：舜所居三年成都，都人奉以为君，故曰都君。……舜既为都君，其孝闻于帝廷，尧因四岳之荐而厘降二女于妫汭以观内，使九男事之以观外。妫汭者，舜所居之都，不在瞽瞍之城市，故曰"畎亩之中"。瞽既逐舜，不患爵土不为象有矣。舜之娶，帝之妻，脱令告之瞽，恐其生子有后，复与象争；或置之深室，使不得娶。若以君道临之而诛瞽，舜且不能为人，何以妻二女！凡娶与妻之不告，所以全舜也。瞽、象见舜为尧所养，虑不能遂其传国于象之谋，于是杀舜之念复生，《史记》谓"尚复欲杀之"，是已。（见《崔东壁遗书》附录《关于本书的论述·舜家门之难》）

【汇评】

　　崔　述：[司马光《史剡》一则]"顽嚚之人，不入德义则有矣；其好利而恶害则与众不殊也。或者舜未为尧知而瞽瞍欲杀之，则可矣；尧已知之，四岳举之，妻以二女，养以百官，方且试以百揆而禅天下焉，则瞽瞍之心岂得不利其子之为天子而尚欲杀之乎！虽欲杀之，亦不可得已。藉使得而杀之，瞽瞍与象将随踵而诛，虽甚愚人，必不为也！"余按：《经》曰："克谐以孝，烝烝乂，不格奸。"舜之德能感其父母使不至于奸，安有不能感其父母使不杀己者乎！瞽瞍且欲杀舜，何以谓之不格奸；舜且不能使瞽瞍不欲杀己，何以能使之不格奸哉！舜既见举受官，则慎徽五典，纳百揆，宾四门，将惟日不足，何暇闲居家中而完廪，浚井，而鸣琴也，使瞽瞍之掣舜肘至此，舜亦安能为尧尽职乎！象之恶舜，虽封之犹不使得有为于其国，况乃使之治己臣庶，使象得肆其虐，彼臣庶何罪焉！盖舜之家事见于《经》者，"父顽，母嚚，象傲"而已；因其顽嚚而傲也，遂相传有不使娶之说，相传有欲杀舜之事。谚曰"尺水丈波"，公明贾曰"以告者过也"，天下事之递述而递甚其词者往往如是。君实之辨是也。程子、苏氏亦皆以此事为乌有，故今列之存疑。（《崔东壁遗书·唐虞考信录》卷一《引司马光语辨完廪浚井之说》）

⑳【汇校】

　　[日] 水泽利忠：英房、南化、枫、三、梅、狩、中韩、中彭，无"涂"字。（《史记会注考证附校补·五帝本纪第一》）

【汇注】

　　马持盈：涂廪，以泥土堵塞仓廪中有漏洞之处。（《史记今注·五帝本纪》）

㉑【汇注】

　　司马贞：言以笠自扞己身，有似鸟张翅而轻下，得不损伤。皇甫谧云"两繖"，繖，笠类。《列女传》云"二女教舜鸟工上廪"是也。（《史记索隐·五帝本纪》）

　　张守节：《通史》云："瞽叟使舜涤廪，舜告尧二女，女曰：'时其焚汝，鹊汝衣

裳，鸟工往。'舜既登廪，得免去也。"（《史记正义·五帝本纪》）

王叔岷：案：扞，支持也。（《说文》："扞，忮也。"段注："忮当作'枝'，枝持字古书用'枝'，亦用'支'。"）《孟子·万章篇》朱熹《集注》引"扞"作"捍"，同。《后汉书·寇恂传》注、《御览》七六五引"而下"下并无"去"字。《御览》一百九十引《史记》云："舜母嫉舜，舜父使舜涂泥仓，放火而烧舜。舜垂席而下，得无伤。"与此文颇有出入，未知何据。又案：《索隐》引《列女传》云云，今本《列女传·母仪篇·有虞二妃传》无之。《正义》所引《通史》，梁武帝撰，见《隋志》。《金楼子·后妃篇》："瞽叟使涂廪，舜归告二女：'父母使我涂廪，我其往！'二女曰：'衣鸟工往。'舜既治廪，瞽叟焚廪，舜飞去。"与《通史》所记，并有"鸟工往"之文，盖并本于《列女传》。（《史记斠证·五帝本纪第一》）

㉒ **【汇评】**

何　琇：战国时杂说繁兴，一事而传闻异词，名姓、时代互异者，诸子之书，不知凡几，孟子当日亦诸子之流，惟诵法孔子，发明王道，得圣学之正，超出诸子之上耳，故一切流俗附益之文，有斥而辟之者，亦有非大纲宏旨所系，不及一一辨诘者，焚廪、浚井之说，亦姑与就事论事，不必果以为实迹也。（《樵香小记》卷上《焚廪浚井》）

李元度：舜初耕历山，则人让畔；渔雷泽，则人让居；陶河滨，则器不苦窳。所过者化，行路之人皆被之，况在骨肉？若为都君时尚有此祸，则是顽者愈顽，傲者且至于逆，家不能正，乌得为圣人哉？且以人情事势揆之，万万无理。方是时，舜已徽五典，宅百揆，宾四门，纳大麓。越二年，即受终文祖，以位则都君也，谊则帝之馆甥也。仓廪备矣，何待舜自完，浚井尤贱役也，瞍即使舜，舜胡不转使人？百官俱在，一矢口间耳。乃贸贸然自迫于险，徒恃两笠自扞而下，及匿旁穴得免。瞍能焚廪，即能焚笠，象能揜井，即能揜旁穴，舜奈何以父母遗体，天子之重臣，效尾生抱桥之信，以自速其死邪？且其时，九男安在？二女安在？百官安在？其立而疾视其死欤？抑俱不悟其奸计欤？万一舜竟死，吾不知九男、二女、百官，何辞以谢帝也！况井、廪二役，其一日事邪？先令完廪，焚而未即死；又令浚井，虽三尺童子，知其为阱也。若事非一日，瞍虽顽，一击不中，术亦不堪再试矣。大智如舜，岂犹入其彀中邪？抑岂明知之而自恃可以济险，姑从命以彰亲过而益重吾名邪？（《天岳山馆文钞、诗存》卷一《舜论》）

梁玉绳：按：《史通·暗惑、鉴识》两篇，讥史公此言"鄙俚不雅，甚于褚生，直以舜为左慈、刘根"，所讥良是。至《列女传》及《正义》引《通史》，谓焚、坑不死，实二女教之（原注：梁沈约《纪年注》《宋书·符瑞志》亦云），则尤妄也。（《史记志疑》卷一《五帝本纪》）

㉓【汇注】

梁玉绳：按：焚廪、搶井之事，有无未可知，疑战国人妄造也。即果有之，亦非在妻二女之后。《新序·杂事》第一篇以耕稼、陶、渔及井、廪事未为天子时，《论衡·吉验篇》谓事在舜未逢尧时，盖近之矣。不然，四岳荐舜何以言"格奸"，伯益赞禹何以称"允若"乎？此万章随俗之误，孟子未及辨，而史公相承不察耳。宋司马光《史剡》、《程子遗书》、宋洪迈《容斋三笔》及《古史》《大纪》《路史·发挥》《通鉴前编》俱纠其谬，独太原阎氏若璩著《尚书古文疏证》与《四书释地又续》，力主《孟子》《史记》，以为万章断非传闻，马迁断非无据，实系瞽、象顽傲，舜既娶之后，犹欲杀之而分其室，甚且以父母使舜完廪七十九字为古《舜典》之文，岂非妄排众论、好逞胸怀者乎？（《史记志疑》卷一《五帝本纪》）

㉔【汇注】

司马贞：音孔。《列女传》所谓"龙工入井"是也。（《史记索隐·五帝本纪》）

㉕【汇注】

张守节：言舜潜匿穿孔旁，从他井而出也。《通史》云："舜穿井，又告二女。二女曰：'去汝裳衣，龙工往。'入井，瞽叟与象下土实井，舜从他井出去也。"《括地志》云："舜井在妫州怀戎县西外城中。其西又有一井，《耆旧传》云并舜井也，舜自中出。《帝王纪》云河东有舜井，未详也。"（《史记正义·五帝本纪》）

江少虞：河中府舜泉坊二井相通，所谓匿空旁出者也。祥符中，真宗祀汾阴，驻跸蒲中，车驾亲临，赐名广孝泉井，以名其坊。御制赞纪之。蒲滨河，地卤，泉碱，独此井甘美，世以为异。（《宋朝事实类苑》卷六十三《泉水》）

田艺蘅：瞽叟、继母及象盖都君之井，在今襄阳均州土阪窑子铺，即舜耕处。有康山、碎米山。田中石盖井即舜所浚者，修真观，左一穴云即从空旁出处。（《留青日札》卷十《舜井》）

方苞：舜于井中，为可以自匿之空，而其空旁通，可上出也。（《史记注补正·帝舜纪》）

觉罗石麟：舜井，舜庙后东西二井。《类林》：瞍填井后两目方瞽。宋《太平御览》舜为父淘井，取金银置罐中，与父母。皇甫谧曰："河东有舜井。"宋真宗祠汾阴，幸舜泉，下诏曰："朕以巡省蒲坂，历览舜泉，钦孝德以升闻，考遗迹而尚在。宜加表称，用表敦风。"乃赐名曰"广孝泉"，复汲泉水遍颁著位。大中祥符五年，命王钦若撰《广孝泉记》。（［雍正］《山西通志》卷五十九《古迹·永济县》）

又：《广孝泉记》碑，明张四维《跋〈广孝泉记〉》云："宋真宗谒舜庙，名双井曰'广孝泉'。命枢臣王钦若作记，镌碑庙中，嘉靖乙卯地震，碑渤裂，不可复竖，万历癸未河东道王基，令判官严汝聘别砻一石，录碑文镌竖原所。"（同上）

浦起龙：《正义》曰："言舜潜匿穿空，旁从他井而出也。"《括地志》云：舜井在妫州怀戎县西外城，其西又有一井。《耆旧传》云井舜井也，舜自中出。按：此等皆出附会。（《史通通释》卷二十《暗惑·匿空旁出》）

【汇评】

罗泌：夫尧之所以举舜者，正以其父顽母嚚象傲，而独能谐以孝，俾不格于奸尔。既不格奸，则瞽叟已底豫矣。叟既底豫，则井廪之事何自而举乎？凡此，一皆未试用之前也。迨其试用，则有二女、百官而奉之，又何躬为井廪之事乎哉？妻帝女，备百官，其贵势亦大矣，象纵不仁，可得施其志乎？兹皆坦然可理晓者。（《路史·发挥卷五·舜不幸以孝名》）

朱之蕃：丘琼山曰：匿空旁出，此其事甚不经。谓舜能自出，非也。谓天哀舜而出之，非也。谓舜豫凿空于井边，尤非也。夫浚井之命出于临时，瞽瞍与象心害舜，岂容他旷日从容，使得凿空以出哉？愚尝镜先秦逸史云：舜欲往浚井，二女问曰："君欲何之？"舜曰："井水浊，亲使我浚之。"二女泣然曰："嗟哉，此危命也！夫前日廪上且心举火，今尔入井，必不出矣。然而父命不可伤也，父母遗体不可残也，伤父命非孝也，残父母遗体，非智亦非孝也。君可脱衣井上，佯示入井，而乘父与弟之未来，先脱身而归，则可谓爱身以爱其亲矣。且徒死何益！"舜从其计，遂先脱归，瞽瞍与象不悟，至井，见舜脱衣在井上，而共下土实之云。（见《百大家评注史记》卷一《五帝本纪》）

㉖【汇校】

司马贞：亦作"填井"。（《史记索隐·五帝本纪》）

【汇注】

蔡云：按：舜父虽顽，然《书》称允若，《孟子》亦言底豫，非终于顽者，不宜屈在下中。昔读《孟子》"从而揜之"句，以为俟其出而后揜，叟有不忍杀子之心。赵注全非，独旋从阶下说为可节取。盖亦俟其下而后焚，想见当时仓卒弥缝之苦，特制于嚚妻傲子，而不克整其纲，是则所谓顽耳。尊著校《吕氏春秋·古乐篇》，谓瞽叟有功尧乐，不得为顽，卓识名论也。（《汉书人表考校补·瞽叟》，见《史记汉书诸表订补十种》）

又：焚廪掩井，非无目人所能从事。夔夔齐栗之容，亦非以意推测而能感动也。盖古时命名不忌隐疾，否则为元冥师者名昧，岂亦目不别五色之章乎？（同上）

【汇评】

郭正域：《列女传》谓舜匿空旁出之事，二女实教之，是。以舜为左慈刘根也，恐不足据。按：《史记》载尧妻舜之后，瞽叟尚欲杀舜。《古史》本《尚书》，瞽亦允若，尧闻其贤，然后妻之，于理为长。合从《古史》。（见《百大家评注史记》卷一《五帝

本纪》）

崔　述：经传之文亦往往有过其实者。……即孟子书中亦往往有之。若舜之"完廪，浚井""不告而娶"……其言未必无因，然其初事断不如此，特传之者递加称述，欲极力形容，遂不觉其过当耳。（《崔东壁遗书·考信录提要》卷上《〈孟子〉不可信处》）

㉗【汇评】

俞　樾：战国传闻之事，多好事者为之，往往失真。孟子辞而辟之，卓矣。乃其所载古事，如瞽瞍使舜完廪浚井之类，不知本何书。近人或据以补《舜典》之逸，恐未必然也。以愚论之，如所称舜避尧之子于南河之南，禹避舜之子于阳城，益避禹之子于箕山之阴，皆好事者为之，而非事实。禹、益事固不可考，若舜事明载《虞书》，曷尝有南河之避乎？《列子·仲尼篇》尧还宫，召舜，因禅以天下，舜不辞而受之，此说转得其实。《尧典》云舜让于德，弗嗣，疑古本《尧典》作舜攘于德，弗辞。辞，籀文作"𤔫"，故与"嗣"通。《礼记·曲礼篇》注曰："攘，古让字。"然则今本作"让"，古本必作"攘"也。攘者，取也。言以德攘取而弗辞也。夫尧舜以天下相授受，非命九官十二牧之比。《诗》云："上帝临女，无贰尔心。"使天命不在舜欤，尧固不得而授；天命而在舜，舜又何辞焉？是故列子斯言，转视孟子为得实矣。（《湖楼笔谈》卷一）

㉘【汇评】

裴　骃：刘熙曰："舜以权谋自免，亦大圣有神人之助也。"（《史记集解·五帝本纪》）

刘知幾：《史记》本纪曰：瞽叟使舜穿井，为匿空旁出。瞽叟与象共下土实井。瞽叟、象喜，以舜为已死。象乃止舜宫。难曰：夫杳冥不测，变化无恒，兵革所不能伤，网罗所不能制，若左慈易质为羊，刘根窜形入壁是也。时无可移，祸有必至，虽大圣所不能免，若姬伯拘于羑里，孔父阨于陈、蔡是也。然俗之愚者，皆谓彼幻化，是为圣人。岂知圣人智周万物，才兼百行，若斯而已，与夫方内之士有何异哉！如《史记》云重华入于井中，匿空出去。此则其意以舜是左慈、刘根之类，非姬伯、孔父之徒。苟识事如斯，难以语夫圣道矣。且案太史公云：黄帝、尧、舜轶事，时时见于他说，余择其言尤雅者，著为本纪书首。若如向之所述，岂可谓之雅邪？（《史通》卷二十《暗惑》）

浦起龙：按：此事由孟子不置深辨，唯借其忧喜之端，指与亲爱之本。史家采取杂说，据谓其事实然。得《史通》刊正，可补孟义。（《史通通释》卷二十《暗惑》）

㉙【汇评】

胡　宏：苏黄门曰：世未有不能承其父母而能治天下者。斯言信矣。象日以杀舜为事，固非在妻二女之后，此万章之失也。以象之傲，而欲杀舜，世有传之者，安能其必无乎？就其事以处兄弟之间，亦可以为训，不必深辨也。且弟以杀兄为事，在常人则或有报复之心，在贤者则必引咎自责，不藏怒，不宿怨也。在圣人则哀矜而训诱之矣。是舜封象于有庳，使吏治其国而享其衣食租赋，欲常常而见之，使源源而来，友之至也。先儒乃以有庳为今之舂陵。吁！舜都蒲坂，使诚封象于是，则欲常常而见之，使源源而来，适以道毙之也。然则有庳当何居？殆畿内之地欤。观此，则汉文之于淮南，晋武之于齐攸，宋太祖之于义康，唐太宗之于元吉，莫不有惭德，可以为世戒矣。（《皇王大纪》卷四《帝舜有虞氏》）

㉚【汇注】

张守节：［分］扶问反。（《史记正义·五帝本纪》）

陈　直：此段节括《孟子》文，《孟子》由战国末期到西汉时即已盛行。如《毛传》《韩诗外传》《盐铁论》及《史记》皆引《孟子》原文，与赵岐章句之本，微有不同。（《史记新证·五帝本纪》）

㉛【汇注】

顾炎武：帝之举舜，在瞽瞍厎豫之后，今孟子乃谓九男二女、百官牛羊仓廪备，以事舜于畎亩之中，犹不顺于父母，而如穷人无所归，此非事实，但其推见圣人之心若此。使天下之为人子者，处心积虑，必出乎此，而后为大孝耳。后儒以为实，然则"二嫂使治朕栖"之说，亦可信矣？（《日知录》卷七《为不顺于父母》）

㉜【汇注】

张守节：宫即室也。《尔雅》云"室谓之宫"。《礼》云"命士已上，父子异宫"也。（《史记正义·五帝本纪》）

㉝【汇校】

李景星：按《孟子》作"舜在床琴"。（《史记评议·五帝本纪》）

【汇注】

姚　鼐：太史公载象往入舜宫鼓琴事，与《孟子》微异，恐是真《舜典》语。而《孟子》与史公所闻于孔安国，各解之不同。以理论之，似《史记》是。盖舜先为匿空藏身其中，瞽叟、象实土所不能及，待瞍、象去而舜出，入宫当在象后矣。（《惜抱轩笔记》卷四《史记》）

宋　濂：按：《史记》象止舜宫居，鼓其琴，与万章所言不同。当时帝二女何以自安？然则谓象往入舜宫，舜在床琴者事，犹近理。（见《百大家评注史记》卷一《五帝本纪》）

㉞【汇注】

梁玉绳："象乃止……舜往见之。"按：象居宫、鼓琴，二女何以自安？且是时舜

在何处，而反往见象耶？讹之中又讹焉。明何孟春《余冬叙录》云"万章所言，事犹近理"。(《史记志疑》卷一《五帝本纪》)

㉟【汇校】

[日]水泽利忠：鄂，殿本作"愕"。英房、南化、枫、棭、三、谦、狩、野、高、阁、中彭、中韩，(作)"象鄂然不怿"。(《史记会注考证附校补·五帝本纪第一》)

【汇注】

王若虚：《舜本纪》云："象以舜为已死，乃止舜宫居，鼓其琴。舜往见之。象鄂不怿。"据《孟子》，乃是象往入舜宫，舜在床琴也。(《滹南遗老集》卷九《史记辨惑》)

【汇评】

李元春："象止舜宫居，鼓其琴。舜往见之。象鄂不怿"，与《孟》异，然不如孟语为无弊。(《诸史间论·史记》)

㊱【汇注】

马持盈：郁陶，心有所思而愁苦。(《史记今注·五帝本纪》)

张家英："郁陶"，三家、《考证》均未释。谨案：《尔雅·释诂下》："郁陶，喜也。"郝懿行疏："郁陶者，陶音遥。……郁陶犹言怡悦，并字之双声，其义又俱为喜也。《孟子》云：'郁陶思君尔！'郁陶即喜。故《檀弓》云：'人喜则斯陶。'郑注：'陶，郁陶也。'郁陶连文，本《尔雅》为训也。"……

《广雅·释诂》："郁悠，思也。"王念孙《疏证》："象曰'郁陶思君尔'，则郁陶乃'思'之意，非'喜'之意。……凡人相见而喜，必自道其相思之切，岂得即谓其相思之切为喜乎？……"

应该承认，王念孙不同意以"喜"释"郁陶"，是合乎《孟子》与《史记》的语境的。《孟子》言象"忸怩"，《史记》言"象鄂(愕)不怿"，都与"喜"不相应。王氏又强调"郁陶"有"思"与"忧"二义；于下文更补充说"郁陶"即"忧思愤盈"。在"郁陶思君尔"与"思舜正郁陶"二句中，虽则"郁陶"所充当的成分不同；从语义上看，如将其释为"忧伤"，是较之"忧思愤盈"要易于理解的。(《〈史记〉十二本纪疑诂·五帝本纪》)

㊲【汇校】

李景星："然，尔其庶矣"，按：《孟子》作"惟兹臣庶"。(《史记评议·五帝本纪》)

【汇注】

司马贞：言汝犹当庶几于友悌之情义也。如《孟子》取《尚书》文，又云"惟兹

臣庶，女其于予治"，盖欲令象共我理臣庶也。（《史记索隐·五帝本纪》）

梁玉绳：按：此改治臣庶语以为尔庶，于义亦通，盖事属子虚，故所传异词也。（《史记志疑》卷一《五帝本纪》）

㊳【汇注】

王崧：自焚廪、掩井不能杀舜，瞽、象应已知舜不当死而杀念渐消。舜亦为尧所用，日见信任，驯至禅位。瞽、象益为舜所化，且利其富贵，当必变忮害为亲爱。迨尊养兼备，象亦受封，瞽于是允若而厎豫焉。"不格奸"与"亦允若"时分先后，情有浅深。（见《崔东壁遗书》附录《关于本书的评论·舜家门之难》）

程馀庆：按：温公谓是时尧将以天下禅舜，瞽、象虽愚，亦岂不利其子与兄之为天子，而欲杀之乎？借使杀之，尧必诛己，宜亦有所不敢矣。苏辙谓，舜之侧微，已能使瞽、象不格奸矣，岂至此而犹欲害之？不知天下事有不可以常情测者。使瞽、象犹知利害之所在，则亦未为甚顽且傲；而舜之所处，亦未足为天下之至难矣。不格奸者，但能使不陷于刑戮，若前所谓杀不可得耳，即此焚廪实井之类也。观《孟子》帝使其子节有"不顺于父母"语，天下大悦节有"不得乎亲"语，此皆试舜于畎亩之中事。况前此虽云克谐以孝，舜犹不告而娶，以为告则不得娶，是子不能得之于父也。尧亦知告焉则不得妻，是君并不能得之于臣也。其顽至此。则既娶之后，犹欲杀之而分其室，又何疑乎！（《历代名家评注史记集说·五帝本纪》）

【汇评】

孟子：万章曰："父母使舜完廪，捐阶，瞽瞍焚廪；使浚井，出，从而揜之。象曰：'谟盖都君咸我绩，牛羊父母，仓廪父母，干戈朕，琴朕，弤朕，二嫂使治朕栖。'象往入舜宫，舜在床琴。象曰：'郁陶思君尔。'忸怩。舜曰：'惟兹臣庶，汝其于予治。'不识舜不知象之将杀己与？"曰："奚而不知也。象忧亦忧，象喜亦喜。"曰："然则舜伪喜者与？"曰："否。……故君子可欺以其方，难罔以非其道。彼以爱兄之道来，故诚信而喜之。奚伪焉？"（《孟子·万章》）

又：万章问曰："象日以杀舜为事，立为天子，则放之，何也？"孟子曰："封之也。或曰，放焉。"万章曰："舜流共工于幽州，放驩兜于崇山，杀三苗于三危，殛鲧于羽山，四罪而天下咸服，诛不仁也。象至不仁，封之有庳。有庳之人奚罪焉？仁人固如是乎？在他人则诛之，在弟则封之！"曰："仁人之于弟也，不藏怒焉，不宿怨焉，亲爱之而已矣。亲之，欲其贵也；爱之，欲其富也。封之有庳，富贵之也。身为天子，弟为匹夫，可谓亲爱之乎？"（同上）

李元度：或曰：舜，纯孝人也。父有命，知死不敢逃。其不死则天耳！信斯言也，又何以不告而娶？观其不告，则舜非守经而不达权者矣。……兄为都君，嫂为天子女，象即揜舜死，九男、二女、百官，必将请于帝以诛其逆，象之肉其不足食矣！乃遽入舜宫，逼二嫂，象自度能得此于嫂乎哉？为此说者，盖欲甚瞍、象之罪，彰舜之孝，不知适以伤舜之心也。孝子善必归亲，称人之善亦必追美其亲，今诬其父若弟以绝无人理之大恶，为子者安乎？不安乎？（《天岳山馆文钞、诗存》卷一《舜论》）

又：象果稔恶不悛，舜为天子，即当放之流之，不当亲爱富贵之，何也？忠孝友弟，人之大伦，存之则人，去之则兽。以弟弑兄，禽兽不若也，封之是赏乱也。周公诛管叔，亦以其干犯伦纪也。岂谓害于国则诛，害于家则赏乎？……嗟乎！天使舜遭人伦之变，原欲立万世人伦之极，舜克谐以孝，所由为法于天下后世也。论者顾以此诬之，舜之孝日益彰，即瞍与象之恶日益甚，舜能无隐痛也夫！（同上）

㊴【汇注】

谯　周：舜居百揆，总领百事，说者以百揆尧初别置，于周更名冢宰，斯其然矣。（《古史考》）

陈　经：君臣、父子、夫妇、长幼、朋友，人所常行，谓之五典。（《尚书详解》卷二《舜典》）

[日] 泷川资言：《尧典》云："慎徽五典，五典克从，纳于百揆，百揆时叙。"（《史记会注考证附校补·五帝本纪第一》）

【汇评】

王　充：凡人穷达祸福之至，大之则命，小之则时。……穷达有时，遭遇有命也。……圣人，纯道者也，虞舜为父弟所害，几死者三，有遇唐尧，尧禅舜，立为帝。尝见害，未有非；立为帝，未有是。前时未到，后则命时至也。案：古人君臣困穷，后得达通，未必初有恶，天祸其前，卒有善，神祐其后也。一身之行，一行之操，结发终死，前后无异。然一成一败，一进一退，一穷一通，一全一坏，遭遇适然，命时当也。（《论衡·祸虚篇》）

㊵【汇评】

刘　安：舜之耕陶也，不能利其里（高诱注：所居之里），南面王则德施乎四海，仁非能益也，处便而势利也。（《淮南子》卷二《俶真》）

昔高阳氏有才子八人①，世得其利②，谓之"八恺"③。高辛氏有才子八人④，世谓之"八元"⑤。此十六族者⑥，世济其美⑦，不陨其名⑧。至于尧，尧未能举⑨。舜举八恺，使主后土⑩，以揆百事⑪，莫不时序⑫。举八元⑬，使布五教于四方⑭，父义，母慈，兄友，弟恭，子孝，内平外成⑮。

① 【汇注】
　　杜　预：高阳，帝颛顼之号。八人，其苗裔。（《春秋经传集解》文公十八年）
　　裴　骃：名见《左传》。（《史记集解·五帝本纪》）
　　金履祥：高阳，颛顼也。氏，谓其朝代。才子，谓高阳氏之世，其故家遗族也。"高辛氏才子"之云亦然。故总谓之十六族。或者不知，遂真以为二帝之子，则高阳八子何其寿？而高辛氏之八子岂果尧之庶弟欤？（《御批通鉴纲目前编》卷一《慎徽五典纳于百揆》注）
　　吴汝纶："昔高阳氏有才子八人"，张玄超云：此将叙舜举十六族，去四凶，先言尧"未能举，未能去，未有分职"，以发其端。（《点勘史记读本·各家史记评语·五帝本纪》）

② 【汇校】
　　梁玉绳：按：《左传》无"得利"语，且时未举用，何利之有？以下文"世谓之八元"例观，疑"得其利"三字当衍。（《史记志疑》卷一《五帝本纪》）

③ 【汇注】
　　左丘明：昔高阳氏有才子八人：苍舒、𬯎敳、梼戭、大临、尨降、庭坚、仲容、叔达。齐圣广渊，明允笃诚，天下之民，谓之八恺。（《春秋左氏传》文公十八年）
　　孔颖达：恺，和也。言其和于物也。孟子曰：伊尹，圣人之和者也。……《释诂》文，恺训为乐，乐亦和也。（《春秋左传正义》文公十八年）
　　裴　骃：贾逵曰："恺，和也。"（《史记集解·五帝本纪》）

④ 【汇注】
　　裴　骃：名见《左传》。（《史记集解·五帝本纪》）

⑤ 【汇注】
　　左丘明：高辛氏有才子八人：伯奋、仲堪、叔献、季仲、伯虎、仲熊、叔豹、季狸。忠肃共懿，宣慈惠和，天下之民，谓之"八元"。（《春秋左氏传》文公十八年）
　　孔颖达：元，善也。言其善于事也。《论语》曰：善人为邦百年，亦可以胜残去杀矣。（《春秋左传正义》文公十八年）
　　裴　骃：贾逵曰："元，善也。"（《史记集解·五帝本纪》）
　　韦公肃：《左传》曰："昔高辛氏有才子八人，忠肃恭懿，宣慈惠和，天下之民，谓之八元。舜臣尧，举八元，使布五教于四方。五教者，父义、母慈、兄友、弟恭、子孝。五常之教。"八元，伯奋、仲堪、叔献、季仲、伯虎、仲熊、叔豹、季狸也。（见《帝范》卷一《求贤》注）

刘文淇：《易·文言》曰："元者，善之长也。"（《春秋左氏传旧注疏证》文公十八年）

⑥【汇注】

孔颖达：《正义》曰：此十六人耳，而谓之族者，以其各有亲属，故称族也。……刘炫云：各有大功，皆赐氏族，故称族。（《春秋左传正义》文公十八年）

王　恽：姓非天子不可以赐，而氏非诸侯不可以命。姓所以系百姓之正统，氏所以别子孙之旁出，族则氏之所聚而已。……盖别姓则为氏，即氏则有族，族无不同氏，氏有不同族。故"八元""八凯（恺）"出于高阳氏、高辛氏而谓之十六族，是氏有不同族也。（《秋涧集》卷九十八《姓族氏说》）

刘文淇：谓之族者以其各有亲族。……各有大功，皆赐氏族，故称族。（《春秋左氏传旧注疏证》文公十八年）

[日]泷川资言：中井积德曰：十六族，犹十六家。（《史记会注考证·五帝本纪》）

马持盈：八恺、八元各有其氏族团体，故十六人亦可称为十六族。（《史记今注·五帝本纪》）

⑦【汇注】

司马贞：谓元恺各有亲族，故称族也。济，成也，言后代成前代也。（《史记索隐·五帝本纪》）

⑧【汇注】

孔颖达：世济其美，后世承前世之美。不陨其名，不坠前世之美名。言其世有贤人，积善而至其身也。（《春秋左传正义》文公十八年）

刘文淇：杜注：济，成也。陨，坠也。《五帝纪》索隐言后代成前代也。即释杜"成"字义。《生民传》后稷之母配高辛氏帝焉。疏云：若稷、契即是喾子，则未尝隔世。《左传》之说八元云"世济其美"者，正以能承父业即称为世，不要历数世也。其《纬候》之书及《春秋命历序》，言五帝传世之事为毛说者，皆所不信。郑云：当尧之时，为高辛之世妃，谓为其后世子孙之妃也。但以姜嫄为世妃，则于《左传》世济之文复协，故《易传》不以为高辛之妃也。据《诗传》及彼《疏》说，则八元为高辛氏亲子，世济其美，蒙十六族为文，则八恺亦高阳氏亲子矣。杜以八恺、八元为颛顼帝喾苗裔，是由郑说高辛世妃之说推得之，知高阳氏亦当然也。高阳氏下疏，《春秋纬命历序》颛顼传九世，帝喾八世，典籍散亡，无以取信。要二帝子孙，至舜时始用，必非帝之亲子，即用郑说。服注于八恺无苗裔之文，疑从《毛传》也。（《春秋左氏传旧注疏证》文公十八年）

⑨【汇校】

王叔岷：案：焦氏《易林》二、四、五、八、十二注引"能"皆作"及"，"舜"下皆有"于是"二字。"能"与"及"同义。（《史记斠证·五帝本纪第一》）

【汇注】

刘文淇：《左传》"尧不能举"，《五帝本纪》"不"作"未"，是史公意谓尧未及举而已相舜也。（《春秋左氏传旧注疏证》文公十八年）

【汇评】

陈于陛：此将叙舜举十六族及去四凶，并分职之事，必先言尧未能举，未能去，未有分职，以发其端，先反后正，史家叙事提掇类如此。（见《百大家评注史记》卷一《五帝本纪》）

黄洪宪：舜起微陋，世德弗耀，四岳、十二牧未尽服其德，四海九州未尽蒙其泽，未可遽授以大位也。于是潜神隐耀，厥用弗彰，以观于舜。故"八元""八恺"虽善而不举也，四凶虽恶而不去也，若尧先举之、去之，则舜有何功于天下耶？故尧不举而俾舜举之，尧不去而俾舜去之，俟其功著于天下，四岳、十二牧莫不共臣之，四海、九州莫不共戴之，而后授以大位，此帝尧微意也。（见《百大家评注史记》卷一《五帝本纪》）

徐旭生：《左传》文公十八年载，当时有"八恺""八元"，很有才干，声名颇大，"以至于尧，尧不能举"。又有"三凶"做些坏事，很有恶名，"以至于尧，尧不能去"。这些未受系统化的史料，可能近于事实。但是，"不能举""不能去"，并不意味着帝尧糊涂或无能，倒是反映着当时部落制度还有势力。这个时代正要转入国家形成的前夕，首领的权力还有限，但此后却不断在加强。（《尧舜禹·帝尧》，载《文史》第39辑）

⑩【汇注】

杜　预：后土，地官。禹作司空，平水土，即主地之官。（《春秋经传集解》文公十八年）

裴　骃：王肃曰："君治九土之宜。"杜预曰："后土，地官。"（《史记集解·五帝本纪》）

孔颖达：《正义》曰：后训君也。天称皇天，故地称后土，《舜典》云伯禹作司空。《吕刑》云禹平水土，则禹是主地之官，故云主后土也。（《春秋左传正义》文公十八年）

司马贞：主土。禹为司空，司空主土，则禹在八恺之中。（《史记索隐·五帝本纪》）

张守节：《春秋正义》云："后，君也。天曰皇天，地曰后土。"（《史记正义·五

帝本纪》）

刘文淇：《尧典》"佥曰：'伯禹作司空。'"郑君注：舜举禹治水。盖用传说。郑君亦以禹在八恺中，与服注同也。杜注：后土，地官。禹作司空，平水土，即主地之官。用郑说也。疏：后，训君也。天称皇天，故地称后土。不从杜"地官"说。（《春秋左氏传旧注疏证》文公十八年）

⑪【汇注】

孔颖达：《正义》曰：揆度，《释言》文度百事者令之豫自筹度为之数量法制，事成则平其可否，使之总众务也。地平天成，《大禹谟》之文，孔安国云，水土治曰平，五行叙曰成。《释诂》云：成，平也。是成亦为平，其义一也。（《春秋左传正义》文公十八年）

刘文淇：《释言》：揆，度也。（《春秋左氏传旧注疏证》文公十八年）

⑫【汇注】

张守节：言禹度九土之宜，无不以时得其次序也。（《史记正义·五帝本纪》）

⑬【汇评】

杜　佑：夫人生有欲，无君乃乱；君不独理，故建庶官。昔在唐虞，皆访于众，则舜举八元八凯，四岳之举夔龙稷契，此盖用人之大略也。（《通典》卷十八《杂议论下》）

⑭【汇校】

张文虎："使布五教"，旧刻"使"作"以"。（《校刊史记集解索隐正义札记·五帝本纪》）

【汇注】

孔颖达：汝（契）作司徒，敬敷五教，在宽。《尚书》契敷五教，此云举八元，使布五教，以此故知契在八元中也。然则《尚书》禹作司空，此云举八恺，使主后土，以此亦知禹在八恺中也。但不知八恺之中，何者是禹，八元之中，何者是契耳。主后土，布五教，是事之大者，故举以为言，非是各令八人共主一事，故主土唯禹，主教唯契，余当别有所主，或助而为之。《尚书》称益佐禹治水，是其助之事也。（《春秋左传正义》文公十八年）

司马贞：契为司徒，司徒敷五教，则契在八元之数。（《史记索隐·五帝本纪》）

刘文淇：《尧典》："帝曰：'契，百姓不亲，五品不逊。女作司徒，敬敷五教，在宽。'"《传》言布五教者，布，犹敷也。郑君书注："五品，父、母、兄、弟、子也。"《春秋传》曰："举八元使布五教，契在八元中。"杜注："契作司徒，五教在宽。故知契在八元之中。"杜用郑说。郑说五品，谓父、母、兄、弟、子，即用下文"父义、母慈、兄友、弟共、子孝"义。五品，父、母、兄、弟、子。五教，义、慈、友、共、孝矣。《百官公卿表》：卨作司徒，敬敷五教，是事之大者，故举以为言，非是各令八人共主一事，故主土唯禹，主教唯契。余当别有所主，或助而为之。（《春秋左氏传旧注疏证》文公十八年）

⑮【汇注】

左丘明：太史克曰："昔高阳氏有才子八人：苍舒、隤敳、梼戭、大临、尨降、庭坚、仲容、叔达，齐圣广渊，明允笃诚，天下之民谓之'八恺'。高辛氏有才子八人，伯奋、仲堪、叔献、季仲、伯虎、仲熊、叔豹、季狸，忠肃共懿，宣慈惠和，天下之民谓之'八元'。此十六族也。世济其美，不陨其名，以至于尧。尧不能举。舜臣尧，举八恺，使主后土，以揆百事，莫不时叙，地平天成。举八元，使布五教于四方，父义，母慈，兄友，弟恭，子孝，内平外成。"（《春秋左氏传》文公十八年）

孔颖达：《正义》曰：一家之内，父、母、兄、弟、子，尊卑有五品，父不义，母不慈，兄不友，弟不共，子不孝，是五品不逊顺也。故使契为司徒，布五教于四方，教父以义，教母以慈，教兄以友，教弟以恭，教子以孝，是之谓五教，此五教可常行，又谓之五典也。诸夏夷狄皆从其教，是谓内平外成。所云"五典克从"，即此内平外成之谓也。（《春秋左传正义》文公十八年）

张守节：杜预云："内诸夏，外夷狄也。"按：契作五常之教，诸夏太平，夷狄向化也。（《史记正义·五帝本纪》）

毛奇龄：自"昔高阳氏"后至此，全袭《左传》季文子使史克对宣公文。（《舜典补亡》）

洪亮吉：《诗·毛传》：成，平也。（《春秋左传诂》文公十八年）

刘文淇：内平、外成，言家治而国亦治也。杜注：内诸夏，外夷狄。《传》无其义。（《春秋左氏传旧注疏证》文公十八年）

[日]**泷川资言**：内谓室家，外谓乡党。《中庸》"天下之达道五"，"君臣也，父子也，夫妇也，昆弟也，朋友之交也"。未尝以五道为唐虞之五教。至《孟子》则曰"人之有道也，饱食暖衣，逸居而无教，则近于禽兽。圣人有忧之，使契为司徒，教以人伦：父子有亲，君臣有义，夫妇有别，长幼有序，朋友有信"。《淮南子·人间训》亦云"百姓不亲，五品不治，契教以君臣之义，父子之亲，夫妇之辩，长幼之序"。是与《左传》《史记》异。愚按：父母兄弟子，一家之事也。君臣朋友，一国之事也。《孟子》以周代具备之道，推唐虞之古耳，《左传》《史记》盖得古意。（《史记会注考证·五帝本纪》）

陈蒲清：内平，指诸侯各族（国内）团结安定。外成，指边境外族向往教化，亲善华夏。（见王利器主编《史记注译·五帝本纪》）

昔帝鸿氏有不才子①，掩义隐贼②，好行凶慝③，天下谓之浑沌④。少皞氏有不才子⑤，毁信恶忠⑥，崇饰恶言⑦，天下谓之穷奇⑧。颛顼氏有不才子，不可教训，不知话言⑨，天下谓之梼杌⑩。此三族世忧之。至于尧，尧未能去⑪。缙云氏有不才子⑫，贪于饮食，冒于货贿⑬，天下谓之饕餮⑭。天下恶之，比之三凶⑮。舜宾于四门⑯，乃流四凶族⑰，迁于四裔⑱，以御螭魅⑲，于是四门辟⑳，言毋凶人也㉑。

① 【汇注】
裴　骃：贾逵曰：“帝鸿，黄帝也。不才子，其苗裔讙兜也。”（《史记集解·五帝本纪》）
杜　预：帝鸿，黄帝。（《春秋经传集解》文公十八年）
翟云升：“帝鸿氏”，帝喾子，非黄帝别号也。《山海经·大荒东经》：帝俊生帝鸿。帝俊即帝喾。（《校正古今人表》第二《上中、仁人·帝鸿氏》，见《史记汉书诸表订补十种》）
刘文淇：杜注：帝鸿，黄帝，用贾说。《大荒东经》帝俊生帝鸿，郭注以帝俊为帝舜，毕沅据《帝王世纪》定为帝喾，与贾注皆不相应。以贾说证《山海经》，则帝俊，黄帝之父也。《五帝本纪》索隐云：又据《左传》亦号帝鸿氏。即用贾说。贾云"苗裔讙兜"者，《太玄》积注，"元孙之后称苗裔"。杜注于浑敦下乃释以讙兜。本疏云，此传所言，说《虞书》之事，彼云四罪，谓共工、驩兜、三苗、鲧也。此传四凶，乃谓之浑敦、穷奇、梼杌、饕餮。检其事以识其人，先儒尽然，更无异说，皆以行状验而知之也。又《舜典·疏》惟三苗之行，《尧典》无文。郑玄俱引《左传》之文，乃云：命驩兜举共工，则驩兜为浑敦也，共工为穷奇也，鲧为梼杌也，而三苗为饕餮亦可知。是先儒以《书》《传》相考，知三苗为饕餮也。据本疏及《书·疏》，则左氏先儒及郑君皆以《书》之四罪，当《传》之四凶。（《春秋左氏传旧注疏证》文公十八年）
程馀庆：黄帝之后曰休，嬉姓。黄帝崩，诸侯尊之为帝，号帝鸿氏。（《历代名家评注史记集说·五帝本纪》）
【汇评】
全天叙：元恺曰"才子"，浑沌诸人曰"不才子"，以见一用一黜，见圣人刑、赏之公也。（见《百大家评注史记》卷一《五帝本纪》）

顾炎武：人固有为不善之才，而非其性也。性者天命之，才者亦天降之。是以禽兽之人，谓之未尝有才。（《日知录·才》）

② 【汇注】

孔颖达："掩义隐贼"，掩盖义事而不行，隐蔽其外而阴为贼害也。（《春秋左传正义》文公十八年）

刘文淇：俞樾云："掩义"与"隐贼"一律。掩犹隐也，义犹贼也。《大戴礼·千乘篇》："诱居室家，有君子曰义。"此《传》"义"字正与彼同。古书"义"字有作奸邪解者。《管子·明法解》"虽有大义，主无从知之"，是"大义"即"大奸"也。王氏念孙曰："义与俄通，俄，邪也。"按：俞说是也。（《春秋左氏传旧注疏证》文公十八年）

③ 【汇注】

马持盈：好行凶慝，专意喜欢做那些凶暴邪恶之事。慝，音特。（《史记今注·五帝本纪》）

④ 【汇校】

洪亮吉：浑敦，《史记》作浑沌，《庄子》作倱伅。（《春秋左传诂》文公十八年）

吴汝纶：《通志》"沌"作"敦"。（《点勘史记读本·五帝本纪》）

【汇注】

左丘明：昔帝鸿氏有不才子，掩义隐贼，好行凶德，丑类恶物，顽嚚不友，是与比周，天下之民谓之浑敦。（《春秋左氏传》文公十八年）

孔颖达：庄子称"南方之神，其名为儵，北方之神，其名为忽，中央之神，其名为浑沌。浑沌无七窍，儵、忽为凿之。一日为一窍，七日而浑沌死"。浑沌与浑敦，字之异耳。《庄子》虽则寓言，要以无窍为浑沌，是浑敦为不开通之貌。（《春秋左传正义》文公十八年）

张守节：慝，恶也。一本云"天下之民，谓之浑沌"。浑沌即讙兜也。言掩义事，阴为贼害，而好凶恶，故谓之浑沌也。杜预云："浑沌，不开通之貌。"《神异经》云："昆仑西有兽焉，其状如犬，长毛，四足，似罴而无爪，有目而不见，行不开，有两耳而不闻，有人知性，有腹无五脏，有肠直而不旋，食径过。人有德行而往抵触之，有凶德则往依凭之。名浑沌。"又庄子云："南海之帝为儵，北海之帝为忽，中央之帝为浑沌。儵、忽乃相遇于浑沌之地，浑沌待之甚善。儵与忽谋欲报浑沌之德，曰：'人皆有七窍以视听食息，此独无有，尝试凿之。'日凿一窍，七日而浑沌死。"按：言讙兜性似，故号之也。（《史记正义·五帝本纪》）

胡宏：讙兜者，有熊氏之子也。掩义隐贼，好行凶德，丑类恶物，顽嚚不友，是与比周，天下谓之浑敦，舜南放之崇山。（《皇王大纪》卷三《帝尧陶唐氏》）

洪亮吉：服虔用《山海经》，以为驩兜人面马喙，浑敦亦为兽名。又服虔《通俗文》：大而无形曰倱伅。(《春秋左传诂》文公十八年)

马持盈：浑沌，野蛮无知，糊涂残暴。(《史记今注·五帝本纪》)

⑤【汇注】

裴　骃：服虔曰："金天氏帝号。"(《史记集解·五帝本纪》)

孔颖达：金天，国号，少皞，身号。谯周云：金天氏能修大皞之法，故曰少皞也。(《春秋左传正义》文公十八年)

程馀庆：少昊，金天氏帝号。姬姓，名挚，即青阳，黄帝子也。(《历代名家评注史记集说·五帝本纪》)

⑥【汇注】

孔颖达：《正义》曰：毁信者，谓信不足行，毁坏之也。废忠者，谓忠为无益，废弃之也。(《春秋左传正义》文公十八年)

⑦【汇校】

[日]水泽利忠："毁信恶忠，崇饰恶言"，南化、枫、棭、三、梅、狩、中彭、中韩无此八字。(《史记会注考证附校补·五帝本纪第一》)

【汇注】

杜　预：崇，聚也。(《春秋经传集解》文公十八年)

孔颖达：以恶言为善，尊崇修饰之。(《春秋左传正义》文公十八年)

王叔岷：《正义》：谓共工。言毁败信行，恶其忠直。有恶言语，高粉饰之。案："恶忠"，《左传》作"废忠"，当从之。毁、废义近。此文"废"作"恶"，疑涉下文"恶言"字而误。《正义》云云，是所见本已误矣。(《史记斠证·五帝本纪第一》)

陈蒲清：毁信恶忠，毁坏信义，憎恶忠直。崇饰恶言，宣扬和粉饰各种恶言恶语。(见王利器主编《史记注译·五帝本纪》)

⑧【汇校】

编者按：四库全书本《神异经》，穷奇作穷其，与《正义》引文有出入，文曰：穷其兽似牛，而色狸，尾长曳地，其声似狗，狗头人形，钩爪锯牙，逢忠信之人，啮而食之。逢奸邪者，则擒禽兽而饲之，迅疾亦食诸禽兽也。

【汇注】

左丘明：少昊氏有不才子，毁信废忠，崇饰恶言，靖谮庸回，服谗蒐慝，以诬盛德，天下之民谓之穷奇。(《春秋左氏传》文公十八年)

孔颖达：《正义》曰：孔安国云：共工，官称也。其人为此官，故《尚书》举其官也。行恶终必穷，故云其行穷也。好恶言、好谗慝，是所好奇异于人也。(《春秋左传正义》文公十八年)

裴　　骃：服虔曰："谓共工氏也。其行穷而好奇。"（《史记集解·五帝本纪》）

张守节：谓共工。言毁败信行，恶其忠直，有恶言语，高粉饰之，故谓之穷奇。按：常行终必穷极，好诡谀奇异于人也。《神异经》云："西北有兽，其状似虎，有翼能飞，便剿食人，知人言语，闻人斗辄食直者，闻人忠信辄食其鼻，闻人恶逆不善辄杀兽往馈之，名曰穷奇。"按：言共工性似，故号之也。（《史记正义·五帝本纪》）

胡　　宏：共工者，金天氏子也。毁信废忠，崇饰恶言，靖谮庸回，服谗蒐慝，以诬盛德，天下谓之穷奇，舜北流之于幽陵。（《皇王大纪》卷三《帝尧陶唐氏》）

刘文淇：旧说谓穷善行而毁败之，恶言语则粉饰之。与服说小异。《正义》则申服说也。（《春秋左氏传旧注疏证》文公十八年）

⑨【汇校】

[日] 水泽利忠："不可教训，不知话言"，南化、枫、梅、三、梅、狩、尾、中彭、中韩无此八字。（《史记会注考证附校补·五帝本纪第一》）

【汇注】

洪亮吉：《小尔雅》：话，善也。（《春秋左传诂》文公十八年）

马持盈：话，同"化"字，善言可以感化人者。（《史记今注·五帝本纪》）

⑩【汇注】

左丘明：颛顼氏有不才子，不可教训，不知话言。告之则顽，舍之则嚚，傲很明德，以乱天常，天下之民谓之梼杌。（《春秋左氏传》文公十八年）

东方朔：西荒中兽如虎，豪长三尺，人面虎足。口牙一丈八尺，人或食之，兽斗终不退却，唯死而已。荒中人张捕之，复黠逆知，一名倒寿焉。（《神异经》）

裴　　骃：贾逵曰："梼杌，顽凶无畴匹之貌，谓鲧也。"（《史记集解·五帝本纪》）

张守节：梼音道刀反。杌音五骨反。谓鲧也。凶顽不可教训，不从诏令，故谓之梼杌。按：言无畴匹，言自纵恣也。《神异经》云："西方荒中有兽焉，其状如虎而大，毛长二尺，人面，虎足，猪口牙，尾长一丈八尺，搅乱荒中，名梼杌。一名傲很，一名难训。"按：言鲧性似，故号之也。（《史记正义·五帝本纪》）

胡　　宏：崇伯鲧不可教训，不知话言。告之则顽，舍之则嚚，傲狠明德，以乱天常。筑堤城以湮洪水，九载绩用弗成，天下谓之梼杌，舜东殛之于羽山。（《皇王大纪》卷三《帝尧陶唐氏》）

焦　　竑：梼杌，旧注恶兽名，非也。梼，断木也，一作刚木。注引"楚谓之梼杌，恶木也"，取其记恶以为戒。赵岐曰："梼杌者，嚚凶之类，兴于记恶之名。"杌，树无枝也。从木、从寿、从兀。寿，久也；兀，不动也。不从犭，则非兽明矣。《史》"高阳才子梼戭"，《汉书》"梼余山"，《艺文志》"梼生"，皆作直由切。惟《孟子》今音涛，陆德明《九经释音》误之也。（《焦氏笔乘》卷四《梼杌》）

洪亮吉：服虔按：《神异经》云："梼杌状似虎，毫长二尺，人面、虎足、猪牙，尾长丈八尺，能斗不退。"《说文》："梼，断木也。从木寿声。《春秋传》曰梼杌。"案：《说文》无杌字，当以作柮为是。（《春秋左传诂》文公十八年）

马持盈：梼杌，毫无人性，凶恶如兽。梼，音桃。杌，音务。（《史记今注·五帝本纪》）

⑪【汇评】

孔颖达：圣主莫过于尧。任贤，王政所及。大圣之朝，不才总萃，虽曰帝其难之，且复何其甚也。此四凶之人，才实中品，虽行有不善，未有大恶，故能仕于圣世，致位大官。自非圣舜登庸，大禹致力，则滔天之害未或可平，以舜禹之成功，见此徒之多罪，勋业既谢，怨衅自生，为圣所诛，其咎益大。（《春秋左传正义》文公十八年）

孙明复：天下至广，神器至重，朱既不肖，弗堪厥嗣，故命于舜。舜起微陋，虽曰睿圣，然世德弗耀，四岳十二牧未尽服其德，九州四海未尽蒙其泽，不可遽授以大位也。若遽授之，则四岳十二牧其尽臣之乎？九州四海其尽戴之乎？不臣不戴，则争且叛矣。尧惧其如是也，非权曷以授之？于是潜神隐耀，厥用弗彰，以观于舜，故八元、八凯虽积其善而不举也，三苗、四凶虽积其恶而不去也。若尽举八元、八凯，尽去三苗、四凶，则舜有何功于天下耶？是故尧不举而俾舜举之，尧不去而俾舜去之，俟其功著于天下，四岳十二牧莫不共臣之，四海九州莫不共戴之，然后授以大位，绝其争且叛也。非尧孰能与于此？故孔子曰："大哉尧之为君也，巍巍乎惟天为大，惟尧则之。荡荡乎，民无能名焉。巍巍乎，其有成功也！焕乎其有文章。"盖言尧以权授舜，其道宏大高远之若是，而人莫有能见其迹者，而先儒称尧不能举、不能去，妄哉！（见《历代名贤确论》卷一《舜举十六相去四凶》）

⑫【汇注】

杜　预：缙云，黄帝时官名。（《春秋左传正义》文公十八年）

裴　骃：贾逵曰："缙云氏，姜姓也，炎帝之苗裔，当黄帝时任缙云之官也。"（《史记集解·五帝本纪》）

孔颖达：《正义》曰：《左昭十七年传》称黄帝以云名官，故知缙云黄帝时官名。《字书》，缙，赤缯也。服虔云：夏官为缙云氏。（《春秋左传正义》文公十八年）

程馀庆：缙云氏，姜姓，黄帝时任缙云之官。今直隶宣化府延庆州，其故都也。（《历代名家评注史记集说·五帝本纪》）

⑬【汇校】

［日］水泽利忠："贪于饮食，冒于货贿，天下谓之饕餮"，南、殿、金陵同。南化、枫、梅、三、梅、狩、簧、中彭、中韩无此十四字。各本"于"字作"於"。（《史记会注考证附校补·五帝本纪第一》）

【汇注】

杜　预：冒亦贪也。（《春秋经传集解》文公十八年）

洪亮吉：按贾子《道术篇》"厚人自薄谓之让，反让为冒"，正可作此"冒"字训解。杜《注》："冒亦贪也。"乃随文生义耳。（《春秋左传诂》文公十八年）

刘文淇：杜《注》："冒，亦贪也。"洪亮吉云："贾子《道术篇》：'厚人自薄谓之让，反让谓冒。'正可作此'冒'字训解。杜《注》乃随文生义耳。"按：洪说是也。《周语》"国之将亡，其君贪冒"注，"冒，抵冒也"，亦不让义。《释文》引郑注《周礼》云："金玉曰货，布帛曰贿。"（《春秋左氏传旧注疏证》文公十八年）

⑭【汇注】

左丘明：缙云氏有不才子，贪于饮食，冒于货贿，侵欲崇侈，不可盈厌，聚敛积食，不知纪极。不分孤寡，不恤穷匮，天下之民以比三凶，谓之饕餮。（《春秋左氏传》文公十八年）

杜　预：贪财为饕，贪食为餮。（《春秋经传集解》文公十八年）

张守节：谓三苗也。言贪饮食，冒货贿，故谓之饕餮。《神异经》云："西南有人焉，身多毛，头上戴豕，性很恶，好息，积财而不用，善夺人谷物。强者夺老弱者，畏群而击单，名饕餮。"言三苗性似，故号之。（《史记正义·五帝本纪》）

胡　宏：三苗之君贪于饮食，冒于货贿，侵欲崇侈，不可盈餍，聚敛积实，不知纪极。不分孤寡，不恤穷匮，天下谓之饕餮。舜窜之三危。（《皇王大纪》卷三《帝尧陶唐氏》）

郑　樵：浑敦、穷奇、梼杌、饕餮，皆恶兽也，能为人害，故天下之人目为四凶。（《通志》卷二《帝舜》）

王　圻：按《左氏》，缙云氏有不才子，贪于饮食，冒于货贿，侵欲崇侈，不可盈厌，聚敛积实，不知纪极。不分孤寡，不恤穷匮，天下之民以比三凶，谓之饕餮。《说文》曰："贪财为饕，贪食为餮。"（《稗史汇编·文史门·老饕赋》）

又：西南方有人焉，身多毛，头上戴彩，贪如狼，好自积财而不食谷。强者夺老，弱者畏辟。名曰饕餮。春秋言饕餮者，缙云氏之不才子也。一名贪惏，一名强夺，一名强陵，此国人皆如此。（《稗史汇编·志异门·饕餮》）

沈自南：余氏《辩林》饕餮，音叨贴，羊身人面，目在腋下，虎齿人爪，音似婴儿，食人未咽，自啮其足，鼎象常有此物。《山海经》谓之狍鸮。郭璞云即贪婪也。则饕餮本是一物，何《左传》杜预注分贪财为饕、贪食为餮也？东坡《食赋》不名老为餮，而名老饕，正得此义。（《艺林汇考·称号篇》卷十《诨名类》）

洪亮吉：服虔按：《神异经》："饕餮，兽名。身如牛，人面，目在腋下，食人。"《说文》：惏，贪也。《春秋传》曰：谓之饕惏。按：惏字本从㐱省，故亦可作餮。《玉篇》亦云饕。与飻同。高诱《淮南注》："帝鸿氏之裔子浑敦，少昊氏之裔子穷奇，缙云氏之裔子饕餮，三族之苗裔，故谓之三危。"今考《孟子》"舜流共工于幽州"，贾逵云：穷奇，共工也。放驩兜于崇山，贾逵云："浑沌，驩兜也，音亦相近。""殛鲧于羽山"，贾逵云："梼杌，鲧。"以此传及《孟子》证之，不当如高氏之说矣。然四凶独缺饕餮，四裔复缺西裔，则窜三危者，当即指饕餮也。《书·传》："三危，西裔之山。"《水经注》："三危山在敦煌南。"《图经》云："三危山，西极要路。"是矣。（《春秋左传诂》文公十八年）

　　刘文淇：《吕氏春秋·先识篇》云："周鼎著饕餮，有首无身，食人未咽，害及其身。"盖饕餮本贪食之名，故其字从食，因谓贪食无厌者为饕餮也。（《春秋左氏传旧注疏证》文公十八年）

　　陈　直：《吕氏春秋·识览篇》云："周鼎著饕餮，有首无身，食人未咽，害及其身。"与本文适合。现出土商鼎，以饕餮纹为多，与《吕氏春秋》亦合。（《史记新证·五帝本纪》）

⑮【汇校】

　　编者按：《春秋左氏传》"谓之饕餮"在"比之三凶"之后，文义较顺。文曰："缙云氏有不才子，贪于饮食，冒于货贿，侵欲崇侈，不可盈厌，聚敛积实，不知纪极，不分孤寡，不恤穷匮，天下之民，以比三凶，谓之饕餮。"张守节《史记正义》云有错脱，信然。

【汇注】

　　杜　预：非帝王子孙，故别以比三凶。（《春秋经传集解》文公十八年）

　　张守节：此以上四处皆《左传》文。或本有并文次相类四凶，故书之，恐本错脱耳。（《史记正义·五帝本纪》）

⑯【汇注】

　　孔颖达：《正义》曰：宾于四门是礼贤之事。而《舜典》下文云"明四目，达四聪"，言开辟四方之门未开者，广视听于四方，使天下无壅塞，亦是宾礼众贤之事。意同于上，故引以解之。（《春秋左传正义》文公十八年）

　　张守节：杜预云："辟四门，达四聪，以宾礼众贤也。"（《史记正义·五帝本纪》）

　　陈　经：宾，迎也。四门者，四方诸侯来朝，而舜宾迎之，莫不穆穆而和，左氏谓无凶人也。（《尚书详解》卷二《舜典》）

　　金履祥：按：宾于四门，舜历试之时，鲧考绩弗成之明年也。鲧无成功，舜臣尧，举黜幽之典，于是有羽山之贬。驩兜之比周罔上，亦亟黜之。至于三苗就窜，疑未能若是速也。所以书叙四罪，总于摄位之季。太史克以舜宾四门、殛鲧、放驩兜、故并以流四凶族系之尔。事之前后，旧必有考，然四罪之行，皆尧七十载，舜登庸之后，

非六十年间事也。意者"六"字之讹与？今追正其讹，系之七十年以后。(《御批通鉴纲目前编》卷一《宾于四门》注)

刘文淇：孙星衍云：四方之门者，谓明堂、宫垣四方之门也。古者朝诸侯必于明堂，《太平御览》五百三十二引明堂东应门、南库门、西皋门、北雉门。《周书·明堂解》及《礼记·明堂位》皆云：九夷之国，东门之外；八蛮之国，南门之外；六戎之国，西门之外；五狄之国，北门之外。是马氏所谓四门也。如孙说，则四门即明堂之四门。(《春秋左氏传旧注疏证》文公十八年)

马持盈：宾于四门，主持四方宾客之招待事宜。(《史记今注·五帝本纪》)

⑰【汇注】

杜　预：案四凶罪状而流放之。(《春秋经传集解》文公十八年)

周　祈：帝鸿氏有不才子曰浑沌，少昊氏有不才子曰穷奇，颛顼氏有不才子曰梼杌，缙云氏有不才子曰饕餮，谓之四凶。按：帝鸿氏继黄帝而为君，缙云氏，帝鸿氏之子，与少昊俱去舜三百余岁，颛顼亦去舜二百余岁，四凶何若是之寿耶？必四氏之后，有若人耳，非子也。浑沌，䚤兜也；穷奇，共工也；梼杌，鲧也；饕餮，三苗也。训者谓浑沌为不开通；穷奇为其行穷，其好奇；梼杌为顽凶无畴匹；贪财为饕，贪食为餮。不知穷奇，兽名，状如牛，蝟毛，音如嗥狗，食人，人斗，乃助不直者。饕餮，兽之嗜食者。古者象于彝鼎，以为食戒。浑沌，水不通也。梼杌，断木也。四凶有似于四者，因以目之也。(《名义考》卷五《四凶》)

梁玉绳：按：尧之放四罪，共、䚤、苗、鲧也，事出《尚书》。舜之流四凶族，不才子也，事出《左传》太史克语。事既各出，时亦相悬，史公分载尧、舜两纪，未尝谓四罪即四凶族，后儒罔察，见人数之同，遂并八憝为一案，岂非贾、服、杜、孔之谬哉。(《史记志疑》卷一《五帝本纪》)

又：仁和杭太史世骏《史记疏证》引吴廷华云"䚤兜荐共工与尧者，纪称混沌掩义隐贼，好行凶慝，帝臣虽不善，未必至于斯极。(原注：《左传》文十八年疏曰'四凶才实中品，虽行有不善，未为大恶，故能仕于圣世，致位大官'，吴说本此。)鲧则四岳荐之，尧试之，绩在太原，将'不可教训，不可话言'者能如是乎？以穷奇为共工，盖'毁信恶忠，崇饰恶言'，与《虞书》象、共相似。然考《左传》'共工氏有子曰勾龙'，杜注'共工在太皞后，神农前'。夫少昊固黄帝之后，则共工非少昊之裔，安得便以为穷奇也。《书》言'有苗昏迷不恭，侮慢自贤'，亦与贪食冒贿不符。"(原注：三苗是国名，舜所伐之三苗，与尧所罪者非一人，此条有误。)斯辨甚核。若强而合之，得毋雉代兔死、李代桃僵欤？自诸儒强合一事，于是纷纭乖戾。或谓治水事毕，乃流四凶，致舜失五典克从之义，禹陷三千莫大之辜。或谓舜、禹成功，此徒多罪，勋业既谢，怨衅自生。甚且谓尧养育凶人，历世无诛，竟若唐尧之世，善恶莫别，愚

贤共贯者，何其诞耶！（原注：并见《舜典》及《左传》文十八、襄二十一年疏。）（同上）

又：虽然，史克之语亦不足全信，舜命群臣自伯禹而下二十二人，姓名职掌，见于《虞书》，班班可考，而元恺独未一及，何也？舜之举元恺、流凶族在摄位前，则进贤退邪仍在唐朝，舜亦奉尧命行之，而其先之所以未举未去者，或因年事之差，或待佥谋之允，俱不可知，奚言尧未能耶？何休谓"尧久抑元恺而不能举，养育凶人而不能去"，《路史·发挥》折之云"久抑元恺，则'克明俊德'为虚言；长苆四凶，则'百姓昭明'为妄说，何休殆过信史克耳"。《左传疏》曰："史克以宣公比尧，行父比舜，故言尧朝有四凶不能去，须贤臣而除之，所以雪宣公不去之耻，解行父专擅之失。词各有为，情颇增甚，学者当以意达文，不可即以为实。"此疏是也。（同上）

刘文淇：四凶，流放窜殛不同，《传》独言流者，约省其文也。（《春秋左氏传旧注疏证》文公十八年）

【汇评】

刘　向：黄尧诛四凶以惩恶……佞贼之人而不诛，乱之道也。《易》曰："不威小，不惩大，此小人之福也。"（《说苑》卷十五《指武》）

罗　璧：鲁太史克称，舜举十六相，去四凶族。苍舒至叔达八人为高阳氏之才子，天下谓之八元（原注：如《历谱》之数，八人至舜时已三百一十余年）；伯奋至季狸八人为高辛氏之才子，天下谓之八凯（原注：如《历谱》之数，八人至舜时已一百四十年），少皞有不才子曰穷奇（原注：至舜时已一百六十余年），帝鸿氏有不才子曰浑沌（原注：《历谱》曰：帝鸿氏，黄帝孙，与颛帝同），颛顼氏有不才子曰梼杌（原注：至舜时皆二百一十余年），缙云氏有不才子曰饕餮（原注：《历谱》曰：缙云氏，黄帝臣，至舜时亦七百余年）。窃意舜时未必皆尚有其人。虽古人多寿，然数人者不皆寿。纵寿，亦未必如此其久也。若曰自其世济美恶者言之，绵历六（十）〔百〕余年之远，未必代代皆元恺、人人为凶类也。……况更历六百余年，谓之元恺，其间岂无一凶德，败祖宗之美，谓之凶族，其间岂无一良善掩前人之慝，谓皆自其世济而言之，亦非也。（《罗氏识遗》卷一《十六相四凶》）

金履祥：程子曰：四凶之才皆可用。尧之时，圣人在上，皆以才任大位，而不敢露其不善之心。尧非不知其不善也，伏则圣人亦不得而诛之。及帝举舜于匹夫之中而授之位，则是四人者始怀愤怨不平之心而显其恶，故得以因其迹而诛窜之也。履祥按：太史克叙四凶之辞，疑多溢恶。苏氏《古史》亦谓《左氏》所言皆后世流传之过。（《书经注》卷二《舜典》）

邹德溥："四凶"即《尧纪》之"四罪"，在摄位后，此则以为宾于四门，即其事也。古书前后难考，一用《孟子》文，一用《左传》文，太史公各取以备异说，不必

其同，或讥其牴牾，则非矣。（见《百大家评注史记》卷一《五帝本纪》）

崔　述：共工、驩兜皆为尧所斥绝，即鲧之用亦非尧意，是以舜摄政后流之放之于远方也。曰：然则尧何以不流放之而必待夫舜也？曰：当尧之时，或其才有可取，罪尚未著，犹欲冀其成功，望其悔过；及舜摄政后而情状日以显著，功既难冀其成，过亦无望其悔，然后流之放之。……非尧不能去，必待舜而后始去之也。盖尧之心，但欲庶绩咸熙，黎民得所，原不私此数人，故舜流之放之而无所嫌。（《崔东壁遗书·唐虞考信录》卷一《尧求舜·流四凶本尧心》）

⑱【汇注】

裴　骃：贾逵曰："四裔之地，去王城四千里。"（《史记集解·五帝本纪》）

刘文淇：裔，夷狄之总名。《菀柳》"居以凶矜"。笺：居以凶危之地，谓四裔也。《疏》文十八年《左传》曰："投诸四裔，以御魑魅。"是四裔之文，即羽山东裔、崇山南裔、三危西裔、幽州北裔是也。详《诗疏》"羽山东裔"云云。《尧典》马注、伪孔《传》皆有其文，彼《疏》不引《书·注》，或是《左氏》先儒旧说。先儒既以四凶当《尧典》之四罪，则解四裔，亦当用《尧典》文矣。江永说四裔援伪孔《传》说。又云：按《括地志》，故龚城在檀州燕乐县界，故老传云，舜流共工幽州在此地，今顺天府密云县东北塞外地。崇山旧在湖广澧州慈利县，慈利在州西一百六十里，慈利西一百八十里，明设永定卫，今改置永定县，属澧州，崇山在其县。……江氏不释服注去王城四千里之说，故不显三危、羽山所在。按：三危在今甘肃安西州敦煌县。羽山在今山东登州府蓬莱县。胡渭《禹贡锥指》云：崇山、羽山与幽州、三危皆在荒服之中。胡氏指四者为荒服最谛。（《春秋左氏传旧注疏证》文公十八年）

【汇评】

程　楷：舜之为君也，濬哲文明，允执厥中，明断之体全矣。故明目达聪，柔远能迩，昭明之四布也。元凯兼举，四凶就诛，毅断之天行也。舜以是明断而风动四方也。（《明断编》）

⑲【汇注】

王　充：《山海经》曰："北方有鬼国，说螭者谓之龙物也。而魅与龙相连，魅则龙之类矣。"（《论衡·订鬼篇》）

杜　预：裔，远也。放之四远，使当螭魅之灾。螭魅，山林异气所生，为人害者。（《春秋经传集解》文公十八年）

孔颖达：《舜典》云："流共工于幽州，放驩兜于崇山，窜三苗于三危，殛鲧于羽山，四罪而天下咸服。"孔安国云：幽州，北裔；崇山，南裔；三危，西裔；羽山，东裔，在海中。是放之四方之远处，螭魅若欲害人，则使此四者当彼螭魅之灾，令代善人受害也。《宣三年传》王孙满说九鼎云：铸鼎象物，百物而为之备。民入川泽山林，

不逢不若。螭魅魍魉，莫能逢之。知螭魅是山林异气所生，为人害者也。（《春秋左传正义》文公十八年）

裴　骃：服虔曰："魑魅，人面兽身，四足，好惑人，山林异气所生，以为人害。"（《史记集解·五帝本纪》）

张守节：御音鱼吕反。魑音丑知反。魅音媚。按：御魑魅，恐更有邪谄之人，故流放四凶以御之也。故下云"无凶人"也。（《史记正义·五帝本纪》）

金履祥：螭魅，山林异气所生，为人害者。古者圣人为民驱其龙蛇恶物而处之平土，故四裔无人之境，螭魅聚焉。（《御批通鉴纲目前编》卷一《帝尧陶唐氏》注）

刘文淇：贾、服云：螭，山神，兽形。或曰：如虎而噉虎。或曰：魅，人面，兽身而四足，好惑人，山林异气所生，以为人害。……李贻德云：螭，《说文》作离，云山神也，兽形。《广雅·释天》山神谓之离。《说文》引欧阳乔说，离，猛兽也。《书·牧誓》如熊如罴，《史记》引作如豺如离。徐广注：离与螭同。皆离字假借。若然，则字当作离。本不从虫，从虫者《说文》所云若龙而黄者也。魅，《说文》本作彪，云老精物也。或作魅。《周礼》致地示物魅，注引《春秋传》螭彪魍魉，则此《传》魅亦当作彪，《释文》"魅，本作彪"是也。按：《说文》离、彪下皆不引《春秋传》，疑贾氏本不作离、彪。离、彪皆异字矣。杜注又云：螭魅，山林异气所生，为人害者，即用贾、服说。（《春秋左氏传旧注疏证》文公十八年）

陈蒲清：以御螭魅（chī mèi），用以杜绝坏人坏事。含惩一儆百的意思。螭（魑）魅，传说为山林中害人的怪物，这里比喻坏人。旧说，"御螭魅"是要四凶去为众人抵灾。（见王利器主编《史记注译·五帝本纪》）

【汇评】

罗　泌：久远之事，谓人似狗，盖有知之者矣。四凶之奸，曰倱伅、曰穷奇、曰梼杌、饕餮而已。倱伅，佁张之譬；穷奇，离奇之谓；梼杌，幠算之称；饕餮，贪叨之号尔。而言者率过实。《传》曰投之四裔，以御禽（袜）〔魅〕，又曰尧窜之以变四夷，计四凶之在尧朝，则为凶族，盖有今之君子所不及者。不然，则亦安能御禽（袜）〔魅〕、变四夷哉！我之下驷，当彼上驷。然则四夷之视中国岂不甚相辽邪？先王于此盖有以处之矣。此氐羌戎蛮与夫白民、驩兜、防风、三苗、髳民、狂犬、鲜卑、安息等之所以不去于《国名记》者，岂惟先王之族哉？亦欲世人知生华之为幸，而不自弃于禽物之归而已。虽然，《山海经》言驩兜、苗民至有甚异，而东方生《神异经》更以倱伅、穷奇、梼杌、饕餮为之四兽。人之于兽远矣，然梼杌之饕餮之不已，则去华而夷，化人而禽不希矣。离仁义，人虽名，固二足无毛尔。是以君子恶居下流，人之为人，岂惟衣食饱暖而已哉！（《路史·国名纪乙》）

⑳【汇注】

郑　玄：卿士之职，使为己出政教于天下，言四门者，亦因卿士之私朝在国门，鲁有东门襄仲，宋有桐门右师，是后之取法于前也。（《尚书郑注》卷一《尧典》）

㉑【汇注】

杜　预：流四凶。（《春秋经传集解》文公十八年）

程馀庆：四凶即尧纪四罪，在摄位后。此则以为宾于四门，即其事也。古书前后难考，一用《孟子》，一用《左传》，史公各取以备其说，非牴牾也。（《历代名家评注史记集说·五帝本纪》）

[日] 泷川资言："昔高阳氏"以下，采《左传》文公十八年文。《通鉴辑览》云：自孔安国《书传》以饕餮为三苗，而杜预《左传注》遂并以浑沌、穷奇、梼杌即驩兜、共工、鲧。由是经之"四罪"，传之"四凶"，混而为一。不知四凶之投裔，在舜宾门之时；四罪之咸服，在舜摄位之后。时殊人异，经传可据。且鲧则殛死，而四凶不过投诸四裔，又何可强为牵合？（《史记会注考证·五帝本纪》）

舜入于大麓①，烈风雷雨不迷②，尧乃知舜之足授天下③。尧老，使舜摄行天子政④，巡狩。舜得举用事二十年⑤，而尧使摄政。摄政八年而尧崩。三年丧毕⑥，让丹朱⑦，天下归舜⑧。而禹、皋陶、契、后稷、伯夷、夔、龙、倕、益、彭祖⑨，自尧时而皆举用⑩，未有分职⑪。于是舜乃至于文祖⑫，谋于四岳⑬，辟四门⑭，明通四方耳目⑮，命十二牧论帝德⑯，行厚德，远佞人⑰，则蛮夷率服⑱。舜谓四岳曰⑲："有能奋庸美尧之事者⑳，使居官相事？"皆曰："伯禹为司空㉑，可美帝功㉒。"舜曰㉓："嗟，然㉔！禹，汝平水土㉕，维是勉哉㉖。"禹拜稽首㉗，让于稷、契与皋陶㉘。舜曰："然，往矣㉙。"舜曰："弃㉚，黎民始饥㉛，汝后稷播时百谷㉜。"舜曰："契㉝，百姓不亲㉞，五品不驯㉟，汝为司徒㊱，而敬敷五教㊲，在宽㊳。"舜曰："皋陶㊴，蛮夷猾夏㊵，寇贼奸轨㊶，汝作士㊷，五刑有服㊸，五服三就㊹；五流有度㊺，五度三居㊻：维明能信㊼。"舜曰:"谁能驯予工㊽?"皆曰垂可。于是以垂为共工㊾。舜曰:"谁能驯予上下草木鸟兽㊿?"皆曰益可㉛。于是以益为朕虞㉜。益拜稽首,让于诸臣朱虎、熊罴㉝。舜曰:"往矣,汝谐㉞。"遂以朱虎、熊罴为佐㉟。舜曰:"嗟!四岳,有能典朕三礼㊱?"皆曰伯夷可㊲。舜曰:"嗟!伯夷,以汝为秩宗㊳,夙夜维敬㊴,直哉维静絜㊵。"伯夷让夔、龙。舜曰:"然㊶。以夔为典乐㊷,教稚子㊸,直而温㊹,宽而栗㊺,刚而毋虐㊻,简而毋傲㊼;诗言意㊽,歌长言㊾,声依永㊿,律和声㉛,八音能谐㉜,毋相夺伦㉝,神人以和㉞。"夔曰㉟:"於㊱!予击石拊石㊲,百兽率舞㊳。"舜曰:"龙,朕畏忌谗说殄伪㊴,振惊朕众㊵,命汝为纳言㊶,夙夜出入朕命㊷,惟信㊸。"舜曰:"嗟㊹!女二十有二人㊺,敬哉㊻,惟时相天事㊼。"三岁一考功㊽,三考绌陟㊾,远近众功咸兴㊿。分北三苗㉛。

① 【汇校】
蒋善国:纳于大麓,王本和《后汉书·和熹邓后纪》注均作"纳于大录"。《论衡·正说篇》作"入于大麓"。《汉书·王莽传》和《后汉书·窦宪传》《风俗通》俱作"纳于大麓"。郑玄《尚书大传》注说:"麓者,录也。"那么郑本也作"麓"。(《尚书综述》)

【汇注】
孔安国:麓,录也。纳舜使大录万机之政,阴阳和,风雨时,各以其节,不有迷错愆伏。明舜之德合于天。(《尚书注疏·尧典传》)

桓 谭:昔尧试舜于大麓者,乃领录天下之事,如今之尚书官矣。宜得大贤智,乃可使处议持平焉。(《新论·求辅第三》)

应 劭:谨按:《尚书》:尧禅舜,纳于大麓。麓,林属于山者也。《春秋》沙麓崩,《传》曰:麓者,山足也。(《风俗通义·山泽第十·麓》)

王 充:言大麓,三公之位也。居一公之位,大总录二公之事,众多并吉。若疾风大雨,夫圣人才高,未必相知也。(《论衡·正说篇》)

颜之推:柏人城东北有一孤山,古书无载者。唯阚骃《十三州志》以为舜纳于大麓,即谓此山,其上今犹有尧祠焉;世俗或呼为宣务山,或呼为虚无山,莫知所出。

赵郡士族有李穆叔季节兄弟，李普济亦为学问，并不能定乡邑此山。余尝为赵州佐，共太原王邵读柏人城西门内碑。碑是汉桓帝时柏人县民为县令徐整所立，铭曰："山有巏嵍，王乔所仙。"方知此巏嵍山也。巏字遂无所出。嵍字依诸字书，即𨹅丘之𨹅也；𨹅字，《字林》一音亡付反，今依附俗名，当音权务耳。（《颜氏家训》第十七《书证》）

杜　佑：昔尧试舜于大麓，领录天下事，似其任也。周之司会，又其职焉（原注：郑注：《周礼》司会，若今尚书）。（《通典》卷二十二《职官四·尚书上》）

罗　泌：按：考"大麓"则大陆也。故赵之临城隆平镇之大陆泽也。一曰沃洲，是为广阿泽，汉之钜鹿广阿县，隋为大陆，即今邢之钜鹿，密迩于赵，故郦元注《水经》引古书云，尧将禅舜，纳之大麓之野，烈风雷雨不迷，乃致以昭华之玉，故钜鹿县取名焉。今柏人城之东北有孤山者，世谓麓山，所谓巏嵍山也。记者以为尧之纳舜在是。《十三州志》云：上有尧祠，俗呼宣务山。（《路史·发挥五·大麓说》）

又：《虞夏传》曰：尧推尊舜，属诸侯，致天下于大麓之野。应劭以为麓者，林之大也。故康成云：山足曰麓，麓者，录也。古者天子命大事，命诸侯，则为坛国之外。尧聚诸侯，命舜陟位，居摄，致天下之事，使大录之，因地譬意，斯得其指。（同上）

赵　翼：《尚书》"纳于大麓"，孔安国训麓作录，谓使舜大录万几之政，而风雨以时也。王肃注亦同。按：《五帝德》孔子答宰予："尧使舜大录万几之政，故阴阳清和，五星来备，风雨各以其应，不有迷错愆伏。"正与"烈风雷雨弗迷"之义相合。《汉书·于定国传》："万方之事，大录于君。"《后汉书·刘恺传》："三公协和阴阳，遭烈风不迷，遇迅雨不惑，位莫重焉。"是古人皆作"大录庶政，调和阴阳"解。惟《尚书大传》云：尧推尊舜，纳之大麓之野，烈风雷雨不迷，《史记》亦谓尧使舜入山林川泽，烈风雷雨，舜行不迷。苏氏并谓洪水为患，尧使舜相视山林，雷雨大至，众惧失常，舜独不迷。今蔡传实宗此说，然反浅矣。杨用修所以有茅山道士斗法之戏也。郑康成注《尚书大传》，谓尧筑坛于山麓，命舜陟位，大录天下之事，则又兼用"山麓""大录"二义，未免歧互。苏氏又云：或曰纳于大麓，盖纳之泰山之麓，使之主祭也；会有大风雷之变，祷之而息，所谓百神享之也，此又一说。（《陔余丛考》卷一《纳于大麓》）

朱士端："大麓"，孔《传》作大録。士端按：古彝器福禄或作鹿，《说文》麓，古文从录，作𣔌；簏或从录，作𥫣；漉或从渌，作渌。目部，睩下云从目，录声，读若鹿，古字通用，是其证。（《强识编》卷一《尚书》）

俞正燮：《说文》：麓，守山林吏也。一曰林属于山为麓。《书》云："纳于大麓，烈风雷雨弗迷。"《史记》云："尧使舜入山林川泽，暴风雷雨，舜行不迷。"此古文孔安国义，司马迁从安国问，故得之。《书·正义》引郑注《书序·舜典》云：入麓伐木，盖鲧绩弗成，尧举舜，无废事，无违功，乃行山林，以圣智历艰，冒烈风雷雨，知其道途多险，遂命益烈山泽，禹随山刊木表道，故帝曰："格尔舜，询事考言，乃言厎可绩也。"《尚书大传》云："尧推尊舜而尚之，属诸侯焉。纳之大麓之野，烈风雷雨弗迷。"又云："维五祀兴《韶》乐于大麓之野，十四祀笙管变，天大雷雨疾风雨。"云"大麓之野"，则今文亦以"麓"为"林麓"。（《癸巳类稿》卷一《书大麓义》）

又：《汉书·王莽传》莽曰："予前在大麓，至于摄假。"则莽解麓为录。章帝时，有录尚书事。桓谭《新论》亦言"麓"者，领录天下之事，若汉尚书。郑注《大传》以麓为录，言尧为坛于国外，命舜致天下之事，使大录之，此桓谭、郑君用王莽余论。枚本依之。于《书传》言舜大录万几之政，风雨以节，不迷错怨，伏不悟其非孔安国义也。（同上）

【汇评】

苏　辙：世或言所谓"纳于大麓"者，太山之麓，帝王禅代告终之所在。此太山之所以为岱宗者也。然方舜之纳于大麓也，盖未受终于文祖，类于上帝，犹人臣也。而遽告代于太山，可乎？（《古史》卷二《五帝本纪》自注）

罗　泌：孰谓说经之误其祸小哉？"大麓"之事，自孔安国以为"大录万机之政"，而桓谭《新论》以为麓者领录天下之事，若今之尚书然。盖自汉以来有是说矣，是以章帝置太傅，录尚书事。而魏晋而下权臣之将夺者，一以命之，肇乱于此。嗟乎，六经之不明，汉儒害之也。唐虞之际，内有百揆、四岳，外有州牧侯伯执事之臣，无逾于百揆矣。岂复有领录之长职哉？夫所谓纳于大麓者，历试诸难之谓，而其所谓烈风雷雨弗迷者，是天有烈风雷雨，而舜弗迷尔。阴阳之和，则风柔而雨顺；今也风烈而雷且雨，非大动威，则阴阳之不和者也。乃更以为阴阳和，风雨时邪？圣人之立言，无是若也。窃以太史公之记观之，谓不然矣。其言尧使舜入山林川泽，暴风雷雨，舜行不迷。而王充亦谓尧使舜入大麓之野，虎狼不搏，蝮蛇不噬，逢烈风疾雨而行不迷惑，其与刘子政《列女传》逊于林木，入于大麓之言，俱其实迹，如是岂领录云乎哉？（《路史·发挥卷五·大麓说》）

② 【汇校】

［日］水泽利忠：南化、枫、㭑、三、梅、狩、中彭无此六字。（《史记会注考证附校补·五帝本纪第一》）

【汇注】

高　诱：林属于山曰麓，尧使舜入林麓之中，遭大风雨不迷也。（《淮南子注》卷二十《泰族训》）

陈　经：纳于大麓，案《史记》，尧使舜入山林川泽，暴风雷雨而弗迷。观此，则知事出非常，变起意外，盖猝然临之而不惊、不震者也。（《尚书详解》卷二《舜典》）

袁　仁：孔《传》云：麓，录也。纳舜使大麓万机之政，阴阳和，风雨时，各以其节，不有迷错愆伏，明舜之德合于天。此非安国之臆说也。《孔丛子》载宰我问：云纳于大麓，烈风雷雨弗迷，何谓也？孔子曰：此言人事之应乎天也。尧既得舜，历试诸难，已而纳之于尊显之官，使大麓万机之政，是故阴阳清和，五气来备，烈风雷雨，各以其应，不有迷错愆伏，明舜之行合于天也。安国正本其说，蔡不从，而据《史记》以为纳山麓，按：桓谭《新语》，昔尧试舜于大麓者，顾录天下事，若今之尚书矣。王充《论衡》云：大麓，三公之位也。居一公之位，大总录三公之事。长广王《禅广陵文》云：允执其中，入光大麓。皆明证也。程伊川亦云：若司马迁谓舜纳于山麓，岂有试人而纳于山麓耶？此只是历试舜也。（《尚书蔡注考误》）

陈泰交：迷，错谬也。（《尚书注考》）

朱之蕃：此亦治水之时，尧使舜入山林，以相视便宜，斯时也，适有烈风雷雨，变出非常，众皆恐惧，舜独意气安闲，神色自若，不迷失其常度也。即此可见当大任而不动心处。（见《百大家评注史记》卷一《五帝本纪》）

崔　适：按：《尚书》作"纳于大麓"。伏生《大传》曰"纳之大麓之野"。野即山林川泽也。此今文说也。王充《论衡·正说篇》曰："试之于职，复令人庶之野，而观其圣。"《吉验篇》曰："尧使舜入大麓之野，虎狼不搏，蝮蛇不噬，逢烈风疾雨，行不迷惑。"应劭《风俗通义·山泽篇》曰："尧禅舜，纳于大麓。"麓属于山者也。此皆所以发明今文说也。《汉书·王莽传》：张竦称莽功德曰："比三世为三公，再奉送大行，秉冢宰职，填国家，四方辐奏，靡不得所。《书》曰'纳于大麓，烈风雷雨弗迷'，公之谓矣。"又莽曰："予前在大麓。"《论衡·正说篇》："《尚书》曰：'入于大麓，烈风雷雨不迷。'言大录三公之位，居一公之位，大总录二公之事，众多并吉，若疾风大雨。"王肃注《尚书》曰："麓，录也。"是古文家改"山足曰麓"之义为大录万几之政，为王莽居摄而作也。郑注《大传》，乃合"山足曰麓""麓，录也"二义而总释之，此合古今文说而一之也。犹之《五行传》"思心之不容"，郑注："容，当为'睿'。睿，通也。"此用古文改今文也。段氏《古文尚书撰异》不达此义，乃至倒认今古，不思野非山林川泽之谓乎？《史记》本自《大传》，此岂古文说乎？（《史记探源》卷二《五帝本纪》）

金景芳、吕绍纲："大麓"一词，各家说解不同。……释"大麓"为山麓。此今文家欧阳氏之说。《经典释文》："麓，马、郑云：'山足也。'"此古文说，与今文欧阳氏说同。（《〈尚书·虞夏书〉新解·〈尧典〉新解》）

又：《论衡·正说篇》引说《尚书》曰："'入于山大麓，烈风雷雨不迷'，言大麓三公之位也。居一公之位，大总录二公之事，众多并吉。"王充引此说是为了驳斥，并非赞同。……以"大麓"为大录，即丞相、三公一类的大官。此今文大小夏侯说。

……还有一说,以为大麓可以指实,即钜鹿县。《水经注》浊漳水注引应劭说云:"钜鹿,鹿者林之大者也。《尚书》曰:'尧将禅舜,纳之大麓之野,烈风雷雨不迷。'而县取目焉。"《十三州志》云:"钜鹿,唐虞时大麓也。"此说与今文欧阳氏之山麓说其实一致。今文欧阳氏与夏侯氏两说比较,前说贴切经义,可从。(同上)

又:两句经文的意思是,舜进入大山林中去,或遇烈风雷雨,也不迷惑。说明舜头脑清醒,意志坚强,不但能适应人事的复杂情况,也能承受恶劣的自然环境,禁得起任何方面的考验。(同上)

【汇评】

王　充:舜以圣德,入大麓之野,虎狼不犯,虫蛇不害。(《论衡·乱龙篇》)

苏　轼:旧说麓,录也。舜大录万机之政,阴阳和,风雨时。自汉以来,有是说。故章帝始置太傅,录尚书事。而晋以后,强臣将篡者为之。其源出于此。考其所由,古文"麓"作"菉",故学者误以为录耳。或曰:大麓,太山麓也。古者易姓告代,必因泰山,除地为墠,以告天地。故谓之禅。其礼既不经见,而考《书》之文,则尧见舜为政三年而五典从,百揆叙,四门穆,风雨不迷,而后告舜以禅位。而舜犹让不敢当也。而尧乃于未告舜禅之前,先往太山以易姓告代,岂事之实也哉?《书》云"烈风雷雨弗迷",是天有烈风雷雨,而舜弗迷也。今乃以为"阴阳和,风雨时",逆其文矣。太史公曰:"尧使舜入山林川泽,暴风雷雨,舜行不迷。"此其实也。尧之所以试舜者亦多方矣,洪水为患,使舜入山林相视原隰,雷雨大至,众惧失常,而舜不迷,其度量有绝人者。而天地鬼神亦或有以相之欤?且帝王之兴,其受命之祥,卓然见于《书》《诗》者多矣,《河图》《洛书》之书,《元鸟》《生民》之诗,岂可谓诬也哉?恨学者推之太详,谶纬而后之君子亦矫枉过正,举从而废之,以为王莽、公孙述之流,沿此作乱。使汉不失德,莽述从何而起?而归罪三代受命之符,亦过矣。故夫君子之论,取其实而已矣。(《东坡书传》卷二《舜典》)

时　澜:大麓之说不同。曰泰山之麓者,颇近。但非如太史公所谓送之于太山之中也。意尧使舜摄行祭事于泰山之麓,孟子云:使之主祭,而百神享之。言主祭而风雨不迷,阴阳和调也。此非有意以此为难而试舜,一时因事任之耳。后世以此分三卿之职,亦近于凿。圣人分位,何施不可,五典从,百揆叙,四门穆,人事之和也。和气既形,缪戾之气不作,阴阳协应,而无迷错之灾,天人之和会也。(《增修东莱书说》卷二《舜典》)

郝　敬:大麓,深山茂林也。洪水方割,使舜相山泽,出入林莽,遇暴风雷雨不迷乱失常也。即孟子所谓天与之,人与之,虽四岳庸命,何能及此,乃所谓明德无忝帝位者矣。(《尚书辨解》卷一《尧典》)

胡　广:按:宰我问:《书》云"纳于大麓,烈风雷雨弗迷",何谓也?孔子曰:

此言人事之应乎天也。尧既得舜，历试诸难，使大录万机之政，是故阴阳清和，五星来备，风雨各以其应，不有迷错愆伏，明舜之行，合于天也。此说《典》注疏合意，古相传如此。今以大麓为山麓，是尧纳舜于荒险之地而以狂风霹雳试其命，何异于茅山道士之斗法哉！（《百大家评注史记》卷一《五帝本纪》）

王　晖："原始的成年式，是由氏族长老对少年进行生产技能和战斗技能的训练；同时由同性亲长传授婚姻生活的知识。为了锻炼少年们的体魄和意志，往往进行烟熏、火烤、残体等等考验，最后以改变服饰和发饰的方式将成年人与未成年人明显地区别开来。"（严汝娴：《藏族的着桑婚姻》，载《社会科学战线》1985年第3期）通过这种民族学的探索，我们可以知道《尧典》中关于对舜考验的记载，并非伪造，而是后人根据传说的追忆。杨向奎先生说："通过这种史实，我们知道舜的冠婚、成年入社、被举为部落酋长的过程，是经过种种考验的。这和我们知道的存在于少数民族中的成丁入社礼，没有不同。尤其是'纳于大麓，烈风雷雨弗迷'，这雷雨和烟熏、火烤同样是严峻考验。"（《宗周社会与礼乐文明》）……《史记·五帝本纪》也说舜"年三十尧举之"。在这时舜被尧"纳于大麓，烈风雷雨弗迷"，是成丁入社时的考验。（《秦惠文王行年问题与先秦冠礼年龄的演变》，见《秦文化论丛》第2辑）

③【汇评】

尸　佼：古者明王之求贤也，不避远近，不论贵贱，卑爵以下贤，轻身以先士，故尧从舜于畎亩之中，北面而见之，不争礼貌。（《尸子·明堂》）

胡　宏：司马子长曰："尧使舜入山林川泽，暴风雷雨，舜行不迷，尧以为圣。"吁！安得此浅陋之言哉？夫处己之难，莫难于正心诚意；处物之难，莫难于齐家治国平天下。观其家齐国治天下平，则知其意诚心正矣。意诚心正，与天地参，不可以有加矣，于是又使入山林川泽，岂所以试乎？且烈风雷雨非可期者也，设若不遇，尧将遂无以知其圣耶？此真齐东野人之语，而子长不察也。孟子曰："尽信《书》，则不如无《书》。"故君子于文词有滞者，取其理与义可矣。（《胡宏集·皇王大纪论·帝尧知人》）

袁　燮：尧之于舜，始也试之以二女，既又试之以诸难，而舜遍历诸事，皆有成绩，乃言"厎可绩"。舜在尧之前，必须时有谟猷，特不见于书耳。听其所言，既说得是，考其所行，又不违于所言，可以陟帝位矣。唐虞用人之法也。大抵能言者常多，而言之厎可绩者常少。共工以静言庸违，所以不用。后世用人只缘但听他说后便用，是以多败事。言苟可取，固在所用，但未可大用耳。必是卓然有成功方可大用，虽舜之圣，亦俟其言之厎绩，然后始陟帝位，然则岂徒空言而已哉！（《絜斋家塾书钞》卷一《舜典》）

④【汇注】

齐召南：帝尧陶唐氏：七十三载丙辰，命舜摄。（《历代帝王年表·帝王》）

【汇评】

崔　述：尧功之大大于舜，尧功之成成于舜也。盖朝觐、巡狩、制礼、作乐、地平、天成之绩皆自舜而熙，则舜者万古之一人也。以万古之一人而隐于田间，困于顽父傲弟，而有一人焉能知之而授之以天下，则此一人者亦万古之一人也。吾故读《尚书》而见舜之奇，而见尧之尤奇也。故尧在位七十载，其济世之功亦必不少，而史独于求舜之事致详焉者，尧之事业莫有大于举舜者也。然则举舜以前何以历记放齐、驩兜之事也？所以著尧忧民之切也。尧之心无一刻不以天为念，无一刻不以民为念，所以无一刻不以得一大圣人为念。即使天下并无舜，而尧求之之心终不能已。夫是以卒得一舜而为尧敷治理于天下，垂治法于万世也。大哉！尧之为君也，孔子所以深叹美之而拟之于天也！读《尚书》者于此求之，庶可得圣人之万一。（《崔东壁遗书·唐虞考信录》卷一《尧之事业莫大于举舜》）

⑤【汇注】

吴汝纶："用事二十年"，王少鹤拯云：此与后舜年二十一段结束关会。（《点勘史记读本·各家史记评语·五帝本纪》）

⑥【汇注】

袁　燮：三年之丧既毕，舜乃至文祖之庙而告焉。这三年中，舜皆不做事。孔子曰："何必高宗？古之人皆然。"君薨，百官总己以听冢宰。唐虞之时，虽未必有冢宰，然亦是当时大臣，如四岳、百揆之类。曰三载、四海，可见格于文祖，在三年丧毕之后。三年皆不记事，可见其无所施为也。孟子曰：尧崩，舜避尧之子于南河之南，想三年之内舜必曾避丹朱。（《絜斋家塾书钞》卷一《舜典》）

⑦【汇注】

古史官：舜囚尧，复偃塞丹朱，使不与父相见也。（《古本竹书纪年》）

【汇评】

朱　熹：天无形，其视听皆从于民之视听，民之归舜如此，则天与之可知矣。（《孟子集注》卷九《万章》）

⑧【汇注】

刘　恕：《谥法》曰：受禅成功曰舜。仁圣盛明曰舜。《白虎通》曰：舜犹僢。僢也，言能推信尧道而行之。（《资治通鉴外纪》卷一《帝舜》）

王叔岷：案：《治要》引此下有注云："《帝王世纪》曰：'舜立诽谤之木。论曰：孔子称古者三皇五帝，设防而不犯，故无陷刑之民。是以或结绳而治，或象画而化。自庖牺至于尧、舜，神道设教，可谓至政无所用刑矣。夫三载考绩，黜陟幽明，善无微不著，恶无隐不章，任自然以诛赏，委群心以就制。故能造御乎无，为运道于至和，百姓日用而不知，含德若自有者。《诗》云："上天之载，无声无臭。"其斯之谓乎！"盖《集解》逸文。（《史记斠证·五帝本纪第一》）

⑨【汇注】

司马贞：彭祖即陆终氏之第三子，篯铿之后，后为大彭，亦称彭祖。（《史记索隐·五帝本纪》）

张守节：[皋陶]，高姚二音。（《史记正义·五帝本纪》）

又：皋陶字庭坚。英、六二国是其后也。契音薛，殷之祖也。伯夷，齐太公之祖也。夔，巨龟反，乐官也。倕音垂，亦作"垂"，内言之官也。益，伯翳也，即秦、赵之祖。彭祖自尧时举用，历夏、殷封于大彭。（《史记正义·五帝本纪》）

郝　敬：按：彭祖生历唐、虞、夏、商、周间，寿八百岁，夫子谓"信而好古，窃比于我老彭"，即此人也。彼亲见尧、舜、禹、汤列圣，其传述最真，故夫子自谓信古，窃比老彭，亲见先圣云尔。读者多不解。（《批点史记琐琐》卷一《五帝本纪》）

程馀庆：皋陶，字庭坚，高阳第六子，今曲阜县人。曲阜，偃地，故赐姓偃。后封英、六。伯夷，垂之子，姜姓。其后太公望，封齐。夔为乐正，娶有仍氏女，曰元妻。生伯封，羿灭之。龙，晏姓。倕，句龙之子，有巧思，所制器历代为宝，如竹矢是也。益，伊姓，字隤兽，高阳第二子。彭祖，陆终第三子篯铿也。后为大彭氏。（《历代名家评注史记集说·五帝本纪》）

[日] 泷川资言：彭祖之名，不见于《尚书》。《大戴礼·五帝德》亦但言帝尧举舜、彭祖，而不言舜用彭祖，《史记》下文亦无彭祖分职。（《史记会注考证·五帝本纪》）

【汇评】

梁玉绳：按：此总叙禹、皋诸圣并彭祖为十人，然下文不及彭祖，岂亦如《论语》叙逸民不及朱、张之比乎？彭祖最寿，为神仙家所托，史略其事，盖不信之也，而独侈言老子，何哉？（《史记志疑》卷一《五帝本纪》）

⑩【汇注】

德　龄：臣德龄按：自禹至彭祖为十人，而下文叙其分职，则惟九官，而无彭祖。又下文"舜曰：嗟，汝二十有二人"，注引《书传》谓四岳、九官、十二牧也，亦无彭祖。窃疑"彭祖"二字是衍文。（《铁定史记·五帝本纪·考证》）

⑪【汇注】

张守节：分音符问反，又如字。分谓封疆爵土也。（《史记正义·五帝本纪》）

【汇评】

梁玉绳：按：既曰"举用"，又曰"未分职"，语意戾矣。若谓遇事共理，不分职

守,岂尧朝如是之无纪律乎?《正义》"封疆爵土"之说,非。(《史记志疑》卷一《五帝本纪》)

崔　述:伪孔《传》以禹、垂、益、伯夷、夔、龙六人为新命,以稷、契、皋陶为美其前功以勉之。《蔡传》因之云:"此因禹之让而申命之,使仍旧职以终其事也。"余按:……禹之为司空,自尧时者也,则其命必别白言之:先云"伯禹作司空"以见其官之非新命,后云"咨禹,汝平水土"以见其功之尚未毕,不云"汝作司空"也。若稷、契、皋陶亦旧为此官,则亦当著之于命词之上,必不云"汝为稷、司徒、士"也。四岳、十二牧,皆旧职也,然所谓"辟四门""食哉惟时"云者,皆新命,非美其前功;稷、契、皋陶即使果仍旧职,亦岂得独为美其前功乎?且三人之功果在尧时,尧未崩以前何以不书?舜即位后,纪新政之不暇,乃于此时叙舜之追美其前功,有如是颠倒舛谬之史官邪?孔子曰:"无为而治者其舜也与!"《论语》曰:"舜有臣五人而天下治。"子夏曰:"舜有天下,选于众,举皋陶。"然则兹数人者,任官效职皆在舜时明甚。或初仕于尧世,要之必未为后稷、司徒、士,故《史记》云:"自尧时皆举用,未有分职。"不得以舜为申命也。(《崔东壁遗书·唐虞考信录》卷三《稷、契、皋陶均非申命》)

吴汝纶:"而禹、皋陶、契、后稷"至"未有分职",王云:"从空翰补。"(《点勘史记读本·各家史记评语·五帝本纪》)

[日] **泷川资言**:梁玉绳曰:既曰"举用",又曰"未有分职",语意相戾。中井积德曰:未有分职,元来诋舜之语,注更错谬。(《史记会注考证·五帝本纪》)

⑫【汇注】

时　澜:告于文祖之庙,亦示不敢专也。(《增修东莱书说》卷二《舜典》)

金履祥:苏氏:受终,告摄;此告即位也。(《书经注》卷一《舜典》)

⑬【汇注】

胡　宏:舜凡有事,必咨于大禹、稷、契、皋陶、伯夷、垂、益、后夔,谓之八师。(《皇王大纪》卷四《帝舜有虞氏》)

陈　经:四岳,朝之大臣,故有事则必先与之谋。(《尚书详解》卷二《舜典》)

袁　燮:四岳,朝廷之大臣,舜初即位,首咨询焉。(《絜斋家塾书钞》卷一《舜典》)

金履祥:四岳,累朝元老,其职周知四方,故首询之。(《书经注》卷一《舜典》)

郝　敬:四岳,主监视四方,故以耳目询之。(《尚书辨解》卷一《尧典》)

李光地:询四岳,亲大臣也。(《尚书七篇解义》卷一《舜典》)

⑭【汇注】

袁　燮:"辟四门"者,开辟四方之门,使民间之利病、人才之隐伏、嘉谋善论,

皆得上达旁通而无碍也。(《絜斋家塾书钞》卷一《舜典》)

陈　经：辟四门者，四方之门，所以来天下之贤，开众正之路也。(《尚书详解》卷二《舜典》)

金履祥：辟四门者，来四方之贤。(《书经注》卷一《舜典》)

金景芳、吕绍纲：四门何所指？《诗·郑风·缁衣》孔《疏》引郑玄《尚书注》："卿士之职，使为己出政教于天下。言四门者，亦因卿士之私朝在国门，鲁有东门襄仲，宋有桐门右师，是后之取法于前也。"是郑玄以四门为国门。惠栋《明堂大道录》云："明堂有四门，四方诸侯朝觐所入。"是惠氏以四门为明堂之四门。(《〈尚书·虞夏书〉新解·〈尧典〉新解》)

⑮【汇注】

苏　轼：广视听于四方。(《东坡书传》卷二《舜典》)

袁　燮：广四方之视听，使凡有聪明者，无不来告，合众人之聪明以为一人之聪明也。前乎此，舜尚摄位，至此则舜始君天下矣。此是君天下第一件事。《易》以天地交为泰，不交为否，观否泰二卦，可见此是至急之务。上下不通，情意隔绝，闾阎隐微，无由上达，人才逸遗，无由上闻，休戚利害，皆不得知焉。此岂小事？(《絜斋家塾塾书钞》卷一《舜典》)

李光地：通民情也。(《尚书七篇解义》卷一《舜典》)

马持盈：使他自己对于四方之事，耳可以听，目可以见，无所不明，无所不通，这样，民情可以上达，处理政治便不至于偏差了。(《史记今注·五帝本纪》)

金景芳、吕绍纲：《汉书·梅福传》福上书曰："博览兼听，谋及疏贱，令深者不隐，远者不塞，所谓辟四门，明四目也。"《潜夫论·明暗篇》："夫尧舜之治，辟四门，明四目，达四聪，是以天下辐辏，而圣无不昭，故共鲧之徒弗能塞也，靖言庸回弗能惑也。"古人的这些理解虽不尽相同，但是大意一致，总谓贤路广开，言路广开也。(《〈尚书·虞夏书〉新解·〈尧典〉新解》)

【汇评】

时　澜：舜之继尧，法度彰，礼乐著，野无遗贤，嘉言罔攸伏。明目达聪之事，尧已尽之矣。舜复询辟明达何哉？如日之升，何日不然，积阴之后，卒然出日，光明精彩，若以阳继阳，所谓光明精彩者不减于前，亦不以其光之不减而废升中之常度也。舜之通下情，出治之首也。然亦有序。四岳，累朝之元老，当代之蓍龟，故先询之。辟四门，所以来天下之贤也。明目、达聪，以天下之耳目为耳目也。上下远近俱无雍蔽，圣人作而万物睹矣。继乱者急于下情之通，舜受于尧，而先此四事，理之流通而不可雍，虽治世不可忽也。(《增修东莱书说》卷二《舜典》)

陈　经：唐虞之世，君臣上下，已无隐情，则下情未尝不通，舜亦不恃其既通而遽忘之也。……舜之意若曰：吾自恃其聪明智虑，而使夫人不得以尽其情，则门庭万里，主势万钧，天下之利害休戚安危，岂予一人所能周知遍览，今也退然自处于无所能、无所闻见之地，使在朝及四方，凡有所能、所闻见焉者咸造焉，则天下之利害休戚安危，可以灼见，不出户而知天下，坐于室而见四海者，用此道也。窃尝观古之治天下者，莫不以是为要道，盖使吾身立于无蔽之地，如人之养生然，关节脉理，必欲其无所凝滞，一节不通，则身受其病矣，古之王者，所以使工执艺，瞽诵诗，士传言，庶人谤，商旅议者，亦欲使天下之匹夫匹妇，不得隐其情，然后君臣上下，得以无壅。以汉之武帝观之，其征伐，其重敛，其好大喜功，不减于秦皇，而得为七庙之宗，所以与秦皇异者，徒以下情通故也。观主父之徒上书者，朝奏暮召，轮台之诏，其所以败亡者，无不悉之。以此见通下情，乃治国家之要道也。（《尚书详解》卷二《舜典》）

张　英：询岳辟门，明目达聪，摄位三十年，何尝一日不如此，岂至即位后始然耶？治功盛矣，治化洽矣，犹恐幽隐未达，察之益加其详，访之益致其周也。（《书经衷论》卷一《舜典》）

⑯【汇校】

梁玉绳：按：舜命十二牧，无"论帝德"之语。此三字疑衍。（《史记志疑》卷一《五帝本纪》）

李景星："命十二牧论帝德"，按：舜命十二牧，无"论帝德"之语，凡此，或书传流传古今本不同。不然，则史公所引或者用其意，不尽泥其文邪？（《史记评议·五帝本纪》）

【汇注】

班　固：唐、虞谓之牧者何？尚质。使大夫往来牧视诸侯，故谓之牧。旁立三人，凡十二人。（《白虎通德论·封公侯》）

陈　经：盖四岳者，百官之长，而十二牧者，诸侯之长也。吾从其长而责成委任，则其长之属者自举矣。此见唐虞之制，上下相维，大小相制，体统相承，人主之治，至简至要而不繁者也。（《尚书详解》卷二《舜典》）

金履祥：牧，养也。每州以诸侯之长为牧，专任养民之事。（《书经注》卷一《舜典》）

［日］泷川资言："牧"下当补"曰"字。崔述曰：四岳十二牧皆旧官，以舜新即位，故申儆之，使敬厥职也。旧官故书其官于前，然则稷、契、皋陶之非旧官可知矣。四岳不载命词者，统率群僚无专责也。十二牧共一命词者，域异职同，无分别也。（《史记会注考证附校补·五帝本纪第一》）

金景芳、吕绍纲：十二牧，汉人皆释为州伯、州牧。《韩诗外传》卷六第十七章："王者必立牧，方三人，使窥远牧众也。"《说苑·君道篇》："十二牧，方三人，出举远方之民。"《白虎通·封公侯篇》："州伯何谓也？伯，长也。选举贤良使长一州，故谓之伯也。"又"州有伯，唐虞谓之牧者何？尚质，使大夫往来牧视诸侯，故谓之牧。旁立三人，凡十二人。《尚书》曰'咨十有二牧'，何知尧时十有二州也，以《禹贡》言九州也"。……皮锡瑞《今文尚书考证》："《大传》曰：'维元祀，巡狩四岳八伯。'疑四岳外，更置八伯。盖四方每方立一岳，每方又立二伯以佐岳，如周制一州立一侯，一州又立二伯以佐侯之比。四岳八伯合之即十二牧。"（《〈尚书·虞夏书〉新解·〈尧典〉新解》）

⑰【汇注】
　　张守节：舜命十二牧论帝尧之德，又敦之于民，远离邪佞之人。言能如此，则夷狄亦服从也。（《史记正义·五帝本纪》）

⑱【汇注】
　　班　固：昔《书》称"蛮夷率服"……许其慕诸夏也。（《汉书·功臣表》）
　　苏　轼：惇厚其德，信用善人，而拒佞人，则蛮夷服。盖佞人必好功名，不务德而勤远略也。（《东坡书传》卷二《舜典》）
　　金履祥：十二州，冀、豫为中，余州皆外边四裔。蛮夷率服，盖推言其效也。（《书经注》卷一《舜典》）
　　陈蒲清：蛮夷：古代称南方部族为蛮，东方的为夷。这里泛指四方的部族。（见王利器主编《史记注译·五帝本纪》）

【汇评】
　　陈　经：自古蛮夷所以不服者，常生于中国之不振，小人乘间得以邀功生事，妄开边衅。今也惟德之厚，惟善之信，而任人不得进焉。盖惟示之以好恶，使蛮夷知所趋向，则小人虽欲生事以开边衅者无之矣。此蛮夷所以率服，宣王内修政事，外攘夷狄。至幽王之世，《小雅》尽废，则四夷交侵，谁谓中国安强无衅可乘，而蛮夷得以侵陵之哉？观此数句，而诸侯所以安民，所以怀远之道，先后之序该括无遗矣。（《尚书详解》卷二《舜典》）
　　王充耘：蛮夷率服，则中国治安不言而可知矣。此盖极言其效之所至，犹益言儆戒无虞，而终以四夷来王，皆举远以见近也。（《书义主意》卷一《舜典》）

⑲【汇注】
　　金履祥：特书舜曰，则此前称帝者尧也；后称帝者舜也。（《书经注》卷一《舜典》）
　　李光地：始即位，故犹称舜，下乃称帝，则别于尧矣。（《尚书七篇解义》卷一《舜典》）

⑳【汇注】

　　裴　骃：马融曰："奋，明；庸，功也。"（《史记集解·五帝本纪》）

　　苏　轼：奋，立也。庸，功也。……有能立功光尧之事者？（《东坡书传》卷二《舜典》）

　　金景芳、吕绍纲：《集解》引马融："奋，明。庸，功也。"孙星衍《尚书今古文注疏》："明，勉也，谓奋勉。"《尔雅·释诂》："庸，劳也。"功、劳同义。（《〈尚书·虞夏书〉新解·〈尧典〉新解》）

㉑【汇注】

　　伏　生：沟渎壅遏，水为民害，田广不垦，则责之司空。（《尚书大传》卷一《夏传》）

　　又：天子三公，一曰司徒公；二曰司马公；三曰司空公。（同上）

　　又：古者天子三公，每一公，三卿佐之；每一卿，三大夫佐之；每一大夫，三元士佐之。故有三公、九卿、二十七大夫、八十一元士，所与为天下者，若此而已。（同上）

　　又：舜摄时，三公、九卿、百执事，此尧之官也，故使百官事舜。（同上）

　　郑　玄：初，尧冬官为共工，舜举禹治水，尧知其有圣德，必成功，故改命司空，以官名宠异之，非常官也。至禹登百揆之任，舍司空之职，为共工与虞，故曰垂作共工，益作朕虞。（《尚书郑注》卷一《尧典》）

　　钱　时：禹尝代鲧为崇伯，故称伯禹。（《融堂书解》卷一《舜典》）

　　金履祥：平水土者，司空之职，惟时则指百揆之职。朱子曰：帝咨禹，使仍作司空，而兼行百揆之事，录其旧绩而勉其新功也。以司空兼百揆，如周以六卿兼三公；后世以他官平章事、知政事，亦此类也。（《书经注》卷一《舜典》）

　　郝　敬：揆，度也。揆度百事，宰衡之职也。下文舜咨百揆，金曰禹作司空，则唐虞之百揆，即司空也。是时水土未平，故司空首百职。（《尚书辨解》卷一《尧典》）

　　崔　述：唐、虞之际，洪水滔天，下民昏垫，五谷不登，禽兽逼人，水土之治不可以须臾缓也，而禹又前为司空，故命禹在九官之先。（《崔东壁遗书·唐虞考信录》卷二《九官先命禹之故》）

　　金景芳、吕绍纲：禹是崇伯鲧之子，故称伯禹。在中国原始社会，伯应是部落酋长之称。禹，名，马融以为谥，误。司空相当于《周礼》之冬官，平治水土是其执掌。（《〈尚书·虞夏书〉新解·〈尧典〉新解》）

㉒【汇注】

　　司马迁：禹为人敏给克勤；其德不违，其仁可亲，其言可信；声为律，身为度，称以出，亹亹穆穆，为纲为纪。（《史记·禹本纪》）

徐文靖："帝舜有虞氏，三十二年，帝命夏后总师，遂陟方岳。"笺按：《大禹谟》：帝曰："格汝禹，朕宅帝位三十有三载，耄期倦于勤，汝维不怠，总朕师。"孔《传》曰："称总我众，欲使摄，至于遂陟方岳者，正以见禹之不怠，遍历四方，以朝诸侯也。"若谓付托得人，舜遂可巡陟方岳，又何谓倦于勤乎？《周书·立政》曰："以陟禹之迹，方行天下，至于海表，罔有不服。"则陟方属禹可知。（《竹书纪年统笺》卷三《帝舜有虞氏》）

㉓【汇注】

钱　时：舜居摄，未称帝，史氏于是特书"舜曰"二字以明此后凡称"帝曰"，皆谓舜也。若语中所称"帝"，却是尧。（《融堂书解》卷一《舜典》）

陈　经：自此以下，皆舜之命九官，故言"舜曰"。所以别尧奋起也。（《尚书详解》卷二《舜典》）

㉔【汇评】

郝　敬：盖唐虞之世，事之艰大，莫如水土，百官之职，莫重于司空，而廷臣之贤，未有过于禹者，故佥举禹而舜首命之。（《尚书辨解》卷一《尧典》）

㉕【汇注】

齐召南：帝尧陶唐氏：八十载癸亥，禹治水功成。（《历代帝王年表·帝王》）

【汇评】

郑　樵：当尧之时，禹、皋陶、稷、契、伯夷、夔、龙、垂、益、彭祖，皆以举用，未有分职。舜知任不专则功不成，业不世则知不周。鲧虽治水无功，而禹为其子，九年之间，足知利害，不使易业，故首命禹为司空，平水土。诛父用子，而舜无疑心；戮力勤王，而禹无仇色。（《通志》卷二《帝舜》）

王玉德、姚伟均：一种意见认为，大禹治水的传说反映了当时由于近水的地方土地较肥沃，农耕较方便，已经懂得农耕的古代人类逐渐向近水地区发展，这就必须不断与水斗争，克服水患，获得水利。另一种意见认为，由于冰川融解后内陆大量积水，加上大量雨水或上游水源增加，造成了我国最大的一次水灾，这是大禹治水产生的基础和历史事实。还有一种意见认为，黄河洪水泛滥，危害人类，人类终于制服了洪水，这种历史事实以神话传说的形式反映出来。再一种意见认为，尧舜禹时代的"洪水"不是别的，而是我国南方潮润多雨的气候，遍布的江河湖沼、茂密的森林。这个时期，正是华夏族与三苗族及其他民族激烈争战的时期。三苗居住的江汉平原地区，这种自然环境特点表现得尤为突出。华夏族的南征，从黄河中下游一直打到长江下游。北方干燥，南方多水，对于习惯于北方自然环境的华夏族征战者来说，南方的这种多水的自然环境，便成为可怕的险阻与灾害，从而逐渐敷演为滔天洪水的传说。其实，这正是华夏族南征成功，征服了三苗等南方居民这一事实的折光反映。随着华夏族南征任务的完成，"洪水"的传说也就消失了。这一历史过程，也为近年的考古所证实。（《关于大禹治水的评价》，见《新时期中国史研究争鸣集》）

㉖【汇评】

陈　经：舜所以勉禹也，使禹自恃其平水土之功，无自勉之志，则前功尽废，后未已，何足以为禹？又何足以居百揆之任？尧舜皆以司空居百揆，亦犹周制以六卿兼三公。（《尚书详解》卷二《舜典》）

王充耘：伯禹之功德隆盛，非群臣可及也。故公论推举，而帝亦信之，而授以非常之职，然舜非不知禹者也，付之公论而已，无容心焉。此可以见上之选人也严，而下之举人也当，所以为"大道之行，天下为公"之世也。（《书义主意》卷一《舜典》）

㉗【汇注】

金景芳、吕绍纲：拜稽首，拜然后稽首。《荀子·大略篇》："平衡曰拜，下衡曰稽首，至地曰稽颡。"杨倞注："平衡曰磬折，头与腰如衡之平。"王先谦《荀子集解》引郝懿行云："拜者必跪。拜手，头至手也，不至地，故曰平衡。稽首亦头至手，而手至地，故曰下衡。稽颡则头触地，故直曰至地矣。"（《〈尚书·虞夏书〉新解·〈尧典〉新解》）

㉘【汇注】

郑　玄：稷，弃也。初，尧天官为稷，舜登用之年，举弃为之。时天下赖后稷之功，故以官名通称。（《尚书郑注》卷一《尧典》）

齐召南：帝尧陶唐氏：七十二载，舜使禹治水，举益、稷、契、皋陶。（《历代帝王年表·帝王》）

【汇评】

陈　经：禹拜手稽首，让于稷、契暨皋陶，此见更相汲引，济济相让，不矜己以忌人，不抑人以扬己，人之有善，若己有之，安有稷、契、皋陶之贤，而禹不让之哉？（《尚书详解》卷二《舜典》）

㉙【汇注】

郑　玄：然其举得其人，汝往居此官，不听其所让也。（《尚书郑注》卷一《尧典》）

【汇评】

时　澜：禹之逊，所谓九官济济相逊，和之至也。帝灼知稷、契、皋陶可以宅揆，禹之逊也，出于诚实，既深领禹之言矣，而往哉之命终不可易，以是知舜禹君臣之间诚实相遇。禹不虚辞，舜不虚受，唐虞之象可知。观舜之命禹，见舜有天下而不与焉。夫杀其父而用其子，都俞一堂，舜无自疑之心，禹亦安受其位而不慊，不加一毫人伪，纯于天也。（《增修东莱书说》卷二《舜典》）

㉚【汇注】
　　钱　时：弃，名稷，主稼穑之官也。虽居朝廷，亦分土为诸侯，故称后（阻）〔稷〕。(《融堂书解》卷一《舜典》)

㉛【汇校】
　　裴　骃：徐广曰："今文《尚书》作'祖饥'。祖，始也。"(《史记集解·五帝本纪》)
　　司马贞：古文作"阻饥"。孔氏以为阻，难也。祖、阻声相近，未知谁得。(《史记索隐·五帝本纪》)
　　惠　栋："黎民阻饥"，徐广曰："《今文尚书》作'祖饥'，祖，始也。"《史记》作"始"，《汉书》作"祖"。孟康曰："黎民始饥，命弃为稷官，《古文》言阻。"栋案：《古文》祖字皆作且。……故曾子曰："祖者，且也。古文作'阻'者。"(《九经古义》卷三《尚书古义》)

【汇注】
　　郝　敬："始饥"，按：前此水土未平，民奏鲜食，以救饥。今洪水平，无鸟兽鱼鳖可食，土虽可耕，而民未知播种，于是始饥，故曰"祖饥"。(《批点史记琐琐》卷一《五帝本纪》)
　　金景芳、吕绍纲：《尔雅·释诂》："祖，始也。"《史记》据以为解。按：作"祖饥"，释祖为始，谓黎民开始饥饿，于义难通。《诗·周颂·思文》孔颖达疏引郑玄云："俎，读曰阻。阻，厄也。时，读曰莳。始者洪水时，众民厄于饥，汝居稷官，种莳五谷，以救活之。"段玉裁《古文尚书撰异》以为壁中古书阻当作俎，故郑注当为："俎，读曰阻。阻，厄也。"后人既改经文作阻，则郑注不可通，乃改注文为："阻，读曰俎。阻，厄也"。按：段氏赞同郑玄注，释阻为厄，可从。经文意谓：舜说，由于洪水，众民困厄于饥馑，你作稷官，播种五谷，解决他们的生活问题。(《〈尚书·虞夏书〉新解·〈尧典〉新解》)

㉜【汇注】
　　孟　子：后稷教民稼穑，树艺五谷，五谷熟而民人育。(《孟子·滕文公上》)
　　陆　贾：民知室居食谷，而未知功力。于是后稷乃列封疆，画畔界，以分土地之所宜，辟土殖谷，以用养民；种桑麻，致丝枲，以蔽形体。(《新语·道基》)
　　郑　玄：阻，厄也。时读曰莳。始者洪水时，众民厄于饥，汝居稷官，种莳五谷以救活之。(《尚书郑注》卷一《尧典》)
　　张守节：稷，农官也。播时谓顺四时而种百谷。(《史记正义·五帝本纪》)
　　金履祥：弃之为稷久矣，帝始即位，因其职而申命之也。《舜典》凡不咨而命，命而不让者，皆因其职而申命之也。……时者，不失农时也。(《书经注》卷一《舜典》)

郝　敬：后稷，主农，水土平则可耕，故次命稷。（《尚书辨解》卷一《尧典》）

陈泰交：后，君也。（《尚书注考》）

陈　直：五谷中黍稷播种在先，西安半坡村、鱼化寨新石器时代遗址中，皆出有类似稷米之种子，与文献可以互相证明，又《说文》云："稷为五谷之长。"（《史记新证·五帝本纪》）

徐旭生：播时百谷。《尧典》："帝（舜）曰：弃，黎民阻饥，汝后稷播时百谷。"尧舜时期已是以农业为主的社会。人们的生存主要依赖于农业。舜能及时注意到这个关键性问题，命后稷按时播殖百谷。当时已是"百谷时茂"，农业得到了进一步发展。（《尧舜禹·帝舜》，载《文史》第39辑）

张家英：舜曰："弃，黎民始饥，汝后稷播时百谷。"《正义》："稷，农官也。"《考证》："尔后稷"断句。谨案：《周本纪》亦载有上引舜语，惟改"汝"为"尔"，义同。又有"去稷不务"句，《集解》引韦昭曰："夏太康失国，废稷之官，不复务农。"《索隐》："《国语》云'弃稷不务'。此云'去稷'者，是太史公恐'弃'是后稷之名，故变文云'去'也。"
　《史记》中"后稷"使用三十余次，绝大多数为对"弃"的称谓，只有少数例外。"汝后稷"即其一。试比较其先后相似之文句："禹，汝平水土。""弃，……汝后稷。""契，……汝为司徒。""皋陶，……汝作士。"可知此"后"非名词，乃主管、主持之义；此"后稷"乃"主持农事（之官）"之义，与下文"弃主稷"句中"主稷"义同。《史记注译》将其认作人名，实属误解。又，为免误会，此"汝后稷"与《周本纪》中之"尔后稷"当从《考证》，读断为一句。至《尚书·舜典》"汝后稷"句《传》与《疏》均释为"汝君为此稷之官"，反令人困惑。《传》《疏》既指出"稷"为"官"，又限于"后，君也"（《尔雅·释诂》）之说，造出"君为"一词；实不如直接以"为、主"释之为易解。（《〈史记〉十二本纪疑诂·五帝本纪》）

【汇评】

史　浩：弃在尧朝已为稷官，民阻于饥，能播百谷。百谷之茂，以时而已。今而申之也。盖民生之本有在于是，食为八政之先。舜命相之后，即申命稷，知所本矣。（《尚书讲义》卷二《舜典》）

时　澜：命弃之言，至于播百谷，民已足食，则无阻饥之患。民不阻饥，百谷其可已于播乎！使弃常体阻饥之心，见乃粒之民若见阻饥之民，则于百谷不期播而自播，而弃之事尽矣。于阻饥之言，见圣人乃粒烝民，有无穷之心。于播之一言，见弃精神运用，生生日新之意。契与皋陶之事，由此而可推矣。（《增修东莱书说》卷二《舜典》）

袁　燮：二帝三王治道之隆，无他故焉，识其先后之序而已。后世治道不如古，亦无他故焉，失其先后之序而已。圣人岂不知礼乐教化为治之急务，而顾以民食为首者，衣食既足，然后教化礼乐可兴，先后之序如此也。孟子所以告时君，首之以不违农时。文、景务在养民，至于稽古礼文之事，犹多阙焉。汉之贤君，亦深烛此理，不然则所谓救死惟恐不赡，奚暇治礼义哉？今观舜嗣位之治，先之以求言，次之以民食，其所先者，惟此二事，治道纲领可识矣。(《絜斋家塾书钞》卷一《舜典》)

又：食者，生民之大命。虽曰十二牧各自理会"食哉惟时"，然朝廷专设一官，总其纲于上天，下有一人不得食，皆后稷之责也。其任重矣。在后世大司农之职，犹专设一司，况唐、虞时乎？但后世所谓司农，惟以办财赋为任，以古者养民之官移而为国，失古意矣。(同上)

王充耘：圣人念民生足食之难，故其命官以务农为重。(《书义主意》卷一《舜典》)

㉝【汇注】

孔颖达：契为尧之司徒，司徒掌五教，故民之五教得成。(《礼记正义·祭法》)

陈士元：《路史》云：契，帝喾之子，帝喾次妃有娀氏曰简狄，感鳦致胎，䪞而生契，聪明而仁，尧命为司徒，使布五教，封于商，赐姓子氏。商人谓之玄王。《诗》称"天命玄鸟，降而生商"，《毛传》以鳦降，为祀郊禖之候，而史迁乃有吞践之说。苏洵氏辨之详矣。(《论语类考》卷七《舜臣五人》)

㉞【汇评】

钱　时：自常情而观，百姓不亲，五品不逊，泰和之世，岂所宜有？圣人宜急急图之，不容一日缓者。(《融堂书解》卷一《舜典》)

㉟【汇注】

裴　骃：郑玄曰："五品，父、母、兄、弟、子也。"王肃曰："五品，五常也。"(《史记集解·五帝本纪》)

张守节：驯音训。(《史记正义·五帝本纪》)

陈　经：百姓所以不相亲睦，为其五品不逊故也。君臣、父子、兄弟、夫妇、朋友，其品有五，谓之五品。五品不逊顺，谓为父子者，不知有父子之理，而至于相残；为兄弟者，不知有兄弟之理，而至于相贼，此皆不逊也。(《尚书详解》卷二《舜典》)

郝　敬：品，级也。父子、君臣、夫妇、兄弟、朋友五者之品级也。逊，顺也。(《尚书辨解》卷一《尧典》)

金景芳、吕绍纲：《史记·五帝本纪·集解》引郑玄曰："五品，父母兄弟子也。"又引王肃云："五品，五常也。"按：郑说是，王说非。郑说应据于《左传》文公十八年"举八元，使布五教于四方，父义母慈兄友弟恭子孝"。父母兄弟子是血缘关系中的五种基本身份。而五常为仁义礼智信，是后世的道德概念，舜的时代不存在。(《〈尚

书·虞夏书〉新解·〈尧典〉新解》）

又：逊，《史记·殷本纪》作训，《五帝本纪》作驯。段玉裁《古文尚书撰异》谓逊、驯、训皆训为顺。王先谦《尚书孔传参正》谓"今文作训，训通作驯，非教训之谓也"。按：段、王说是。五品不逊，谓父母兄弟子五种人之间的关系不顺。（同上）

【汇评】

陈　经：尧舜之时，既曰黎民于变，比户可封，今也有所谓阻饥者焉，有所谓五品不逊者焉，有所谓猾夏为寇、为贼、为奸、为宄者焉，虽大无道之世，亦不过于此也。何为尧舜之时，乃有此非常之变也？曰：尧舜之时，如于变如可封者，特常事耳。于其常事之中，而忽有此等之变，故舜以为虑，遗其常事以为不足喜，举其非常者以为可虑，圣人何常以是为讳哉？后世之君，嘉祥美瑞，则喜称乐道之，以为非常之事，惟恐群臣之不称赞已，至于水旱逆贼之变，讳而不言，作史者亦记其嘉祥美瑞，以为治世之盛事，又岂知后世之所谓非常者，乃尧舜之所谓常事也哉！（《尚书详解》卷二《舜典》）

王夫之：夫司徒之教，五品而已，人之异于禽，华之异于夷，此也。……是则严以教君子，而阻其自然之爱敬；严以教小人，而激其滔天之巨恶。通古今，达于四海，咸以宽而成其涵泳熏陶之化。奈之何其欲"矫之以严"邪？（《尚书引义》卷一《舜典二》）

㊱【汇注】

郝　敬：司徒，主教。衣食足则教化兴。故次命契。（《尚书辨解》卷一《尧典》）

陈泰交：司徒，掌教之官。（《尚书注考》）

金景芳、吕绍纲：作，为。司徒，主政教之官，相当于后世《周礼》之地官大司徒。《尚书大传》云"百姓不亲，五品不逊，责之司徒"是也。（《〈尚书·虞夏书〉新解·〈尧典〉新解》）

㊲【汇注】

郑　玄：举八元使布五教。（《尚书郑注》卷一《尧典》）

苏　轼：五教，父义、母慈、兄友、弟恭、子孝。以此教民，必宽而后可。亟则以德为怨，否则，相率为伪。（《东坡书传》卷二《舜典》）

郝　敬：五教，五品之教，亲义序别信也。（《尚书辨解》卷一《尧典》）

陈泰交：敷，布。（《尚书注考》）

又：敬，心无所慢也。（同上）

金景芳、吕绍纲：敷，布。布五教，应依《左传》文公十八年"使布五教于四方，父义母慈兄友弟恭子孝"作解。《国语·郑语》："商契能和合五教，以保于百姓者也。"韦昭注："五教：父义，母慈，兄友，弟恭，子孝。"亦足证明五教为父义母慈兄

友弟恭子孝。(《〈尚书·虞夏书〉新解·〈尧典〉新解》)

【汇评】

孟　子：人之有道也，饱食暖衣，逸居而无教，则近于禽兽，圣人有忧之，使契为司徒，教以人伦，父子有亲，君臣有义，夫妇有别，长幼有序，朋友有信。(《孟子·离娄上》)

金景芳、吕绍纲：联盟公职人员禹、稷、契、皋陶、伯夷、夔担任的职务表明华夏部落联盟对于平治水土、播种谷物、人伦教育、刑罚、百工、礼、乐负有统一管理的责任。其中契掌管的人伦教育即对于血缘团体内父母兄弟子五种身份的人进行的五教尤其值得注意。"五品"的提法反映父系个体婚制的家庭已经发展到相当的程度。父义母慈兄友弟恭子孝的"五教"的提出，反映当时的社会关系问题尚仅限于血缘方面，阶级与政治关系不存在，至少尚不成为问题。战国孟子说的"父子有亲，君臣有义，夫妇有别，长幼有叙，朋友有信"的五教，既源于《尧典》，又不同于《尧典》，说明孟子看到的人伦关系除血缘关系以外还有政治关系，而且政治关系占有较大的比重。(《〈尚书·虞夏书〉新解·〈尧典〉新解·总论》)

㊳【汇注】

金履祥：《孟子》曰："使契为司徒，教以人伦。父子有亲，君臣有义，夫妇有别，长幼有序，朋友有信。"放勋曰：劳之来之，匡之直之，辅之翼之，使自得之；又从而振德之。《孟子》所载，初命契之词也。(《书经注》卷一《舜典》)

郝　敬：在宽，谓劳来、匡直、辅翼、自得也。(《尚书辨解》卷一《尧典》)

金景芳、吕绍纲：宽，宽柔。在宽，意在强调礼教而不重刑罚。(《〈尚书·虞夏书〉新解·〈尧典〉新解》)

【汇评】

史　浩：稷既播种，民富矣，又何加焉？曰：教之。司徒，司民也。民之饱食逸居，苟无教焉，禽兽何异？此教之不可后也。夫百姓所以不亲，以人伦五者不逊。逊，顺也。契当敬敷此五者以为教也。在宽者，不可急也，必劳之来之，匡之直之，辅之翼之，使自得之也。盖孩提之童，无不知爱亲及其长也，无不知敬兄。兄弟、夫妇、长幼、朋友、君臣之道，本其固有，迷而不觉耳。惟使其自得，然后知非外铄而行之不疑，然则，在宽，善教也。善教得民心，自得之谓也。(《尚书讲义》卷二《舜典》)

时　澜：在宽者，见圣人度量涵容，如天地之大。令契大其规摹，天下之众，尽置之五教之中，包含不遗，此在宽之意。况敬之中，恢廓广大，无有穷已也。……敬敷五教，在宽，即慎徽之意也。详略不同者，圣贤之分也。圣人安而行之，故止言慎徽而已。贤者则既言敬敷，又言在宽，大抵五典人心皆有，而教自我出，岂可不敬，然敬非拘迫之谓。宽者，渐渍涵养，使自发也。(《增修东莱书说》卷二《舜典》)

陈　经：汝契为司徒之官，教以人伦，处己者敬，不敢怠忽其事；教人者宽，优游而不迫也。盖不敬则诚不足以感人，不宽则急迫而使人难从。敬于己，宽于人，而敷教之道尽矣。（《尚书详解》卷二《舜典》）

王充耘：圣人念民俗之薄，而命臣以施教之方，夫民不可逸居而无教也，而况百姓不亲，五品不逊，上之人安得不思有以变其薄俗也哉？汝作司徒，敬谨以敷五教，使民有所观感而兴起宽裕，勿迫使之优柔而自化，此二者施教之方也，能如是则风俗不期而归厚矣。（《书义主意》卷一《舜典》）

王夫之："敬"以严乎己也，"宽"以恕乎物也。严乎己以立法，恕乎物以达情。《春秋》立法谨严而宅心忠恕，"敬敷五教在宽"之见诸行事者也。（《尚书引义》卷一《舜典二》）

李光地：人伦明于上，小民亲于下，百姓之不亲，由于五品之不顺，故当敬敷五教以顺之，而又当宽裕优游，使之自得其性也。（《尚书七篇解义》卷一《舜典》）

㊴【汇注】

陈士元：陶生而马喙，渔于雷泽，帝舜以为士师。陶一振褐而不仁者远，乃立犴狱，造科律，听狱执中，而天下无冤，封之于皋，是曰皋陶。（《论语类考》卷七《皋陶》）

王　轩：平阳为尧故都，其属邑曰洪洞。邑南十三里皋陶村，有皋陶墓，墓前有祠，载《明一统志》，而《志》于卢州府下又载皋陶墓在六安州城东十里，庙在州治东，莫定谁是。六安，故六国也；寥，今霍邱；英氏，今英山，皆皋陶后，祠墓所在为近。而洪洞密迩帝都，是赵城，为造父之封。造父，伯益裔，实皋陶后，二邑相距尤近，俗谓皋陶故里，尤无可疑。盖建置已久，详靡可究。传称法施于民则祀之，宜也。（《顾斋遗集》卷下《重修皋陶祠记》）

【汇评】

罗　泌：繇生马喙，忠信疏通，劼而敏事，渔于雷泽，虞帝求旃，以为士师。繇一振褐而不仁者远。乃立狱狱，造科律，听狱执中，为虞之氏，而天下亡冤。封之于皋，是曰皋陶。（《路史·后纪七·小昊》）

㊵【汇注】

郑　玄：猾夏，侵乱中国也。（《尚书郑注》卷一《尧典》）

范　晔：昔高辛氏有犬戎之寇，帝患其侵暴，而征伐不克。乃访募天下，有能得犬戎之将吴将军头者，购黄金千镒，邑万家，又妻以少女。时帝有畜狗，其毛五采，名曰槃瓠。下令之后，槃瓠遂衔人头造阙下，群臣怪而诊之，乃吴将军首也。帝大喜，而计槃瓠不可妻之以女，又无封爵之道，议欲有报而未知所宜。女闻之，以为帝皇下令，不可违信，因请行。帝不得已，乃以女配槃瓠。槃瓠得女，负而走入南山，止石室中，所处险绝，人迹不至。于是女解去衣裳，为仆鉴之结，著独力之衣。帝悲思之，遣使寻求，辄遇风雨震晦，使者不得进。经三年，生子一十二人，六男六女。槃瓠死后，因自相夫妻。织绩木皮，染以草实，好五色衣服，制裁皆有尾形。其后母归，以状白帝。于是使迎致诸子，衣裳班斓，语言侏离，好入山壑，不乐平旷。帝顺其意，赐以名山广泽，其后滋蔓，号曰蛮夷。外痴内黠，安土重旧。以先父有功，母帝之女，田作贾贩，无关梁符傅，租税之赋。有邑君长，皆赐印绶，冠用獭皮，名渠帅曰精夫，相呼为姎徒。（《后汉书·南蛮西南夷列传》）

金履祥：朱子曰：夏，明而大也。中国文明之地，故曰华夏。（《书经注》卷一《舜典》）

郝　敬：蛮夷，三苗之属。猾，乱也。夏，大明也，中国之称。（《尚书辨解》卷一《尧典》）

焦　竑：猾无骨，入虎口，虎不能噬。处虎腹中，自内啮之。《书》云"蛮夷猾夏"，取此义。（《焦氏笔乘》卷四《猾夏》）

王夫之："猾夏"，猾，无骨，展体见肉以诱虎，虎吞而不能啮，入虎腹中，自内噬，穴虎腹而出，俗谓之虎刺。《春秋传》"无助猾炎"，此之谓也。此言"蛮夷"者，如《诗》言"蛮荆"，《禹贡》"岛夷""莱夷"之属，非能称兵相向，但潜入腹里为奸窃如猾尔。故可以士师五刑流放治之，不劳征战。……以皋陶为兼主兵者，失之。舜所命主兵之官，不见于史。其后命禹徂征，则六师或统于百揆。而《南齐·职官仪》云"虞夏以弃居夏官司马之职"未审所据，要非合兵刑而一之也。（《尚书稗疏》卷一《舜典》）

马持盈：南方的野蛮民族，曰蛮。东西的野蛮民族，曰夷，然而亦有称西南夷者，可见并非固定。猾，音滑，侵略，扰乱。夏，中华民族之称。这是言外敌的侵略。（《史记今注·五帝本纪》）

金景芳、吕绍纲：蛮夷，四夷之总名。或称夷狄，或称蛮夷，其义一也。《礼记·明堂位》于四夷有九夷、八蛮、六戎、五狄之称。《礼记·王制》于四夷有"东方曰夷，被发文身""南方曰蛮，雕题交趾""西方曰戎，被发衣皮""北方曰狄，衣羽毛穴居"之说。蛮夷戎狄实际上都是古人对华夏族以外少数族的贬义称谓。猾，亦作滑。《说文》无猾字。猾夏，通常训释为侵乱中国。猾训乱，夏指中国。"蛮夷猾夏"，谓四夷搅乱或侵乱中国。（《〈尚书·虞夏书〉新解·〈尧典〉新解》）

又：另一解与此不同。王先谦《尚书孔传参正》引俞樾云："孔宙碑：'是时东岳黔首猾夏不宁。'东岳黔首亦华夏之人，而云猾夏，不可通，疑猾夏尚有别解。"又云："愚意夒从手，则为扰乱字，疑夏字亦有扰乱义。"又云："古语以猾夏二字连文同义。猾，乱也，夏亦乱也。"是以猾夏二字连文同义为扰乱，合之为谓语，下无宾语。（同

上)

　　又：二说于猾字解同，于夏字解迥异。前说以夏为华夏、中国，后说以夏为动词，与猾同义。将经上文之"蛮夷率服"与经此文"蛮夷猾夏"相参照，"率服"是谓语，意谓蛮夷服从，不扰乱中国。猾夏亦当是谓语，意谓蛮夷不服从，扰乱中国。俞说似有理。（同上）

㊶【汇校】
　　张守节：[轨]，亦作"宄"。（《史记正义·五帝本纪》）

【汇注】
　　伏　生：蛮夷猾夏，寇贼奸宄，则责之司马。（《尚书大传》卷一《夏传》）
　　郑　玄：强聚为寇，杀人为贼，由内为奸，起外为轨。（《尚书郑注》卷一《尧典》）
　　苏　轼：猾，乱也。夏，华夏也。乱在外曰奸，在内曰宄。（《东坡书传》卷二《舜典》）
　　陈　经：蛮夷猾乱中国，群行攻劫曰寇，杀人曰贼，在外曰奸，在内曰宄，此皆蛮夷乱华之恶。（《尚书详解》卷二《舜典》）
　　郝　敬：盗曰寇，害曰贼，内曰奸，外曰宄。（《尚书辨解》卷一《尧典》）
　　陈泰交：劫人曰寇。（《尚书注考》）
　　又：群行攻劫曰寇。（同上）
　　陆伯焜：《尚书》孔《传》曰"在外曰奸，在内曰宄"，盖本成十七年《传》文，与郑义相反。（《史记考证·五帝本纪》）
　　金景芳、吕绍纲：奸，亦作姦。宄，亦作轨。《周礼·秋官·司刑》疏引郑玄云："强聚为寇，杀人为贼。由内为奸，起外为轨。"伪孔《传》："群行攻劫曰寇，杀人曰贼。在外曰姦，在内曰宄。"寇贼之解，无异义。奸宄外内，二说相反。按：《左传》成公十七年长鱼矫曰："臣闻乱在外为姦，在内为轨。"是郑说奸宄，外内颠倒。贾公彦《周礼》疏本盖如此。江声《尚书集注音疏》云："自是写者之误，郑必无此误也。"按：江说是。（《〈尚书·虞夏书〉新解·〈尧典〉新解》）

【汇评】
　　钱　时：舜命皋陶，乃首言"蛮夷猾夏"，而后方及乎此，是明"猾夏"之罪为尤重也。诸家之说，往往纷纭：或谓古者兵刑不分，所以蛮夷猾夏属于士官，是以猾夏为侵扰中国也。若是侵扰，则当如有苗之征，奉辞伐罪矣，岂五刑、五流所可治耶？或谓此蛮夷乃杂居九州，如岛夷、莱夷之类，然舜之辞旨，未尝如此分别。或谓寇贼奸宄，乃因蛮夷内侵，常法一旷，中国之人，乘衅为乱者。此等罪犯，盛世所不免，岂皆因蛮夷而后有之？况有虞之朝，未尝有此事变耶？是皆臆说，无足取者。愚读至此，见得圣人深识远虑，所以严夷夏之辨，谨之于未形，中国衣冠礼乐之地，三纲九法所以扶持人道于不坏者，于是乎在，岂遐荒绝域之外，不正之气所可乱哉！（《融堂书解》卷一《舜典》）

袁　燮："蛮夷猾夏，寇贼奸轨"，是甚次第事？而舜只命皋陶明刑。盖只消一个皋陶明刑，便自了得。所谓"蛮夷猾夏"亦非必如后世之蛮夷，但远方之人敢来中夏作过耳。（《絜斋家塾书钞》卷一《舜典》）

㊷【汇注】

孔　子：舜有天下，选于众，举皋陶。（《论语·颜渊》）

郑　玄：士，察也。主察狱讼之事。（《尚书郑注》卷一《尧典》）

裴　骃：[士]，马融曰："狱官之长。"（《史记集解·五帝本纪》）

张守节：按：若大理卿也。（《史记正义·五帝本纪》）

郝　敬：士，主刑。民不率教则犯刑，故次命皋陶。（《尚书辨解》卷一《尧典》）

金景芳、吕绍纲："汝作士"之士，孔颖达《尚书正义》引郑玄注："士，察也。主察狱讼之事。"《史记·五帝本纪·集解》引马融注："士，狱官之长。"马郑二注于士字之训诂不同，马训士为官名，而郑据《尔雅·释诂》训士为察，然亦释之为主察狱讼之事，与马说实无异。依经文"汝作士"之文意观之，则马说为长。士既云作，则必当是名词，主狱讼之官长也。《吕氏春秋·君守篇》高诱注、《文选》应劭注引此经文皆作"汝作士师"，多一师字，尤证马释士为官名是对的。（《〈尚书·虞夏书〉新解·〈尧典〉新解》）

【汇评】

杜　佑：《老氏》曰："善师者不陈，善陈者不战，善战者不败，善败者不亡。"若夫舜脩百僚，咎繇作士，命以"蛮夷猾夏，寇贼奸宄"，刑无所用，所谓善师不陈者也。（《通典》卷一百四十八《兵一》）

平　浩：皋陶喑而为大理，此刘安怪诞之谈。不尔，当云即使皋陶喑而为大理，民亦不冤也。盖假令之辞耳。谓皋陶真喑，则《虞书·皋陶谟》孰都而孰俞之？（《管窥》卷三）

金景芳、吕绍纲：皋陶所任之士的职能也颇堪玩味。他这位主管联盟司法事务的大"士"，其首要任务竟是对付"蛮夷猾夏"的蛮夷。对蛮夷施刑只能是武力讨伐。可见当时对异族部落的武力行为也属于刑罚范围。大"士"的对内职能则限于"五刑有服"即象刑和"五流有宅"即流刑两方面。（《〈尚书·虞夏书〉新解·〈尧典〉新解·总论》）

㊸【汇注】

古史官：皋陶制五刑。（《世本》下《作》）

袁燮：五刑有服，言墨、劓、剕、宫、辟之五刑，其罪各有所服也。当劓者服劓刑，当墨者服墨刑，如此等类，是之谓"服"，必其罪足以服此刑，必我有以服之，而彼无不服焉，斯可谓之服矣。若当轻者重，当重者轻，皆失其实，彼虽服此刑，然而非心服也。何以为服？惟刑当其罪，无毫厘之差，则彼被其刑者自反于心，知吾所自取之也，其谁不心服乎！（《絜斋家塾书钞》卷一《舜典》）

陈经：服，从也。犯某罪者服某刑，故曰有服。（《尚书详解》卷二《舜典》）

金履祥：朱子曰：服，服其罪也。（《书经注》卷一《舜典》）

郝敬：服，被也。（《尚书辨解》卷一《尧典》）

马持盈：服，天子德威所及之地。（《史记今注·五帝本纪》）

金景芳、吕绍纲："五刑有服"，五刑即墨、劓、剕、宫、大辟，这不成问题，问题在"有服"之服字究竟如何训释。孙星衍《尚书今古文注疏》谓："五刑有服者，服谓画衣冠。"即五刑皆用象刑的办法表现出来，盖不用肉刑也。据经上文"象以典刑，流宥五刑，鞭作官刑，扑作教刑"所言，尧舜禹时代实无肉刑，最大的刑罚是流刑，即放至远方，知孙说妥当可从。（《〈尚书·虞夏书〉新解·〈尧典〉新解》）

【汇评】

郑伯熊：舜之继尧，以州则增而益，以刑则轻而详。州之益，声教暨远也；刑之轻，于变之后也。然观鞭、朴、流、赎之设，肉刑宜若遂措，而皋陶作士，犹曰"五刑有服"，何也？圣人爱天下之心，虽无刑焉可也。力行吾德，以善天下之俗，俗善矣，而又不敢必吾之德，能使天下人皆稷、契，家皆皋、夔也。此五刑、五流，犹以并告皋陶欤？三就者，就轻、就重与就轻重之中。三居者，居远、居近与居远近之中，苟刑入于宥，则以轻重远近对处，盖原情而用法也。说者以原野、朝、市为三就，犹可也（案：此郑康成、王肃之说）。以四裔与九州千里之外为三居（案：此说本伪孔《传》），则非古法之意也。何者？墨居五刑之至轻，宥而流之有五，以为轻重之差耳。而或以四裔、九州、千里为三，则轻无所准矣。故为轻重远近之说者，庶几得其情乎？盖罪一也，而情各有三焉。一而三之，不厌其详，所以求失情之□□也。如得其情，则无厌乎愈详矣。穆王五刑之属三千，而疑赦之罚亦三千，非密也，宽也。其宽者何也？使凡有罪者皆得以入于罚也。由是言之，以情议罪者，果无厌乎法之详也。（《郑敷文书说·五刑有服》）

㊹【汇注】

郑玄：三就，原野也，市朝也，甸师氏也。（《尚书郑注》卷一《尧典》）

裴骃：马融曰："五刑，墨、劓、剕、宫、大辟。三就，谓大罪陈诸原野，次罪于市朝，同族适甸师氏。既服五刑，当就三处。"（《史记集解·五帝本纪》）

张守节：孔安国云："服，从也，言得轻重之中正也。"按：墨，点凿其额，涅以

墨。劓，截鼻也。剕，刖足也。宫，淫刑也，男子割势，妇人幽闭也。大辟，死刑也。（《史记正义·五帝本纪》）

苏　轼：士，理官也。服，从也。三就，《国语》所谓三次也，大者陈之原野，小者致之市朝。（《东坡书传》卷二《舜典》）

袁　仁：服即幪巾之类，青绿一匝曰就。《周礼》大辂盘缨七就，可据也。若以服为服其罪，岂流者不应服罪耶？（《尚书蔡注考误》）

陈　经：五服三就，就其所在也。大罪于原野，大夫于朝，士于市，故曰三就。（《尚书详解》卷二《舜典》）

金履祥：朱子曰：三就，孔氏以为大罪于原野，大夫于朝，士于市，不知何据。窃恐惟大辟弃之于市，宫辟则下蚕室，余刑亦就屏处，盖非死刑，不欲使风中其疮，误而至死。圣人之仁也。（《书经注》卷一《舜典》）

郝　敬：就，即也，谓行刑之地。轻则于朝，重则于市，又重则投尸原野，为三就也。（《尚书辨解》卷一《尧典》）

金景芳、吕绍纲：关于"五服三就"，孙氏据《尚书大传》"唐虞象刑而民不敢犯，苗民用刑而民兴犯渐。唐虞之象刑，上刑赭衣不纯，中刑杂屦，下刑墨幪，以居州里，而民耻之，而反于礼"之说，谓"所谓五刑之服，有上中下三等，故云三就"，也是对的。《史记·五帝本纪》集解引马融："三就谓大罪陈诸原野，次罪于市朝，同族适甸师氏，既伏五刑，当就三处。"孔颖达《尚书正义》引郑玄："三就，原野也，市朝也，甸师氏也。"伪孔《传》："行刑当就三处，大罪原野，大夫于朝，士于市。"三家说大同小异，其根本之错误在于忽略了尧舜时代"象以典刑"，以改变正常服饰代替肉刑的事实。（《〈尚书·虞夏书〉新解·〈尧典〉新解》）

㊺【汇校】

梁玉绳：附按：《史诠》云"古本度作'厇'，《尚书》作'宅'，盖'厇'之讹也，《夏纪》'三危既度'同"。《史诠》以"度"为讹，甚是，而"厇"之所以讹为"度"者，因古文"宅"与"度"皆作"厇"，故讹宅为度耳。（《史记志疑》卷一《五帝本纪》）

【汇注】

张守节：度音徒洛反。《尚书》作"宅"。孔安国云"五刑之流，各有所居"也。（《史记正义·五帝本纪》）

金履祥：五流，五等象刑之当宥者也。（《书经注》卷一《舜典》）

郝　敬：五流，谓当五刑者，宥而流之。（《尚书辨解》卷一《尧典》）

马持盈：度，流放之居地。（《史记今注·五帝本纪》）

㊻【汇注】

郑　玄：三居者，自九州之外至于四海，三分其地以为远近，若周之夷、镇、蕃也。(《尚书郑注》卷一《尧典》)

张守节：按：谓度其远近，为三等之居也。(《史记正义·五帝本纪》)

杜　佑：五流各有所居之地，有三等之居：大罪四裔，次九州之外，次千里之外也。(《通典》卷一百六十二《刑制上·舜》)

苏　轼：三居，如今律五流，其详不可知矣。尧舜以德礼治天下，虽有蛮夷寇贼，时犯其法，然未尝命将出师。时使皋陶作士，以五刑三就、五流三居之法治之足矣。兵既不用，度其军政，必寓于农民。当时训农治民之官，如十二牧、司徒、司空之流，当兼领其事，是以不复立司马也。而或者因谓尧时士与司马为一官，误矣。夫以将帅之任而兼之于理官，无时而可也，尧独安能行之！(《东坡书传》卷二《舜典》)

袁　燮：“五服三就……五度三居”，三就、三居，先儒以为轻重与轻重之中，远近与远近之中，似亦无甚异，既有五等之别，则是三者在其中矣。此有用不尽之意，虽有五服而所用者止于三就，虽有五宅而所用者止于三居。盖刑罚但设于此，曷尝一一用得尽？成周之时，刑措四十余年不用，汉文时亦谓几致刑措，况于隆古盛时，安得用刑之尽乎？……大略五分中只用得三分。(《絜斋家塾书钞》卷一《舜典》)

金履祥：流虽有五，而宅之但为三等之居也。孔氏以为大罪居于四裔，次则九州之外，次则千里之外。虽亦未见其所据，大概当略近之。此亦因禹之让而申命之前，后稷养之，司徒教之，其不化者，则有士师之刑。猾，乱也。……皋陶为士旧矣。至此圣人又制为三就三居之等，惟明克允。盖折狱不明，岂能当其罪而服人心？此最圣人之要旨。(《书经注》卷一《舜典》)

郝　敬：居，安置也。远者四裔，其次千里外，又次境外，为三居。或曰：绥、要荒，皆远地也。(《尚书辨解》卷一《尧典》)

崔　适：“五流有度，五度三居。”案：此《今文尚书》也。《古文尚书》作“五流有宅，五宅三居”。《王制》注引之，《正义》引郑注曰：“宅读曰咤。惩刈之器，谓五刑之流皆有器惩刈。”知作“宅”为古文，作“度”为今文者，《尚书》“三危既宅”，《夏本纪》作“既度”；“是降丘宅土”，《风俗通》作“度土”，此其例也。(《史记探源》卷二《五帝本纪》)

马持盈：三居，四裔之外，九州之外，中国之外。中国之外，即国中之外。(《史记今注·五帝本纪》)

金景芳、吕绍纲：三居，即流放之地点依罪之轻重分为远近三个等次。《史记·五帝本纪·集解》引马融：“大罪投四裔，次九州之外，次中国之外。”《礼记·王制》疏引郑玄：“自九州之外至于四海，三分其地，远近若周之夷服、镇服、蕃服也。”马、郑说略同。《王制》云："司徒命乡简不帅教者以告。不变，命国之右乡移之左，国之左乡移之右。不变，移之郊。不变，移之遂。不变，移之远方。"说与马、郑不同。但是流刑依罪之轻重流诸远近不同之地点这一原则精神，三家是一致的。(《〈尚书·虞夏书〉新解·〈尧典〉新解》)

㊼【汇注】

  裴 骃：马融曰："谓在八议，君不忍刑，宥之以远。五等之差亦有三等之居：大罪投四裔，次九州之外，次中国之外。当明其罪，能使信服之。"(《史记集解·五帝本纪》)

  程馀庆：言维致其明察，乃能使刑当其罪，而人信之也。《礼》：大刑用甲兵。故蛮夷寇贼之事，亦领于士师。(《历代名家评注史记集说·五帝本纪》)

  [日] 泷川资言：崔述曰：禹于尧之季年已成司空，但莅事不久，水土犹未平，故舜仍其官，而专责之以平水土。水土平，然后耕耨可兴，故命稷次之；衣食足，然后礼义可教，故命契次之；不教而杀，谓之虐，教之不从，然后齐之以刑，故命皋陶次之。此四官皆救民之急务，正民之要术，故舜先之。(《史记会注考证附校补·五帝本纪第一》)

  金景芳、吕绍纲：孔颖达《尚书正义》引王肃云："惟明其罪，能使之信服。"意谓舜告诫皋陶，要明断犯人的罪行，使他们信服。(《〈尚书·虞夏书〉新解·〈尧典〉新解》)

【汇评】

  杜 佑：言咎繇能明五刑，施之远近。前古五帝之代，据《左氏》载：晋叔向所言，夏有乱政而作禹刑，商有乱政而作汤刑，周有乱政而作九刑。三辟之兴，皆叔世也。……按：《舜典》云"流宥五刑"，五刑者，以伤刻肌肉，亦谓之肉。盖《书》美大舜，以流放之宽，代刀锯之毒。若如三家之言，五帝不用五刑矣，则帝舜何得言以流放代之？足明帝舜以前行五刑，明矣！其后，舜又赞美皋陶曰"汝作士，五刑有服"，又知帝舜初立之时，暂废五刑，后又用耳。且《尚书经》正圣哲所传，《左氏》、班书，何忽而不据！其谶纬之言，固不足征也。荀卿曰："肉刑者，盖百王之所同，未有知其所由来者矣。"诚哉是言。(《通典》卷一百六十三《刑制上·虞》)

  史 浩：教之不从，则有刑焉。扑作教刑也。皋陶明于五刑，墨、劓、剕、宫、辟也。不得不并蛮夷寇贼而言也。其实所以弼五教也。刑以威四夷，诘奸慝，诛暴乱，则蛮夷之杀伐，寇贼之诛锄，皆隶之士师，实未尝用干戈以穷讨也。在舜之世，有司空、司徒而不立司马之官者，兵刑为后也。上刑适轻下服，下刑适重上服，刑之而服，轻重无私也。流所以宥五刑，曰"流"矣，必有所止，所止则为宅也。五服三就则轻也、重也、轻重之间也。五宅三居则近也、远也、远近之间也。舜之用刑，如是之审，

期于无刑之意见矣。(《尚书讲义》卷二《舜典》)

钱　时：盖罪囚情伪，变态万端，智照微昏，轻重失实，安能允当人心乎？此一"明"字，如水镜烛物，无所遁藏，不是此心洞然无纤毫蔽碍，鲜有不临事而乱者！皋陶迈种德，安有此累。舜犹未免申"惟明"之戒，后之君子，庸可忽诸！(《融堂书解》卷一《舜典》)

陈　经：观圣人制为五刑之外，既有五宅，又有三就三居，如是纤悉者，皆所以曲尽人情，未尝执一定之法，以律人之罪也。惟明克允，汝皋陶之用刑也，惟明为能允当人之罪。盖不明，则轻重大小颠倒错谬，安足以允当人情，《易》之卦言用刑，如噬嗑，如贲，如旅，或言明慎用刑，或曰折狱致刑，或曰无敢折狱，其象皆有取于离，则用刑者，惟明为要可知矣。(《尚书详解》卷二《舜典》)

王充耘：圣人之刑，为猾夏奸宄而设，盖有不得已也。上言为恶者众，以见用刑之由；次言五刑五流，以明轻重有一定之法；末言"惟明克允"，以示用刑之要。夫去恶所以安民，蛮夷而为中国之忧，寇贼而为内外之害，圣人之所甚恶也。于是治之以士师，重者刑之，而刑有三就；轻者流之，而流有三居，所以待之者，固有一定之法矣。然惟察之明，而小大无所遁其情，然后用之重，而轻重无不当其罪，庶几猾夏者知所畏，而为奸宄者有所惩也。命稷所以富之，命契所以教之，教之而不从，然后命皋陶治之以刑，所以辅教之不及也。(《书义主意》卷一《舜典》)

㊽【汇注】

裴　骃：马融曰："谓主百工之官也。"(《史记集解·五帝本纪》)

时　澜：圣人事事物物，无不全备。工者，金工、土工、石工、木工、兽工、草工之类，与后世技巧工匠咸精其能者，事同而意异也。(《增修东莱书说》卷二《舜典》)

王充耘：工作什器，所以利民用也。(《书义主意》卷一《舜典》)

钱大昕："谁能驯予工"，"驯"与"顺"同。《易·坤初(六)·象传》："驯致其道，至坚冰也。"其文言曰："履霜坚冰至，盖言顺也。"可证"顺"即"驯"字。《尚书》"畴若予工"，若训顺，故史公以"驯"代"若"。(《廿二史考异》卷一《五帝本纪》)

金景芳、吕绍纲：驯，顺也。《五帝本纪·集解》引马融云："谓主百工之官也。"伪孔《传》："问谁能顺我百工事者。"按：若训顺，甚是。(《〈尚书·虞夏书〉新解·〈尧典〉新解》)

【汇评】

钱　时：一器物之微，特工人之所为耳，于舜何与？而曰"予工"，盖制器尚象，自圣人出，其所制作，妙理存焉。今观牺尊、象尊、玉爵、瑶爵，与凡圣世相传之遗制，体格端重，名义渊永，无一物非托之以寓进业之深旨，不虚作也。然则百工之事，正圣人精神妙用，风俗之所枢机，其美其恶，其责在我，谓之"予工"，岂苟然哉？（《融堂书解》卷一《舜典》）

袁　燮：唐虞用人，与后世不同。用一人焉，必采之公论所与，则其人之贤可知矣，然后从而用之，此其与天下为公之意，安得一毫私意介乎其间。自后世揽权之说兴，人主举事始欲皆自己出。唐虞之时，但务吾事之归于是而已。揽权之说，未之闻也。（《絜斋家塾书钞》卷一《舜典》）

㊾【汇注】

裴　骃：马融曰："为司空，共理百工之事。"（《史记集解·五帝本纪》）

金履祥：此教民利器用，为国除器械也。所谓审曲面势，以饬五材，以辨民器者也。凡百工之事，共工主之。（《书经注》卷一《舜典》）

又：朱子曰：垂，臣名，有巧思。《庄子》曰"擢工倕之指"，即此也。共工，官名。共，供也，言供其事也。（同上）

郝　敬：百工所以利用，共工掌之。（《尚书辨解》卷一《尧典》）

梁玉绳：附按：《集解》于《尧纪》引康成云"共工水官名"，于此引马融曰"为司空，共理百工之事"。唐贾公彦《周礼序》谓"冬官水正为共工，即司空也。尧改名司空以宠异禹，至禹登百揆，舍司空之职仍为共工"。理或然欤？但史依《尚书》并载禹、益诸臣之让，而垂独缺，疑有脱文。（原注：贾序亦康成说，又见《考工记》疏。）（《史记志疑》卷一《五帝本纪》）

[日] 泷川资言：徐孚远曰：是时禹为司空宅百揆，垂亦何得亦为司空？抑禹自宅揆解司空之职，以授垂邪？将共工别为一官，与司空分职，而马说误邪？（《史记会注考证附校补·五帝本纪第一》）

金景芳、吕绍纲：《汉书·百官公卿表叙》作"垂作共工利器用"，皆以共工为官名。《五帝本纪·集解》引马融云："为司空，共理百工之事。"孔颖达《尚书正义》云："要帝意，言共谓共此职也。"伪孔《传》云："共谓共其职事。"曾运乾《尚书正读》云："工，主百工之官也。"皆以共为供，作动词用，不以共工二字为官名。今从《史记》《汉书》，以共工为官名。马云垂为司空，亦误。司空是禹专有的官名，不得用诸他人。垂，人名。《广雅》注引《世本》："垂，舜臣。"（《〈尚书·虞夏书〉新解·〈尧典〉新解》）

【汇评】

史　浩：工宜后也。而舜命垂者，以垂能顺百工之事也。夫工虽贱事，而治天下者，于此考其成。是故纪治之成者，必曰吏称其职，民安其业，而赞之曰：技巧工匠咸精其能。夫咸精其能，是于细事不敢欺也，而不谓之治成乎！……"往哉，汝谐。"

无出垂之右者，垂安得而辞乎！（《尚书讲义》卷二《舜典》）

袁　燮： 工，百工也。……夫以百工之事，而特设一官。欲知兹事之重，观《周礼·考工记》可见。国有六职，百工居一焉。轮舆、弓庐、匠车、梓筑、冶凫、栗氏、桃函、鲍韗、韦裘、画缋、锺筐、㡧玉、㮚雕、矢磬以至于陶旊，皆是百工之事，皆日用所不可一日缺者。故曰"百工之事，皆圣人之作也"。《易》言斵木为耜，揉木为耒，刳木为舟，剡木为楫，无非圣人为之。夫如此，安得而不重？孟子曰："一人之身，而百工之所为备。"今夫手之所用，身之所被，目之所视，耳之所听，皆百工之为也。日用之间，无非百工，但由之而不知耳。既是关民生之日用，宜其事之重也。抑又有甚重者，《月令》所谓"毋或作为淫巧以荡上心"，"物勒工名"以考其成功，有不当必行其罪。……共，敬也，敬以行其事也。（《絜斋家塾书钞》卷一《舜典》）

㊿【汇注】

裴　骃： 马融曰："上谓原，下谓隰。"（《史记集解·五帝本纪》）

苏　轼： 上，山也；下，泽也。（《东坡书传》卷二《舜典》）

陈泰交： 上下，山林泽薮也。（《尚书注考》）

金景芳、吕绍纲： 驯同顺。《集解》引马融："上谓原，下谓隰。"按：马释上下为原隰，是也。何谓原？何谓隰？《诗·小雅·皇皇者华》毛传云："高平曰原，下湿曰隰。"《公羊传》昭公元年："上平曰原，下平曰隰。"（《〈尚书·虞夏书〉新解·〈尧典〉新解》）

【汇评】

时　澜： 君为万物之主，凡天地之间一物失所，舜见之，皆己之责。故上下草木鸟兽，莫不有职以主之。上下者，高下之谓，非曰上天下地也。后世之君，富国强兵，乃其职耳，岂识代天理物之意哉？民与物，理一而分殊，民且不恤，况于物乎？观此，足以见唐虞天涵地育广大之象。（《增修东莱书说》卷二《舜典》）

钱　时： 天地万物，与我浑然一体，圣人身任化育之责，凡一草一木一鸟一兽即我也，非外物也。故曰"予上下草木鸟兽"。曾子谓：断一木，杀一禽，不以其时，非孝，则知所以为若也。是故，獭祭鱼，然后渔人入泽梁；豺祭兽，然后田猎；鸠化为鹰，然后设罻罗；草木零落，然后入山林，不麛不卵，不杀胎，不殀夭，不覆巢，皆若之谓也。（《融堂书解》卷一《舜典》）

袁　燮： 孟子曰"亲亲而仁民，仁民而爱物"，盈于天地间，皆天地所生也，然中间却无这一个圣人不得。《中庸》曰："能尽其性，则能尽人之性，能尽人之性，则能尽物之性，能尽物之性，则可以赞天地之化育。"若予上下草木鸟兽，皆所以尽物之性而赞天地化育也。当尧之时，洪水未平，泛滥于天下，草木畅茂，禽兽繁殖，五谷不登，禽兽逼人，兽蹄鸟迹之道交于中国。当此时也，草木鸟兽其若乎？其不若乎？若非圣人为天地万物之主，与人区处，则颠倒错乱，万物必不得其所，必不能遂其性矣。夫草木畅茂，禽兽繁殖，此非物之本性也。物之本性本不然，但上无人区处，所以如此。虞衡之官既设，物之性始遂矣。所谓“若予上下草木鸟兽”，其中煞有事如斧斤以时入山林，数罟不入洿池，必如此，然后草木鸟兽方可若。但看《周礼》虞衡之官，为之厉禁，则可以知虞衡之政矣。上下，山泽也。(《絜斋家塾书钞》卷一《舜典》)

王充耘：上文皆所以忧民。至此，则又欲使草木鸟兽亦得以遂其生，圣人之仁也。(《书义主意》卷一《舜典》)

(51)【汇注】

陈士元：至于伯益之世系，则史、传不同。《路史》云：颛顼娶邹屠氏，生禹之祖及八凯。伯益，八凯之一也，字隤敳，为唐泽虞，是为百虫将军，佐禹治水，封于梁。舜禅禹，禹逊于益，辞焉。年过二百岁。《史记·秦本纪》云：帝颛顼之裔孙，曰女脩，生子大业，大业娶少典之子，曰女华，生大费，与禹平水土，已成。禹曰：非予能成，亦大费为辅。帝曰：咨尔费，赞禹功。其赐尔皁斿，尔后嗣将大出，乃妻以姚女，佐禹调鸟兽，鸟兽驯服。是为伯翳，赐姓嬴氏。《索隐》云：此秦赵之祖，一名柏翳，《尚书》谓之益，《世本》《汉书》谓之伯益。观《史记》上下诸文，柏翳与伯益是一人无疑。罗泌氏则云，柏翳者少昊之后，皋陶之子，而伯益乃颛顼之第三子。刘秀表亦云：夏禹治水，伯益与柏翳主驱禽兽，是翳、益为二人。金履祥氏云：《秦纪》谓柏翳佐禹治水，驯服鸟兽，即《尚书》所谓随山刊木，暨益奏庶鲜食，益作朕虞，若予上下鸟兽者也。唐虞功臣，独四岳不名，其余未有无名者。岂有柏翳之功如此，而《尚书》不概见乎？泌之好异，要非事实也。(《论语类考》卷七《舜臣五人》)

(52)【汇校】

梁玉绳：按：《书》所云朕虞，舜自言之也，此连文为官名，非。王莽改水衡都尉曰予虞，《汉书·百官公卿表》亦曰“益作朕虞”，《地理志》曰“为舜朕虞”，岂皆误读《尚书》耶？(《史记志疑》卷一《五帝本纪》)

张家英：谨案：“以益为朕虞”句，《尚书·舜典》作“汝作朕虞”，为“帝曰”之语。孔《传》：“虞，掌山泽之官。”孔颖达疏：“此官以虞为名，帝言‘作我虞’耳。郑玄云：‘言朕虞，重鸟兽草木。’《汉书》王莽自称为予，立予虞之官；则莽谓此官名为‘朕虞’，其义必不然也。”是孔《疏》亦以为脱离具体的语言环境，将“朕虞”独立以为官名是不对的。

检下文太史公的叙述，有“皋陶为大理、伯夷主礼、垂主工师、益主虞、弃主稷、契主司徒、龙主宾客”之语，则“以益为朕虞”句中之“朕”当为衍文；且其上文有“于是以垂为共工”句，亦可以为证。果尔，则依标点本体例，此“朕”字当加括号了。(《〈史记〉十二本纪疑诂·五帝本纪》)

【汇注】

郑　玄：言朕虞，重鸟兽草木。(《尚书郑注》卷一《尧典》)

裴　骃：马融曰："虞，掌山泽之官名。"(《史记集解·五帝本纪》)

金履祥：此虞衡之职，各顺动植飞走之性，而封植繁毓之。取之以时，用之以节，使材木不可胜用，鸟兽鱼鳖不可胜食，马畜繁息，泽及万物者也。朱子曰：上下，山林薮泽也。虞，掌山泽之官。(《书经注》卷一)

崔　述：《孟子》："舜使益掌火，益烈山泽而焚之，禽兽逃匿。"(《孟子·滕文公上》)按：《书》益"奏鲜食"与禹"随山刊木"同时，而《孟子》此文在治水前者，盖禹导山在前，导水在后，——随山刊木，导山事也；决水距海，导水事也，——益之烈山泽在导山时，故在导水之前也。舜之即位，禹已前为司空，则导山当自尧之末年始；导水乃在舜世耳。然则益此事当在舜命禹平水土之前，尧之末年矣。其作虞也，乃水土既平后，生民已安，而蕃育草木鸟兽耳；与烈山泽事无涉也。但益之事于《经》无明文，故附次于此。(《崔东壁遗书·唐虞考信录》卷二《舜相尧·附录·益掌火在作虞前》)

汪之昌：《尚书·尧典》"汝作朕虞"。马融曰："虞，掌山泽之官名。"郑康成曰："言朕虞，重鸟兽草木。"郑注仅存单词。孔冲远作《正义》，释"朕虞"为"予之虞官"，以康成"朕虞连文名官"为非孔。时郑注具备，所云必有确据，然则康成固以朕虞为官名矣。《正义》训朕为予，盖本《尔雅·释诂》，并见经有予工语，遂造予之虞官之说。然上经帝咨，则曰予工，命垂曰汝共工，不云汝共予工，且此官果单名虞，当云"汝作虞"，与"汝作士"句一例，何以云"汝作朕虞"也？《史记·五帝本纪》于是"以益为朕虞"，《汉书·地理志》"柏益为舜朕虞"，《百官公卿表》亦曰"益作朕虞"。如《正义》所云，《史记》《汉书》非出舜言，曰为朕虞，曰作朕虞，其文均不可通，可见官名"朕虞"，必系秦汉经师旧谊，益以证郑注之有本。(《青学斋集》卷二《汝作朕虞解》)

金景芳、吕绍纲："于是以益为朕虞"，是以朕虞二字为官名。《汉书·地理志》《百官公卿表叙》《后汉书·刘陶传》《文选》卷二十七注引应劭、孔颖达《尚书正义》引郑注，说同，皆释"朕虞"为官名，并误，不可从。《五帝本纪·集解》引马融云："虞，掌山泽之官名。"伪孔《传》、蔡沈《书集传》皆从马说。按：马说是。虞一字是官名，朕字是代词，《尔雅·释诂》："朕，我也。"(《〈尚书·虞夏书〉新解·〈尧典〉新解》)

【汇评】

陈　经：或曰：工之与虞，至微至贱之事，圣人若不必加之意也。殊不知精粗本末，初无二致，圣人以天下为一体，岂有身外之事，其为精者本也，其为粗者末也哉？

不然，则工曰予工，是天下无一事非君之事，草木鸟兽曰予上下草木鸟兽，是天下无一物非君之物也。唐虞稽古，建官惟百，而百官之大者，莫如九官，至简要也。工虞之职，至与百揆三礼者同其命，则知自古圣人，未始以是为微贱而忽略之也。后世百工之官，犹或知之，朕虞之官，盖视之以为不切，废而不举者多矣。余考虞廷诸臣，自禹而下，皆全才备德，非寻常之流，盖亦无施而不可者也。舜之命礼乐刑教，与夫予工朕虞，终身而不易其业，后之人才不逮古，间有一能一节之可取者，其君喜而用之，今日俾之掌礼，未几而更命以刑，今日俾之掌刑，未几而更命以教，前之职方习之而未精，后之官又龃龉而不熟，求如古之命官鲜矣。自舜之命垂以共工也，而竹矢之巧至成周千有余年，而犹且传宝之，则其法度之巧妙可知。天下之事一则精，否则杂，吾于舜命九官而见之。（《尚书详解》卷二《舜典》）

　　罗　泌：君子之于禽兽也，见其生，不忍见其死，闻其声，不忍食其肉。是故足迹不迩于庖厨，而鱼肉不及于庙阈，岂其不之戒哉？其所以戒之，亦有道矣，郊社特牲，宗庙特牛，而神得其饷矣。七十二膳，八十常珍，而亲得以养矣。天子不合围，诸侯不掩群，大夫不取麛卵，士不隐塞，庶人不数罟，诸侯无故不杀牛，大夫无故不杀羊，士无故不杀犬豕，庶人无故不食珍，而后天下之畜无妄杀也。爰复设之虞衡之官，按其生育之时，行山林，禁泽梁，以及乎其可生者。……未至黄落，则斧斤不入乎山林，毋槎，毋蘖，毋绝华萼，不风不暴，不以行火，而恩被于动植矣，是真被于动植者也。（《路史·发挥卷四·益为朕虞》）

㊷【汇注】

　　司马贞：即高辛氏之子伯虎、仲熊也。（《史记索隐·五帝本纪》）

　　张守节：孔安国云："朱虎，熊罴，二臣名。垂、益所让四人，皆在元恺之中也。"（《史记正义·五帝本纪》）

　　金履祥：朱虎、熊罴，四臣名也。高辛氏之子有曰仲虎，仲熊，意以兽为名者，亦以其能服是兽而得名欤！（《书经注》卷一《舜典》）

　　金景芳、吕绍纲：朱虎熊罴，《左传》文公十八年："高辛氏有才子八人：伯奋、仲堪、叔献、季仲、伯虎、仲熊、叔豹、季狸。"江声《尚书集注音疏》："此经虎、熊当即彼伯虎、仲熊也。虎、熊二人合朱与罴为四人。"《汉书·古今人表》有柏虎、仲熊、季熊三人。师古于季熊下注曰："即《左氏传》所谓季狸者也。"段玉裁："左氏：'伯虎、仲熊、叔豹、季狸。'《古今人表》作'季熊'，熊疑罴之误。即益所让之虎、熊、罴。盖朱、虎、熊、罴，四人名也。"按：江、段说是。伪孔《传》以朱虎、熊罴为二人，不可从。（《〈尚书·虞夏书〉新解·〈尧典〉新解》）

㊸【汇注】

　　苏　轼：谐，宜也。（《东坡书传》卷二《舜典》）

钱　时：《周官》虞人，有上山泽、中山泽、下山泽之异，益为虞，其众虞之长欤？"汝谐"者，欲谐和众职，使无一物失所之谓也。(《融堂书解》卷一《舜典》)

　　郝　敬：山林泽薮，草木禽兽所生，虞掌之，众举益，益让朱、虎、熊、罴四臣，而帝谓益谐也。谐，犹宜也。……益，伯益，即柏翳。(《尚书辨解》卷一《尧典》)

　　崔　述：余按：禹之让稷、契、皋陶也，帝曰"汝往哉"，伯之让夔龙也。帝曰"往钦哉"，独于垂、益之让则曰"往哉，汝谐"。"谐"，犹偕也，谓偕垂、益而同治一官也。"往哉"者，不允垂、益之让；"汝谐"者，允垂、益之荐而用之也。(《崔东壁遗书·唐虞考信录》卷三《"谐"为偕义》)

　　金景芳、吕绍纲：伪孔《传》："汝能谐和此官。"经文意谓帝舜说：好，你去做（共工）吧，你能谐和此官，把这项工作做好。孙星衍《尚书今古文注疏》云："或说谐者偕也。俞则然其让矣。仍使偕往治事。"以禹、益、伯夷例之，疑孙说非是。"汝往""汝谐"的汝应指一人，不是"你们"。(《〈尚书·虞夏书〉新解·〈尧典〉新解》)

㊺【汇注】

　　张守节：为益之佐也。(《史记正义·五帝本纪》)

　　[日] 泷川资言：《尚书》无"诸臣"二字，盖注文窜入。又不言以朱虎、熊罴为佐，或今本《尚书》讹脱邪，抑史公以意推之也？崔述曰：本务举而后末务可图，人性尽而后物性可遂，故命垂命益次之。(《史记会注考证附校补·五帝本纪第一》)

【汇评】

　　时　澜：舜尝使益掌火，益烈山泽而焚之，禽兽逃匿。地平天成之后，复使掌山泽之事，盖因其昔所经历而用之。……其他命官，皆治人之事，详略不同者，仁民而爱物之意也。人各有伦，分量等差，不可逾躐。禹之所逊，人品之上者，不可移而列于殳斨伯与朱虎、熊罴也。垂、益之所逊，人品之次者，不可进而侪于皋陶、稷、契也。则知分量大小非勉强之所能及也。(《增修东莱书说》卷二《舜典》)

㊻【汇注】

　　裴　骃：马融曰："三礼，天神、地祇、人鬼之礼也。"郑玄曰："天事、地事、人事之礼。"(《史记集解·五帝本纪》)

　　钱　时：周大宗伯之职，掌建邦之天神、人鬼，地示之礼，即此三礼是也。吉、凶、军、宾、嘉，皆属大宗伯。鬼、神、示，止是吉礼，如何总言其职？独举此三者，盖礼莫大于天、地、宗庙，故曰：明乎郊社之礼，禘尝之义，治国其如视诸掌。举其大，则余可概见矣。(《融堂书解》卷一《舜典》)

　　袁　燮：四岳，大臣也。事大体重，首咨诸朝廷之大臣。三礼，天地人之礼也。(《絜斋家塾书钞》卷一《舜典》)

陈　经：三礼者，即祀天神、祭地祇、享人鬼。（《尚书详解》卷二《舜典》）

金履祥：典，主也。三礼，祀天神、享人鬼、祭地祇之礼也。（《书经注》卷一《舜典》）

郝　敬：三礼，即三纲，或曰天、地、人之礼。……人心正直则清明，邪曲则昏乱，早夜敬畏，内志端庄，则神气清静，而天、地、人、神无不感格，此礼之本也。（《尚书辨解》卷一《尧典》）

金景芳、吕绍纲：三礼，《史记·五帝本纪·集解》引马融："三礼，天神、地祇、人鬼之礼也。"引郑玄："天事、地事、人事之礼也。"伪孔《传》："三礼，天地人之礼。"蔡沈《书集传》："三礼，祀天神、享人鬼、祭地祇之礼也。"诸说一同，皆据《周礼》为说。《周礼·春官·大宗伯》："掌建邦之天神、人鬼、地示之礼。"是所谓三礼，系指祭礼而言。祭礼的内容不过天地人三方面。（《〈尚书·虞夏书〉新解·〈尧典〉新解》）

【汇评】

时　澜：礼，重事也，故咨于四岳。三礼者，天神、地祇、人鬼之礼也。典礼之官，将以对越天地，感格鬼神，非至敬有道之士不可。故曰夙夜维寅。寅者，敬也。自旦至暮，无时而不敬也。直哉惟清。直者，敬以直内之直，而无私志邪虞也。既无私邪之累，则清明在躬，无一毫足以汨其心矣。敬之工，于此可见，典礼之事至重，故再三命之。……舜命九官，惟禹与伯夷咨四岳，缓急大小之不同也。（《增修东莱书说》卷二《舜典》）

㊄【汇注】

苏　轼：伯夷，臣名，姜姓。（《东坡书传》卷二《舜典》）

㊅【汇注】

郑　玄：主次秩尊卑。（《尚书郑注》卷一《尧典》）

张守节：若太常也。《汉书·百官表》云"王莽改太常曰秩宗"，依古也。孔安国云："秩，序；宗，尊也。主郊庙之官也。"（《史记正义·五帝本纪》）

苏　轼：秩，序。宗庙之官。（《东坡书传》卷二《舜典》）

钱　时：秩宗，即大宗伯之职。秩，序也；宗，犹主也。天秩有礼，无非自然之序，礼官为礼之主，故谓之秩宗。（《融堂书解》卷一《舜典》）

袁　燮："秩宗"者，秩之为言次序，宗之为言宗主，谓作朕礼之宗主也。《周礼》大宗伯是也。（《絜斋家塾书钞》卷一《舜典》）

陈　经：秩宗，官名也。宗，尊也。三礼者，人之所尊。秩者，祭之有次序也。（《尚书详解》卷二《舜典》）

金履祥：秩宗，主叙次百神之官，而专以秩宗名之者，盖以宗庙为主也。《周礼》

亦谓之宗伯。而都家皆有宗人之官，以掌祭祀之事，亦此意也。(《书经注》卷一《舜典》)

陈泰交：秩者，尊卑贵贱等级之品秩也。(《尚书注考》)

金景芳、吕绍纲：秩宗，《五帝本纪·集解》引郑玄："主次秩尊卑"。郑氏所说秩宗之职掌，极是。舜委任伯夷作秩宗典三礼，即主祭祀天神地祇人鬼。秩宗之职能不仅仅在于主祭祀鬼神，人间之尊卑礼仪亦当由他掌管。江声《尚书集注音疏》云："秩宗所次秩当不但鬼神之尊卑，而鬼神亦其一隅也。"按：江说是。(《〈尚书·虞夏书〉新解·〈尧典〉新解》)

(59)【汇注】

陈　经：夙夜者，或早或暮，无时而不寅，无时而不直不清也。……想其精神端正简洁，纯一不变，此时之心，即天神、地祇、人鬼之心也。至于典三礼也，岂不足以感格鬼神而教民敬哉？(《尚书详解》卷二《舜典》)

【汇评】

袁　燮：夫典礼之职，不与他事相似，才智勇力都使不着。须是敬乃可。少有不敬，则以之秩礼，当轻者重，当重者轻，当小者大，当大者小，颠倒错乱，失其序矣。敬则此心清明，辟如明鉴，然妍丑皆不能逃。故秩宗之职，以此心为主。(《絜斋家塾书钞》卷一《舜典》)

陈　经：观《吕刑》称伯夷降典曲折民惟刑，则知伯夷之典礼，足以起民之敬心，而使不犯于刑矣。(《尚书详解》卷二《舜典》)

王充耘：前言治民，此言事神，先成民而后致力于神也。夫祀天神，享人鬼，祭地祇，其礼不同，而皆以敬为主。盖礼者，敬而已矣。而况于交神明乎？必无早无夜，一以寅畏为事，庶几心无私曲，湛然清明，而牲币祝号之次第，笾豆鼎俎之隆杀，坛埠圭璧之陈列，皆秩然有序而不乱，故郊焉而天神格，庙焉而人鬼享，皆敬心之所为也。盖以交神明，圣人之所甚重也。(《书义主意》卷一《舜典》)

(60)【汇注】

张守节：静，清也。絜，明也。孔安国云："职典礼，施政教，使正直而清明。"(《史记正义·五帝本纪》)

苏　轼：《书》曰："伯夷降典，折民惟刑，礼之所去，刑之所取。"故古者礼官兼折刑，"夙夜惟寅"者，为礼也，直哉惟清者，为刑也。惟直则刑清。(《东坡书传》卷二《舜典》)

(61)【汇注】

张守节：孔安国云："然其推贤，不许其让也。"(《史记正义·五帝本纪》)

【汇评】

陈　经：舜之命九官，或咨四岳，或不咨四岳，盖事有轻重故也。百揆之任，宰相之职也；秩宗之任，三礼之所系也。其事不可以为与工虞并，故必咨四岳之大臣，稷、契、皋陶、夔、龙之所掌者，亦不轻也。何以不咨四岳？曰：稷、契、皋陶，既出于禹之所荐，夔、龙既出于伯夷之所荐，则其人已可信矣，于此苟复咨焉。则禹与伯夷之所荐不足信，而君臣之间，未免疑猜也。舜岂其然？（《尚书详解》卷二《舜典》）

(62)【汇注】

蒋廷锡：按：《风俗通》：昔者舜以夔为乐正，始治六律，和均五声，以通八风，而天下服。重黎又荐能为音者，舜曰：夫乐，天地之精，得失之节，故唯圣人为能和乐之本。夔能和之平天下，若夔，一足矣。（《明伦汇编》卷八《帝纪部·舜本纪》）

张澍稡：澍按：《礼记》夔始制乐，以赏诸侯。《淮南子》：夔作乐，合六律，调五音，所以通八风。《帝王世纪》：尧命伯夔，放山川谿谷之音，作乐六章，天下大和。《吕氏春秋·慎行论》：舜欲以乐传教于天下，乃令重、黎举夔于草莽之中而进之，舜以为乐正，事亦见《孔丛子》。《水经注》引《乐纬》曰：昔归典叶声律。宋忠曰：归即夔。《史记正义》宋均注：《乐纬》云：熊渠嫡嗣曰熊挚，有恶疾，不得为后，别居于夔，为楚附庸。后王命曰夔子，是以熊挚即为舜时典乐之夔者。夫挚之先鬻熊乃当文王时，而其裔孙反在尧舜之世，谬矣。又按：《乐纬》叶声仪也。宋忠注云：归即夔之归乡，乃今之秭归县地，有夔乡，夔封于地，与郦氏引不同。（《世本集补注》卷一，见《世本八种》）

金景芳、吕绍纲：《说文》攴部：“敟，主也。”段注：“敟，经传多作典。”乐，音乐，但视现代之音乐一词涵盖为广泛。《汉书·礼乐志》：“典者自卿大夫师瞽以下皆选有道德之人，朝夕习业以教国子。国子者卿大夫之子弟也。皆学歌九德，诵六诗，习六舞、五声、八音之和。故帝舜命夔曰‘女典乐，教胄子’。”（《〈尚书·虞夏书〉新解·〈尧典〉新解》）

【汇评】

罗　泌：方帝之命夷秩宗典三礼也，夷巽之夔，则夔固非不达礼也。惟其礼乐兼备，特在当时知乐优于礼尔。教国胄子，直宽刚简，不达于礼者能之乎？惟直、惟宽、惟刚、惟简，则知教之所由兴矣。而温而栗、无戏无傲，则又知教之所由废而师道亦裕矣。孰谓夔其穷欤！且昔重黎之举夔为乐正也，重黎欲益求人以佐帝曰：乐者，天地之精，得失之节也。夔能和之，以平天下，一而足矣。故荀子曰：“知乐者众矣，而夔独传，一也。”岂为不达礼哉！呜嘻！人之好乐也甚矣，其不可夺也。先王之时，以乐合天下之情，是故必命大贤，深穷情致，而后闻者日兴起。末世之君，视为一技，

毕付庸瞽，啁啾嘈囋，惟以取眩，是以无益于智，又何有于物类之感而启人之信。（《路史·发挥卷五·夔论》）

郝　敬： 水土平，民既富且教，刑罚清，而财用足，品物咸若，则礼乐可兴矣。礼先，故命伯夷，乐后，故命夔治。（《尚书辨解》卷一《尧典》）

王夫之： 诗所以言志也，歌所以咏言也，声所以依咏也，律所以和声也。以诗言志而志不滞，以歌咏言而言不郁，以声依咏而咏不荡，以律和声而声不诐。君子之贵于乐者，贵以此也。（《尚书引义》卷一《舜典三》）

崔　述：《孔丛子》称，或问孔子："夔有一足，信乎？"孔子曰："皋陶为夔请佐，舜曰：夔一，足矣。非一足也。"余按：夔本兽名，故《鲁语》云："木石之怪，夔蝄蜽；水之怪，龙蝄象。"夔之名夔犹龙之名龙也……所谓"夔一足"者，谓夔之兽一足，非谓夔之人一足也。儒者知其不经而不知所由误，乃撰为此事，又托诸孔子之言以曲解之，嘻，亦劳矣！（《崔东壁遗书·唐虞考信录》卷三《夔一足非指人》）

马汝邺： 礼乐与治化相维系。礼乐兴，治化俱兴；礼乐废，治化俱废。伊古以来，罔不如斯。……后世人君不知礼乐之陶淑人心，尚虚文以尊己抑民，极声音之淫靡以荡其欲情，是岂先王制礼作乐之本意哉！（《晦珠馆文稿·论礼乐》）

⑥【汇校】

钱大昕："教稺子"注：《尚书》作"胄子"。孔安国曰："'稺''胄'声相近。"案："稺""胄"声相近乃裴氏说，非孔安国注也。"曰"下当有脱文。（《廿二史考异》卷一《五帝本纪》）

蒋善国："教胄子"：马本、王本和《汉书·礼乐志》、《通典》引《魏文侯孝经传》俱作"教胄子"，郑氏《周礼·大司乐》注和《说文》均作"教育子"。《史记·五帝本纪》作"教稺子"，是用训诂字代替。（《尚书综述》）

【汇注】

马　融： 胄，长也，教长天下之子弟。（《古文尚书注》卷一《尧典》）

裴　骃： 郑玄曰："国子也。"按：《尚书》作"胄子"，稺胄声相近。（《史记集解·五帝本纪》）

张守节： 稺，胄雉反。孔安国云："胄，长也。谓元子以下，至卿大夫子弟，以歌诗蹈之舞之，教长国子中和祗庸孝友。"（《史记正义·五帝本纪》）

袁　燮： 胄子，自世子以下至卿大夫子弟。古者，天子之子亦齿于学。《记》曰"世子齿于学"，又曰："天子之元子，士也。天下无生而贵者。"夫以天子之子而只得比士，盖不要他便尊贵了。此意甚好。古人教国子，甚留意。成周教养之法甚悉，而舜亦特设一官以教之，所以如此重者，盖古人欲使之世其家。周公封于鲁，其后则伯禽为鲁侯，太公封于齐，其后则伋为齐侯，举此二者，可见公卿大夫之子弟，固欲以世其家也。既欲世其家，则安可不教？盖公卿大夫之子弟，不与寒酸相似，东坡、王仲、义真赞论之详矣。古人用人多是胄子，成周之时仕于王朝者，皆周、召、毛、毕之子孙也。将欲用之，故必先教之。然其所以教子者必以乐。盖感人以乐，不与言语同，言语之入人也浅，乐之动荡鼓舞其入人也深。古者学校中多作乐，商之学曰瞽宗。瞽宗，乐也，而以名其学，言作乐于中也。（《絜斋家塾书钞》卷一《舜典》）

陈　经：唐虞三代之世，仕于朝者，皆天子之族与世臣巨室之家。孔氏曰：胄，长也。元子以下至卿大夫子弟，周官大司乐掌教国子以中和孝支祗庸，以见古人掌乐之官，皆兼于教国子。盖乐者广大和易，发扬蹈厉以感人也深。孔子曰兴于诗是也。然乐之大要，本于中和。直而温，宽而栗，刚而无虐，简而无傲，德之中和也。将教人以中和之德，而必道人以中和之乐。人之气质，有刚柔缓急之不同，舜命夔教胄子，使导达其气质，一归于中和。直、宽、刚、简四者，气质之自然。直而教之温，则不失之直情径行；好评以为直，宽而教之栗，则不失之纵放，刚而教之无虐，则不至于暴，简而教之无傲，则不至于忽，此德之中和也。然德之中和何自而发哉？以资乎乐之中和。（《尚书详解》卷二《舜典》）

王　圻：颛顼始置乐正以教胄子。（《稗史汇编·职官门·储职》）

梁玉绳：附按：《集解》引孔安国曰"稚胄声相近"。今孔《传》无此语，岂裴氏见真孔《传》乎？（原注：东晋李颙于真古文《泰誓》引安国注，见《泰誓疏》，是颙亦曾见真孔《传》也。〔金陵本《集解》引郑玄曰"国子也"。裴骃按云"《尚书》作'胄子'，稚胄声相近"。非引孔安国说。〕）（《史记志疑》卷一《五帝本纪》）

俞正燮：《说文》𠫓部"育"云：养子使作善也。《虞书》曰"教育子"。《史记》作"教稚子"。《集解》谓"稚、胄声相近"，非也。"稚子"言当长之，仍是育长之也。（《癸巳类稿》卷一《教育子义》）

马持盈：教稺子，教导国子。或曰稺子乃天子及卿大夫等之长子。（《史记今注·五帝本纪》）

金景芳、吕绍纲：胄子，一作育子。《史记·五帝本纪》作稚子。《经典释文》引郑玄注："胄子，国子也。"《经义述闻》："凡未冠者通谓之稚子，即育子，故曰'女典乐，教育子'。"又："育、胄古声相近，作胄者假借字耳。"经文大意谓舜命夔作乐官之长，主管乐教，教育部落联盟内所有未成年之人。（《〈尚书·虞夏书〉新解·〈尧典〉新解》）

【汇评】

史　浩：教胄子者，国之元子与公卿大夫之子也。使胄子教养于礼乐中和之域，太平之极挚也。夫乐行而易直子谅之心，油然生焉，乐之本也。若夫见于形器声音，则乐之余也。然不于乐之余而验之，何以知其本也？是故诗者志之所之也。嗟叹之不足,故有咏歌焉。声依咏者,贵人声也。律和声也,乐胜而不流也。由是而八风从律,八音克谐矣。天神降,地祇格,人鬼享,三礼行之,得乐而和,故曰神人以和。舜治之盛于此,至矣,尽矣,不可以有加矣。"击石拊石,百兽率舞",盖有不期然而然者。呜呼盛哉!(《尚书讲义》卷二《舜典》)

钱　时:适子他日皆继世有家、有国、有天下者,岂是细事?如何独命典乐教之?盖感人心,变化气质,机用之妙,莫疾于乐。此圣人区处胄子,岂耳提面命、哓哓讲说所可言哉?周大司乐,掌成均之法,以治建国之学政,其以乐德教国子者,必中和、祗庸、孝友以为主,教之乐语,教之乐舞,所以为教之目,一一皆有节奏,皆有定式,虽世代详略有不得而知,要其大略可见。若夫师道,则甚不易也。何谓师道?直、宽、刚、简是也。直者,无所回曲之谓,欲明师道,岂可不直?然直则易于不温和,但峻直而不温和,则难亲矣。宽者,优柔乐易之谓,欲行其教,岂可不宽?然宽则易于不庄栗,但宽而不庄栗,则易玩矣。震厉奋发,足以策偷而警惰,非刚不可也。或太刚,则未免反有戕贼之患。刚而无虐可也。静重端默,足以正浮而格躁,非简不可也。或太简,则未免反有高亢之患,简而无傲可也。玩此四语,如五味相济,五色相受,而师道备矣。故舜先明此事,方论及乐。师道欠缺,而徒欲以声音感人,则无是理。《诗》者,乐之主也。作其乐而歌其《诗》,如王出入则奏《王夏》,尸出入则奏《肆夏》,牲出入则奏《昭夏》,射则奏《驺虞》之类也。舜至此,不言胄子,而言神人,此道之妙,无所不通,人此妙也,神此妙也,夔也固已洞达此妙,一触其机,不觉慨叹曰:"於!何待八音之皆具也哉?虽一石之击,一石之拊,而百兽且将率舞矣,又何止于神人!"呜呼,妙矣!非真知天地万物在此石一击一拊之间,安能透发蹊径,于舜言外发此妙旨?舜闻此旨,默然无语,如之何其不善?(《融堂书解》卷一《舜典》)

时　澜:典乐,教胄子,夔之职兼二事也。乐与教相关,不可以不兼。乐者,广大易直,感人也深,故掌乐必兼教之任,动荡感发,使人之良心油然而生,教人之道,无大于此。(《增修东莱书说》卷二《舜典》)

郝　敬:胄子,元子。古者胄子入学,乐正教以歌诗、舞节,调其血气而养其性情。盖声气和则性情和,肢体柔则血气柔,故古人无日不歌咏,步趋必按节,笑语必中度。世胄之子,血气未定,常多傲虐,教使直而能温,勿伤峻厉也。宽而能栗,又不虚浮也。斯二者,和平之德,若夫好刚而残虐,简率而傲狠,则乖戾之德也。故当教之以诗歌,和之以声律,乐由人生,丝竹金石,皆本于肉,五音六律,不违于心。诗者,心之志,其志正,其言温,乐之本也。歌者,即诗言而永,使悠长不急不促无虐傲之气者也。声,乐声,即比于歌而与同其永者也。(《尚书辨解》卷一《尧典》)

㉞【汇注】

裴　骃:马融曰:"正直而色温和。"(《史记集解·五帝本纪》)

陈泰交：而，转语辞也。（《尚书注考》）

金景芳、吕绍纲：直，正。孙星衍《尚书今古文注疏》："温者，《诗传》云'和柔貌'。性情直者，胜之以柔。""直而温"，教子弟正直而和柔。（《〈尚书·虞夏书〉新解·〈尧典〉新解》）

㉕【汇注】

裴　骃：马融曰："宽大而谨敬战栗也。"（《史记集解·五帝本纪》）

苏　轼：栗，庄栗也。教者，必因其所长而辅其所不足。直者患不温，宽者患不栗，刚者患虐，简者患傲。（《东坡书传》卷二《舜典》）

金景芳、吕绍纲：栗，郑玄注《礼记·表记》"宽而有辨"云："辨，别也，犹'宽而栗'也。"宽而栗，教子弟宽厚而又能辨别是非善恶。（《〈尚书·虞夏书〉新解·〈尧典〉新解》）

㉖【汇注】

金景芳、吕绍纲：虐，高诱注《淮南子·氾论训》"刑推则虐，虐则无亲"云："虐，害也。喜害人，人无亲之。"刚而无虐，教子弟刚强而不虐人害物。（《〈尚书·虞夏书〉新解·〈尧典〉新解》）

㉗【汇注】

张守节：孔安国云："刚失之虐，简失之傲，教之以防其失也。"（《史记正义·五帝本纪》）

崔　述："直而温，宽而栗，刚而无虐，简而无傲。"刚直，乾之德也；宽简，坤之德也。有其德者必有其偏；温也，栗也，无虐且无傲也，德之不偏不倚，纯粹至善，所以为中正而和平也。由是而发之诗，著之歌，播之声，舜之乐所以为至也。（《崔东壁遗书·唐虞考信录》卷三《乐以志为本》）

金景芳、吕绍纲：简，简易不烦。傲，傲慢，慢怠。简而不傲，教子弟简易而不傲人傲物。（《〈尚书·虞夏书〉新解·〈尧典〉新解》）

【汇评】

史　浩：礼所以防伪，而教之中；乐所以防情，而教之和。伯夷典礼，防其伪也，后夔典乐，防其情也。盖喜怒哀乐之未发谓之中，发而皆中节谓之和。和者行其中也。直则厉矣，温以和之；宽则慢矣，栗以和之；刚者几于虐矣，今也以和而无虐。简则几于傲矣，今也以和而无傲，皆所以抑其过而勉其不及中之谓也。岂非和所以行中之谓乎！（《尚书讲义》卷二《舜典》）

袁　燮："直而温，宽而栗，刚而无虐，简而毋傲。"大抵人之性虽一，而人之气禀各不同。夫受天地之中以生，此性安有二？然其禀山川之气与夫时日之殊，则气质不能无偏，北方土厚水深，其为人也多沈厚，南方土薄水浅，其为人也多轻浮。此可见山川之气不同如此。教也者，长善救失，矫揉而归于中也。若使直而不温，宽而不栗，刚而至于虐，简而至于傲，则失其所以为中矣。惟能揉其偏而归于中，则得其本性，而不失天之所以与我者。(《絜斋家塾书钞》卷一《舜典》)

金履祥："直而温，宽而栗，刚而毋虐，简而毋傲"，此教胄子之目也。人之气禀不同，故其性质有异，非数端所能尽者。胄子生长富贵之家，其性气惟是数端为多也。直而使之温，宽而使之栗，所以济其偏也。刚而使之无虐，简而使之无傲，所以防其过也。然皋陶九德之目，亦自是数端而细推之。(《书经注》卷一《舜典》)

金景芳、吕绍纲：孙星衍《尚书今古文注疏》云："古教学必先治性情，法天地四时，于《虞书》为四德，《皋陶谟》为九德，《洪范》为三德，此大学之道也。"孙云《虞书》之四德即此经之"直而温"等四句。直与温，宽与栗，刚与无虐，简与无傲，各是相反相成的对子。虽然是四个对子，但是以第一字即直、宽、刚、简为主要。为了不使直、宽、刚、简过度，走向极端，乃至发展为反面，而提出四项相应的防范措施，可见古人看问题很有一点辩证的精神。(《〈尚书·虞夏书〉新解·〈尧典〉新解》)

⑱【汇校】

梁玉绳：附按：长洲何氏焯《义门读书记》曰："'诗言志'，此独作'意'。按：赵明诚《书孔子庙置卒史碑》云：'《华阳国志》《后汉书注》皆云赵戒字志伯，而此碑作"意伯"，疑其避桓帝讳故改焉。'"此志字其亦后汉人所改欤？(《史记志疑》卷一《五帝本纪》)

【汇注】

郑　玄："诗言志，歌咏言，声依咏，律和声"：诗所以言人之志意也。咏，长也。歌，又所以长言诗之意，声之曲折，又依长言而为之，声中律，乃为和也。(《尚书郑注》卷一《尧典》)

孔颖达：诗者，人志意之所之适也。虽有所适，犹未发口，蕴藏在心，谓之为志，发见于言，乃名为诗。言作诗者，所以舒心志愤懑，而卒成为歌咏。故《虞书》谓之"诗言志"也。(见《毛诗·周南·关雎》疏)

金景芳、吕绍纲："诗言意"，郑玄注《檀弓上》"子盖言子之志公乎"云："志，意也。"是志训意。意即思想。思想在心中，表达出来才是诗，故云"诗言志"。《诗大序》："诗者，志之所之也。在心为志，发言为诗。"准确地道出了诗与志的关系。(《〈尚书·虞夏书〉新解·〈尧典〉新解》)

【汇评】

陈　经：《关雎》之《序》曰："诗者，志之所之也，在心为志，发言为诗，情动于中形于言，言之不足，故嗟叹之，嗟叹之不足，故咏歌之。"由情性之正发而为诗，故曰诗言志。由是诗而见于歌咏，故曰歌咏言，歌者在上，匏竹在下，贵人声也，古之作乐者先歌于堂上，故五声各依其咏言，盖人声之发，有洪纤高下，则有宫商角徵羽，故乐器亦依之而作，声有洪纤高下，苟无以为准，则五声或失之过，而乐不和矣。故以十二律和之。律有常数，数有常度，声之洪纤高下，咸取则于此，此谓之律和声。八音克谐者，金、石、丝、竹、匏、土、革、木，单出者为声，杂比者为音，八音之谐，无至相夺其伦理，则纯如、皦如、绎如，而乐成矣。神人安得而不和，盖天下同此一和也。神有此，人有此，物亦有此，今以乐之和，遂足以感人之和与神之和，乐之功如此，胄子之德，安得不归于中和哉！（《尚书详解》卷二《舜典》）

顾炎武：舜曰"诗言志"，此诗之本也。《王制》，命太师陈诗，以观民风，此诗之用也。荀子论《小雅》曰"疾今之政，以思往者，其言有文焉，其声有哀焉"，此诗之情也。故诗者，王者之迹也。建安以下，洎乎齐梁，所谓辞人之赋丽以淫，而于作诗之旨，失之远矣。（《日知录》卷二十一《作诗之旨》）

崔　述：凡乐必有其本，——本也者，志是也。有志而后有诗，诗者，——取志而宣诸喉舌者也。有诗而后有歌，——歌者，取诗而畅其音节者也。有歌而后有声，——声者，取歌而布之于丝竹者也。是故，诗曰"言志"，歌曰"永言"，声曰"依永"；"言"即其言志之诗也，"永"即其永言之歌也；即其诗而长之之谓"永"，随其歌而应之之谓"依"。然则声之抑扬疾徐视其歌，歌之抑扬疾徐视其诗，而诗之抑扬疾徐视其志矣。是故，志者本也，声者末也。其志必中正和平也，而后其诗、其歌、其声从容舒畅，而俯仰迟速无不适其宜也。志不美，求之于诗，无益也；诗不美，求之于歌，无益也；歌不美，求之于声，无益也。故曰"作乐崇德"，"见（闻）其乐而知其德"也。然又制律以和声者何居？八音并作，彼此恐其不均，数章迭奏，先后恐其不符，故为律以考验之，使归于一耳；非以律为乐也。《书》曰"同律度量衡"，律之于音也，犹度之于布帛，量之于粟，衡之于金也。长短之形，目能察之，而一左一右不能必其无分秒之差，故受之以度而后齐，高下之音，耳能辨之，而一彼一此不能必其无几微之异，故受之以律而后调。是故，律者所以均高下，而非所以为高下也；度者所以均长短，而非所以为长短也；量与衡者，所以均多寡轻重，而非所以为多寡轻重也。后世儒者之为古乐也则不然，不求其原于志与诗，而惟斤斤于律；声从律起，而不自歌生，诗缘歌作，而非由志出，取命夔之语而颠倒施之；正使所制之律毫厘不爽于古，亦与古乐无与，况未必然乎！（《崔东壁遗书·唐虞考信录》卷三《乐以志为本》）

㊻【汇注】

裴　骃：马融曰："歌，所以长言诗之意也。"（《史记集解·五帝本纪》）

张守节：孔安国云："诗言志以导其心，歌咏其义以长其言也。"（《史记正义·五帝本纪》）

杜　佑：故歌之为言也，长言之也。说之，故言之；言之不足，故长言之；长言之不足，故嗟叹之；嗟叹之不足，故不知手之舞之，足之蹈之也（原注：长言，引其声也。嗟叹，和续之也。不知手足舞蹈，欢之至也）。（《通典》卷一百四十五《乐五》）

[日]泷川资言：《尚书》"意"作"志"，"长"作"永"。邵晋涵曰：以"意"易"志"，疑后汉人避桓帝所改也。（《史记会注考证附校补·五帝本纪第一》）

金景芳、吕绍纲："歌永言"是古文，今文作"歌咏言"。《史记·五帝本纪》以训诂代经文，作"歌长言"。《集解》引马融云："歌，所以长言诗之意也。"《尔雅·释诂》："永，长也。"《礼记·乐记》："歌之为言也，长言之也。"长言之，就是拉长声音唱起来。这是说歌的实质。《汉书·艺文志》引此经作"哥詠言"。《礼乐志》作"歌詠言"。哥与歌、咏与詠并同。《说文》欠部："歌，詠也。"言部："詠，歌也。"二字转注，故詠就是歌，歌就是詠，歌詠一也。歌，就其实质说是"永言"，即把声音拉长；就其形式说是"詠言"，即把诗唱出来。作永、作詠（咏），其实无异，故《汉书·艺文志》"哥詠言"句下颜师古注云："詠者永也。永，长也。哥，所以长言之。"（《〈尚书·虞夏书〉新解·〈尧典〉新解》）

⑦【汇注】

班　固：声者，宫、商、角、徵、羽也。……商之为言章也，物成孰可章度也。角，触也，物触地而出，戴芒角也。宫，中也，居中央，畅四方，唱始施生，为四声纲也。徵，祉也，物盛大而繁祉也。羽，宇也，物聚臧宇覆之也。夫声者，中于宫，触于角，祉于徵，章于商，宇于羽，故四声为宫纪也。协之五行，则角为木，五常为仁，五事为貌。商为金为义为言，徵为火为礼为视，羽为水为智为听，宫为土为信为思。以君臣民事物言之，则宫为君，商为臣，角为民，徵为事，羽为物。唱和有象，故言君臣位事之体也。（《汉书·律历志上》）

陈泰交：声者，宫、商、角、徵、羽也。（《尚书注考》）

金景芳、吕绍纲："声依永"，今文作"声依咏"。声与音统言之一也，析言之则有别。《淮南子·时则训》："去声色。"高诱注："声，丝竹金石之声也。"凡乐器发出之声音皆曰声，是声亦含音义，声音一也。《风俗通义·声音篇》："声者，宫商角徵羽也。音者，土曰埙，匏曰笙，革曰鼓，竹曰管，丝曰弦，石曰磬，金曰钟，木曰柷。"又："声本音末也。"是声音有别。八种乐器发出的声音，或谓之声，或谓之音，皆统言之谓也。析言之，则声指宫商角徵羽言。"声依永"，《史记·五帝本纪·集解》引郑玄注云："声之曲折又依长言。"长言即詠唱。声之抑扬顿挫高下疾徐委曲通过詠唱表现出来。《礼记·乐记》所谓"上如抗，下如队，曲如折，止如槁木。倨中矩，句中鉤，累累乎端如贯珠"，就是"声依永"的意思。（《〈尚书·虞夏书〉新解·〈尧

典〉新解》）

㉛【汇注】

　　裴　骃：郑玄曰："声之曲折又依长言，声中律乃为和也。"（《史记集解·五帝本纪》）

　　张守节：孔安国云："声，五声，宫、商、角、徵、羽也。律谓六律六吕，十二月之音气也。当依声律和乐也。"（《史记正义·五帝本纪》）

　　苏　轼：言之不足，故长言之。吟咏其言，而乐生焉，是谓"歌永言"。声者，乐声也。永者，人声也。乐声，升降之节，视人声之所能至，则为中声，是谓"声依永"。永则无节，无节则不中律，故以律为之节，是谓"律和声"。孔子论玉之德曰："叩之，其声清越以长，其终诎然乐也。"夫清越以长者，永也。其终诎然者，律也。夫乐固成于此二者欤？（《东坡书传》卷二《舜典》）

　　金景芳、吕绍纲："律和声"，《国语·周语下》伶州鸠云："律，所以立均出度也。古之神瞽，考中声而量之以制，度律均钟，百官轨仪，纪之以三，平之以六，成于十二，天之道也。"韦昭注："律，谓六律、六吕也。阳为律，阴为吕。六律：黄钟、大簇、姑洗、蕤宾、夷则、无射。六吕：林钟、仲吕、夹钟、大吕、应钟、南吕也。均者，均钟木，长七尺，有弦系之以均钟者，度钟大小清浊也。"《史记·五帝本纪·集解》引郑玄注："声之曲折又依长言而为之，声中律乃为和也。"是"律和声"，谓宫商角徵羽五声须与六律六吕相谐和乃成调。《周礼·大师》孙诒让《正义》引陈澧云："盖黄钟之律文之以五声，则黄钟为宫，黄钟为商，黄钟为角，黄钟为徵，黄钟为羽也。《周礼》但曰五声，在后世言之则谓之一均五调也。六律六吕皆如此，则十二均六十调也。"王鸣盛《尚书后案》："既长言之，则有宫商角徵羽五声清浊不同，犹恐其声未和，乃用律吕调和五声，使应节奏。"按：陈说具体，王说简约，其义一也。（《〈尚书·虞夏书〉新解·〈尧典〉新解》）

【汇评】

　　王夫之：人之有志，志之必言，尽天下之贞淫而皆有之。圣人从内而治之，则详于辨志；从外而治之，则审于授律。内治者，慎独之事，礼之则也；外治者，乐发之事，乐之用也。故以律节声，以声叶永，以永畅言，以言宣志。律者哀乐之则也，声者清浊之韵也，永者长短之数也，言则其欲言之志［而］已。律调而后声得所和，声和而后永得所依，永得所依而后言得以永，言得永而后志著于言。故曰"穷本知变，乐之情也"。非志之所之，言之所发，而即得谓之乐，审矣。（《尚书引义》卷一《舜典三》）

　　李光地：诗、乐二者，实相首尾。言成文谓之诗，诗发口谓之歌，歌成调谓之声，声有节谓之律。四者皆根于志。志有喜怒哀乐之变，故诗以叙述之，歌以发扬之，至

于声别为五，而喜怨哀乐之变彰矣。（《尚书七篇解义》卷一《舜典》）

⑫【汇注】

班　固：声者，宫、商、角、徵、羽也。所以作乐者，谐八音，荡（降）〔涤〕人之邪意，全其正性，移风易俗也。八音：土曰埙，匏曰笙，皮曰鼓，竹曰管，丝曰弦，石曰磬，金曰钟，木曰柷。五声和，八音谐，而乐成。（《汉书·律历志上》）

马持盈：八音，金、石、丝、竹、匏、土、革、木。金，钟也；石，磬也；丝，琴瑟也；竹，箫管之类；匏，笙竽也；土，埙也；革，鼓也；木，柷圉也。（《史记今注·五帝本纪》）

金景芳、吕绍纲："八音克谐"，《五帝本纪》作"八音能谐"，是克训能。《正义》云："八音，金、石、丝、竹、匏、土、革、木也。"谐，一作龤，《说文》龠部："龤，乐龢也。从龠皆声。《虞书》曰：'八音克龤。'"段注："龤训龢，龢训调，调训龢，三字为转注。龤龢作谐和者，皆古今字变。"是谐者和也。"八音克谐"，谓八音能够谐和而成乐。（《〈尚书·虞夏书〉新解·〈尧典〉新解》）

⑬【汇注】

金景芳、吕绍纲："无相夺伦"，伦，繁体作倫。《说文》龠字下云："从品龠。龠，理也。"《说文》亼部："侖，思也。"段注："《大雅》'於論鼓钟'，毛传曰：'論，思也'。郑曰：'論之言倫也。'毛、郑义一也。从侖，谓得其伦理也。"《礼记·乐记》："乐者，通伦理者也。"这个伦理应指人伦政事而言，非一般伦次条理之谓。由此看来，"无相夺伦"一句关乎上文"诗言志"以下至"八音克谐"五句，是上五句的总括。上五句所云其实如陈澧《东塾读书记》所言，是以诗入乐一事。陈氏谓："歌永言者，长言以歌之也。声者，宫商角徵羽也。既歌之，则有抑扬高下，依其抑扬高下，记其某字为宫，某字为商，又定某声用某律，则成乐章之谱，可以八音之器奏之。此以诗入乐之法，亦千古之定法也。"是"诗言志，歌永言"等五句，所言一事，无法分开。"无相夺伦"，意谓诗、歌、声、音连续配合而成乐之后，应当能够反映人伦政事。"夺伦"谓不反映人伦政事。"无相夺伦"，谓上述五个成乐之环节，无不反映人伦政事。这样的乐是理想的。故《乐记》云："是故审声以知音，审音以知乐，审乐以知政，而知道备矣。"伪孔《传》："八音能谐，理不错夺，则神人咸和。"殊误。（《〈尚书·虞夏书〉新解·〈尧典〉新解》）

⑭【汇注】

郑　玄：祖考来格，群后德让，其一隅也。（《尚书郑注》卷一《尧典》）

张守节：八音，金、石、丝、竹、匏、土、革、木也。孔安国云："伦，理也。八音能谐，理不错夺，则神人咸和，命夔使勉也。"（《史记正义·五帝本纪》）

程馀庆：唐、虞、三代，仕朝者皆天子宗族世臣巨室之家，岂其时世家子弟皆贤

哉？惟兴于诗而成于乐，所以教胄子者有其具也。（《历代名家评注史记集说·五帝本纪》）

金景芳、吕绍纲： "神人以和"，乐所达到的更高一层次的社会效果。是"诗言志"以下至"无相夺伦"六句的总括。《五帝本纪·集解》引郑玄注："'祖考来格，群后德让'，其一隅也。""祖考来格，群后德让"，《皋陶谟》文，郑氏用以说明"神人以和"，祖考是鬼，群后是人，神不止祖考，人不止群后，故言"其一隅也"。乐事办好了，神鬼和，人亦和，即神鬼和人都表现和顺安定而不出乱子。以上舜告诫夔，乐事事关重大，要他勉力为之。（《〈尚书·虞夏书〉新解·〈尧典〉新解》）

【汇评】

金履祥： 天理流行，具于人心。感而为诗者，无非天理之真机也。而况圣人在上，治化清明，则人心感而为诗者，此固和气之所发也。圣人以其足以畅和气，感人心，存启发，验政化，格人神，于是采而播之乐。夫其诗也，则必有声音唱咏以歌之，歌所以咏其言也。夫其有歌也，则必有清浊高下以节之。五声所以依其永也，律吕者又清浊高下之度，所以协其清浊高下而被其八音者也。然既依诸声，则字有其节，而可以协诸律吕，既协诸律吕，则声有其度，而可以谐之八音，音有其谱，则可以成其韵调也。此作乐之原也。（《书经注》卷一《舜典》）

王充耘： 先之以辅导之方，必深明乎制作之妙，夫教胄子必有其方，而其所以教之必有其具。而温而栗，所以塑其偏，无虐无傲，所以防其过，抑之扬之，辅导之方也。诗歌者，本诸性情，声律则稽诸度数，所以历言夫作乐之由，至八音谐而无夺伦，则神人可感，所以极言夫乐和之效。神且感，而况于胄子乎？此教之具所以在乎乐也。（《书义主意》卷一《舜典》）

又： 此题只与命皋陶者对看，便见得分晓。乐为救胄子气质之偏而设，犹刑为禁蛮夷寇贼之为乱而设也。刑有三居三就之殊，乐有诗歌声律之异，刑必惟明克允，而后足以当人心；乐必谐而有伦，而后足以和神人。其咨命节次，大率相类，前一节先言胄子德性多未纯，吾欲使之如此纯全方好。次一节作乐之曲折，末言克谐，曰无夺，方是戒饬责望后夔之辞，言必如此纯如皎如，方能感动得胄子，方有以养其中和之德，而救其气质之偏，方可以无负汝典乐之职。（同上）

⑦⑤【汇校】

苏 轼： 此舜命九官之际也，无缘夔于此独称其功。此《益稷》之文也，简编脱误，复见于此。（《东坡书传》卷二《舜典》）

【汇注】

时 澜： 或者以为脱简，亦未可知。不然，夔若自言其功，盖闻舜之言，心领神受。曰："於！予击拊之际，百兽尚将率舞。"则神人以和可知。（《增修东莱书说》卷

二《舜典》)

【汇评】

陈　经：此夔极言作乐之效，舜谓"神人以和"，而夔言乐之至，不但和神人而已。盖八音之中惟石为难和，《诗》云"依我磬声"，特言磬者，以石磬之难和也。万物之中，亦惟兽为难格，今也和其所难和，则亦能格其所难格，鼓琴而马仰秣，鼓瑟而鱼出听，端有此理。(《尚书详解》卷二《舜典》)

罗　泌：自知审音者，言有所不惭，而非矜喜得其君者，智无隐而必欺有以自效，盖士君子之生世，必期有以自见，肯与区区草木同炎而共尽哉！方虞帝之命九官也，八官皆逊，而夔独无所逊，且复昌言于帝前曰："於！予击石拊石，百兽率舞。"及益、稷之论功也，则又赞夫《韶》曰："击石拊石，百兽率舞。"盖前之语，夔之喜得其君，而所以自期者；后之语，则夔之所以叙其乐之成，果如其所期者，有以见其收功必效而无言之不酬也。夫以舜之乐，得夫夔而益和，夔之道，遭夫舜而益章，此夔之所以屡道其功而不逊者，诚所不惭故也。(《路史·发挥卷五·夔论》)

⑯【汇注】

杜　佑：石，磬也。音之清者。拊，亦击也。举清者和，则余皆从矣。乐感百兽，使相率而舞，则神人和可知也。於音乌。(《通典》卷一百四十一《乐序·历代沿革上》原注)

马持盈：於，同"呜呼"之"呜"字，嗟叹词。(《史记今注·五帝本纪》)

⑰【汇注】

陈泰交：石，石磬也。(《尚书注考》)

又：轻击曰拊。(同上)

金景芳、吕绍纲："击石拊石"，一作"击磬拊石"。据《说文》手部"拊，摩也"段注云："《尧典》曰'击石拊石'，拊轻击重，故分言之。"知"击石拊石"是敲打石磬，击者重击，拊者轻击。(《〈尚书·虞夏书〉新解·〈尧典〉新解》)

⑱【汇校】

金景芳、吕绍纲：《汉书·礼乐志》："《书》云：'击石拊石，百兽率舞。'鸟兽且犹感应，而况于人乎，况于鬼神乎。"《论衡·感虚篇》："《尚书》曰：'击石拊石，百兽率舞。'此虽奇怪，然则可信。何则？鸟兽好悲声耳，与人耳同也。"是夔说他击石拊石，能令百兽率舞。说明他的音乐水平极高。但是，事实纵然如此，不当由他自己说。经上文言舜命禹、伯夷等人时，都表示谦让，何以于此独言夔自伐善。疑是他篇文字错置于此。苏轼《东坡书传》云："舜方命九官，济济相让，无缘夔于此独言其功。此《益稷》之文，简编脱误，复见于此。"按：苏说是也。(《〈尚书·虞夏书〉新解·〈尧典〉新解》)

【汇注】

郑　玄："予击石拊石，百兽率舞"，石，磬也。百兽，服不氏所养者也。率舞，言音和也。谓声音之道，与政通焉。（《尚书郑注》卷一《尧典》）

张守节：於音乌。孔安国云："石磬，音之清者。拊亦击也。举清者和，则其余皆从矣。乐感百兽，使相率而舞，则神人和可知也。"按：磬，一片黑石也。不，音福尤反。周礼云"夏官有服不氏，掌服猛兽，下士一人，徒四人"。郑玄云"服不服之兽也"。（《史记正义·五帝本纪》）

王　圻：百兽率舞，释者谓羽鳞皆可谓之兽。予谓凡兽亦可谓之禽，《后汉书》华佗语吴谱曰：吾有一术，名五禽之戏：一曰虎，二曰鹿，三曰熊，四曰猿，五曰鸟，此虎鹿熊猿概谓之禽，亦百兽之例也。（《稗史汇编·禽兽门·羽鳞皆兽》）

顾颉刚："凤仪、兽舞"的故事，最早见于《皋陶谟》，其文云："夔曰：'戛击鸣球，搏、拊、琴、瑟以咏，祖考来格，虞宾在位，群后德让。下管鼗鼓，合止柷、敔，笙、镛以间，鸟兽跄跄。《箫韶》九成，凤凰来仪。'夔曰：'於，予击石拊石，百兽率舞。'"由夔说的这一套话里，我们可以看出舜的德化政治的效力真是无比伟大，无怪乎蔡沈《集传》说："声之致祥召物，见于传者多矣。况舜之德致和于上，夔之乐召和于下，其格神、人，舞兽、凤，岂足疑哉！……夫《韶》乐之奏，幽而感神，则祖考来格；明而感人，则群后德让；微而感物，则凤仪、兽舞。原其所以能感召如此者，皆由舜之德，如天地之无不覆焘也。"又曰："'百兽舞'，则物无不和可知矣。……'庶尹谐'，则人无不和可知矣。"（《顾颉刚古史论文集》第二册《虞初小说回目考释》四十二）

陈蒲清：百兽率舞谓各种兽类顺着击磬的拍节跳起舞来。实际上大概是指装扮成野兽的人，跳起原始的狩猎舞。（见王利器主编《史记注译·五帝本纪》）

【汇评】

班　固：又以外赏诸侯，德盛而教尊者，其威仪足以充目，音声足以动耳，诗语足以感心，故闻其音而德和，省其诗而志正，论其数而法立，是以荐之郊庙，则鬼神飨，作之朝廷，则群臣和，立之学官，则万民协，听者无不虚己竦神，悦而承流，是以海内，遍知上德，被服其风，光辉日新，化上迁善，而不知所以然。《书》云："击石拊石，百兽率舞。"鸟兽且犹感应，而况于人乎？况于鬼神乎？（《汉书·礼乐志》）

王　充："击石拊石，百兽率舞"。此虽奇怪，然尚可信。何则？鸟兽好悲声耳，与人耳同也。禽兽见人欲食，亦欲食之；闻人之乐，何为不乐？然而鱼听仰秣，玄鹤延颈，百兽率舞，盖且其实。（《论衡·感应篇》）

高　拱：问伊川云："《礼》云后世虽有作者，虞帝弗可及已。如'凤凰来仪，百兽率舞'之事，三代以后无此也。是否？"曰：不可及者，谓其德之盛，治之极而不可及，非谓凤仪兽舞也。上古圣人之世，无凤仪兽舞者多，岂皆可少之耶？盖舜时凤鸟至，史官遂以形容作乐之美，岂正作《箫韶》之时，凤凰忽然而至欤？抑他时欤？至于"百兽率舞"，尤是形容。夫宗庙、朝廷，何有百兽？岂作乐之时，百兽皆来聚作乐之所，相率而舞欤？抑各在野而舞欤？学者不以词害义可也。而遂以此律后世必得凤仪兽舞而后为盛，则圣人之治必不可为矣。（《本语》卷一）

⑲【汇校】

钱大昕："朕畏忌谗说殄伪"，徐广曰："一云齐说殄行。"《尚书》云："朕堲谗说殄行。"孔《传》训堲为疾。疾、齐声相近，故又作齐也。伪，读如平秩南伪之伪，伪即为字。行、为声相近。（《廿二史考异》卷一《五帝本纪》）

梁玉绳：附按：《正义》言此"伪"字是太史公变《尚书》文，然徐广曰"一云'殄行'"，则疑传写之讹，非史公所变也。嘉定钱宫詹大昕《史记考异》曰"伪读如'平秩南伪'之伪"，南伪见《汉书·王莽传》，伪即"为"字，行、为声相近。（《史记志疑》卷一《五帝本纪》）

【汇注】

马　融：殄，绝也，绝君子之行。（《古文尚书注》卷一《尧典》）

苏　轼：殄，绝也。绝行，犹独行，行之不可继者也。惟谗说独行，为能动众，纳言之官，听下言纳于上，受上言宣于下，枢机之官，故能为天下言行之帅，舜有不问而命，臣有不让而受者，皆随其实也。（《东坡书传》卷二《舜典》）

史　浩：变白为黑，谮毁矫诬，谗说也。（《尚书讲义》卷二《舜典》）

陈　经：谗说者，巧言憸佞之人，绝君子之行者，惟此等人为能以无为有，以是为非，震恐朕之师众，故命龙作纳言之官，出纳朕命，所以通上下之情，防壅蔽之患，使谗说者不得乘间。（《尚书详解》卷二《舜典》）

金履祥：殄，绝也。谗邪之说，使人昧于所闻，是绝人为善之行也。一曰殄者，过绝之行，《中庸》所谓行怪者也。（《书经注》卷一《舜典》）

陈蒲清：谗说，伤害正直善良者的言论。殄（tiǎn）伪，灭绝道德的行为。伪，通"为"，人的行为，《尚书》作"行"。（见王利器主编《史记注译·五帝本纪》）

【汇评】

陈　经：大抵谗说之人，无世无之，虽以唐虞之极治，君子在位，而巧言令色孔壬者犹在所可畏，岂可谓唐虞之世，遂无此辈，第观圣人所以处之如何耳。（《尚书详解》卷二《舜典》）

⑳【汇注】

裴　骃：徐广曰："一云'齐说殄行，振惊众'。"骃按：郑玄曰"所谓色取仁而行违，是惊动我之众臣，使之疑惑"。（《史记集解·五帝本纪》）

张守节：伪音危睡反。言畏恶利口谗说之人，兼殄绝奸伪人党，恐其惊动我众，使龙遏绝之，出入其命惟信实也。此“伪”字太史公变《尚书》文也。《尚书》伪字作“行”，音下孟反。言己畏忌有利口谗说之人，殄绝无德行之官也。（《史记正义·五帝本纪》）

金履祥：谓其骇众乱群也。（《书经注》卷一《舜典》）

金景芳、吕绍纲：“朕畏忌谗说殄伪，振惊朕众”，《集解》引徐广云：“一云‘齐说殄行，振惊众’。”段玉裁《古文尚书撰异》：“畏忌者塱之训故，齐者谗之驳文。齐，疾也，谓利口捷给也。”是谗谓能言善辩。说，《国语·楚语下》：“上下说于鬼神。”韦昭注：“说，媚也。”是说在此指能谄媚的人。《史记》行作伪，《潜夫论·浮侈篇》“以牢为行”，《后汉书·王符传》作“破牢为伪”，是行、伪义同。《史记正义》：“言畏恶利口谗说之人，兼殄绝奸伪人党。”（《〈尚书·虞夏书〉新解·〈尧典〉新解》）

【汇评】

王　符：今一岁断狱，虽以万计，然辞讼之辨，斗贼之发，乡部之治，狱官之治者，其状一也。本皆起民不诚信，而数相欺绐也。舜勑龙以谗说殄行，震惊朕师，乃自上古之患也。（《潜夫论·断讼》）

崔　述：民生厚而德正，用利而物成，万物之理得矣，天地之气和矣，夫然后礼乐可兴，故命伯夷命夔次之；而又虑谗殄之害正也，故以命龙终焉：此治化之成也。颜渊问为邦，孔子曰：“行夏之时，乘殷之辂，服周之冕。”言礼也；曰：“乐则《韶》舞，放郑声。”言乐也；而又继之曰“远佞人”，何？盖佞人不去，虽有贤臣不能为治，即治亦不能久；故欲久安长治者必以近佞人为永戒。舜之塱谗殄于制礼作乐之后，亦此意也。（《崔东壁遗书·唐虞考信录》卷三《舜命官考绩下·九官以龙终之故》）

(81)**【汇注】**

郑　玄：纳言，如今尚书，管主喉舌也。（《尚书郑注》卷一《尧典》）

史　浩：纳言，采下之言而进乎上，宣上之言而达于下。（《尚书讲义》卷二《舜典》）

袁　燮：纳言，喉舌之官也。《诗》所谓出纳王命，王之喉舌是也。在后世为给舍，即古纳言之官。“出纳朕命”者，上之命令，其当乎，从而宣布之，其不当乎，从而缴驳之。宣布者谓之出，缴驳者谓之纳。（《絜斋家塾书钞》卷一《舜典》）

陈　经：纳言者，纳下之言于上，使在上者有以知臣民之情，如歌讴讽刺之类，无不周知之也。出纳朕命者，出上之言于下，使在下者有以知君之情，如德意志虑无不下达之也。纳下之言既谓之纳矣，出上之命而亦谓之纳，盖君之命有是非，故民有从违。纳言之官复以民之从违者而纳之上，故亦谓之纳。而其官则以纳言为主。然或出或纳，非信不可也。（《尚书详解》卷二《舜典》）

金景芳、吕绍纲：纳言，伪孔《传》："喉舌之官也。听下言纳于上，受上言宣于下。"扬雄《尚书箴》："龙为纳言，是机是密，出入朕命，王之喉舌，献善宣美，而谗说是折。"《诗·大雅·烝民》："出纳王命，王之喉舌。"郑笺："出王命者，王口所自言，承而施之也。纳王命者，时之所宣，复于王也。其行之也，皆奉顺其意，如王口喉舌亲所言也。"（《〈尚书·虞夏书〉新解·〈尧典〉新解》）

【汇评】

钱 时：异端邪说，谗毁正道，是谓谗说。其行怪僻，殄灭正行，是为殄行。斯人者，譸张为幻，足以惊世骇俗，细玩震惊等字，可见当时风俗醇美，其民生长教化中，所闻无非正言，所见无非正道，一有谗说殄行，便为之震惊。后世异端邪说，充斥弥满，沈酣耳目，与之俱化，良由不知所疾，纳言之官废，风俗败坏而至此极也。（《融堂书解》卷一《舜典》）

时 澜：谗说，点白成黑；殄行，自绝其行，诡异之人也。闻见之间，易于惊怖，故命纳言之官以通上下之情，龙之命在九官之后者，盖太平无事之世，深恐邪言足以乱政，如人之身，平居无事，脉络流通，则外邪无自而入。天下已治，通达上下之情，不可无人，委之专职，则责重，而察之也时。纳言之司，通上下之枢纽。舜时虽无此事，通塞之系治道之大，无时而可忽也。（《增修东莱书说》卷二《舜典》）

金履祥：邪说之行，其势起于民情之不达，政化之不明，故俗移于下，而上不知，令出于上而下不闻，此谗说之所以行也。纳言所以伸民言而观民风也。（《书经注》卷一《舜典》）

王充耘：舜命九官，纳言必居其末。盖礼备乐和，功成治定，贤者在位，能者在职，苟谗间得以行于其间，则是非乱而观听骇，贤者恐惧，人人自危，不得展布四体以为治，而前功尽废矣。何以保治功于无穷也哉？夫子论为邦于乐，则《韶》舞之后，必继以远佞人，正此意也。（《书义主意》卷一《舜典》）

⑧②【汇注】

钱 时：《周礼》训方氏，掌诵四方之传道，布训四方而观新物，即纳言之遗意也。直是不以夙夜为间，有闻即报，有命即宣，使之即时闻于上，圣人爱护风俗，不啻如拯溺救焚，于此可见。不特命之出为朕命，其出其纳，宣达上下，皆朕命也，皆不可不信也。（《融堂书解》卷一《舜典》）

【汇评】

李光地：申命，行事政之枢机，此职修则号令无不当，邪佞无所容，隐微无所壅，可以取成百官而彰信兆民矣。（《尚书七篇解义》卷一《舜典》）

⑧③【汇注】

张守节：孔安国云："纳言，喉舌之官也。听下言纳于上，受上言宣于下，必信

也。"(《史记正义·五帝本纪》)

陈蒲清：出入，传出命令与收集意见；或侧重于"出"，复词偏义。（见王利器主编《史记注译·五帝本纪》）

【汇评】

陈　经：或出或纳，非信不可也。使出纳之人非信，则托诸民言以诬其上者有之，诈称君命以罔其下者有之。出纳之人既不足信，何以使君民之相信哉？（《尚书详解》卷二《舜典》）

金履祥："纳朕言，惟允。"所以审君言而播民教也。此道化所以通于民，民心所以化于上，而邪说所以不行也。夫邪说诐行古今，要不能无观唐虞之时，风俗淳厚，政化修明，一有诐说诊行之兴，则众以为骇，上以为疾，而观民风，修教化，所以邪说者不得作，后世上无教，下无学，邪说诐行肆然而行于其间，民皆安之。而上之人又或从而助之，此所以莫之禁也。噫，其来久矣！（《书经注》卷一《舜典》）

王充耘：圣人欲去谗邪之害，以安众心。故命官以谨出纳之防，而求其当。夫谗说进则治功隳，圣人所以深恶而重为之防也。且人君固慎于听纳，而巧言易以惑人，凡善类无以自容，而众心为之不固者，皆谗说之为害也。圣人于是有纳言之职焉。夙夜孜孜，慎汝所职，教令必审而后出，奏逆必审而后纳，使悉当于理而不悖焉，则有以杜谗慝之口矣。（《书义主意》卷一《舜典》）

程餘庆：治莫急于相，故询岳咨牧后，即求百揆之人。其次兴养，次立教，次明刑，次利用，其余以及草木鸟兽各遂其生。然后节之以礼，和之以乐，而终以纳言，相与保治于无穷。此九节相承之序，而万世治天下之规，不出乎此。九段应前列名，序法变换如火如锦。然前添出一彭祖却未序。（《历代名家评注史记集说·五帝本纪》）

⑧④【汇评】

王充耘：发声"嗟"之辞，以告其臣者，所以使之敬其事之出于天也。天下之事，孰非出于天哉？人臣之职，虽各不同，而凡所以为其事者，孰非天之事也。事虽出于天，而相之者在乎人。苟违天，则失其所以相之之道矣。为人臣者，可不敬其所事欤！（《书义主意》卷一《舜典》）

⑧⑤【汇注】

郑　玄：自"咨十有二牧"至"帝曰龙"，皆月正元日格于文祖，所敕命也。（《尚书郑注》卷一《尧典》）

裴　骃：马融曰："稷、契、皋陶皆居官久，有成功，但述而美之，无所复敕。禹及垂已下皆初命，凡六人，与上十二牧四岳，凡二十二人。"郑玄曰："皆格于文祖时所敕命也。"（《史记集解·五帝本纪》）

苏　轼：四岳，尧欲使巽朕位，则非四人明矣。二十二人者，盖十二牧、四岳、九官也。而旧说以为四人，盖每访四岳，必"佥曰"以答之。访者一，而答者众，不害四岳之为一人也。(《东坡书传》卷二《舜典》)

陈　经：舜前既分命之，此又合而告之。……二十二人，即禹、垂、益、伯夷、夔、龙六人新命有职者，合四岳、十二牧为二十二人。(《尚书详解》卷二《舜典》)

金履祥：旧说二十二人不言兵政。盖总皋陶掌刑之职。故蛮夷猾夏，苗顽不率，帝舜皆以委皋陶。古封建之世，亦无大夷狄，圣人在上，亦无大征伐。故外以蛮夷委州牧，内以委刑官。所谓大刑用甲兵也，兵藏于田赋，徒众掌于司徒，戎器制于共工，马乘兼于朕虞，则兵政无专官，自不废事。(《书经注》卷一《舜典》)

齐召南：帝舜有虞氏：元载丙戌，咨二十二人。(《历代帝王年表·帝王》)

崔　适：《集解》云云，案：二十二人之数，可如是之任意弃取乎？四岳乃荐舜者，岂亦居官未久，待舜而始勑命乎？上云"禹、皋陶、契、后稷、伯夷、夔、龙、垂、益、彭祖自尧时而皆举用，未有分职"。适案：自禹至彭祖共为十人，加以十二牧，乃为二十二人也。(《史记探源》卷二《五帝本纪》)

[日] 泷川资言：蔡沈曰：二十二人，谓四岳九官十二牧也。崔适曰：自禹至彭祖，共为十人，加以十二牧，乃为二十二人也。愚按：在《尚书》则当如蔡说，在《史》则崔说近是。但彭祖无分职，未审史公之意。(《史记会注考证附校补·五帝本纪第一》)

曹诗成：《尧舜时官制表》：

名　称	专　职
百　揆	废百事，总百官。
大　麓	管风雨大人之事。
司　空	未详，或即治水之官。
后　稷	掌稼穑之事。
司　徒	司人伦，掌五品五教。
士	掌五刑。
共　工	管百工之事。
虞	掌山泽草木鸟兽。
秩　宗	掌宗庙祭祀。
典　乐	掌乐。
纳　言	出纳帝命。

(《战国时儒墨道三家尧舜的比较》，载《史学年报》第2期，民国十九年十一月)

吕思勉：二十二人，即指禹、皋陶、契、后稷、伯夷、夔、龙、垂、益、彭祖及十二牧。(《先秦史》第七章《五帝事迹》)

金景芳、吕绍纲：二十二人为谁，前人众说纷纭，莫衷一是。《史记·五帝本纪》以二十二人为禹、皋陶、契、稷、伯夷、夔、龙、垂、益、彭祖凡十人，合十二牧，适合其数。不及四岳，增彭祖。《史记·五帝本纪·集解》引马融说，二十二人为禹及垂以下皆初命者六人，与上十二牧、四岳，稷、弃、皋陶不在内。孔颖达《尚书正义》约引郑玄说，谓二十二人自"咨十有二牧"至"帝曰龙"，皆"月正元日，格于文祖"所敕命也。包括殳斨、伯与、朱、虎、熊、罴，不包括四岳。伪孔《传》谓二十二人包括十二牧、四岳和禹、垂、益、伯夷、夔、龙六人。蔡沈《书集传》谓二十二人包括四岳、九官、十二牧。九官即稷、契、皋陶、禹、伯夷、垂、益、夔、龙。四岳是一人。王鸣盛《尚书后案》以为郑玄说不可易也。王先谦《尚书孔传参正》说史迁之说无可疑者。王引之《经义述闻》说二十二人当作三十二人，四岳、十二牧计十六人，禹、稷、契、皋陶、垂、伯夷、益、夔、龙为九人，殳、斨、伯与为三人，朱、虎、熊、罴为四人。孙星衍《尚书今古文疏证》、段玉裁《古文尚书撰异》、江声《尚书集注音疏》并无己见。（《尚书·虞夏书》新解·《尧典》新解》）

又：今按：古说皆可商讨，无一足取。首先，据《汉书·百官公卿表》"四岳谓四方诸侯"，四岳不是四人，也不是一人，四泛指四方，诸侯是后世用语，应是尧舜时代的部落酋长。"咨四岳"，字面意义是向各部落酋长咨询，其实是召开部落酋长会议。舜所委任的二十二人都是在部落联盟中担任公职的人，他们都来自各自的部落，也都是参加部落酋长会议的人。其次，十二牧，即十二州牧，不能确定当时真有十二个州牧。……退一步说，即使确有十二州牧，也是地方官员，不应包括在联盟公职人员数内。二十二人应包括在部落联盟担任公职的禹、稷、契、皋陶、垂、殳斨、伯与、益、朱、虎、熊、罴、伯夷、夔、龙这些人。不足二十二，应付缺如。大概当时华夏族部落联盟实有二十二个公职人员，经文并未全部记载。（同上）

【汇评】

罗泌：尧舜皆圣人也，其为治则既无不同者矣，然稽所以为治，何其异邪？方陶唐氏之用人也，必须佥举而后举之，又必反覆难疑然后用之。至于虞氏，咨俞一出诸己，有其举之莫或废也。未尝一言以疑其臣下举之之私与人材之滥者。朝廷之上，急莫急于用人也，而二帝之用人，奚大异也？……大抵尧之图任一皆始谋于下，故其所举，不得俱当，而其所任，有不得而不难。舜居山泽之中，退藏于密，天下之材否，平日已茂闻而熟详之矣。及一朝而达之天下，则材者为我用，不材者自我去，事至而应，物来而名，以故不下几席而得其情，又奚俟于反覆难疑而后用哉？况其所用稷契之伦，皆出申命，故或佥举，有不待于难疑而后可也。（《路史·发挥卷六·尧舜用人》）

罗璧：余尝谓唐虞治道，万古冠冕，究其设官，惟内有百揆、四岳，外有州牧侯伯，职之可纪。昔禹平水土，稷教播种，契敷五教，皋陶为士，与夫垂工、夔乐、伯夷秩宗而已，何尝琐屑如《周礼》哉？矧治道贵安静，设官既冗，则巧拙杂进，天下始病矣。(《罗氏识遗》卷七《治贵审时》)

王充耘：盖天下之治，皆分之二十二人，圣人但执赏罚之柄而已。此所以恭己无为而治也。(《书义主意》卷一《舜典》)

⑧⑥【汇评】

王充耘：所任之职不同，而相天之事则一。故总以钦哉戒之。天下之事，无一不出于天，天不自为之而命之君，君不能独任而分之臣，《典》曰天叙，《礼》曰天秩，命曰天命，讨曰天讨，何莫非天之事者？人特相之而已。一或怠慢不敬，则旷官废职，且得罪于天矣。敬也者，一心之主宰，而万事之本根，敬无往而不存，即事无一之不理矣。圣人戒饬臣下，所以辞约而理备也。勉之以敬，而警之以天。知所以畏天，则知所以守职矣。(《书义主意》卷一《舜典》)

⑧⑦【汇校】

[日] **泷川资言**："相天事"，《尧典》作"亮天功"。(《史记会注考证附校补·五帝本纪第一》)

【汇注】

张守节：相，视也。舜命二十二人各敬行其职，惟在顺时，视天所宜而行事也。(《史记正义·五帝本纪》)

袁燮："惟时"者，使之皆及时也，即百工惟时之意。《记》曰："当其可之谓时。疾徐先后，当为则为是为当，其可是之谓时。"(《絜斋家塾书钞》卷一《舜典》)

陈经：时者，不失其宜之谓。各因时而明天之事。盖非人私意所能为者，皆天也。典，天叙也；礼，天秩也；刑，天罚也；服，天命也。即此以观，则凡共工、朕虞无非天之事也。(《尚书详解》卷二《舜典》)

郝敬：时，是也。指所告之事，言各敬此以明天之事也。称天者，无私之谓。(《尚书辨解》卷一《尧典》)

钱大昕："惟时相天事"，案：《释诂》，亮、相皆训导。故变亮言相。《正义》训相为视，失之。(《廿二史考异》卷一《五帝本纪》)

程馀庆：既分命，又总告。总结上文十一节。(《历代名家评注史记集说·五帝本纪》)

金景芳、吕绍纲：天工即天事，亦即国事。因为尧是则天行事的，所以国事也可称为天事。相天事，就是辅佐舜处理部落联盟以内的事务。(《〈尚书·虞夏书〉新解·〈尧典〉新解》)

⑧⑧【汇注】

　　班　固：所以三岁一考绩，何？三年有成，故于是赏有功，黜不肖。《尚书》曰"三载考绩，三考黜陟"，何以知始考辄黜之？《尚书》曰三年一考，少黜以地，《书》所言三考黜陟者，谓爵土异也。（《白虎通德论·考黜》）

　　陈　经：此唐虞考绩之法。以三年之久，而后一考其功，及九年三考，然后按其功罪而黜陟之。（《尚书详解》卷二《舜典》）

　　陈泰交：考，核实也。（《尚书注考》）

⑧⑨【汇校】

　　蒋善国：《潜夫论·考绩篇》和《后汉书·杨赐传》注，均作"黜陟幽明"。（《尚书综述》）

【汇注】

　　伏　生：三岁而小考者，正职而行事也。九岁而大考者，黜无职而赏有功也。其赏有功也，诸侯赐弓矢者得专征，赐斧钺者得专杀，赐圭瓒者，得为鬯以祭。不得专征者，以兵属于得专征之国。不得专杀者，以狱属于得专杀之国。不得赐圭瓒者，资鬯于天子之国，然后祭。（《尚书大传·尧典》）

　　荀　悦：三年耕则余一年之蓄，故三年有成，成此功也。故王者三载考绩，三考黜陟。（《汉纪》卷八）

　　金景芳、吕绍纲：关于考绩问题，古有二说：一以为三考始黜陟，《尚书大传》是。《路史》引《尚书大传》云："九岁大考，绌无职赏有功也。"《春秋繁露·考功名篇》云："天子岁试天下，三试而一考，前后三考而黜陟，命之曰计。"皆以为黜陟须至九年。一以为三年一考即行黜陟。《白虎通·考黜篇》云："所以三岁一考绩何？三年有成，故于是赏有功，黜不肖。《尚书》曰'三载考绩，三考黜陟'。"《潜夫论·三式篇》云："是故三公在三载之后，宜明考绩黜刺，简练其材。"皆以为三年考绩即行黜陟。按：前说是，经文明明说"三考黜陟"，无须置疑。然而这只是制度，实际执行如何，又当别论。任何时代，制度与实行都不可能完全相合。（《〈尚书·虞夏书〉新解·〈尧典〉新解》）

【汇评】

　　谷　永：治天下者，尊贤考功则治，简贤违功则乱。诚审思治人之术，欢乐得贤之福，论材选士，必试于职，明度量以程能，考功实以定德，无用比周之虚誉，毋听寖润之谮愬，则抱功修职之吏，无蔽伤之忧，比周邪伪之徒，不得即工，小人日销，俊艾日隆，《经》曰：三载考绩，三考黜陟幽明。又曰：九德咸事，俊艾在官。未有功赏得于前，众贤布于官，而不治者也。（引自《汉书·谷永传》）

　　班　固：诸侯所以考黜何？所以勉贤抑恶，重民之至也。（《白虎通德论》卷五

《考黜》）

杨　赐：臣闻天生蒸民，不能自理，故立君长，使司牧之。是以唐、虞兢兢业业，周文日昃不暇，明慎庶官，俊乂在职，三载考绩，以观厥成。（引自《后汉书·杨赐传》）

王　符：大人不考功，则子孙惰而家破穷；官长不考功，则吏怠傲而奸宄兴。帝王不考功，则真贤抑而诈伪胜。故《书》曰"三载考绩，黜陟幽明"，盖所以昭贤愚而劝能否也。（《潜夫论·考绩》）

史　浩：尝观《易》之为书，言君子小人多矣。或分其内外，或辨其消长，独于大君有命，开国承家，直曰小人勿用。盖以小人一用，则邦有必乱之道也。语至于此，则舜之黜陟幽明，又所以为天下后世之法也。（《尚书讲义》卷二《舜典》）

袁　燮：三年则考其功绩，三考则行黜陟焉。古者用人，必迟之以久，惟久则其谋虑精详，其规划端审，其所为者，皆悠远之事业。以鲧之治水，至九载绩用弗成，然后黜之。九年之内，且教他做。后世用人，多伤于速。故居官者，其所为方有头绪，而已去矣。大抵责效苟速，则人才亦不能以有为。子产之从政，一年民欲杀之，三年而民歌之。若使如后世用人，则民之欲杀之也，子产必见黜矣。……唐虞之法，何止九载？如皋陶之明刑，后稷之播种，伯夷之典礼，后夔之典乐，皆终其身焉。所谓"黜陟"者，就此一职之中而迁之也。（《絜斋家塾书钞》卷一《舜典》）

陈　经：盖事以久而后定，法以久而后精。如使人主求治太速，责效太早，则奸人得勉强矫拂以肆其欺，而善人以积久而见功者，不幸而见黜矣。事何自而定，法亦何从而精哉？今也既宽之以三年，又持之以九载，则奸人虽欲勉强矫拂以肆其欺者，能欺人于暂，而终不能掩其恶于久安之日，善人以积久而见功者，虽不能责办于一时，而终必能成功于后。至此而黜陟，则善恶得其实矣。（〈尚书·虞夏书〉新解·《尚书详解》卷二《舜典》）

⑨⓪【汇注】

金景芳、吕绍纲：庶绩咸熙，《史记》作"众功咸兴"，以训诂代经文，庶训众，绩训功，熙训兴。用今语表达，即各项事业都发展起来。这是说考绩制度的效果。（《〈尚书·虞夏书〉新解·〈尧典〉新解》）

【汇评】

陆　贾：道莫大于无为，行莫大于谨敬。何以言之？昔舜治天下也，弹五弦之琴，歌《南风》之诗，寂若无治国之意，漠若无忧民之心，然而天下大治。（《新语·无为》）

邢　昺：帝王之道，贵在无为清静，而民化之。然后之王者，以罕能及，故孔子曰："无为而天下治者，其舜也与！"所以无为者，以其任官得人。夫舜何必有为哉？

但恭敬己身，正南面向明而已。(《论语疏·卫灵公篇》)

王充耘：圣人之命官，告诫之辞严于先，劝惩之法继于后，此其治功所以无不立也。(《书义主意》卷一《舜典》)

李光地：考绩亦通内外而言。天子考岳、牧之伦，又使之各考其属也。在位无凶人，则庶绩咸熙矣。(《尚书七篇解义》卷一《舜典》)

崔　述：自"询咨四岳"以后，郑氏以为皆"格于文祖"时所勅命。《纲目前编》因之，悉载之于舜即位时，而以舜之三载为"考绩"之年，九载为"熙绩"之岁。余按：舜之摄政二十有八载矣。自弃以下八人，为知其材邪？为不知其材邪？知其材邪，何以二十八载而不用？不知其材邪，何以一日而尽用之？如云咨于众而知之，则何以二十八载之久而不一咨，独于此一日而遍咨之也？向之为此官者，为称职邪？为不称职邪？称职邪，不应一日而尽易之。不称职邪，不应二十八载而不易。即云向无其官而今设之，亦不应二十八载之久而无一设，忽于此一日而遍设之也。由是言之，舜之咨，众之举，皆非朝夕之故，盖以渐而知之，遂以渐而用之，而记事者连类而记之耳，不得以为一日之所命也。(《崔东壁遗书·唐虞考信录》卷三《舜命官考绩下·九官非一时所命》)

又：圣人立政自有先后次第。况巢窟者切肤之急祸，教养者治民之大纲，皆非可以须臾缓者；工虞之事固已末矣。至于礼乐乃盛治之成功，非厚生正德之后未易言也，安得一日而同亮天工，三载而咸奏厥绩哉！帝之命禹昌言也，禹以"决川距海""烝民乃粒"告之帝，则是此时水土固已平，树艺固已成矣；而帝方谆谆焉以"山龙黼黻""六律五声"与"庶顽谗说"为忧，则是此时礼乐犹未兴，逸殄犹未绌也。然则禹、稷功成之日，伯夷、夔、龙始各任职耳。若与六官者同命而考，何至此时尚厪帝忧乎！曰："然则舜有'咨二十二人'之言，何也？"曰："古人之文简质，贵得圣人之意耳。其事皆当日之事，其言不必皆当日之言也。"(同上)

⑨¹【汇校】

惠　栋："分北三苗"，北读为别。古文"北"字从二人，"别"字重八八。𝍫(北)、𝍬(别)字相似，因误作北。……栋谓北字似别，非古别字，又北与别异，不得言北犹别也（原注：盖依三居之法，离绝之使不得通也）。(《九经古义》卷三《尚书古义》)

【汇注】

刘　安：当舜之时，有苗不服，于是舜修政偃兵，执干戚而舞之。(《淮南子》卷十一《齐俗》)

郑　玄：北，犹别也。所窜三苗，为西裔诸侯者，犹为恶，乃复分北流之。(《尚书郑注》卷一《尧典》)

苏　轼：苗之国，左洞庭，右彭蠡，南方之国也。而窜之西裔，必窜其君耳，其民未也。至此治功大成，而苗民犹不服，故分北之。（《东坡书传》卷二《舜典》）

刘　恕：《舜典》云"窜三苗于三危"，谓舜居摄之时，投窜之西裔也。又云"庶绩咸熙，分北三苗"，谓舜即位后，三苗复不从化，分北流徙之。（《资治通鉴外纪》卷一《帝舜》）

钱　时：分，别也。舜摄政初，窜三苗之君于三危矣，其余党之在故地者，往往未能尽化，于是别其善恶，各为一处，如周化商民，旌别淑慝，殊厥井疆之义。（《融堂书解》卷一《舜典》）

毛　晃：《山海经》："庐江出三天子都，入江。"……所谓三天子都者，盖古三苗国也。其水自彭泽西入江，是其地在彭蠡西、洞庭东，自南面北言之，则洞庭在其左，彭蠡在其右，所谓左洞庭，右彭蠡，负固不服，自称天子，故其民呼为三天子都也。（《禹贡指南》卷四《彭蠡》）

时　澜：三苗，左洞庭，右彭蠡，本在南方。至于此，迁之北，如迁商顽民，变薄俗之道也。前此窜三苗，但窜其君耳，恶党未化，故迁之于此。史官独载"分北三苗"，与《尧典》独书共、鲧之事同，见万国皆顺轨也。（《增修东莱书说》卷二《舜典》）

郑　樵：有苗氏左洞庭，右彭蠡，大山在其南，殿山在其北，负固不服。禹欲伐之，舜曰："吾德不厚而行武，可乎？"乃大敷文德，舞干羽于两阶，七旬有苗格。（《通志》卷二《帝舜》）

金履祥："分北三苗"，即是黜幽之事。故于考绩之下，言其流之分，谓别之。云北者，言相背舜之黜陟，善恶明也。《古史》曰：三载考绩，三考黜陟幽明，庶绩咸熙，惟三苗之遗民，为恶不悛，乃复分北处之，以散其众。分北之者，分其民顺化者与违命者，犹后世部分夷狄为生户、熟户。（《书经注》卷一《舜典》）

袁　仁：按：虞仲翔云：北，古别字。盖舜时天下咸服，惟苗未化。今得分别而去留之也，则黜陟之典亦得行于负，固之夫盛矣。（《尚书蔡注考误》）

李光地：前云窜去甚顽者，此言分北安其顺者。（《尚书七篇解义》卷一《舜典》）

陈蒲清：分北，北，通"背"。把三苗的人根据情况分开，有的留在原地，有的流放。《尚书》孔颖达疏云："其君臣有善有恶。……北，背也，善留恶去，使分背也。"或说，北即北方，把三苗的人分别流放到北方。另一说，北是专名（今河南省汲县、汤阴县一带），三苗原居地。舜战败三苗后，一支迁到三危地区，一支迁到洞庭、彭蠡区域。自"于是舜乃至于文祖"至此，多引自《尚书·舜典》。（见王利器主编《史记注译·五帝本纪》）

田昌五：《尚书·尧典》说舜"窜三苗于三危"，《史记·五帝本纪》说舜"分北三苗"；北三苗系对南三苗而言的，指的是从江汉平原向北伸入今河南地区的三苗。对这一部分三苗，帝舜以武力威胁（执干戚舞）促其屈服，变易其俗。其中之顽抗者则放逐于三危。三危，山名，在今敦煌东南二十里。故《山海经·海外西经》有苗民焉。经过这一番周折，北三苗的问题总算彻底解决了。（《华夏文明的起源·万邦并存唐虞兴》）

金景芳、吕绍纲：分北三苗，是另一事，与上文言考绩事无涉。《史记·五帝本纪·集解》引郑玄注云："所窜三苗为西裔诸侯者犹为恶，乃复分析流之。"……分北，即分别。分别即分析也。"分北三苗"，将三苗分析开来而流徙之。（《〈尚书·虞夏书〉新解·〈尧典〉新解》）

又：三苗何所指，古有二说：一说此三苗即经上文"窜三苗于三危"之三苗，居于西裔，原本因为恶而被舜窜之于西裔，今又为恶，舜乃分析而流之。郑玄主此说。一说舜分北之三苗非尧时已窜诸三危之三苗，此三苗在南裔荆楚一带。《吕氏春秋·召类》云："舜却有苗，更易其俗。"《淮南子·修务训》云："舜南征三苗，道死苍梧。"注云："三苗之国在彭蠡，舜时不服，故往征之。"《礼记·檀弓》云："舜葬于苍梧之野。"郑注云："舜征有苗而死，因葬焉。"《韩诗外传》卷三第二十三章云："当舜之时，有苗氏不服。其不服者，衡山在南，岐山在北，左洞庭之波，右彭泽之水，由此险也。"孙星衍《尚书今古文注疏》："尧时三苗已窜三危，此有苗不服，在楚荆州之地。是舜时三苗非尧时所窜也。"按：后说近是。但是另有一个问题，舜对三苗必先征伐而后分析而流之，与郑注"舜征有苗而死，因葬焉"说相抵触，亦与经下文"五十载陟方乃死"不合。（同上）

【汇评】

胡宏：论曰：战国之时，吴起有言：三苗，左洞庭，右彭蠡，修政不仁，禹灭之。按：《虞夏之书》舜窜三苗于三危，在雍州之境。及禹灭之，乃在洞庭、彭蠡之间。或曰：三苗，九黎之后也。参考传记，黎、苗之人，反覆为乱，经涉皇帝之世，圣人屡迁而教抚之，而不艾杀之，其仁如天，何可及也。灭者，废其居，易其统而已。（《皇王大纪》卷五《夏大禹》）

袁燮："北"读作南北之北。三苗国在南，是今重湖之地，所以有洞庭、彭蠡之湖，盖依其险阻，易以为乱，舜分其民处于此焉。前既迁其君，今则迁其民，此最是一个教人之法。殊厥井疆，旌别淑慝，所以作其愧耻之心也。大抵北方土厚水深，南方土薄水浅，故北方之人多沉厚，南方之人多轻扬，舜所以分三苗于北者，盖桑麻沃野之地，虽欲为乱，亦不可得。（《絜斋家塾书钞》卷一《舜典》）

陈经：分北三苗者，自考绩黜陟之后，庶绩皆熙，咸广而明，惟三苗之恶不悛，故从而分北之。始也窜于三危，窜其君也，今也分北者，分北其党也。说者以谓圣人南面听天下，分而北之，使之知所向化，密迩清光，如成周之迁顽民于洛邑，旌别淑慝之类，分其善恶，使不得杂处也。圣人感移变化之机，端有深意存焉。视天下之人，均在所爱，而其不率教者，亦悯之而已。何尝有忿疾之心哉？故凡有贤而用之，有善而褒之，爱也；有罪而刑之，有恶而黜之，亦爱也。自非大奸及巨恶怙终不改者，然后诛杀之。然杀一人而千万人畏，杀之者不一二，而生之者众矣，皆所以为圣人之爱心也。然则分北三苗者，岂直为是摈弃诛绝之哉？亦以使之为善，趋于有生之路而已。圣人之用心，其仁矣乎！（《尚书详解》卷二《舜典》）

金履祥：按：有苗始末，说者不同。愚尝综其实。《书》之所称于前曰三苗，于后曰有苗，曰苗民，《书》有异辞，则事有不同矣。盖其始，部落不一，总谓三苗。当尧之时，窜三苗于三危，罪其渠魁也。当舜之时，分北三苗，则削其地，分其民，别其部落，离其党类，于以黜陟，亦以销其势也。至其后，徂征之时，止曰有苗，曰苗民，而不复曰三苗云者，盖已窜之后，既分之，余存者特其一种耳。说者又谓分北之政在舜季年来格之后，故系之《舜典》之末，是又不然。夫《舜典》之事，初年之事也。古者无事之世，帝者有作，其规模设施皆于其初年。自是守之，而天下治，虽其间随时消息，盖无几也。舜自初年即政，分命群贤，三考黜陟，庶绩咸熙，独三苗以罪分北则自余无事可知矣。故终之以陟方，而余罪不屡书焉，且于典曰庶绩咸熙，分北三苗。于《谟》曰各迪有功，苗顽弗即工，则分北之事，为三考黜幽之典，在众功咸熙之后无疑也。非季年之事也。且季年之事，莫大于禅禹，而《典》不书，徂征亦不书，何独分苗而特书之？然则《典》之所书止其初年之大政，所以权舆五十年之治者也。若征苗之事，则荐禹之余。如舜巡狩四岳，肇州、四罪之政，不系之尧，而系之舜者也。不然，来格之后，彼既服矣，而从而分北之，所谓如追放豚，既入其笠，又从而招之，而谓圣人能之乎？（《书经注》卷一《舜典》）

梁启超：吾曾欲研究中国人种变迁混合之迹，偶见史中载有某帝某年徙某处之民若干往某处等事，史文单词只句，殊不足动人注意也。既而此类事触于吾目者屡见不一见，吾试汇而钞之，所积已得六七十条，然犹未尽。其中徙置异族之举较多，最古者如尧舜时之分背三苗。徙置本族者亦往往而有，最著如汉之迁六国豪宗以实关中。吾睹此类史迹，未尝不掩卷太息，嗟彼小民竟任政府之徙置我如弈棋也。虽然，就他方面观之，所以抟捖此数万万人成一民族者，其间接之力，抑亦非细矣。（《中国历史研究法·史料之搜集与鉴别》）

此二十二人咸成厥功①：皋陶为大理②，平③，民各伏得其实④；伯夷主礼，上下咸让；垂主工师⑤，百工致功；

益主虞，山泽辟⑥；弃主稷，百谷时茂⑦；契主司徒，百姓亲和⑧；龙主宾客，远人至；十二牧行而九州莫敢辟违⑨；唯禹之功为大⑩，披九山⑪，通九泽⑫，决九河⑬，定九州⑭，各以其职来贡，不失厥宜⑮。方五千里，至于荒服⑯。南抚交阯、北发⑰，西戎、析枝、渠廋、氐、羌⑱，北山戎、发、息慎⑲，东长、鸟夷⑳，四海之内咸戴帝舜之功㉑。于是禹乃兴《九招》之乐㉒，致异物㉓，凤皇来翔㉔。天下明德皆自虞帝始㉕。

① 【汇评】

刘　向：汤问伊尹曰："三公九卿，二十七大夫，八十一元士，知之有道乎？"伊尹对曰："昔者尧见人而知，舜任人然后知，禹以成功举之。夫三君之举贤，皆异道而成功，然尚有失者，况无法度而任己，直意用人，必大失矣。故君使臣自贡其能，则万一之不失矣。""王者何以选贤？""夫王者得贤材以自辅，然后治也。虽有尧舜之明，而股肱不备，则主恩不流，化泽不行，故明君在上，慎于择士，务于求贤，设四贤以自辅，有英俊以治官，尊其爵，重其禄，贤者进以显荣，罢者退而劳力，是以主无遗忧，民无邪慝，百官能治，臣下乐职，恩流群生，润泽草木，昔者虞舜左禹右皋陶，不下堂而天下治，此使能之效也。"（《说苑》卷一《君道》）

马　骕：《鬻子》政曰：……昔之帝王所以为明者，以其吏也。昔之君子其所以为功者，以其民也。力生于神，而功最于吏，福归于君。昔者五帝之治天下也，其道昭昭，若日月之明然，若以昼代夜然，故其道若首然。万世为福，万世为教者，惟从黄帝以下，舜禹以上而已矣。君王欲缘五帝之道而不失，则可以长久。（《绎史》卷十九《文王受命》）

② 【汇注】

吴汝纶：皋陶为大理，方灵皋云："总叙其成功。"（《点勘史记读本·各家史记评语·五帝本纪》）

王叔岷：案："大理"即士。本篇上文"舜曰：皋陶，蛮夷猾夏，寇贼奸轨，汝作士"（本《尧典》），《集解》引马融曰："狱官之长。"《正义》云："案若大理卿也。"《礼记·月令》："命理瞻伤、察创、视折。"郑玄注："理，治狱官也。有虞氏曰士，夏曰大理。"史公此文以"大理"说士，《正义》引"皋陶作士"以证之，正得其旨。《考证》乃以"大"为"士"之误，失之远矣！《说苑·修文篇》"是故皋陶为大理平，民各服得其实"，即本此文。（《史记斠证·五帝本纪第一》）

陈蒲清：大理，主管刑法的官。（见王利器主编《史记注译·五帝本纪》）

【汇评】

刘　安：皋陶瘖而为大理，天下无虐刑，有贵于言者也。（高诱注：虽瘖，平狱理讼，能得人之情，故贵于多言者也。）（《淮南子》卷九《主术》）

③【汇注】

张守节：皋陶作士，正平天下罪恶也。（《史记正义·五帝本纪》）

罗　苹：皋陶，一名庭坚，字隤。颛顼高阳氏之后也。昔高阳氏有才子八人：苍舒、隤、敳、梼戭、大临、庭坚、仲容、叔达，齐圣渊广，明允笃诚，天下谓之"八恺"。而庭坚其一焉。《淮南子》曰："皋陶瘖而为大理，天下无虐刑。"（见《路史·后纪七·小昊》注）

【汇评】

挚　虞：谨案：《虞书》皋陶作士师，惟明克允。国重其功，人思其当，是以狱官礼其神，系者致其祭。功在断狱之成，不在律令之始也。……又祭用仲春，义取重生，改用孟秋，以应刑杀，理未足以相易，宜定新礼。（见《全晋文》卷七十六《祀皋陶议》）

④【汇校】

［日］泷川资言：张文虎曰：《御览》八十一引《史》"伏"作"服"。李笠曰："伏"通作"服"，《项羽纪》"一府中皆慴服"，下文作"诸将皆慴服"。又"众乃皆伏"，《汉书·项籍传》"伏"作"服"。（《史记会注考证附校补·五帝本纪第一》）

【汇评】

孔　子：舜有天下，选于众，举皋陶，不仁者远矣。（《论语·颜渊篇》）

刘　安：皋陶马喙，是谓至信（高诱注：喙若马口，出言皆不虚，故曰至信）。决狱明白，察于人情。（《淮南子》卷十九《修务》）

方　勺：今州县狱皆立皋陶庙，以时祠之，盖自汉已然。范滂系狱，吏俾祭皋陶，曰："皋陶贤者，知滂无罪，将理之于帝；如其无知，祭之何益！"皋陶大理，善用刑，故后享之。（《泊宅编》卷中）

⑤【汇校】

王叔岷：案：《说苑》"垂"作"倕"。黄善夫本《正义》"工师"误"工匠"。（《史记斠证·五帝本纪第一》）

【汇注】

张守节：工师，若今大匠卿也。（《史记正义·五帝本纪》）

陈蒲清：工师，官名，即共工。（见王利器主编《史记注译·五帝本纪》）

⑥【汇注】

　　张守节：[辟]，婢亦反，开也。（《史记正义·五帝本纪》）

⑦【汇注】

　　陈蒲清：这里以稷借代农业生产。（见王利器主编《史记注译·五帝本纪》）

⑧【汇评】

　　陆　贾：昔者，尧以仁义为巢，舜以稷、契为杖，故高而益安，动而益固。处宴安之台，承克让之途，德配天地，光被八极，功垂于无穷，名传于不朽，盖自处得其巢，任杖得其人也。……故杖圣者帝，杖贤者王，杖仁者霸，杖义者强，杖谗者灭，杖贼者亡。（《新语·辅政》）

⑨【汇注】

　　张守节：禹九州之民无敢辟违舜十二牧也。（《史记正义·五帝本纪》）

　　程馀庆：又总序诸臣之功，作一束。遗夔不序者，以自赞在前也，亦见错落变化法。（《历代名家评注史记集说·五帝本纪》）

⑩【汇评】

　　罗　泌：天下之事，未始有人之不可为者也。得其理则无不易；违其理则无不难。方鸿水之为患也，尧求有以治之者，可谓急矣，然以鲧则不治，以禹则治之，何哉？得其理、不得其理而已矣。夫水之居于天地之间也，犹血气之周于人之一身也，一身之间血气之流无余欠也。方水未乂，岂有余乎？壅之失其道，而特行于地上尔，及其既乂，又非其欠也，导之得其理，而遂行于地中也。……为《老子》者，至谓道有所谓金丹之灵，得而饵之，则可以知万物之名，究川源之理，而禹尝得之未始不真以为策雷电而役鬼物也。不惟学者疑之，始吾于此盖亦尝疑之矣，于是尽取凡《禹贡之传》而读之，则无不以为禹之施功自下而之上，始之于冀，次之兖、青、徐，而终于雍。雍土最高，故治最后。其说也，盖以《禹贡》之所叙九州之次言之，未尝不笑之也。夫上者，水之源，而下者，水之委也。上者既已襄且怀之，则下者淹没而无余矣。今也治之而先乎下，万万无是理也。吾固谓治水者必上流始，顾禹亦岂能倒行而逆施哉？乃屏众传，摄伯禹之书，而复之目营手画于九州之次，而不得其说，则复稽之九州之次以求之，又不得其说也，于是退而求之导山之文，而始得其说焉，然后信予之所谓始上流者断不疑矣。夫九州之别，不在于水工方兴之时，而畚畚之工，必先于水害尤急之处，盖别州者不缘乎其水，而治水者不限乎其州。不缘乎水，是故荆、梁皆及于沱潜。沱、潜者，江、汉之别也。不限乎州，是故壶口必载于梁岐。梁、岐者，梁雍之山也。始于梁岐，有以见上流之必先及于沱潜，有以见下流之居后，事不悖矣。子曰：禹别九州，随山浚川。禹曰：予随山而刊木。夫浚川刊木，必随乎山者，上流始也。山岂可导哉？曰导山者，导水而已。……禹之决渎也，因水以为师，神农之为稽也，因苗而为教，鲧之治水，惟知以土胜水，而不能从其就下之性，于是堙其泄以逆犯之，而激其怒，故一行汩于下而五俱废。上帝震怒，不畀《洪范》《九畴》，至于殛死。禹乃嗣兴，从而导之，《九畴》乃锡。《九畴》者，出于理之自然，而非人力私智之所致者也。是故顺之则吉，逆之则凶。然则伯禹治之，岂任智凿于间哉？直不犯焉而已矣。呜呼，由禹而来，惟商都河北，时或垫圮，然而遇圮辄迁，故迄无大害。春秋之际，山崩地震，变故毕备，然而独蔑河患，则禹之功施于人者亦大矣，后世之水患固无以加于伯禹者，而一河之患，迄未见其可治，何邪？亦舍顺效逆而已。崇其防，而庐其上，此何见欤？夫又安知鲧、禹之所以为功哉？兴利之臣，何至残民而与水争尺寸以盛涯壖之鬼欤？予论治水之叙，怆禹之功，伤乎世之用凿，而不足以知禹也，故重叹之！（《路史・发挥卷六・论治水先后》）

吴汝纶："唯禹之功为大"，王守溪鳌云："总结二十二人成功，特云'惟禹之功为大'，见舜所以禅天下。"（《点勘史记读本・各家史记评语・五帝本纪》）

⑪【汇注】

司马贞：汧、壶口、砥柱、太行、西倾、熊耳、嶓冢、内方、岐：是九山也。（《史记索隐・夏本纪》）

张守节：披音皮义反。谓傍其山边以通。（《史记正义・五帝本纪》）

马持盈：九山，即岍山、壶口、底柱、太行、西倾、熊耳、嶓冢、内方、岷山。（《史记今注・五帝本纪》）

张大可：披九山，劈开九州的山岭疏导洪水。九，亦可解为不定数词，言其多也。下文"九泽""九河"之"九"同。（《史记全本新注》卷一《五帝本纪》）

⑫【汇注】

马持盈：通九泽，即大陆、雷夏、大野、彭蠡、震泽、云梦、荥波、菏泽、孟猪。（《史记今注・五帝本纪》）

编者按：司马贞在《夏本纪》索隐中引孔安国对"九泽"的诠释，只泛指为"九州之泽"。而太史公在《夏本纪》中曾列出禹曾治理过大陆泽、雷夏泽、大野泽、彭蠡泽、震泽、云梦泽、荥泽、荷泽等，应皆在九泽之数。

⑬【汇校】

［日］水泽利忠："河"，南化、枫、㯉、三、梅、狩、岩、中彭，（作）"川"。（《史记会注考证附校补・五帝本纪第一》）

【汇注】

司马贞：弱、黑、河、漾、江、沇、淮、渭、洛为九川。（《史记索隐・夏本纪》）

⑭【汇注】

胡　宏：割青州、碣石北辽东之地为营州，割冀州恒山以北燕、蓟之地为幽州。

割冀太行西北之地为并州。南抚交趾，西发氐羌，北发山戎、息慎，东方岛夷。（《皇王大纪》卷四《帝舜有虞氏》）

马持盈：定九州，兖、冀、青、徐、豫、荆、扬、雍、梁。（《史记今注·五帝本纪》）

⑮【汇注】

马持盈：不失厥宜，不失其本州土地所宜产之物。（《史记今注·五帝本纪》）

⑯【汇注】

张大可：荒服，极边远之地。古代从王畿向外以五百里为率，依次为五等，即甸服、侯服、绥服、要服、荒服。（《史记全本新注》卷一《五帝本纪》）

⑰【汇校】

司马贞：北发当云"北户"，南方有地名北户。又按《汉书》，北发是北方国名，今以北发为南方之国，误也。（《史记索隐·五帝本纪》）

吴汝纶："南抚交趾、北发"，归云："按：今止当据旧文，不必增，史文简古，省字无害，但'北发'疑当作'北户'。"（《点勘史记读本·各家史记评语·五帝本纪》）

程馀庆：[发]，当作"户"，即北向户也，今日南国。（《历代名家评注史记集说·五帝本纪》）

[日]**泷川资言**："南抚交趾"以下，采《大戴记·五帝德》，但"北发"作"大教"。《大戴记·少间篇》云："舜以天德嗣尧，海外肃慎，北发、渠搜、氐、羌来服。"查德基曰："北发"疑当作"大发"。"西戎"之"戎"、"发息慎"之"发"，疑皆衍字。《说苑·修文篇》"南交趾、大发、西析支、渠搜、北山戎、息慎、东长夷、岛夷"，似可据以正《史》。鸟、岛古通用。愚按：北发，国名，又见《管子》及《汉·武纪》《韩安国传》。大教、大发、北发三者未知其孰是。又按："西""北""东"下，亦当有"抚"字，以上文"抚"字该之，是古文简处。（《史记会注考证附校补·五帝本纪第一》）

【汇注】

司马贞：此言帝舜之德皆抚及四方夷人，故先以"抚"字总之。（《史记索隐·五帝本纪》）

钱穆：案：钱大昕云："《大戴·少闲篇》'海外肃慎、北发、渠搜、氐、羌来服'之文凡四见，而'南抚交趾'仅一见，其文又不相属，则非以南、北对举。《汉书·公孙弘传》武帝制词有'北发渠搜，南抚交趾'语，始误。渠搜，西域国，以为北方，亦未通。"今按：此云"南抚交趾、北发"，则如《索隐》说。（《史记地名考·中国与四裔》）

王恢："北发"当作"北户"，旧说皆同。按：南徼最初泛称"南交"，秦始皇二十八年，初平百越，琅邪刻石，始曰"南尽北户"，置南海、桂林、象郡。秦汉之际，赵佗王南越，改象郡置交趾、九真两郡，汉武元鼎六年（前111），更析置日南郡。而通称交趾，不曰北户。《林邑记》（《温水注》引）谓"北户以向日"，《汉官仪》"交于南，为子孙基趾"，《舆地志》"夷足大指开折，两足并立，趾则相交"，皆望文生义。（《史记本纪地理图考·五帝本纪·咸戴帝舜之功》）

⑱【汇注】

程馀庆："西戎、析枝、渠廋、氐、羌"，今甘肃秦州古西戎地。析枝，今西番，在兰州府西。渠廋国，都葱岭西四百余里。氐、羌，今陕西汉中府略阳州地。（《历代名家评注史记集说·五帝本纪》）

钱 穆：案：司马彪曰："西羌自析支以西，滨于河首左右居，河水屈而东北流，迳于析支之地，是为河曲羌。"盖（析支）在今甘肃临洮以西，至临夏境。（《史记地名考·中国与四裔》）

又：《禹贡》渠搜与汉渠搜不同，当在今陕、甘境。（同上）

又：《秦始皇本纪》："十八年，端和将河内，羌、瘣伐赵。十九年，王翦、羌瘣尽定赵地。"战国末羌尚有居河内者，武王所会，不必远在岷、洮。（同上）

王 恢：西戎，为西方戎族之通称，屡见于《本纪》及《秦纪》《李斯》《匈奴》《司马相如》等传。郑玄谓"衣皮之民，居崑苍、析支、渠搜三山之野者，皆西戎"是也。或单称西戎以概其余，此领词而列举析支、渠搜、氐、羌。《索隐》盖误从伪孔《传》以西戎并昆仑、析支、渠搜为四国。（《史记本纪地理图考·五帝本纪·咸戴帝舜之功》）

又：析支、渠廋，杂居陇海河洮境，或以其族而名其地。（同上）

又：氐、羌，《竹书》商汤十九年，"氐羌来宾"，《诗·殷武》"氐羌来享"。氐羌并称，或谓氐为羌之支族。来宾来享，距商当不甚远。甲骨文记羌事亦独多。

《西南夷传》："自蜀以西，冉駹（四川茂县）以东北，君长以什数，皆氐类也。"《汉志》："陇西郡有氐道，蜀郡有湔氐道，广汉郡有甸氐道、刚氐道。"《纪要》（七三）"龙安府（四川平武县）周秦为氐羌地"。东汉时，氐人杨氏据仇池（甘肃成县西），至西魏始亡；西晋末，李氏据蜀称成、汉；前秦苻氏盛极一时；后凉吕氏雄据河西。足见其族之强大，居地之广袤。唐以后不闻于史，盖同化于我族矣。

羌，《后汉书·西羌传》纪述綦详，谓出自三苗，与姜同姓而别支。自夏至周，大抵与华夏杂居。《牧誓》之羌，居地虽难确指，要不出伏牛、熊耳之间。后或同化，或西迁陇海川康，远及新疆、西藏，视中原强弱为盛衰。大抵汉、魏时以陇海之羌中为其活动中心。居甘陕以东者称之为东羌，居陇西者称西羌，为东汉之大患。晋初，"关中之人，夷羌居中"（江统《徙戎论》）。唐之吐蕃，宋之西夏，明之四川诸土司，清

之大小金川,盖其苗裔,今犹自治其地焉。(同上)

⑲【汇校】

王 恢:"北山戎发","发"似"北"下脱误。惟北发既见于《礼记》,又见于《管子》,虽或不免窜改,而三见于《汉书·韩安国传》,安国与王恢辩伐匈奴,恢曰:"若是,则北发、月氏可得而臣也。"时在武帝建元六年。明年(元光元年,前134)五月,诏贤良曰:"朕闻昔在唐虞……教通四海,海外肃慎、北发、渠搜、氐羌徕服。"(本纪)策诸儒制,又曰:"盖闻上古……北发渠搜,南抚交阯。"(公孙弘传)晋灼以为北发"似国名也"。刘向《新序》、本纪《索隐》、《大戴》卢辩注、《文选》李善注,并谓"北方国名"。然《史》《汉》其他纪传并不再见;诸家亦不详所在。颜师古从臣瓒说,注为"徵发",与抚绥对文。钱大昕亦谓"训为徵召,于义似允。然渠搜西域之国,此实制词之误"(《廿二史考异》六)。予以为汉置渠搜县于朔方郡,颇合"北发"之义,虽郡县置于元朔元年(前127),但在此之前,已多渠搜之族。汉以渠搜名县者,盖历夏、商、周千有余年,其种落沿河而东北,徙居河套。上古在西不在北也。详记传引称,仅系意会,并不具体,不必泥拘。张森楷《史记新校注》引《路史》以发、长、渠、抚四字对文,因文立义,更不足据。(《史记本纪地理图考·五帝本纪·虞舜·四海之内咸戴帝舜之功》)

【汇注】

裴 骃:郑玄曰:"息慎,或谓之肃慎,东北夷。"(《史记集解·五帝本纪》)

钱大昕:息慎,郑玄曰:"息慎,或谓肃慎。"息、肃声相近。(《廿二史考异》卷一《五帝本纪》)

程馀庆:山戎,今兀良哈。发人,亦东夷,见《王会解》。息慎,即肃慎国,今宁古塔地。(《历代名家评注史记集说·五帝本纪》)

王 恢:山戎,至于山戎,亦称北戎,原居太行山间与河北,渐徙燕山。《匈奴传》:"唐虞以上有山戎,居于北蛮,随畜牧而转移。齐釐公时(前706)越燕伐齐,战于齐郊。后(前664)山戎伐燕,燕告急于齐,齐桓公伐之(见《左》庄三十年)。"《国语·齐语》,桓公"北伐山戎,刜令支(卢龙),斩孤竹(滦县)"。王氏《稗疏》上:"以戎而曰山,依山而居,则蓟州密云,东抵喜峰口一带,高山峻谷,自为国邑,与燕杂处。"《括地志》:"幽州渔阳县(蓟),本北戎无终子国。"《纪要》(一一):"山戎在今河北玉田县西之无终城。"《左》隐九年(前714)"北戎侵郑",江永《春秋地理考实》:"北戎去郑甚远,何以侵郑?当在河北。庄二十八年(前666)之大戎小戎,今考其地在太原之交城。成九年(前590)之茅戎,在解州平陆。北戎,盖此等戎耳。"钱穆先生《国史大纲》(第40页):"隐九年北戎侵郑,如旧说在无终,不能远侵及郑;败后亦将不获仍还故居。桓六年(前706)北戎伐齐;庄十八年(前676)

公追戎于济西。戎东侵齐鲁，南侵郑，居地盖略可推。三十年（前646）山戎病燕，此当为南燕，与宋卫地相近，即在黄河北岸。旧说在蓟、易，亦非。三十一年，齐伐山戎，《公羊传》齐侯来献戎捷，旗获而过我。正义：凡言'过'，谓道所经过。齐伐山戎过鲁，则此山戎不在齐北（按：伐戎在三十年，'献戎捷'非伐戎也。燕亦非南燕也）。此种戎狄，大部在黄河北岸太行山脉中，故曰山戎。其战斗多徒步。又称北戎者，据当时中夏之称呼。后人以见有北称，遂谓必远在北塞之外，此皆以后代眼光读古史之误耳。"（《史记本纪地理图考·五帝本纪·四海之内咸戴帝舜之功》）

又：息慎，即肃慎。《逸周书·王会》作"稷慎""稷真"，音并相近。初与山戎杂居，渐徙居东北。晋末尚存，其后亡于高丽（隋炀帝征高丽，右军出肃慎道）。渤海、女真其裔也，即今满族之祖先。《左》昭九年，周自"武王克商，肃慎、燕、亳，吾北土也"。而《杜注》："肃慎北夷，在玄菟北三千里。"孔颖达《正义》："《书序》云：'成王既伐东夷，肃慎来贺。'《鲁语》：'武王克商，肃慎贡楛矢石砮。'韦昭注：'肃慎东北夷之国，去扶余（吉林西北境）千里。'晋之玄菟，即在辽东北。杜注玄菟三千里，是北夷之东者。故杜言北夷，韦言东北夷。"后之《汇纂》、曹廷杰《东三省舆地图说》、清光绪《吉林通志》、杨守敬《春秋列国图》并从其说。盖忽略民族之迁徙，率以后世所居释其故居。观其肃慎与燕、亳并云北土，当如傅斯年说，不过滦河、辽河境（见陈槃《春秋大事表譔异》第574页）。不远在辽东数千里外。即《后汉书·东夷传》《晋书·四夷传》肃慎即挹娄，挹娄或其别支，亦不过辽宁之铁岭也。（同上）

⑳【汇校】

梁玉绳："南抚……鸟夷。"附按：《大戴礼·五帝德》"北发"作"大教"（原注：二字不可解。大，一作"放"）。"析支"作"鲜支"（原注：《索隐》曰："鲜析音相近"），《索隐》言："北发当云'北户'，南方地名。《汉书》北发是北方国名，今以为南方之国，误。'西戎'上少一'西'字，'山戎'下少'北'字，'长'下少'夷'字。"明凌稚隆《史记评林》引明王鏊曰："《史》文简古，《索隐》不必依，但北发当作'北户'。"桐城方氏苞《史记注补正》曰："《索隐》谓字缺少，非也。首以'抚'字该之，下三方则直序其地，而'西戎'上不复重言其方耳。"仁和赵太常佑曰："北发即北户，言其户向北开。下山戎发，则又别有国名发者耳。长，即春秋长狄是也。"（《史记志疑》卷一《五帝本纪》）

司马贞：此文省略，四夷之名错乱。"西戎"上少一"西"字，"山戎"下少"北"字，"长"字下少一"夷"字。长夷也，鸟夷也，其意宜然。今按：《大戴礼》亦云"长夷"，则长是夷号。又云"鲜支、渠搜"，则鲜支当此析枝也。鲜析音相近。邹氏、刘氏云"息并音肃"，非也。且夷狄之名，古书不必皆同，今读如字也。（《史

记索隐·五帝本纪》)

【汇注】

张守节：注："鸟"或作"岛"。《括地志》云："百济国西南海中有大岛十五所，皆置邑，有人居，属百济。又倭国西南大海中岛居凡百余小国，在京南万三千五百里。"按：武后改倭国为日本国。(《史记正义·五帝本纪》)

王　恢：长即长狄。长狄故墟，在山东高苑西北，与鸟夷同为滨海文化低落之氏族。《左》文十一年，鄋瞒侵齐，鄋瞒即长狄。《汉志》千弃郡狄县，后汉改临济。《清统志》(一七一)："临济故城在今高苑西北，本齐之狄邑。或云春秋时长狄所居故名。"《续志》刘注："《地道记》曰：狄伐卫懿公。"误也。(《史记本纪地理图考·五帝本纪·四海之内咸戴帝舜之功》)

陈蒲清：长、鸟夷，长夷、鸟夷，东方部族名，一说鸟夷指今日本。"鸟"一作"岛"。(见王利器主编《史记注译·五帝本纪》)

㉑【汇校】

王　恢：四夷，史称"南抚交阯、北发，西戎析支、渠廋、氐、羌，北山戎、发、息慎，东长、鸟夷，四海之内咸戴帝舜之功"，盖修订《大戴礼记·五帝德》之文，而有错讹："北发"作"大教"，"析支"作"鲜支"，"鲜支"上无"戎"，"鸟夷"下有"羽民"。又《三朝记》："北发渠搜，南抚交阯。"各家于此意见纷歧，疑原文当作"南抚交阯，北户，西戎——析支、渠廋、氐、羌，北发山戎、息慎，东长、鸟夷"。(《史记本纪地理图考·五帝本纪·四海之内咸戴帝舜之功》)

【汇注】

张守节：《尔雅》云："九夷、八狄、七戎、六蛮谓之四海。"(《史记正义·五帝本纪》)

程馀庆：称禹功而仍归帝舜，是《禹纪》体。(《历代名家评注史记集说·五帝本纪》)

王　恢：四海，阎若璩《四书释地又续》曰：大抵四海之义有二：有宜从《尔雅》解者，"四海遏密八音"是，却少有；有宜从康成《周礼注》"四海，犹四方也"，解者最多，如上云"天下慕之"，下云"溢乎四海"，上云"中天下而立"，下云"定四海之民"。盖四海，即天下字面也，犹古书百姓有二义，六艺亦有二义，当如朱子所云：此就此说，彼就彼说，不得执此以碍彼者，斯得之。(《史记本纪地理图考·五帝本纪·四海之内咸戴帝舜之功》)

又：四海谓中国之外。《孟子》"海内之地，方千里者九"，《夏纪》云"九州攸同……四海会同"，《周语》"合通四海"，《论语》"四海之内，皆兄弟也"，正见四海以别中国之内外也。(同上)

【汇评】

钱　时：舜在位凡五十载，其间设施，宜不一端，史官却只叙其即位之初命官之详，与夫考课之法，直是陟方乃死，更不他及。于此可见舜五十年之规模，都定于命官一日之顷，自后只考课黜陟而已，无他事也，舜恭己无为而治，其是之谓欤！（《融堂书解》卷一《舜典》）

㉒【汇校】

德　龄：臣德龄按："禹"字疑当作"夔"字。盖夔为典乐之官，而禹无作乐之事。《九招》乐作致异物，凤凰来翔，不归其功于夔不可。其叙二十二人之成功，除四岳无有分职不叙外，而独遗典乐之夔，亦不可。且其叙禹于诸臣之后者，以禹之功为最大也。而大乐之作，所以告成功，故又叙夔于禹之后，其次序固秩然不紊也。《夏本纪》"舜德大明，于是夔行乐"一段，尤可为"夔"字明证。（《钦定史记·五帝本纪·考证》）

［日］泷川资言：枫、三、南本"招"作"韶"。《尚书·皋陶谟》："箫韶九成，凤凰来仪。"（《史记会注考证附校补·五帝本纪第一》）

［日］水泽利忠：招，枫、梅、三、狩、中彭（作）"韶"。（《史记会注考证附校补·五帝本纪第一》）

【汇注】

司马贞：招音韶，即舜乐《箫韶》。九成，故曰《九招》。（《史记索隐·五帝本纪》）

梁玉绳：按：禹无兴乐之事，而《史》谓《招乐》是禹兴之，《夏纪》亦云"禹明度数声乐"，未知何据？岂因《大戴礼》"身度声律"之语而误欤？《吕氏春秋·古乐篇》言"营作《九招》，舜令质修之"，又言"皋陶为禹作《夏籥》九成以招其功"。《山海·大荒西经》言"启始歌《九招》"，谓禹兴《九招》，亦犹斯说，则不必一夔而足矣。（《史记志疑》卷一《五帝本纪》）

程馀庆：箫韶九成，故曰《九招》。（《历代名家评注史记集说·五帝本纪》）

马持盈：招即韶，舜乐也。《九招》之乐，即《九韶》之乐。（《史记今注·五帝本纪》）

㉓【汇注】

马持盈：致异物，招致奇异之物。舜之德大，感及万物，故奇异之物皆来集。（《史记今注·五帝本纪》）

㉔【汇注】

陈蒲清：招致珍奇的动植物（凤凰即其中之一）。古人认为这是德政招来的瑞兆。（见王利器主编《史记注译·五帝本纪》）

㉕【汇注】

刘 向：皋陶为大理，（乎）〔平〕，民各服得其实；伯夷主礼，上下皆让；倕为工师，百工致功；益主虞，山泽辟成；弃主稷，百谷时茂；契主司徒，百姓亲和；龙主宾客，远人至；十二牧行，而九州莫敢僻违；禹陂九泽，通九道，定九州，各以其职来贡，不失厥宜，方五十里至于荒服，南抚交趾、大发，西析支渠、搜氐羌，北至山戎、肃慎，东至长夷、岛夷，四海之内皆戴帝舜之功。于是禹乃兴九韶之乐，致异物，凤凰来翔，天下明德也。(《说苑》卷十九《修文》)

王 充：颜渊曰："舜何人也？予何人也？"五帝三王，颜渊独慕舜者，知己步骤有同也。知德所慕，默识所追，同一实也。(《论衡·案书篇》)

章 衡：帝舜，姚姓。高阳七世孙。父曰瞽瞍，母曰握登，年二十以孝闻，三十登庸。三十在位（历试二年，摄政二十八年），受终于文祖。天下号曰有虞氏。都蒲阪。乐曰《大韶》。孔子曰："《韶》尽美矣，又尽善也。"君臣相敕，维是几安。而股肱不良，万事堕坏，天下明德，皆自舜始。(《编年通载》卷一《帝舜》)

胡 宏：行戊午历，作布政之宫，曰五府，又曰总章。畏天而爱民，恤远而亲近，好问而好察迩言，隐恶而扬善，执其两端，用其中于民，于是日月光华，卿云丛聚，作五弦之琴，咏《南风》之诗，曰"南风之薰兮，可以解吾民之愠兮。南风之时兮，可以阜吾民之财兮"。巧于使民，不穷其力，天下无佚民。(《皇王大纪》卷四《帝舜有虞氏》)

张大可：明德，美德，此指文明进化，国家制度在舜时完备。(《史记全本新注·五帝本纪》)

【汇评】

孔 子：子曰："舜其大知也与！舜好问而好察迩言，隐恶而扬善，执其两端，用其中于民，其斯以为舜乎！"(《中庸》第六章)

孟 子：舜为法于天下，可传于后世，我由未免为乡人也，是则可忧也。忧之如何？如舜而已矣。(《孟子·离娄》)

又：帝使其九男二女、百官牛羊仓廪备，以事舜于畎亩之中，天下之士多就之者，帝将胥天下而迁之焉。为不顺于父母，如穷人无所归。天下之士悦之，人之所欲也，而不足以解忧。好色，人之所欲，妻帝之二女而不足以解忧；富，人之所欲，富有天下而不足以解忧；贵，人之所欲，贵为天子而不足以解忧。人悦之，好色富贵，无足以解忧者。惟顺于父母可以解忧。人少，则慕父母，知好色，则慕少艾；有妻子，则慕妻子。仕则慕君，不得于君则热中。大孝终身慕父母，五十而慕者，予于大舜见之矣。(《孟子·万章》)

贾 谊：谓门人学者："舜何人也？我何人也？夫启耳目，载心意，从立移徙，与我同性，而舜独有贤圣之名，明君子之实，而我曾无邻里之闻，宽徇之智者，独何欤？"然则舜僶俛而加志，我儃僈而弗省耳。（《新书》卷八《劝学》）

刘　向：舜耕之时不能利其邻人，及为天子，天下戴之。故君子穷则善其身，达则利于天下。（《说苑》卷十七《杂言》）

胡　宏：舜问于尧曰："天王之用心何如？"尧曰："吾不敖无告，不废穷民苦死者，嘉孺子而哀妇人，此吾所以用心已！"舜曰："美则美矣，而未大也。"尧曰："然则如何？"舜曰："天德而出宁，日月照而四时行。若昼夜之有经，云行而雨施矣。"尧曰："子，天之合也。"与之语礼乐而不逸，道广大而不穷。于是以为大蔚。孟子曰："天下大悦而将归己，视天下悦而归犹草芥也。惟舜为然。不得乎亲，不可以为人，不顺乎亲，不可以为子。舜尽事亲之道，瞽瞍厎豫而天下化。瞽瞍厎豫而天下之为父子者定。此之谓大孝。"（《皇王大纪》卷三《帝尧陶唐氏》）

朱　熹：舜不以得众人之所欲为己乐，而以不顺乎亲之心为己忧，非圣人之尽性，其孰能之？（《孟子集注》卷九《万章》）

罗　泌：方鸿水之未平，天下之事，固无以大于水，故首命禹。及水既乂，大陆既作，则惟食之为急，故次命稷。富斯可教，故次命卨。徒善不足以为政，故次皋陶，而其化以大行。于是命垂以给其器用，命益以遂其动植，而后神人可得和，故次伯夷，成其典礼。又次之夔，以兴其乐，而王道此成矣。然而天下之事，尤防乎壅上之不下宣，下之不上达，则政不可得而治，故卒命龙为纳言，而后上下以无壅，一得禹而地平天成，再得陶而民协于中，得稷而蒸民粒，得卨而百姓亲，得益而庶物蕃，得夷而上下让，得夔而庶尹谐。夫然故虞帝得以被袗鼓琴端拱一室之上，而天下治，岂其不有为哉！不自为尔，故曰无为而治者非无为也，任得其人，而无事于屑为也。（《路史·余论卷八·舜帝无为》）

程　楷：舜之为君也，睿哲文明，允执厥中，明断之体全矣，故明目达聪，柔远能迩，昭明之四布也。元凯兼举，四凶就诛，毅断之天行也。舜以是明断而风动四方也。（《明断编》）

徐旭生：《尧典》记舜所举之人，与《史记》所记不全相合，与《左传》说则全不合。今按：有虞氏出自颛顼，实为宗教集团。高阳氏为颛顼所属氏族，高辛氏也与宗教集团有密切关系。舜在此二氏族内选拔辅相人才，大致可信，尽管各书记载有所不合，但可说明帝舜时期，选贤与能，知人善任。选拔各方面的人才，把各项工作办好，开创了一个上古"政通人和"的局面。而舜也由此成为中原最强大的盟主。所以，《史记》说："天下明德，皆自虞帝始。"（《尧舜禹·帝舜》，载《文史》第39辑）

舜年二十以孝闻，年三十尧举之①，年五十摄行天子事，年五十八尧崩，年六十一代尧践帝位②。践帝位三十九年③，南巡狩④，崩于苍梧之野⑤。葬于江南九疑⑥，是为零陵⑦。舜之践帝位⑧，载天子旗，往朝父瞽叟，夔夔唯谨⑨，如子道⑩。封弟象为诸侯⑪。舜子商均亦不肖⑫，舜乃豫荐禹于天⑬。十七年而崩。三年丧毕，禹亦乃让舜子⑭，如舜让尧子⑮。诸侯归之⑯，然后禹践天子位⑰。尧子丹朱⑱，舜子商均⑲，皆有疆土⑳，以奉先祀㉑。服其服，礼乐如之㉒。以客见天子㉓，天子弗臣㉔，示不敢专也㉕。

① 【汇评】
郭沫若：尧、舜禅让虽是传说，但也有确实的史影，那就是原始公社时的族长传承的反映。《礼运篇》称之为"天下为公"的时代，充分地把这个阶段乌托邦化了，因而成为中国历史上的黄金时期。（《十批判书·孔墨的批判》）

② 【汇校】
[日]**水泽利忠**：枫、三、高（作）"舜年六十一代尧践帝位"。（《史记会注考证附校补·五帝本纪第一》）

【汇注】
刘　安：尧治天下，政教平，德润洽。在位七十载，乃求所属天下之统，令四岳扬侧陋。四岳举舜而荐之尧。尧乃妻以二女以观其内，任以百官以观其外。既入大麓，烈风雷雨而不迷。乃属以九子，赠以昭华之玉，而传天下焉。（《淮南子》卷二十《泰族》）

裴　骃：皇甫谧曰："舜所都，或言蒲阪，或言平阳，或言潘。潘，今上谷也。"（《史记集解·五帝本纪》）

张守节：《括地志》云："平阳，今晋州城是也。潘，今妫州城是也。蒲阪，今蒲州南二里河东县界蒲阪故城是也。"（《史记正义·五帝本纪》）

王　圻：元魏张渊《观象赋》："嘉黄星之靡锋，明虞舜之不竞。"注："昔舜将受禅于尧，先有星见，员而无锋芒，言舜当用土德，王天下；星见而无芒角者，示揖让而受，不以兵事争竞也。"（《稗史汇编·人物门·帝王上·舜》）

觉罗石麟：虞都古城，在［永济县］城东南，周九里一百三十步。（［雍正］《山西通志》卷五十九《古迹·永济县》）

徐文靖：《笺》按：舜元年即位，《世史》以为甲申，《袁史》以为丙辰，《纪政纲目》以为丙戌，惟《竹书》以为己未。盖帝尧崩于乙卯，舜避朱南河，虽三年丧毕，不遽即位，至四年己未乃即位者，孟子所谓然后之中国践天子位焉。又按：《帝王世纪》曰：舜摄政二十八年而尧崩，三年丧毕，舜年八十一，以仲冬甲子，月次于毕，始即真，以土承火，色尚黄，以正月元日，格于文祖，年百岁也。(《竹书纪年统笺》卷二《帝舜有虞氏》)

洪颐煊：《史记·五帝本纪·正义》引《竹书》云："昔尧德衰，为舜所囚。"又引《竹书》云："舜囚尧，复偃塞丹朱，使不得与父相见也。"《史通·疑古篇》引《汲冢书》云："舜放尧于平阳。"《杂说篇》引《汲冢琐语》云"舜放尧于平阳"，而《书》云"某地有城，以囚尧为号"，识者凭斯异说，颇以禅受为疑。《广弘明集》十一引《汲冢竹书》云："舜囚尧于平阳，取之帝位。"今见有囚尧城，皆与今本异。据《史通》所引，是《琐语》之文。(《竹书纪年》校)

钱保塘："虞舜"，《史记》本纪"年九十九"。《太平御览》八十一引《帝王世纪》"年百岁"。《书·舜典》孔《传》"百一十二岁"。《正义》引郑康成说"年百岁"，朱子《中庸章句》"年百十岁"。(《历代名人生卒录》卷一《虞舜》)

刘　坦：按：舜年五十八尧崩，至六十一年始践帝位者，以尧丧三年中，舜仍摄丹朱行天子事也。(《史记纪年考》)卷二《唐尧》)

又：尧即位七十年得舜，得舜二十年使摄政，舜摄尧政八年而尧崩，更摄丹朱政三年而践帝位，是尧在位凡九十年。通舜摄及丧期，凡一百有一年。(同上)

【汇评】

韩　非：舜逼尧，禹逼舜，汤放桀，武王伐纣，此四王者，人臣之弑其君者也。(《韩非子·说疑》)

③【汇注】

梁玉绳："年三十尧举之……践帝位三十九年"附按：《尚书》曰："舜生三十征庸，三十在位，五十载陟方乃死。"伪孔《传》以为"舜生三十年尧方召用，历试三载，其一年即在三十之数。年三十二，摄位二十八载，其一亦在三十之数。年六十，服尧丧三年，其实二十七月，惟有二年，丧毕即位，年六十三。至五十载崩，年百十二"。此说甚谬。三载乃考绩之法，非历试仅止三载，下"三十"字元作"二十"，《书疏》引郑注可据，作伪者改为"三十"，而易其句读耳。《疏》引康成读《经》云"舜生三十，谓生三十年；登庸二十，谓历试二十年；在位五十载，谓摄位至死为五十年。舜一百岁"。与《史》正合。史公亲问安国，郑传孔业，先后符同，是以《论衡·气寿篇》亦谓舜百岁，《集解》引《世纪》云："舜以尧之二十一年甲子生，五十一年甲午征用（原注：各本讹刻'三十一'），九十九年壬午即真（原注：各本讹刻'七十九'），百岁癸卯崩。"昌黎《佛骨表》并云百岁，灼然无疑也，故有以舜年百十

三岁者，有作百十一岁者，有作百十岁者，有作百五岁者，与孔《传》言百十二岁，俱妄。(《史记志疑》卷一《五帝本纪》)

程馀庆：按：舜年六十二为天子，三十三年求禅禹，又十七年崩，在位五十年。《史》误。(《历代名家评注史记集说·五帝本纪》)

④【汇注】

阎若璩：《皇华纪闻》曰："韶州府城东北八十里有韶石，相传帝舜南巡，奏乐此山，因有双阙、毬门、凤阁等名，今遂称韶州为虞城。究其始不见于传记。"余谓特不见《水经注》耳。……韶州之更名也，始自唐贞观元年，计其时《图经》应有舜尝奏乐于此之说，不然，昌黎《酬张韶州端公》诗云"暂欲系船韶石下，上宾虞舜整冠裾"，岂凿空附会者？(《潜邱札记》卷二)

⑤【汇注】

墨　子：舜葬于苍梧之野，象为之耕。(见《墨子间诂·墨子佚文》)

又：舜西教乎七戎，道死，葬南己之市。衣衾三领，谷木之棺，葛以缄之。已葬而市人乘之。(《墨子》卷六《节葬下》)

孟　子：舜生于诸冯，迁于负夏，卒于鸣条。(《孟子·离娄下》)

左丘明：舜勤民而野死。(《国语·鲁语上》)

刘　安：舜作室，筑墙茨屋，辟地树谷，令民皆知去岩穴，各有家室。南征三苗，道死苍梧。(《淮南子》卷十九《修务》)

孔颖达：舜能勤众事而野死者：舜征有苗，仍巡守；陟方而死苍梧之野，是勤众事而野死。(《礼记正义·祭法》)

苏　轼：尧崩，舜服丧三年，然后即位，盖年六十二矣。在位五十载而崩，寿百有一十二。说者以为舜巡守南方，死于苍梧之野。韩愈以为非。其说曰：地倾东南，巡非陟也。陟方者，犹曰升遐尔。《书》曰：惟新陟王是也。传《书》者以"乃死"为"陟方"之训，盖其章句，而后之学者误以为经文。此说为得之。(《东坡书传》卷二《舜典》)

章　衡：皇甫谧曰：舜以甲子岁生，甲午登用，壬午即真，癸卯终，葬于苍梧之野。(《编年通载》卷一《帝舜》)

史　浩：舜寿一百一十二岁，三十载，尧举舜而敷治。敷治者，敷尧之治于天下后世也。摄位二十八载，摄位者，摄尧之位，而行尧之道也。避尧之子，服尧之丧，三载，而践位五十载，于鸣条而陟方。说者谓巡守至苍梧山，地近莒之纪城。陈留有鸣条亭。诸说未之详也。(《尚书讲义》卷二《舜典》)

陈　经：舜寿共一百一十二岁也。(《尚书详解》卷二《舜典》)

郑　樵：舜生三十征庸，三十在位。五十载，陟方乃死，是为天子五十年。年百

十岁。(《通志》卷二《帝舜》)

又：任昉《述异记》：湘水去岸三十里，有相思宫，望帝台，昔舜南巡而殁，葬于苍梧，娥皇、女英追之不及，相与恸哭，泪霑竹，竹文悉为之斑斑。(同上)

赵 惠："卒于鸣条"，按：《檀弓上》舜耕于苍梧之野，盖二妃未之从也。郑注舜征有苗，因留葬焉。又《淮南子》云："舜征三苗而遂死苍梧。"《史》："舜南巡狩，崩于苍梧之野，葬于江南九疑，是为零陵。"注：舜冢在零陵营浦县，其山九谿，皆相似，故曰九疑。《山海经》曰："苍梧山，帝舜葬于阳，丹朱葬于阴。"皇甫谧曰：或曰二妃葬衡山。又《楚词·九歌》有《湘君》《湘夫人》，指娥皇、女英也。诸说皆与《孟子》不合。故刘玉潮《虞舜庙碑》云："《孟子》详舜本末，本不异旨，舜起东夷，有天下，而卒禅禹，禹都安邑。鸣条，盖其郊。故孟子举为终禅之地，读者更详之。" (《四书笺义·孟子》卷二《离娄下》附录)

王 鏊：《史》载舜南巡，崩于苍梧之野，葬于九疑。《礼记》亦云舜葬苍梧之野，二妃未之从也。元次山尝谓："九疑深险，舜时年一百一十二岁，何为来此？"司马光亦云："虞舜倦勤，荐禹为天子，岂复南巡远渡湘水？"……孟子谓"舜卒于鸣条"，固当以为正。汤与桀战于鸣条，则去中原不远，《家语·五帝德篇》曰："舜陟方岳，死于苍梧之野而葬焉。"吏侍何孟春注《家语》谓陈留县平丘有鸣条亭，海州东海县有苍梧山，去鸣条不远，乃知所谓苍梧，非九疑之苍梧也。以《家语》方岳言之，《书》或遗"岳"字也。其说足祛千古之惑。(《震泽长语》卷上)

王 圻：舜陟方死苍梧而葬；吾决不敢然。尧舜之时，五岭未入中国，人物稀少，渺然大荒，秦凿山通道，始徙贾人赘婿实之，犹过半疠死。赵佗奄而有之且百年，舜何事而得临之苍梧、韶石？决知其无舜车尘也。曰：然则舜苍梧之说何如？曾闻前辈何子元先生云：青、淮、东海之间，有山名苍梧，在今海州，宋元以前颇有长砖大甓，恒取为琴石墨研，地与鸣条不远，正合孟子所云。意舜陟方因山之封，应在此处。世人只以湘离为的，漫不之求，至诬湘君、湘夫人为帝之二子，从舜南巡，不及而死。又指湘中斑竹为泪沾成，是何异儿童指月为盘哉？吾尝题《湘妃图》云："舜陟苍梧百一旬，英、皇亦是老人身。白头岁晚邀同死，湘竹何缘染泪新？"其说出于秦汉陋儒，千百数年任其谈梦，无人为一洗之，何耶？(《稗史汇编·文史门·舜葬苍梧》)

郭孔延：周洪谟氏曰：按舜年九十三，自谓倦于勤，而命禹居摄，岂有百有九岁之后其衰已甚，而又南涉大江，深入蛮夷之地哉！为此说者，惑于《书》"陟方乃死"之文耳。今按：韩子谓《竹书》纪帝王之殁曰陟，师古云：古谓掘土为坑，曰方。是时舜年已老，故重殁之际先定其圹，盖亦不过谓君死之后可葬某处，非若后世选择风水预为寿藏也。要之，舜都蒲坂，距鸣条二百余里。孟子云卒于鸣条，得之。子玄轻孟信迁，必以陟方为苍梧之野，以南巡为文命之志，不独诬舜，且以诬禹。(《史通评

释》卷十三《疑古第三》)

又：王伯厚云：舜葬苍梧之野。薛氏曰：孟子以为卒於鸣条。《吕氏春秋》舜葬于纪，苍梧山在海州界近莒之纪城鸣条，亭在陈留之平丘。今考《九域志》海州东海县有苍梧山。司马公诗曰：虞舜在倦勤，荐禹为天子。岂有复南巡，迢迢度湘水。张文潜诗曰：重瞳陟方时，二妃盖老人。安肯泣路傍，洒泪留丛筼。二诗可祛千载之惑。（同上）

孙之騄：《皇极经世》舜丙辰即位，至禹十七年死，通为一百十年。《路史》舜年百十有一，或云舜年一百五岁，亦云一百十三岁。《山海经》苍梧之野，舜与叔均所葬也。《论衡》舜南治水，死于苍梧。韦昭曰：舜征有苗，死于苍梧之野。《墨子》舜西教乎七戎，道死，葬南已之市。《吕览》葬于纪市，不变其肆。九疑山下有纪邑。《蔡邕铭》曰："遂葬九疑，解体而升，登此崔嵬，托灵神仙。"《史通》云：按：苍梧山连五岭，地气歊瘴，虽百金之子犹惮经履其途，况以万乘垂没之年，践不毛之地，兼复二妃不从，孤魂滥尽！让王高蹈，岂其若是？若夏桀放于南巢，赵嘉迁于房陵，周王流彘，楚帝徙郴，其艰棘未若斯之甚也。陟方之死，其殆文命之志乎。（《考定竹书》卷二《五十年虞帝陟》）

齐召南：帝舜有虞氏，三十九载甲子。（《历代帝王年表·帝王》）

崔　适："舜年二十以孝闻……崩于苍梧之野"，案：此《今文尚书》说也。《今文尚书》作"舜生三十征庸，二十在位，五十载陟方乃死"。此云"年三十尧举之"，即所谓"三十征庸"也。"年五十摄行天子事"，即上文所谓"舜得举用事二十年，而尧使摄政"，《尚书》所谓"二十在位"也。"年五十八尧崩，年六十一代尧践帝位"，即上文所谓"摄政八年而尧崩，三年丧毕，让丹朱，天下归舜"也。"践帝位三十九年崩"，即《尚书》所谓"五十载陟方乃死"。自摄政八年，居丧三年，在位三十九年，合为五十载也。孔《疏》："郑读此经，云'舜生三十'，谓生三十年也。'登庸二十'，谓历试二十年。'在位五十载，陟方乃死'，谓摄位至死为五十年，舜年一百岁也。"适案：郑读"三十""二十"句绝，虽与此异，然不作"登庸三十"，而云"二十"，义与此同。段氏谓"郑君以今文正古文"是也。《古文尚书》乃作"三十在位"，王肃注曰："历试二年，摄位二十八年。"又注"五十载陟方乃死"云："三十征庸，三十在位，服丧三年，其一在三十之数，为天子五十年，凡寿百一十二岁。"王肃注即伪孔《传》，《释文》云："梅（颐）〔赜〕上孔氏传《古文尚书》，亡《舜典》一篇。以王肃注颇类孔《传》，故取王注从'慎徽五典'以下为《舜典》，以续孔《传》。"适按：王肃亦传《古文尚书》者，则作"三十在位"是古文，而此注为古文说也。《本纪》异是，则非古文说。凡太史公所录《尧典》，今可考定其非古文说者三：入山林川泽，一也；尧太祖，二也；并此而三矣。文与古文义异，无由从古文说者四：不怿也，五

玉也，始饥也，有度、五度也。凡七，而从古文说者无一焉，亦可雪"多古文说"之诬矣。（《史记探源》卷二《五帝本纪》）

钱　穆：案：《上林赋》："左苍梧，右西极。"是谓苍梧在上林东，并不指湖南零陵为苍梧也。《方舆纪要》："河南内乡县西南百二十里，有丹水城。南去丹水二百步。"范汪《荆州记》曰："丹水县，尧子朱所封，亦曰丹朱城。"《山海经》谓舜与丹朱葬相近，恐苍梧当近此。《淮南·修务训》："舜南征有苗，道死苍梧。"《文选注》引《六韬》："尧与有苗战于丹水之浦。"《吕览·召类》："尧战于丹水之浦，以服南蛮。"《淮南·兵略训》同。《论衡·儒增》："尧伐丹水。"又《恢国》："尧有丹水之师。"是古谓三苗在丹水。舜征有苗，留葬苍梧，必与丹水相近。后人谓有苗在洞庭，已误；亦岂有南征洞庭，而道死道州零陵之理？《左》哀四"楚右师军于苍梧"，杜预注："苍梧在上洛县。"《水经注》："丹水自苍野，东历菟和山。"疑苍梧之野即苍野，在今陕西商县东南，菟和山西境。故司马氏云"左苍梧"也。（《史记地名考·上古地名》）

王　恢：苍梧之野，舜葬所，出《大戴礼·檀弓篇》"舜葬苍梧之野"。《山海经·海内东经》："苍梧之山，帝舜葬于阳，帝丹朱葬于阴。"史公盖释以"江南九疑，是为零陵"也。（《史记本纪地理图考·五帝本纪·崩葬苍梧之野》）

又：郭璞注《山海》谓郁州之山"自苍梧从南徙来"（并见《淮水注》《沅水注》），并《墨子·节葬》《吕览·安死》葬纪市说，以合《孟子》"东夷"，说舜葬在近莒之纪城。（同上）

又：《孟子》明云"卒于鸣条"，舜都蒲坂，当以安邑之鸣条为近。（同上）

张大可：苍梧，山名，即九疑山，在今湖南省宁远县境。（《史记全本新注》卷一《五帝本纪》）

金景芳、吕绍纲："陟方乃死"，陟方，升于道路之谓，即舜死于道路。死于何事，则古说不一。《史记·五帝本纪》以为舜"南巡狩，崩于苍梧之野"。是说舜死于南巡狩之道路上。伪孔《传》说同。《白虎通·巡狩篇》："王者巡狩崩道，归葬何？"又："即如是舜葬苍梧，禹葬会稽，于时尚质，故死则止葬，不重烦扰也。"是班固亦以为舜死于巡狩的道路上。《论衡·书虚篇》则以为"舜南治水，死于苍梧，禹东治水，死于会稽"。《淮南子·修务训》以为舜"南征三苗，道死苍梧"。《礼记·檀弓》："舜葬于苍梧之野。"郑玄注："舜征有苗而死，因留葬焉。"《国语·鲁语上》："舜勤民事而野死。"韦昭注："野死，谓征有苗，死于苍梧之野也。"皆以为舜因征有苗而死。孙星衍《尚书今古文注疏》："巡狩至五岳而止，此至苍梧者，盖此行分北三苗，且行九岁之大考也。"皮锡瑞《今文尚书考证》："舜之'陟方'必为考绩并分北三苗而往。"孙、皮说同，以为舜死苍梧是由于考绩和征苗之事。按：《论衡》治水说不足信据。孙氏之九年大考说亦颇可疑，三考黜陟应在部落联盟公职人员范围内，不包括各部落酋长。部落是自然长成的，部落酋长是部落内部决定的，不同于后世的封国和诸侯，无须舜去考绩黜陟他们，至于流放共工、欢兜、三苗、鲧四凶，那不是黜陟，而是刑罚。而且除三苗属于蛮夷以外，余三凶都是以联盟公职人员的身份而获罪的。舜死于苍梧绝对不可能是去行九年大考。《史记》的巡狩说和《淮南子》、郑玄、韦昭的征苗说各有一定道理，二说比较，征苗说近是。因为经文"陟方乃死"是紧接着"分北三苗"一句说的，陟方与分北二事当有联系。（《〈尚书·虞夏书〉新解·〈尧典〉新解》）

【汇评】

王　充：儒书言："舜葬于苍梧，禹葬于会稽者，巡狩年老，道死边土。圣人以天下为家，不别远近，不殊内外，故遂止葬。"夫言舜、禹、实也；言其巡狩，虚也。舜之与尧，俱帝者也，共五千里之境，同四海之内；二帝之道，相因不殊。《尧典》之篇，舜巡狩东至岱宗，南至霍山，西至太华，北至恒山。以为四岳者，四方之中，诸侯之来，并会岳下，幽深远近，无不见者。圣人举事，求其宜适也。禹王如舜，事无所改，巡狩所至，以复如舜。舜至苍梧，禹到会稽，非其实也。实禹舜之时，鸿水未治，尧传于舜，舜受为帝，与禹分部，行治鸿水。尧崩之后，舜老，亦以传于禹。舜南治水，死于苍梧；禹东治水，死于会稽，贤圣家天下，故因葬焉。（《论衡·书虚篇》）

刘知幾：《虞书·舜典》又云："五十载，陟方乃死。"注云："死苍梧之野，因葬焉。"案：苍梧者，于楚则川号汨罗，在汉则邑称零、桂。地总百越，山连五岭。人风猰犵，地气歊瘴。虽使百金之子，犹惮经履其途；况以万乘之君，而堪巡幸其国？且舜必以精华既竭，形神告劳，舍兹宝位，如释重负。何得以垂殁之年，更践不毛之地？兼复二妃不从，怨旷生离，万里无依，孤魂溘尽，让王高蹈，岂其若是者乎？历观自古人君废逐，若夏桀放于南巢，赵嘉迁于房陵，周王流彘，楚帝徙郴，语其艰棘，未有如斯之甚也。斯则陟方之死，其殆文命之志乎？（《史通》卷十三《疑古》）

张　谓：尧有天下七十载，将逊于位。久难其人，友伯、许由，全其节而固让；羲仲、和叔，审其才而固辞。帝德合于天，天命归于帝，帝尽善也，我其试哉！由是宾于四门，纳于百揆，星辰合度，雷雨不迷。尧之二女，厘降于内，尧之九男，服勤于外。受昭华之玉，允洽人神；泥封祀之金，大报天地。五臣皆进，明赏也；四族咸黜，明刑也。先质后文，敦俗也；贵德尚齿，优贤也。于斯之时，君明于上，人化于下，山川鬼神，亦莫不宁。鸟兽鱼鳖，众乎咸若。无为而治，其圣也欣！（《涵芬楼古今文钞》卷六十四《虞帝庙碑铭》）

又：夫以万乘之尊，一人之贵，多见轶其轨度，少能窒其嗜欲。瑶台琼室，尧舜则茅茨土阶矣；玉食宝衣，尧舜则藜羹皮裘矣。历代多嫔御，尧舜顾礼经，娶一姓矣；自古好征伐，尧舜舞干戚，怀四夷矣。百姓乐，尧舜未尝不乐；百姓忧，尧舜未尝不忧。历数之来，人以位授我；讴歌之去，我以位授人。其来也婴于樊笼，其去也脱于桎梏。形神非我有，天地之委和。子孙非吾有，天地之委蜕。此其所以禅代也。……古人云：尧以义终，舜以勤死，稽诸祀典，永为世教，游、夏之徒，岂诬也哉！（同上）

韩　愈：《书》曰"舜陟方乃死"，《传》谓升道南方以死。或又曰"舜死葬苍梧，二妃从之，不及，溺死沅、湘之间"。余谓《竹书纪年》：帝王之没，皆曰陟。陟，升也，谓升天也。《书》曰"殷礼陟配天"，言以道终，其德协天也。《书》纪舜之没云陟者，与《竹书》《周书》同文也。其下言"方"，乃死者，所以释陟为死也。地之势东南下，如言舜南巡而死，宜言下方，不得言"陟方"也。以此谓舜死葬苍梧，于时二妃从之，不及而溺死者，皆不可信也。（《昌黎先生文集》卷三十一《黄陵庙碑》）

司马光：昔舜命禹曰：朕耄期倦于勤，汝惟不怠，总朕师。是以天子为勤，故老而使禹摄也。夫天子之职，莫勤于巡狩，而舜犹亲之，卒死于外而葬焉，恶用使禹摄哉？是必不然。或曰：《虞书》称舜"陟方乃死"，孔安国以为"升道南方"，巡狩而死。《礼记》亦称"舜葬于苍梧之野"，皆如太史公之言，子独以为不然，何如？曰：传记之言，固不可据以为实，籍使有之，又安知无中国之苍梧而必在江南邪？《虞书》"陟方"云者，言舜在帝位，治天下五十载，升于至道，然后死耳，非谓巡狩为陟方也。呜呼，遂使后世愚悖之人或疑舜禹而非圣人，岂非孔安国与太史公之过也哉！（《司马文正公传家集》卷七十三《史剡·虞舜》）

刘　恕：舜受尧顾托之重，公天下而不私其亲，禹平水土，拯民昏垫，而舜在位五十载，功德浃于众心，故舜巡狩南裔，往而不返，欲兆庶专意戴禹，而远迩无僽望之意也。夫尧舜之德，禹之大功，自生民以来未之有也。（《资治通鉴外纪》卷一《帝舜》）

胡　宏：记称舜葬苍梧，刘道原以为舜巡狩南裔，往而不返者，欲兆庶专意戴禹也。谨按：舜本以耄期，倦于勤，使禹摄政，若远巡荒外而死，是与经意相反也。且舜授禹以天下，本乎民心与天意耳。使禹有天命，舜虽不死于荒外，何病于禹？使禹无天命，舜虽死于荒外，岂能有益于禹哉？此记者谬误，道原习而未之察也。（《五峰集》卷四《皇王大纪论·舜禹崩葬》）

鲜于枢：刘道原曰：大江之南，前代要服。舜、禹南巡，崩不返葬。禹非不尊敬舜也，启非不孝于其父也，时享在乎庙貌，魂气则无所不之也。秦汉而下，崇在墓祭，违经弃礼，远事尸枢，难以语乎理矣。（《困学斋杂录》）

编者按：《国语·鲁语上》韦昭注曰："舜，颛顼之后，六世，有虞帝重华也。野死,谓征有苗,死于苍梧之野也。"(在此标出舜何以会"崩于苍梧之野",不是因例行公事的巡狩,而是因征有苗之所致。此说与《史记》异。西汉刘安《淮南子·修务》)及清《古今图书集成》主编蒋廷锡等亦持舜崩于征有苗之役的路上。

⑥【汇注】

　　尸　佼：舜葬南巴之中,衣衾三领,榖木之棺,葛以缄之。(《尸子》)

　　吕不韦：舜葬于纪市,不变其肆。(《吕氏春秋·孟冬纪·安死》)

　　高　诱：《墨子》云："舜葬南己之市。"《御览》五百五十五作南纪,引《尸子》作南己。按:《路史注》云纪即冀,故纪后为冀后。今河东皮氏东北有冀亭,冀子国也。鸣条在安邑西北,其地相近,《记》谓舜葬苍梧,《皇览》谓在零陵营浦县,尤失之。(《吕氏春秋注·孟冬纪·安死》)

　　郦道元：营水出营阳泠道县南流山,西流经九疑山下,盘基苍梧之野,峰秀数郡之间,罗岩九举,各导一谿,岫壑负阻,异岭同势,游者疑焉,故曰九疑山。大舜窆其阳,商均葬其阴,山南有舜庙,前有石碑,文字缺落,不可复识。……山之东北泠道县界,又有舜庙,县南有舜碑,碑是零陵太守徐俭立。(《水经注》卷三十八)

　　郑　樵：或言舜葬于纪,市廛不变其肆。皇甫谧曰:舜以尧之二十一年甲子生,三十一年甲午召用。七十九年壬午,即真百岁,癸卯崩。盖本《史记》之言也。或云舜一百五岁,或云百十二岁。(《通志》卷二《帝舜》注)

　　罗　泌：孟子曰："舜生于诸冯,迁于负夏,卒于鸣条,东夷之人也。"诸冯、负夏、鸣条,皆在河南、北,故葬于纪,所谓纪市也。今帝墓在安邑,而安邑有鸣条陌,其去纪才两舍。《帝记》言河中又舜冢,信矣。而《竹书》《郡国志》等皆言帝葬苍梧,则自汉失之,至郑康成遂以鸣条为南夷之地,不已疏乎?夫苍梧自非五服,人风媒划,地气高瘴,在虞夏乃无人之境,岂巡狩之所至邪?方尧老舜摄也,于是乎有巡狩之事,今舜既已耄期倦剧,形神告劳,释负而付禹,则巡狩之事,禹为之矣,岂复躬巡狩于要荒之外也哉?……虽然,虞帝之坟在在有之,何邪?盖古圣王久于其位,思霈于俾隅,泽及于牛马,赴格之日,殊方异域,无不为位而坟土以致其哀敬,而承其奉,是以非一所也。(《路史·发挥卷五·辨帝舜冢》)

　　罗　苹：荆、湖之浙,虞帝之迹,遍所在有。《风土记》上虞有舜冢;《郡国志》云:上虞东有姚丘,舜葬之所。(见《路史·发挥卷五·辨帝舜冢》注)

　　罗　璧：刘向疏曰:舜葬苍梧,二妃不从。(《罗氏识遗》卷二《历代帝陵》)

　　又：葬苍梧之说,见《礼记》与《竹书》。然《孟子》先秦古书,云舜生于诸逢,迁于负夏,卒于鸣条。鸣条,卫晋地,实今河中府安邑,无缘葬苍梧。况苍梧在尧五服外,虞、夏为荒服之境。或曰陟方乃死,不知舜享年百有余岁,晚乃传位于禹,十七年而后崩,则巡狩晚当为禹,舜未必耄年,犹任奔走也。考《阿中纪》,市有舜墓,

疑象封有鼻，正今道州，或象冢也。（同上）

吕　滺：鸣条冈，县北三十里，东西带映，势若游龙，帝舜陵在焉。孟子所称卒于鸣条，即此处。（［乾隆］《解州安邑县志》卷二《山川》）

又：帝舜庙，在鸣条冈，即陵上寝殿，开元二十六年修建碑。嘉靖中废。万历间县令吴愈复修建。国朝顺治十年，盐院赵如瑾督同县令张元品修建。康熙三十五年县令邵锡廟、雍正六年县令车敏来重修。乾隆八年知州彭洙督同知县雷正请帑承修，二十八年，知州言如泗督同知县吕滺捐俸倡修。（［乾隆］《解州安邑县志》卷三《坛庙》）

《解州安邑县志·帝舜陵图》

徐旭生：至于舜死葬何处，说法不一，颇难稽考，只求其近理而已。《墨子·节葬下》："（舜）道死，葬于南已之市。"《御览》引作"道死南纪之市，既葬而市人乘之"。又引《尸子》："（舜）道死，葬南巴之中。"《吕氏春秋·安死》："葬舜于纪市，不变其肆。"这些全是同源而小异的说法。"已""纪"同音假借；"已""巴"形近讹误。地在何处？一说在今山西境内。《路史注》："纪即冀，今河东皮氏（即今河津县）东北有冀亭，冀子国也。"另说在今湖南九嶷山下。《孟子·离娄下》："舜卒于鸣条。"鸣条何在？一说在南夷（所指渺茫），二说在河南陈留附近（实地踏察，无迹可寻），三说在今山西南部安邑西北，即今夏县、闻喜之间的鸣条岗。附近颇多古遗址，古之鸣条应即指此。还有一种盛行的说法，本于《山海经·海内经》："南方苍梧之丘，苍梧之渊，其中有九嶷山，舜之所葬，在长沙零陵界中。"此后，《史记》、《淮南子·修务篇》、郑玄《礼记注》（引见《檀弓篇》"舜葬苍梧"节疏中）、《国语·鲁语》韦昭注、《史记·帝舜纪·集解》引《皇览》，都用其说。至今零陵境内仍有"帝舜冢"。这也不过姑备一说而已，无法证明。但在《大荒南经》中又说："帝尧、帝喾、帝舜葬于岳山。"郭璞注："岳山即狄山也。"亦即冀州之崇山。《今本竹书纪年》："鸣条有苍梧之山，帝崩，遂葬焉。"则纪市、鸣条、岳山、苍梧四地相近，均在晋南。此地本是虞氏故土，舜生于斯，葬于斯，从上古情况看，此说颇为近理。（《尧舜禹·帝舜》，载《文史》第 39 辑）

钱　穆：案：九疑山，今湖南宁远县南六十里，此不得曰在江南。汉零陵县在今广西全县北，距九疑非近，不得曰是为零陵。苍梧郡治广信，距九疑尤远，不得曰在苍梧之野。文颖曰："其山半在苍梧，半在零陵。"《水经注》："九嶷山盘基苍梧之野，峰秀数郡之间。"此皆文辞虚饰，强为牵连……盖九疑、苍梧之类，本非南方地名。自楚人远拓，而往者每每以北方雅名胜迹，移之南土，故苍梧、九疑、零陵，各在一方。今曰"崩苍梧之野，葬江南九疑，是为零陵"，仍并苍梧、九疑、零陵为一，而犹益之曰"江南"；若一一以实地掩之，则几成汗漫荒唐之辞矣。（《史记地名考·上古地名》）

王　恢：按：九疑，都庞、萌渚、骑田之支阜，绵亘道州诸县之间，主峰在宁远县南六十里，海拔一六五〇公尺。有土阜，或因以为舜陵——犹之永州东有地阔五丈，类旧河道，而《纪要》（八一）以为秦始皇所筑驰道也。文人好怪，喜踵事增华，更造娥皇、女英、舜原、箫韶等等美名以附会之。《锥指》（四六）曰："九疑之葬，二妃之溺，韶石之奏，斑竹之痕，皆以南巡为根柢；南巡之事虚，则其余皆不足辨矣。"司马公（光）诗曰："虞舜在倦勤，荐禹为天子，岂有复南巡，迢迢渡湘水。"王伯厚云："此诗可以祛千载之惑。"王氏虽不主零陵之说，而宗《吕览》葬纪，以为"苍梧山在海州界，近莒之纪城"。（《史记本纪地理图考·五帝本纪·崩葬苍梧之野》）

【汇评】

王　恢：《墨子》："舜西教乎七戎，道死，葬南已之市。"《吕览》亦言舜葬纪市。《左》昭十九年，《杜注》"东海赣榆县东北有纪城"。《墨子》云西教七戎道死，何得葬东海之滨。为此说者，出自沈约注《竹书》"舜五十年陟"，盖本《山海经》与郭注，称"鸣条有苍梧之山，帝崩遂葬焉。今海洲"。徐文靖《统笺》、雷学祺《义证》从之，盖皆误解"东夷"而曲为牵合也。钱（穆）先生扬弃旧说，独发新见，疑纪近鄢郢，零陵在保康，苍梧之野在商县。《史地考》（二）于苍梧之说，辨析最精……他认为舜冢不远至零陵，不仅无此事实，即古人传说所指亦决不在此。……《墨子》《吕览》言舜葬纪市，楚旧都称纪郢，以别于昭王所迁之鄢郢，舜葬零陵，实近鄢郢。又疑苍梧之野，在商县境。《长林赋》"左苍梧，右西极"，是苍梧在上林东。《吕览·召类》："尧战于丹水之浦，以服南蛮。"《左》哀四年："楚右师军于苍野。"《杜注》："苍野在上洛县。"疑苍野亦即苍梧之野。又《世纪》云舜次妃女罃封于商，生九子，号商均。《路史》商洛城东有九子墓，所谓舜葬九疑，殆亦由九子墓而来。（《史记本纪地理图考·五帝本纪·崩葬苍梧之野》）

又：《孟子》云，舜"卒于鸣条"，《括地志》："安邑县北三十里南阪口，即古鸣条陌。"《清统志》（一五四）："帝舜陵在安邑县西北三十里鸣条冈南，高三丈，广四十余步，有祠。按：《礼记》舜葬苍梧，《史记》舜葬九疑，元结、司马光皆辨其非。《孟子》明言卒于鸣条，当以为断。"（同上）

⑦【汇注】

裴　骃：《皇览》曰："舜冢在零陵营浦县。其山九谿，皆相似，故曰九疑。传曰'舜葬苍梧，象为之耕'。《礼记》曰'舜葬苍梧，二妃不从'。《山海经》曰'苍梧山，帝舜葬于阳，丹朱葬于阴'。"皇甫谧曰："或曰二妃葬衡山。"（《史记集解·五帝本纪》）

周　祈：《史记》舜南巡，崩于苍梧之野，葬零陵之九疑。此马迁牵合有庳之事，附会《家语》，而不觉其谬也。《家语》舜陟方岳，死于苍梧之野而葬焉。按：苍梧有二：一郡名，今梧州府。一山名，郴阳何孟春云在海州，舜葬当于此。《孟子》舜卒于鸣条，《吕氏春秋》舜葬于纪。何孟春云，鸣条，亭名，在陈留县。纪，城名，在莒州。苍梧山近莒之纪城，去鸣条不远，故或言苍梧，或言鸣条，或言纪也，皆东方之地。若苍梧郡，则南方矣。且苍梧郡汉武时始置，九疑在秦时属长沙郡，即零陵犹未有也，何得言葬零陵之九疑为崩于苍梧之野？然则迁何所本欤？昔者舜封象于有庳，有庳今道州也。九疑山在道州，象建国于此，死而葬焉，后人误以象冢为舜陵，迁因《家语》有死于苍梧之文，又因九疑有象冢，遂不疑，谓舜崩于苍梧之野，葬零陵之九疑也。使舜南巡崩，当云死于衡山之野而葬焉，不应云死于苍梧之野也。且衡山去古帝都最远，黄帝以潚、霍二山为副，汉武徙南岳之祭于潚山，皆以远故也。九疑去衡山又将千里，舜勤事野死，至衡山足矣，葬衡山已矣，何暇至苍梧葬九疑也？今九疑有舜岭、舜源、箫韶峰、皋陶祠，皆滥觞于迁耳。（《名义考》卷四《舜陵》）

程馀庆：按：《竹书》：舜四十九年，帝居于鸣条。五十年，帝陟。与《孟子》合。今山西解州安邑县西北三十里有鸣条冈，即舜卒处（按：在今山西省夏县）。苍梧，今广西梧州府（按：即今广西壮族自治区苍梧市）。九疑山，在湖南永州府宁远县（按：即今湖南省宁远县）。零陵在其阳道州界，并去舜都蒲坂数千里。舜年九十三年，自谓倦勤，岂百有十岁之后，其衰已甚，犹深入蛮夷之地哉？《史》误。（《历代名家评注史记集说·五帝本纪》）

钱　穆：案：舜冢不远至湖南零陵，不仅无此事实，即古人传说所指，亦决不在此。《水经·沔水》注："夷水又东南流，与零水合。零水，即沶水也。其水东迳新城郡之沶乡县，县分房陵立，谓之沶水。又东历軨乡，谓之軨水。晋武立上黄县，治軨乡。"汉有沶陵侯，沶陵即零陵也。（《史记地名考·上古地名》）

王　恢：《淮南子·修务训》、郑氏《礼记注》、韦昭《国语解》及《皇览》《世纪》，宗《史记》而实其说曰："舜冢在零陵营浦县。"《世纪》云："舜荐禹于天，使禹摄政，有苗氏叛，南征，崩于鸣条，殡以瓦棺，葬于苍梧九疑山之阳，是为零陵。"《湘水注》更铺张扬厉："九疑蟠基苍梧之野，峰秀数郡之间，罗岩九举，各导一溪，岫壑负阻，异岭同势，游者疑焉，故曰九疑山。大舜窆其阳，商均葬其阴。"（《史记本纪地理图考·五帝本纪·崩葬苍梧之野》）

金景芳、吕绍纲：孔颖达《尚书正义》引郑玄云："舜生三十，谓生三十年也。登庸二十，谓历试二十年。在位五十载，陟方乃死。"谓摄位至死为五十年，舜年一百岁也。……史迁谓舜摄位八年，居丧三年正式即位，又三十九而死，即在位五十年。此与郑玄说合。（《〈尚书·虞夏书〉新解·〈尧典〉新解》）

【汇评】

梁玉绳："南巡狩……是为零陵。"按：舜葬苍梧之言，著于经，见于史，杂述于诸子，《国语》《祭法》并传勤事野死之文，竟若确有可征者，然俱妄也。……言帝葬苍梧，则自汉失之。苍梧非五服，在虞、夏乃无人之境，岂巡狩所至耶？舜已耄期倦剧，释负而傅禹，则巡狩之事禹为之矣，复躬巡狩于要、荒之外哉！然虞帝之坟，在在有之，盖古圣王久于其位，恩霑媒隅，泽及牛马，赴格之日，殊方异域无不坟土以致其哀敬。颛、喾、尧、汤之墓，传皆数出，汉郡国皆起园庙，亦若是也。罗苹《尧冢篇》注曰"仪墓如汉世远郡园陵，与苍梧舜墓之类，非实葬所"。又《舜冢篇》注曰"传谓伐苗民而崩苍梧，伐苗乃禹也"。凡兹众论，真足祛千古之惑。其所以造为苍梧野死之说者，缘误解《尚书》陟方之句耳。郑樵《大经奥论》亦谓舜葬梧是流俗妄语。《真灵位业图》世传梁陶宏景造，称舜以服九转神丹，入九疑山得道。荒唐谬悠，大率类此，断非贞白先生所作，然其附会，实始于葬苍梧之言也。（《史记志疑》卷一《五帝本纪》）

⑧【汇注】

吴汝纶："舜之践帝位"，凌季默约言云：舜事至于葬无遗矣。复以"践帝位"提起，举"朝父""封弟""荐禹"三事。（《点勘史记读本·各家史记评语·五帝本纪》）

⑨【汇注】

裴　骃：徐广曰："和敬貌。"（《史记集解·五帝本纪》）

程馀庆：夔，一足之兽也。凡人之常时，两足舒布，有所畏，则两足紧并，有若一足之象，故曰夔夔，所谓重足而立也。此方是瞽叟底豫允若时候，较舜之身为庶人，仅曰"不格奸"者，殊有浅深之分。以舜之圣，年逾六十始臻斯境，岂易言哉！（《历代名家评注史记集说·五帝本纪》）

⑩【汇评】

王锡爵：《祭法》有虞氏禘黄帝郊喾，祖颛顼宗尧，夏后氏禘黄帝郊鲧，祖颛顼宗禹。夫舜之禅禹，犹尧之禅舜，舜宗尧而禹不宗舜。鲧之恶犹瞽叟之恶，禹郊鲧而舜不郊瞽叟，何耶？君子曰：胤祚之相继，卑可以嗣尊，尊不可以嗣卑。祭祀之制，祖必以德，宗必以功。按：《史记》尧、舜、禹皆黄帝之后，尧与禹俱黄帝五世孙，舜则黄帝之九世孙也。以族高祖嗣族玄孙，可乎？故舜宗尧，禹不宗舜，鲧凶瞽叟顽，虽同恶，鲧以治水无成殛于羽山，终为以死勤事。瞽叟直顽耳，故禹得郊鲧，舜不得郊瞽叟，盖禹以亲屈君，舜以功屈父也。（见《百大家评注史记》卷一《五帝本纪》）

刘咸炘："舜之践帝位"至"如子道"：凌稚隆《评林》引凌约言曰："复以践位提起。举朝父、封弟、荐禹终焉。以三事所关甚大，特揭于后，不嫌于缀。"按：此本皆前所未有，非复提也。（《太史公书知意·五帝本纪》，见《刘咸炘学术论集》）

⑪【汇注】

裴　骃：孟子曰："封之有庳。"音鼻。（《史记集解·五帝本纪》）

张守节：《帝王纪》云："舜弟象封于有鼻。"《括地志》云："鼻亭神在营道县北六十里。故老传云，舜葬九疑，象来至此，后人立祠，名为鼻亭神。《舆地志》云零陵郡应阳县东有山，山有象庙。王隐《晋书》云本泉陵县，北部东五里有鼻墟，象所封也。"（《史记正义·五帝本纪》）

罗　泌：泌尝考之：象封有鼻，故墓在于始兴。（《路史·发挥卷五·辨帝舜冢》）

罗　苹：《幽明录》云：始兴有鼻天子冢、鼻天子城，即《南康记》南康县鼻天子城者，亦见《虞宾录》。盖地后贯南康，昔人不明为何人，乃象冢也。（见《路史·发挥卷五·辨帝舜冢》注）

朱之蕃：按：《孟子》"封之有庳"是也。（见《百大家评注史记》卷一《五帝本纪》）

张　萱：舜封象于有庳，即今湖广永州府零陵县。今零陵尚有有鼻墟。罗长源谓鼻、庳音相近也。（《疑耀》卷六《鼻天子冢》）

[日]**泷川资言**：吴裕垂曰：道州之有庳亭，犹灵博之有象祠也。南蛮、苗夷所建，不必问其所自始，而有庳之封，必近帝都，方得常常而见，原原而来。（《史记会注考证附校补·五帝本纪第一》）

程馀庆：封于有庳，地缺。舜之明德孝弟为大，故又接践帝位后载舜朝父封弟，

所以终舜顺事父母与弟，日以笃谨之事也。（《历代名家评注史记集说·五帝本纪》）

【汇评】

孟　子：万章问曰："象日以杀舜为事，立为天子，则放之，何也？"孟子曰："封之也，或曰放焉。"万章曰："……象至不仁，封之有庳。有庳之人奚罪焉！仁人固如是乎？在他人则诛之，在弟则封之。"曰："仁人之于弟也，不藏怒焉，不宿怨焉，亲爱之而已矣。亲之欲其贵也，爱之欲其富也。封之有庳，富贵之也。身为天子，弟为匹夫，可谓亲爱之乎！""敢问或曰放者，何谓也？"曰："象不得有为于其国，天子使吏治其国，而纳其贡税焉，故谓之放，岂得暴彼民哉？虽然，欲常常而见之，故源源而来，不及贡，以政接于有庳。此之谓也。"（《孟子·万章上》）

郑　樵：《韩子》曰："瞽瞍为父而舜放之，象为弟而舜杀之。"观此所言，则六经不得夫子所谓圣人者，其难为圣人矣。韦昭三苗之说有理哉！（《通志》卷二《帝舜》）

冯梦祯：舜之诛四凶而封象也，果何居？曰：得罪于天下，虽弟无赦也，得罪于己，虽疏无诛也。况亲其弟乎？《书》曰瞽叟亦允若，象且化之矣，谓圣人而修匹夫之却弟也，无是理矣。（见《百大家评注史记》卷一《五帝本纪》）

顾颉刚：《楚辞·天问》有"眩弟并淫，危害厥兄，何变化以作诈，后嗣而逢长？"的疑问，王逸注："言象为舜弟，眩惑其父母，并为淫佚之恶，欲共危害舜也。"又云："象欲杀舜，变化其态，内作奸诈……终不能害舜。舜为天子，封象于有鼻，而后嗣之子孙长为诸侯。"照这样说，象的子孙是永远作诸侯的，想不到这个恶人竟得到了这样的善报！（《顾颉刚古史论文集》第二册《虞初小说回目考释》三十四）

王　恢："舜封弟象为诸侯"，《孟子》云"封之有庳"，《晋书·地理志》乃曰"零陵郡应阳东界有鼻墟，云象所封"，于是蛮夷而有祠。唐元和九年，薛伯高毁之（柳宗元记）。王守仁因诸苗夷新其祠屋，复为之记，以为傲弟见化于舜，推爱乌及屋之义，并见舜德之至，感人之深，而流泽之远且久云（吾乡与东安交界有舜王山，县城南有二妃庙，城西有象山、有寺。桂林东北郊有尧山，山腰有舜田。城北有虞山庙）。孟不云乎："封之有庳，欲常常而见，故源源而来。"鼻墟去京两千里，安得常常而见，源源而来！学人好怪，附会成说耳。（《史记本纪地理图考·五帝本纪·崩葬苍梧之野》）

又：又《正义》："王隐《晋书》云：大泉陵县北部东五里有鼻墟，象所封也。"殿本《考证》疑"大泉陵"三字是"零陵"二字误。不知隋以前零陵县在吾乡梅潭，隋始改泉陵为零陵——永州，北距应阳百里许。《湘水注》引作"应阳县本泉陵之北部"是也。毕沅《晋书·地道记集》作"本泉陵"。此当《正义》书写之误，而《考证》之疏也。（同上）

⑫【汇注】

裴　骃：皇甫谧曰："娥皇无子，女英生商均。"（《史记集解·五帝本纪》）

张守节：谯周云："以虞封舜子，今宋州虞城县。"《括地志》云："虞国，舜后所封邑也。或云封舜子均于商，故号商均也。"（《史记正义·五帝本纪》）

胡　宏：三十一载，舜子商均，女英所生也。不肖，不可付以天下。舜耄，不能亲政，命伯禹摄天子事。伯禹请让于咎繇，舜称美咎繇之休，以尧命己之事命禹。禹再辞。又固舜曰："毋！天之历数在尔躬，人心惟危，道心惟微，惟精惟一，允执厥中。"三十二载，禹遂摄天子事。（《皇王大纪》卷四《帝舜有虞氏》）

陈士元：舜子名均，一作义钧，封于商，是为商均。（《孟子杂记》卷三《辨名》）

梁玉绳：商均，舜子，始见《楚语》《孟子》《五帝纪》。女英所生。封于商，禹封于虞。亦曰义钧，亦曰叔均，葬苍梧九疑之阴。一名章鹙。（《汉书人表考》卷八《商均》，见《史记汉书诸表订补十种》）

程馀庆：女英生义均及季釐。季釐封于缗，桀灭之。义均封于商，是为商均，善歌舞。今陕西商州武关西北二十里有故商城。（《历代名家评注史记集说·五帝本纪》）

【汇评】

刘　安：沈湎耽荒，不可教以道，不可喻以德，严父弗能正，贤师不能化者，丹朱、商均也。（《淮南子》卷十九《修务》）

郭沫若：尧的帝位不能传给丹朱，舜的帝位也不能传给商均，禹的位置也不能传给启，并不是尧、舜、禹是大公无私的圣人，也不是丹朱、商均等都是十恶不肖的儿子，事实上是氏族评议会不能再举丹朱、商均，而丹朱、商均也嫁到别的氏族去做女婿去了。所以当着尧皇帝要"明扬侧陋"的时候，四岳群牧都走来会议，你说这个好，我说那个好，结果是举出了舜来。舜皇帝要组织政府的时候，他也遍咨四岳群牧，又由大家同意举出一个大贤人夏禹来，其后又把帝位让给众人所举出的夏禹去了。（《中国古代社会研究》第二编《诗书时代的社会变革与其思想上的反映》）

又：这场戏景不就是氏族评议制度的反映吗？那一些四岳十二牧九官二十二人，不都是当时的各族各氏的家长宗长吗？像这样的事实并不稀奇，在北美的土人中一直到近代都还有保存着的。不过在我们中国的汉族是在三千年前已经退下了舞台，所以我们总觉得非常神圣。二千年前的儒者想来也觉得非常神圣，故更有意识地把它神圣化了。（同上）

⑬【汇校】

［日］水泽利忠：枫、三无"乃"字。（《史记会注考证附校补·五帝本纪第一》）

【汇注】

荀　子：舜授禹，以天下，尚得推贤不失序，外不避仇，内不阿亲贤者予。（《荀

子》卷十八《成相篇》）

吕不韦： 尧舜贤主也，皆以贤者为后，不肯与其子孙，犹若立官必使之方（高诱注：以贤者为后，谓禅位也。尧传舜，舜传禹。故曰不肯与其子孙也，方正不私邪之谓也）。（《吕氏春秋·季春纪·圜道》）

司马贞： 谓告天使之摄位也。（《史记索隐·五帝本纪》）

徐文靖： "帝舜有虞氏十四年，命禹代虞事"，《笺》按：《帝王世纪》曰："禹在位七十四年，舜始荐之于天。"（《竹书纪年统笺》卷二《帝舜有虞氏》）

齐召南： 帝舜有虞氏：在位五十载，禅于禹。（《历代帝王年表·帝王》）

赵　翼： 舜受终文祖，摄位之后，又二十八载，尧乃徂落，《舜典》所记甚明，禹受命于神宗，若帝之初，亦是当舜在日即已摄位也。乃禹摄后舜作何位置，及享寿又若干，《典》《谟》俱不载，但云"在位五十载，陟方乃死"，何也？盖舜之禅与尧之禅不同。尧禅后竟全以天下付舜，而己一无所与，故舜摄位后，察玑衡，类上帝，辑瑞巡狩，封山浚川，一切皆行天子之事，舜则虽命禹摄位，而身尚临御，故禹既摄之后，其征苗也，犹奉命而出，及班师，又劝舜修德以来之。可知传位虽有成命，尚不同尧之退处养闲，直至苍梧之崩，犹在帝位。故《书》云"在位五十载，陟方乃死"也。盖尧禅时已耄而倦勤，舜禅时尚康强无恙，观于过百之岁，犹远陟江汉，其矍铄可见。故不敢以付托有人，遂自暇逸而爱闲谢事耳。（《陔余丛考》卷十六《尧舜之禅不同》）

徐旭生： 我觉得帝尧、帝舜、大禹诸人却还是时代相接、互有关系的。……我们研究传说时代，仅能据古代的传说加以整理。对于古代差不多一致的，并且同现代历史科学（人类学、民族学、考古学、社会进化史等等）所得的结果还没有发现冲突的时候，我们并没有理由加以否认。不过他们虽说互有关系，却不是像后代所想象那样的君臣的关系，只是各氏族间可以说互相帮忙的关系。《孟子》的书虽说是以当日的眼光看古代，并且太理想化，可是也还保存着不少靠得住的材料。比方说"尧荐舜于天"，"舜荐禹于天"，"禹荐益于天"，固然是想象的说法，可是他不把舜、禹的受天命，为天子，说作由于尧、舜的揖让，却说是由于朝觐、讼狱、讴歌之所归，它对于当日社会的情形还相当地明白。说尧死以后，"舜避尧之子于南河之南"，舜死以后，"禹避舜之子于阳城"，也是靠得住的史实。自然，所说的避还是想象的说法，可是，有虞的氏族本在南河之南，夏后的氏族本在阳城，当尧、舜身没以后，舜、禹各归旧居，是一定的道理。本无禅让，又有什么躲避？（《中国古史的传说时代》第二章《三集团的交互关系》）

⑭ **【汇校】**

[日] **水泽利忠：** 南化、枫、三、绍无"乃"字。（《史记会注考证附校补·五帝

本纪第一》）

王叔岷：案："乃"字盖涉上文"舜乃"字而衍。《夏本纪》："禹辞辟舜之子商均于阳城。"（本《孟子·万章篇》）此文正文不涉及阳城，《正义》云云，当移在彼文下。（《史记斠证·五帝本纪第一》）

【汇注】

张守节：《括地志》云："禹居洛州阳城者，避商均，非时久居也。"（《史记正义·五帝本纪》）

⑮【汇评】

温托岙：叙禹让舜子，但曰"如舜让尧子"，语简而意尽。（见《百大家评注史记》卷一《五帝本纪》）

⑯【汇评】

程　楷：舜之为君也，濬哲文明，允执厥中，明断之体全矣。故明目达聪，柔远能迩，昭明之四布也。元、凯兼举，四凶就诛，毅断之天行也。舜以是明断而风动四方也。（《明断编》）

⑰【汇注】

赵　晔：尧崩，禹服三年之丧，如丧考妣。昼哭夜泣，气不属声。尧禅位于舜，舜荐大禹，改官司徒，内辅虞位，外行九伯。舜崩，禅位命禹。禹服三年，形体枯槁，面目黎黑，让位商均，退处阳山之南，阴阿之北，万民不附商均。追就禹之所状，若惊鸟扬天，骇鱼入渊，昼歌夜吟，登高号呼曰："禹弃我，如何所戴！"禹三年服毕，哀民，不得已即天子之位。三载考功，五年政定。（《吴越春秋》卷四《越王无余外传》）

胡　宏：五十载，商均除丧，禹委政于皋陶、伯益，退避于阳城。天下诸侯，朝觐讼狱讴歌者，不之商均而之禹。（《皇王大纪》卷四《帝舜有虞氏》）

程馀庆：此又载舜禅禹，所以终舜代尧受命有天下之事。（《历代名家评注史记集说·五帝本纪》）

方中履：舜都蒲坂（原注：见《世纪》。今平阳府蒲州）。（《古今释疑》卷十三《建都》）

刘　坦：尧立七十年得舜，二十年而老，令舜摄行天子之政，舜摄政八年而尧崩，更摄丹朱政三年，然后践帝位，践帝位三十九年而崩，益丧中禹摄商均政三年，通凡七十三年。（《史记纪年考》卷二《唐虞夏商周考·夏禹》）

⑱【汇注】

罗　泌：丹，朱之国，今朱虚有丹山，丹水出焉。东丹、西丹二水，近有长阪远峻，谓之破军坡，记为丹朱弄兵之处。又邓之内乡亦有丹水，汉之丹水县。《荆州记》

云丹川尧子封者。《九域志》云：在邓有丹朱冢，然丹朱陵乃在相之永和镇。(《路史·国名纪卷丁·陶唐氏后·丹》)

王士俊：丹朱塚在内乡县城西北七十里，彰德府亦有墓。([雍正]《河南通志》卷四十九《陵墓》)

⑲【汇注】

左丘明："尧有丹朱，舜有商均。"(《国语·楚语》)

韦　昭："均，舜子，封于商。"(《国语注》)

郑　樵：初，舜娶尧二女，曰娥皇、女英。女英生商均，亦不肖。舜子九人。在位三十三载，命禹摄行天子事。禹推与皋陶，不获，乃以正月朔旦受命于神宗，帅百官，若帝之初。(《通志》卷二《舜典》)

罗　泌：唐世记录张尚书牧弘农，鞫盗，有尝发商州尧女墓者，多得大珠、镠金、宝器、玉碗，厥事甚显，公独怪其史传蔑记，又谓尧女舜妃，从死湘岭，不得在是。且以玉碗宝珠，非协茅茨之事，一时名流刘禹锡辈，亦举为疑，微达识之义矣。予窃考之舜子商均，本曰义均，见于《山海经》，以其封商，而谓商均。商正今之商州，按：《帝王世纪》云虞帝三妃，娥皇无子，女英生商均，今女英之冢在商，则特舜崩之后，随其子均徙于封所，故其卒葬在焉。事允协矣。又奚史传之记不记哉？彼亦岂知虞帝未始南巡，与二妃初无从巡溺死之事，皆记礼者之妄尔。夫以帝果南巡，二妃于时皆逾百岁，岂得谓女而复此俱存哉？尧舜固俭也，然宝玉之类，亦非必为深怪。南阳张澹墓碑阴刻"白楸之棺，易毁之裳，铜铁不入，瓦器不藏，嗟尔后人，幸毋我伤"。元嘉既发，甚多金器，垂帘一皆金钉饰之。……由此观之，则商墓之藏，可理知矣。况尧舜之俭，朱、均固未守也。(《路史·余论卷九·女英冢》)

陈士元：舜年三十为百揆，三十三摄天子事，六十而尧崩。服尧三年丧即天子位，在位四十八载而崩于鸣条，寿一百十岁。三妃：娥皇盲，无子。女英生义均及季釐。义均封于商，是为商均。季釐封于缗。次妃癸比氏生二女，曰宵明，曰烛光，是为湘神。庶子七人，而圭胡、负遂、庐蒲、卫甄、潘饶、番传、邹息、其何、母辕、余姚、上虞、濮阳、余虞、西虞、无锡、巴陵、衡山、长沙，皆其裔也。(《论语类考·舜》)

蒋廷锡：义均封于商，是谓商均。后盲，娥皇也。鸣条有苍梧之山，帝崩，遂葬焉。今海州。(《明伦汇编》卷八《帝纪部·舜本纪》)

徐文靖："帝舜有虞氏二十九年，帝命子义均封于商"，《笺》按：《世纪》曰："娥皇无子，女英生商均。"据《竹书》则本名义均，以封于商，曰商均。《吕氏春秋·去私篇》"舜有子九人"，高诱曰：《国语》云"舜有商均"，此曰九子，不知出何书也。(《竹书纪年统笺》卷二《帝舜有虞氏》)

⑳【汇注】

　　裴　骃：谯周曰："以唐封尧之子，以虞封舜之子。"（《史记集解·五帝本纪》）

　　司马贞：《汉书·律历志》云封尧子朱于丹渊为诸侯。商均封虞，在梁国，今虞城县也。（《史记索隐·五帝本纪》）

　　张守节：《括地志》云："定州唐县，尧后所封。宋州虞城县，舜后所封也。"（《史记正义·五帝本纪》）

　　张大龄：尧舜有天下，不传之于子，而传之贤，说者以为天命所在，尧、舜莫之能为；又谓尧舜公天下以为心，不必爱其子。愚谓天命不可知，公天下者亦未始不爱其子。其实尧舜不传子，正所谓真爱其子也。天下，大物也，其负荷实难。以尧舜之圣，兢兢业业，仅能安之。尧舜既以此心安天下，而能不以安天下之心安其子；吾将安之，而又以最难负荷者累之。一旦人心解，天命去，求为匹夫不可得，爱子如尧舜，宁忍之乎！晋武帝尝有天下，而传之不肖之惠帝，周武帝尝有天下，而传之不肖之天元，身死即乱，彼岂不自谓能爱其子，而究竟爱之，实速其死亡，与手刃之者一间耳。何以谓之爱哉？愚故于晋、周二帝之事，而益见尧舜爱子之真。（《玄羽外编·随笔卷七》）

㉑【汇注】

　　陈蒲清：奉先祀，奉行祖先的祭祀。《括地志》："定州唐县，尧后所封；宋州虞城县，舜后所封也。"（见王利器主编《史记注译·五帝本纪》）

【汇评】

　　胡　宏：愚读《五帝书》，然后知圣人泽及斯民之远也。后世有立功于一时，兴利于一邦者，人犹追思而祀之。是数圣人者，有功于天下万世，曾不得推苗裔、立宗子、建庙廷、春秋四时饷天下之报也！有天下者，端拱九重之内，治其国家，上之天文，下之地理，中之人伦，衣食之原，器用之利，法度之彰，礼乐之则，谁推明制作之也？而忘之乎夷戎之人，驾一偏空说，失事理之制，而其神像反得蟠据名山，中华巍业相望，又听其雕梁画栋，群沦灭三纲之人而豢养之，此何道也？其不耕不殖，侵渔民利，耗蠹民财，乃细事耳。为政者恬不以为虑，诸华无人，可悲之甚矣！（《皇王大纪》卷四《帝舜有虞氏》）

　　张　萱：尧、舜、禹以圣人为之君，又以圣人为之臣。禅受之际，昭著往策，岂复纤芥可疑？而《竹书纪年》谓尧之末年德衰，为舜所囚，故相之汤阴有囚尧城。又谓舜既囚尧，遂堙塞丹朱，使父子不相见，故鄄城西又有堙朱城。《琐语》因之，亦曰舜放尧于平阳，而任昉记亦以朝歌有狱基，禹囚舜故地也。于是，刘知幾遂疑舜废尧，既立其子，俄又夺之。嗟！嗟！尧、舜、禹而犹不免于稗官小说之妄议，又何怪乎秦火耶？（《疑耀》卷六《尧舜被诬》）

庄元臣：舟人不以舴艋载千钧之石，爱舟也；车人不以小犊驾厚载之车，爱犊也；尧、舜不以天下授不肖之朱、均，爱子也。爱子莫如尧、舜，而不知者犹以为远其子也。(《叔苴子·内篇》卷一)

㉒ 【汇注】

陈蒲清：古代王朝改易，要一并改换服色和礼乐，夏朝不要唐尧、虞舜后代改变礼乐服色，以示特殊尊重。(见王利器主编《史记注译·五帝本纪》)

㉓ 【汇注】

张守节：为天子之宾客也。(《史记正义·五帝本纪》)

㉔ 【汇注】

杜　佑：虞舜以尧子丹朱为宾，曰虞宾，而不臣之(原注：《书》云：虞宾在位，群后德让)。(《通典》卷七十四《三恪二王后》)

又：夏禹封丹朱于唐，舜子商均于虞，皆有疆土，以奉先祀，服其服，礼乐如之，以客礼不臣也。(同上)

徐文靖："帝子丹朱避舜于房陵，舜让不克。朱遂封于房，为虞宾，三年，舜即天子之位。"《笺》按，[房]，《春秋》为房子国。《后汉·献帝纪赞》曰"永作虞宾"，注"虞宾谓舜以尧子丹朱为宾"。(《竹书纪年统笺》卷二《帝尧陶唐氏》)

【汇评】

王　充：尧命当禅舜，丹朱为无道，虞统当传夏，商均行不轨。非舜禹当得天下，能使二子恶也；美恶是非，适相逢也。(《论衡·偶会篇》)

又：丹朱生于唐宫，商均生于虞室，唐虞之时，可比屋而封，所与接者，必多善矣；二帝之旁，必多贤矣。然而丹朱傲，商均虐，并失帝统，历世为戒。(《论衡·本性篇》)

㉕ 【汇注】

胡　宏：元载，禹践天子位，都于安邑，以水德王……国号夏，即蒲坂，而封商均，是为虞，以奉其先祀。服其服，礼乐如之，以客见天子，天子弗臣，示不敢专也。(《皇王大纪》卷五《夏大禹》)

郑　樵：舜本处虞之妫汭，号曰有虞氏。作都于蒲坂。尚赤，其社用土，封丹朱于丹渊，为诸侯，以奉先祀。服其服，礼乐如之，谓之"虞宾"，示弗臣也。(《通志》卷二《帝舜》)

又：舜预荐禹于天，十七年而崩。三年之丧毕，禹亦避舜之子，诸侯归之。然后践天子位。丹朱、商均皆有土，世为唐虞之国，以奉先祀。服其服，礼乐亦如之。以客礼见天子，天子弗臣，示不敢专也。有虞氏禘黄帝而祖颛顼，郊尧而宗舜。幕能帅颛顼者也，故报焉。(同上)

[日] 泷川资言：《尚书·皋陶谟》云"虞宾在位"，《传》云"丹朱为王者后，故称宾"。《礼记·郊特牲》云"王者存二代之后，犹尊贤也，尊贤不过二代"。（《史记会注考证附校补·五帝本纪第一》）

程馀庆："尧子丹朱，舜子商均，皆有疆土，以奉先祀。服其服，礼乐如之。以客见天子，天子弗臣，示不敢专也。"丹，国名，今临朐县东北有丹山，东西二丹水出焉，即丹渊也。初，尧处朱于此为诸侯（按：在今山东省临朐县）。及舜及位，乃封朱于房，今河南汝宁府遂平县是（按：在今河南省遂平县）。丹朱，貍姓，在周为傅氏。禹封商均于虞，今归德府虞城县是（按：在今河南省虞城县）。此连类并载尧舜之后，奉先宾王。先收结尧舜二帝本纪。（《历代名家评注史记集说·五帝本纪》）

自黄帝致舜、禹①，皆同姓而异其国号②，以章明德③。故黄帝为有熊④，帝颛顼为高阳⑤，帝喾为高辛⑥，帝尧为陶唐⑦，帝舜为有虞⑧。帝禹为夏后而别氏⑨，姓姒氏⑩。契为商⑪，姓子氏⑫。弃为周⑬，姓姬氏⑭。

① 【汇注】
唐仲友：舜乃颛帝六世孙，故有虞氏祖颛帝而宗尧。（《帝王经世图谱》卷六《庙室昭穆·禘祫之图·颛帝》）

② 【汇注】
裴　骃：徐广曰："外传曰'黄帝二十五子，其得姓者十四人'。虞翻云'以德为氏姓'。又虞说以凡有二十五人，其二人同姓姬，又十一人为十一姓，酉、祁、己、滕、葴、任、荀、釐、姞、儇、衣是也，余十二姓德薄不记录。"（《史记集解·五帝本纪》）

万光泰：《序记》：黄帝子昌意，少子，受封北土，裔始均入仕尧世，积六十七世至成皇帝讳毛立，聪明武略，远近所推，统国三十六，大姓九十九，威震北方，莫不率服。（《魏氏补证》卷一）

梁玉绳：按：黄帝至禹诸帝王并非一族，安得同姓？《史》于五帝之姓多缺不具，而夏之姓姒，下文已明书之，何云同姓哉？此《史通》所谓"连行接句，顿成乖角"者也。《宋史·艺文志》有赵瞻《史记牴牾论》五卷，惜佚不见。（《史记志疑》卷一《五帝本纪》）

吴汝纶："自黄帝至舜禹皆同姓"，王少鹤云：《黄帝纪》"嫘祖为正妃"段，与《舜纪》此段，为通篇关键。（《点勘史记读本·各家史记评语·五帝本纪》）

③【汇注】

朱　熹：明，明之也。明德者，人之所得乎天，而虚灵不昧，以具众理而应万事者也。（《四书集注·大学》）

程馀庆：按：上古时，同德者同姓，异德者异姓，不必其系出于一也。（《历代名家评注史记集说·五帝本纪》）

④【汇注】

罗　泌：有熊，帝之开国。今郑之新郑。《舆地广记》云：古有熊国，黄帝所都。云都非。（《路史·国名纪卷甲·黄帝后姬姓国·有熊》）

徐文靖："黄帝轩辕氏元年，帝即位，居有熊。"《笺》按：谯周曰：黄帝，有熊国君少典之子也。皇甫谧曰：有熊，今河南新郑是也。古有郑国，黄帝之所都。《水经注》曰：姚瞻以为黄帝都陈，在陈仓。《舆地志》云：涿鹿本名彭城，黄帝初都，迁有熊也。《括地志》曰：涿鹿城在妫州东南五十里，本黄帝所都也。大抵征战所至，都涿鹿，即位乃都有熊。（《竹书纪年统笺》卷一《黄帝轩辕氏》）

程馀庆：初都涿鹿（按：在今河北省涿鹿县），后迁有熊，故以为号。今河南禹州新郑县是（按：即今河南省新郑县）。（《历代名家评注史记集说·五帝本纪》）

⑤【汇注】

邓名世：颛顼，下字犯庙讳，古高阳氏帝号，后世以为氏。《神仙传》有太原女颛顼和。（《古今姓氏书辨证》卷九《颛顼》）

又：彭，出自颛帝高阳氏之后，颛帝曾孙黎为高辛氏火正，有大功，实能光融天下，命曰祝融。弟吴回，嗣守其职，生陆终，陆终有子六人，其三曰籛，为彭姓，封于大彭，今彭城是也。大彭氏谓之彭祖，其后别封豕韦、诸稽、舟人三国。商之中世，大彭、豕韦皆伯诸侯，而豕韦之裔别为韦氏，诸稽之后无闻，舟人后自为秃姓，惟大彭常为彭姓。（《古今姓氏书辨证》卷十六《彭》）

又：芈，出自颛帝，生称，称生卷章，卷章生重黎。重黎诛，弟吴回代为祝融，是为火正。吴回生陆终，陆终生子六人，皆剖析而产，其六曰季连，为芈姓，楚其后也。季连生附沮，附沮生穴熊，其后中微，或在中国，或在夷狄，弗能纪其世。周文王时，穴熊裔孙鬻熊，佐文王有功，成王举文武勤劳之后，得鬻熊孙熊绎，封于荆蛮，食以子男之田，赐姓芈氏，以奉祝融、鬻熊之祀，国于丹阳，其地南郡枝江是也。荆小而僻在深山，筚路蓝缕，以启山林。（《古今姓氏书辨证》卷二十一《芈》）

又：李，出自嬴姓。颛帝高阳氏生大业，大业生女华，女华生皋陶，字庭坚，为尧大理，生益，益生思成，历虞、夏、商，世为大理，以官命族为理氏。至纣之时，理征字德灵，为翼隶中吴伯，以直道不容于纣，得罪而死。其妻陈国契和氏，与子利正，逃难于伊侯之墟，食木子得全，遂改理为李氏。利正亦娶契和氏女，生昌祖，为陈大夫，家于苦县，五世孙乾，字元果，为周上御大夫，娶益寿氏女婴敷，生耳，字伯阳，一字聃，周平王时为太史，著《道德经》八十一章。唐明皇用方士说，尊为圣祖混元上德皇帝。（《古今姓氏书辨证》卷二十一《李》）

　　徐文靖：帝颛顼高阳氏，《笺》按：《家语》，孔子曰："帝颛顼者，黄帝之孙，昌意之子也。"宋衷曰："颛顼名高阳，有天下之号也。"《郡县志》曰："高阳故城在汴州雍丘县西南二十九里。高阳佐少昊有功，受封此邑。"《一统志》："高阳城在开封府杞县西二十九里是也。"《外纪》曰："颛顼自穷桑徙帝丘，于周为卫。"《春秋传》曰："卫，颛顼之虚也，谓之帝丘。今东郡濮阳是也。"《地理通释》曰："颛顼都卫，为帝丘，后徙高阳，称高阳氏。"《一统志》："高阳城在保定府城东南七十里，城周回九里，相传颛顼所筑。"又有"颛顼城在河间府任丘县，废郑州东北"。邢子颙《三郡记》云："颛顼所造，是始封时。高阳在杞县，既有天下，亦有高阳，在保定及任丘凡三也。"（《竹书纪年统笺》卷一《帝颛顼高阳氏》）

⑥【汇注】

　　邓名世：《前燕录》云：昔高辛氏游于海滨，留少子压越，以居北夷，邑于紫蒙之野，号曰东胡。秦汉之际，为匈奴所败，分保鲜卑山，因山为号。至魏初，率义王莫护跋携部落，入居辽西，燕、代多冠步摇冠，跋好之，乃敛发袭冠，诸部因谓之步摇。后音讹为慕容。（《古今姓氏书辨证》卷三十《慕容》）

　　徐文靖：帝喾高辛氏，《笺》按：《世纪》曰："帝喾，姬姓也。其母不觉，生而神异，自言其名曰夋。"《外纪》曰："年十五，佐颛帝，受封于辛，年三十，以木德代高阳氏为天子，以其肇基于辛，故号高辛氏。"据《雅》《颂》诸诗，溯商、周之母，止及稷、契而不及高辛。且诸史及《世纪》皆不载，惟《荒史》曰"高辛氏之母陈丰氏名裒"。（《竹书纪年统笺》卷一《帝喾高辛氏》）

⑦【汇注】

　　裴　骃：韦昭曰："陶唐皆国名，犹汤称殷商矣。"张晏曰："尧为唐侯，国于中山，唐县是也。"（《史记集解·五帝本纪》）

　　邓名世：唐，出自祈姓。帝尧初封唐侯，其地中山唐县是也。舜封尧子丹朱为唐侯。至夏时，丹朱裔孙刘累，迁封鲁县，犹守故封。商更号豕韦氏。周复改为唐。成王灭唐，以其地封弟虞叔为晋侯，更封刘累裔孙在鲁者为唐侯，以奉尧祀。唐州方城是也。初，成王灭唐时，子孙散在诸侯，以国为氏。春秋时，郑有唐苟，楚有唐狡，其后，魏大夫唐雎，年九十余，有名于战国。（《古今姓氏书辨证》卷十五《唐》）

　　又：尧，帝尧之后，以谥为氏。世居上党。长子后魏大司农尧暄，徙居岐州，生宗，宗兄子雄，北齐骠骑将军，又隋鹰扬郎将尧居素，魏郡汤阴人。（《古今姓氏书辨证》卷十《尧》）

又：陶，《姓书》云："出自陶唐氏之后，以国为姓。"误矣。谨按：《风俗通》曰："氏于事者，巫、卜、陶、匠。"周成王分康叔以商民七族，一曰陶氏，即其后也。（《古今姓氏书辨证》卷十一《陶》）

又：陶丘，《元和姓纂》曰："帝尧子居陶丘，因氏焉。"齐大夫陶丘德，汉侍御史陶丘仁，后汉陶丘子林生魏安定太守壹，壹生晋陈留太守达。江左有陶丘义之，汉末有平原陶丘隆，举刘岱、刘繇者。（《古今姓氏书辨证》卷十一《陶丘》）

又：范，出自祁姓。帝尧之后为陶唐氏，裔孙刘累学扰龙，以事夏王孔甲，赐氏曰御龙，以更彭姓豕韦之后。刘累迁于鲁县，至商为豕韦氏，与大彭更伯诸侯，商末国于唐，周成王灭唐以封太叔，徙封唐氏于杜，京兆杜县是也。杜伯事周宣王，无罪见杀，其子奔晋，生芮，字子舆，为晋士师，以官为氏。士芮生成伯缺，缺生武子会，为晋上卿，佐文公、襄公，尊事天子，为诸侯盟主，又灭赤狄有功，王赐之黻冕，使为晋太傅，食邑于范，因氏焉，谓之范武子。其地，濮州范县是也。（《古今姓氏书辨证》卷二十八《范》）

罗　泌：陶，高辛封之。今广济军治古定陶城有陶丘，范蠡变姓名，间行止陶，今郓之平阳有陶山。（《路史·国名纪卷丁·陶唐氏后·陶》）

又：唐，国即中山，今定之新乐与唐县俱是。有尧山、唐水、望都故城。望都里东北有广唐城，东有尧故城。后都平阳安邑，亦皆曰唐平阳，亦丹朱封也。（《路史·国名纪卷丁·陶唐氏后·唐》）

程馀庆：初封陶，今曹州府定陶县；又封唐，今直隶保定府唐县，故号陶唐氏。（《历代名家评注史记集说·五帝本纪》）

⑧【汇注】

左丘明：妫氏，帝舜之后，舜生妫汭，子孙氏焉。（见《世本》下《氏姓》）

司马迁：昔舜为庶人时，尧妻之二女，居于妫汭，其后因为氏姓，姓妫氏。（《史记·陈杞世家》）

裴　骃：皇甫谧曰："舜嫔于虞，因以为氏，今河东大阳西山上虞城是也。"（《史记集解·五帝本纪》）

邵　思：妫，亦舜姓也。陈居于妫汭是也。《文士传》有妫览，《后汉》有妫皓。（《姓解》卷一《妫》）

又：姚，舜姓也。舜生于姚墟，因而命氏。《左传》有郑大夫姚勾耳，后秦姚苌、姚弋仲，陈有姚察。（《姓解》卷一《姚》）

邓名世：姚，出自虞帝，生于姚墟，因以为姓。春秋时，郑大夫姚句耳、姚般，即其后。（《古今姓氏书辨证》卷十《姚》）

罗　泌：虞，帝先世所封，河东虞阪。所谓嫔于虞者，今解之虞乡，一曰吴，在虞城北十三。志云：平陆吴山上有虞城，舜始封是。穆天子登薄山，竇軨之隥，宿于虞是也。预在河东太阳，乐史以为安邑。故武德为虞州，乃都也。（《路史·国名纪卷丁·有虞氏后·虞》）

程馀庆：此序五帝世系，同姓异号。总收《五帝本纪》。（《历代名家评注史记集说·五帝本纪》）

⑨【汇注】

郑　樵：三代之前，姓、氏分而为二。男子称氏，妇人称姓。氏所以别贵贱。贵者有氏，贱者有名无氏。今南方诸蛮此道犹存。古之诸侯，诅辞多曰"坠命亡氏，踣其国家"，以明亡氏则与夺爵失国同，可知其为贱也。故姓可呼为氏，氏不可呼为姓。姓所以别婚姻，故有同姓、异姓、庶姓之别。氏同姓不同者，婚姻可通；姓同氏不同者，婚姻不可通。三代之后，姓氏合而为一，皆所以别婚姻，而以地望明贵贱。（《通志》卷二十五《氏族略第一·氏族序》）

周　祈：天子赐姓命氏，诸侯命族姓者，所以系统百世，使不别氏者所以别子孙所出。族者，氏之别名也。……天子之后，别以氏，所谓胙之土而命之氏也；诸侯之后，别以族，所谓官有世功，则有官族也。后世氏族，通谓之姓，而曰姓某氏。《史记》黄帝二十五子，其得姓者十四人，即司马迁亦不免误，况其后乎！（《名义考》卷五《姓氏族》）

张　澍：按：《广韵》又引《姓氏篇》序云："凡氏之兴九事；一氏于号，唐、虞、夏、殷是也；四氏于国，齐、鲁、宋、卫是也。"又云："凡氏于谥，戴、武、宣、穆是也；凡氏于字，伯、仲、叔、季是也。"又云："氏于事，巫、卜、陶、匠是也。氏于居者，城、郭、园、池是也；氏于职焉，三乌、五鹿是也。"《北史·高构传》引《风俗通》云："姓有九种，或氏于爵，或氏于居。"字句与《御览》所引〔《广韵》〕微异，皆是以意改删，非仲远原文。又按：《唐书》柳芳《氏族论》引"巫卜"作"巫乙"，亦非。（《风俗通姓氏篇》〔外二种〕原序）

梁玉绳：按：夏代称后，故云夏后氏。王则间称之，何论帝也，帝禹之称非，……且此以帝与后连书，亦复。（《史记志疑》卷一《五帝本纪》）

张澍稡：澍按：《史记》注，郑康成驳《五经异义》云：天子赐姓命氏，诸侯命族。族者，氏之别名也。姓者，所以统系百姓，使不相别也。氏者，所以别子孙之所自出，故《世本》之篇，言姓则在上，言氏则在下也。《史通》云《世本》辩姓，著自周室，即指《氏姓篇》言也。（《世本集补注》卷三《氏姓篇》，见《世本八种》）

⑩【汇注】

左丘明：其在有虞，有崇伯鲧，播其淫心，称遂共工之过，尧用殛之于羽山。其后伯禹念前之非度，厘改制量，象物天地，比类百则，仪之于民，而度之于群生。共之从孙四岳佐之，高高下下，疏川导滞，钟水丰物，封崇九山，决汩九川，陂障九泽，丰殖九薮，汩越九原，宅居九隩，合通四海。故天无伏阴，地无散阳，水无沉气，火无灾燀，神无闲行，民无淫心，时无逆数，物无害生，帅象禹之功，度之于轨仪，莫非嘉绩，克厌帝心。皇天嘉之，祚以天下，赐姓曰姒，氏曰有夏。谓其能以嘉祉殷富生物也。（《国语》卷三《周语下·太子晋谏灵王壅谷水》）

邓名世：莘，武阳莘氏，出自姒氏。古有莘氏，诸侯也。女曰修己，为鲧妻，生禹，其后国亡。夏后封其少子于莘，女为周文王后，谓之太姒，其后以国为氏。（《古今姓氏书辨证》卷六《莘》）

又：冥，《史记》太史公曰：禹本姒姓。其后分封，以国为姓，有冥氏。汉冥都治《公羊春秋》，泰山人，师事堂谿惠，故《公羊》颜氏复有冥氏。（《古今姓氏书辨证》卷十七《冥》）

又：姒，出自黄帝子昌意，其后曰颛帝，生崇伯鲧，鲧生伯禹，为尧司空。舜宅百揆，舜荐之于天者，十有七年，终践天子之位。……韦昭注曰："姒，犹祉也。"（《古今姓氏书辨证》卷二十一《姒》）

又：有扈，《史记》曰：禹之先姒姓，其后分封，以国为氏，故有有扈氏。（《古今姓氏书辨证》卷二十八《有扈》）

又：侯，出自姒姓。夏后氏之裔封侯，子孙因以为氏。一云，本姬姓，晋侯缗为曲沃武公所灭，子孙逃难他国，以侯为氏。（《古今姓氏书辨证》卷十九《侯》）

又：楼，出自姒姓。周武王封夏禹裔孙东楼公于杞，生西楼公题。公孙仕他国者，以楼为氏。汉五侯客楼护，齐郡人。吴楼元，谯郡人。晋东海王越有将军楼哀，河南楼氏，贺楼氏改焉。（《古今姓氏书辨证》卷十九《楼》）

又：娄，出自姒姓。夏少康裔孙封于杞，曰东楼公，后为楚所灭，食邑于娄，因以为氏。（《古今姓氏书辨证》卷十九《娄》）

又：欧阳，出自姒姓。夏帝少康庶子封于会稽，至越王无疆，为楚所灭，更封无疆子蹄于乌程欧余山之阳，为欧阳亭侯，遂以为氏。后有仕汉为涿郡太守者，子孙或居冀州之渤海，或居青州之千乘，千乘之显者曰生，字伯和，仕汉为博士，以经名，所谓欧阳尚书者，是也。（《古今姓氏书辨证》卷十九《欧阳》）

王恽：《周语》曰：伯禹疏川通滞，钟水丰物，皇天嘉之，祚以天下，赐姓曰姒氏，曰有夏。谓其能以嘉利富生物也。（《秋涧集》卷九十八《姓族氏说》）

又：尧赐禹姓曰姒，封之有夏。（同上）

王鏊：《国语》：帝嘉禹治水功，赐姓曰姒，氏曰有夏。命四岳为侯伯，赐姓曰姜，氏曰有吕。姓以系百世之正统，氏以别子孙之旁出，族则氏之所聚而已。氏于国，则齐、鲁、秦、吴是也，氏于谥，则文、武、成、宣是也；氏于官，司马、司徒是也；

氏于爵，则王孙、公孙；氏于字，则孟孙、叔孙；氏于居，则东门、北郭；氏于志，则三马、五鹿；氏于事，则巫、士、匠、陶是也。盖别姓则为氏，别氏则为族，族无不同之氏，氏有不同之族。故"八元""八凯"出于高阳氏、高辛氏，而谓之"十六族"，是氏有不同族也；宋氏、华氏谓之戴族，向氏谓之桓族，是族无不同氏也。（《震泽长语》卷下《姓氏》）

方中履：孔颖达《正义》曰：凡姓族异者，所以别异人也。犹万物皆各有名以相分别，天子赐姓、赐氏，诸侯但赐氏，不得赐姓，降于天子也。故隐公八年《左传》云：无骇卒，公问族于众仲，众仲对曰：天子建德，因生以赐姓，胙之土，而命之氏，诸侯以字为谥，因以为族，官有世功，则有官族，邑亦如之。以此言之，天子因诸侯先祖所生，赐之曰姓。杜预云：若舜生妫汭，赐姓曰妫，封舜之后于陈，以所封之土命为氏，舜后姓妫，而氏曰陈，故《郑驳异义》云：炎帝，姓姜，大皞之所赐也，黄帝姓姬，炎帝之所赐也。故尧赐伯夷姓曰姜，赐禹姓曰姒。（《古今释疑》卷九《氏族》）

梁玉绳：按：三代以前，必著功德然后赐姓命氏，故人不皆有姓。三代以降，族类繁乱，皆无所谓姓，但有氏而已。姓一定而不易，虽百世弗改。氏递出而不穷，即再传可变。史公承秦、项焚燹之余，谱学已紊，姓氏遂混，有以姓为氏者，如夏之姒，商之子，姓也，非氏也，而连氏于其下，曰姒氏、子氏。有以氏为姓者，如秦之赵，汉之刘，氏也，非姓也，而加姓于其上，曰姓赵、姓刘。然其谬非始于史公，《穀梁》隐九年"南季来聘"，《传》云"南氏姓也"，则已混称之矣。或问：《春秋》书姜氏、子氏，姜与子俱姓，而书氏何居？曰：古者男子称氏，妇人称姓，而姓之与氏，散亦得通，是以《通志·氏族序》云："姓可呼为氏，氏不可呼为姓（原注：此句非也，《礼·大传》'庶姓别于上'，是氏可呼姓），从未有姓氏并称之者。"《易》言黄帝、尧、舜氏作，则又以号为氏。以名为氏，亦称姓为氏之比矣。（《史记志疑》卷一《五帝本纪》）

张澍粹：澍按：郑康成曰：尧赐禹姓曰姒，王充《论衡》以为吞薏苡而生，故姓姒也。（《世本集补注》卷三《氏姓篇》，见《世本八种》）

陈蒲清：上古时期，姓是族号，氏是分支号。顾炎武说："氏一再传而可变，姓千万年而不变。"但是，氏经过若干年，子孙繁衍，也可独立成姓，所以这里说"姓姒氏"。后来，姓与氏更不加分别，一律称姓了。（见王利器主编《史记注译·五帝本纪》）

【汇评】

吴汝纶："而别氏，姓姒氏"，方侍郎云：《五帝纪》后具列三代世系，《陈杞世家》后具列十一臣之后，乃通部之关键。（《点勘史记读本·各家史纪评语·五帝本

纪》）

⑪【汇注】
　　司马迁：帝舜命契曰："百姓不亲，五品不训，汝为司徒而敬敷五教，五教在宽。"封于商，赐姓子氏。（《史记·殷本纪》）
　　金景芳、吕绍纲：《荀子·成相》："契玄王，生昭明，居于砥石，迁于商。"《诗·玄鸟》："天命玄鸟，降而生商。"《诗·长发》："玄王桓拨。"《史记·殷本纪》："殷契，母曰简狄，有娀氏之女，为帝喾次妃。"都说契是商人之始祖。（《〈尚书·虞夏书〉新解·〈尧典〉新解》）

⑫【汇注】
　　左丘明：子姓，殷、时、来、宋、空同、黎、比、髦、目夷、萧、扔、叚、瓦、铁。斗者，子姓也。髦氏、时氏、萧氏、黎氏、空同氏，子姓。（见《世本》下《氏姓》）
　　司马贞：《礼纬》曰："禹母修己吞薏苡而生禹，因姓姒氏。"而契姓子氏者，亦以其母吞乙子而生。（《史记索隐·五帝本纪》）
　　邵思：孔，亦殷姓也。初，帝喾次妃简狄吞乙卵而生契，赐姓子氏。至成汤以其祖吞乙卵而生，故名履，字天乙。后代以子加乙为孔氏，至宋，孔父嘉遭华父督之难，其子奔鲁，生叔梁纥，叔梁纥生孔子，是后袭封不绝。（《姓解》卷一《孔》）
　　邓名世：箕，出自子姓。商之季世，封其父师为畿内诸候，谓之箕子。其地太原阳邑县箕城是也。武王克商，释箕子囚，访以《洪范》，而别封于朝鲜，后人以国为氏，春秋时，晋大夫箕郑、箕遗，汉西华令箕堪。（《古今姓氏书辨证》卷四《箕》）
　　又：汤，出自子姓。成汤之后，以谥为氏。五代有唐岚州刺史汤群，董昌伪相汤臼，今望出范阳。（《古今姓氏书辨证》卷十五《汤》）
　　又：南，出自子姓。成汤八世孙盘庚妃姜氏，梦赤龙入怀，因孕十二月而生子，手把南字，长荆州，因号南赤龙，生子条。（《古今姓氏书辨证》卷二十《南》）
　　又：子，出自帝喾次妃有娀氏之女曰简狄，姊妹三人，行浴于玄丘水中，见玄鸟堕卵，简狄吞之，孕而生契。契长而佐禹治水有功，帝舜命为司徒，封于商，姓子氏。《礼纬》曰：以玄鸟生子，故为氏焉。《史记》褚先生曰：子，兹也。兹，益大也。宜从褚说。（《古今姓氏书辨证》卷二十二《子》）
　　又：褚，出自子姓。宋共公子段，字子石，食采于褚，其德可师，号曰褚师，生公孙肥，子孙因为褚氏。（《古今姓氏书辨证》卷二十三《褚》）

⑬【汇注】
　　司马迁：弃为儿时，屹如巨人之志。其游戏，好种树麻、菽，麻、菽美。及为成人，遂好耕农，相地之宜，宜谷者稼穑焉，民皆法则之。帝尧闻之，举弃为农师，天

下得其利，有功。帝舜曰："弃，黎民始饥，尔后稷播时百谷。"封弃于邰，号曰后稷，别姓姬氏。后稷之兴，在陶唐、虞、夏之际，皆有令德。（《史记·周本纪》）

邓名世：周，出自姬姓。黄帝裔孙后稷，封于邰，其地扶风斄乡是也。后稷子不窋，失其官，窜于西戎，曾孙庆节，立国于豳，其地新平漆县东北豳亭是也。七世孙古公亶父，为狄所灭，徙居岐下之周原，故国号周。其地扶风美阳南是也。武王克商，十一世，平王迁都王城，河南县是也。平王少子烈，食采汝坟，烈生懋，懋生文，文生升，升生兴，兴生宴，宴生安，安生宏，宏生明，明生隐，隐生寿，寿生容，容生休，休生雄，雄生晖，晖生宽，宽生员，员生成，成生邕，秦灭周，并其地为汝南郡，遂姓周氏，家于汝南。一云秦黜周赧王为庶人，百姓称为周家，因氏焉。（《古今姓氏书辨证》卷十八《周》）

曲英杰：周之始祖为弃，称后稷。……《国语·周语下》载太子晋曰："自后稷之始基靖民，十五王而文始平之。"韦昭注："基，始也。靖，安也。自后稷播百谷，以始安民，凡十五王，世循其德，至文王乃平民受命也。"《周语下》又载卫大夫彪傒语云："后稷勤周，十有五世而兴。"韦昭注："自后稷至文王，十五世也。"如此，则后稷至文王只有十五世，与商代自成汤至纣十七世大体相当。以此推之，周弃继起为稷当在夏末之世。所谓"夏之兴"，不当解为夏之初兴，而当解为夏人称帝为盟主之时。《礼记·祭法》载："是故厉山氏之有天下也，其子曰农，能殖百谷。夏之衰也，周弃继之，故祀以为稷。"丁山据《国语·周语下》所载"孔甲乱夏，四世而陨，以为夏衰于孔甲，弃为后稷，实在孔甲之世"较为有理。……周人始祖弃为姜嫄所生。"炎帝为姜"。姜嫄既为炎帝之后，则其子弃所好之耕农之艺，当是学于炎姜部族，而非自己发明。由此似还可以进一步推测，原由炎姜部族世代相袭的农官稷，此时已转由周弃继之。从周、姜二族之间有姻缘关系，周弃学农艺于炎姜部族，并继原由炎姜部族世代相袭的农官稷来看，虽亦可一脉相承，但从男姓血缘嫡传角度来讲，则周人只能是以弃为其始祖，故自弃以下十五世为周人所记，弃以上世系不传。（《先秦都城复原研究·周都部》）

⑭【汇注】

左丘明：召、芮、毕、卫、毛，姬姓。息，姬姓。随，姬姓。荀、贾，皆姬姓。晋、鲁、卫、郑、曹、滕，姬姓。鲜虞，姬姓。沈，姬姓。唐，姬姓之国。密，姬姓之国也。霍，姬姓。六，姬姓。（见《世本》下《氏姓》）

裴　骃：郑玄驳许慎《五经异义》曰："《春秋左传》'无骇卒，羽父请谥与族。公问族于众仲，众仲对曰："天子建德，因生以赐姓，胙之土而命之氏。诸侯以字为氏，因以为族。官有世功，则有官族，邑亦如之。"公命以字为展氏'。以此言之，天子赐姓命氏，诸侯命族。族者，氏之别名也。姓者，所以统系百世，使不别也。氏者，

所以别子孙之所出。故《世本》之篇，言姓则在上，言氏则在下也。"（《史记集解·五帝本纪》）

柳　芳：氏族者，古史官所记也。昔周小史定系世，辨昭穆，故古有《世本》，录黄帝以来至春秋时诸侯卿大夫名号继统。左丘明传《春秋》，亦言："天子建德，因生以赐姓，胙之土，命之氏，诸侯以字为氏，以谥为族。"昔尧赐伯禹，姓曰姒，氏曰有夏。伯夷姓曰姜，氏曰有吕。下及三代，官有世功，则有官族；邑亦如之。后世或氏于国，则齐、鲁、秦、吴；氏于谥，则文、武、成、宣；氏于官，则司马、司徒；氏于爵，则王孙、公孙；氏于字，则孟孙、叔孙；氏于居，则东门、北郭；氏于志，则三乌、五鹿；氏于事，则巫、乙、匠、陶。于是受姓命氏，粲然众矣。秦既灭学，公侯子孙失其本系。汉兴，司马迁父子乃约《世本》，修《史记》，因《周谱》明世家，乃知姓氏之所由出：虞、夏、商、周，昆吾、大彭、豕韦、齐桓、晋文皆同祖也。更王迭霸，多者千祀，少者数十代，先王之封既绝，后嗣蒙其福，犹为强家。（引自《新唐书》卷一百九十九《列传一百二十四·儒学列传（中）》）

邓名世：姬姓，出自黄帝生于姬水，以水为姓。黄帝生玄嚣，玄嚣生蟜极，蟜极生高辛，是为帝喾。喾妃姜嫄，感巨人迹生子，以为不详，弃之隘巷，牛羊避不践之；弃之山中，山人养之；弃之寒冰，鸟覆翼之。姜嫄怪之，知其为天子，乃收养之，名之曰弃。尧知其贤才，以为大农，命其官曰后稷，姓之曰姬。姬者，姓也，人本乎祖之义也。黄帝为姬姓，弃复得之，所谓本乎祖也。……汉武帝求周后，得姬嘉，封周子南君，以奉文、武之祀。（《古今姓氏书辨证》卷四《姬》）

又：鲁，出自姬姓，周公子伯禽所封。传国三十四世，至鲁顷公灭于楚，迁于下邑，子孙以国为氏，世吏二千石。（《古今姓氏书辨证》卷二十四《鲁》）

又：拓跋，出自姬姓，黄帝生昌意，受封北土，黄帝以土德王，北俗谓土为拓，谓后为跋，故以拓跋为氏。或说，自云拓天而生，拔地而长，遂以为氏。裔孙始均，仕尧时，逐女魃于弱水北，人赖其勋，舜命为田祖，历三代，至秦汉，不交南夏，至成皇帝毛，统国三十六，大姓九十九，威震北方。……太和二十年正月丁卯，诏改姓元氏，自是拓跋氏降为庶姓，散在夷狄。（《古今姓氏书辨证》卷三十八《拓跋》）

王　圻：舜姓姚，二妃姓妫，夏姓姒，商姓子，周姓姬，秦姓嬴，《尚书》厘降二女于妫汭，因地得姓，因姓为妇人之称。《左氏》有戴妫、有息妫，《诗》有太姒、王姬、骊姬、文嬴、穆嬴之类是也。……尧之女娥皇、女英，契之母简狄，秦穆公之女简璧，后稷之母姜嫄，又不知此类乃其称号耶？乃其名耶？（《稗史汇编·人物门·名姓类·女流姓名》）

钱熙祚：狄，出自姬姓，周成王母弟孝伯，封于狄城，因以为氏。孔子弟子狄黑，裔孙汉博士山，世居天水，生知俭、知本、知逊、光嗣、光远、光似。（见《古今姓氏

书辨证·校勘记下·狄》）

　　黄汝成：《国语》："皇天嘉之，祚以天下，赐姓曰姒，氏曰有夏。祚四岳国，命为侯伯，赐姓曰姜，氏曰有吕。"是此书确诂。因生赐姓，古惟黄帝。黄帝之子二十五人，四母所生，为十二姓。惟古帝神灵，能别知异德，故一母之子，可赐数姓。尧舜时虽有赐姓，不过因前世之姓而命之，有夏、有吕，皆以国氏也。（《日知录集释》卷一《锡土姓》）

　　马持盈：在氏族部落社会时代，"姓"是包括较大的氏族团体，姓之中又可分为许多氏、许多族。天子赐姓，祚之土而命之以氏，诸侯以字为氏，因以为族。族者，氏之别名也。姓者，所以统系百世，使不别也。氏者，所以别子孙之所出，故《世本》之篇，言姓则在上，言氏则在下也。（《史记今注·五帝本纪》）

【汇评】

　　胡　宏：按：史载五帝三王，惟包羲为别姓，自炎帝而下，皆同宗也。历世绵远，虽不可考其然否，以理惟之，则或可信。（《五峰集·皇王大纪论·帝王别姓》）

　　程馀庆："帝禹为夏后而别氏，姓姒氏。契为商，姓子氏。弃为周，姓姬氏。"此又连及三代姓氏，已为夏、殷、周三本纪根地。作文章之过脉，是大手笔。（《历代名家评注史记集说·五帝本纪》）

　　罗　泌：司马氏父子世典太史，其作《史记》也，首于黄帝，而继之以颛帝、帝喾，又继之以唐虞，以为纪三皇邪，则不及羲炎；以为纪五帝邪，则不应黜少昊。而首黄帝，学者求之而不得其说，此所以致后世之纷纷，而苏子之所以纪三皇也。窃观太史公记首黄帝者，特因于《世本》，若《大戴礼·帝系、五帝德》，盖纪其世，而非主于三与五之说也。抑以为后世氏姓无不出黄帝者，故首而宗之，至于羲、炎，鲜有闻焉。是以不纪，是太史公之本意也。（《路史·发挥卷三·论史不纪少昊》）

　　又：予既归天下之氏姓，而特异高辛氏族姓之多。乃为之纪，而复叹后世氏族之不讲也。夫氏姓之著，人伦之所由，叙风俗之所由笃，亦政教之甚急也。而世咸忽之，使不明焉。然则俗之浇恶，岂惟民之罪哉？古者司商以协民姓，民庶之家无妄改也。后世官历之书，反著天老乞姓之文，此何为邪？若是而欲氏族之不乱，不可得矣。（《路史·发挥卷四·氏姓之谍》）

　　钱熙祚：人之有姓氏，犹衣服之有冠冕，水木之有本源。……是以天子因生赐姓，祚土命氏，皆崇德报功，以建诸侯，诸侯取王父之字，世功之官，世食之邑，以分命其卿大夫，所以别亲疏，明贵贱，顺少长，当时承家传嗣者，自中人以上，莫不夙兴夜寐，以无忝其所生。下逮庶人，皆有可称之孝，宜其宗族蕃衍，同心戴上，而天下国家有磐石之固。后世礼教不明，赐姓命氏，不出于其君而出于一时之私意，智者避地而自全，庸者因人而妄改。加以五胡乱华，百宗荡析，而后人因讹习陋，苟且自安，问其所从出，则茫然不知，其自视与草木何异？宜乎三代之贤常多，而后世如此其少也。呜呼！万物本乎天，人本乎祖，不本乎祖，则忠孝仁义之心不生，贵者无所劝，贱者无所慕，而国家之败由之，是姓氏之源不可不辩证也。（见《古今姓氏书辩证·校勘记上·序论一》）

  太史公曰①：学者多称五帝②，尚矣③。然《尚书》独载尧以来④；而百家言黄帝⑤，其文不雅驯⑥，荐绅先生难言之⑦。孔子所传宰予问《五帝德》及《帝系姓》⑧，儒者或不传⑨。余尝西至空桐⑩，北过涿鹿⑪，东渐于海⑫，南浮江淮矣⑬，至长老皆各往往称黄帝、尧、舜之处，风教固殊焉⑭，总之不离古文者近是⑮。予观《春秋》《国语》⑯，其发明《五帝德》《帝系姓》章矣⑰，顾弟弗深考⑱，其所表见皆不虚⑲。《书》缺有间矣⑳，其轶乃时时见于他说㉑。非好学深思㉒，心知其意，固难为浅见寡闻道也㉓。余并论次，择其言尤雅者㉔，故著为本纪书首㉕。

① 【汇注】

张守节：太史公，司马迁自谓也。自叙传云"太史公曰：先人有言"，又云"太史公曰：余闻之董生"，又云"太史公遭李陵之祸"。明太史公，司马迁自号也。迁为太史公官，题赞首也，虞憙云："古者主天官者皆上公，非独迁。"（《史记正义·五帝本纪》）

刘知幾：《春秋左氏传》每有发论，假"君子"以称之，二传云"公羊子""穀梁子"，《史记》云"太史公"，既而班固曰"赞"，荀悦曰"论"，《东观》曰"序"，谢承曰"诠"，陈寿曰"评"，王隐曰"议"，何法盛曰"述"，扬雄曰"譔"，刘昞曰"奏"，袁宏、裴子野自显姓名，皇甫谧、葛洪列其所号，史官所譔，通称"史臣"，其名万殊，其义一揆，必取便于时者，则总归论赞焉。（《史通·论赞》）

梁玉绳：附按：太史公之称，《补今上纪》及《自序传》注引桓谭《新论》云"东方朔所署"。又引韦昭云"迁外孙杨恽所加"。又引卫宏《汉仪注》谓"太史公，武帝置，位在丞相上。迁死后，宣帝以其官为令，行文书而已"。又引虞喜《志林》，谓"古主天官者皆上公，自周至汉，其职转卑，然朝会坐位犹居公上，其官属仍以旧名尊之"。考《史记》迁死后稍出，至宣帝时始宣布，东方朔安得见之，《索隐》非之矣。《迁传》有"杨恽祖述其书"之语，韦昭所本，《索隐》亦从之。但一部《史记》均称太史公，惟《自序》中"迁为太史令"一句称令，然《正义》引《史》作"公"，疑今本传讹，或依《汉书》改，岂尽恽增之耶？《索隐》以为姚察非之矣。盖太史公是官名，卫宏汉人，其言可信，《西京杂记》《隋书·经籍志》《史通·史官建置篇》、宋三刘（原注：敞、攽、奉世）、《两汉刊误》并同卫宏也。或问：晋晋灼《汉书·司马迁传》注曰"《百官表》无太史公在丞相上，卫宏不实"。《索隐》亦言宏谬。又宋宋祁《笔记》曰："迁与任安书，自言'仆之先人，文史星历近乎卜祝之间，固主上所戏弄，倡优所畜，流俗之所轻'。若其位在丞相上，安得此言？"唐颜师古《迁传》注，谓"迁尊其父，以公为家公之公"。宋吴仁杰《两汉刊误补遗》，谓"迁父子官令而云公者，邑令称公之比"。诸说然否？曰：非也。汉官之不见于表者甚多，不独太史公。况宣帝已改为令，属于太常，表固宜无之，奈何据以驳卫宏乎？《史记》中太史公，大半迁自称之，不皆指其父，何尊之有？《后汉书·郑康成传》载孔融告高密县立郑公乡，云"太史公者仁德之正号，不必三事大夫"。此尊之说也，而东吴顾氏炎武《日知录》二十卷讥之（原注：梁昭明太子萧统《文选》载《报任少卿书》"太史公牛马走司马迁"亦是自称其官），县公僭称，他人呼之犹可，自号则不可。明于慎行《读史漫录》以为"朝会立处，在人主左右，以记言动，如唐、宋螭头记注之制，非爵秩之位，乃朝著之位。前人多误释。惟《正义》以虞喜为长，而《志林》实与《汉仪注》相通明，戏弄而倡优畜之，正以其在人主左右耳"。（原注：《补遗》谓位在丞相上，但可施于张苍，亦非。）至宋苏洵《嘉佑集·史论》，议迁与父无异称为失，更不然。《史记》只《天官书》"太史公推古天变"及《封禅书》两称太史公，《自序》前篇六称太史公，指司马谈，文义显白，余皆自谓，苏氏何所疑而讥其失哉！（原注：今本《西京杂记》作"位在丞相下"，恐讹。）（《史记志疑》卷一《五帝本纪》）

钱大昕：太史公，官名。迁父子相继为之，非专为尊其父也。《史记》惟《自序》前半及《封禅》篇中有称其父为太史公者，其余皆迁自称。（见《日知录集释·非三公不得称公》）

又：卫宏《汉官仪》言位在丞相上，宏汉人，其言可信。而后人多疑之。予谓位在丞相上者，谓殿中班位在丞相之右，非职任尊于丞相也。（同上）

王鸣盛：《史记》"太史公曰"云云者，此其断语也。而班氏改称"赞"，陈寿改称"评"，至范蔚宗又改称论矣，而又系以赞，论为散文，赞为四言诗。沈约《宋书》改"论"称"史臣曰"（原注：惟《赵伦之》等传一卷无"论"，校者以为非约原书），萧子显《南齐书》，姚思廉《梁》《陈》二书，魏收《北魏书》，令狐德棻《北周书》，及《晋书》《隋书》《旧唐书》并同，《五代史》"论"直起，不加标题，而辄以"呜呼"二字引其端，此皆其名目之不同者也。有"论"无"赞"者，《宋书》《梁书》《陈书》《北魏书》《北周书》《隋书》《南史》《北史》《新唐书》《五代史》《宋》《辽》《金》三史也。"论赞"并用者，《晋书》《南齐书》《旧唐书》，而《南齐书·志》亦有"赞"，《宋》《辽》二史"本纪"称"赞"，"列传"称"论"，则变之尤者。《晋书》中间有唐太宗御论，改称"制"曰，但如《王羲之传》"制"专论其善书一节，则知太宗当日特偶然论及，未必欲以此作史论，史臣特援入之以为重耳。……若前明所修《元史》，全部皆无"论赞"，则几不足以为史矣。（《十七史商榷》卷一《史记创立体例》）

王鏊：左氏暄曰：史家体例，纪传之后有"赞"，然《史记》有不用"赞"者，如《伯夷》《孟荀》、《货殖》等传是也。《汉书》亦有不用赞者，如《循吏传》是也。司马氏"赞"落落数语，引而不发，褒贬意每使人于言外得之。班氏赞间有反复千余言者，已开后人作论法门。范蔚宗《后汉书》纪传后用"论"，"论"后复系之以"赞"，赞语用韵，而体例一变，然"赞"之用韵，不自范氏始也。《史记·匈奴传赞》用韵之类已开其先矣。（《二十四史策案》卷一《论赞》）

程馀庆：凡赞中太史公皆当作司马迁。（《历代名家评注史记集说·五帝本纪》）

崔适：按：《自序》云："谈为太史公。"《索隐》曰："'公'者，迁所著书，尊其父云'公'也。"《自序》又云："有子曰迁。"又曰："太史公卒三岁，而迁为太史令。"是则迁称其父曰"太史公"，自称其官曰"太史令"，故《汉书·律历志》《后汉书·班彪传》皆称迁为太史令，岂其官名"太史公"哉？《汉书·百官表》，太史令为太常属官，秩六百石耳，虞喜以为上公，谬矣。《自序》"太史公曰先人有言"以下，凡迁自称亦作"太史公"者，后人不达此为迁尊其父之称，从而改之尔。各篇赞语亦然。但此称相沿已久，且尊而公之，敬礼先哲，亦所宜然，故今亦仍其旧云。（《史记探源》卷二《五帝本纪》）

吕思勉：史公之作《史记》，盖皆裒辑旧文。其系以："太史公曰"者，则谈、迁所自著，此四字固多用在篇末，亦有在篇首或中幅者。自著之文，随宜置之，非必如刘氏所云"限以篇终，各书一论"也。其所著，或补前人记事所不及，或则发明一理；皆有所为而为之，非空言，自无所谓"强生其文""淡薄无味"者矣，刘氏之论非也。然其所称"事无重出""文省可知"两端，自足为作论赞者之模楷；盖"理有非要，而强生其文"，则必不免有此二弊，马、班当日，既无意于为文，则此二弊者，自不待戒而自绝耳。（《史学四种·史通评·论赞第九》）

张舜徽：《史记》每篇之末，申之以"太史公曰"，此论体也。《汉书》因之，乃易名为"赞"。范氏作《后汉书》则改称"论"，而又系之以"赞"。论为散文，赞为四言韵语。每篇并用两体，后之修史者多遵之。顾范氏新创是例，自以为前无古人。

《宋书·范晔传》载晔《狱中与诸甥侄书》，有曰："吾《杂传论》，皆有精意深旨。既有裁味，故约其辞句……"又曰："赞自是吾文之杰思，殆无一字空设。奇变不穷，同含异体，乃自不知所以称之。此书行，故应有赏音者。"观此诸言，可知晔之自视，固已甚高。隋唐诸志，咸著录《后汉书论赞》一书，殆即赏音者之所为也。后人无范氏之才识，乃亦纷纷效颦，徒形其繁赘耳。宋人史论，好架空凌虚，题外生枝，更坠恶道矣。观欧阳修《五代史论》，不别标题，每篇皆以"呜呼"二字发端，章学诚《信摭》，至目为一部吊祭哀挽文集，殆非苛论。斯又变本加厉，为知幾所不及料者也。故知幾此篇持论，大体精核。实为箴膏起废、惩前毖后之言。郑樵《通志总序》，章学诚《答甄秀才论修志第二书》，皆引申斯义，大畅其说。自此治史者，重在史实之求真，不尚虚文之敷论，皆知幾斯议为之先导也。（《史学三书评议·史通评议》）

赵生群：一部《史记》，多以"太史公"指称司马谈、司马迁。但后世对"太史公"一词却产生了两种完全不同的理解。一种认为是尊称，另一种则认为是官名。……综观《汉旧仪》的有关资料，卫宏对太史公、大史令的记载相当系统、具体。他不仅记述了太史公、大史令两种不同官职的名称秩禄，而且分别记载了它们的从官及其俸禄。卫宏的著作以"汉旧仪"为名，主要的依据应是前代文献，书中一些叙述性的内容容或有误，而大量的具体记载，决非无稽之谈。他以太史公为官名，并言之凿凿，详加叙述，当属可信。更为重要的是，《史记》和其他文献也可与《汉旧仪》的有关记载相互发明印证。

《史记》全书皆称"太史公"，《报任安书》也称"太史公牛马走司马迁"，可谓天衣无缝。吴敬之云："《文选》载史公《报任安书》，首云'太史公牛马走'，太史公为实官，故以之冠于书首，犹今人公牍笺启首言具官某某，苟太史公非当时实官，史公决不能以时人所推之名，施之于友朋之前。"钱锺书先生亦云："'太史公'为马迁官衔，'先马走'为马迁谦称，俞正燮《癸巳类稿》卷一一谓以官衔置谦称前，如泰山刻石之'丞相臣斯'，殊为得间。"《自序》载："（司马）靳生昌，昌为秦主铁官。当秦始皇之时，蒯聩玄孙卬，为武信君将。""昌生无泽，无泽为汉市长。无泽生喜，喜为五大夫。""喜生谈，谈为太史公。"作者历叙司马氏世系，对于自己的先人都举其官职，数句文法亦相同，都是在动词"为"后面列出官名，"谈为太史公"一句，也不应例外，"太史公"在这里只能是官名。《茂陵中书》称"司马谈以太史丞为太史令"，《博物志》也以为司马迁任太史令，大概是由于作者只知后世有太史令而致误。（《〈史记〉文献学丛稿·太史公新证》）

［日］川合康三：作者怎样使用人称，这一点也值得注意。在《太史公自序》中，司马迁自己初次出场时，用的是"迁"："有子曰迁。"但这是记述家世以及父亲司马谈时出现的司马谈之子的名字，而不是用"迁"作为第一人称。司马迁拜太史令以后，

就以"太史公"指称自己了。这和他记述父亲司马谈时，叙家世时用"谈"，拜太史令后则称"太史公"的写法，是完全一样的。《史记》的列传各卷末尾，作者以"太史公曰"的方式，陈述自己的意见，但在《太史公自序》中，明明是作者自指，却仍然同样用"太史公"的官名，这显然是意味着：作者写的虽然是个人之事，但发言却是站在作为官人的立场上。也就是说，《太史公自序》即使写的是个人的事实，但叙述者司马迁并不是代表"私"的个人，而是代表"公"的史家。第一人称的手法，《太史公自序》没有使用。正缘于此，班固在写《汉书》时，就可以"太史公"的称呼一字不改，原封不动地移录到《司马迁传》里去了。（《中国的自传文学》第二章《与众不同的"我"》）

阮芝生：《史记》五体与"太史公曰"的名称与体裁，都各有来源。"本纪"之名源于"禹本纪"，"表"名系自"谱"名音变而来，"书"名源于古代之"书"（《尚书》），"世家"之名出于《世本》中之"世家"，"列传"之名或源于《世本》中之"传"。但名称相同者，未必即是体裁之所自出。《史记》中的"本纪"，当仿自《春秋》，"表"当仿自"周谱"，"书"当仿自"书"（《尚书》），"世家"与"列传"或仿自《世本》中的"世家"与"传"，序传当仿自"书序"，"太史公曰"当仿自《左传》"君子曰"。论其体裁之来源，《史记》五体与"太史公曰"似乎多少都有些根据，但若考其实际之内容与作法，则仿拟前人之处又很少。……其面貌与精神则与古代之体裁迥异。……司马迁写《史记》，并非凿空独创，但也绝非因袭墨守，他是在因袭中表现出他伟大创造力。（《论〈史记〉五体及"太史公曰"的述与作》，载台大《历史系学报》第6期，1979年12月，引自杜维运《中国史学与世界史学》第五章《中国史学的精细、详赡与博大》注20）

张大可：太史公是官名还是尊称，是一个传统的争论课题。……若"太史公"为官名，称述何以父子相异？若"太史公"为司马迁对父之尊称，又何以父子相共？又"太史公"为《史记》原名，取义何在？这些疑点引起了后世学者的长期争论，近世尤为激烈，迄今无定论。由古及今有十种说法，依时间顺序先后排列如下：一、太史公为他人尊称司马迁说，见《武帝本纪·索隐》引桓谭说。二、太史公为二千石官名，尊于丞相说，见《汉书·司马迁传》颜注引如淳说，根据为汉卫宏《汉旧仪》。三、太史公为司马迁尊称其父说，见《汉书·司马迁传》颜注，清人顾炎武信其说，见《日知录》卷二。四、太史公为司马迁尊称其父亦是自题说，见《太史公自序·索隐》司马贞按。五、太史公为太史令之尊称说，见清人吴仁杰《两汉刊误补遗》。又《史记会注考证·太史公自序》引朱一新说同。六、太史公乃太史官之假借说，见清人吴国泰《史记解诂》。七、太史公为官府之通称说，《史记会注考证》引清人李慈铭说。八、司马迁从楚俗，自题太史令为太史公说，近人朱希祖作《太史公解》（载1936年

《制言》半月刊第15期）主其说。九、司马迁为太史公，追书其父亦为太史公说，近人施蛰存作《太史公名号辨》（载《学原》第2号第5期）主其说。十、太史公为书名说，清俞正燮《癸巳类稿》卷十一。

总上十说，可以概括为三种类型：一曰尊称说（一、三、四），二曰官名说（二、五、六、七、八、九），三曰以官称为书名说（十）。（《史记文献研究·序论》）

【汇评】

李维桢：评曰：太史公之赞，不事铅华，直抒胸臆，比班掾之敲金击玉者，似高一筹。范晔其班之流亚乎！（《史通评》卷四《论赞》）

郭孔延：史臣论赞，正以寓褒贬，定功罪，不自《左传》"君子曰"始也。《尚书·典谟》起曰"若稽古"，所从来久矣。……《晋世家》孔子读史记，至文公曰："诸侯无召王。"此皆论赞之椎也。若与夺乖宜，是非失中，如晔、收之流，则何以赞为！（《史通评释》卷四《论赞》）

钟　惺：《五帝本纪·赞》不作一了语，其一段传疑，不敢自信之意，往往于运笔虚活承转处见之，字字是若存若亡光景，使人读未终而先得之，其引证原委又似历历有据，正其不敢自信处，盖多闻而后能阙疑，多见而后能阙殆也。"好学深思，心知其意"，是作史之本；"择其言犹雅者"是作史之法。一部《史记》，要领尽此矣。（《史怀》卷五《史记一·五帝本纪》）

凌稚隆：吴澄曰：此为赞语之首。古质奥雅，文简意多，而断制不苟。凡为九节：前四节著其事，后四节断其义。第一节言学者多称五帝已久远矣，其可征而信，莫如《尚书》，然其所载独有尧以来，而不载黄帝、颛顼、高辛，则所征者犹有籍于他书也。第二节言百家虽言黄帝，而其文不雅驯，故荐绅先生难言之，则不可取以为征也。第三节言《五帝德》《帝系姓》二篇，见《大戴礼》及《家语》，虽称孔子传于宰我，而儒者或不传，则似未可全征而信也。第四节言身所涉历，长老往往称黄帝尧舜之处，风教固殊焉，则他书之言黄帝者，亦或可征也。此四节皆著其事也。第五节应第一节言，总不离古文者近是。古文《尚书》是也。谓大要以不背《尚书》所载者为近于是。然太拘泥，则不载者岂皆无可征者乎？故曰近是也。第六节言备载则有《五帝德》等篇，我观《国语》，其间发明二篇之说为甚章著，顾儒者但不深考而不传耳。其二篇所发明，章著而表见，验之风教固殊者，皆实而不虚，则亦或可征矣。第七节言况《尚书》缺亡其间多矣，岂可以其缺亡而遂已乎？其尚遗佚若黄帝以下之事，乃时时见于他说，如百家、《五帝德》之类，皆他说也，又岂可以荐绅难言，儒者不传而不择取乎？第八节言非好学深思，心知其意，不能择取，而浅见寡闻，固难为言也。此四节断其义也。第九节，结曰：余并论次，择言尤雅者，故著为首，言非止据《尚书》论次尧以下，且并黄帝、颛顼、高辛而论次之。于《五帝德》等书择其言之尤雅者取之，

则其不雅者在所不取也。文字多少曲折，读者不可草草。（《史记评林》卷一《五帝本纪》）

黄淳耀：又太史公"史赞"皆有超识，司马贞妄讥之，以为不能备论，遂别为《述赞》，概括通篇，每人置评，事虽不遗，意见则猥陋矣。（《陶庵集》卷七《五帝本纪》）

吴汝纶：赞文，吴草庐云：古质奥雅，文简意多，断制不苟，文字多少曲折！（《点勘史记读本·各家史记评语·五帝本纪》）

李景星：赞语吞吐离合，自然超妙，亦为全书诸赞之冠。（《史记评议·五帝本纪》）

② 【汇注】

俞思学：按：五帝谓黄帝、颛顼、帝喾、尧、舜。（《史概》卷一《五帝本纪赞》）

③ 【汇注】

司马贞：尚，上也，言久远也。然"尚矣"文出《大戴礼》。（《史记索隐·五帝本纪》）

朱之蕃：吴澄注释：言学者多称五帝已久远矣，则可征者，莫如《尚书》。（见《百大家评注史记》卷一《五帝本纪》）

程馀庆：尚，上也，谓久远也。言相传其名已久。提一句，锁一句，下即转。（《历代名家评注史记集说·五帝本纪》）

④ 【汇注】

司马迁：尧、舜之盛，《尚书》载之。（《史记·太史公自序》）

刘知幾：《易》曰："河出《图》，洛出《书》，圣人则之。"故知《书》之所起远矣。至孔子观书于周室，得虞、夏、商、周四代之典，乃删其善者，定为《尚书》百篇。孔安国曰："以其上古之书，谓之《尚书》。"《尚书璇玑钤》曰："尚者，上也。上天垂文象，布节度，如天行也。"王肃曰："上所言，下为史所书，故曰《尚书》也。"推此三说，其义不同。盖《书》之所主，本于号令，所以宣王道之正义，发话言于臣下，故其所载，皆典、谟、训、诰、誓、命之文。至如《尧》《舜》二典直序人事，《禹贡》一篇唯言地理，《洪范》总述灾祥，《顾命》都陈丧礼，兹亦为例不纯者也。（《史通》卷一《六家》）

又：上起唐尧，下终秦缪，其《书》所录，唯有百篇。而《书》之所载，以言为主。至于废兴行事，万不记一。语其缺略，可胜道哉！故令后人有言，唐、虞以下帝王之事，未易明也。（《史通》卷十三《疑古》）

朱之蕃：言所载独自尧起，而不载黄帝、颛顼、帝喾，则所征者犹籍他书也。（见《百大家评注史记》卷一《五帝本纪》）

浦起龙：《汉·艺文志》：《易》曰："河出《图》，洛出《书》，圣人则之。"故《书》之所起远矣。至孔子纂焉，上断于尧，下迄于秦，凡百篇。按：《志》语本孔安国《尚书序》，百篇盖古《尚书》原数也。（《史通通释》卷一《六家》）

程馀庆：言《尚书》文又少，惜其事为圣人所不录。（《历代名家评注史记集说·五帝本纪》）

金景芳、吕绍纲：孔子论次《尚书》独载尧以来，尧以前不取，至司马迁作《史记》，才追溯至黄帝。司马迁的《五帝本纪》记尧以前事，材料显然不足，且往往自相抵牾。孔子编定的《尧典》则是信史。孔子论次《尚书》之所以自《尧典》起始，原因有二：一是《尧典》的材料确凿，二是尧这个人物和他的事迹具有划时代的意义。华夏民族的血缘之根在黄帝，中国人传统思想文化的源头却在尧。尧（以及舜）的事迹主要保留在《尧典》里。《尧典》是中国远古历史的重要文献史料。（《〈尚书·虞夏书〉新解·〈尧典〉新解·总论》）

又：尧（以及舜）的时代，放到整个人类历史的长河里看，它处在原始社会末期的军事民主制阶段。它的许多文化现象与国家产生以后的情况不同，却又是后世文明的渊源。而且记载它的事迹的《尧典》又写定于平王东迁之后，许多用语带有阶级社会的色彩是不可避免的。把握住这些，无疑是读通《尧典》的钥匙。（同上）

【汇评】

刘知幾：夫《尚书》者，七经之冠冕，百氏之襟袖。凡学者必先精此书，次览群籍。辟夫行不由径，非所闻焉。（《史通》卷四《断限》）

王　恢：太史公为揭开中国悠久的历史序幕，固考信于六艺，然《尚书》独载尧以来，而百家言黄帝，其文不雅驯，儒者或不传？因足迹所至，皆有黄帝之传说，乃择其言尤雅者，依《大戴礼记·五帝德》，首黄帝，次颛顼、帝喾，次尧、舜。谓"自黄帝至舜、禹，皆以同姓而异其国号，以章明德"，殊不其然。《春秋纬·命历序》，言炎帝传八世，黄帝传十世，颛顼传二十世，帝喾传十世，乃至于尧。（《史记本纪地理图考·五帝本纪》）

金景芳、吕绍纲：《尧典》所记尧舜禹的史迹基本上是可信的。说尧舜禹是神话人物，《尧典》是战国秦汉人精心编造的，古代中国的历史是层累地造成的，这一观点我们认为是错误的。《尧典》有重要的史料价值，研究中国古代史舍《尧典》不用，是极大的失误。（《〈尚书·虞夏书〉新解·〈尧典〉新解·序说》）

⑤【汇注】

浦起龙：百家，荒诞不经之书。黄帝，举黄帝以该颛顼、帝喾。（《古文眉诠》卷十八《五帝本纪赞》）

吕思勉："百家"二字有两义：一《汉书·艺文志》小说家有《百家》百二十九

卷，此为小说一家之学。一太史公言"百家言黄帝，其文不雅驯"（《五帝本纪·赞》），《汉书》称孝武帝罢黜百家（《本纪·赞》），此该儒家以外诸家言之也。（《秦汉史》）

张家英：谨案：《史记》中多次言及"百家"，其义并非同一。《李斯列传》：[李斯上书曰:]"臣请诸有文学《诗》《书》百家语者，蠲除去之。……"始皇可其议，收去《诗》《书》百家之语以愚百姓，使天下无以古非今。《秦始皇本纪》与此略有不同。此"百家"为"各个学派及其著述"的代称。《甘茂列传》：甘茂者，下蔡人也。事下蔡史举先生，学百家之术。观甘茂"因张仪、樗里子而求见秦惠王"及其说秦王之事，他所学的"百家之术"当为一种特称。此"百家"至少主要是纵横家吧。

《汉书·艺文志》"小说家"类收小说十五家，其第十五家为"《百家》百三十九卷"，班固无注。鲁迅《中国小说史略》第一篇云：此十五家中，"梁时已仅存《青史子》一卷，至隋已佚；惟据班固注，则诸书大抵或托古人，或记古事，托人者似子而浅薄，记事者近史而悠缪者也"。太史公于此所指之"百家"，似非"诸子百家"一类的通称，而应指"记史而悠谬"的"《百家》"之特称。果尔，则依标点要求，此"百家"当标之以书名号了。（《〈史记〉十二本纪疑诂·五帝本纪》）

【汇评】

李邺嗣：太史公作《史记》，虽传述古今，而尝自以其意见于叙次中，至为帝王诸本纪质叙而已，惟诸篇似无所致意，可无深考。余独三复之，谓史公称《尚书》载尧以来，而今自黄帝始。盖《黄帝本纪》，实太史公之谏书也，当与《封禅书》并读，即可见矣。……今史公所作《黄帝本纪》，简而雅，质而不伪。其叙黄帝修政，一曰师兵，二曰疆理，三曰设官，四曰定历；复举其要曰治五气，艺五种，曰劳勤心力耳目，节用财物，俱治天下之大本大经为万世法，而鬼神山川封禅与焉，则仅一言及之，不复道。至后书黄帝崩，葬桥山，而世所传鼎湖上仙及诸荒怪不经，尽可不辨而见矣。余尝考《汉书·艺文志》，道家载《黄帝书》一百篇，神仙家载《黄帝书》六十一卷，所谓百家言黄帝，俱一时方士诡撰以欺人主，荐绅先生难言之。今《本纪》尽削不载，而别于《封禅书》俱述前说，而直断之曰，海上怪迂之方士、阿谀苟合之徒，所言不经无验者。盖一以征信，一以斥诬，使人主开卷惕然，知黄帝忧劳圣人，诸所以治天下如此。《礼》曰，黄帝正明百物，以明民共财大。《易》曰，黄帝尧舜，垂衣裳而天下治。六艺古文昭然可考，故其风教所被，数千年不衰，长老尚能道之，太史公择其言尤雅者，著为本纪书首，而凡《封禅书》所载方士之怪迂语，其文不雅驯，当不使复陈于人主之前矣。且上虽好神仙，而酷吏峻刑，更相继起，人臣救过不瞻，史公特于《老子传》附以申不害、韩非，使知黄老之学一变而为刑名，其弊固然也。此其爱君之诚，翻复讽谏，冀人主读其书而有悟，盖三致意焉。后世曲儒，寡闻浅见，乃谓

史公尚黄老，负谤主之名，此其不善读书者也。是非好学深思，心知其意，岂足与尚论古人哉！（《杲堂文钞》卷四《五帝本纪论》）

顾颉刚：《六艺》中的《尚书》是始于尧、舜的；还有礼家杂记的《五帝德》和《帝系姓》，虽然"儒者或不传"，究竟还为一部分的儒者所信，这两篇中的历史系统是从黄帝开始的。司马迁在他自己所立的标准之下，根据了这些材料来写史，所以他的书也起于黄帝。黄帝以前，他已在传说中知道有神农氏（《五帝本纪》），伏羲（《自序》）、无怀氏和泰帝（《封禅书》），但他毅然以黄帝为断限，黄帝以前的一切付之不闻不问。这件事看似容易，其实甚难；我们只要看唐司马贞忍不住替他补作《三皇本纪》，就可知道他在方士和阴阳家极活动的空气之中排斥许多古帝王是怎样的有眼光与有勇气了。（见《崔东壁遗书·序》十《战国与西汉的疑古》）

⑥【汇注】

张守节：驯，训也。谓百家之言皆非典雅之训。（《史记正义·五帝本纪》）

朱之蕃：言百家称说黄帝，而其文又不冠雅朴醇。（见《百大家评注史记》卷一《五帝本纪》）

唐德宜：驯，训也。谓言涉神怪，非典雅之训。（《古文翼·五帝本纪赞》）

崔　述：《大戴记·五帝德篇》云："黄帝黼黻衣，大带黼裳，乘龙扆云；颛顼乘龙而至四海；帝喾春夏乘龙，秋冬乘马，黄黼黻衣。"余按：乘龙之说最为荒唐，盖本方士之言；黼黻衣裳亦属约略之词，《本纪》删之，是也。所谓"其文不雅驯"者，盖谓此等。嗟乎，司马迁犹恶其不雅驯而删之者，后之学者反或广搜不雅驯之文以增之，亦独何哉！（《崔东壁遗书·补上古考信录》卷下《驳三帝乘龙之说》）

汪　越：按：司马贞《补三皇本纪》，以伏羲、女娲皆蛇身人首，神农人身牛首，以至炼石断鳌之诞，皆笔之。又推之开辟之初，天、地、人三皇，以为图纬所载，不可全弃。又推人皇已后，五龙氏以下十七君。又引《韩诗》以为自古封太山、禅梁甫者万有余家。又称自开辟至于获麟，凡三百二十七万六千岁，分为十纪，其可信乎？太史公托始黄帝，而其间犹不免牴牾，况欲论著开辟以降乎？故曰"百家言黄帝，其言不雅驯，荐绅先生难言之"，乃知其澄汰者已多矣。（《读史记十表·读三代世表》，见《史记汉书诸表订补十种》）

吴汝纶："百家言黄帝，其文不雅驯"，谓方士仙道，皆傅会黄帝也。此句与上"鬼神山川封禅与为多焉"句相发。（《点勘史记读本·五帝本纪》）

王叔岷：案：《广雅·释诂》："驯，善也。""雅驯"谓"典雅驯善"也。《正义》释为"典雅之驯"，未审。（《史记斠证·五帝本纪第一》）

【汇评】

黄淳耀：太史公《五帝纪·赞》以百家言黄帝，其文不雅驯，又历叙己所采于长老及《春秋》《国语》与他说之足以参古文者而成是篇，则凡骑龙铸鼎诸诡异事，乃太史公所谓不雅驯弃如涕唾者也。今人乃掇其弃余而津津艳称之，何哉？又太史公赞皆有超识，司马贞妄讥之，以为不能备论，遂别为《述赞》概括通篇，每人置评，事虽不遗，意见则猥陋矣。（《陶庵全集》卷四《史记评论·五帝本纪》）

顾颉刚：战国、秦、汉一段时期的人们最敢大胆说话，他们不根据资料而称说古代，并把自己的意见乱套在古人头上，古人的事情就尽跟着他们的每一张嘴而变化，破绽太多了，所以人们早就知道"百家言不雅驯"，司马迁作《史记》，已经大大地费了一番别择的工夫，然而总是扫除不尽。（见《崔东壁遗书·序》一八《清代的辨伪》）

⑦【汇注】

裴　骃：徐广曰："荐绅即缙绅也，古字假借。"（《史记集解·五帝本纪》）

朱之蕃：缙绅先生难解说之，见亦不可取为徵也。（见《百大家评注史记》卷一《五帝本纪》）

林云铭：虽录，又涉于神怪，不可为训，故当世士大夫皆不敢道。（《古文析义·五帝本纪赞》）

程馀庆：驯，训也，言非典雅之训。荐，进也。绅，大带。谓进笏于大带革带之间也。言百家虽录矣，然其文又涉于神怪，不可为训，故当时士大夫皆不敢道。伏"择其尤雅"句。二转。（《历代名家评注史记集说·五帝本纪》）

⑧【汇注】

张守节：系音奚计反。（《史记正义·五帝本纪》）

朱之蕃：《五帝德》《帝系姓》此二篇见《大戴礼》及《家语》，虽称孔子传于宰我，似不信矣。（见《百大家评注史记》卷一《五帝本纪》）

唐德宜：《五帝德》《帝系姓》，皆《大戴礼》及《家语》篇名。（《古文翼·五帝本纪赞》）

茆泮林：《尚书序》正义曰：《大戴礼·帝系》出于《世本》。（《世本辑注·世本诸书论述》，见《世本八种》）

又：《周礼》，小史掌邦国之志，定系世，辨昭穆。郑玄注曰：《帝系》《世本》之属。孔颖达疏，天子谓之《帝系》，诸侯谓之《世本》。（同上）

王叔岷：案：黄善夫本《正义》"奚计反"下，更有"《五帝德》及《帝系姓》，皆《大戴礼》文，及《孔子家语》篇名。汉儒者以二书非经，恐不是圣人之言，故或不传学也"四十字，与下文"儒者或不传"下《索隐》之文略同。又案：今传《孔子家语》，乃魏晋时伪书（盖即王肃所伪托）。汉儒所不及见，不当与《大戴礼》并论也。（《史记斠证·五帝本纪第一》）

陈蒲清：《宰予问五帝德》《帝系姓》：即《五帝德》《帝系姓》，皆《大戴礼记》及《孔子家语》中的篇名。《史记》关于尧以前的记述主要来自这两篇。（见王利器主编《史记注译·五帝本纪》）

⑨【汇注】

司马贞：《五帝德》《帝系姓》皆《大戴礼》及《孔子家语》篇名。以二者皆非正经，故汉时儒者以为非圣人之言，故多不传学也。（《史记索隐·五帝本纪》）

朱之蕃：儒者以为非真圣人之言，故多不传学，则又未可征信也。（见《百大家评注史记》卷一《五帝本纪》）

程馀庆：百家中如《大戴礼》及《孔子家语》，皆云传宰予五帝之说。似乎圣人曾言之，可以为据矣。但以出自百家之书，儒者疑非圣人之言，故不传以为实。以《五帝德》《帝系姓》二篇出于孔子，故终本此以成书，所谓众言淆乱衷诸圣也。（《历代名家评注史记集说·五帝本纪》）

【汇评】

顾颉刚：言下大有不信任这两篇的意思。实在因为尧和舜二人，《尧典》言之，《论语》言之，《孟子》言之，已为儒家公认无疑；至于五帝，则只有"五帝"这一个集团的名词见于《荀子》，至于黄帝什么，某帝什么，不但《论语》《孟子》中不见，即很后出的《荀子》亦未尝见。何况黄帝，给道家说，给阴阳家说，给神仙家说，给医家说，又给天文律历家说，说得太不雅驯了，真使人不能信了。《五帝德》和《帝系姓》两篇虽说是"孔子所传"，但其中都说到尧以前，都说到黄帝，违背了儒家的说话的成例，破坏了儒家的古史的断限，所以"儒者或不传"了。然而司马迁是作《五帝本纪》的，这篇本纪终究是采用《五帝德》和《帝系姓》作骨干的。（《中国上古史研究讲义》二〇《五帝德》）

⑩【汇校】

［日］水泽利忠：彭、金陵同。各本"桐"字作"峒"。（《史记会注考证附校补·五帝本纪第一》）

【汇注】

张守节：余，太史公自称也。尝，曾也。空桐山在原州平高县西百里，黄帝问道于广成子处。（《史记正义·五帝本纪》）

王圻：崆峒山……上有问道宫，黄帝问道于广成子，盖在此山。又山有玄鹤洞、香炉峰。香炉峰一名香炉台，自香炉台望倒插石，上巨下锐，尤为奇怪。（《三才图会·地理卷八·崆峒山》）

钱穆：大騩镇在密县东南大騩山下，则先秦言黄帝登空桐，明明在汝许之间，史公必远移之关陇之西者，史公自以后世疆域地望说古代史迹，故言黄帝西至空桐，

必在凉境，若汝州空桐，尚在中原，不得为西也。（《黄帝故事地望考》，载《禹贡》第3卷第1期）

王　恢：空桐，或作崆峒。《封禅书》，汉武帝元鼎五年十月，"至陇西，西登崆峒"。史公从，自云"西至崆峒"（《自序》）。即今甘肃固原县境之六盘山。按：《左》哀二十六年，大尹奉宋景公自空桐入如沃宫。杜注：梁国虞县有地名空桐。《殷本纪》殷后有空桐氏。然则上古之空桐必不在远。（《史记本纪地理图考·五帝本纪·空桐》）

又：《寰宇记》（八）："梁县广成泽，在县西四十里，后汉安帝永初元年假与贫人。"（见《汝水注》）又有"广成城，《九州要记》云：'广成子为黄帝师，始居此城，后于崆峒山成道。'今此城犹有庙像在焉。崆峒山在县西南四十里。有广成子庙，即黄帝问道之所也。按唐开元三年，汝州刺史克本州，防御使卢贞立碑，其略云：《尔雅》曰：北戴斗极为崆峒。其地绝远，华夏之君所不至。禹迹之内，山名崆峒者三：其一在临洮，秦长城之所起；其一在安定（即固原）。二山高大，可取材用，彼人亦各于其处为广成子立庙。而庄生述黄帝问道崆峒，遂言游襄城，登具茨，访大隗，皆与此山接壤，则临洮、安定非问道之所，明矣"。（《史记本纪地理图考·五帝本纪·黄帝都邑》）

马持盈：空桐，在今甘肃平凉县西。司马迁之时，首都在西安，其所谓东西南北，即以西安为中心而言，所以不应当把空桐解为在河南临汝县，因为河南是在西安之东。（《史记今注·五帝本纪》）

⑪【汇注】

张守节：涿鹿山在妫州东南五十里，山侧有涿鹿城，即黄帝、尧、舜之都也。（《史记正义·五帝本纪》）

⑫【汇注】

马持盈：渐，濒临也。（《史纪今注·五帝本纪》）

⑬【汇注】

朱之蕃：太史公自叙身所涉历处。（见《百大家评注史记》卷一《五帝本纪》）

王鸣盛：《五帝本纪》赞自言："予尝西至空桐，北过涿鹿，东渐于海，南浮江淮。"《黄帝纪》云："西至空桐。"注引韦昭曰："山在陇右。"又"战于涿鹿之野"，注引服虔曰："涿鹿，山名，在涿郡。"迁东至海，南至江淮，即二十南游事。至空桐、涿鹿游迹，不知约在何年。其二十南游无空桐、涿鹿踪迹。《河渠书》赞则云："余南登庐山，观禹疏九江，遂至于会稽、太湟，上姑苏，望五湖；东窥洛汭、大邳，迎河，行淮、泗、济、漯、洛渠；西瞻蜀之岷山及离碓；北自龙门至于朔方。"其庐山以下云云，盖即二十南游所历；瞻岷山、离碓即为郎中使巴蜀时事。意者其时并至陇右，故登空桐；若朔方及涿鹿，则究无由至。《蒙恬传》赞云："吾适北边，自直道归，行观蒙恬所为秦筑长城亭鄣。"盖迁别自有北边之游，但不知此段游踪定在何时耳？不可考矣。（《屈原传》赞云：余"适长沙，观屈原所自沈渊，未尝不垂涕，想见其为人"。此游踪即二十南游窥九疑、浮沉湘时事。《樊郦滕灌传》赞云："吾适丰沛，问其遗老。"即过梁、楚以归时事。）（《十七史商榷》卷一《子长游踪》）

程馀庆：点东、西、南、北，与篇中作映带。又提。（《历代名家评注史记集说·五帝本纪》）

金毓黻：是则迁之足迹，实由今之晋豫，而南游江浙，转至湘鄂，北还齐鲁，徜徉鲁苏二省之交界，又经武汉而归长安，再南适川滇，再北返，中国之内地，多经涉历。故苏辙谓：太史公行天下，周览四海名山大川，与燕赵豪杰交游，故其文疏宕颇有奇气。此又《史记》一书之所由成。其动机三也。（《中国史学史》第三章《司马迁与班固之史学》）

⑭【汇校】

［日］泷川资言：枫、三、南本无"至"字，"固"作"国"。（《史记会注考证附校补·五帝本纪第一》）

［日］水泽利忠：固，南化、枫、棭、三、谦、梅、狩、野、中彭（作）"国"。（《史记会注考证附校补·五帝本纪第一》）

【汇注】

朱之蕃：言风教既殊，则他书之言黄帝者，亦或可征而信也。（见《百大家评注史记》卷一《五帝本纪》）

程馀庆：言书虽有传信传疑之不同，但以平日足迹所历，尝见称道五帝旧迹，与其风俗教化，固或有异。（《历代名家评注史记集说·五帝本纪》）

崔　适：按：各本"殊焉"下有"不离于古文者"句，古文不系何经，不成语矣。（《史记探源》卷二《五帝本纪》）

⑮【汇注】

司马贞：古文即《帝德》《帝系》二书也。近是圣人之说。（《史记索隐·五帝本纪》）

朱之蕃：古文指《尚书》也。谓大要以不背《尚书》之所记载者较为近于是，然太拘泥则不载者岂无可征，故仅曰"近是"。（见《百大家评注史记》卷一《五帝本纪》）

林云铭：书虽有传信传疑之不同，但以平日足迹涉历，见所在长老，尝称五帝旧迹，与其风俗教化，固有或异，总不离于古文所载，是《尚书》虽可传信，而百家言未必尽传疑也。（《古文析义·五帝本纪赞》）

唐德宜：足迹所历，长老所称，不离古文所载，是百家言亦有可信。（《古文翼·

五帝本纪赞》）

浦起龙：古文，即下《春秋》云云，仍转归宗孔也。（《古文眉诠》卷十八《五帝本纪赞》）

又：巴西谯周以《太史迁书》周、秦以上，或采家人诸子，不专据正经。（《史通通释》卷一《六家》）

泷川资言：沈涛曰：总之不离古文者近是，是古文即谓《尚书》。《太史公自序》"年十岁则诵古文"，亦谓古文《尚书》。小司马于纪赞则以为《帝德》《帝系》等书，于《自序》则以为《左传》《国语》等书，皆非是。又曰：《汉书·儒林传》曰"司马迁亦从安国问故，迁书载《尧典》《禹贡》《洪范》《微子》《金縢》诸篇，多古文说"。是《史记》之用古文，孟坚言之凿然矣。自汉以来皆无异说，惟史迁每以训诂字易经文，又兼裴骃、司马贞、张守节所据本每多互异，盖已为六朝人所窜乱，然藉此以求古文之真，尚可存十一于千百。愚按：古文谓以古文书者，不止《尚书》一经，而是主斥《尚书》。说又见《十二诸侯年表序》。（《史记会注考证附校补·五帝本纪第一》）

程馀庆：然所见所闻虽有异，而总不离于古文所载。是《尚书》固可传信，而百家之言亦未必尽传疑也。（《历代名家评注史记集说·五帝本纪》）

吴汝纶：史公记帝王世系，欧公辨之当矣。然史公故一采《帝系姓》，《帝系姓》又传自孔氏，皆古文。史公谓其"近是"，故亦不谓无疑也。古书之传盖寡，五帝之事未宜以后世礼乐明备之世之见窥测其是非也。（《点勘史记读本·五帝本纪》）

崔 适：《七略》曰："《古文尚书》及《论语》《孝经》。"然则《论语》《孝经》而书以古文，亦当曰《古文论语》《古文孝经》，必与经名相属，始见其为何经之古文。乃《五帝本纪赞》曰"总之不离于古文者近是"，《仲尼弟子传赞》曰"则论言弟子籍，出孔氏古文近是"，《太史公自序》曰"年十岁则诵古文"，此等古文谓何经耶？惟《说文解字》有此名，别于小篆、籀书也，此又非其例也，真不成语矣。（《史记探源》卷一《古文》）

陈 直：古文盖谓战国时书写原本之竹简，仍保存于汉代者，或汉代儒生，从竹简传抄，而非以隶古写定者，通谓之古文，非专指《尚书》而言。（《史记新证·五帝本纪》）

张家英：谨按：汉代所谓"古文"，有三种意义：一是指先秦文字与先秦写本旧书；二是指出自壁中或先秦的民间经传；三是指传授古文家法的古文学派。王国维在《史记所谓古文说》中认为："太史公所谓古文，皆先秦写本旧书。"又说："自武、昭以后，先秦古书传世益少，其存者往往归于秘府；于是古文之名渐为壁中书所专有。"即是说，《史记》中所谓古文，使用的是上述第一义。（《〈史记〉十二本纪疑诂·五帝

本纪》）

⑯【汇注】

　　储　欣：古文兼指《春秋》《国语》，非指《帝德》《帝系》二书也。《尚书》独载尧以来，故百家之言举可疑。《春秋》《国语》及其他古文时时发明《帝德》《帝系》，故可信。即此见一部《史记》，无非尊《六经》而绌百家。（《史记选》卷一《五帝本纪赞》）

　　张大可：这里的《春秋》系指《左氏传》，并非指孔子所作《春秋》。（《史记论赞辑释·五帝本纪赞》）

⑰【汇注】

　　司马贞：太史公言己以《春秋》《国语》古书博加考验，益以发明《五帝德》等说甚章著也。（《史记索隐·五帝本纪》）

　　朱之蕃：言观《国语》记载，其间发明二篇之说为甚章著。（见《百大家评注史记》卷一《五帝本纪》）

　　[日] 泷川资言：中井积德曰：言《春秋》《国语》中多说五帝之事。（《史记会注考证·五帝本纪》）

⑱【汇注】

　　裴　骃：徐广曰："弟，但也。《史记》《汉书》见此者非一。又左思《蜀都赋》曰'弟如滇池'，而不详者多以为字误。学者安可不博观乎？"（《史记集解·五帝本纪》）

　　张守节：顾，念也。弟，且也。太史公言博考古文，择其言表见之不虚，甚章著矣，思念亦且不须更深考论。（《史记正义·五帝本纪》）

　　朱之蕃：言儒者但不深考，而致使不传耳。（见《百大家评注史记》卷一《五帝本纪》）

　　钱大昕："顾弟弗深考"，注："徐广曰：'弟，但也。'""弟""但"声相近。俗书"弟但"字作"苐"，"次弟"字作"第"，皆不合六书之旨。（《廿二史考异》卷一《五帝本纪》）

　　[日] 泷川资言：钱大昕曰：弟、但，声相近。中井积德曰：《书》缺有间，讥儒者不传也。（《史记会注考证·五帝本纪》）

⑲【汇注】

　　司马贞：言《帝德》《帝系》所有表见者皆不为虚妄也。（《史记索隐·五帝本纪》）

　　朱之蕃：其二篇所发明章著，而表见其验之风教固殊者，皆实而不虚。则或可征。（见《百大家评注史记》卷一《五帝本纪》）

金圣叹：所嫌诸书，但不深考；以今亲历验之，乃皆诚有。（《金圣叹批才子古文·西汉文·五帝本纪赞》）

唐德宜：所见与长老之言合，非尽虚妄。（《古文翼·五帝本纪赞》）

程馀庆：顾，犹"乃"也。第，犹"但"也。言《五帝德》《帝系姓》二篇，虽儒者所不传，而《春秋》《国语》又发明凿凿，乃人但弗深求其说耳。若二篇所表见者，长老既言之，皆不虚妄也。（《历代名家评注史记集说·五帝本纪》）

陈蒲清：司马迁根据实地调查和考察，肯定了《尚书》《春秋》《国语》有关记载的真实；今人通过古器物的考证，也证明《史记》有关记述的准确性。如河南安阳发掘出来的叠积着的三种文化遗迹：仰韶文化（下层），龙山文化（中层），小屯文化（上层），分别可跟《史记》关于五帝时代、夏代、商代的记述相互印证。甲骨文也有许多可资印证的地方。（见王利器主编《史记注译·五帝本纪》）

郑之洪：《五帝德》《帝系姓》载于《大戴礼》，《尚书》立于学官，都是当时的权威文献，《五帝本纪》取材于此。但是司马迁却用《春秋》《国语》来印证，又补充《百家》之言和各地传说的故事，经过综合考实，选择可信的材料写入书中。（《史记文献研究》第七章《〈史记〉义例和司马迁的历史观》）

⑳【汇注】

张守节：言古文《尚书》缺失其间多矣，而无说黄帝之语。（《史记正义·五帝本纪》）

朱之蕃：矧《尚书》缺亡其间多矣，岂可以缺亡而遂已乎？（见《百大家评注史记》卷一《五帝本纪》）

唐德宜：《尚书》古文实多缺略。（《古文翼·五帝纪赞》）

陈蒲清：《书》缺有间（jiàn），古文《尚书》缺亡，留下很多空白。一说"有间"指时间很久。（见王利器主编《史记注译·五帝本纪》）

㉑【汇注】

司马贞：言古典残缺有年载，故曰"有间"。然帝皇遗事散轶，乃时时旁见于他记说，即《帝德》《帝系》等说也。故已今采按而备论黄帝已来事耳。（《史记索隐·五帝本纪》）

林云铭：《五德》《系姓》，儒者所不传者，而《春秋》《国语》又发明凿凿，今且勿深求其说，惟是故迹风教，表见于后世者，长老既言之，皆不虚妄，在《尚书》缺略不全，而遗事多见于百家言中，岂可湮没？（《古文析义·五帝本纪赞》）

程馀庆：言在《尚书》或缺略不全，而轶事多见于百家言中，岂可尽湮没乎？（《历代名家评注史记集说·五帝本纪》）

【汇评】

刘知幾：子曰："吾犹及史之阙文。"是知史文有阙，其来尚矣。自非博雅君子，何以补其遗逸者哉？盖珍裘以众腋成温，广厦以群材合构。自古探穴藏山之士，怀铅握椠之客，何尝不征求异说，采摭群言，然后能成一家，传诸不朽。（《史通》卷五《采撰》）

㉒【汇注】

浦起龙：好学深思，是择言本领。（《古文眉诠》卷十八《五帝本纪赞》）

㉓【汇注】

朱之蕃：言非好学深思，心知其意，固难与之言也。（见《百大家评注史记》卷一《五帝本纪》）

【汇评】

杨　峒：《史记》之书，详于秦汉。此篇与三代本纪，杂取《尚书》《春秋内外传》《世本》《战国策》为之，故其文不能雄深如始皇以后诸纪。然其去取之意，则亦非苟然者，篇内序五帝之世，全用《五帝德》及《帝系》之文，二篇皆出孔氏，故子长谨而著之，其意盖以《尚书》为主，而高辛以上则颇采传记之可信者，粗具支派，以见三代之所自出而已。至于尧为帝喾之子，禹为颛顼之孙，上距黄帝裁五世，而自黄帝至舜乃九世，此其中间必多旷隔，而子长一因旧文，所谓疑者传疑，盖其慎也。欧阳永叔尝辨《史记》世次之误，以子长为不知取舍。而罗长源、金吉甫、马宛斯之书，遂不以虞舜系黄帝，又不专疑其世次隔越，咸祖述欧说，以舜妻尧女有浇姓之嫌，愚窃以为未得其意也。……《史记》而后，若谯周《古史考》、皇甫谧《帝王世纪》、司马贞《三皇本纪》、刘恕《通鉴外纪》之类，非援引荒怪，则以意离合补缀于其间，皆子长之所删除与其所阙之而不敢妄论者也。篇末言择其尤雅者著为本纪，而《三代世表》亦谓孔子序《书》，略无年月，故世纪黄帝以讫共和，其慎如此，后之君子生二千年之后，乃欲排弃礼传，虚树己说，好学而不能心知其意，于浅见寡闻者，又何责焉？（《书岩賸稿·读五帝本纪》）

林云铭：非知其意，则不能辨其虚实，而抉择于其间。"浅见寡闻"四字，把上文"荐绅先生""儒者"一齐骂杀。（《古文析义·五帝本纪赞》）

程馀庆："非好学深思"，则不能"心知其意"，非"心知其意"，则不能辨其虚实而抉择于其间也。"好学深思"八字是作史本领，"浅见寡闻"四字，将"学者""荐绅先生""儒者"一齐抹倒。（《历代名家评注史记集说·五帝本纪》）

㉔【汇校】

［日］水泽利忠：南化、枫、三、梅、狩，"雅者"二字作"多雅"。（《史记会注考证附校补·五帝本纪第一》）

【汇注】

浦起龙：结出"择"字，择其合于孔子者耳。（《古文眉诠》卷十八《五帝本纪赞》）

【汇评】

叶　适：羲、黄为文字之始，圣智之先，不独学者言之，孔子盖言之矣。至于简弃鸿荒，断自尧舜，则何必孔子？自舜禹以来，固然也。何以知之？方禹、益、皋陶共明治道，祖述旧闻，其时去黄帝、颛顼不远，所称道德广大，皆独曰尧、舜，未有上及其先者。推群圣贤之心，岂夸祢而轻祖哉？故余以为神灵不常，非人道之始，阙而不论，非掩之也。如迁所见《五帝德》《帝系姓》，虽曰起自黄帝，若夫稽古而陈之，君止尧舜，臣止禹、皋陶，而羲、农、后、牧之伦不预焉，迁未造古人之深旨，特于百家杂乱之中，取其雅驯者而著之，然则《典》《谟》大训徒"雅"而已乎？况黄帝、尧、舜之后既数千年，长老所言不可信，审矣。不择义而务广意，亦为学之患也。孔子谓颜渊行夏之时，乘殷之辂，服周之冕，盖为邦之要略。汉儒之智未足以及此也。而迁纪夏、商，言孔子正夏时，又曰殷路车为善，近是矣。至文王三分天下有其二，以服事殷，周之德，其可谓至德也已矣，则迁不能知。故曰受命称王，改法度，制正朔。当以孔子为正也。（《习学记言序目》卷十九《史记一·本纪·五帝》）

黄　震：迁之纪五帝，自谓择言之尤雅者著于篇，其存古之意厚矣。然黄帝杀蚩尤与以云纪官，才一二事，若封禅事已不经，至颛顼、帝喾纪，皆称颂语，非有行事可考。唐虞事虽颇详，皆不过二典所已载。然则孔子定书，断自唐虞，至矣，何求加为？（《黄氏日钞》卷四十六《读史·史记·五帝纪》）

赵　翼：《舜纪》云父瞽叟爱后妻子，常欲杀舜，舜顺事父及后母与弟，下文又云：舜，冀州之人也，父顽、母嚚、象傲，皆欲杀舜，其文法不太复乎！尧使九男二女事舜，在四岳荐舜之后，而四岳之荐，则以其克谐以孝，烝烝乂，不格奸，是其时顽父、嚚母、傲弟已皆厎豫矣，岂复有使之完廪浚井，谋杀其身，分其财、夺其妻之事？乃徒以《孟书》有此语，遂曲为附会，则仍未见其能择也。（《陔余丛考》卷五《史记五》）

程馀庆：邵瞻两曰：尧舜纪皆采集《尚书》，惟《黄帝颛顼帝喾纪》裁自龙门，所谓择其尤雅，著为本纪书首也，是史公极经意文字。（《历代名家评注史记集说·五帝本纪》）

吴汝纶：某按：此篇以"择言尤雅"为主，以三千余言记五帝事迹，采辑《五帝德》《尚书》而以《帝系姓》组织之，时时总絜顿束，以为文字关键；后幅层层收结，驭散以整。（《点勘史记读本·五帝本纪》）

又：史公《五帝纪》自谓"择言尤雅"，今读其书，《尚书》之外，独采《五帝

德》，其百家之言不雅驯者，不之载也。观郑樵《通志》所记三皇之事，尽鄙野言也。足以知史公之识过后儒远矣。（同上）

刘咸炘： 吴汝纶评曰：此篇以择言尤雅为主。按吴氏评本，每篇必有如是一语，亦似是而非，谓义之主邪，则《史》本叙事，其必有此篇者，以必书此事，岂因明此一义而始作邪？谓文之主邪，则宾主开合时文之法，安可以之论史？故其所举，或偏举一节，或强立一义，妄分客主，多成迂凿。（《太史公书知意·五帝本纪》，见《刘咸炘学术论集》）

马持盈： 由于太史公择其言尤雅者而保存之，可见其对于言之不雅者必舍去之。假定太史公不以雅不雅为取舍标准，而大量保存其所认为之不雅者，则对于我们后人之研究上古史，必大有助益也。思之不禁一叹。（《史记今注·五帝本纪》）

㉕【汇注】

班　固： 孔子因鲁史记而作《春秋》，而左丘明论辑其本事以为之传，又纂异同为《国语》，又有《世本》，录黄帝以来至春秋时帝王、公侯、卿大夫祖世所出。春秋之后，七国并争，秦兼诸侯，有《战国策》。汉兴，伐秦定天下，有《楚汉春秋》，故司马迁据《左氏》《国语》，采《世本》《战国策》，述《楚汉春秋》，接其后事，迄于大汉。（《汉书·司马迁传赞》）

张守节： 太史公据古文并诸子百家论次，择其言语典雅者，故著为《五帝本纪》，在《史记》百三十篇书之首。（《史记正义·五帝本纪》）

朱之蕃： 太史公结曰：余并论次择言尤雅者，故著为首，见非止据《尚书》论次尧以下，且并黄帝、颛顼等而论论次之，而大凡《五帝德》等书，其言之尤雅者取之，则不雅者便在所略也。（见《百大家评注史记》卷一《五帝本纪》）

程馀庆： 结，明所以作《五帝本纪》之意。（《历代名家评注史记集说·五帝本纪》）

[日]泷川资言： 赵恒曰：此论本纪所以首黄帝之意。盖《尚书》独载尧以来，而《史记》始黄帝，《史记》之所据者，《五帝德》《帝系姓》也，乃儒者或不传之书也。然迁以所涉历，验之风教而近是，参之《春秋》《国语》，而所表见为不虚，是以《尚书》虽缺，而其轶之见于他说，如《五帝德》《帝系姓》者，不可不言而传之也。要在学者博闻深思，精择而慎取之耳。故以黄帝著为本纪首，则颛顼、高辛在其中矣。（《史记会注考证·五帝本纪》）

顾颉刚： 他说明第一个原因是为到各处游历时都听得长老讲黄帝、尧、舜的故事，足证黄帝是实有其人其事的；第二个原因是为《国语》中的话足以发明这两篇，也足以证明这些记载是不虚的。他用了这二重证据法——民间故事和书本记载，证明五帝虽不为儒者所称道、儒书所记录，依然不失其信实的价值；不过荒唐的传说是应当删去而已。司马迁是儒家的信徒，他作《史记》是想继承孔子的《六经》的，到后世，他的书也确实成了史学界的权威，所以黄帝们闯进了《史记》之后，他们在历史上的地位就巩固了；好像尧、舜们因《论语》等书的记录而占得巩固的历史地位一样。因为这个缘故，《五帝德》和《帝系姓》两篇在中国历史上具有极大的关系。（《中国上古史研究讲义》二〇《五帝德》）

浦起龙：《尚书》断自唐、虞，二《典》具在也。其前三帝，散见群书，文多不经矣，于首简之端，采杂家之说，择之不可不审，舍孔子其奚从焉？若《春秋》《国语》所述，虽非手定，犹自其门弟子传之，好学深思之士所亟取也。尊一孔子为择言之折衷，文虽简，实全史持论之本。（《古文眉诠》卷十八《五帝本纪赞》）

【汇评】

庄　子：故夫三皇、五帝之礼义法度，不矜于同而矜于治。故譬三皇、五帝之礼义法度，其犹柤梨橘柚邪，其味相反而皆可于口。（《庄子·天运》）

又：老聃曰："……余语女三王、五帝之治天下！黄帝之治天下，使民心一，民有其亲死不哭，而民不非也。尧之治天下，使民心亲，民有为其亲杀其杀，而民不非也。舜之治天下，使民心竞，孕妇十月而生子，子生五月而能言，不至乎孩而始谁，则人始有夭矣。禹之治天下，使民心变，人有心而兵有顺，杀盗非杀，人自为种而天下耳，是以天下大骇，儒、墨皆起……"（同上）

刘　安：尧、舜、禹、汤，法籍殊类，得民心一也。圣人者，随时而举事，因资而立功。（《淮南子》卷十七《说林》）

王　充：世称五帝之时，天下太平，家有十年之蓄，人有君子之行。或时不然，世增其美；亦或时政致。何以审之？夫世之所以为乱者，不以贼盗众多，兵革并起，民弃礼义，负畔其上乎？若此者，由谷食乏绝，不能忍饥寒。夫饥寒并至，而能无为非者寡；然则温饱并至，而能不为善者希！传曰："仓廪实民知礼节，衣食足民知荣辱。"让生于有余，争起于不足。谷足食多，礼义之心生；礼丰义重，平安之基立矣。故饥岁之春，不食亲戚；穰岁之秋，召及四邻。不食亲戚，恶行也；召及四邻，善义也。为善恶之行，不在人质性，在于岁之饥穰。由此言之，礼义之行在谷足也。按谷成败，自有年岁；年岁水旱，五谷不成，非政所致，时数然也。必谓水旱政治所致；不能为政者莫过桀纣，桀纣之时，宜常水旱。按桀纣之时，无饥耗之灾。灾至自有数，或时返在圣君之世。实事者说尧之洪水、汤之大旱，皆有遭遇，非政恶之所致。说百王之害，独谓为恶之应，此见尧、汤德优，百王劣也。审一足以见百，明恶足以照善。尧、汤证百王，至百王遭变，非政所致，以变见而明祸福。五帝致太平，非德所就，明矣。（《论衡·治期篇》）

司马贞：太史公作《史记》，古今君臣，宜应上自开辟，下迄当代，以为一家之首尾。今阙三皇而以五帝为首者，正以《大戴礼》有《五帝德》篇，又《帝系》皆叙自黄帝已下，故因以《五帝本纪》为首。其实三皇已还，载籍罕备，然君臣之始，教化之先，既论古史，不合全阙，近代皇甫谧作《帝王代纪》，徐整作《三五历》，皆论三皇已来事，斯亦近古之一证。（《史记索隐》卷三十《三皇本纪第一》）

又：帝出少典，居于轩丘。既代炎历，遂禽蚩尤。高阳嗣位，静深有谋。小大远近，莫不怀柔。爰洎帝喾，列圣同休。帝挚之弟，其号放勋。就之如日，望之如云。郁夷东作，昧谷西曛。明扬仄陋，玄德升闻。能让天下，贤哉二君。（《史记索隐·五帝本纪·索隐述赞》）

张方平：周道废，秦拨去古文，焚灭《诗》《书》，故明堂、石室、金匮玉版，图籍散乱，太史公缀辑天下放失旧闻，录秦汉，上记轩辕，下至太初，成一家之言。事迹条贯，信该详而周悉矣。然而为史之法，系在本纪。纪者统也，言王者大一统，正天下正朔所禀，法令所由出者也。而迁为纪，始诸黄帝，愚有惑焉。《易》曰："古者伏羲氏之王天下也，仰观象于天，俯观法于地，于是始作八卦，以通神明之德，以类万物之情。"盖三极之道，九畴之本，书契所纪，君德最盛。伏羲氏为历代帝王之首也。孔安国曰："伏羲、神农、黄帝谓之三皇，少昊、颛顼、高辛、唐、虞谓之五帝。"今迁叙三皇而遗羲、农，纪五帝而黜少昊，何哉？……迁既网罗周博，断为定典，接先圣之绝绪，遏学者之末流，书以该名数，表以正时历，世家以显宗本，列传以著成败。然其大本，纪为之主。而一纪之初，所失者二：考三皇之迹，而羲农不录；观五帝之事，而少昊不载。愚窃惑之。如曰有微旨焉，盖未之知也。（《乐全集》卷十七《史记·五帝本纪论》）

范　浚：孔子定《书》断自唐虞以下，以为唐虞而上不可知也。圣人去古未远，犹难言之，太史公乃欲为黄帝、颛顼作纪于千百岁后，何耶？世传《孔子家语》载《五帝德》《帝系姓》等皆非古书，使其说诚详如之，则夫子著之于《书》久矣。意迁姑欲捃摭传记以示洽博，非复考其言之当否。夫黄帝，神农后也，阪泉之战，信亦悖妄。以臣代君，犹有惭德，而况为之后者，信或有之，则黄帝贼矣，尚得为圣人乎？（《香溪集》卷六《五帝纪辨》）

郝　敬：自黄帝至舜禹皆同姓，而《礼记》云：虞氏禘黄帝、郊喾、祖颛顼、宗尧。《世本》谓尧为黄帝曾孙，舜为黄帝八代孙。果尔，尧二女与舜曾祖为四从兄弟，岂可以妻舜？禹父曰鲧，鲧父曰帝颛顼，禹者黄帝玄孙，帝颛顼之曾孙也，岂黄帝至禹才四代，至舜反八代乎？本纪于此曾无一语驳正。至班固《律历志》，又谓禹父鲧，为颛顼五世孙，总之传疑。而迁史尤愦愦，疏略抵牾，勿怪乎班氏讥之也。（《史汉愚按》卷一）

王　圻：《帝王世纪》云：黄帝次妃女节生少昊，则少昊乃黄帝子也。是传位于子，自黄帝始，而非起于夏禹。《家语》《五帝德》及《书·序》注《颛帝纪》，并《通历》，皆云颛帝为昌意子，则亦黄帝孙也。是少昊传位于侄。《史记》《家语》皆云帝喾祖玄嚣、父蟜极。又《高辛纪》《书序》注与《帝王世纪》载喾为黄帝曾孙，则颛顼传位与从侄。《大戴礼》并《史记》云：帝喾下妃生挚，则（高辛）［帝喾］又传位于子。高辛次妃庆都生尧，则挚又传位于弟。《史记》并《舜典》疏以舜为黄帝八代孙，则尧传位与五世侄孙。《前汉·律历志》载颛帝五代生鲧，则舜传位于六世祖之从兄弟。如是，则五帝亦可谓之家天下。……且以《祭法》观之，周则祖文而宗武，商则祖契而宗汤，夏则祖颛帝而宗禹，而舜则祖颛帝而宗尧。若舜为异姓之国，奚必宗尧哉！盖曰弟、曰侄、曰侄孙，既皆吾之族类，而不谓之家天下不可也。（《稗史汇编·人物门·统系·五帝家天下》）

申时行：太史公叙本纪，其文字便浑浑噩噩，有太古遗风。（见《百大家评注史记》卷一《五帝本纪》）

黄淳耀：尧舜禹汤，或以为谥，或以为皆名，或以尧舜禹为名，汤为号。予谓皆非也。《谥法》起于周公，以尧舜禹汤为谥者，固不足据，而以"有鳏在下，曰虞舜"，及"来，禹"等文证其为名，则亦非也。史传多追称之词，如《左传》石碏称"陈桓公方有宠于王"，《战国策》冯煖谓梁王曰"齐放其大臣孟尝君"，此类甚多，二典亦当时史臣所记，舜、禹皆追称耳。以"来，禹"为君称臣名，则"禹敷土"为臣书君名乎？尧之祖称"艺祖""文祖"，尧称神宗，岂得君臣皆名，漫无所别乎？孔子于老彭已不斥其名，如尧舜禹果名，岂得屡见于书乎？按秦始皇制曰："朕闻上古有号无谥，中古有号，死而以行为谥。"则尧、舜、禹、汤皆号也。生为号，死为谥。（《陶庵集》卷七《五帝本纪》）

徐与乔：杨升庵谓《五帝纪》非太史公极笔，今按其空中盘礴，撰实为虚，荟萃群言，纬以夹笔，雄深雅健，堪冠全集，而赞语尤推绝调。（《经史辨体》史部《五帝本纪》）

林云铭：此是《史记》开卷第一篇文字，龙门欲以五帝为本纪之冠，以夫子删书断自唐虞，则尧舜以前不可考，少不得参择百家之言，奈百家之言，多涉神怪，即有载孔子五德、系姓之语者，世儒又疑其非真，似乎难以考信矣。然以平日涉历所至，其见闻不但与《尚书》相合，亦与百家言不甚相悖，又不得执《尚书》之所有。而概疑其所无也。今试就百家之言论之，《五帝德》《系姓》之说，《春秋》《国语》发明甚详，且不必深究其旨，但其事迹风教，表见于长老之口者，既凿凿可据，在《尚书》尧、舜以前，虽有缺略不全，而散见于百家者甚多，大约非神明其意者，不能辨其醇疵而采择。若浅见寡闻者流，非事事轻信，则置不复道耳。此作者之大旨也。文之古奥曲折，时解多不能通其脉络，殊为恨恨。（《古文析义·五帝本纪赞》）

吴见思：《史记》一书，以参差错落、穿插变化为奇，而笔法句法，绝无一律。乃开卷第一篇，纯用庄重整练，隐其神奇，故排句学《国语》，而秀句用子书。《尧》《舜》二纪，又采《尚书》古奥，觉另是一种笔墨。盖因作五帝之纪，遂成五帝之文，亦有纯气守中也。《尧》《舜》二纪，纯用《尚书》《孟子》，略改字面，便是太史公之文，不是《尚书》《孟子》之文。且既经删改，而运用插和，绝无痕迹，岂非神手！但《尚书》中一种古质古色，精采古奥，已俱减削。然时代所隔，天实为之，史公奈之何哉！（《史记论文》第一册《五帝本纪》）

高　嵣：孔子删《书》断自唐虞，征信之实也。其前三帝，散见群书，文多不经，择之不可不慎，然《帝德》《帝系》，传自孔子，而《春秋》《国语》多发明《帝德》《帝系》之旨，况四方风教又与古文相合，皆可兼采折衷，以求符孔子删《书》之意也。所信圣人，所尊《尚书》，所择优雅，百家之言举可废矣。其行文转折顿宕，极开合擒纵之势，尤推绝调。（《史记钞》卷一《五帝本纪》）

唐德宜：传信传疑，忽开忽合，末结作史要领，笔意不可方物。（《古文翼·五帝本纪赞》）

李元度：欧阳公序《帝王世次图》曰："迁所作《本纪》，出于《大戴礼》《世本》诸书，今依其说图而考之，尧舜夏商周，同出于黄帝。尧崩，下传其四世孙舜，舜崩，复上传其四世祖禹。稷、契于高辛为子，乃同父异母兄弟也。今以其世次而下之，汤与王季同世，汤下传十六世为纣，王季下传一世为文王，二世为武王，是文以十五世祖臣事十五世孙纣，武以十四世祖伐十四世孙而代之。何其谬哉？""至于舜娶尧二女，据图为曾祖姑，不应乖错至此。而一言蔽之曰：不足信！"其论韪矣。余少读而疑之，终莫能解也。及观钱氏大昕引王符《潜夫论·五帝德篇》，谓帝喾为伏羲之后，其后为后稷，尧为神农之后，舜为黄帝之后，禹为少昊之后，契为颛顼之后，少昊、颛顼不出于黄帝，尧不出于喾，则舜无娶同姓之嫌，其说甚确。又考《春秋命历序》，称黄帝传十世，二千五百二十年，少昊传八世，五百年，颛顼传二十世，三百五十年，帝喾传十世，四百年。然则颛顼非黄帝孙，尧亦非帝喾子，可证《史记》之谬，且与《潜夫论》合。读至此疑乃豁然也。（《天岳山馆文钞、诗存》卷三十《书帝王世次图序后》）

蒋　彤：问：《五帝本纪》绎其文义，叙黄帝不甚详密，只约略数语，便见弥天际地力量，自颛顼至帝喾，渐渐详密。至尧舜之纪，命官考职，井然灿然，较帝喾以上迥改观矣。虽《尚书》始于唐、虞，以上书籍无考，史公想象时势而为之说，亦可见自朴而文，自粗而精。五帝相距数百年已如此，况自虞氏，历夏、商千余年间，到周公自然如此精密。密则乱如丝缕，积弊之势，几于不可行。始皇焚坑之祸，乃有自来乎？夫子曰：然，然！周公之功，自与天地并，《周礼》虽有残缺，后王尚知治天下，

不可无礼。傍《周礼》成就模范，总赖此周公在。(《暨阳答问》卷四)

郭嵩焘：按：史公赞称"百家言黄帝，其文不雅驯"，《五帝纪》但叙其德而不详其事，以事之著见于百家者，皆非雅驯者也。伏羲之蛇身人首，神农之人身牛首，皆其类也。杨升庵谓"《五帝纪》非史公极笔"，固也。然史公意在雅驯而已，太古荒邈，传闻缪悠，史公于此为有断制。(《史记札记》卷一《五帝本纪》)

李景星：孔子删《书》，断自二典，详政治也。太史公史，始于五帝，重种族也。盖五帝始于黄帝，为我国种族之所自出。……篇中考世系处，极分明亦极错落。至于叙事，更详略得宜，变化尽致。排句学《周语》，秀句参诸子，古句奥句仿经书。所举五帝大事，如天地山川，礼乐制度、设官分职、修德布政，有演为数百言者，有缩为数言者，节节照应，处处关通，而实则高古典质，一丝不苟。盖《史记》开首第一篇文字，亦全部《史记》中第一篇加意文字也。(《史记评议·五帝本纪》)

又：后人不达史公本旨，或于此纪之前，更补《三皇本纪》；或任意攻击，谓此篇非史公极笔。似此谬妄，于《史记》固毫无所损，但为读《史记》者开端拦路，岂非大大罪过？故余于此篇首论及之。(同上)

刘咸炘：崔适曰："按《自序》曰'述陶唐以来，至于麟止'，然则此纪之录本当为《陶唐本纪》，与《夏》《殷》《周》《秦本纪》一例。而上系黄帝，下兼虞舜，犹《周本纪》上系后稷，下统武王之比。且世家始泰伯，列传始伯夷，表让德也。是则本纪始陶唐，又可比例而得者。后人改为《五帝纪》，遂增《自序》篇末云'述历黄帝以来'。"按麟止之说已详《序论》，崔氏敢删获麟以后之事，而不敢删陶唐以前，于是别为曲说，其不可通甚明。黄帝、颛、喾及虞、舜，何可与后稷、武王同例？如其言，则夏、殷亦可并为一纪矣。如曰五帝同祖，故似后稷，则依史公所书，夏、殷、周又何尝不同祖邪？表让本前人之谬说，岂可引为证乎？史公论语屡言五帝，无以陶唐为主之意。(《太史公书知意·五帝本纪》，见《刘咸炘学术论集》)

余　诚：通体俱是发明所以作《五帝本纪》之意。首段以书之有详有略，人之有言有不言，反复顿挫；次以游历得诸长老者为证；再次以考之《春秋》《国语》及他说者为据，而总归之于"好学深思，心知其意"作收束。见非此则疑者，终不能信，惟此乃能信而择之也，故末段点明，"择其言尤雅"作结。文仅二百余字，而转折之多，承接之妙，音节之古，结构之精，有难以悉举者。要在善读之士一一静会之。(《古文释义·五帝纪赞》)

过　珙：阙义传信一宗，笔削春秋，太史公绝大本领，择其言尤雅者，著为本纪，书首则面三十篇之无不雅驯可知。此自道其作史之法也，其顿处、接处、起处、伏处、转处、曲处、折处，终不作不了语，最虚活，最古劲。(《古文评注全集》卷四)

胡　适：崔述他放大了历史的眼光来看古史，说"以情度之，亦当自唐、虞以降然后有史书"。他也未敢决定《易》《春秋传》所载上古之事悉为实录；但他偏大胆根据这两种书的材料来做这部史前史的《补上古录》，他的理由是因为古今儒者多好言五帝，往往杂以百家之言，鄙陋不经，而《易》《春秋传》上的材料，虽不知道它靠得住靠不住，要其理不悖于圣人，拿它来证百家之谬也许可以。他并用了叹息的口气来诉说他的心事道："司马迁曰：'学者载籍极博，犹考信于六艺。'是余之志也夫！"拿了六艺做标准来考信古书，不问其事的有没有，只问其理的悖不悖于圣人，在我们的眼光看起来，这自然是很不可靠的。但在西汉时的司马迁，乾、嘉时的崔述用了这种方法，在史学上收了许多摧陷廓清之功，我们也不能不佩服他们。（《科学的古史家崔述》，见《崔东壁遗书》附录）

陆懋德：吾人试取《史记》首篇《五帝本纪》为例如下：此篇是真本，作者是司马迁，作成于汉时，写定于西京，已无问题。但此篇之材料不是得之观察，而是得之传闻，且其传闻是取之于《五帝德》《帝系姓》及《尧典》《舜典》等书。前二章已言史料须用同时代的记载，今考《五帝德》《帝系姓》，今在《大戴礼》内，是汉初作品，而《尧典》《舜典》，今在《尚书》内，是周末作品，皆非五帝时的同时代的史料。如此，则《五帝本纪》之价值自见。价值如此，则此篇之不足为信史，不问可知。（《史学方法大纲》）

黄石林：黄帝、颛顼、帝喾、唐尧、虞舜，号称五帝。徐老（徐旭生）指出，这个时代，生产力有较大的发展，已由量变达到质变的时代。它曾经历过三次大变革：（1）黄帝统占中原，过去部落林立的局面，经此大震荡，逐渐相互融合与同化，形成部落大联盟。此一大变也；（2）颛顼时，"绝地天通"，大胆改革，人神分开，有人专管社会秩序方面的事，又有人专管宗教方面的事。劳心者与劳力者日益分化，氏族社会解体，特权阶级产生。此二大变也；（3）大禹治水，主名山川。人民得能"降丘宅土"，休养生息。生产发展，贫富不均。此三大变也。经此巨变之后，奠定了我民族的生活基础，孕育出伟大的华夏民族，建立了有定型、有组织的王国。从这里，可以探求中国古代文化的渊源。（见《中国古史的传说时代·序》）

唐嘉弘：尧舜时代和尧舜"禅让"，反映了在进入早期国家前夕部落联盟制度的民主选举迹象，符合人类社会发展的一般规律，具有一定的历史根据，说明这是较为可信的传说古史；尧舜以前的黄帝和炎帝，史迹若明若暗，似真似假；还有他们的后嗣子孙高辛、高阳等人均渺茫恍惚，史料太少，不易说清楚。据说炎黄时期形成统一王朝，是中国古代历史最早的一页，这就显然和历史实际产生很大的差距，不符合人类社会发展一般规律。特别应当指出的是，在我国早期的重要史书，如《论语》《尚书》等都没有将这位最早的统一帝王"黄帝"载入史册，《国语》《左传》开始提到炎黄，《史记》作者司马迁半信半疑地编撰了《五帝本纪》，描写黄帝是中国古代第一个统一王朝的缔造者，但并未将炎帝列入"五帝"之中。少昊、太昊的传说，在战国时期已经流行，《史记》中并未承认他们的正统历史地位，也没有编入"五帝"传承系统。……毫无疑问，我国远古历史可以从较早的传说推演到距今四五千年，再早到一万年以上，古代人们的想象力也无法具体构拟当时的社会生活情景。（《先秦史论集·先秦史概论》）

李长之：这是《史记》中的第一篇文字的自注，这不啻说明了司马迁的"真本实学"。司马迁之难能可贵，并不只在他的博学，而尤在他的鉴定、抉择、判断、烛照到大处的眼光和能力。——这就是所谓识。就是凭这种识，使他统驭了上下古今，使他展开了"究天人之际，通古今之变，成一家之言"的事业，使我们后人俯首帖耳在他的气魄和胸襟之下。学问而到了这个地步，已近于一种艺术，因为它已经操纵在己，没法传给别人，也没法为人所仿效了！（《司马迁之人格与风格》第七章《司马迁的精神宝藏之内容·司马迁的识》）

聂石樵：对待资料，如果"书缺有间"，便"著其明，疑者阙之"（《高祖功臣侯者年表》）；如果"其轶乃时时见于他说"，便"好学深思，心知其意"地加以斟酌。他以"百家言黄帝，其文不雅驯，荐绅先生难言之"。又以"孔子所传《宰予问五帝德》及《帝系姓》，儒者或不传"。对这些资料都不轻易相信。他经过实地考察，以为"长老皆各往往称黄帝、尧、舜之处"，民间确有关于黄帝的传说，因而相信黄帝的存在。再根据古代典籍中某些可信的记载，"著为本纪书首"。这不仅是他写《五帝本纪》的态度，也是他创作整部《史记》的态度。（《司马迁论稿》第三章《伟大著述的内容》）

周振甫：司马迁讲上古史，不用《尚书》的尧、舜开头，也不用《周易·系辞传下》的伏羲、神农开头，而用《五帝本纪》的黄帝开头。因为伏羲、神农没有多少事可谈，写黄帝，用武力打败炎帝、蚩尤统一中原，有事可讲。又用黄帝开头，可以讽刺汉武帝迷信神仙，穷兵黩武。在五帝中称美尧、舜，因尧、舜实行禅让制，实行征求各地方长官的传贤制度的缘故。（《〈史记〉集评·五帝本纪》）

俞樟华：这篇论赞采用提出问题，分析问题，总结问题的方法，紧扣中心论点，层层深入地展开论述，逻辑非常严密，复杂的道理说得清清楚楚。读这篇赞，像走进苏州园林，格局虽小，却峰回路转，迂回曲折。难怪《古文观止》的评点者极力推崇此赞，说"此为赞语之首，古质奥雅，文简意多。转折层曲，往复回环。其传疑不敢自信之意，绝不作一了结语。乃赞语中之尤超绝者"。可谓司马迁之知音。（《史记新探·论〈史记〉中的"太史公曰"》）

韩兆琦：中国的远古传说中有所谓"五帝"，即黄帝、颛顼、帝喾、唐尧、虞舜，司马迁认为他们都是一家人。他说颛顼、帝喾、唐尧、虞舜都是黄帝的子孙，并在

《五帝本纪》中给他们一一地排了世序。接着又在《夏本纪》中说，"禹者，黄帝之玄孙而颛顼之孙也"，夏朝也是黄帝的后代；在《殷本纪》中他说，殷契是成汤的祖先，而殷契又是帝喾的次妃所生，因而商朝也是黄帝的后代；在《周本纪》中他说，周文王的祖先叫后稷，而后稷是帝喾的元妃所生，因而周朝也是黄帝的后代。此外，在《秦本纪》中说"秦之先，帝颛顼之苗裔"；在《楚世家》中说"楚之先祖出自帝颛顼高阳"；在《越世家》中说，"越王勾践，其先禹之苗裔，而夏后帝少康之庶子也"，如此等等。大约在司马迁看来，凡是称帝称王的人，他们的世系大都可以上溯到黄帝。这个看法自然是极其可笑的。但是这并不是司马迁的发明，他是根据了《世本》的说法。《世本》成书于战国后期，作者不明。我们对于其中有关远古帝王世序的记载，只能看做是战国时人的一种传说，其科学性自然不会强；但是，其所以如此传说，这反映了当时人们的一种见解，而这种见解的产生，又有它当时一定的社会历史条件，这就是各诸侯国在互相融合、互相兼并中所造成的那种逐渐统一的政治趋势。早在春秋以前，强大的诸侯国都处在中原地区，如齐、鲁、卫、晋。类似楚、越这种国家，地处边荒，经济文化落后，是被中原地区的国家所蔑视、所排斥的，相互之间的交往也很少，至于他们是什么人的后代，恐怕很难说清楚。后来楚、越都成了大国，都要争霸中原，谁也不愿戴着一顶文化落后的帽子，于是都来抢着举黄帝这面旗。其实，春秋以前的典籍中是没有这类远古世系的记载的。战国末期，融合统一的趋势更加明显了，于是，反映这种融合趋势，收罗各种帝王世系传说最齐备的《世本》也就出现了。（《史记通论·关于各民族都是黄帝的子孙、是兄弟的思想》）

又：这里面尤其应该注意的是，处于当时大汉帝国极端强盛的时刻，司马迁作为地主阶级的士大夫，作为征服者汉武帝的一个史官，他居然也用同样的思想来处理其他民族，以至其他国家的世系问题，这就又有他不可忽视的进步的一面了。例如，他不管汉与匈奴曾经是多么誓不两立的敌人，也不管汉与东越、闽越大小相殊得多么不成比例，也不管这些民族的生活习性、相貌语言有多么巨大的差异，他大胆地采用社会上现有的传说，并郑重地把它们写入历史，说大家都是黄帝的子孙，两千年前是兄弟，其间丝毫不存在任何成分的民族歧视，不存在任何谁贵谁贱的差别。这一点，我们把它和《诗经》所鼓吹的"戎狄是膺，荆蛮是惩"，《左传》所鼓吹的"尊王攘夷"，《公羊》所鼓吹的"内诸夏而外夷狄"比较起来，两者的思想境界是多么不同啊！这是两个时代，两种精神状态的反映。《诗经》《左传》《公羊》等反映了一种以局部为中心，既自尊，又怕别人侵扰，极力想闭关自守的不安心理；而《史记》……则反映了一种以四海为家，胸襟坦荡，既不自卑，又不蔑视别人的平等雄放的气概，这是西汉的时代精神和司马迁进步民族观的综合体现。这种思想有利于多民族国家的统一巩固，是值得称颂的。（同上）

研究综述

《五帝本纪》是《史记》之首篇。司马迁《自序》云"维昔黄帝,法天则地,四圣遵序,各成法度……厥美帝功,万世载之","故著为本纪书首"。在司马迁看来,人类社会的制度建设和文化建设肇始于黄帝为首的五帝时代,并具有了"万世载之"的价值意义。黄帝亦由此被推崇为中华文明的开创者,被崇奉为"人文初祖",世受子孙追怀,代有隆祀相续。可以这样说,无论在中华民族的凝聚形成,还是在其巩固发展的过程中,《五帝本纪》在思想文化上的价值无论怎样褒扬都不为过。但是,由于"年载悠邈,简册阙遗",围绕着《五帝本纪》一直争论颇多。择其要者言之,即有如下诸端:

一、"五帝"之称

"五帝"之称,原本多有歧说,司马迁《五帝本纪》以黄帝为始,其下颛顼、帝喾、唐尧、虞舜绵飑成系。除司马迁所持之说外,另有四说:其一,郑玄注《中候勑省图》引《运斗枢》以轩辕、少昊、高阳、高辛、陶唐、有虞等六人为五帝;其二,郑樵《通志》祖孔安国之说,以少昊、颛顼、帝喾、尧、舜为五帝;其三,《帝王世纪纂要》卷一《五帝纪》以伏羲、神农、黄帝、尧、舜为五帝;其四,梁武帝以黄帝、少昊、颛顼、帝喾、帝尧为五帝(见《资治通鉴外纪》卷一《帝舜》)。五帝之名号,莫衷一是。特别自战国五行之说、五德终始之说起,"天之五帝""巫之五帝""史之五帝"于是"次第起矣",传说不一,更呈纷乱,以至"后世学者不求其始,习于其名,遂若断不可增减者;虽或觉其不通,亦必别为之说以曲合其数,是以各据传注,互相抵牾"(《崔述《补上古考信录》》)。

于今而言,司马迁的说法是最合理的,也是最有据的,因为见之于现存典籍者即有《易传》《礼记》《春秋》《国语》《吕氏春秋》《大戴礼》《白虎通》《风俗通》《世本》等。此外,司马谈、司马迁父子当年所采撷的资料当会更多,《自序》说其"百年之间,天下遗文古事靡不毕集太史公",他又尽心"网罗天下放失旧闻",孙德谦《太史公书义法序》云:"可知本纪、世家迁皆网罗旧闻而各有所本。"这些都向我们传达出《五帝本纪》所述都是有文献依据的。当代学者陈可青考证,"《五帝本纪》基本的史文采自《五帝德》《帝系》《尧典》《舜典》,又从《左传》《国语》《世本》《孟子》《战国策》等书撷取了若干重要的材料,旁及《礼记》《韩非子》《尸子》《庄子》《吕氏春秋》及牒谱之类的记载",从而"形成了大致有系统的帝纪"(《北京师院学报》1979 年第 3 期《读五帝本纪札记》)。郑之洪先生亦持有此观点,认为:"《五帝德》《帝系姓》载于《大戴礼》,《尚书》立于学官,都是当时的权威文献,《五帝本纪》取材于此。但是司马迁却用《春秋》《国语》来印证,又补充《百家》之言和各地传说的故事,经过综合考实,选择可信的材料写入书中。"(《史记文献研究》第七章《〈史记〉义例和司马迁的历史观》)古史辨派的重要人物顾颉刚更是明确地在《中国上古史研究讲义》二〇《五帝德》中指出:"可知这一个五帝系统是从战国到秦、汉一直沿用的。"

其实,异说纷纭是再正常不过的事情。在文字尚未发明的上古时代,先民们只能以口口相传的方式保存和传递他们的历史记忆和文化记忆,在这过程中,必然会注入个人或部族的情感或选择,使其带有想象、虚构、渲染乃至神话的色彩,此歧说所由生也。而且就目前来看,关于五帝的歧说实在也不是太大的问题,数种歧说,所涉及的人物也只是七八位,就如此广阔的地域空间和时间空间来说,也是够"集中"的了。

二、《史记》始于黄帝

《五帝本纪》为《史记》全书之首,纪五帝又以黄帝为始,司马迁对于黄帝以前之事皆付之不闻不问。对于史迁所持,历来争讼不断。大要归为两类:一类是批评史迁只纪五帝而略三皇,如东汉张衡认为"史迁独载五帝,不记三皇,今宜并录"(《后汉书·张衡传》)。唐代司马贞认为:"太史公作《史记》,宜应上自开辟,下迄当代,以为一家之首尾。三皇以还,载籍罕备,然君臣之始,教化之先,即论古史,不合全阙。"另一类则认为三皇之说本不可信,尧、舜以上古史也很可疑,故对《五帝本纪》批评甚为尖锐。如欧阳修云:"以孔子之学上述前世止于尧舜,著其大略而不道其前,迁远出孔子后,而乃上述黄帝以来,又详悉其世次,其不量力而务胜,宜其失之多也!"(《欧阳文公全集》卷四十四《帝王世次图序》)南宋学者黄震亦云:"迁之纪五帝,自谓择言之尤雅者著于篇,其存古之意厚矣。然黄帝杀蚩尤与以云纪官,才一二事,若封禅事已不经,至颛顼、帝喾纪,皆称颂语,非有行事可考。唐虞事虽颇详,皆不过二典所记载。然则孔子定书,断自唐虞,至矣,何求加为?"(《黄氏日钞》卷四十六《史记》)清人崔述也在《补上古考信录》中批评说:"夫《尚书》但始于唐虞,及司马迁作《史记》乃起于黄帝,谯周、皇甫谧又推之以至于伏牺氏,而徐整以后诸家,遂上溯于开辟之初,岂非以其识愈下……世愈后,则其传闻愈繁乎?"

特别是近代以来,随着"疑古"之风的盛行,对于《五帝本纪》的否定与批评愈加激烈。梁启超评价《五帝本纪》时说道:"带有神话性的,纵然伟大,不应作传。譬如黄帝很伟大,但不见得真有其人。太史公作《五帝本纪》,亦作得恍惚迷离。不过说他'生而神明,弱而能言,幼而徇齐,长而敦敏,成而聪明'这些话,很像词章家的点缀堆砌,一点不踏实,其余的传说,资料尽管丰富,但绝对靠不住。纵不抹杀,亦应怀疑。"(《中国历史研究法》)陆懋德也从文献产生与发展的角度,运用史源学原理进行分析,认为:"吾人试取《史记》首篇《五帝本纪》为例……此篇之材料不是得之观察,而是得之传闻……皆非五帝时的同时代的史料。如此,则《五帝本纪》之价值自见。"(《史学方法大纲》)从而以此认定"《五帝本纪》不足为信史"。与上述观点相对,古史辨派的重要人物顾颉刚则对于《五帝本纪》采取了"一分为二"的态度,他虽然认为某些年代上的不确定性影响了"好些黄帝记载"的可信度,但也不得不盛推司马迁"辨伪的眼光",他指出:"司马迁生于战国百家寓言之后,帝王能舍伏羲、神农、燧人、有巢,名人能舍许由、务光、列御寇,确不容易。辨伪史中当列一席。"(《顾颉刚学术文化随笔·〈史记〉〈汉书〉取舍之异》)并在《战国秦汉间人的造伪和辨伪》中说:"最有辨伪的眼光,且已把战国的伪史作一番大淘汰的工作的是司马迁。"从而肯定了司马迁于杂乱混沌的史料中理出头绪,建立起清晰的历史系统的伟大贡献。

司马迁之所以将《五帝本纪》始于黄帝,是因为他认为只有到了黄帝,才算进入了文明之域。他说"夫神农以前,吾不知已",司马迁同时代的大作家司马相如也曾慨叹"轩辕之前,遐哉邈乎,其详不可得闻已"。即如司马贞的《三皇本纪》,伏羲、女娲,都是"蛇身人首",连神农氏也是"人身牛首",尚没有摆脱神话的色彩,皇甫谧《帝王世纪》亦谓"庖牺氏蛇身人首"。东汉武梁祠石室画像,伏羲也是这般模样。对于司马迁而言,要将《史记》写为一部"通古今之变"的信史,自然不愿把未曾考信的神话人物当作正史的开端,自然就不写三皇本纪。因此,司马迁参酌古今,慎于去取,煞费苦心,不仅"厥协《六经》异传,整齐百家杂语",而且还踏遍祖国大地,穷搜博访,经过实地考察,才建成自己特有的体系,成一家之言,将其作为《史记》的开端,明确地肯定了黄帝其人的存在及其在历史上的不可移易的地位。

三、五帝之世系

司马迁参斟古今,《五帝本纪》以黄帝为始,且考评出历代帝王皆黄帝之子孙,依《五帝本纪》而言,黄帝为先祖,颛顼为其孙,帝喾为曾孙,尧帝为四世孙,舜帝为七世孙。这就是说,四帝皆以黄帝为始祖。不仅如此,其后的夏、商、周、秦亦莫不皆然。甚至连汉高祖刘邦亦能找到"汉承尧运"的根据,仍然与黄帝的血统连在一起。

不过,这条血缘纽带曾遭到后人的非议,如宋代欧阳修就在《帝王世次图序》中说:"迁所作《本纪》,出于《大戴礼》《世本》诸书。今依其说,图而考之:尧、舜、夏、商、周,皆出于黄帝。尧之崩也,下传其四世孙舜;舜之崩也,复上传其四世祖禹;而舜、禹皆寿百岁。稷、契于高辛为子,乃同父异母之兄弟,而以世次而下之,汤与王季同世。汤下传十六世为纣,王季下传一世为文王,二世为武王,是文王以十五世祖臣事十五世孙,而武王以十四世祖伐十四世孙而代之,岂不谬哉!"其后许多学者也纷纷就《五帝本纪》所列之世次加以否定与批评，如黄震《黄氏日钞》卷四十六说道："若禹后于舜者也，谓皆黄帝子孙，舜去帝七世，而禹反四世。又舜帝族也，而侧微至此，皆事之不可晓者。"郝敬《史汉愚按》卷一："自黄帝至舜、禹皆同姓，而《礼记》云：虞氏禘黄帝、郊喾、祖颛顼、宗尧。《世本》谓尧为黄帝曾孙，舜为黄帝八代孙。果尔，尧二女与舜曾祖为四从兄弟，岂可以妻舜？禹父曰鲧，鲧父曰帝颛顼，禹者黄帝玄孙，帝颛顼之曾孙也，岂黄帝至禹才四代，至舜反八代乎？《本纪》于此曾无一语驳正。至班固《律历志》又谓禹父鲧，为颛顼五世孙，总之传疑。而迁史尤愦愦，疏略抵牾，勿怪乎班氏讥之也。"杨慎《史记题评》卷四也说："按太史公书契至汤十三世，后稷至文王十四世，夫稷、契同时，而其子孙传世之长短可疑也。契至汤四百余年，而传世十三是也，稷至文王一千一百年，而传世止十四，有是理乎？凡史传所纪世次，皆不可信。"

诚然，若细加推敲，确有龃龉之处。正因为如此，《五帝本纪》世系及所用史料的争论向来都是《五帝本纪》研究中最热闹的话题，从而也引发了无数学者严肃而艰苦的考证、辨析以及对司马迁的肯定。那么，司马迁的用意何在？《史记集说·总论》引林駉曰："尝考迁史之《表》矣，《三代世家》所以观百世本支。考黄帝之初，先列谱系，以祖宗为经，以子孙为纬，则五帝三王，皆出于黄帝，此帝王授受之正统可见也……皆为当世而发。""皆为当世而发"一语，可谓从一个侧面道出了司马迁撰写《五帝本纪》的苦心与深意。

四、《五帝本纪》之深意

《五帝本纪》为《史记》开篇之作，司马迁用了"好学深思，心知其意"来概括本篇的宗旨，司马迁《自序》亦云"《诗》《书》隐约者，欲遂其志之思也"，因此，《五帝本纪》自然蕴含了司马迁的历史价值认知和价值判断，诚如韩兆琦先生所言，"(《五帝本纪》)也表达了他的述史主旨和贯穿全书的主要几个方面的思想，因而具有总序的性质"(《史记题评·五帝本纪》)。那么，《五帝本纪》的述史主旨及其深意何在？

第一，正血统，明种族。罗泌在《论史不纪少昊》中云："窃观《太史公记》首黄帝者，特因于《世本》若《大戴礼·帝系、五帝德》，盖纪其世而非主于三与五之说也；抑以为后世氏姓无不出于黄帝者，故首而宗之。"李景星《史记评议·五帝本纪》亦言："孔子删《书》，断自二典，详政治也。太史公史，始于五帝，重种族也。盖五帝始于黄帝，为我国种族之所自出。黄帝之子二十五人，后世或居中国，或居夷狄。"对于此点，历代学者论述颇多，如王充《论衡·案书》云："《三代世表》言五帝三王，皆黄帝子孙，自黄帝转相生，不更禀气于天。"班固《汉书·司马迁传》赞云："又有《世本》录黄帝以来至春秋时，帝王公侯卿大夫祖世所出。"苏辙《古史》

云:"至司马迁纪五帝,首黄帝,遗牺、农而绌少昊,以为帝皇皆出于黄帝,盖纪其世,非纪其事也。"汪越《读史记十表》云:"《三代世表》以黄帝为主,明诸帝三代乃至诸侯皆黄帝后裔。"日本学者岛田重礼也说"子长记五(黄)帝,乃所以著尧舜所自出"(见《史记会注考证·五帝本纪》)。当代周先民先生在《尽善尽美的理想帝王——读〈史记·五帝本纪〉》一文中认为:"自种族传承角度观之,颛顼、喾、尧、舜均为黄帝后代自不必说,其后的夏、商、周、秦无一不与黄帝有着割不断的血源联系。"并由此引申出《五帝本纪》在我国民族史上的重要意义,即"中华民族的繁衍、传承、发展、壮大的历史过程一目了然了。尽管这其中按现代科学的眼光,还存在着种种漏洞或疑问,但是,太史公尽其可能地用大而化之的方法,精心归纳出的发展脉络,却显示出清晰的系统性,使中华民族的后来者通过《五帝本纪》,明明白白地寻到了自己的根而有了温暖的归宿"。

此外,部分学者认为司马迁不仅把黄帝尊为历代帝王之祖,而且为民族的大融合提供了理论根据,认为司马迁打破了传统的夷夏之防,从而发展了大一统的学说。李景星《史记评议·五帝本纪》言:"黄帝之子二十五人,后世或居中国,或居夷狄。"司马迁认为汉民族与周边民族都是兄弟关系,有许多民族,诸如吴、越、楚等与中原汉民族本来就是同根共祖的炎黄子孙。当代韩兆琦先生亦言:"中华民族自血统而论,都是同一祖先的后裔;就历史文化而论,都是在此基础上发展进步的。"自司马迁把我国不同地域的民族都视作黄帝的后裔而载入史册,黄帝就成了中华民族的始祖,从而产生了巨大的凝聚力,至今仍为团结和统一的象征,深深地根植于中国人的心中,就这一价值而言,值得我们无限感怀与褒扬。

第二,崇尚德治,树立帝王典范。在《五帝本纪》中,对五帝之德的记述和推崇,也是司马迁重要的着眼点及目的。他为了"厥美帝功,万世载之",而作《五帝本纪》。司马迁笔下的黄帝,三战而平定天下,指导和鼓励人民"劳动心力耳目,节用水火材物",通过创造物质财富和节用来解决初民们的生存问题。可以说,黄帝既是开天辟地创立政权的圣者,又是巩固和建设政权的伟人。自此之后,四位帝王步步相继,艰苦创业,凝聚起中华民族,创造了灿烂辉煌的上古文明。对此,宋代李昉在《黄帝庙碑序》中评论道:"黄帝于是神聪明之德,振威武之气……始以兵法治其乱,次以帝道柔其心……少昊颛顼,嗣其瑞云之德而宇宙清;唐尧虞舜,法其重衣之道而域中化。天生斯民,树之司牧;为司牧者,能以黄帝修身理国之道,以御今之世。"关于黄帝的修身理国之道,亦成为后世君主的治国之道。钱穆先生在《黄帝》一文中云:"捍御外辱,平定祸乱,要靠武功。稳定基础,凝固国家,要靠文治,两者缺一不可。"杨燕起、闫崇东《史记精华导读》:"黄帝的成功是依靠修德……黄帝时最初国家政权的建立归之于'德',以后世系传递的禅让亦依以'德',五帝尤其是尧舜都具有高尚的德性。文篇的最后提出了'以章明德'连起以后诸篇。司马迁是将五帝的治理归结到儒家理想的德治,以表示中国历史开始时的事势发展。"周先民先生认为五位帝王是"五位一体、步步相继的关系","五帝们既有先天的卓异资质,又有无私奉献的崇高品德;既意识到民心重要,因而处处为民谋利,又富于开拓意识,不断创造革新,称之为尽善尽美,是名副其实的"。并进一步揭示,"《五帝本纪》刻意创造五帝这一组尽善尽美的理想帝王的伟大形象,刻意突出这一群像的四个基本特征,是蕴含着极为深刻的示例意义的:它树立了一个理想君王的最高标准,为评价后代帝王的善恶美丑、功过是非提供了一面历史之镜,实际上司马迁对历代帝王的历史评价也就寄寓在对五帝基本特征的揭示与赞扬里了"。概括而言,《五帝本纪》塑造的一系列帝王形象,乃是司马迁理想中封建帝王的典范,而且意欲将其推远成为万世传承的圣君榜样。

第三,规谏武帝。黄中坚《蓄斋集》卷十《书〈史记〉后》言:"盖子长作《史记》,直欲上继春秋,其所进退具有褒贬之意存焉。"清人李邺嗣《杲堂文钞》亦云:"盖《黄帝本纪》,实太史公之谏书也。"程馀庆《史记集说·总论》引李清臣的话说:"司马迁作《史记》大抵讥武帝所短为多,故其用意远。"关于此点,历代学者大多认为是史迁对汉武帝好长生、信方士以求长生不老荒诞思想的讽刺规谏。如明柯维骐《史记考要》云:"诸史所载,谓黄帝采铜铸鼎,鼎成,帝崩。亦谓鼎成,骑龙升天,盖本方士之说。汉武帝叹曰:'吾诚得如黄帝,视弃妻子如脱屣耳。'太史公纪之《封禅书》以见汉武之惑。此云崩且葬,所以祛后世之惑也。""以祛后世之惑",可谓史迁之良苦用心。之后清末学者薛士学亦承此说,认为"盖子长之慨然怀古,而首称黄帝,正为汉武辨其怪诞荒唐之无足信也,如此则方士神仙之言绌矣……方士托言黄帝,以为是天子而圣人者也,以圣人天子而终之铸鼎以作神仙,此真汉武之所甘心矣。史迁盖曰,以臣所闻古黄帝何尝若此,而朝廷方惑于其说,又不能执书策所当考信者而力争之,则《史记》之首称黄帝,故阙三皇也。鄞人李邺嗣以为太史公之谏书得其指矣。则夫孝武晚年之悔所云天下岂有神仙者,安知不从读史中来,而子长忠爱之思有以讽之乎。"由此而言,史迁对于武帝规谏讽刺之意清晰可见。因此,司马迁在《五帝本纪》中,是把黄帝当作一个活生生的人来记叙的,既娶妻,又生子,一个"黄帝崩,葬桥山",就横扫了有关黄帝成仙登天的一切迷信,与《封禅书》对武帝的愚蠢言行的揭露,异曲同工,相得益彰。

除上述几点之外,亦有学者从司马迁政治理想的角度对《五帝本纪》的深意展开论述,认为《五帝本纪》的写作深受《春秋》的影响。如陈遇夫《史见》卷二《离著》言:"子长作史……其上溯黄帝者何?周室东迁,政教不行,故孔子修鲁史,明王法,志在义不在事,事则《尚书》《雅》《颂》,与列国史官载之,未尝亡也。自战国迄秦,而后大乱,方策无存,存者亦散失论舛,迁不论次,则后无所考矣。故始黄帝也。"认为司马迁创作《史记》的核心思想即是传承孔子系统的政治思想、人伦道德体系。此外,韩兆琦、张大可等先生也从大一统、明制度、明人事、明义例等角度对《五帝本纪》的深义及其主旨进行了阐述。

综上所述,《五帝本纪》为《史记》开篇之作,乃司马迁"好学深思"之作,从诸多角度来看,《五帝本纪》都具有重大的意义。历来,《史记》的研究者们对本篇着力加以研究,但是其中所包含的"隐约之志",及其所蕴含的历史认知和价值判断,仍然需要我们从多方面不断地深入挖掘,才能更好地把握《五帝本纪》的深刻用意。

吕新峰

于 2017 年 2 月

引用文献及资料
（按姓氏笔画及朝代先后排序）

书　籍

二画

［清］丁瀚修，张永清等纂.（嘉庆）续修中部县志［M］.中国地方志集成·陕西府县志辑第 49 册. 南京：凤凰出版社，2007.

三画

［战国］尸佼. 尸子［M］. 平津馆丛书. 南京，凤凰出版社，2010.

［汉］马融、郑玄注，［宋］王应麟撰集，［清］孙星衍补集. 古文尚书［M］. 北京：中华书局，1991.

［元］马端临. 文献通考［M］. 万有书库十通影印本. 上海：商务印书馆，1936.

［清］马骕撰，王利器整理. 绎史［M］. 北京：中华书局，2002.

［清］万光泰纂. 魏氏补证［M］. 北京：中华书局，1985.

马汝邺. 晦珠馆文稿［M］. 1927 年上海排印本.

于右任. 黄帝功德纪［M］. 西安：陕西人民出版社，1987.

马持盈. 史记今注［M］. 台北：台湾商务印馆 1979.

［日］川合康三著，蔡毅译. 中国的自传文学［M］. 北京：中央编译出版社，1999.

四画

［秦］孔鲋. 孔丛子［M］. 丛书集成初编影印明刻子汇本. 上海：商务印书馆，1936.

［汉］孔安国传，［唐］陆德明音义. 尚书［M］. 四部丛刊初编景宋本，1919.

［汉］王充. 论衡［M］. 上海：上海人民出版社，1974.

［汉］王符撰，［清］汪继培笺. 潜夫论［M］. 上海：商务印书馆，1937.

［魏］王肃. 孔子家语［M］. 四部丛刊初编缩印明覆宋刊本. 上海：商务印书馆，1940.

［吴］韦昭注，明洁辑评. 国语［M］. 上海：上海古籍出版社，2008.

［唐］孔颖达疏. 尚书注疏［M］. 四部备要第003册. 上海：中华书局，1936.

［唐］王瓘. 广黄帝本行记［M］. 丛书集成初编影印本. 北京：中华书局，1991.

［宋］王钦若等. 册府元龟［M］. 北京：中华书局，1960.

［宋］方勺撰，许沛藻、杨立扬点校. 泊宅编［M］. 历代史料笔记丛刊. 北京：中华书局，1983.

［宋］邓名世撰，［清］钱熙祚撰校勘记. 古今姓氏书辨证［M］. 丛书集成初编据守山阁丛书排印本. 上海：商务印书馆，1936.

［宋］王十朋撰，［宋］周世则注，［宋］史铸增注. 会稽三赋［M］. 北京：中华书局，1991.

［宋］毛晃. 禹贡指南［M］. 北京：中华书局，1985.

［宋］王应麟. 通鉴地理通释［M］. 丛书集成初编影印津逮秘书本. 上海：商务印书馆，1936.

［金］王若虚. 滹南遗老集［M］. 上海：商务印书馆，1937.

［元］方回. 续古今考［M］. 文渊阁四库全书影印本. 上海：上海古籍出版社，2003.

［元］王恽. 玉堂嘉话［M］. 文渊阁四库全书影印本. 上海：上海古籍出版社，2003.

［元］王恽. 秋涧集［M］. 钦定四库全书荟要影印本. 长春：吉林出版集团，2005.

［元］王充耘. 书义主意［M］. 丛书集成初编影印本. 北京：中华书局，1985.

［明］王鏊. 震泽长语［M］. 丛书集成初编影印本. 北京：中华书局，1985.

［明］王圻. 稗史汇编［M］. 北京：北京出版社，1993.

［明］王圻、王思义. 三才图会［M］. 影印明万历校正本. 上海：上海古籍出版社，1988.

［清］王夫之. 尚书稗疏［M］. 清文渊阁四库全书本，台北故宫博物院藏本.

［清］王夫之. 尚书引义［M］. 北京：中华书局，1976.

［清］毛奇龄. 舜典补亡［M］. 北京：中华书局，1985.

［清］方中履. 古今释疑［M］. 汗青阁藏板影印本. 扬州：广陵古籍刻印社，1988.

［清］方苞. 史记注补正［M］. 丛书集成初编影印本. 北京：中华书局，1991.

［清］王士俊.（雍正）河南通志［M］. 文渊阁四库全书影印本. 上海：上海古籍出版社, 2003.

［清］牛运震撰, 魏耕原、张亚玲整理点校. 史记评注［M］. 西安：三秦出版社, 2011.

［清］王鸣盛撰, 黄曙辉点校. 十七史商榷［M］. 上海：上海古籍出版社, 2013.

［清］王轩. 顾斋遗集［M］. 山右丛书初编. 上海：上海古籍出版社, 2014.

［清］王先谦补注. 汉书补注［M］. 上海：上海古籍出版社, 2003.

［清］王先谦. 荀子集解［M］. 北京：中华书局, 1954.

王叔岷. 史记斠证［M］. 北京：中华书局, 2007.

王世舜. 尚书译注［M］. 成都：四川人民出版社, 1982.

王玉德、姚伟钧. 新时期中国史研究争鸣集［M］. 武汉：华中师范大学出版社, 1988.

王利器主编. 史记注译［M］. 西安：三秦出版社, 1988.

王恢. 史记本纪地理图考［M］. 台北：国立编译馆, 1990.

王锦贵. 中国纪传体文献研究［M］. 北京：北京大学出版社, 1996.

五画

［春秋］左丘明. 国语［M］. 上海：上海书店, 1987.

［汉］东方朔. 神异经［M］. 北京：中华书局, 1991.

［汉］司马迁撰,［南朝宋］裴骃集解,［唐］司马贞索隐,［唐］张守节正义. 史记［M］. 光绪癸卯五洲同文局石印殿本.

［汉］司马迁撰,［南朝宋］裴骃集解,［唐］司马贞索隐,［唐］张守节正义. 史记［M］. 北京：中华书局, 1959.

［汉］司马迁撰,［南朝宋］裴骃集解,［唐］司马贞索隐,［唐］张守节正义. 史记（点校本二十四史修订本）［M］. 北京：中华书局, 2013.

［北魏］卢辩注,［清］孔广森补. 大戴礼记补注［M］. 北京：中华书局, 1985.

［唐］皮日休著, 萧涤非、郑庆笃整理. 皮子文薮［M］. 上海：上海古籍出版社, 1981.

［宋］乐史撰, 王文楚等点校. 太平寰宇记［M］. 北京：中华书局, 2007.

［宋］司马光. 司马文正公传家集［M］. 文渊阁四库全书影印本. 上海：上海古籍出版社, 2003.

［宋］史浩. 尚书讲义［M］. 文渊阁四库全书影印本. 上海：上海古籍出版社, 2003.

［宋］叶适. 习学记言序目［M］. 北京：中华书局，1977.

［明］叶子奇. 草木子［M］. 元明史料笔记丛刊. 北京：中华书局，1959.

［明］田艺蘅. 留青日札［M］. 瓜蒂庵藏明清掌故丛刊. 上海：上海古籍出版社，1985.

［明］艾南英辑. 禹贡图注［M］. 丛书集成初编影印学海类编本. 上海：商务印书馆，1936.

［清］平浩. 管窥［M］. 抄本.

［清］皮锡瑞撰，盛冬铃、陈抗点校. 今文尚书考证［M］. 北京：中华书局，1989.

田昌五. 华夏文明的起源［M］. 北京：新华出版社，1993.

田昌五主编. 华夏文明（第1集）［M］. 北京：北京大学出版社，1987.

六画

［战国］庄子撰，孙通海译注. 庄子［M］. 北京：中华书局，2009.

［秦］吕不韦撰，［汉］高诱注，［清］毕沅校. 吕氏春秋［M］. 上海：上海古籍出版社，2014.

［汉］伏生撰，［汉］郑玄注，［清］卢文弨辑校. 尚书大传［M］. 湖北：崇文书局，光绪三年刊本.

［汉］扬雄著，张震泽校注. 扬雄集校注［M］. 上海：上海古籍出版社，1993.

［汉］刘安著，［汉］许慎注，陈广忠校点. 淮南子［M］. 上海：上海古籍出版社，2016.

［汉］刘向著，［清］杨以漋校. 说苑［M］. 北京：中华书局，1985.

［唐］刘知幾撰，黄寿成校点. 史通［M］. 沈阳：辽宁教育出版社，1997.

［唐］刘知幾撰，［清］浦起龙释. 史通通释［M］. 上海：上海古籍出版社，1978.

［宋］刘恕. 资治通鉴外纪［M］. 四部丛刊初编缩印明刊本. 上海：商务印书馆，1929.

［宋］江少虞. 宋朝事实类苑（点校本）［M］. 上海：上海古籍出版社，1981.

［宋］朱熹. 四书集注［M］. 北京：中华书局，1957.

［元］许谦. 读书丛说［M］. 丛书集成初编影印本. 北京：中华书局，1985.

［明］吕柟. 尚书说要［M］. 丛书集成初编影印本. 北京：中华书局，1991.

［明］庄元臣. 叔苴子内外编［M］. 丛书集成初编影印本. 北京：中华书局，1985.

［明］朱之蕃. 百大家评注史记［M］. 西安：陕西师范大学出版社，2016.

［明］孙能传辑. 剡溪漫笔［M］. 北京：中国书店，1987.

［清］朱彝尊撰，［清］朱昆田补遗，［清］于敏中等编纂. 日下旧闻考［M］. 北京：北京古籍出版社，1985.

［清］孙兰. 柳庭舆地隅说［M］. 清光绪十一年蛰园丛刻本.

［清］刘於义修，［清］沈青崖纂.（雍正）陕西通志［M］. 文渊阁四库全书影印本. 上海：上海古籍出版社，2003.

［清］齐召南编，［清］阮亨校. 历代帝王年表［M］. 丛书集成初编影印本. 北京：中华书局，1985.

［清］刘绍攽. 九畹古文［M］. 清代诗文集汇编 304. 上海：上海古籍出版社，2010.

［清］孙之騄. 考定竹书［M］. 清雍正刻本.

［清］毕沅撰，张沛校点. 关中胜迹图志［M］. 西安：三秦出版社，2004.

［清］孙星衍撰，陈抗、盛冬铃点校. 尚书今古文注疏［M］. 北京：中华书局，1986.

［清］阮元. 诗书古训［M］. 丛书集成初编影印本. 北京：中华书局，1985.

［清］阮元. 畴人传［M］. 国学基本丛书. 上海：商务印书馆，1935.

［清］过珙. 古文评注全集［M］. 上海：会文堂新记书局，1932.

［清］朱士端. 强识编［M］. 清同治元年刻本.

［清］刘文淇撰，中国科学院历史研究所第一、二所资料室整理. 春秋左氏传旧注疏证［M］. 北京：科学出版社，1959.

［清］刘宝楠. 论语正义［M］. 北京：中华书局，1957.

［清］朱右曾辑，王国维校补，黄永年校点. 古本竹书纪年辑校［M］. 古本竹书纪年辑校·今本竹书纪年疏证. 沈阳：辽宁教育出版社，1997.

［清］成蓉镜. 推步迪蒙记［M］. 南菁书院丛书. 清光绪十四年江阴刊本.

［清］乔松年. 萝藦亭札记［M］. 山右丛书·初编（五）. 上海：上海古籍出版社，2014.

［清］孙诒让. 墨子间诂［M］. 北京：中华书局，1954.

刘玉玑等修，张其昌等纂，临汾市尧都区方志编委会整理.（民国）临汾县志［M］. 北京：方志出版社，2016.

刘咸炘著，黄曙辉编校. 刘咸炘学术论集·史学编［M］. 桂林：广西师范大学出版社，2007.

吕思勉. 经子解题［M］. 上海：商务印书馆，1929.

吕思勉、童书业编著. 古史辨（第7册）［M］. 上海：上海书店，1941.

吕思勉. 史学四种［M］. 上海：上海人民出版社，1981.

吕思勉. 论学集林［M］. 上海：上海教育出版社，1987.

吕思勉. 先秦史［M］. 上海：上海古籍出版社，2005.

刘坦. 史记纪年考［M］. 上海：商务印书馆，1937.

齐思和. 中国史探研［M］. 北京：中华书局，1981.

许顺湛. 中原远古文化［M］. 郑州：河南人民出版社，1983.

朱绍侯. 中国古代史研究入门［M］. 郑州：河南人民出版社，1989.

曲英杰. 先秦都城复原研究［M］. 哈尔滨：黑龙江人民出版社，1991.

曲辰. 轩辕黄帝史迹之谜［M］. 北京：中国社会科学出版社，1992.

安平秋、杨福平主编. 史记论丛（第三集）逐鹿中原［M］. 西安：陕西人民教育出版社，2006.

七画

［先秦］佚名撰，［晋］孔晁注. 逸周书［M］. 丛书集成初编影印抱经堂丛书本. 上海：商务印书馆，1937.

［汉］陆贾著，王利器撰. 新语校注［M］. 北京：中华书局，1986.

［汉］应邵撰，吴树平校释. 风俗通义校释［M］. 天津人民出版社，1980.

［汉］应劭纂，［清］张澍编辑补注. 风俗通姓氏篇（外二种）［M］. 丛书集成初编据二酉堂丛书排印本. 上海：商务印书馆，1937.

［汉］宋衷注，［清］秦嘉谟等辑. 世本八种［M］. 上海：商务印书馆，1957.

［晋］杜预注，［唐］孔颖达疏. 春秋左传正义［M］. 上海：上海古籍出版社，1990.

［晋］杜预注，［唐］陆德明音义. 春秋经传集解［M］. 四部丛刊景宋本. 上海：商务印书馆，1912.

［梁］沈约注，［清］洪颐煊校. 竹书纪年［M］. 万有文库. 上海：商务印书馆，1937.

［唐］李世民. 帝范［M］. 北京：中华书局，1985.

［唐］李延寿. 北史［M］. 北京：中华书局，1974.

［唐］杜佑撰，王文锦等点校. 通典［M］. 北京：中华书局，1988.

［宋］李昉等. 太平御览［M］. 北京：中华书局，1960.

［宋］邵思. 姓解［M］. 丛书集成初编影印古逸丛书本. 上海：商务印书馆，1935.

［宋］张方平. 乐全集［M］. 文渊阁四库全书影印本. 上海：上海古籍出版社，2003.

［宋］苏轼. 东坡志林［M］. 丛书集成初编影印本. 上海：商务印书馆，1939.

［宋］苏轼. 东坡书传［M］. 丛书集成初编影印本. 北京：中华书局，1991.

［宋］苏辙撰，舒大刚等点校. 古史［M］. 巴蜀全书. 成都：四川大学出版社，2016.

［宋］佚名. 历代名贤确论［M］. 文渊阁四库全书影印本. 上海：上海古籍出版社，2003.

［宋］杨时. 龟山集［M］. 文渊阁四库全书影印本. 上海：上海古籍出版社，2003.

［宋］陈傅良. 历代兵制［M］. 文渊阁四库全书影印本. 上海：上海古籍出版社，2003.

［宋］时澜修定. 增修东莱书说［M］. 丛书集成初编据金华丛书本排印. 上海：商务印书馆，1936.

［宋］陈经. 尚书详解［M］. 丛书集成初编影印本. 北京：中华书局，1985.

［宋］佚名. 轩辕黄帝传［M］. 清平津馆丛书本.

［元］李治. 敬斋古今黈［M］. 北京：商务印书馆，1995.

［元］孛兰肹等撰，赵万里校辑. 元一统志［M］. 北京：中华书局，1966.

［明］张泰编辑，［明］刘锦文编选. 群英书义［M］. 丛书集成初编. 上海：商务印书馆，1936.

［明］陈士元. 论语类考［M］. 丛书集成初编影印本. 北京：中华书局，1991.

［明］陈士元. 孟子杂记［M］. 丛书集成初编影印本. 北京：中华书局，1985.

［明］张萱. 疑耀［M］. 北京：中华书局，1985.

［明］杨一奇辑，［明］陈简补辑. 史谈补［M］. 明万历二十五年刻本.

［明］张大龄. 玄羽外编［M］. 明万历三十九年张养正刻本.

［明］张一卿. 续史疑［M］. 丛书集成初编影印本. 北京：中华书局，1991.

［明］陈泰交. 尚书注考［M］. 丛书集成初编影印本. 北京：中华书局，1985.

［明］李长卿. 松霞馆赘言［M］. 明崇祯刻本.

［清］张履祥. 杨园先生全集［M］. 北京：中华书局，2014.

［清］张尔岐. 蒿庵闲话［M］. 上海：进步书局，民国.

［清］吴见思、李景星著，陆永品点校. 史记论文 史记评议［M］. 上海：上海古籍出版社，2008.

［清］沈自南. 艺林汇考［M］. 文渊阁四库全书影印本. 上海：上海古籍出版

社，2003.

［清］张英. 书经衷论［M］. 文渊阁四库全书影印本. 上海：上海古籍出版社，2003.

［清］李光地. 尚书七篇解义［M］. 文渊阁四库全书影印本. 上海：上海古籍出版社，2003.

［清］李邺嗣. 杲堂文钞［M］. 清康熙刻本.

［清］陈遇夫. 史见［M］. 丛书集成初编. 上海：商务印书馆，1936.

［清］言如泗修，［清］吕滽、郑必阳纂. （乾隆）解州安邑县志［M］. 清乾隆二十八年刊本.

［清］何琇. 樵香小记［M］. 四库笔记小说丛书. 上海：上海古籍出版社，1992.

［清］杨峒. 书岩賸稿［M］. 北京：中华书局，1985.

［清］严可均. 全晋文［M］. 北京：商务印书馆，1999.

［清］李文耕. 孝弟录［M］. 云南丛书. 民国翻刻嘉庆十九年本.

［清］李元春. 诸史间论［M］. 清道光十八年张文宝刻桐阁全书本.

［清］张澍. 蜀典［M］. 清道光武威张氏安怀堂刻本.

［清］张文虎. 校刊史记集解索隐正义札记［M］. 北京：中华书局，1977.

［清］陈立撰，吴则虞点校. 白虎通疏证［M］. 北京：中华书局，1994.

［清］李元度撰，王澧华点校. 天岳山馆文钞、诗存［M］. 长沙：岳麓书社，2009.

［清］李元度修纂，王香余、欧阳谦增补，王香余续增，刘建平校点. 南岳志［M］. 长沙：岳麓书社，2013.

［清］李慈铭著，由云龙辑. 越缦堂读书记［M］. 北京：商务印书馆，1959.

［清］吴汝纶. 点勘史记读本［M］. 都门书局，1915.

［清］汪之昌. 青学斋集［M］. 清代诗文集汇编，第 734 册. 北京：中国书店，1981.

［清］佚名. 古史辑要［M］. 丛书集成初编据海山仙馆丛书本排印. 上海：商务印书馆，1937.

［清］余诚编，吕莺校注. 古文释义［M］. 北京：北京古籍出版社，1998.

［清］李景星著，韩兆琦、俞樟华校点. 史记评议［M］. 四史评议. 长沙：岳麓书社，1986.

吴曾祺编. 涵芬楼古今文钞［M］. 上海：商务印书馆，1910.

张元际纂修. 兴平县乡土志［M］. 台湾：成文出版社，1969.

陆懋德. 史学方法大纲［M］. 民国丛书（第三编）. 上海：上海书店，1991.

陈登原. 国史旧闻（全四册）[M]. 北京：中华书局，2000.

严一萍斠订. 史记会注考证斠订 [M]. 台北：艺文印书馆，1976.

陈直. 史记新证 [M]. 北京：中华书局，2006.

张舜徽. 史学三书评议 [M]. 武汉：华中师范大学出版社，2005.

李长之. 司马迁之人格与风格 [M]. 北京：生活·读书·新知三联书店，1984.

陈奇猷. 吕氏春秋校释 [M]. 上海：学林出版社，1984.

张习孔、田珏主编，朱学西等编著. 中国历史大事编年（第一卷）远古至东汉 [M]. 北京：北京出版社，1986.

李民、杨择令等. 古本竹书纪年译注 [M]. 郑州：中州古籍出版社，1990.

张家英. 《史记》十二本纪疑诂 [M]. 哈尔滨：黑龙江教育出版社，1977.

张大可. 史记文献研究 [M]. 北京：民族出版社，1999.

何炳武主编. 陕西省志·黄帝陵志 [M]. 西安：陕西人民出版社，2005.

杜维运. 中国史学与世界史学 [M]. 台北：三民书局股份有限公司，2008.

八画

[周] 庚桑楚著，[唐] 王士元补亡. 亢仓子（补印本）[M]. 丛书集成初编. 上海：商务印书馆，1939.

[汉] 郑玄注，[唐] 陆德明音义. 礼记 [M]. 四部丛刊景宋本.

[汉] 郑玄注，[唐] 孔颖达等正义. 礼记正义 [M]. 十三经注疏. 上海：上海古籍出版社，1990.

[汉] 郑玄注，[宋] 王应麟辑，[清] 孔广林增订. 尚书郑注 [M]. 丛书集成初编. 上海：商务印书馆，1937.

[汉] 郑玄注，王闿运补注. 尚书大传 [M]. 万有文库第二集. 上海：商务印书馆，1937.

[汉] 郑玄著，[清] 陈鳣辑. 六艺论 [M]. 丛书集成初编影印本. 北京：中华书局，1985.

[南朝宋] 范晔撰，[唐] 李贤等注. 后汉书 [M]. 北京：中华书局，1965.

[唐] 房玄龄等. 晋书 [M]. 北京：中华书局，1974.

[唐] 欧阳询撰，汪绍楹校. 艺文类聚 [M]. 北京：中华书局，1965.

[宋] 范浚. 香溪集 [M]. 丛书集成初编影印本. 北京：中华书局，1985.

[宋] 郑樵. 通志 [M]. 万有文库十通影印本. 上海：商务印书馆，1936.

[宋] 郑伯熊. 郑敷文书说 [M]. 丛书集成初编影印本. 北京：中华书局，1991.

[宋] 罗泌撰，[宋] 罗苹注. 路史 [M]. 文渊阁四库全书影印本. 上海：上海古

籍出版社，2003.

［宋］罗璧. 罗氏识遗［M］. 学海类编. 影印清道光六安晁氏木活字本. 上海：涵芬楼，1920.

［元］金履祥. 御批通鉴纲目前编［M］. 钦定四库全书荟要摛藻堂影印本. 长春：吉林出版集团，2005.

［元］金履祥. 书经注［M］. 清十万卷楼丛书. 清光绪归安陆氏校刊本.

［明］周祈. 名义考［M］. 四库笔记小说丛书影印合刊本. 上海：上海古籍出版社，1992.

［清］林云铭. 足本古文析义合编［M］. 上海锦章图书局，1922.

［清］郑元庆. 石柱记笺释［M］. 丛书集成初编影印本. 北京：中华书局，1985.

［清］和珅等. 大清一统志［M］. 文渊阁四库全书影印本. 上海：上海古籍出版社，2003.

［清］杭世骏著，蔡锦芳、唐辰点校. 杭世骏集［M］. 杭州：浙江古籍出版社，2015.

［清］知新子. 历代史事论海［M］. 清光绪二十八年（1902）石印本.

［日］泷川资言考证，［日］水泽利忠校补. 史记会注考证附校补［M］. 上海：上海古籍出版社，1985.

［日］泷川资言考证，杨海峥整理. 史记会注考证［M］. 上海：上海古籍出版社，2015.

金毓黻. 中国史学史［M］. 北京：商务印书馆，1999.

茅盾. 中国神话研究初探［M］. 上海：上海古籍出版社，2011.

金景芳、吕绍纲. 《尚书·虞夏书》新解［M］. 沈阳：辽宁古籍出版社，1996.

郑之洪. 史记文献研究［M］. 成都：巴蜀书社，1997.

《周秦文化研究》编委会编. 周秦文化研究［M］. 西安：陕西人民出版社，1998.

周振甫. 《史记》集评［M］. 重庆：重庆大学出版社，2010.

九画

［汉］赵晔撰，［明］吴琯校. 吴越春秋［M］. 上海：商务印书馆，1937.

［汉］荀悦撰，张烈点校. 两汉纪［M］. 北京：中华书局，2002.

［后魏］郦道元. 水经注［M］. 四部丛刊初编缩印武英殿聚珍版本. 上海：商务印书馆，1929.

［宋］姚铉. 唐文粹［M］. 上海：上海古籍出版社，1994.

［宋］洪兴祖撰. 楚辞补注［M］. 北京：中华书局，1983.

［宋］胡寅撰，融肇祖点校．崇正辩、斐然集［M］．北京：中华书局，1993．

［宋］胡宏．五峰集［M］．文渊阁四库全书影印本．上海：上海古籍出版社，2003．

［宋］胡宏．皇王大纪［M］．文渊阁四库全书影印本．上海：上海古籍出版社，2003．

［宋］胡一桂．双湖先生文集［M］．续修四库全书，第1322册．上海：上海古籍出版社，2013．

［宋］项安世．项氏家说［M］．丛书集成初编影印本．北京：中华书局，1985．

［宋］赵与时．宾退录［M］．宋元笔记丛书．上海：上海古籍出版社，1983．

［宋］赵惪．四书笺义（续补补遗）［M］．丛书集成初编影印本．北京：中华书局，1985．

［明］柯维骐．史记考要［M］．明嘉靖二十年刻本．

［明］胡应麟．少室山房笔丛［M］．上海：中华书局上海编辑所，1958．

［明］赵南星撰，［清］仲弘道增续．增定二十一史韵［M］．四库全书存目丛书影印本，史部第291册．济南：齐鲁书社，1997．

［明］郝敬．尚书辨解［M］．丛书集成初编影印本．北京：中华书局，1991．

［明］郝敬．批点史记琐琐［M］．四库全书存目丛书影印本，史部第1册．济南：齐鲁书社，1997．

［明］郝敬．史汉愚按［M］．明崇祯间郝氏《山草堂集》刻本．

［明］贺详．留余堂史取［M］．四库全书存目丛书影印本，史部第285册．济南：齐鲁书社，1997．

［清］宫梦仁．读书纪数略［M］．四库类书丛刊．上海：上海古籍出版社，1994．

［清］觉罗石麟修，［清］储大文纂，储仲君等总点校．（雍正）山西通志［M］．北京：中华书局，2006．

［清］赵本植纂修，庆阳市地方志办公室整理．（乾隆）新修庆阳府志［M］．北京：中华书局，2013．

［清］赵翼．陔余丛考［M］．北京：中华书局，1963．

［清］姚鼐．惜抱轩笔记［M］．惜抱轩全集．北京：中国书店，1991．

［清］洪亮吉撰，李解民点校．春秋左传诂［M］．北京：中华书局，1987．

［清］俞正燮．癸巳存稿［M］．丛书集成初编影印本．北京：中华书局，1985．

［清］俞樾．湖楼笔谈［M］．清光绪二十五年刻春在堂全书本．

柳诒徵．中国文化史［M］．民国丛书第2编．上海：上海书店，1989．

施之勉．史记会注考证订补［M］．台北：华冈出版有限公司，1976．

俞樟华. 史记新探［M］. 北京：民族出版社，1994.

赵生群.《史记》文献学丛稿［M］. 南京：江苏古籍出版社，2000.

钟肇鹏. 鹖子校理［M］. 新编诸子集成续编. 北京：中国书局，2010.

十画

［汉］贾谊撰，卢文弨校. 新书［M］. 丛书集成初编影印本. 北京：中华书局，1985.

［汉］桓宽. 盐铁论［M］. 上海：上海人民出版社，1974.

［汉］桓谭. 新论［M］. 上海：上海人民出版社，1977.

［汉］袁康、吴平辑录，乐祖谋点校. 越绝书［M］. 上海：上海古籍出版社，1985.

［汉］班固撰，［唐］颜师古注. 汉书［M］. 北京：中华书局，1962.

［汉］班固撰. 白虎通德论［M］. 四部丛刊景印元大德重刊宋监本，1922.

［汉］高诱注. 淮南子注［M］. 上海：上海书店，1986.

［宋］高承撰，［明］李果订. 事物纪原［M］. 丛书集成初编影印本. 北京：中华书局，1985.

［宋］高登. 东溪集［M］. 丛书集成初编据正谊堂全书本排印. 上海：商务印书馆，1936.

［宋］唐仲友. 帝王经世图谱［M］. 文渊阁四库全书影印本. 上海：上海古籍出版社，2003.

［宋］袁燮. 絜斋家塾书钞［M］. 文渊阁四库全书影印本. 上海：上海古籍出版社，2003.

［宋］夏僎. 尚书详解［M］. 丛书集成初编. 上海：商务印书馆，1936.

［宋］高似孙. 纬略［M］. 丛书集成初编. 上海：商务印书馆，1939.

［宋］钱时. 融堂书解［M］. 丛书集成初编影印本. 北京：中华书局，1991.

［明］袁仁. 尚书蔡注考误［M］. 丛书集成初编影印本. 北京：中华书局，1991.

［明］高拱. 本语［M］. 丛书集成初编影印本. 北京：中华书局，1985.

［明］凌稚隆，［明］李光缙增补，于亦时整理. 史记评林［M］. 天津：天津古籍出版社，1998.

［明］郭孔延等撰. 史通评释、史通训故、史通训诂补［M］. 上海：上海古籍出版社，2006.

［清］顾炎武著，［清］黄汝成集释，栾保群、吕宗力点校. 日知录集释［M］. 石家庄：花山文艺出版社，1990.

［清］徐与乔. 经史辨体［M］. 清康熙敦化堂刻本.

［清］徐文靖. 竹书纪年统笺［M］. 光绪三年浙江书局据丹徒徐氏本校刻.

［清］浦起龙. 古文眉诠［M］. 清乾隆三吴书院刻本.

［清］唐德宜. 古文翼［M］. 清光绪十九年经国书局刻本.

［清］高嶟. 史记钞［M］. 高梅亭读书丛钞. 乾隆五十三年广郡永邑培元堂杨氏刊本.

［清］钱大昕著，方诗铭、周殿杰校点. 廿二史考异［M］. 上海：上海古籍出版社，2004.

［清］桂馥. 札朴［M］. 北京：商务印书馆，1958.

［清］高冲霄. 帝王世纪纂要［M］. 清嘉庆十七年刻本.

［清］夏燮. 校汉书八表［M］. 文渊楼丛书. 据光绪十六年家刊本影印. 上海：文瑞楼书局，1928.

［清］徐鼒撰，阎振益、钟夏点校. 读书杂释［M］. 北京：中华书局，1997.

［清］钱保塘. 历代名人生卒录［M］. 北京：北京图书馆出版社，2002.

夏曾佑. 中国古代史［M］. 北京：生活·读书·新知三联书店，1955.

徐旭生. 中国古史的传说时代［M］. 北京：文物出版社，1985.

顾颉刚. 古史辨［M］. 上海：上海古籍出版社，1982.

顾颉刚. 中国上古史研究讲义［M］. 北京：中华书局，1988.

顾颉刚. 顾颉刚古史论文集［M］. 北京：中华书局，1988.

郭沫若. 十批判书［M］. 北京：科学出版社，1956.

郭沫若. 中国古代社会研究［M］. 北京：科学出版社，1960.

钱穆. 国史大纲［M］. 民国丛书（第一编）. 上海：上海书店出版社，1989.

钱穆. 史记地名考［M］. 北京：九州出版社，2011.

聂石樵. 司马迁论稿［M］. 北京：北京师范大学出版社，1987.

唐嘉弘. 先秦史论集——徐中舒教授九十诞辰纪念论文集［M］. 郑州：中州古籍出版社，1989.

秦始皇兵马俑博物馆《论丛》编委会. 秦文化论丛（第2辑）［M］. 西安：西北大学出版社，1993.

徐旭生. 中国古史的传说时代［M］. 北京：科学出版社，1960.

徐日辉. 史记札记［M］. 北京：现代教育出版社，2008.

十一画

［战国］商鞅等著，章诗同注. 商君书［M］. 上海：上海人民出版社，1974.

［宋］章衡. 编年通载［M］. 四部丛刊三编史部. 上海：上海书店出版社，1985.

［宋］黄伦. 尚书精义［M］. 丛书集成初编影印本. 北京：中华书局，1985.

［宋］黄震. 黄氏日钞［M］. 文渊阁四库全书影印本. 上海：上海古籍出版社，2003.

［元］黄溍. 金华黄先生文集［M］. 上海：上海书店出版社，1989.

［元］黄溍. 日损斋笔记［M］. 丛书集成初编影印本. 北京：中华书局，1985.

［明］黄淳耀. 陶庵全集［M］. 文渊阁四库全书影印本. 上海：上海古籍出版社，2003.

［清］阎若璩. 潜邱札记［M］. 四库笔记小说丛书. 上海：上海古籍出版社，1992.

［清］鄂尔泰. 授时通考［M］. 北京：中华书局，1956.

［清］崔述撰著，顾颉刚编订. 崔东壁遗书［M］. 上海：上海古籍出版社，1983.

［清］梁玉绳. 史记志疑［M］. 北京：中华书局，1981.

［清］梁玉绳等撰，吴树平等点校. 史记汉书诸表订补十种［M］. 北京：中华书局，1982.

［清］萧浚撰，［清］杨尚文校刊. 读史纪略［M］. 道光廿年夏六月灵石杨氏澹静斋刻本.

［清］章诒燕. 读史诤言［M］. 国学基本丛书. 上海：商务印书馆，1935.

崔适著，张烈点校. 史记探源［M］. 北京：中华书局，1986.

梁启超. 中国历史研究法 中国历史研究法补编［M］. 北京：中华书局，2014.

十二画

［战国］韩非著，［清］王先慎注. 韩非子集解［M］. 北京：中华书局，2013.

［汉］韩婴撰，［清］周廷寀校注. 韩诗外传［M］. 北京：中华书局，1985.

［晋］葛洪. 抱朴子［M］. 上海：上海古籍出版社，1990.

［唐］韩愈撰，［宋］文谠注，［宋］王俦补注. 昌黎先生文集［M］. 国家图书馆藏宋刻本.

［宋］程大昌. 考古编［M］. 丛书集成初编. 北京：中华书局，1985.

［宋］程大昌. 演繁露［M］. 学津讨原. 清嘉庆张海鹏刊本.

［明］程楷. 明断编［M］. 丛书集成初编，影印明刊本. 上海：商务印书馆，1937.

［明］焦竑. 焦氏笔乘（正续）［M］. 丛书集成初编影印本. 北京：中华书局，1985.

［清］储欣. 史记选［M］. 清乾隆十年受祉堂刊本.

［清］蒋廷锡. 尚书地理今释［M］. 北京：中华书局，1985.

［清］蒋廷锡. 明伦汇编［M］. 古今图书集成，铜活字版缩印本. 上海：中华书局，1934.

［清］惠栋. 松崖笔记［M］. 聚学轩丛书. 扬州：江苏广陵古籍刻印社，1982.

［清］惠栋. 九经古义［M］. 丛书集成初编影印本. 北京：中华书局，1985.

［清］程馀庆撰，高益荣、赵光勇、张新科编辑. 历代名家评注史记集说［M］. 西安：三秦出版社，2011.

［清］蒋彤. 暨阳答问［M］. 常州先哲遗书本.

蒋智由. 中国人种考［M］. 上海：华通书局，1929.

蒋善国. 尚书综述［M］. 上海：上海古籍出版社，1988.

鲁实先. 史记会注考证驳议［M］. 长沙：岳麓书社，1986.

程嘉哲. 天问新注［M］. 成都：四川人民出版社，1984.

韩兆琦. 史记博议［M］. 台北：文津出版社，1995.

十三画

［清］雷学淇. 古经天象考［M］. 丛书集成续编，第82册. 上海：上海书店，1994.

十四画

［春秋］管仲撰，［唐］房玄龄注，［明］刘绩增注. 管子［M］. 诸子百家丛书. 上海：上海古籍出版社，1989.

［三国］谯周撰，［清］章宗源辑. 古史考［M］. 平津馆丛书. 南京：凤凰出版社，2010.

［宋］蔡沈注，钱宗武、钱忠弼整理. 书集传［M］. 南京：凤凰出版社，2010.

［宋］熊禾. 熊勿轩先生文集［M］. 丛书集成初编影印本. 北京：中华书局，1985.

［元］鲜于枢. 困学斋杂录［M］. 丛书集成初编影印本. 北京：中华书局，1985.

［元］熊朋来. 五经说［M］. 清通志堂经解本.

［明］锺惺. 史怀［M］. 丛书集成初编补印本. 上海：商务印书馆，1960.

十五画

［北齐］颜之推撰，［清］赵曦明注，［清］卢文弨补注. 颜氏家训（附传补遗补

正）[M]. 丛书集成初编. 北京：中华书局，1985.

[清] 撰人不详. 古史辑要 [M]. 北京：中华书局，1985.

十七画及以上

[汉] 戴德. 大戴礼记 [M]. 丛书集成初编影印本. 北京：中华书局，1985.

[北魏] 魏收. 魏书 [M]. 北京：中华书局，1974.

[宋] 魏了翁. 礼记要义 [M]. 四部丛刊续编影印本. 上海：涵芬楼，1934.

[清] 瞿中溶. 汉武梁祠画像考 [M]. 北京：文物出版社，1982.

瞿方梅. 史记三家注补正 [M]. 台北：广文书局，1973.

瞿蜕园. 古史选译 [M]. 上海：上海古籍出版社，1982.

期　刊

叶舒宪. 班瑞：尧舜时代的神话历史 [J]. 民族艺术，2012（1）.

叶舒宪. 黄帝名号的神话历史编码 [J]. 百色学院学报，2012（5）.

刘宝才. 有关黄帝的文字记载告诉我们什么？[J]. 中华文化，1993（2）.

孙锡芳.《史记·五帝本纪》五帝说浅析 [J]. 山西师范大学学报，2006（7）.

严文明. 中国王墓的出现 [J]. 考古与文物，1996（1）.

杨钊. 鲧、禹治水及其他 [J]. 学术月刊，1994（5）.

赵光勇、许允贤.《史记·黄帝纪》深意探索 [J]. 陕西师范大学学报（增刊），1988.

钱穆. 黄帝故事地望考 [J]. 禹贡，1935（3）.

徐旭生. 尧舜禹（上）[J]. 文史，第39辑.

谈嘉德. 古代涿鹿徐州说考论 [J]. 徐州师范大学学报，1997（2）.

曹诗成. 战国时儒墨道三家尧舜的比较 [J]. 史学年报，第2期，1930（11）.